U0524938

本书受中国历史研究院学术出版经费资助

本书受中国人民大学2017年度
"中央高校建设世界一流大学（学科）和特色发展引导专项资金"支持

本书为2007年教育部人文社会科学重点研究基地重大项目
"清前期地方行政与吏治研究"（项目批准号：07JJD770111）结项成果

中国历史研究院
Chinese Academy of History
学术出版资助

钱粮亏空

清朝盛世的隐忧

刘风云 著

中国社会科学出版社

图书在版编目(CIP)数据

钱粮亏空：清朝盛世的隐忧 / 刘凤云著 . —北京：中国社会科学出版社，2021.6

ISBN 978 - 7 - 5203 - 7209 - 1

Ⅰ. ①钱… Ⅱ. ①刘… Ⅲ. ①国家财政—研究—中国 Ⅳ. ①F812.949

中国版本图书馆CIP数据核字(2020)第175304号

出 版 人	赵剑英
责任编辑	刘 芳
责任校对	郭若男
责任印制	李寡寡

出　　版	中国社会科学出版社
社　　址	北京鼓楼西大街甲158号
邮　　编	100720
网　　址	http://www.csspw.cn
发 行 部	010-84083685
门 市 部	010-84029450
经　　销	新华书店及其他书店

印　　刷	北京君升印刷有限公司
装　　订	廊坊市广阳区广增装订厂
版　　次	2021年6月第1版
印　　次	2021年6月第1次印刷

开　　本	710×1000 1/16
印　　张	35.5
插　　页	2
字　　数	545千字
定　　价	158.00元

凡购买中国社会科学出版社图书，如有质量问题请与本社营销中心联系调换
电话：010-84083683
版权所有　侵权必究

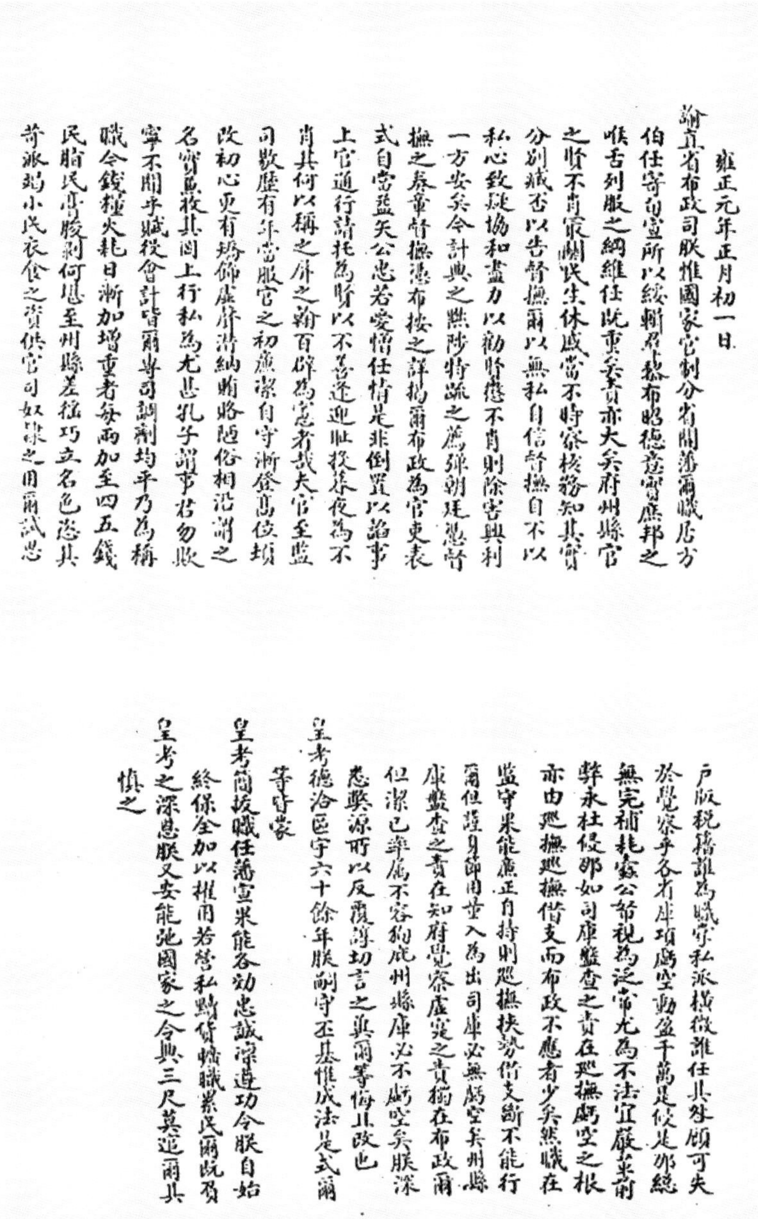
雍正元年正月初一日
諭直省布政司朕惟國家官制分省開藩爾職居方
伯任寄匪輕所以綏輯群黎布昭德意實庶邦之
喉舌列服之綱維任既重矣責亦大矣府州縣官
之賢不肖家閻民生休戚當不時察核務知其實
分別臧否以告督撫爾以無私自信督撫自不以
私心致疑協和盡力以勸賢懲不肖則除害興利
一方安矣今計典之黜陟特疏之薦彈朝廷憑督
撫之奏章督撫憑布按之詳揭爾布政為官吏表
式自當益矢公忠若愛憎任情是非倒置以諂事
上官通行請託為賢以不善逢迎趾投昏夜為不
肖其何以稱之屏之翰百辟為憲者哉夫官至監
司歷有年當服官之初孰不廉潔自守漸登高位頓
改初心更有粉飾虛名潛納賄賂隨俗相沿謂之
名實兩收其間上行私為尤甚孔子謂事君勿欺
寧不聞乎賦役會計皆爾專司調劑均平乃為稱
職今錢糧火耗日漸加增重者每兩加至四五錢
民脂民膏朘剝何堪至州縣差徭巧立名色恣其
苛派竭小民衣食之資供官司奴隸之用爾試思
戶版稅糧誰為職守私派橫徵誰任其咎顧可失
於覺察乎各省庫項虧空動盈千萬是侵是那總
無完補耗蠹公帑視為泛常尤為不法宜嚴禁前
弊永杜侵挪如司庫虧空之責在巡撫虧空之根
亦由巡撫巡撫借支而布政不應者少矣然職在
監守果能廉正自持則巡撫挾勢借支斷不能行
爾但謹身節用量入為出司庫必無虧空矣州縣
庫藏查之責在知府覺察虛實之責獨在布政爾
但潔己率屬不容狗庇州縣庫必不虧空矣朕深
悉弊源所以反覆諄切言之冀爾等悔且改也
皇考德洽區宇六十餘年朕嗣守丕基惟成法是式爾
等皆蒙
皇考簡拔職任藩宣果能各効忠誠深邀功令朕自始
終保全加以權用若營私黷貨輸賄累民爾既負
皇考之深恩朕又安能弛國家之令典三尺莫逭爾其
慎之

图 1　雍正元年正月，雍正帝关于调剂赋役、严杜亏空之谕

资料来源：中国第一历史档案馆编：《雍正朝汉文谕旨汇编》第 1 册，广西师范大学出版社 1999 年版，第 6 页。

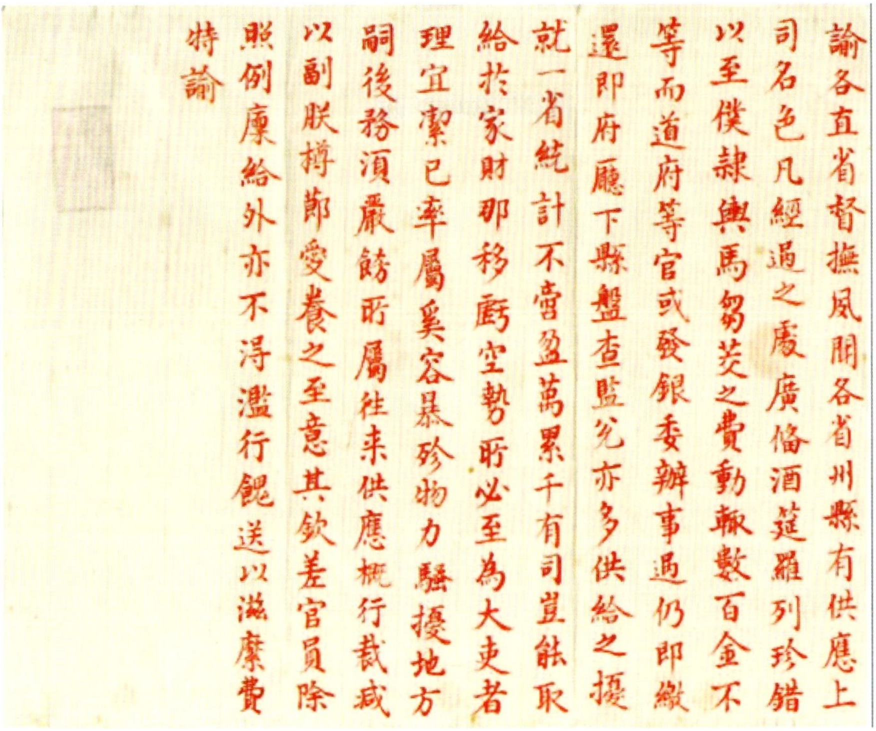

谕各直省督抚风闻各省州县有供应上司名色凡经过之处广备酒筵罗列珍错以至仆隶舆马刍茭之费动辄数百金不等而道府等官或发银委办事过仍即缴还即府厅下县盘查监兑亦多供给之扰就一省统计不啻盈万累千有司岂能取给于家财那移亏空势所必至为大吏者理宜洁已率属奚容暴殄物力骚扰地方嗣后务须严饬所属往来供应概行裁减以副朕樽节爱养之至意其钦差官员除照例廪给外亦不得滥行馈送以滋糜费特谕

图 2　谕饬直省州县严禁供应过往官员之折片

雍正帝朱批："岂能取给于家财！那移亏空势所必至。为大吏者，理宜洁已率属，奚容暴殄物力，骚扰地方。嗣后务须严饬所属往来供应，概行裁减，以副朕樽节爱养之至意。"

资料来源：台北"故宫博物院"藏《宫中档奏折·雍正朝》，档号：402003595。

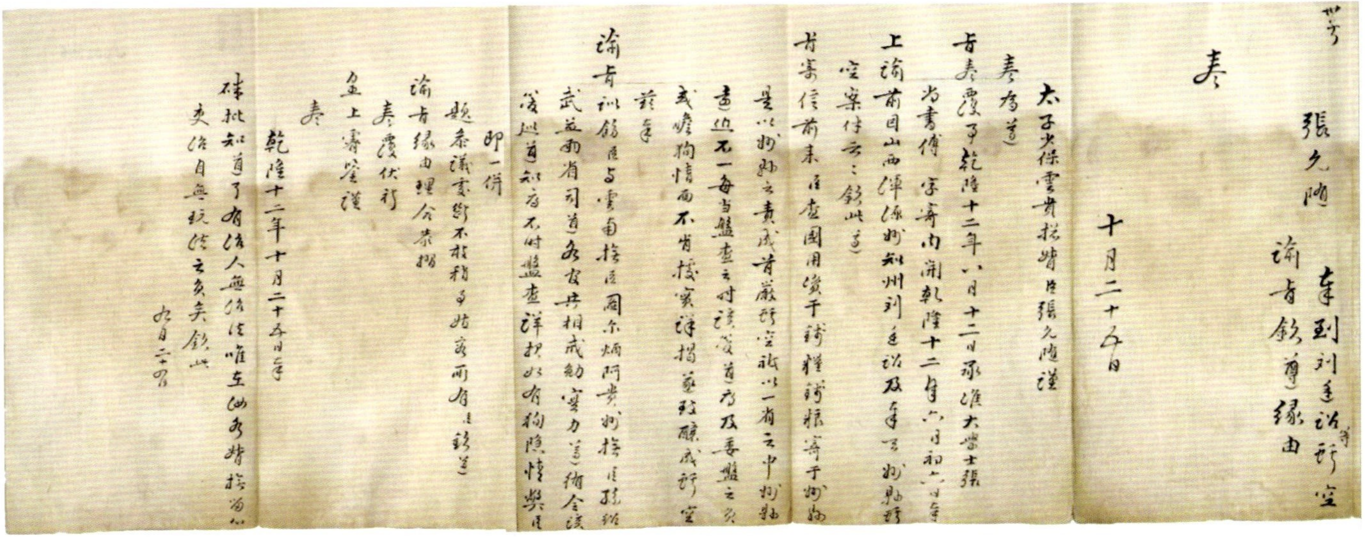

图3 《云贵总督张允随奏覆奉到山西泽州知州刘廷诏等空亏公款谕旨钦遵缘由》(乾隆十二年九月)

乾隆帝朱批:"知道了。有治人无治法,唯在汝各督抚各留心吏治,自无玩法之员矣。"

资料来源:台北"故宫博物院"藏《军机处折件》,档号:001366。

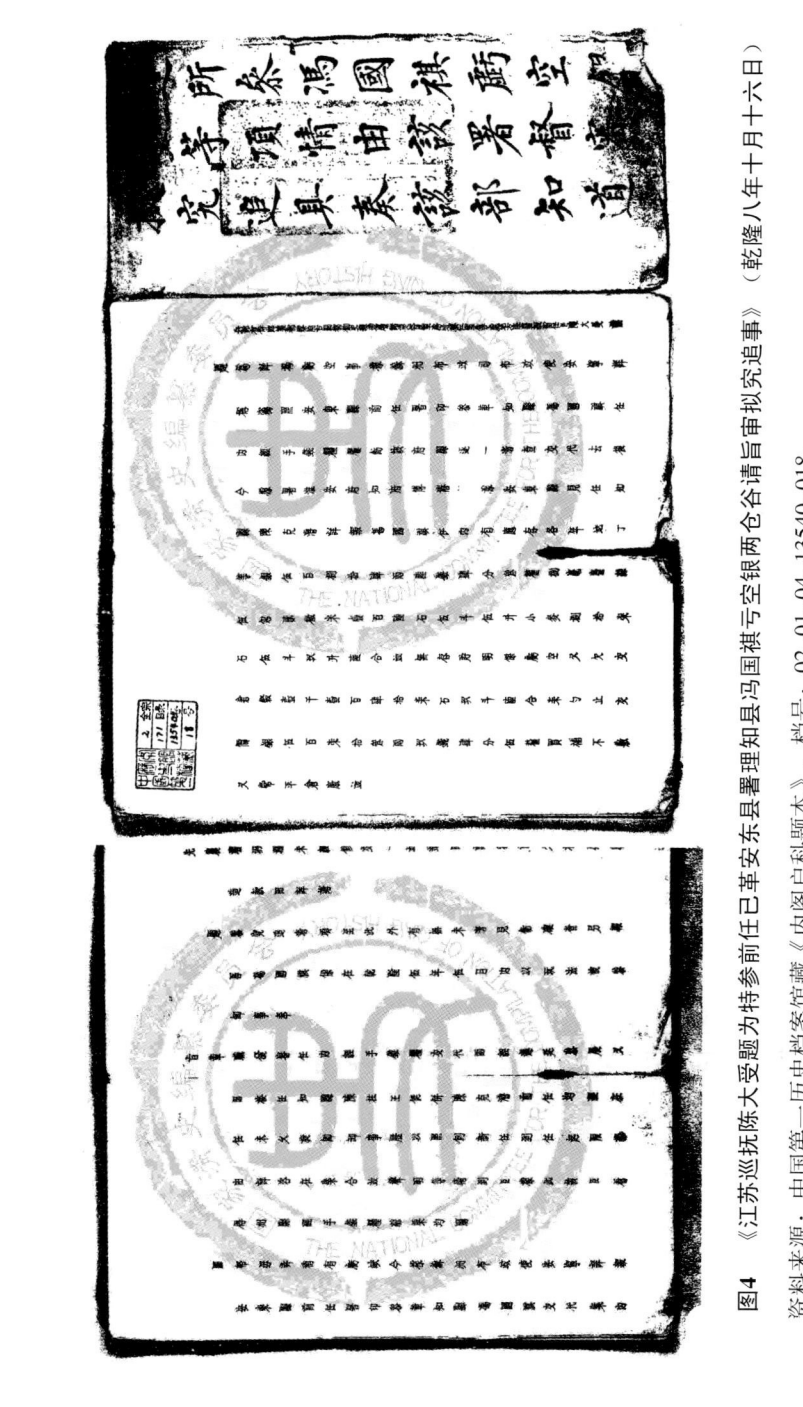

图4 《江苏巡抚陈大受题为特参前任已革安东县署理参县冯国祺亏空银两仓谷请旨审拟究追事》（乾隆八年十月十六日）

资料来源：中国第一历史档案馆藏《内阁户科题本》，档号：02-01-04-13540-018。

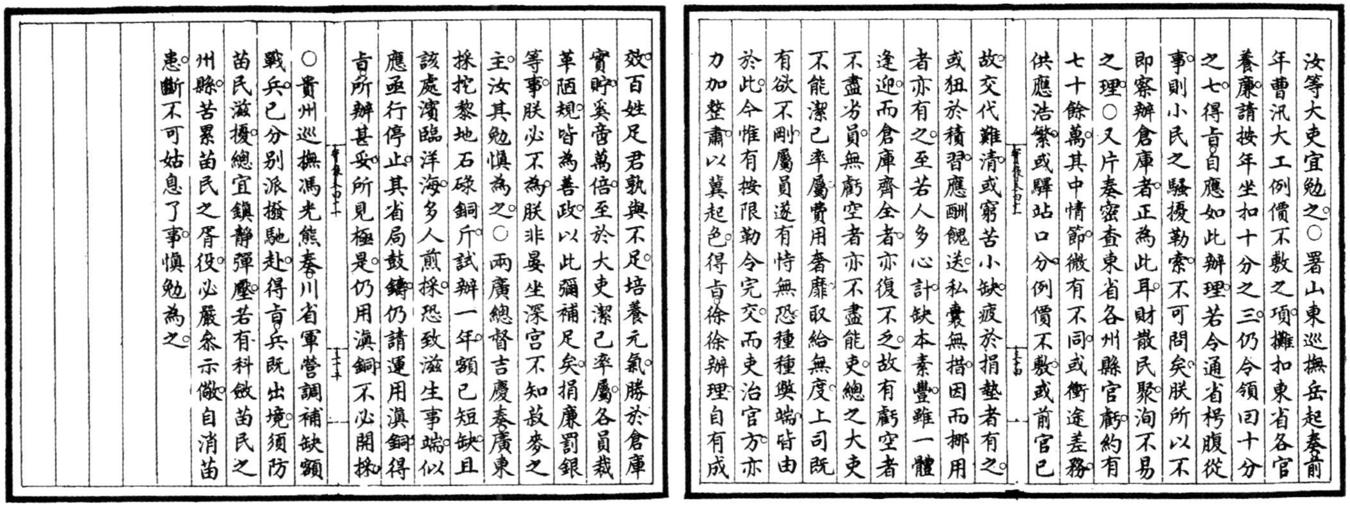
汝等大吏宜勉之○署山東巡撫岳起奏前
年曹汛大工例價不敷之項攤扣東省各官
養廉請按年坐扣十分之三仍令領回十分
之七得旨自應如此辦理若令通省枵腹從
事則小民之騷擾勒索不可問矣朕所以不
即察辦倉庫者正為此耳財散民聚洵不易
之理○又片奏密查東省各州縣官虧約有
七十餘萬其中情節微有不同或衝途差務
供應浩繁或驛站口分例價不敷或前官已
故交代難清或窮苦小缺疲於捐墊者有之
或狃於積習應酬餽送私囊無措因而挪用
者亦有之至若人多心計缺本素豐雖一體
逢迎而倉庫齊全者亦復不乏故有虧空者
不盡劣員無虧空者亦不盡能吏總之大吏
不能潔己率屬費用奢靡取給無度上司既
有欲不剛屬員遂有恃無恐種種弊端皆由
於此今惟有按限勒令完交而吏治官方亦
力加整肅以冀起色得旨徐徐辦理自有成
效百姓足君孰與不足培養元氣勝於倉庫
實貯奚啻萬倍至於大吏潔己率屬各員裁
革陋規皆為善政以此彌補足矣捐廉罰銀
等事朕必不為朕非晏坐深宮不知菽麥之
主汝其勉慎為之○兩廣總督吉慶奏廣東
採挖黎地石碌銅斤試辦一年額已短缺且
該處濱臨洋海多人煎採恐致滋生事端似
應亟行停止其省局鼓鑄仍請運用滇銅得
旨所辦甚妥所見極是仍用滇銅不必開採
○貴州巡撫馮光熊奏川省軍營調補缺額
戰兵已分別派撥馳赴得旨兵既出境須防
苗民滋擾總宜鎮靜彈壓若有科斂苗民之
州縣苦累苗民之胥役必嚴參示儆自消苗
患斷不可姑息了事慎勉為之

图5 《清仁宗实录》卷四一“嘉庆四年三月戊子”条。

嘉庆帝谕，清查亏空“徐徐办理，自有成效”，“捐廉罚银等事，朕必不为”。

资料来源：《清实录》第28册，中华书局1986年版，第502—503页。

图6 《山东巡抚铁保奏为东省弥补亏空清理积案二事办理情形事》（嘉庆八年三月十二日）

对于积大久屡催罔应，铁保拟予以严惩，以儆效尤。嘉庆帝朱批："必应如此，不可姑息。"

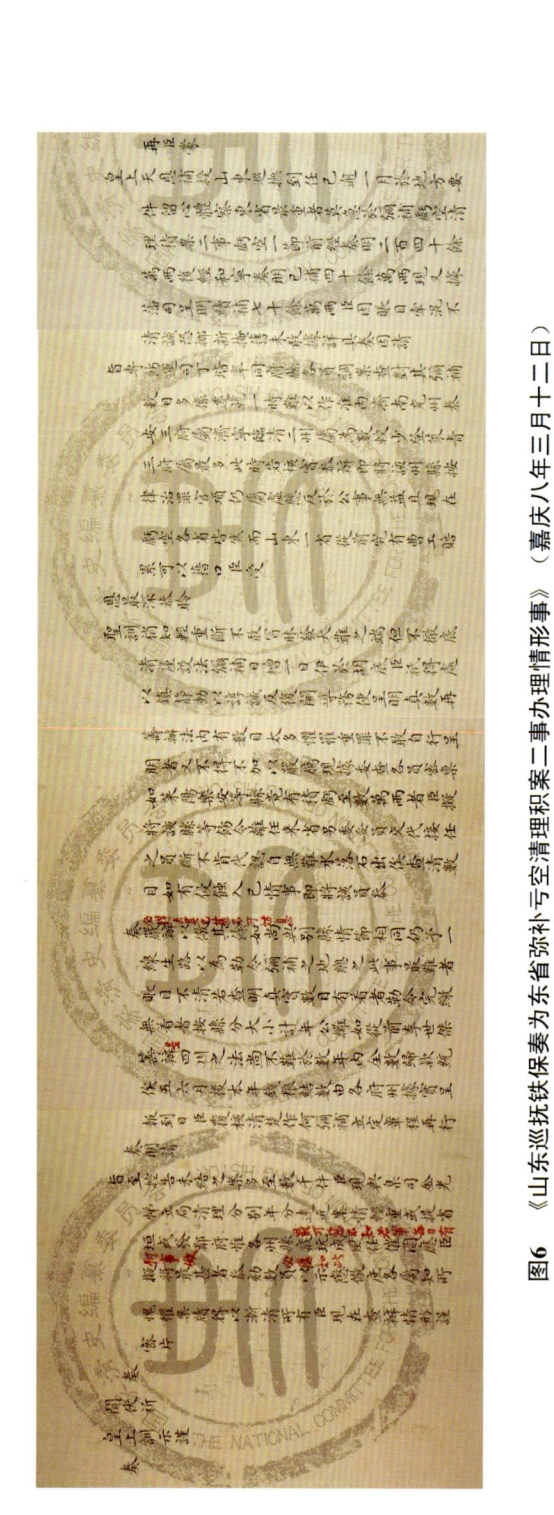

资料来源：中国第一历史档案馆藏《宫中朱批奏折》，档号：04-01-12-0264-067。

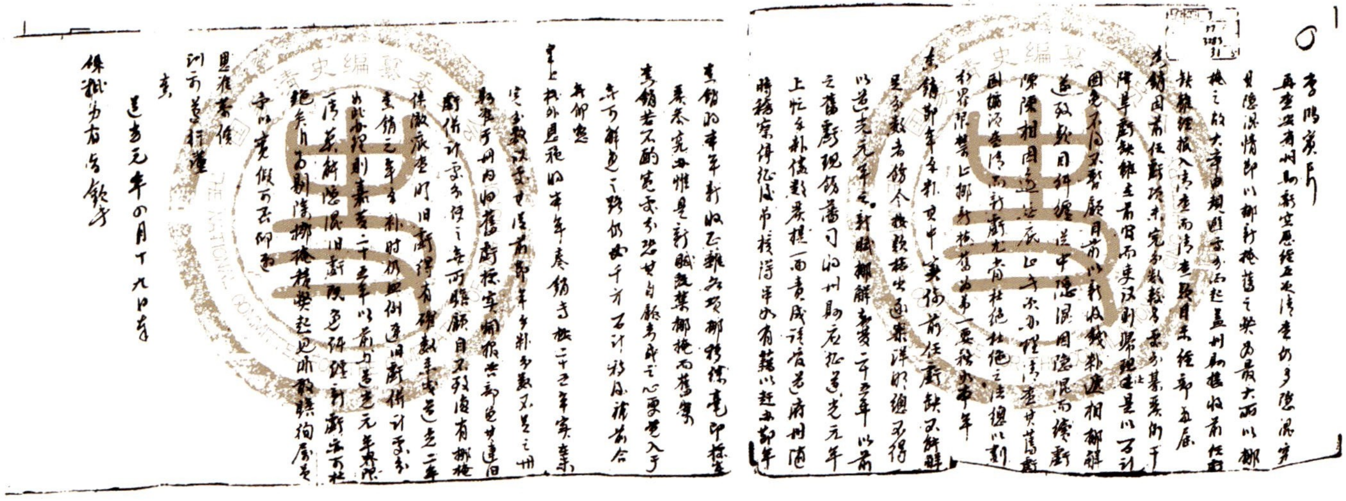

图7 《安徽巡抚李鸿宾奏为州县亏空以挪新掩旧之弊为最大请将本年奏销与嘉庆二十五年以前划清界限等事》（道光元年四月初四日）

资料来源：中国第一历史档案馆藏《军机处录副奏折》，档号：03-3283-031。

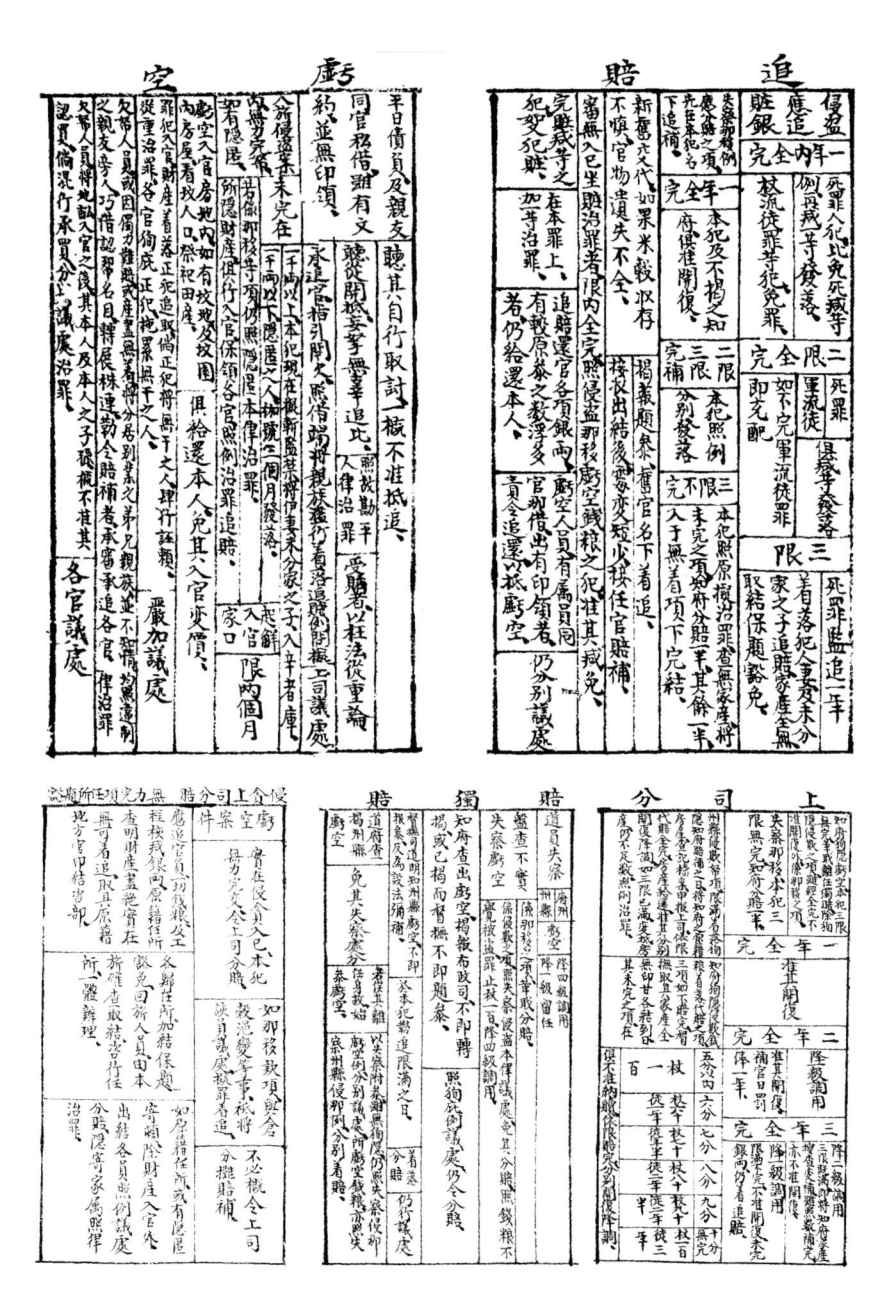

图 8 《六部文案手折》中关于处理官员亏空追赔的记录

资料来源：全国图书馆缩微文献复制中心编：《清代六部文案手折》第 1 册，全国图书馆缩微文献复制中心 2008 年版，第 88—92 页。

中国历史研究院学术出版
编委会

主　　任　高　翔

副 主 任　李国强

委　　员　（按姓氏笔画排列）
　　　　　卜宪群　王建朗　王震中　邢广程　余新华
　　　　　汪朝光　张　生　陈春声　陈星灿　武　力
　　　　　夏春涛　晁福林　钱乘旦　黄一兵　黄兴涛

"中国历史研究院学术出版资助项目"
出版说明

为了贯彻落实习近平总书记致中国社会科学院中国历史研究院成立贺信精神,切实履行好统筹指导全国史学研究的职责,中国历史研究院设立"学术出版资助项目",面向全国史学界,每年遴选资助出版坚持历史唯物主义立场、观点、方法,系统研究中国历史和文化,深刻把握人类发展历史规律的高质量史学类学术成果。入选成果经过了同行专家严格评审,能够展现当前我国史学相关领域最新研究进展,体现了我国史学研究的学术研究水平。

中国历史研究院愿与全国史学工作者共同努力,把"中国历史研究院学术出版资助项目"打造成为中国史学学术成果出版的高端平台;在传承、弘扬中国优秀史学传统的基础上,加快构建具有中国特色的历史学学科体系、学术体系、话语体系,推动新时代中国史学繁荣发展,为实现"两个一百年"奋斗目标、实现中华民族伟大复兴的中国梦贡献史学智慧。

中国历史研究院

2020年4月

目　录

写在前面 ……………………………………………………………（1）

第一章　康熙中期的钱粮亏空案 ………………………………（1）
　一　陕西"散给籽粒银案" ……………………………………（1）
　二　陕西"官生捐监亏空案" …………………………………（9）
　三　山西亏空案与巡抚噶礼 …………………………………（16）
　四　江南亏空案与康熙帝南巡 ………………………………（21）
　五　被遮掩的官场腐败与不绝于声的亏空奏报 ……………（35）

**第二章　康熙朝应对钱粮亏空的制度建设及其与财政
　　　　　体制的龃龉** …………………………………………（48）
　一　康熙朝对地方钱粮管理责权的建立 ……………………（49）
　二　"挪移正项之事，此乃亏空之大根原" …………………（60）
　三　低"存留"的地方财政 ……………………………………（82）
　四　直省补苴地方财政之道 …………………………………（97）

第三章　雍正朝清理钱粮亏空的政治风暴 …………………（123）
　一　"三年之内，务期如数补足" ……………………………（123）
　二　州县与藩司为清查亏空的重点 …………………………（134）

三　督抚是亏空案中的侵欺元凶 …………………………（145）
　　四　仓谷亏空案中的"分肥"与"仓谷之底" ……………（167）

第四章　雍正帝的铁腕反腐与追赔 ………………………………（188）
　　一　亏空案中利益输送结成的关系网络 …………………（189）
　　二　"毕竟叫他（贪官）子孙作个穷人！" ………………（210）
　　三　赔补亏空的银两 ………………………………………（235）

第五章　乾隆初政与钱粮亏空的清理 ……………………………（262）
　　一　亏空案的豁免 …………………………………………（264）
　　二　亏空新案敲响治吏的警钟 ……………………………（274）
　　三　追赔亏空的艰难 ………………………………………（284）
　　四　制度调整传递的政治理念 ……………………………（292）

第六章　乾隆中后期的钱粮亏空案与乾隆帝斧锁惩贪 …………（303）
　　一　督抚因徇隐亏空遭重惩：由南河案、蒋洲案到
　　　　段成功案 ………………………………………………（304）
　　二　由督抚婪赃引发的亏空案 ……………………………（315）
　　三　乾隆帝对贪官的杀伐与宽纵 …………………………（347）
　　四　摊扣养廉俸银释放的政治信息 ………………………（361）

第七章　嘉庆朝的艰难抉择 ………………………………………（384）
　　一　"徐徐办理""缓缓归款" ………………………………（385）
　　二　各省督抚应对"密查、密办" ………………………（393）
　　三　直隶三次清查："亏缺之数日增" ……………………（399）
　　四　安徽续亏："准其于院司道府州县养廉每年酌
　　　　扣五成" ………………………………………………（410）
　　五　江苏续亏："立置重典，以为续亏者戒" ……………（417）
　　六　山东续亏："断难再事姑容" …………………………（425）

第八章　嘉道的困境与盛世的终结 ………………………… (437)
　　一　国力的消耗 ……………………………………………… (438)
　　二　钱粮归补无期 …………………………………………… (461)
　　三　钱粮巨亏却查无大贪大蠹 ……………………………… (470)
　　四　制度缺陷成无法改变的困局 …………………………… (482)
　　五　道光朝的杜亏之法，"总以严查交代" ………………… (510)

主要参考书目 ………………………………………………… (527)

后　记 ………………………………………………………… (531)

写在前面

　　钱与粮，是指中国传统社会国家财政的存贮与税收。书中的地方钱粮，是指在征收过程中留存地方或尚未征解的正赋，它包括银钱和部分征粮，还包括由政府管理的常平仓中的贮粮。为此，各省的布政司、府州县为解决存留皆建有仓与库，粮存仓，钱贮库。所谓"钱粮亏空"，就是国家各级政府存储于仓与库中的粮食与银两出现了短缺。

　　"钱粮亏空"虽说以钱粮为研究对象，但"国家任土纳赋，钱粮为维正之供"，事关国家的财政储备，说到底它是维系着国家经济命脉的政治问题，而官僚、权力、制度都是钱粮亏空的核心话题。本书即是在国家政治的视野下，以康雍乾嘉道五个朝代为纵向背景，通过对钱粮亏空案的梳理和考察，选择带有一定普遍性的问题，力求将钱粮亏空的实态、清查的手段与方案，以及赔补亏空的银两等史事的政治过程作以最真实的呈现。立足于在揭示这场波及整个官僚世界的政治风暴中，将皇权与官僚、官僚与官僚之间的政治关系和利益关系的状态，通过政治过程的回溯去分析清朝政府在解决国家财政、致力于反腐等重大问题上的成败得失。

　　康雍乾三朝一百三十余年的统治是国力最为强盛的时期，却也是国家诸多弊症累积的时期，而钱粮亏空恰恰是从康熙朝形成一种事态，由乾隆至嘉道成无可遏制之势。康熙与乾隆朝的两位皇帝在位年久，晚年的"持盈保泰"将高龄统治者的操权模式演绎到了极致。所以，雍正与嘉庆两朝承继的不仅仅是前朝国势的繁盛，还有六十余年累积的弊患。因此，雍正、嘉庆两朝都肩负着匡正时弊的重任，特别是颓势积重的嘉庆朝。而清理钱粮亏空，正是伸向财政与吏政的一把利剑，是以强权手段回收国家及各级政府的钱粮流失，借以整饬官僚队伍腐败的政治斗争。

研究中发现，雍正与嘉庆两朝都对钱粮亏空进行了认真的清理，但结果与成效却大不相同。雍正帝以其严猛与铁腕在清理钱粮亏空中集中对官场中的贪腐进行了打击，成为清朝历史上整顿国家吏政最成功的一个案例，它给清王朝走向国家繁荣昌盛带来了直接的经济效应和清明的政治环境。嘉庆朝虽有着持续不断的耐力和一次又一次在挫败后的砥砺前行，但基本上是以失败告终。以往，我们将嘉庆帝没能扭转乾隆末年国势颓败的局面，没能如雍正帝打造出惩前毖后继往开来的政治局面，归罪于他作为帝王的无能，这是有失公允的。嘉庆帝"处事太缓"的个性固然决定了其执政的格局缺乏凌厉与果敢的气势，但国情国势已经决定了清朝盛世的终结，钱粮亏空清理的无果，是国力衰落带来的国家治理能力的全面下降。

道光帝虽依然有振兴国运的愿望与激情，并沿着嘉庆帝的既定方针继续前行，然而，伴随军需、河患、灾赈的不断，财用不给已成病国滋大之势，一场鸦片战争，更是暴露出清朝国家大厦的千疮百孔，彻底中断了道光帝再造强国的梦想。

有关清朝地方钱粮亏空的相关研究，学界从不同的视角多有推进和积累，讨论的议题主要侧重了两个角度，一是从官僚自身的品行、操守等吏治问题入手，分析了官僚政治的腐败对钱粮亏空产生的恶劣影响，另一是从清代财政体制改革的过程进行全方位考察，将钱粮亏空纳入其中，或作成因或作改革的成果进行讨论。

代表性文章主要有，刘德美对嘉庆朝安徽钱粮亏空案的分析，贾允河从财政制度的角度对嘉庆朝钱粮亏空的探源性讨论，朱诚如、陈力对嘉庆一朝的钱粮亏空案的总体性梳理，以及李光伟对清朝中后期地方钱粮亏空的蔓延与恶化程度的考察等，都属于通论性的研究。① 刘东海、王志明对福建粮仓亏空案中官员腐败行为的条析，郑永昌对江苏巡抚吴存礼亏空库银 40 余万去向的考察，② 则集中于雍正朝钱粮亏空个案的讨论。而范金民对雍正朝江苏赋税钱粮积欠案的考察，则揭示了州县钱粮亏空中贪官胥吏作奸犯科的手段等，③ 在研究的视域上又有拓展。

上述研究成果都有逐渐深化的趋势，将钱粮亏空的现象纳入到财政体制与国家体制中去思考，指出钱粮亏空已成无可遏制之势，而官僚系统却无法突破既有财政体制框架等。但成果的零散与研究时段选择的局限性（限于雍正、嘉庆两朝），致大历史格局的整体性研究难以实现，对各类亏空案所形成的历史迷局之深度挖掘犹显不足，更难以期待对历史发展脉络及其文化内涵进行解析的研究目的。

钱粮亏空研究虽不等同于财政史研究，但会涉及国家财政及其制度的诸多方面，而学界的相关研究成果十分丰厚。诸如对于清朝财政特性的讨论，有曾小萍的"不稳定财政"，岩井茂树的"原额主义财政"，何平的"不完全财政"等论说，其各自核心观点的表达，对本书有着启迪性的参考价值。王业键《清雍正时期（1723—35）的财政改革》、佐伯富《清雍正朝的养廉银研究》、庄吉发的《清世宗与赋役制度的改革》、陈支平的《清代赋役制度演变新探》、陈锋的《清代军费研究》，以及董建中的《耗羡归公的制度化进

---

① 刘德美：《清代地方财政积弊个案探讨——嘉庆年间安徽钱粮亏空案》，《师大学报》1982 年第 27 期；贾允河：《嘉庆朝钱粮亏空的原因》，《西北师大学报》1993 年第 5 期；贾允河：《清朝钱粮亏空的财政制度根源初探》，《西北师范大学学报》1998 年第 1 期；朱诚如、陈力：《嘉庆朝整顿钱粮亏空述论》，《明清论丛》第 2 辑，紫禁城出版社 2001 年版；李光伟：《清中后期地方亏空与钱粮蠲免研究》，《安徽史学》2014 年第 6 期。

② 刘东海、王志明：《雍正如何强化中央集权——以雍正朝福建粮仓治理与吏治为例》，《探索与争鸣》2008 年第 9 期；王志明：《雍正帝整饬福建粮仓与吏治》，台北《人文及社会科学集刊》2009 年第 21 卷第 4 期；郑永昌：《雍正初年的吏治整饬——江苏巡抚吴存礼的个案试析》，《为君难—雍正其人其事及其时代论文集》，台湾"故宫博物院"2010 年版。

③ 范金民：《清代雍正时期江苏赋税钱粮积欠之清查》，《中国经济史研究》2015 年第 2 期；《清代乾隆初年江苏积欠钱粮清查之考察》，《苏州大学学报》2016 年第 1 期。

程》、倪玉平的《从国家财政到财政国家——清朝咸同年间的财政与社会》等著作与论文,① 都从各自的角度讨论了清朝财政的低税收、地方的低存留、耗羡征收的不可避免性,以及官员的低俸与养廉银、摊捐等问题,成为本书得以借鉴并参与讨论的话题。由于上述学术史的梳理大都在本书的各个章节中有具体的注解,故这里不予作细化的解读。

我对钱粮亏空的研究始自2009年,陆续发表了七篇文章,② 分别就康雍乾嘉四朝的钱粮亏空案进行了梳理,讨论了清王朝是如何在自身机制的运行过程中产生了钱粮亏空,官员又是如何侵蚀国家财政形成腐败的等问题,为本书作了前期的准备。

本书的写作路径基本上按照时间的顺序,分八章对每个朝代在清理钱粮亏空中的重要问题及其特殊性进行了讨论,在这里不准备就章节中的观点作重复性的表述,仅就研究过程中获得的点滴心得略表一二。

一 关于"盛世的隐忧"

本书的副标题为"清朝盛世的隐忧",是基于对钱粮亏空在清朝

---

① 王业键:《清雍正时期(1723—35)的财政改革》,《中央研究院历史语言研究所集刊》第32本,台湾商务印书馆1961年;[日]佐伯富:《雍正朝的养廉银研究》,郑樑生译,台湾商务印书馆1975年版,(1996年再版);庄吉发:《清世宗与赋役制度的改革》,台北学生书局1985年版;陈支平:《清代赋役制度演变新探》,厦门大学出版社1988年版;陈锋:《清代军费研究》,武汉大学出版社1992年版;董建中:《耗羡归公的制度化进程》,《清史研究》2000年第4期;倪玉平:《从国家财政到财政国家——清朝咸同年间的财政与社会》,科学出版社2017年版。

② 刘凤云:《康熙朝的督抚与地方钱粮亏空》,《清史研究》2009年第3期;《雍正朝清理地方钱粮亏空——兼论官僚政治中的利益关系》,《历史研究》2013年第2期;《嘉庆朝清理钱粮亏空中的艰难抉择——兼论君臣在地方财政整饬中的不同认识》,《中州学刊》2013年第5期;《督抚在清理钱粮亏空中的权力、责任与利益》,《中国人民大学学报》2016年第2期;《钱粮亏空案的启示——兼论雍正帝的惩贪与治吏》,载杨念群主编《戴逸先生九秩华诞纪念文集》,中国人民大学出版社2016年版;《乾隆初政与钱粮亏空案的清理》,《求实学刊》2018年第4期;《蠲免、捐纳与康熙朝的地方钱粮亏空》,《中原文化》2019年第6期。

由盛转衰过程中的影响程度的基本认识，拟通过钱粮亏空这一标志国家吏政与财政状况的话题，探讨清代康乾盛世的终结过程。或可言之，要讨论的问题是，钱粮亏空的痼疾如何沿着其不变的轨迹对清朝的盛世大厦进行侵蚀的。

清代康雍乾三朝，因政治、经济与文化繁荣、国力强盛，时人将这一时期誉为"康乾盛世"①。其最大成就，就是在开疆拓土的基础上实现了中国的大一统。大一统是中国古代政治家追求的最高政治目标，它以广阔无垠的疆域和多民族一体的国家为标志。历史上，中国曾出现过几次大一统的局面，但是没有哪个朝代如清朝在开疆拓土六万余里后实施了有效的行政管辖，为近代中国奠定了辽阔的版图疆域，这是清朝对中国历史的最大贡献。

在传统社会，国家的强大与繁荣是以土地垦殖数字与人口数字来标识的，康乾时期的中国在耕地与赋税收入，以及人口增长方面都达到了传统社会的顶峰。耕地面积从顺治十八年（1661）的549万余顷，到乾隆年间增加到741万余顷，国库存银也从二千余万两增至七千余万两，而乾隆五十七年（1792）各省奏报的人口数在三亿多，这足以证明清朝可以养活不断增长的人口，是一国力强盛的国家。而且，在这一时期，中国的丝绸、茶叶、瓷器远销欧美，在对外贸易中一直保持着不同程度的出超水平，与欧洲同为世界上两个最大的经济体。然而，就是这样一个强盛的清朝中国，在道光二十年（1840），随着一场鸦片战争的失败，成了西方列强角逐的猎场。

那么，清朝的盛世是如何轰然崩塌了呢？尽管我们习惯于将康乾盛世的终点标记在乾嘉之际，在回顾与反思中国落后于西方世界的原因时，注意到了专制政治对人们思想的钳制，闭关自守限制了时人的眼界，以及老年皇帝的固步自封、盲目自大，权臣和珅贪赃

---

① "康乾盛世"，起于康熙二十年（1681）平三藩之乱，止于嘉庆元年（1796）川陕楚白莲教起义爆发，持续时间长达115年。另一种说法，"康乾盛世"起于康熙二十三年（1684）统一台湾后开海禁，止于嘉庆四年（1799），乾隆皇帝逝世，嘉庆皇帝亲政。持续时间也是115年。

枉法对官僚队伍的影响等。但这些都属于历史进程中最易被人看到的政治腠理,而钱粮亏空作为财政体制及制度上的一颗毒瘤,它已经侵入了国家的肌肤,伴随盛世的光环如影随形,是盛世中潜在的隐患。

从清朝处理钱粮亏空案的过程来看,其政治节点可划分为三个阶段,即康雍、乾隆、以及嘉道;在这个纵向的过程中又并行着清查过程和追补过程。因钱粮亏空涉及国家吏政、财政、权力与制度等,对其过程的考察或可为我们提供一些带有全局性的思考。撮其要者,铺陈如下。

第一,康雍时期,是钱粮亏空从康熙朝的"肆虐"到雍正朝被整肃的过程。

在中国历史上,康熙皇帝以其守成兼创业的历史功绩摘取了"千古一帝"的桂冠,然而,在"杰出君主"的光环下,由其推行的宽仁政治中的非理性因素甚或错误往往被忽略掉了,官僚政治体制下惯于滋生的弊症也被淡化了,而对清朝国家的财政进行侵蚀的钱粮亏空案,正是从康熙中期开始形成蔓延的态势,在康熙后期更是呈现出不可遏制的势头。尽管康熙朝制定了一系列相应的管理与惩治措施,但是全国各省"屡以亏空见告"的现象,以及由此滋生的官场腐败也成愈演愈烈之势。从康熙朝揭出的亏空案来看,无论是仓谷还是库银亏空,大多发生在军需、赈济、南巡等国家重大活动期间,亏空的原因又都与筹集经费有着直接的关系。但是,有关亏空的具体状态、亏空的原因,以及官员应该承担的责任等都在康熙帝"概从宽典,不便深求"[①]的宽松政治环境中被模糊处理了,官僚政治中的腐败也大都被悄然遮掩了。

雍正帝继位,迎接他的除了合法性危机之外,便是钱粮亏空案的不可胜计。据时任兵部右侍郎的李绂奏报,"自康熙十八年至五十三年,直省止亏空银八百余万两,米谷一百九十余万石。自五十四

---

① 《清圣祖实录》卷244,康熙四十九年十月戊子,中华书局1985年版。

年至六十一年二月，直省乃亏空银九百一十三万余两，米谷二百四十二万石"①。亏空钱粮的数额高达二千万两左右。而亏空势态的严重性，也超出了时人的想象。正如翰林院检讨汤倓所说："天下州县亏空者极多，陕西、山西、四川累岁军兴，亏空尚属可原。以臣所闻，如直隶、山东、湖广竟少不亏空之州县。"②

与康熙帝将钱粮亏空的原因归结为因公挪用的认识不同。雍正帝指出，"近日道府州县亏空钱粮者正复不少，揆厥所由，或系上司勒索，或系自己侵渔"。而且他认为，这种状态是因朝廷"未曾将侵蚀国帑、贪取民财之人置之重典"，而造成吏治日渐腐败，国家财政已然空虚的局面。所以，雍正帝在登基一个月后，从清理钱粮亏空、回归国家财政出发，开始整治官场的贪腐。

雍正朝政治向以严猛著称，而清查亏空更是犹如一场政治飓风，将所有的官员卷入其中，其手段之厉，尤其表现在追赔上。所谓"凡有亏空，无论已经参出及未经参出者，三年之内务期如数补足"，"如限满不完，定行从重治罪。三年补完之后，若再有亏空者，决不宽贷"③。而当第一个三年没有实现清查的目标之后，又进行了第二个三年的清查，并将清查的重点放到了更加难以查清的粮食亏空上。其间，雍正帝始终践行着打击贪官、将其追到山穷水尽直至变为穷人的政治诺言，并以政治飓风的速度和势头扫荡着官场中的污浊之气。直至雍正八年（1730），雍正帝基本实现了预设的政治目标。是年二月，他在给内阁的谕旨中说道："近观各省吏治，虽未必能彻底澄清，而公然贪赃犯法及侵盗钱粮者亦觉甚少，是众人悛改之象与朕期望之意相符，亦可遂朕宽宥之初心矣！"④ 对此，乾隆皇帝登基后也作过这样的评价。他说："我

---

① 《雍正朝汉文朱批奏折汇编》第31册，兵部右侍郎李绂奏陈请改正印捐纳以杜亏空根源折，江苏古籍出版社1991年版，第808页。
② 《雍正朝汉文朱批奏折汇编》第1册，雍正元年正月二十五日，翰林院检讨汤倓奏请严大吏勒索以绝亏空之源等五事折，第19页。
③ 《清世宗实录》卷2，康熙六十一年十二月甲子，中华书局1985年版。
④ 《清世宗实录》卷91，雍正八年二月丙辰。

皇考临御以来，澄清吏治，凡此等官侵吏蚀之习久已弊绝风清。"①
"人而能为清官也。"②

但是，有一点需要注意，就是最终在追缴亏空钱粮上取得成效的，却不是政治手段的严猛，而是通过耗羡归公的制度改革，以归公的耗羡银两弥补了占亏空总量绝对多数的"无着亏空"。

其时，虽然没有具体的数据可以说明无着亏空银两在整个钱粮亏空中所占的比重，但其数额之大是可以推断的。如山东亏空"无着银三十万余两，无着谷十二万五千余石"③。两江亏空钱粮多达320余万两，④虽不能尽归无着，但因亏空年久，催征徒有其名，尽管实施了从抄家、籍没财产，到分赔、代赔等诸多手段，但追缴的实际数额仍是十分有限的，且无着亏空银两需要诸多官员以俸银分赔的后果是严重的。例如，甘肃省历年久悬的29万余两"无着亏空"，"皆系文武各官俸工捐还之项"，面对这一奏报，雍正帝在朱批写道："俸工万万不可捐，至武弁更令人可骇！"⑤这表明当时追缴亏空钱粮已经陷入了无从可追的困境，而对官员特别是武官俸银的摊扣，更是自毁国家武备之举。

于是，当山西、山东、河南等亏空较为严重的直省率先以耗羡银两弥补本省的无着亏空，并以此奏请倡行全国之后，雍正帝毅然在此基础上实施了耗羡归公的改革。随后，伴随耗羡归公在全国逐渐铺开，各省无着亏空银两大都得以弥补，户部的库银积存从雍正元年的2371万两余，在雍正四年翻倍达到4740万余两，

---

① 《乾隆朝上谕档》第1册，乾隆二年正月二十一日，广西师范大学出版社2008年版，第150页。
② 孙嘉淦：《办理耗羡疏》，载贺长龄、魏源编《清经世文编》卷27，中华书局1992年版。
③ 《雍正朝汉文朱批奏折汇编》第2册，雍正元年十二月十三日，山东巡抚黄炳奏请饬前任巡抚李树德补还虚悬无着银两折，第389页。
④ 《雍正朝满文朱批奏折全译》雍正元年九月二十一日，两江总督查弼纳奏请由前任督抚子弟赔补两江亏空钱粮折，黄山书社1998年版，第366页。
⑤ 《雍正朝汉文朱批奏折汇编》第6册，雍正三年十一月十六日，甘肃巡抚石文焯奏遵旨筹画追赔虚悬库项折，第479页。

雍正八年增至 6218 余万两，① 已接近于清朝存贮的最高额 7000 万余两。

从表面看，在康熙与乾隆各自用六十余年开疆拓土的业绩面前，雍正朝十三年的统治似乎相形见绌。其实不然。如果没有雍正帝的系列改革就不会有自康熙到乾隆的继往开来。没有雍正帝的铁腕反腐，更不会有国家开创盛世的政治环境。特别是雍正帝针对钱粮亏空所进行的官场官风的整饬，致"世风丕变。"因此，雍正朝的十三年是成就康乾盛世的重要时期，而其中在反腐治吏上最大的举措，莫过于清理钱粮亏空。

第二，乾隆时期，伴随国家盛世走向高点，钱粮亏空及其腐败卷土而来。

从乾隆初政的政治环境看，的确少有亏空案的发生，所谓"世宗宪皇帝惩戒贪墨，执法不少宽贷，维时人心儆畏"②。"虽满汉官员等用度不能充余，然无甚贫甚富之别。"③ 所以，乾隆帝承继的是国泰民安、吏治清明的集权政治国家，官僚群体形成一个"无甚贫甚富之别"的阶级状态，很似一个王朝的创建伊始。

然而，贪腐历来是无孔不入地冲击着官场，钱粮亏空随着乾隆初政的某些"宽纵"措施，在短短十数年后再度成为清朝财政上的一颗毒瘤，在雍正朝被严厉打压下去的钱粮亏空案在各省泛滥开来。而权力的牢笼一旦被打开，便难以抵挡利益的诱惑，吏治腐败的现象开始反弹。乾隆帝执政不过十一二年的光景，便发出"近来侵贪之员比比皆是，或由水懦之失"④ 的感叹。至乾隆中后期，钱粮亏空更是演变成由总督与抚藩等封疆大吏婪索侵欺形成的腐败大案。

例如，乾隆四十六年（1781），由甘肃布政使王亶望主导的捐监

---

① 参见法式善《陶庐杂录》卷 1，中华书局 1997 年版，第 24 页。
② 《清高宗实录》卷 299，乾隆十二年九月庚戌，中华书局 1985 年版。
③ 《清高宗实录》卷 136，乾隆六年二月乙巳。
④ 《清高宗实录》卷 288，乾隆十二年四月戊辰。

捏灾冒赈案，被乾隆帝称为"实为从来未有之奇贪异事"，查出历任亏空有着银两40余万、无着银两80余万；乾隆四十七年，山东巡抚国泰的暴敛受贿案，查出山东亏空数额高达二百余万，但去向不明；此后又有浙江全省"亏银一百三十万有奇"，福建"通省各属亏缺仓项六十四万，库项一百零五万零"，也在二百万两以上，已经超过了山东。地方督抚藩司肆虐侵贪、蠹蚀地方钱粮的亏空案接二连三。

乾隆朝并不曾发布过对全国进行普遍性钱粮清查的谕令，上述甘肃、山东、浙江、福建等省的巨额亏空案是由督抚婪赃被揭出的，对于地方钱粮的监控也是以每年由抚藩奏报藩库银两的方式上达的。也就是说，乾隆朝的地方钱粮亏空案，若非督抚等大员肆无忌惮的贪戾到了令人发指的程度，是很难被揭出来的。换言之，乾隆朝的地方钱粮亏空大多是被掩盖了的，一些亏空案的钱粮直到嘉庆朝仍未得到弥补。如江西"乾隆四十一年至嘉庆四年，各州县亏空银数至八十三万余两之多"[①]。"直隶一省自乾隆三十二年以后，未清银款至一百四十四万余两，历任（亏空）各官至一百三十九员之多。"[②]这给嘉庆朝清查钱粮亏空带来很大的负面影响。

事实上，乾隆帝一向杀伐果断，他曾多次明确表示，"不可为贪吏开幸生之路"[③]。在其诛杀的二品大员里面，以婪赃为由的督抚就有二十余人之多，这比他父亲雍正帝还要严厉。但结果却并不如意，乾隆帝的严刑杀戮反而使得地方官在利益的驱动下做尽掩盖之能事，且有同罪不同罚之例。

在对待钱粮亏空的归补上，乾隆帝的执行力度一如雍正朝，不但限期赔补，且独赔、分赔、代赔皆力行不悖。但是，在雍正帝实施了耗羡归公的改革后，乾隆朝将弥补亏空的钱粮来源放到了养廉银上。除了独赔之外，以摊扣阖省官员的养廉银满足数额巨大的分

---

① 王先谦：《东华续录》卷11，嘉庆六年五月丁丑，第18页，续四库全书本。
② 《嘉庆道光两朝上谕档》第4册，广西师范大学出版社2000年版，第472页。
③ 《清高宗实录》卷365，乾隆十五年五月己未。

赔银两。更为严重的是，为了惩罚官员的过错，对高级官员实施罚缴养廉议罪的措施，罚银动辄几万两。而摊扣与罚缴养廉银的直接后果是多数官员的养廉银在半俸以下，议罪官员的养廉银往往就是负数。

但官员绝不会枵腹办公，也不会甘于自掏腰包上缴罚银，因此这些被罚、被摊扣的养廉银最终都要加派于民间。所谓"官逼民反"正是民怨的回应，而白莲教在川楚的反清，正是以宗教的动员形式点燃了社会积怨的火种。

第三，嘉道时期，钱粮亏空的加剧与盛世终结。

嘉庆帝遇到了与他祖父雍正帝同样的问题，就是一个老皇帝在"持盈保泰"思想主导下留下了诸多弊政，而且嘉庆帝遇到的新问题则更复杂也更棘手。

在人们的习惯思维中，康乾盛世至乾隆末年已经到了尽头。但研究发现，若就此认定嘉庆帝接手的是一个已经完全没落的王朝却是言过其实。一个重要的史实是，乾隆末年，国家财政收入的总量并没有出现急剧锐减的现象，在吴廷燮的研究中，乾隆"五十六年各省实征岁入银四千三百五十九万，岁出银三千一百七十七万"[1]。表明清朝的岁入大于岁出，仍有积累，至乾隆末年，"部库帑项，积至七千余万"[2]。

但这并不意味着地方钱粮的存留有了保障，也不意味着清朝盛世的光景依旧。相反，社会潜伏的各种危机正是在这一时期成积聚之势，而由地方钱粮亏空产生的负面影响已经波及地方行政、官风吏治、百姓生计等各个层面，最终由川楚陕数省白莲教聚众反清的战争得到全面的释放。

嘉庆帝平定这场战事，不但用了十年左右的时光，耗损了八旗军力，且花费了国库近两亿的巨资。与此同时，水患灾情连年不断。

---

[1] 吴廷燮：《清财政考略》，《清末民国财政史料辑刊》第20册，北京图书馆出版社2007年版，第349页。

[2] 《清史稿》卷121，《食货二》，中华书局1977年版。

所谓"嘉庆中，川楚用兵，黄河泛滥，大役频兴，费用不赀，而逋赋日增月积，仓库所储，亦渐耗矣"①。因此可以说，正是平定川楚白莲教的战事，将康乾盛世最后的一点殷实家当消耗殆尽了。

所以，在平定白莲教的反抗之后，国家的财政状况成捉襟见肘之势，原本日趋加剧的钱粮亏空致地方财政雪上加霜。"各省原报亏项，山东三百三十四万余两，江苏三百六十三万余两，安徽二百四十万余两。"② 每个省的亏空都在数百万，加上嘉庆朝的续亏，至嘉庆二十年（1815），仅直隶、安徽、江苏、山东、甘肃五省的钱粮亏空竟累积高达2140余万两，其余亏空在数十万至百万以上的直省也不在少数。

面对困境，翰林院编修洪亮吉上千言书，希望"今日皇上当法宪皇帝（雍正）之严明，使吏治肃而民乐生；然后法仁皇帝（康熙）之宽仁，以转移风俗，则文武一张一弛之道也"③，表达了时人对新帝扭转时弊的最殷切期待。而嘉庆新政的条条指令，特别是将贪官和珅绳之于法，并明确表态，支持因指称各省仓库多有亏缺而被革职的内阁学士尹壮图"所奏实非无因"④，也让朝廷内外看到了嘉庆帝刷新政治的希望。

虽然，嘉庆帝对钱粮亏空的清查不同于雍正朝的疾风暴雨，却有着深思之后的韧性。自嘉庆四年（1799）亲政伊始，嘉庆帝就宣布令各省清理钱粮亏空，要求各省督抚"以不收之陋规、耗羡之盈余"，实现"缓缓归款"⑤ 的目的。明确表示，"朕办理庶务，不为已甚"，"捐廉罚银等事，朕必不为"⑥。其针对性是十分明确的，就是要纠正乾隆末年官场由滥罚和任意摊扣养廉银所造成的官场腐败

---

① 《清史稿》卷121，《食货二》，中华书局1977年版。
② 贵州道监察御史卢炳涛《奏请敕认真弥补亏空银两并杜新亏银两事》，嘉庆二十四年五月十二日，中国第一历史档案馆藏，《朱批奏折》档号：04-01-35-0783-004。
③ 《清史稿》卷356，《洪亮吉传》。
④ 《清仁宗实录》卷38，嘉庆四年正月丁亥，中华书局1986年版。
⑤ 《清仁宗实录》卷62，嘉庆五年三月壬午。
⑥ 《清仁宗实录》卷41，嘉庆四年三月戊子。

乱象。意在既不损官又不加派百姓的前提下，完成对国家钱粮的回收。

为能达到清理钱粮的目的，嘉庆朝二十五年的时间里，每个省的清查都在两三次以上，安徽省的清查达六次，平均四五年就有一次清查。遗憾的是，嘉庆帝的努力和坚持没能在亏空的普遍程度和加剧趋势面前奏效，清理与归补亏空的效果都差强人意，且续亏不断。

嘉庆朝清理钱粮亏空所以不果，最直接的原因仍是找不到弥补亏空的财源渠道。或者说，嘉庆帝找不到弥补亏空的新路径，也不具备再进行一次财政改革的条件，只能折回雍正改革之前的老路，收回"捐廉罚银等事，朕必不为"的承诺，再度以摊扣、捐输养廉银等方式为赔补亏空钱粮的常态。但官员有限的养廉银是不足以在短期内弥补巨额亏空的，所以加派民间同样也是不可避免的。这往往又成为一些不法贪吏勒索民力的一个机会，借此制造出更大的亏空。特别是，与雍正朝致力于在惩贪中完成对地方钱粮的归补不同，嘉庆帝自初政伊始，就把清查钱粮的重点放到了归补钱粮上。从他要求各省督抚密查、密办，清查结果直达皇帝，不得咨报户部，并自行熟筹善法弥补，"不拘年限"等，可知嘉庆帝并不着意查明钱粮亏空的去向，吏治整饬、查处贪腐都被放到了次要的位置。虽然，钱粮亏空的严重局势迫使嘉庆帝最终放弃了"行之以渐"的和缓施政方式，十九年（1814），嘉庆帝针对各省借"密奏"为由暗行缓办之实的现象，明令各省督抚"上紧弥补"，严查贪黩分肥之官员。但为时已晚。在嘉庆朝很少能找到对高级官员侵蚀钱粮的处罚，落实到个人名下的归补钱粮数目并不多，大多需要官员的集体分赔。

所以，嘉庆帝没能如雍正帝托起国家的脊梁，的确有其个人的问题。但更重要的原因在于国情和国势完全不比雍乾时期，清王朝已经度过了他最强的壮年时代，开始步入老年。在惯性中，即便是无法彻底革除弊病的体制内改革也很难实施下去，随着嘉道以后财政支出的增大，国家财政的捉襟见肘已成常态。为了应对临时性的巨额支出，国家不得不依赖经制外的筹措来填补财政缺口。这意味着国家从社会获取财政资源的渠道发生了改变。至于道光帝要接收的不仅仅是盛世过后的政治怠惰，还有嘉庆朝几经努力而无法改变的因财政亏缺的国力削弱难题，道光帝重振朝纲的激情不断遭受残酷现实的重击，直至鸦片战争的炮声将其从梦中警醒，盛世一去不回。

二　钱粮亏空案中的制度解读

在研究过程中，一个深刻的体会是，清朝的钱粮亏空案无论是官侵、吏蚀，还是民欠，若追根溯源都会指向清朝的财政体制与相关制度，而体制与制度的背后是根深蒂固的儒家政治及其文化。

钱粮亏空研究并不完全等同于财政史研究，但会涉及清朝财政及其制度的诸多方面。本书是想限定在制度的得失及其关联性这一主题之下，而不是对制度的梳理和阐述。同时也试图通过制度自身间的关系及相互影响阐述以往对单项制度进行研究的不足。

体制与制度的问题，使钱粮亏空在清朝有无可避免的高发性，钱粮亏空案所以频发而又屡禁不止，并非清朝缺乏"治人"，也并非没有"清官"，而是制度建构本身存在着缺陷。可以说，建立在农业经济基础上的清朝财政体制有其先天的不足，各项制度之间不仅缺乏必要的相互维系的能力，甚至某一制度的缺陷或漏洞导致另一制度无法得到有效实施，甚或必须由另一制度进行补救。而这种不协调甚至相互撕扯的状态，不仅存在于政治制度与财政制度之间，也存在于财政体制自身的框架内。

第一，由"挪用"到"垫支"，地方财政匮绌的两难选择。

"挪用"或"因公挪用"，是指将正项钱粮为地方有司私自挪为他用。但在制度条文上"因公挪用"是被严令禁止的。顺康时就有了挪用钱粮由上司题参处罚的规定，康熙三十九年（1700），直隶巡抚李光地提出严挪移之例，凡"挪移银至五千两以上或粮米至六千石以上者，无论已未革职，仍拟满流，不准折赎"。下部议行。① 康熙五十九年（1720）规定："亏空钱粮果系因公那用者，将该员革职留任，勒限赔补。限内全完，准其开复。"② 从法规的角度表达了官员挪用钱粮权限的非法。

但康熙朝系清王朝的开创时期，戡乱统一战事不断，而地方存留不足，凡军需供应，非开捐纳即为挪用。就雍正初年各省的揭报来看，康熙朝各省的钱粮亏空案中多有因公挪用的记载，说明了因公挪用的普遍存在。而且在一些亏空案中有挪移钱粮多至数万两者，却少有看到严格按照条例对官员执行处分的个案。

雍正二年（1724），刑部等衙门鉴于亏空挪移之罪止于拟流，不足以警示，奏准"嗣后挪移一万两以上至二万两者，发边卫充军。二万两以上者，虽属挪移，亦照侵盗钱粮例拟斩，俱限一年全完免罪"③。挪用钱粮的代价，不再仅仅是革职丢官，经济赔偿，而且还有掉脑袋的风险。但仍未能阻止住官员挪移钱粮的选择。那么官员为何甘于以身试险呢？

通常，地方遇有突发性事件或朝廷下达临时性紧急公务时，经费调拨或有延迟，或仅拨部分，甚或完全靠地方自筹。在这种情况下，地方官虽不是巧妇，却要做成"无米之炊"。他们必须按照皇帝的旨令，履行权力赋予的职责，同时又要寻求制度以外的途径自行筹集以应对财政的缺口。因为，不能在规定时间内筹措到钱粮，以解决诸如军需、灾赈、工程派项等，同样要受到处罚。通常，加征百姓、摊扣官员养廉银、号召地方商绅的捐输等，都是地方财政补给的重要渠道。但当上述的钱粮来源都不能最直接地解决经费缺口时，便会因事情紧急而出现"挪用钱粮"，这往往就是地方官员解燃

---

① 光绪《钦定大清会典事例》卷101，《吏部·处分例》，光绪二十五年刻本影印本。
② 《清圣祖实录》卷288，康熙五十九年七月庚午。
③ 《清世宗实录》卷23，雍正二年八月戊寅。

眉之急政的两害相权之选。

可以看出，钱粮亏空中经常出现的"因公挪用"问题，是与地方低存留的财政体制有着直接的关系。低存留源于清朝的低赋税政策，而低赋税所形成的国家财政是建立在"藏富于民"的儒家治国理政的思想体系上，所谓"经国之方，理财尤要"。"斟酌盈虚，量入为出，用能经常不匮。"① 即轻徭薄赋历来是传统政治向往的盛世目标，是政治家理想治国的轴心。然而低存留的财政体系是无法满足地方政府正常的行政所需，更无法应对各项紧急支出。所以在这一意义上，因公挪用的钱粮亏空案的确与官员的操守无关。② 但正是这体制内的制度缺漏为腐败的滋生提供了温床。

雍正帝在清理钱粮亏空的过程中，在加大整治贪官力度的同时，切实针对地方财政制度的问题进行了耗羡归公的改革。但改革仍限于制度的调整，地方财政虽有一度改观，但雍乾以后因公挪用钱粮的亏空案从未停止过，而且逐渐演变成一种新的名目，即"垫支""借垫"。

自乾隆至嘉道，因公挪用的案例的确少了一些，但"垫支""借垫"等名目代替"挪移"制造出更多更为复杂的钱粮亏空案。为了避开"挪用"带来的侵盗重罪，大多数官员采用"借垫"的名目解决临时性的支出。从资料的记载来看，"借支"之名在康熙朝的文献中已经出现，但更多的情况下还是使用"挪用"。至乾隆朝，"垫支"一词在军需钱粮中逐渐多了起来，至嘉庆朝则流行于地方财政的各项支出中，且"借垫"的数额大得惊人。根据江苏巡抚朱理的奏报，嘉庆十七年（1812）布政司的交代册内应存库银188.4万余两，其中共有借放银121.1万余两，实在存库银67.3万余两。③

---

① 《清史稿》卷354，《朱方增传》。
② 参见《清圣祖实录》卷240，康熙四十八年十一月丙子。康熙帝认为，钱粮亏空之大原，乃是因公挪用。
③ 参见江苏巡抚朱理《题为盘查前任藩司胡克家并署藩司朱尔赓额任内经手钱粮无亏事》，嘉庆十八年二月二十日，中国第一历史档案馆藏，《户科题本》档号：02-01-04-19384-032。

已被"垫支"出去的库银有64.3%。嘉庆二十年，安徽藩库借放而未归的库银达97.7万两之多，仅次于江苏。

"借垫"源自"因公"，不可一概以"私借私挪"论之。但借"垫支"之名，行肥己之私者是大有人在的。特别是军需借垫，数额巨大却明细不清，就连核查人员也难以辨别。所以，一些承担亏空责任的官员，并非都是侵蚀官帑的贪官，他们或受到上司的层层盘剥，或在办理钱粮的过程中产生了必要经费支出，而这些经费支出虽属因公，应当由国家财政拨款、奏销，但往往是拨款有限、奏销延宕，在实际中这些支出大都是由地方加派于民间完成的。这呈现的恰恰是财政的非正常状态，其背后隐示着制度化管理乃至国家财政体制的矛盾与非合理性危机。

第二，从"摊扣俸银"到"耗羡归公"，再回到"摊扣养廉"，地方财政中公私之间的龃龉循环。

低存留与低俸禄构成清初财政的两大特点，由此，官员的俸禄、养廉银被挪为公用、摊捐公项成为常态。而官员为满足个人的生存需求又要通过地方耗羡等灰色的收入塞满自己的腰包。所以，地方各级政府的财政经费与官员的个人俸禄所得在循环补充中形成一种龃龉不清的公私混淆状态。

如前所述，康熙年间，由于地方存留经费的最低限额是要保证官员的"俸薪"，在地方经费"存留"不足的情况下，地方财政一旦遇到紧急支出的缺口，除了挪用正项钱粮之外，以官员俸禄充为地方经费并摊扣赔补亏空，也是地方各省屡试不爽的补苴之道，所谓"向来上司动以公费抑勒私捐"[①]。

在这种公私界限模糊、法外所得不被约束的地方财政和俸禄体制下，腐败的滋生与泛滥是难以避免的。所谓"大吏禄薄不足充其费，则思借法以自肥；小吏俸微不能养其家，则思干法以为奸"[②]。

---

① 《雍正朝汉文朱批奏折汇编》第5册，雍正三年六月初四日，署川陕总督岳钟琪奏报查明年羹尧任内各属私捐俸工无着折，第262页。

② 李元度：《国朝先正事略》卷9，《陆清献公事略》，岳麓书社2008年版。

特别是在捐输俸银的环节,地方抚藩趁机肥私者大有人在。据时人披露:"各省俸工多者十余万两,少者亦不减六七万两。州县于正项钱粮之外另批起解收贮藩库,以备巡抚不时之需,大约巡抚支用者十之六七,藩司自肥者十之一二,其欲掩饰属员耳目,姑办公事一二件者所费亦十之一二。"①

雍正帝即位后,于元年(1723)九月下令一概不许派捐俸银,随后又有耗羡归公的改革,一次性地完补了大量的无着亏空,解决了官员的低俸问题,使地方日常行政有了固定的经费保证,实施的直省封贮银、府州县分贮银制度也使地方的低存留财政得到缓解。

但耗羡归公,并没有改变"量入为出"的传统财政体制,地方经费不足的问题依然存在。从乾隆到嘉庆的过渡,是一个政治与社会环境都在发生变化的时期,在人口与物价双重增长的压力下,国家始终面临着战事频仍、河患不断、漕运改道等有增无减的财政支出缺口。在原有体制与制度不变的前提下,解决财政不足的途径和空间变得更加狭小。

由于养廉银提取于耗羡银两,而耗羡作为国家正项钱粮的加赋,其最初的公有性是被置于地方官的权力掌控之下的,这使得养廉银与生俱来的属性就公私模糊。所谓耗羡"归于公,而自督抚以至州县佐杂诸官养廉出其中,国家一切兴役亦半给其中"②。所以,养廉银自建制伊始便重复着昔日俸工银的"地方财政的储备银两"的作用,在乾隆朝国家行政事务日趋繁杂、财政支出不断增大的情况下,养廉银重回被经常摊捐并赔补亏空的财政运行轨道也就不可避免了。借用官员的话说,"每地方有应行之事应兴之役,捐己资既苦贫窭,请公帑实非容易"③。

---

① 《雍正朝汉文朱批奏折汇编》第 33 册,奏请严敕各省抚藩停止提解俸工银两折,第 942—943 页。
② 彭端淑:《耗羡私议》,载贺长龄、魏源编《清经世文编》卷 27。
③ 柴潮生:《理财三策疏》,载贺长龄、魏源编《清经世文编》卷 26。

可以说，从俸工银到养廉银，一再被以谕旨的方式禁止摊捐，但在财政短缺的情况下，又多次被允许摊扣，几乎从未停止过。从官员的角度来看，在各省督抚将捐俸视为解决地方经费重要来源的惯性思维下，摊捐养廉之举虽一再被质疑和谴责，但在财政告急的情势下，没有人能够拒绝这一解决方式的合理性。而且到乾隆朝，摊捐的养廉银不仅用于军需、工程、办公、弥补地方钱粮亏空，还新增用于官员的罚项，人称"议罪银"，已有升级的趋势。

如此一来，由摊捐养廉带来的官员低俸甚至是无俸的政治风险，势必导致官场腐败的加剧和国家钱粮的不断流失。而正是这种公私界限不清的养廉银制度为日后的国家吏政与财政带来诸多的弊端。如乾嘉之际江苏巡抚汪志伊指出，摊扣养廉银已经背离了它的养廉初衷。"臣思世宗宪皇帝于俸外复设养廉，为官亦为国为民，盖必励廉隅，然后不至侵渔国帑，亦必养廉耻，然后不至剥削民膏也。"[①] 道光初年，安徽巡抚陶澍提出，要将摊扣养廉限定在三成以内。他说："从前各州县捐款为数甚巨，又有弥补节省津贴等项名目，多者数千，少者数百。各州县养廉几何？安得而不亏缺？"[②] 在利益没有任何保证的情况下，对人性贪欲的考验必然是失败的，当财政缺口一次次去触碰官员的利益时，腐败的漏洞自然会被无限放大。

因此，"耗羡归公"或许可以一次性完补巨额的"无着亏空"，但财政不足的问题没有从根本上解决，"量入为出"的低税财政依然是一个无解之题，无论是乾隆朝还是嘉庆朝都无法再复制一次耗羡归公的财政改革，也就无从完补巨额的钱粮亏空，摊捐养廉就这样理所当然地回到了原点。当然，捐廉银两的作用并不能从根本上解决问题，只不过稍稍缓解了不断增大的财政缺口。

不过，虽然"耗羡归公"这项属于传统政治中的"顶级改革"并没能取得令人满意的成效，但在权力关系的调整上，它赋予了地

---

① 汪志伊：《敬陈吏治三事疏》，载贺长龄、魏源编《清经世文编》卷16。
② 陶澍：《条陈安徽亏空八事疏》，载贺长龄、魏源编《清经世文编》卷27。

方督抚实实在在的财政上的权力,从制度上保证了各省督抚在权力上的完整性。

耗羡归公一向被视为经济史研究的重要话题,关注于官员的俸禄改革,也即"养廉银"制度的建立、地方办公费用的分割,以及耗羡银两的份额等,但却忽略了改革在政治制度建设上的意义。清朝官员的低俸禄制度,决定了地方官员的耗羡征收与陋规的半合法性,但其习惯性分配方式是由下向上输送,即由州县等低级官员将征得的耗羡银两以陋规的方式送给上级官员,其数量的多寡除了视上级官员的级别外,更大的程度取决于下级官员的政治需求。所谓"州县征收火耗,分送上司,各上司日用之资,皆取给州县。以致耗羡之外,种种馈送,名色繁多。故州县有所藉口而肆其贪婪,上司有所瞻徇而曲为容隐,此从来之积弊所当剔除者也。与其州县存火耗以养上司,何如上司拨火耗以养州县乎?"① 政治问题超越不了人性与人的情智,作为接收者的上司难免有拿人手短之心理,这种上下级关系最易结成情大于法的暧昧关系,督抚等上级官员的徇情枉法也往往从这种由利益结成的关系中产生。

耗羡归公的关键性在于从制度上将耗羡银两收归督抚藩司,理顺了上下之间的权力关系,使督抚藩司的权力不受制于经济因素与人情的制约。所谓"州县征收火耗,分送上司,以致有所藉口,肆其贪婪。上司瞻徇容隐,此从来积弊也。与其州县存火耗以养上司,何如上司拨火耗以养州县乎!"② 质言之,"耗羡归公"就是以国家的名义承认这部分耗羡银两的合法化,希望通过给予官员合法而充足的银两收入,来杜绝任意收取陋规的口实和行为,同时收回其原本属于州县官员自主的地方财政与灰色收入的权力,由国家监督管理的方式交给各省的藩司代管,代替以往上下级官员之间的私相授受之法,从而起到杜绝因各种馈送贿赂而导致的官场腐败。

---

① 《清世宗实录》卷22,雍正二年七月丁未。
② 王庆云:《石渠余纪》卷3《纪耗羡归公》,北京古籍出版社1985年版,第140页。

第三,"蠲免"与"捐纳"的潜在关联。

蠲免与捐纳这两项看似各自独立并无关联的财政措施,实质上存在着一定的因果关系。而二者之间关系的紧密程度,又以康熙朝最为典型。

蠲免,是指国家对地方百姓应征赋税的免除,它表达了国家的实力雄厚和造福于民的惠政。所谓"蠲免钱粮,原欲使小民物力稍舒、渐登殷阜"①。但"蠲免"在被誉为造福于一方百姓的养民措施并不断加以推行的同时,其为地方财政带来的负面影响却被掩盖了。

清朝最大规模和数量的蠲免主要发生在康熙中期至乾隆朝的百余年间,自平三藩后便开启"三载之内,布惠一周"的蠲免模式,而"普免之典,实肇于此"②。至康熙五十年蠲免数额达到了一亿两,所谓"朕为天下生民计,蠲免各省钱粮,已逾万万矣"③。学界认为,清前期蠲免政策,对于减轻农民负担、促进康雍乾三朝经济的发展、社会的稳定以及康乾盛世的出现都有着重要的积极意义。

但是,赋税收入是国家财政的根基,如何在蠲免之后保证国家行政的正常运行,便需要就原本的财政收支状态作重新调整和布局。康熙帝虽有蠲免后"无国计不足之虑"的说法,但康熙时期的国家尚处于开创的阶段,实施的是"将外省钱粮尽收入户部"的分配方式。而"天下财赋止有此数,在内既赢,则在外必绌"。这部分被蠲免的钱粮虽多为历年的民欠,但同时也包括当年地方财政可以留存的钱粮,所以,当直省的钱粮一旦被诏令蠲免,则意味着该省当年的地方财政没有存留。由此似可以认为,康熙朝一亿余两的蠲免数额,对地方财政的影响当不可小觑。

清朝地方财政原本先天不足,加上不断"蠲免",地方督抚就必然要想方设法寻找其他的可行财源,除了摊捐官员俸禄、挪用正项

---

① 《清圣祖实录》卷144,康熙二十九年二月己卯。
② 参见王庆云《石渠余纪》卷1《纪蠲免》,第12—14页。
③ 《清圣祖实录》卷244,康熙四十九年十月癸未(乾隆年间伴随盛世的繁荣,清朝出现了第二个蠲免的高潮,蠲免的数额又有新高。这里暂不作讨论)。

钱粮外，另一补苴之道就是捐纳。康熙中期，川陕总督佛伦讲的很清楚，他说："陕西省各项钱粮，蒙皇上鸿恩全行蠲免，故皆赖此捐纳银两。"①

捐纳，即捐粟纳官，是清代一项解决或缓解财政拮据与匮乏的经济手段，自康熙十四年（1675）为平三藩开启捐纳实官之例后，便一再引发訾议，却又再三再四被倡开。蠲免与捐纳一免一纳，皆与国家的财政收支有关。所以，当我们从蠲免与捐纳并行的地区去寻找二者之间的关联性时，就会发现，凡实施了蠲免的直省，随后多在督抚的奏请下开启捐例，以捐纳的方式来补充地方财政的不足。纵观康熙朝的捐纳，大都与"西师"有关，而"陕西历年钱粮，屡经蠲免"②。且随着康熙朝蠲免钱粮名目与数额的增多，以赈济、军需、办差为名的捐纳也愈开愈多。或许正是在这一意义上，大学士李光地有曰："大概以为免钱粮是大事，足以救百姓，开捐纳是小事，原与百姓不相干。算来免钱粮却是小事，开捐纳却是大事。"③

蠲免与捐纳二者之间的关联性自不待言，但也不能就此认为蠲免是捐纳得以实施的必然因素，它只不过是清朝补苴财政的一条渠道而已。有这样一个数字或许可以说明一些问题。康熙四十四年（1705），川陕总督博济说，"四川、陕西每年所需钱粮甚多，由各省捐送者，一年仍有百万余两"④。如此数量的钱粮需求，即便是没有蠲免、地方征收的钱粮得以如数存留，也不及川陕实际由捐送银两中得到的一半。所以，因蠲免之后奏请开捐不过是地方督抚的由头而已，在其堂而皇之为公倡捐的背后隐藏着的大都是私欲。其危害，康雍之际的吏科掌印给事中崔致远已有论述，他说："各处捐纳有济于实用者少，有损于国体者甚大也。""朝廷开一捐例所得尚无

---

① 《康熙朝满文朱批奏折全译》康熙三十二年三月二十四日，川陕总督佛伦奏请捐纳亏空银两展限补完折，中国社会科学出版社1996年版，第40页。
② 《清圣祖实录》卷289，康熙五十九年十月戊申。
③ 李光地：《榕村语录·榕村续语录》卷18，中华书局1995年版，第828页。
④ 《康熙朝满文朱批奏折全译》康熙四十四年六月二十八日，川陕总督博济奏请官生捐纳完结未完米石折，第376—377页。

几何，而存贮库内正项钱粮乃消耗于一二贪墨之手，甚可恨也。"①所以，借解决财政不足之名开捐例，随后借机侵盗钱粮，从而产生新的亏空，这在康熙朝几乎成为各省的通例。

但是，捐纳虽为"饮鸩止渴"之毒剂，却始终未能废止。嘉道以后"其恃以应急者，惟捐例为多"，而捐纳、捐输在财政中的比重也在不断增大，据罗玉东统计，嘉道时期历年捐纳所得可占户部银库收入的三四成之多。② 表明原有的赋税征收机制失去了应有的效用，国家的财政状况及收支渠道都发生了变化。为了应对临时性的巨额支出，国家不得不依赖经制外的财源筹措来填补财政缺口。这种赋税征收的不稳定性，在一定程度上可以说明国家体制已经无法适应国家政治的目标了。

第四，督抚的监察权与"分赔""代赔"的责任、利益纠葛。

督抚在被寄予地方守土之责的同时，便有对钱粮管理的监察权。所谓"各省定例，督抚盘司库，司盘道库，道府盘州县库。所以杜亏空，防挪移也"③。"布政司交代，例应巡抚盘查具题。"④ 而清查亏空的直接目的正是追缴亏空的钱粮。为此，自康雍时期便逐渐制定了"独赔""分赔""代赔"等赔补规定。"独赔"是对亏空官员本人而言，"分赔"与"代赔"强调的是责任赔补，一旦属员亏空帑项，作为上司的督抚司道等官员便要承担失察的责任，于是有了"分赔""代赔"等项赔补。如此一来，大多行政官员都难逃赔补亏空的"法网"，这对官员个人利益的影响是不可低估的，与不断加增的续亏也难说没有关系。虽说，这些赔补方式对追缴亏空钱粮起到了保证作用，但同时也将地方官员由利益链接成一个共同体。

---

① 《雍正朝汉文朱批奏折汇编》第1册，雍正元年四月十九日，吏科掌印给事中崔致远奏陈轸恤京师官民等三事折，第252页。
② 参见罗玉东《中国厘金史》，商务印书馆2010年版，第7—10页。
③ 《清高宗实录》卷189，乾隆八年四月辛丑。
④ 《雍正朝汉文朱批奏折汇编》第9册，雍正五年四月十二日，广东布政使官达奏报到任盘察藩库仓谷等事折，第628页。

所以，在权力与利益的纠缠中，督抚还有责任的羁绊，即对司道等地方官员除了监管钱粮之外，同时还要承担钱粮亏空的赔补之责。一旦属员亏空帑项，作为上司官员在亏空赔补无着的情况下，都需要承担分赔的责任。

"分赔"对于官员而言，或是经年累月罚扣俸禄，或是变价土地、房屋，它意味着为官的成本远远超出了利益输出。因此，"分赔"之例虽在康熙二十八年（1689）便有规定，但从未认真实施过，康熙三十七年（1698），又以地方官因分赔情迫，"必致派累小民"，由九卿会议决定"此事断不宜行"①。康熙末年又再度遭到督抚的联名否决，称"州县官恃有上司分赔之例，本无亏空，将库银藏匿假捏亏空。应令督抚核实题参，严加议处，其亏空银两仍在该州县名下独赔"②。

雍正帝即位后，于雍正二年（1724）规定："凡官员亏空钱粮仓谷，该管上司失于盘查，自应革职分赔。"③ 由此重新确立起分赔、代赔等连带责任制度。在雍正朝铁腕反腐面前，分赔成为督促地方官员加强监管属员的常规条例，同时也是国家完补财政亏空的一个重要手段和渠道，此后分赔的实例也比比皆是。然而督抚作为监察地方钱粮的责任人，既需要查核揭报，又要承担赔补的连带责任，其监管体制的自身矛盾，也是亏空难以控制与遏止，更难以被揭出的原因所在。

有了"分赔"的处罚压力，督抚等需要加倍小心，却仍无法做到明察秋毫。但又没有哪个官员心甘情愿地承担亏空的责任，这不仅意味着仕途的夭折，且有因赔补而致倾家荡产的风险。因此，他们往往会在亏空被揭出之前，千方百计对亏空案件及侵挪官员掩饰徇庇，或令下属集资填补亏项，或令后任接收代赔，做尽掩饰亏空

---

① 《清代起居注册·康熙朝》第 12 册，康熙三十七年七月初六日，台北联经出版公司 2009 年影印本，第 6455 页；康熙三十七年七月十二日，第 6462 页。
② 《清圣祖实录》卷 288，康熙五十九年七月庚午。
③ 《清世宗实录》卷 23，雍正二年八月甲申。

的努力。就连居官干练、操守清廉者也不例外。他们即便不作利益的衡量，也会顾忌自身的官声。他们的行为与贪赃没有关系，但在掩盖钱粮亏空的态度与做法上却与贪官有着诸多的一致性。这再一次说明，地方的钱粮亏空使得作为责任官员的督抚与属员之间产生了利益上的一致。而利益决定了政治态度。

正因如此，督抚在如何清理钱粮亏空问题上，既要对君主负责，又不得不千方百计规避因失职带来的处分。这直接影响督抚在清查亏空上的自觉性及执行力度，也可以说他们的权力在此发挥得有限。因此，这种在责任、权力与利益之间的矛盾与纠结状态，使得国家的行政运行受到诸多非正常因素的制约与干扰，而权力的腐败也容易滋生于其中。

所以，聚焦于发生在钱粮亏空案中的利益关系，是观察并解读涉案官员行为举措、政治态度，乃至人性的最直接要素。而如何赔补亏空，更是体现了一种利益的冲突。从国家的角度，清理钱粮亏空并对官员特别是贪官进行追赔，有利于国家的长远利益，有利于其政权的长治久安。

清朝作为中国传统社会最后一个王朝，无论是政治制度还是财政制度的完善和缜密程度都达到了传统社会的顶峰，这些制度中虽然有对明朝的承继，如低税收、低俸禄，也有其自行的创建，如耗羡归公与养廉银的建设，将捐纳、捐输等经制外的财政补充作为常制等。但无论制度属于哪类出身，都没有改变传统儒家文化在国家制度建设中的作用与影响，儒家"养民""民本"的政治理想，促使清朝几代统治者在"藏富于民""量入为出"的框架之下制定并推行各项制度与政策。

此外，在清朝的各项制度中有体制内的正式制度，也有体制外的非正式制度，共同规范着各级政府的行政实践。从以上各种制度之间产生的纠葛与关联来看，无论是正式还是非正式的制度，在执行过程中都会产生不同程度的偏差，且一项规制实施后，不得不需要以另一措施或新立制度进行补充或补救，这说明清朝的各项制度之间缺乏相互维系的链条。这要求我们在评价这些制度时必须要有全局的观念，正如钱穆所言："每一制度，不当专就此制度之本身论，而该就此制度与政府其余各项制度之相互关系中来看此制度所能发生之功效与其实际的影响。"[①]

---

① 钱穆：《中国历代政治得失》，生活·读书·新知三联书店2002年版，第159页。

第 一 章
康熙中期的钱粮亏空案

在中国历史上，康熙皇帝以其守成兼创业的历史功绩摘取了"千古一帝"的桂冠，在其六十一年的执政生涯中，开启了中国传统社会最后一个盛世，缔造了一个生机勃勃充满发展潜力的国家政权。然而，在其"杰出君主"的光环下，在其宽仁政治的环境中，国家政令推行与行政制度实施过程中的非理性因素甚或错误往往因司空见惯而被忽略，官僚政治体制下惯于滋生的弊症也被掩盖或淡化，而对清朝国家的财政进行侵蚀的钱粮亏空案正是从康熙中期开始形成蔓延的事态，在康熙后期更是呈现出不可遏制的势头。以故，国家开始直接介入对地方钱粮亏空的清理。

那么，亏空案是如何引起了国家上层的重视？各级政府又是如何面对与解决不断出现的地方钱粮亏空呢？本章将从几起亏空案披露的过程谈起，并借此阐述分析涉案官僚、相关官僚，以及皇帝等人的立场与态度。

一 陕西"散给籽粒银案"

在康熙朝诸多不甚明了的亏空案中，陕西的"散给籽粒银两案"，是线索稍觉清晰的为数不多的亏空案，也是康熙朝由朝廷派钦差大员调查地方亏空案的开始。

先是,康熙三十一年(1692),陕西省西安、凤翔所属州县遭遇旱灾,百姓颠沛流离,清廷"将陕西省旧欠钱粮及来年正项钱粮,全行蠲免"。为解决灾赈的经费问题,经新任"总督佛伦奏请,于州县地方始行捐纳"①,即所谓"陕西赈饥例"。但捐纳开始不久,便出现了亏空。十一月,经佛伦粗查奏报,各州县在"本年八月前捐纳银两数目颇多",但"仅有数而实无此数银两"。而陕西"官兵之钱粮、救济被灾之民,皆靠此银,关系至重至大。今无预备而日后亏空,虽斩官吏,亦无济于事"②。虽亏空原因尚不清楚,但佛伦已意识到,这次捐纳从开始便存在虚捐舞弊的侵欺行为,而且它与陕西长期以来的官场腐败有着直接的关系。

原来,佛伦在赴任陕西之前,先派可信家人前往陕西省秘密访查了十七个州县。"其中十余州县之官吏,既无安抚之才,且贪苛残暴者亦有之;借故私灏派扰民者亦有之;极其庸愚,放纵衙役、家人肆行苛取者亦有之。……由此可知,陕西通省官员,均以摊派克扣为常事。更有甚者,或有正副官员,在职期间,平素肆行贪苛,继而又向被灾民人倍加派征,攫为己有,反捐纳而离去者亦有之。""赈济饥民时,民得实惠者,寥寥无几。而借口用于饮食、骑用之项,而摊派之项颇多。"③ 于是,佛伦开始对捐纳亏空事件展开调查,并采取相应措施。

为避免继续亏空,同时担心"此等人惧怕出事,补送各自所欠数额",佛伦要求各州县将捐纳银两一律集中到省城,集中由布政司库管理。在集中的过程中,佛伦发现仅咸宁、长安两个县便亏空了

---

① 《康熙朝满文朱批奏折全译》康熙三十一年十一月十六日,川陕总督佛伦奏报捐纳银两数目不实折,第33页;康熙四十六年六月二十五日,陕西巡抚鄂海奏报州县亏空钱粮缘由折,第521页。

② 《康熙朝满文朱批奏折全译》康熙三十一年十一月十六日,川陕总督佛伦奏报捐纳银两数目不实折,第33页。

③ 《康熙朝满文朱批奏折全译》康熙三十一年十一月十六日,川陕总督佛伦奏请拯救地方严肃吏治折,第32页。

17万余两。但佛伦并没有立即参劾，也没有深究亏空的原因和去向，而是着令这些州县的官员设法补完亏空。对于此举，佛伦于康熙三十二年（1693）三月在奏折中作了解释。他说：

> 去岁接任后，查访陕西省州县捐纳银两，亏空者甚多。彼时若即行参奏，则亏空银不能盈数，反于事无益。若不陈奏，该省捐纳银两颇多，恐误公事。念及于此，奴才于去年十二月奏请，将各州县捐纳银两，一个月内送交布政司库。……今已限满一个月。奴才屡行文布政司严催各州县，或州县送十分之一二者有之，送十分之四五者有之，或州县丝毫未送者亦有之。顷由西安府属咸宁、长安二县讦捐纳银两亏空实情，将捐纳者姓名、欠下未给之数目，造具细册，由该司参报到奴才。奴才查阅档册，（西安）咸宁县亏空银二万余两，长安县亏空银十五万余两。奴才见之甚惊，据此二县如许亏空，可知其余州县亦有如此亏空者颇多。①

两个月后，即是年五月，捐纳亏空的事态进一步明朗化。佛伦又奏：

> 今长安、咸宁、洛南、富平、华阴、武功、眉县、耀州等八州县，将捐纳后未给银两亏空数目及承捐人员，造册呈布政司，参送到奴才。奴才查得，西安、凤翔二十九州县卫，共捐纳银二百七十一万两。其中，除将支用银两及户县知县李福石亏空银二千两另行奏报严查外，各州县共送银一百一万余两，尚未送到银一百八万余两，其中亏欠银六万余两。……请展限

---

① 《康熙朝满文朱批奏折全译》康熙三十二年三月二十四日，川陕总督佛伦奏请捐纳亏空银两展限补完折，第40页。

二个月完纳。①

佛伦的这份奏折仍留有很多的疑问，诸如咸宁、长安的17万两亏空是否补足？各州县尚未送到的百万余银两是否实在收储于库？所说的亏欠六万两究竟如何亏缺的？特别是捐银271万两，解送藩库101万两，未解108万两，其中差了62万两去哪了？凡此等等，都随着佛伦于康熙三十三年（1694）九月的调离，而没有了任何的结果。至少从目前资料上我们无从知晓捐银的去向。

佛伦在任职期间，为解决陕西大面积的旱情，曾"奏请拨给（灾民）牲畜、籽种，以耕种荒弃之田，且均蒙皇上洞鉴施行"。于是有了所谓"散给籽粒银两"。就是由这次的捐纳银两中拿出53万两给陕西各州县用作次年耕种，故称"籽粒银"。但是，这些属于救济性质的银两发放到地方后同样出了问题，只是问题的揭出却迟了五年。

至康熙三十七年（1698）三月，"陕西咸阳县民张拱等叩阍，呈告康熙三十二年，原任巡抚布喀等，以民乏籽粒不能耕种，给民购买银两，官吏侵蚀，并不给发等情"②。但此事并未立即引起官方的重视。数日之后，户科给事中姜橚疏奏，陕西长安、永寿、华阴三县仓米亏空，请严加查核。③其中提到佛伦在任时就有15万两亏空的长安县短缺了仓米。经户部议覆后，康熙帝意识到问题累积的严重性，以"此仓米事情甚属年久"，令刑部尚书傅拉塔、左都御史张鹏翮"前往西安府长安、华阴、永寿三县查核所捐军务米数"，"并查种籽粒事务"。这意味着由朝廷派员清查地方钱粮亏空的开始，先前的捐纳案与后来叩阍的籽粒银两案都在调查的范围内。

四月十九日，康熙帝听政，傅腊塔与张鹏翮面奏查核结果："查

---

① 《康熙朝满文朱批奏折全译》康熙三十二年五月二十三日，川陕总督佛伦奏请捐纳亏空银两展限补完折，第42页。
② 《清圣祖实录》卷187，康熙三十七年三月丁酉。
③ 参见《清圣祖实录》卷187，康熙三十七年三月庚子。

得三十二年原任巡抚布喀等以民乏籽粒不能耕种，请将捐助银发五十万两给民购买，俟秋成时收取，奏请准行。此事年久，当时官员升迁者有之，罢黜者有之，现任官员不知者多，诚属难查，敢请圣训。"① 康熙帝早在佛伦出任川陕总督伊始，便告以布喀"甚为奸诈，行止不端"，令佛伦查证，佛伦随后也奏称，"布喀行常奸诈、暴虐，满洲官兵百姓无称其善者"②。由于对布喀人品操守的印象不佳，康熙帝先入为主地怀疑布喀是这起亏空案的始作俑者，即布喀没有将籽粒银给民，或有人借籽粒银发放掩盖捐纳之弊。康熙帝批示说："此事日久，株连者亦多，布喀等虽请给民籽粒，实未给民，所以至今征催不获，反致百姓告理。或因原捐有弊，托言田种，希图消灭此项银两，以未可知。尔等切须详查。"

但是，在将涉案人员逮问之后，布喀供称："与民籽粒有益，我曾疏请，因获罪来京，布政使戴通给与不给，我则不知。"原布政使戴通供称："我将银五十万两如布喀所奏，交府州县官散给与民，又经屡催将所给百姓花名造册详报。府州县官未及送至，我即丁忧，百姓实得与否，我亦不知。"

由于两个关键的当事人、巡抚与布政使任期内都没能追随关注到籽粒银发放的过程与结果，此外就很难找到该负责任的人了。因此，张鹏翮认为这件亏空案很难查清实情。他说："臣思三十几州县相去辽远，百姓有真朴者亦有奸狡者，臣等虽遍行查访，难以即得虚实，且耽延月日。臣意俟其告发，同总督吴赫会查。伏乞圣训。"希望听到康熙帝就此结案的谕旨。但是康熙帝的态度却很坚决："这银五十万在官在民，务必查明。"③

经过半年多的查审，十一月，傅拉塔与张鹏翮等回奏："原任长安县知县谢嵩龄、永寿县知县万廷诏经收米麦，其见存者与该抚所

---

① 《清代起居注册·康熙朝》第12册，康熙三十七年四月十九日，第6342页。
② 《康熙朝满文朱批奏折全译》康熙三十一年十月初十日，佛伦奏请捐纳亏空银两展限补完折，第31—32页；康熙三十一年十一月二十一日，川陕总督佛伦奏报布喀等品行折，第35页。
③ 《清代起居注册·康熙朝》第12册，康熙三十七年四月十九日，第6341—6345页。

题之数相符,除折米银十万六千九百两存贮布政司库,其各州县寄贮乡村寺庙等处米麦应交该督抚严催,限三个月内运入省城永丰等仓。华阴县知县董盛祚经收已完米麦,亦限三个月内运入省城永丰等仓,其未完米石已越七年,应交该督抚委道员督催,限本年十二月终照数全完。"① 也就是说,长安、永寿两县并无亏空可言,只要将贮于州县的米麦如期运至省城收贮即可,唯独华阴县"未完米石已越七年",而这部分亏空似乎也只是未能完纳的"民欠"而已,只要在年内完纳亦不是问题。五年前佛伦曾经密奏的捐纳亏空事宜在二人的回奏中丝毫没有提到。

但这期间,即在七月,又发生了原任陕西巡抚布喀叩阍案,呈告川陕总督吴赫于借给籽粒案内侵蚀四十万余两,请与吴赫等质审。于是,是案将总督吴赫也牵扯进来。经户部奏准将布喀发往陕西,交尚书傅腊塔、张鹏翮等与总督吴赫等质审。②

康熙三十八年(1699)三月,又经历了半年多的查审,"籽粒银两"亏空案仍未查明。康熙帝斥责说:"观傅腊塔等前往陕西察审籽粒一案,畏人怨恨,草率具覆。张鹏翮于此事,亦稍罢软。"③ 这说明康熙帝是听到了某些风言之事。五月,傅腊塔与已经升任两江总督的张鹏翮一致回奏并无官员侵吞之事。傅腊塔说:"布喀所告籽粒事,询地方百姓皆云,布政使戴通等将籽粒给我等是实,并无侵蚀,但除其运粮脚价,余银给我等等语。臣等亦曾出示,若将籽粒未经散给,地方官有侵蚀者皆来出首,亦并无出首之人。籽粒银两百姓自称已经给散在民,且侵蚀又无证据,此事无庸议。"④ 但康熙帝仍坚持命令重审陕西籽粒案。

在康熙帝的坚持下,六月,傅腊塔与张鹏翮就是案提出处理意见,拟原任陕西巡抚布喀控告川陕总督吴赫等侵蚀籽粒一案,应将

---

① 《清圣祖实录》卷191,康熙三十七年十一月丁酉。
② 参见《清圣祖实录》卷189,康熙三十七年七月乙酉。
③ 《清圣祖实录》卷192,康熙三十八年三月甲申。
④ 《清代起居注册·康熙朝》第13册,康熙三十八年五月十九日,第7160—7161页。

吴赫等革职。其籽粒银两，应免追征百姓，令在事官员赔偿。而原任总督今升尚书佛伦降四级调用。

对于这一处置意见，康熙帝并不认同，认为此案没有审实，他谕大学士等曰："朕于此案，再三详阅，所议甚不明晰。以布喀控告而处分吴赫，若吴赫控告，又将处分布喀乎？况此案每奉批驳，但拟加重处分，有是理耶？籽粒银既议免追百姓，令官赔偿，并未指明某官，若再往查愈增烦扰。""此案果令两造抵面穷讯口供，然后拟罪，吴赫等罪岂止此耶？"① 于是，大学士伊桑阿等根据康熙帝的指示，再度寻问傅腊塔，以此前未曾穷究口供、案情甚不明晰，令其再审。

在康熙帝三番五次的督促下，傅腊塔随后奏明了籽粒案的几个要点，曰："籽粒银两发给是实。""布喀所告侵蚀四十万两之处，并无证据。且籽粒银两于二年份十七万银两已经征完，故遵旨仍于百姓征收。"但是对于其余36万余两尚未给出明确的去向。只是就督抚以下各官奉部屡次驳查，不据实咨明，提出拟革职降调处分。并强调从前未曾定案，原因在于对质口供之人俱在京师。② 康熙帝仍命傅腊塔、张鹏翮赴陕西详审。③ 七月，二人提出要将案内干连的尚书佛伦带往陕西，以便与总督吴赫对质。但康熙帝要审的不是作为责任人的前后两任，他要搞清楚的是地方亏空究竟因何产生。随即令吴赫解任，以佛伦年老且系尚书，不必带往，意在能在京结案的即议结。命令傅腊塔与张鹏翮："尔等此行，务须从公审理，勿更听人言、徇情面。"④

这次的调查又历时一年多，牵扯出的官员自督抚延至州县。至三十九年（1700）三月，经九卿等官员会议，对是案提出了处理意见：

---

① 《清代起居注册·康熙朝》第13册，康熙三十八年六月十五日，第7206—7207页。
② 《清代起居注册·康熙朝》第13册，康熙三十八年六月二十四日，第7226—7228页。
③ 《清圣祖实录》卷193，康熙三十八年六月丙辰。
④ 《清圣祖实录》卷194，康熙三十八年七月癸酉。

"查籽粒银两共计五十余万，此内给发民间三十九万余两，百姓已于三年内完过二十六万两，余银限二年内陆续完结。其原任同州知州蔺佳选、蒲城县知县关琇、韩城县知县王宗旦俱侵扣籽粒银入己，应拟斩监候。朝邑县知县姚士塾、华州知州王建中已病故，无庸议。其侵扣之银俱应照数追还原项。"除涉事官员被处以死罪外，责任官员也分别处分有差。总督吴赫等侵蚀籽粒银两三四十万，经统计核实，可确认布喀所告实虚。但吴赫及原任巡抚党爱不将属员侵扣情弊确查题参，俱被革职。原任川陕总督佛伦、原任西安知府彭腾吉羽、卞永宁、陇州知州王鹤、凤翔知府许嗣国、原任西安知府升神木道李杰等也分别降级处分。康熙帝降旨，蔺佳选、关琇、王宗旦俱依议应斩，监候秋后处决。佛伦从宽免降级调用，着以原官致仕。①

此外，籽粒银案中，不仅有官员侵蚀，还有挪用，即查出"那垫运价等案"。"查醴泉县知县张鸣远等，将借给穷民种地籽粒银两那为雇车、赔米、垫解盐课等项使费。"于是，张鸣远、章绅、刘桂、李先茂、朱作绣、张凤瑞等一干官员均革职，此挪用银照数追还。也就是说，籽粒银除了给发民间39万余两之外，尚有14万余两没有着落，或被官员侵蚀，或被"那垫"。

至四十五年（1706）十月，这起因"出借州县籽粒银两"引发的亏空案，在历时十五年后终于有了赔补的结果。据陕西巡抚鄂海的奏报：陕西省"惟三十一年遭灾，借给各州县民人之籽粒银共五十三万一千余两。河道总督张鹏翮等来审此案，原州县官员等侵吞银十二万一千余两，其中已偿还三万一百两。将该员遣回原籍，着落其家产追取银四万五千余两，于陕西地方追还银四万六千余两。除将此俱该地方官严追外，借给各州县民籽粒银共四十一万三百余两，奴才一直严催偿还，至今年九月计之，追完银四十万八千九百余两，皆收之入库，载入年销算档，列为军饷用之。惟有耀州民银

---

① 《清圣祖实录》卷198，康熙三十九年三月丙申。

一千四百余两尚未还完"。"除此无有陈年旧案。"① 鄂海的奏折告诉我们，陕西这次清理并追缴亏空钱粮颇具成效。

但是，一个并不复杂的亏空案，由朝廷派出的一品钦差数度亲临调查，前后历经十五年，最后也不过是找到几个责任人，以侵贪的罪名给予处分，而亏空的原因究竟出在哪个环节却并不是很清楚。且由此案的遗留问题引发了另一件西北的亏空大案"官生捐监亏空案"。

二 陕西"官生捐监亏空案"

康熙三十一年（1692）的陕西赈济捐例是遗留问题最多的捐纳案。这次捐纳除了部分折色之外，更多的是积贮本色，以备赈济所需。但这部分本应收贮在仓的"本色"，即米麦等，在开捐之后未久便出现了亏缺。根据巡抚鄂海的奏报，陕西省在康熙"三十一、二年原捐纳米数，共计二百四十一万余石。于三十七年巡抚贝和诺详查之，以欠米八十余万石等因参奏"②。此即为"官生捐监亏空案"的缘起。

根据《清史稿》的记载，康熙三十七年（1698），贝和诺疏报："陕西开事例，积贮米麦，应存一百七十七万石有奇，今实存仅十七万。"③ 存仓数额不足十分之一。比鄂海所奏的亏空程度更为严重。时康熙帝已命尚书傅腊塔、张鹏翮往按。寻二人疏言：长安、永寿、华阴等籴补 38 万有奇，余皆欠自捐生，请令补完。但是，过了三年，亏空数额仍在百十余万石。康熙四十年（1701）正月，继任陕

---

① 《康熙朝满文朱批奏折全译》康熙四十五年十月二十九日，陕西巡抚鄂海奏报完结陈年旧案折，第 470 页。
② 《康熙朝满文朱批奏折全译》康熙四十一年七月初八日，陕西巡抚鄂海奏请允准官生赴被灾地方买米折，第 270 页。
③ 《清史稿》卷 276，《贝和诺传》。

西巡抚华显在奏折中仍然提到，陕省"捐纳之米欠一百有八万石余"。部议令欠米之捐纳官生一年内偿还。但由于欠米过多，华显在西安仅收取了华阴县未完之米23.8万石，其余"商南等五州县捐纳官员监生等亏缺之米共有八十四万石"。随后，华显提出了解决方案，他认为，西安城之内外仓皆将满，且米价昂于其他州县，捐纳官生等皆聚在一处难以采买到米，请旨令在甘肃等五处捐纳还补未完亏空。但随后，他发现甘肃等地贫瘠缺粮，谷价一石等于他地十石，无人会于此处采集粮食报捐，又请旨准许各官生等可以自主选择纳粮之地，即有愿缴往西安者，则于西安地方收取；有愿购缴甘肃者，即准在甘肃交纳。部议奏准施行在案。①

是年，华显升川陕总督。但他仍旧关注陕西因捐纳出现的亏空问题。次年，即四十一年（1702）五月十六日奏："顷查各州、县，参劾亏空者甚多，仓粮甚少，亏空者过半。奴才昼夜忧虑，未有补救之策。"而且，针对需将西安捐纳之米运至甘肃临洮、巩昌、兰州等受灾地区的做法，他认为过于耗费财力人力，提出停运，再次强调在甘肃之地就近捐纳。随后又提出，请停各省常平仓捐例，以保证甘肃能够有人报捐，以及调整甘肃常平仓条例等措施。② 可以看出，在如何补足捐纳造成的亏空问题上，地方督抚可谓绞尽脑汁。

但是，甘肃本为受灾之地，当地人并无前来报捐者。七月初八日，继任巡抚鄂海在奏折称：所欠米80余万石，"因接到部文以来三四年间严催，升任巡抚华显追完者十一万二千余石，奴才任内追完米十一万六千余石，共计二十一万余石，再有米六十万余石，尚未偿还。将此作何完结之处，若不详加寻思，则拖延时日，必致国帑亏空。部虽更定三月期限，但各省人等尚未全至，且此许多米焉

---

① 参见《康熙朝满文朱批奏折全译》康熙四十年正月十二日，陕西巡抚华显奏陈捐纳米石亏缺缘由折，第206—207页。

② 《康熙朝满文朱批奏折全译》康熙四十一年五月十六日，川陕总督华显奏明甘肃属地储粮折，第264—265页；康熙四十一年闰六月十六日，川陕总督华显奏请停止运米至甘肃折，第268—269页。

能完结？虽将亏欠官员、监生等严加参奏，概行革职，着落家产追取，亦决不能补全所欠数，必致落空"。于是，鄂海重申总督华显提出的令欠米官生等"赴被灾地方补偿"的异地捐纳赔补方法。① 并奏称，西安官生亏空捐纳一案已与华显等公议具奏，此案年内可完结。但是，直至华显病逝此案依然在悬。

康熙四十三年（1704）七月，西安将军博霁接办此亏空案。他认为，"西安久拖未完事宜"实在难以完补，提出走"代捐"的方式。他说："原华阴县知县董盛祖、原商州知州彭腾杰等所欠四分损耗银两，总计六万九千余两，拖至十年之久，尚未完结，故前总督臣华显虽参奏董盛祖等革职追取。但自四十一年八月参奏，至今又将近二年，再三严审，言皆为官员监生等亏欠未能完结之项。"可"令官员监生代捐补完"，其原欠官生等除名，则钱粮不致减损，且事亦易于完结。代捐例：有米者交米，无米者每石交银一两八钱。② 九月，博霁接任川陕总督，由西安布政使鄂罗主持捐纳事宜。

康熙四十四年（1705）五月，陕西巡抚鄂海对此案做了总结性叙述。他说：西安地方捐纳米，十余年未能究查明白，各报捐官生等共欠米 81 万余石。前任巡抚华显催追二年，完结 11 万余石。自己到任严追，复得 12 万余石。其余米由于原欠人不能补偿，奏准实施以米折银代捐。"是以开除前征收米二十三万余石，于武功县等三县，原欠捐纳米共三十九万七千一百四十二石，将此代为捐纳，折取银共四十三万二千二百余两，征收本色米八万八千余石。又于镇守等四州县原欠未完米十七万二千二百十三余石，将此亦代为捐纳，折取银共十七万一千六百余两，已收取本色米四万九千六百四十石。以上共收银六十万三千八百九十余两，米十三万七千六百余石。""其银收存于库，米照数收储于仓。"于西

---

① 《康熙朝满文朱批奏折全译》康熙四十一年七月初八日，陕西巡抚鄂海奏请允准官生赴被灾地方买米折，第 270 页。
② 参见《康熙朝满文朱批奏折全译》康熙四十三年七月初一日，西安将军博霁奏请代捐官员监生分别录用折，第 324 页。

安地方亏欠十余年之捐纳米项，俱照原数，尽行补捐完结。① 随后，博霁奏报捐纳亏欠完结。他说：去年十二月，自接部文之日以来六月期限内，此项银皆已捐纳完结，收取存于布政使库内。""十余年未完旧案皆获究查明白。"②

但事实上，代捐除了准许银米互易外，参与者并非只有地方的官员和监生等，还有京城的皇亲国戚。两江总督阿山说："查西安救饥例，其捐纳官生亏空米石，历年未查明。故皇帝恩施，着亲谊宗族人等代捐，银米并收，不久全完。"③

康熙四十六年（1707）六月，在陕西巡抚鄂海奏折中再次提到：这次"代捐"，"未在原州县捐纳，俱准在布政使司代捐，即按照亏空数额另行招捐于官员、监生等。米折价取银六十万余两，其中户部移文拨银十七万余两为兵丁钱粮，现余银四十三万余两，如数存于布政使库内，于此并无亏欠项。又省城仓收取代捐米共十三万八千余石，其中拨给十一万余石为兵丁口米，又余二万八千余石，仍将列为兵丁口米给讫。州县钱粮内所欠者，不在捐纳项内"④。四十七年（1708），鄂海又有奏报："前亏空捐纳米，经奏明代捐，照数全完，已收入库银六十万三千八百余两，入仓米十三万八千石。经由户部咨文，于四十五年将此银列为兵饷。"米支给官兵口粮。⑤

但在这项捐纳中，还出现了一些额外的报捐者，华阴县盈余米63万石一事，奏准代捐，已收完米32万余石，造册送部。其逾限未

---

① 《康熙朝满文朱批奏折全译》康熙四十四年五月初九日，陕西巡抚鄂海奏报完结西安捐纳米事折，第368页。
② 《康熙朝满文朱批奏折全译》康熙四十四年五月二十六日，川陕总督博霁奏报拖欠银两已捐纳完结折，第370页。
③ 《康熙朝满文朱批奏折全译》康熙四十五年正月二十五日，两江总督阿山奏请开捐以利河工折，第406页。
④ 《康熙朝满文朱批奏折全译》康熙四十六年六月二十五日，陕西巡抚鄂海奏报州县亏空钱粮缘由折，第521页。
⑤ 《康熙朝满文朱批奏折全译》康熙四十七年闰三月初六日，陕西巡抚鄂海奏报库存捐纳银米业已用完折，第571页。

完米31万石，由川陕总督博霁以筹集甘肃四川兵饷请展限一年，但部议未准。是以注销该项未完米31万余石各官、监生名姓。但博霁坚持认为，此项捐纳可得银四五十万余两。徒然丢弃，甚为可惜。并具疏奏请，再赐限期六个月代捐。① 随后又"蒙准在京城捐纳"，"京城替西安捐纳"②。

这次的京城替西安捐纳，是否即为前面两江总督阿山说的"着亲谊宗族人等代捐"，尚不清楚，但地方官一再请求以代捐的方式补捐，甚至不放过已经溢额的捐纳，说明捐纳对地方财政抑或对其个人的利益都有着重要的意义。康熙四十四年（1705），康熙帝授尹泰为西宁总兵，以尹泰由穷兵而升，着令西北的满洲总督、巡抚、布政使、按察使捐送银两给尹泰。于是，总督博霁捐银二千两，陕西巡抚鄂海捐二千两，布政使鄂罗捐银二千两，按察使赫嘏捐银一千两，计共银七千两。③ 这在一定程度上说明，西北地区的财政严重不足，且不断亏空，但官员个人却财力充足。

而且这起官生捐纳亏空案的原因依然没有查明。前面已经说到，经华显、博霁、鄂海等督抚的努力，最终以易地代捐的形式弥补了陕西十几年前出现的捐纳亏空。其中鄂海的任期最久。鄂海由笔帖式出身，任内阁中书、宗人府郎中兼佐领。康熙三十二年（1693），康熙帝征噶尔丹时奉命赴宁夏办军需，后留任陕西，历按察使、布政使、巡抚、总督，④ 是西北最久任的地方大员之一，应该对地方钱粮事务清楚。但他并未奏明亏空的原因，而朝廷也未追究。也就是说，亏空是指报捐者未完政府所定捐额，还是政府收捐之后出现了

---

① 参见《康熙朝满文朱批奏折全译》康熙四十五年六月初八日，川陕总督博霁奏请宽展限期折，第422—423页。
② 《康熙朝满文朱批奏折全译》康熙四十五年六月二十一日，川陕总督博霁奏谢御批问好并报代捐事宜折，第429页；康熙四十五年十月二十五日，甘肃巡抚齐世武谢恩并报所得银两数目折，第469页。
③ 参见《康熙朝满文朱批奏折全译》康熙四十四年六月十一日，川陕总督博霁等奏报捐送银两折，第374页。
④ 参见《清史稿》卷276，《鄂海传》。

捐纳钱粮的不明流失，对此并未指明。此外，该项捐纳亏空案，除了报捐人等拖欠之外，其他导致亏空的原因，以何种方式完补、代捐进行的过程，以及以米代银一石一两八千的高比价是如何被报捐者接收而又顺利完成的，都没有揭示出来。

对于西北地方大员不断以满足西北官兵军粮为由而奏请开捐，康熙帝也很是疑惑。早在康熙四十年（1701）十月二十五日，他明确表示："捐纳事例断不可行。如果行捐纳，亦止捐米石则可，若捐银补布政司之库，仍属无益。若令户部酌量将附近盐课银两拨解即可速至，倘爱惜钱粮，令捐补数只应准其在京捐纳，何故又令捐于陕西？其陕西捐纳事例迄今未清楚，以此而革职坐斩者甚多，事端百出，至今若仍于不清楚之中又复开一事例，使二事相混，愈至难明矣。此特欲借此以盖前项未完之空耳。今户部库中所贮钱粮四千万两有余，挽运此米用价不过用至四五十万，为拯济灾黎，而用四五十万亦不为多费。朕每岁节省之银亦足充此用矣。此项即算朕支用，其捐纳事例断不可行。"① 康熙四十六年（1707）六月，康熙帝在给川陕总督博霁奏请加征捐纳的朱批中有这样的话："西安、甘肃等地捐纳、代捐等事不断，乱了许多年，众论不一，甚是发愁。今又恐允准捐纳后，以河西地方遥远，捐纳人少，复奏请在近处捐纳。这大概原捐纳之米不清所致，不能没有疑虑。"② 命暂停增加捐纳银两数额。康熙五十二年（1713）五月，山西巡抚苏克济奏请开常平仓捐纳之例，斟酌捐贡生、监生等项。康熙帝的朱批是：此捐纳不可轻开之，应仔细③。

然西北尤其是陕西、甘肃，由于战事频仍、军需浩繁，其钱粮始终处于一种混乱的状态，状况之堪忧甚至令督抚大员也心生畏惧。

---

① 《清代起居注册·康熙朝》第16册，康熙四十年十月二十五日，第8967—8969页。
② 《康熙朝满文朱批奏折全译》康熙四十六年六月二十五日，川陕总督博霁奏请暂停捐纳折，第522页。
③ 参见《康熙朝满文朱批奏折全译》康熙五十二年五月十六日，山西巡抚苏克济奏请开常平仓捐纳折，第851页。

康熙四十一年（1702）十一月，川陕总督华显就提出调入内地的请求，康熙帝令其明白回奏求调的原因。次年三月，华显回奏其请调的理由之一，就是甘肃地方民穷兵多，钱粮事务繁剧。"查布政使送来档册，一年追补银二十余万两不等，加之买价应补银，两项合计共银百万余两。此乃甘肃钱粮内之疑团所在。此等大事，甘肃巡抚（齐世武）不能察办，日以参劾为正直，凡事毫不承担，而推他人。"① 可见，华显的顾虑在于他对甘肃省每年需要百万银两方能满足地方财政补给的真实性持有怀疑，对隐藏其中的官场陋习与痼疾已预感到有承担责任的风险。

可见，捐纳一旦开启，其过程中便无可避免地产生亏空，所谓有捐纳则有亏空，这在康熙后期已非个别现象。特别是西北三省频繁开启的捐纳几乎无不亏空，康熙帝虽明知"亏空事源皆由捐纳所致"②，但却阻止不了捐纳对地方财政应急的客观需求，以至于亏空之后，官员再度报捐，以捐纳弥补亏空，甚或借捐纳掩盖亏空，形成了恶性循环。对于康熙朝以筹备西北军需开启捐纳的诸种后遗弊症，雍正元年（1723）二月，刑科给事中赵殿最有过总结，他说："西陲用兵，暂开捐纳以济军需，此诚国家不得已之计，乃经收捐纳之各官与包揽捐纳之光棍，罔知顾忌，恣意侵渔。或虚出实收，认定得官之后加倍还项，或将现收在库之银为其子弟捐官，甚有捏造虚名冒捐知州知县，陆续贩卖与人，令其人在部具呈、改姓公然出仕者，此即亏空之原，百弊丛生。"③ 官场腐败恰恰是在地方财政的刚性需求中得以滋生并被掩盖。

---

① 《康熙朝满文朱批奏折全译》康熙四十二年三月初六日，川陕总督华显奏报甘肃地方情形折，第279页。
② 《康熙朝满文朱批奏折全译》康熙四十六年四月十八日，陕西巡抚鄂海奏谢朱批教诲折，第504页。
③ 《雍正朝汉文朱批奏折汇编》第1册，雍正元年二月初七日，刑科给事中赵殿最奏陈暂开捐纳以济西陲军需等事折，第47页。

三　山西亏空案与巡抚噶礼

山西亏空案的揭开始于康熙三十八年（1699）的巡抚与布政使的互讦案。

是年三月，山西布政使齐世武奏参革职太原府知府孙毓璘亏空库银，巡抚倭伦勒令各府知府公派认赔。① 又有革职大同府知府郑润中亏空库银仓米，本欲详请题参，但巡抚倭伦批驳不允，明系徇庇。乞部题明，遣官察审。② 五月，倭伦遵旨回奏称，齐世武揭报原任太原府知府孙毓璘、原任大同府知府郑润中亏空两案，系对其"存心倾害"。又奏："被参汾阳县知县李联亏空库银一万九千余两，并无分厘民欠，署县事汾州府通判韩开藩代李联科派里民，私征完银四千两有余。布政使齐世武任情蒙隐，咎亦难辞，请将齐世武等革职。"③

经九卿会议认为，两人言词互异，应遣大臣往山西察审定议具题。④ 于是，康熙帝派出户部尚书马齐前往山西审理此案。

经过三个多月的查审，七月，马齐以三案皆实回京复命。奏称：查明齐世武劾巡抚倭伦对太原知府与大同知府的亏空非但不查明题参，反令知府李成龙代孙毓璘捐补亏空属实。而倭伦劾齐世武科派里民钱粮，实为亏空中的民欠。很显然，在这场巡抚与布政使的互讦案中，巡抚倭伦过失更大些，倭伦不仅对属下亏空徇庇，且有向百姓私征的事实。于是，倭伦被降三级调用，齐世武降一级调用。⑤

---

① 太原知府孙毓璘将库内收贮银二万八千五百两有奇，侵没入己。经刑部审议，将孙毓璘照侵盗钱粮例，拟斩监候，秋后处决。参见《清圣祖实录》卷189，康熙三十七年七月己卯。
② 参见《清圣祖实录》卷192，康熙三十八年三月辛卯。
③ 《清圣祖实录》卷193，康熙三十八年六月辛丑。
④ 参见《清圣祖实录》卷193，康熙三十八年五月甲午。
⑤ 参见《清圣祖实录》卷194，康熙三十八年七月乙酉。

但朝廷虽有处分，却没有着令赔补的具体实施。

从这起亏空案中可以看出，倭伦对亏空的态度是"不查明题参，反令知府李成龙代孙毓璘捐补亏空"。这在一定程度上代表了地方督抚对钱粮亏空的态度与做法，就是边瞒报边设法弥补，如果不被揭出，绝不主动奏参。

鉴于山西抚藩皆有不可笃信之处，是案告结后，康熙帝命噶礼接任山西巡抚。

噶礼，栋鄂氏，满洲正红旗人，努尔哈赤时称五大臣之一的何和礼的四世孙，康熙帝乳母之子。噶礼自荫生授吏部主事，再迁郎中。三十五年（1696），康熙帝亲征噶尔丹，噶礼随行，召见时得到康熙帝的称许，回京后，三迁授为内阁学士，随后命巡抚山西。噶礼陛辞，康熙帝以"山西省私派甚繁，故致正项钱粮比年亏欠"告知。① 可见，查清山西钱粮亏欠的弊症，是康熙帝委任噶礼出任山西巡抚的主要用意。而噶礼也明确表示："奴才荷蒙皇上之恩前来山西省，奴才惟以皇上仓库为要务。"②

康熙三十八年（1699）秋，噶礼抵任山西，查出山西"近数年不完或亏欠数十万"钱粮，并查出"该亏欠私派之弊惟平阳府为甚"。原任平阳知府王福（辅）亏空银两已经年久，而"山西省钱粮仅平阳府约占一半"③，所以事关重大。是年十一月，噶礼奏称：亏空之弊莫过于平阳一府，知府王福"自上年（康熙三十七年）始至本年九月，贪污有干证之银八万余两。……王福事必奢靡，日用百两，计其贪污银两绝非参劾之数。略计其往来勒索之礼物以及输送钱粮批文所得之银两，每年五礼物品，共得四万余两。又因预先逼索一二年礼物，各州县官员索性将库银移送之。此事奴才查无实

---

① 《康熙朝满文朱批奏折全译》康熙三十八年十一月初一日，山西巡抚噶礼奏参平阳知府王福贪污折。
② 《康熙朝满文朱批奏折全译》康熙四十三年七月初四日，山西巡抚噶礼奏参平阳知府贪污钱粮折，第330页。
③ 《康熙朝满文朱批奏折全译》康熙四十三年七月初四日，山西巡抚噶礼奏参平阳知府贪污钱粮折，第330页。

据，不敢缮本一并指参。王福唯知向属员克索，对国库毫不在意，即平阳府所属蒲州革职知州谢廷吉等十一名官员，近一二年共亏空库银十万两，米谷二万余石，一分一粒未完"。及噶礼张贴告示禁止后，王福仍不收敛，"或扣取漕米官价，令州县官摊派于民，或指考文武举人为名，勒索银两"①。致山西私派民间之风盛极一时，钱粮亏空日甚一日。

康熙帝对噶礼参劾王福的行为大加赞赏，朱批："览奏折参劾平阳知府王福，曾想未必能参劾此人，除尔之外，无人动此人，以后山西之民想必获得安生耳。"②康熙帝此言并非无的放矢，王福之所以肆无忌惮，是因为他在朝廷援引皇亲索额图为靠山。③噶礼的前任"温保不行题参"，足见王福在山西已固结成难以动摇的势力。而从康熙帝的批示中也可以看出，搬倒王福对于整肃山西吏治、打击朝廷权要，以及清查钱粮亏空都至关重要。

于是，噶礼从钱粮最多的平阳府入手，开始对山西的钱粮亏空进行了大力度的清理。他先行遵旨禁革私派，勒令"镌刻于石，立于大路，取一百十四州县、卫、所碑文，于康熙四十年十一月具奏，送部在案"。形成威慑力。又至各府州县仓库，将"前亏欠王福等八员"参劾在案。据噶礼奏称："山西省州县钱粮向来不完者少，亏空者亦少，近数年不完或亏欠数十万，下属视为平常，且上司毫不为奇。"④随后彻查山西所有府州县官员的仓库钱粮，凡"升调、有案情参革、丁忧、退职、调补、离任府、州县官员，计共八十余员，

---

① 《康熙朝满文朱批奏折全译》康熙三十八年十一月初一日，山西巡抚噶礼奏参平阳府知府王福贪污折，第193—194页。
② 《康熙朝满文朱批奏折全译》康熙三十八年十一月初一日，山西巡抚噶礼奏参平阳府知府王福贪污折，第193—194页。
③ 参见《康熙朝满文朱批奏折全译》康熙四十二年七月二十五日，山西巡抚噶礼奏明未照索额图指示行事折，第293页。
④ 《康熙朝满文朱批奏折全译》康熙三十九年五月初五日，山西巡抚噶礼奏审知府王福贪污受贿情形折，第196—197页。

离任之日，皆已明白交盘，无一员亏欠之处，可查部册"①。

然山西的官场并未就此平静，五年后，即康熙四十三年（1704），继任平阳知府马超赞亦因婪赃亏帑被噶礼参劾，山西官场再度发生"地震"般的坍塌。是年七月，噶礼奏称，"据闻马超赞原在京城时，代为承接捐纳事宜，负债十余万两，遂于四月擅驮府库所存兵饷一万余两以去。此数月间，遇有词讼案死要银两，又向州县官员遍行勒取银两，大州县各三千两，中等州县各二千两，小州县各一千两"。而且，马超赞还有买官卖官的行为，"所属大宁县知县徐晋，原系前工部尚书萨穆哈家田姓人之婿，做官甚劣，马超赞甫到任，便来请（噶礼）将徐晋调往夏县，时奴才（噶礼）未从。今介休县非马超赞所属，且不知马超赞有何意图，又疏请奴才将徐晋调往介休县，许诺给银一万余两，其用印手本现存"②。

由此可以看出，山西钱粮亏空之所以严重与官僚队伍的腐败有着直接的关系，凡亏空之员非私派便是取之府库。康熙三十八年（1699）一年中，因亏空被参劾的知府就有三人，且都是太原、大同、平阳这样的大府，特别是平阳，"山西省钱粮仅平阳府约占一半"，而且，不仅王福、马超赞因与中央部院官员有交通往来，有恃无恐。大同知府李恕同样"恃京城有其依靠大臣，便纵属员，违旨私派。伊自己又向当铺派取铜锭，与银一并鼓铸劣质元宝，以拨给总兵官镇标下营各处为兵饷。又百般贪取仓粮，私卖入己"③。

由山西钱粮亏空案揭出的官场腐败，不仅有巡抚的徇庇，还有知府等官员以援接朝廷权要，通过捐纳、私派等手段侵欺入己的婪赃。而在清查的过程中，巡抚噶礼是起到了重要的作用的。对于扭

---

① 《康熙朝满文朱批奏折全译》康熙四十二年十二月十九日，山西巡抚噶礼奏报监察御史无辜参劾折，第306页。

② 《康熙朝满文朱批奏折全译》康熙四十三年七月初四日，山西巡抚噶礼奏参平阳知府贪污钱粮折，第330—331页。

③ 《康熙朝满文朱批奏折全译》康熙四十六年六月初四日，山西巡抚噶礼奏报大同知府李恕贪赃劣迹折，第515页。

转山西的钱粮亏空，噶礼自己有一总结。他说："奴才来山西将近八年，从未亏欠钱粮。至于奴才到任前旧欠银米，亦追完将及百万，府州县仓库亏空较前少，民生疾苦亦比前稍苏。"① "山西省私派、重耗，奴才一到任，钦遵训旨，勒石禁革。自到任以来，实无派取些许。"② 至四十七年（1708）七月，噶礼在奏请调回京城的奏折中仍然奏称，"山西省私派、重耗等弊端，奴才业已钦遵训旨，勒石禁革，并将在州县所立碑文，刷印具奏户部"。在山西十年，"布政司库多余者，奴才从来不取其丝毫，库中钱粮现已不亏欠一分一厘"③。虽然噶礼的自述有其夸大的成分，因为在噶礼离任后，其后任苏克济仍然查出其任内也有亏空，亏空数额至四五十万，且有御史参其贪婪。但至少说明，噶礼在追缴前任亏空上是有作为的。

接任噶礼为巡抚的是苏克济，苏克济也是康熙帝信任的官员。康熙四十八年（1709）十月，苏克济奏："奴才到任查得，州县官员亏空者甚多，拖欠银一二千两至万两不等。奴才召所属知府、知县至，问得亏空确实缘由，应即参奏治罪。"朱批："其亏空根源如何？着明白具折，甚密奏来。"④ 可见，康熙帝对以往噶礼的奏报并不完全相信，他想通过苏克济进一步了解山西亏空的根源。随后，苏克济奏称："奴才查得，山西省向有摊补、转嫁等情弊。凡升迁、因事离任官员内，若有亏空者，则从各州县摊补，或前任将亏欠着落后任接收，故相沿积累，以致亏空。"⑤ 指出了凡新旧任官员交印，亏空的钱粮也一并转交下任，系山西的积习。这

---

① 《康熙朝满文朱批奏折全译》康熙四十五年七月十八日，山西巡抚噶礼奏报原任按察使巴哈布劣迹折，第442—443页。
② 《康熙朝满文朱批奏折全译》康熙四十五年八月十二日，山西巡抚噶礼奏报原任按察使劣迹折，第453页。
③ 《康熙朝满文朱批奏折全译》康熙四十七年七月初六日，山西巡抚噶礼奏请调回京城任职折，第584页。
④ 《康熙朝满文朱批奏折全译》康熙四十八年十月初七日，山西巡抚苏克济奏报州县各员亏空银两折，第652页。
⑤ 《康熙朝满文朱批奏折全译》康熙四十八年十月二十七日，山西巡抚苏克济奏报亏空根源折，第652页。

或许也是噶礼在离任时所说的"库中钱粮现已不亏欠一分一厘"的原因。

康熙四十九年（1710）十二月，山西巡抚苏克济又奏："山西省州县各员前亏空钱粮，奴才曾以到任后查明，将彼等各所得一分加耗银，限年赔补。"蒙准。"今据各府州来报，所限一年内，州县各员共补十一万余两，送交布政使库。其余亏欠银可来年内俱完。"因"州县各员所欠钱粮甚多，不能一时赔补完。仍照前奏，拟限一年赔补"①。五十年（1711）十二月，苏克济再奏：曾行令各州县赔补亏空钱粮，并交付五府三州各员，由彼等所取一分火耗银等赔补，去年补银 11 万余两，今年又补银 15 万余两，解交布政使库。两年内，共补完银 26 万余两，尚未补完银 5 万余两。② 也就是说，噶礼离任后由苏克济接手的亏空在 31 万两左右，赔补亏空的银两完全赖于"彼等所取一分火耗银等"。

但是，山西省亏空的原因与过程、亏空的性质与责任人等，同样未能揭报清楚，这在康熙朝已是一个十分普遍的现象。正因如此，康熙帝开始怀疑督抚奏报的真实性。五十二年（1713）九月，他明确指出："山西巡抚苏克济，操守朕不能保，办事并无可议。先是，噶礼任山西时，钱粮亏空至四五十万。苏克济缮折奏闻，数年内俱已补足。今观巡抚内，湖广、广东、浙江、四川巡抚居官俱不妥当。"③

四 江南亏空案与康熙帝南巡

康熙朝的钱粮亏空多与各项工程、公益，以及康熙帝的数次南

---

① 《康熙朝满文朱批奏折全译》康熙四十九年十二月十六日，山西巡抚苏克济奏请展限折，第 705 页。
② 参见《康熙朝满文朱批奏折全译》康熙五十年十二月十九日，山西巡抚苏克济奏请各州县亏空银展限赔完折，第 762 页。
③ 《清代起居注册·康熙朝》第 22 册，康熙五十二年九月二十三日，第 12389 页。

巡有关。① 江南是钱粮征收的大省，有关江南的钱粮亏空案，揭出的时间是在康熙四十年（1701）。从资料上看，是案的情节支离破碎，事态的发展又若明若暗，时间跨度上前后历经十余年，涉事的官员也非一任。而从揭参并受处分的情况来看，主要涉及两任布政使，一是江南安徽布政使张四教，另一是江南江苏布政使宜思恭。其中最不好解释的问题是，每一项亏空都与康熙帝的南巡脱不了干系。

张四教，奉天人，起家荫生，康熙三十五年（1696）九月，由广西按察使升授江南安徽布政使，曾历江西盐驿道，在为官上有财政与司法两方面的经历。两江总督阿山在三十九年（1700）秋季刚刚莅任江南，于次年二月的荐举贤员折中，便将张四教列为第一"贤员"。阿山说："今奴才到两江之任已半载，仍留心分别司道府厅州县内各员，其才能、志行忠清不二、实可信用者有四人。"此四人都是经其多次交办事务试知之人，"皆可信而用之"。其中，"安徽布政使张四教，忠厚、谙练事务、谨慎，细致，以节俭自守，不轻易奢靡"。今"因母丧丁忧将离任，地方官员、闲散之员、秀才、民人、兵丁等每日成群结队来奴才衙门，呈请保题在任丁忧"②。尽管康熙帝在给阿山的朱批中提醒说："尔谓张四教居官好，据巡抚高承爵折内奏称，皇上南巡时，张四教派银十万余两。"并告诫说："妄行保举人，应多加谨慎。"③ 但阿山仍坚称张四教是一难得的好官。

只是，从安徽巡抚高承爵的长篇奏折中看到的却是，张四教不仅勒派民间，且有侵欺入己致亏空钱粮之事。所参共有三款，一是解交布政司之钱粮每两索取火耗三分；二是派捐俸饷11万余两以补

---

① 康熙帝曾六次南巡，时间分别为：第一次康熙二十三年、第二次康熙二十八年、第三次康熙三十八年、第四次康熙四十一年九月、第五次康熙四十四年二月、第六次康熙四十六年正月。亏空事从第三次南巡开始牵扯其中。
② 《康熙朝满文朱批奏折全译》康熙四十年二月初七日，两江总督阿山奏为荐举贤员以备皇上简用折，第208—209页。
③ 《康熙朝满文朱批奏折全译》康熙四十年三月二十五日，两江总督阿山奏陈知府居官优劣情形折，第210页。

藩库；三是浮冒买纸之价以享分肥。① 阿山对高承爵的参奏并不认同，他辩解称，张四教丁忧交任时，巡抚高承爵亲自来查，皇帝之库银丝毫没有亏空，张四教非私派入己。② 康熙帝既没有支持巡抚高承爵，也没有相信阿山，但他命阿山主持会审张四教之案。

九月，阿山奏陈率同安徽、江苏布政使、按察使等官会审情形。结论是，安徽布政司库索取火耗之事是实，但买纸浮冒为虚，而派捐11万两并非补库，而是康熙三十八、三十九至四十年官员的俸饷，系"皇上前来南巡时摊派"，"张四教并未领用"。并以事涉南巡，请求停止追问。但康熙帝的朱批是："此断不可停止者。"③ 而且张四教还供出，巡抚高承爵曾有多次向他勒索库银的行为，因未满足私欲，故而题参。

案件会审的结果揭示出两个问题：一是根据张四教与高承爵的互讦，或是巡抚高承爵有勒索属下的婪赃行为，或二人皆为侵欺不法之人；二是康熙帝此次南巡，安徽地方官员捐出三年俸禄。

康熙帝自然不愿意承担南巡造成江南亏空以至于派捐官员俸银的"恶名"。而且，康熙帝在四十一年七月至九月间三次在朱批和上谕中反复强调，前三次南巡的用度及其对此案的看法，要求查案官员务必查明真相。他在南巡前也明降谕旨，若有私行派差或者谄媚行贿于扈从大臣者，定以军法处置。而且康熙帝的谕旨明确而尖锐。

如四十一年（1702）七月初四日，康熙帝在阿山的请安折上朱批：

> 前南巡三次时先明白降旨，若有私行派差、谄应扈从臣工者，以军律处治。是以南省诸物，丝毫无侵，官不宿民房，食

---

① 参见《康熙朝满文朱批奏折全译》康熙四十年九月初九日，两江总督阿山奏报承审高承爵参劾案情形折，第216—217页。
② 参见《康熙朝满文朱批奏折全译》康熙四十年五月十六日，两江总督阿山奏陈安徽布政使居官情形折，第211—212页。
③ 《康熙朝满文朱批奏折全译》康熙四十年九月初九日，两江总督阿山奏报承审高承爵参劾案情形折，第216—217页；附：审问张四教口供，第218—222页。

物皆由光禄寺买给。今若云皇上南巡颇费，则用于何处？兴何工程？必有其事也。尔以张四教而邪辟存心，牵连于朕，以为牵累人多，可令停止，此与朕旨不合。况且尔云张四教吝细，不会奉迎等语。然而未奉旨，私捐库银万千两，可谓奉迎人与否？①

康熙四十一年七月十七日，康熙帝在批复两江总督阿山请免审张四教亏空案折中又曰：

朕前者三次南巡，经过地方蠲租免税，出粟赈乏，一应食物器用之类，俱自京师备往，毫不取之民间。驻跸处所，恐地方官借端派累小民，及扈从官员私行应酬交接，即以军法从事，预行申谕甚悉。张四教之事，阿山屡请免其鞫审，今观彼奏称，此项银两俱系皇上南巡支用等语。朕用于何地？曾制何物？阿山之心偏向张四教，以为与皇上名声有关，奏请免其鞫审。……张四教将库银动用万千逢迎，与人其款数名单俱在。若不审究，将张四教治罪乎？不治罪乎？凡此与朕声名何关？此奏殊属不合，着该部将阿山一并严察议奏。②

康熙四十一年九月初二日，大学士等"遵旨清查原任布政使张四教亏空库银，移会总督阿山咨文奏览"。尽管已经有了明确的批示，康熙帝仍以为不足，认为南巡是否派取民间"断不可不明"。他再次强调曰：

朕前次南巡经过地方，蠲钱粮、免税课、发仓廪，一切用度食物俱自京备往，并无动用地方钱粮，及至苏州等处，织造

---

① 《康熙朝满文朱批奏折全译》康熙四十一年七月初四日，两江总督阿山请安折，第 270 页。
② 《清代起居注册·康熙朝》第 17 册，康熙四十一年七月十七日，第 9497—9499 页。

官员奏称修理房屋俱系伊等备办，并未动用正项钱粮，朕方驻跸城内。动用库银等情，俱属欺隐，并未启奏。又沿途赏赉大臣、侍卫、官员、护军及船户人等，并未支取民间分毫，即赏赐缎疋亦系每年织造数内，未曾多用。朕不时巡行直隶地方，试问曾有动用库银之处否？补还此项银两，虽令伊等偿还，亦未必尽出己橐，仍自科派民间。修理工程，虽有数处，亦不用如许银两。今地方官员指名科派者甚多。凡有钦差过往，地方官员务必凑办馈送。即钦差不受，地方官员亦皆入己。此种情弊，当逐一详察，若不从重治罪，何以警众。①

尽管此案令康熙帝倍感名誉受损，屡屡下旨申斥相关人员，但对这一案件的处置仍流于形式。据《起居注》云：康熙四十一年十二月十六日，两江总督阿山为布政使张四教具疏，吏部议革职。"上曰：此项亏空银两，布政使张四教业已补完，今复追赔银数，额外重复，着从宽免追赔，阿山着革职留任。"②《清实录》云："吏部议，江南江西总督阿山承审安徽布政使张四教亏空帑银一案，止据张四教巧供已将俸工扣补，疏请免追，应将阿山照徇庇例革职。得旨：阿山从宽革职留任。"③

可见，此案只不过是处分了一个张四教及其徇庇他的上司阿山，仍有许多疑点并未清晰。诸如"张四教将库银动用万千逢迎，与人其款数名单俱在"一事，并未审明将库银给予何人？"城内动用库银等情，俱属欺隐"，同样不知挪用了多少库银？除了逢迎而外又用于何处？是否中饱私囊？库银最终究竟亏空了多少？执意为张四教开脱甚至不惜得罪于皇帝的阿山在其中有无受贿？等等。

于是，此案在二年后因阿山与礼科给事中许志进的互参案中继续发酵。四十三年（1704）八月，阿山疏参礼科给事中许志进为原

---

① 《清代起居注册·康熙朝》第17册，康熙四十一年九月初二日，第9538—9541页。
② 《清代起居注册·康熙朝》第17册，康熙四十一年十二月十六日，第9750页。
③ 《清圣祖实录》卷210，康熙四十一年十二月壬辰。

任江西巡抚张志栋私人，受原任布政使李兴祖等贿赂，代为题留，请严究指使之人。许志进则参阿山徇庇原任布政使张四教、卢崇兴等不法事。并参阿山"到任四年，滥收属员节礼。邛、徐赈饥之时，纵庇属员盗买仓谷诸款"①。是案证明，阿山绝非操守清廉之人，其包庇张四教的内幕给人留下充足的怀疑空间。但此案到此便不再有下文。

第二位在江南亏空案中充当主要角色的官员是江苏布政使宜思恭。宜思恭，系奉天辽阳人，以荫生授湖南茶陵知州，改工部员外郎，出为直隶顺德知府。康熙四十三年（1704）五月，由道员升任江苏布政使。任期内经历了康熙帝第五、第六次南巡。

通常，每逢皇帝南巡前，朝廷都要对南巡费用进行规划，特别是在此前发生了地方官员借南巡之机肆意敛财、亏空仓库钱粮后。康熙四十五年（1706）正月，九卿对各直省明确宣布："皇上（第六次）南巡一切所用，俱自内府备办，不动民间一丝一粒。御舟所至，纤夫俱系现雇，又加厚赏，亦不劳一民。"②但是，南巡过后，凡康熙帝所经过的直省仍然出现了钱粮亏空，尤其是江南。伴随江南不断有亏空的揭报。康熙帝将在山西清理亏空上做得颇有声绩的噶礼调任两江总督，不能不说有对江南进行清查的考虑。

康熙四十八年（1709），噶礼自山西回京任户部侍郎后，随即接到升授两江总督的任命。陛辞时，康熙帝谕其曰："江南两布政司库，皆亏欠银百万两，至今丝毫未补。彼等去年曾想派取，以朕听闻而停派。今年因蠲免钱粮，来年追征钱粮时，复欲派取之。朕巡行南省时，并无用地方物件之处，怎么用了这许多银呢？彼等皆配给随行人员罢。这亏欠的事，尔不可接受，接受则毙命也。着尔查

---

① 《清圣祖实录》卷217，康熙四十三年八月丙寅。
② 《康熙起居注》第3册，康熙四十五年正月十四日，第1934页。

明具折来奏。"① 不言而喻，噶礼是带着清查江南钱粮亏空的使命前往赴任的，这说明他在山西清理亏空的政绩是得到了康熙帝的认可的。

很快，噶礼一到江苏便查出了问题。据《清实录》记载，康熙四十八年（1709）十一月，噶礼疏参江苏布政使宜思恭贪婪，请革职审拟。康熙帝马上接收了噶礼的奏请，将宜思恭革职，并以江苏巡抚于准在案内必有干连，命将于准解任，以福建巡抚张伯行调补江苏巡抚，苏州府知府陈鹏年署理江苏布政使事。②

是月，噶礼在奏折中详细奏报了江苏省钱粮吏治的情况，其中不仅提到宜思恭亏空藩库，且指出巡抚于准也是婪取者。

> 查得，江苏布政司库初仅欠银五十万两，而于准、宜思恭扬言八十万两，况且皇上巡幸南省时，并无用地方之物，修缮时虽稍费，亦不过数万两，其余银两，于准等皆配给随从大臣等者亦有，入己者亦有之。即照彼等所言八十万两，计彼等比年截留官员俸禄、衙役工食，补即足矣。但并未补完，且又于州县钱粮，先每两派取二分五厘，后复派取五分；又向各属地每当铺取银百两或不及百两，仍未补完。由此可知，显系彼等合分入己，且又指皇上南巡之名，复传言欠银三十万两，仍欲于来年派取。圣主明鉴者甚实。惟现库银亏空事，容奴才查明其数，照例题参，向宜思恭追取之。惟其所派州县二分五厘、五分及当铺等事，既已结案，奴才似应不参，但应奏明。……
>
> 今以亏欠而参劾三十六州县。于准于苏州妄取者共计六十、七十万余两，宜思恭亦于苏州妄取者共计八十、九十万余两，且此辈未出一分补库，反以皇上南巡为名派取入己。于准、宜思恭辜负皇上之恩。皇上为苏州、松江、常州、镇江四府民人

---

① 《康熙朝满文朱批奏折全译》康熙四十八年十一月初四日，两江总督噶礼奏参于准等扣克银两折，第653页。
② 参见《清圣祖实录》卷240，康熙四十八年十一月壬午。

挑河建闸支拨钱粮十七八万两，于准、宜思恭又将其五万余两入己。①

又奏：安徽布政司库初仅欠二十七万两。皇上巡幸南省时，并未用地方物件，修缮时虽稍费，亦不过数万两，其余银两，邵穆布、刘光美等因公用者亦有、私用者亦有之。刘光美、李法祖从州县钱粮内派取十七万两补项，复以六万两补官员俸禄、衙役工食，仍欠四万两，仍称从官员俸禄、衙役工食内有应补项。②

至康熙四十九年（1710）正月，噶礼查得江苏藩库，"宜思恭任内共亏空四十六万一千两有零"。随后，噶礼又将署理江苏布政司事务的知府陈鹏年参奏，称其协助巡抚于准滥用钱粮、妄行奏销。

原任巡抚于准等肆意妄扣皇上在苏州、松江、常州、镇江地方挑河建闸钱粮……共计银十七万八千九百余两，继之竣工奏报节省银共二千六百余两，共计销算银十七万六千三百余两。妄行奏销者虽属于准，但其钱粮皆由苏州知府陈鹏年从布政司库总领、掌握支取，故召承办各属地事务书办皆至苏州，任意编造册籍，送部销算。陈鹏年、苏松粮道贾朴、原任布政使宜思恭等共谋分赃。③

对于噶礼指参于准、宜思恭等人贪婪的立场与态度，康熙帝是支持的。但由于这起亏空案数额巨大，亏空缘由又不甚清楚，所以，康熙帝又差尚书张鹏翮偕学士噶敏图等会同漕运总督桑额前往查审

---

① 《康熙朝满文朱批奏折全译》康熙四十八年十一月初四日，两江总督噶礼奏参于准等扣克银两折，第653页。
② 《康熙朝满文朱批奏折全译》康熙四十八年十一月初四日，两江总督噶礼奏报邵穆布等动用库银情形折，第654页。
③ 《康熙朝满文朱批奏折全译》康熙四十九年正月十五日，两江总督噶礼奏报于准等克扣钱粮情形折，第662页。

此案。且康熙帝不认同钱粮亏空尽为官员侵欺,所谓"朕意地方虽有不肖之官侵蚀钱粮,未必多至数十万两"①。尤其还牵涉到素有清官之名且刚刚被自己任命为布政使的陈鹏年。

但康熙帝同时意识到官僚政治中的派系、人情好恶,以及满汉隔阂等,都会影响到对这起案件的判断与查处。为了保护噶礼,康熙帝在其奏折上批复曰:"尔参究访察得甚为严密,日后必受伤害。陈鹏年为张鹏翮之可信门生,现张鹏翮已又去审理此案,必出他事,应多加谨慎。"正由于有了康熙帝的首肯,噶礼自然不把钦差放在眼里,在办案中与钦差张鹏翮的矛盾不断升级。噶礼"看张鹏翮来奏样子,很不顺眼"。张鹏翮也以噶礼"所参官员甚多",致官中人人自危,过于"暴烈"而对其不满。

四月,噶礼再度历数宜思恭等人侵贪诸状,而且还涉及张鹏翮以及河工中的其他官员,包括二人之间的矛盾。疏曰:

> 奴才所参粮道贾朴等官员,查侵扣国帑情罪重大,除不可不参究外,贪官内参劾布政使宜思恭、凤阳府知府王宣仁、常州府通判侯国章,余皆惊惧。奴才并无多参官员之处,今已禁革江南州县私派,重耗已减之,于各营亏空钱粮多者,已俱补之。……
>
> 到东南后,始知河工参劾案内,审令张鹏翮赔补钱粮有四万余两。淮徐道员刘延吉将诸河工官员所征钱粮,照数收取存贮欲以补项。继蒙皇上施恩免追,其留存银两张鹏翮得之,此亦非人臣者所为。又若,奏补河工官员,张鹏翮虽不明取银两,但其子、妹夫亦不免一个,而张鹏翮隐瞒,反称不知。……况且张鹏翮在江南句容、山东兖州购买田舍甚多,此即不清之实据。又陈鹏年、松江府知府朱廷志皆为张鹏翮所保之人。朱廷志挑河一案,侵扣钱粮,妄行加派,奴才业已参革。

---

① 《清圣祖实录》卷240,康熙四十八年十一月壬午;卷244,康熙四十九年十月癸未。

> 张鹏翮极恨奴才。又江宁巡抚张伯行亦为张鹏翮所保者,好图虚名。据闻自福建省至杭州,盘费止用银一两。如此节省,孰不谓其为清官。奴才闻得,张伯行在福建时,照取盐内礼物,布政司依例所与之规礼亦取之。布政使金培生为奴才亲家,奴才所闻确实。①

一个多月后,噶礼在奏折中再奏苏州等四府挑河建闸案中细节及张鹏翮如何徇庇等事。②

奇怪的是,康熙帝对噶礼所参张鹏翮、张伯行以及陈鹏年等人侵占公帑诸事,皆置之不理。但事情绝不会空穴来风,噶礼所说"张鹏翮虽不明取银两,但其子、妹夫亦不免一个,而张鹏翮隐瞒,反称不知"。以及"张鹏翮在江南句容、山东兖州购买田舍甚多,此即不清之实据"等,不能不令人对上述有清官之誉的张鹏翮、张伯行、陈鹏年产生怀疑。怀疑他们在钱粮制度规定不清的灰色地带或有可能被制度、亲情、人情裹挟。

或许是张鹏翮顾及方方面面的利益,于五月疏言,审明"原任江苏布政使宜思恭于兑收钱粮时,勒索加耗,又受各属馈送,应拟绞监候。巡抚于准同城居住,并不纠劾,拟革职"③。随后刑部从其所奏,此案就此告结。

但是此案依然留下很多疑点。在噶礼参劾的诸多涉案官员中,只有布政使宜思恭与巡抚于准分别受到了绞监候和革职的处分。不过于准获罪之名并非侵贪,仅是"同城居住,并不纠劾"的徇隐。至于藩库钱粮究竟亏空多少?又是怎样亏的?并没有结论。这起亏空案仍是不清不楚。

---

① 《康熙朝满文朱批奏折全译》康熙四十九年四月二十日,两江总督噶礼奏陈张鹏翮张伯行等侵扣钱粮折,第671页。

② 参见《康熙朝满文朱批奏折全译》康熙四十九年六月初一日,两江总督噶礼奏报张鹏翮审案徇庇情形折,第681页。

③ 《清圣祖实录》卷242,康熙四十九年五月辛未。

八月，江苏巡抚张伯行奏称，江苏藩库钱粮不清，署布政使陈鹏年亦详称司库尚有亏空16万两，扣收无着。康熙帝命原审大臣逐款详审。① 至十月，张鹏翮等会审毕返京，噶礼随即上折奏报会审之情，表达自己的看法。

> 奴才查得，其中钱粮十五万六千余两乃原有应补之项，不应具题，且陈鹏年妄行捏报假册为无补之处，令张伯行具题。张伯行听信陈鹏年之言，私行奏请。今布政使金世扬查出陈鹏年假案，张鹏翮知不能庇护，遂议拟陈鹏年杖四十、发配黑龙江。张鹏翮降一级，罚俸一年，具疏赍奏。陈鹏年行劣甚歼，而今不但苏州民人知之，即通省亦皆知之。张伯行恨金世扬查出陈鹏年捏造钱粮无应补之处之情弊，竟借故向金世扬寻衅。②

对于噶礼的这份揭报及对陈鹏年、张鹏翮等人处分的题奏，资料上没有见到康熙帝有任何批示。但陈鹏年"捏报假册"即作假账，张伯行假报"扣收无着"，绝不会都是子虚之言，它似乎在说明，江南藩库亏空案当另有隐情。

为了使亏空的钱粮具有"合法性"，江南的地方官们都在绞尽脑汁，最堂而皇之的亏空理由，莫过于给皇帝南巡"办皇差"。因为办理皇差，不仅可以将中饱私囊、行贿朝廷随员大臣，以及各项"挪用"都可以掩盖，而且还是一个因牵涉皇帝无人敢于置喙的理由。但由于朝廷三令五申，皇帝南巡系由内务府出资筹办款项，不令地方出资分厘，办皇差就不可以拿到台面上，于是"因公挪用"便替代了"办皇差"。

四十九年（1710）十月，当康熙帝就江南亏空的原因及处置方式询问大学士等人意见时，俱称"臣等尚未商酌，未有主见"。或有

---

① 参见《清圣祖实录》卷243，康熙四十九年八月癸亥。
② 《康熙朝满文朱批奏折全译》康熙四十九年十月初六日，两江总督噶礼奏报陈鹏年伪造假册案折，第700页。

谓亏空系"因公"的说法。康熙帝曰:"此项亏空,据称因公那用,系何公事,未经明晰。"张鹏翮回奏称,系公项亏空,"大概如赈济、平粜,以及修塘等事",却绝口不言"南巡"。康熙帝见状,就自己把话挑明。他谕大学士九卿等曰:

"江南亏空钱粮,两次命张鹏翮察审。朕意地方虽有不肖之官侵蚀钱粮,未必多至数十万两。前朕南巡时曾有谕旨,凡沿途所用之物,悉出内帑预备,未尝丝毫取诸官民。督抚等官不遵朕旨,肆意那用,以致亏空。朕若不言,内外诸臣谁敢言者?但彼任事之人离任者已多,若将因公那用等项责之新任官赔补,朕心实不忍也。"①

事实上,尽管康熙帝的南巡费用出资于内务府,但习惯于逢迎的地方官绝不会放过任何一次表现的机会。张鹏翮等一干朝廷大臣都是精于为官的老道圆滑之人,他们不仅要将江南的亏空统统归之于南巡,而且还要为之粉饰。张鹏翮说:"皇上屡次南巡,必大沛恩膏于百姓,所至之地,小民无不欢欣鼓舞,至于一切供亿悉由内府储备,从无丝毫累及民间。"但康熙帝没有认同他的说法,曰:"即如纤夫一项需用既多,伺候日久,势必给与口粮工价,安得无费?至于修造行宫必然亦借用帑银。"并询问曰:"前者朕巡视溜淮套工程,至彼处见有舍宇三间,此系取用何项?"话至如此,张鹏翮还是没有直接回复系取诸公项库帑,而是奏称:"系俸工银两所造。"康熙帝曰:"虽云俸工银两所造,然必先借用库银,后方抵补,尔等岂肯明言其故乎?"随后问曰:"今合计江南亏空共有几何?"张鹏翮奏曰:"约计共五十余万。于准、宜思恭应赔十六万,其余将俸工抵补,至康熙五十三年可补足矣。"康熙帝以地方官员升迁调用频繁,且前任各官挪用亏空,而将后来者之俸扣补于理不顺。胥吏贱役若不给与工食,必致累民,令公同详议。②

---

① 《清圣祖实录》卷244,康熙四十九年十月癸未。
② 《清圣祖实录》卷244,康熙四十九年十月戊子。

数日后，康熙帝再就江南亏空一案问及大学士九卿等意见，并明确谕示："亏空之由，皆因南巡费用所致，若不声明，反属不宜。"① 于是，在康熙帝的旨意已经十分明确的情况下，户部最终作出决议："江宁等府属亏空银两，已议扣康熙四十八年至康熙五十三年各属俸工等银抵补。"但"南巡时，修理行宫、预备纤夫，或动用帑银不准俸工抵补之旨，应俟该督抚查明南巡时实在动用数目"②。

可以看出，在这一亏空案中，噶礼所参奏江苏巡抚于准、布政使宜思恭借巡幸南省时将挪用银两随意支用，"于准等皆配给随从大臣等者亦有，入己者亦有之"；安徽省抚藩"邵穆布、刘光美等因公用者亦有，私用者亦有之"等，应为实情。

但是，两江官场借皇帝南巡发生的贪腐行径及一干人的劣迹，不但在张鹏翮的查审中没有涉及，就连康熙帝也不想过问。除了布政司的官员受到处罚外，其余涉及的督抚藩司都在康熙帝的宽政下给予从宽免于处分。至于南巡中产生的亏空银两，就以"因公挪用"由俸银抵补而被模糊处理了，不仅亏空的涉案人免赔，且上级官员也没有承担应有的责任。无辜受损的是那些被摊扣了俸银的官员们。

随后不久，这起钱粮亏空案又演变成满汉官员之间的互讦。先是，江南亏空案的重要当事人布政使宜思恭很快被重新启用，③ 五十一年（1712）五月，宜思恭叩阍刑部，控告总督噶礼等需索银两以致亏空。康熙帝将此案再交张鹏翮前往办理。十一月，差往江南审事户部尚书张鹏翮疏言，原任两江总督阿山、江苏巡抚宋荦索取节礼是实。得旨，阿山、宋荦俱系年老大臣，着从宽免。④

在此案审理过程中，一个值得关注的现象是，张鹏翮并未提及

---

① 《清圣祖实录》卷244，康熙四十九年十月庚子。
② 《清圣祖实录》卷244，康熙四十九年十月辛丑。
③ 康熙五十七年（1718）五月，宜思恭出任河南布政使，五十九年二月任广西巡抚。
④ 参见《清圣祖实录》卷250，康熙五十一年五月戊子；卷252，康熙五十一年十一月庚子。

宜思恭所参噶礼索贿的情形，或许是有意模糊处理，以避免事态的扩大化。这可以称为康熙后期官场政治的一种上行下效处理问题的常态。

事实上，诸如此类被掩盖的问题绝不仅仅是江南，在办理皇差中产生的亏空，假名公用，任意取用，甚至制造亏空的案例，也不止于两江。例如，康熙四十三年（1704）十一月，康熙帝西巡，湖北巡抚刘殿衡以刷印御书并藏书楼图呈览。康熙帝当即谕大学士等，令嗣后严行禁止。他说：湖广捐工建楼，殊属靡费。凡车驾巡幸之处，"各省不肖官员指称修理行宫、供备器物，并建造御书碑亭等项名色，辄行动用正项钱粮，借词捐还，究无偿补。及至亏空数多，复加倍私派，科敛肥己，以致重贻小民之累"①。又如浙江。四十六年（1707）九月，刑部尚书王鸿绪密奏，为筹备皇帝南巡，"西湖建造行宫，各官捐输不等。巡抚张泰交专委粮道程銮料理，其布置造法皆创自程銮"。又"闻浙江抚藩于六月间欲私派公费，其下属州县拟派每亩加三，时正当亢旱，遂致省城百姓数千人直到巡抚辕门吵闹，督抚为之出告示安民而止"。而私派公费则因"藩司黄明移用库银甚多"，多出自总督梁鼐的批准。②为此，"梁鼐任内亏空银六万两，系圣祖仁皇帝南巡时所用"③。但这六万两是否都用于南巡却不得而知。

官员们借南巡之名肆意挥霍，趁机取用官帑，这种现象在康熙末年屡见不鲜。由于钱粮亏空并不等于婪赃，某些官员更是在亏空钱粮上作足文章，蓄意制造亏空以牟利。如康熙四十九年（1710），一些陕西的"州县官有因地瘠民贫，并不亏空钱粮，故为亏空，被参解任后即行填补希图别处美缺者"④。甚或贪恋肥缺假造亏空。康

---

① 《清圣祖实录》卷218，康熙四十三年十一月戊午。
② 《康熙朝汉文朱批奏折汇编》第1册，康熙四十六年九月二十三日，工部尚书王鸿绪奏浙江抚藩欲派公费情形并捐马弊端折，档案出版社1985年版，第724—725页。
③ 《清世宗实录》卷72，雍正四年八月癸亥。
④ 《清圣祖实录》卷243，康熙四十九年九月己未。

熙五十五年（1716）八月，户部题奏，"定例各关监督一年限满更替，迩来捏造钱粮亏空，题请展限者甚多"①。但在康熙帝的宽政宽典面前，这些捏造的亏空都可以不被深究。康熙帝有曰："朕历年蠲免天下钱粮，至数万万两有余。今此项亏空若令补垫，亦不为多，然岂忍以此累地方乎。至于查明款项，亦非难事，钱粮册籍皆有可考。地方官借因公那用之名，盈千累百馈送于人，若加严讯，隐情无不毕露也。朕意概从宽典，不便深求。今海宇昇平国用充足，朕躬行节俭，宫中用度甚为省约。计明朝一日之用，足供朕一月之需。今即因数次巡幸用钱粮四五十万亦不为过，明后年天下钱粮以次尽行蠲免。若留此亏空之项，以为官民之累，甚非朕宽仁爱养、嘉与维新之至意。"②

五 被遮掩的官场腐败与不绝于声的亏空奏报

康熙后期，各省钱粮亏空案中的腐败，大都在康熙帝"朕意概从宽典，不便深求"的一味宽纵下给予了模糊处理，对"地方官借因公那用之名，盈千累百馈送于人"的贪官未予深究，甚至已经坐实的贪官也极少处以死罪。

如康熙二十六年（1687）十二月，湖广巡抚张汧黩货婪赃案发，经查实，张汧系由多行贿赂谋得巡抚之职，行贿钱粮来自库帑，造成亏空，③但张汧仅被革职。康熙三十八年（1799），由巡抚噶礼揭出的山西平阳亏空案也是官吏婪赃的典型事例。知府"王福得银四万余两，其自认不讳，且三十四州县官员亦中证明确"。王福所得银两俱系"勒索属员，妄行私派至极，以致钱粮亏欠，仓库亏空，日

---

① 《清圣祖实录》卷269，康熙五十五年八月甲寅。
② 《清圣祖实录》卷244，康熙四十九年十月戊子。
③ 参见《康熙起居注》第3册，康熙二十七年十二月初三日，第1818页。

甚一日，致使其属员革职知州谢廷极、知县彭希孔等共亏空库银二十余万两，仓米二万石"①。而王福也是仅以革职了事，且在噶礼被治罪后王福还得以复出，其贪污侵盗钱粮的性质似有被官场党争改变的味道。

其后，五十四年（1715），巡抚苏克济密参太原知府赵凤诏贪污亏空钱粮。先是"奉御批：太原府知府所得之银，谅有数十万两矣，倘不送回原籍，几乎足够一年兵丁之钱粮。尔务甚密取信，得实数后，具折奏闻。务甚密，倘汉人知之，必先下手加害于尔"②。苏克济奏称："赵凤诏在任十三年有余，自所属官员索取之礼品银、强索之银及由诉讼、理讼逼取之银，俱吞为己有，汇总算之共有四十余万两。此俱系实数，并有干证。"至次年二月，苏克济与总督额伦特鞠审赵凤诏，赵凤诏仅"承认银十八万余两"③。随后被诛，为康熙朝少有的因贪赃受到重惩的官员。但学界有一种观点，认为这是一起由康熙帝亲自策划借打压赵申乔等汉官、以制衡朝廷满汉官僚格局的政治事件。④

尽管钱粮亏空案中的官员贪腐问题，在康熙朝被揭出者并不普遍，被治罪者更是不多见，但因官员贪腐而造成的钱粮亏空，却是随处可见。

（一）钦差索贿

康熙四十二年（1703）六月，内阁学士宋大业奉命赍御书匾额赴湖南祭告南岳，"一到长沙，虚张声势，多方恐吓臣（湖南巡抚赵

---

① 《康熙朝满文朱批奏折全译》康熙三十九年五月初五日，山西巡抚噶礼奏审知府王福贪污受贿情形折，第196—197页。
② 《康熙朝满文朱批奏折全译》康熙五十四年九月二十二日，山西巡抚苏克济奏知府赵凤诏侵吞银两数目折，第1061页。
③ 《康熙朝满文朱批奏折全译》康熙五十五年二月二十一日，山西巡抚苏克济奏闻审赵凤诏贪污案情形折，第1086页。
④ 成积春：《康熙晚年抑制汉官的典型事件——"赵凤诏贪污案"》，《历史档案》2001年第4期。

申乔)。长沙知府姜立广从中传说，逼索多金，始容悬挂（匾额）。臣敬畏天使，许以三千两，不允，加至七千两，令姜立广向布政使暂借库银，即令姜立广送七千两，随礼七百两。幕宾刘某、张某各索银一百两，共七千九百两"。四十七年（1708），宋大业再至长沙，仍欲援旧例。但赵申乔已"派不可派，捐无可捐，仅令各官共送银一千两，随礼一百两，大拂其意"。虽然此事曝光后，宋大业被革职，索贿银两追取入官，赵申乔降五级留任。但对于这起案件，其后姚莹有评论曰："赵公身为巡抚，以清节上蒙知遇，而事势所迫，犹不能无派累属官以馈权贵之事，则府州县以下其为人所威怵者更不知凡几！"① 而赵申乔"曾借司库俸工银九千两馈伊（宋大业）"②，若不得追回，势必亏空公帑。

康熙六十年（1721）八月，发生在甘肃的亏空案亦属于此类。据川陕总督年羹尧奏称，甘肃巩昌会宁县署县事知州李德荣侵扣散赈钱粮，"皆由散赈之工部主事觉罗西伦于滥索供应之外，立赈规名色，勒索李德荣银一千二百两，奉委协赈之都司温安海，亦勒索李德荣赈规银八百余两"。所以，"李德荣竟敢公然侵扣，肆无忌惮也"③。

此外，盐运使、织造等机构亏空的数额尤其巨大。噶礼去江南，奉旨查两淮盐政，于康熙四十八年（1709）十二月回奏："两淮盐运使李斯佺亏欠库银二百二十万余两，又预收商贾税银七十万余两，亦亏空之，共计亏欠银三百万两。其中曹寅、李煦侵用者多，李斯佺及为首商人程卫高、相敬远、王宇时等侵用者亦有之。奴才思之，曹寅、李煦出差之年得银六十七万两，又从织造衙门盐差内每年获银十三万两，共计得银八十万两，李斯佺每年已得银十八万余两。"

---

① 姚莹：《论赵恭毅公覆奏宋学士参款事》，载盛康《皇朝经世文续编》卷23，光绪二十三年本。
② 《清圣祖实录》卷235，康熙四十七年十月辛亥。
③ 《康熙朝汉文朱批奏折汇编》第8册，康熙六十年八月二十八日，川陕总督年羹尧等奏参甘肃侵蚀赈银之知县等员折，第845页。

康熙帝的朱批是："皇太子、诸阿哥用曹寅、李煦等银甚多，朕知之甚悉。曹寅、李煦亦没办法。"① 可见在宽纵的政治环境中，连皇亲国戚也在纵欲婪索。这类亏空直接揭示了由国家权力的某些缺失所造成的腐败。

（二）山东散赈亏空案

康熙四十二年（1703）七月，一份山东巡抚王国昌疏报赈济饥民米谷数目的奏折，引起了康熙帝的怀疑。由于上年山东部分州县遭灾，康熙帝蠲免了被灾地区的应征钱粮，但在由南巡返京的途中却看到，自泰安州之新泰、蒙阴、沂州、郯城等处城郭乡村，凡被灾地区的黎民多有饥色，乏食者大有人在。他预感到地方徒有赈济之名，随即先令漕运总督桑额截漕米二万石，拣选贤能官员运至济宁州、兖州府等处州县减价平粜，有应赈之处即行赈济，② 又命张鹏翮将漕粮二万石交伊属员负责运往受灾之处。

随后，王国昌以山东先前运到之米皆用于出粜散赈，常平仓存贮之米亦俱粜卖，山东省仓谷亏空，奏请拟捐扣康熙四十二年、四十三年山东官员俸银、衙役工食赔补此项亏空。③ 又会同布政使刘暟奏请开捐例完补亏空。④

那么，山东的仓谷原本积贮多少？王国昌拿出多少用于出粜赈济？亏空是如何产生的？以至于需要用全省官员两三年的俸禄，甚至开捐纳弥补呢？

根据康熙四十一年（1702）七月王国昌的奏报，"东省积贮仓谷见存一百七十余万石，请旨遵例存七粜三，于青黄不接之时照时值稍减平粜"⑤。次年九月，有御史顾素疏参王国昌匿灾不报，证实

---

① 《康熙朝满文朱批奏折全译》，康熙四十八年十二月初六日，两江总督噶礼查报库银亏欠情形折，第 656—657 页。
② 参见《清圣祖实录》卷 211，康熙四十二年二月丙子、康熙四十二年二月丁丑。
③ 参见《清圣祖实录》卷 212，康熙四十二年七月庚午。
④ 参见《清圣祖实录》卷 213，康熙四十二年九月丁卯。
⑤ 《清圣祖实录》卷 209，康熙四十一年七月丁卯。

山东灾荒已连续几年。如果说山东的出粜确曾"遵例存七粜三"的话，即便秋收时没有粮食还仓，积谷仓中至少应贮119万石左右。那么其余的粮食究竟去了哪里？王国昌究竟在赈济灾民上拿出了多少粮食？这些都成了未知数。这其中的官侵吏蚀是不言而喻的。捐俸、开捐例都是借赈灾之名填补亏空的说辞。

对此，康熙帝也是心知肚明，他说："今岁田禾虽云失望，尚有薄收之处，巡抚、布政使为伊等素有欠缺，欲巧图完补，故甚其词以奏报。又夤缘科道纷纷急奏，盗贼蜂起，人民相食，私冀或开事例或拨银两，因于其中侵蚀，托言赈济，而实欲完补亏空以施鬼蜮之谋也。"① 随即派出三路赈济人员散赈，并派三路大臣稽察。

见到康熙帝申斥并派员调查，王国昌具疏请赐罢斥。但在康熙帝的眼里，"王国昌不过一老实人"。李光地、张鹏翮等督抚亦一致认为，"王国昌在地方并无苛索，亦无劣迹。惟刘暟在京时即落拓无依，初靳辅在河工时曾任用之，后以中路出兵运米升至布政使，乃一能巧匿人，将王国昌任意驱使，甚易事耳"②。于是，九卿会议，拟将王国昌、刘暟及帮助王国昌鼓吹开捐的御史李发甲革职。但康熙帝的处罚令更是轻描淡写，命王国昌暂留任，刘暟亦留山东，李发甲从宽降三级留任。③ 随后，康熙帝对大学士马齐曰："朕闻山东巡抚布政将赈济饥民人员赍去银两，俱收布政司库内，迄今尚未赈济"④。可见康熙帝对事情的真相知之甚悉，却既不深究，更不严惩。

但此案并未就此完结。康熙四十三年（1704）二月，新任山东布政使赵宏燮查出"原任布政使刘暟亏空库银"。经刑部鞠审，刘暟供称，此项银两系"借与济南等六府赈济那用，但州县又称并未领到"。于是刑部照律将刘暟拟斩监候。王国昌亦被查出擅自挪用沂州银两，按律应杖一百流三千里，但以旗人身份仅枷号两个月。亏空

---

① 《清圣祖实录》卷213，康熙四十二年九月丁巳。
② 《清圣祖实录》卷213，康熙四十二年九月己未。
③ 《清圣祖实录》卷213，康熙四十二年九月丁卯。
④ 《清代起居注册·康熙朝》第18册，康熙四十二年十月二十二日，第10272页。

银两由刘暟、王国昌及济南知府孟光宗等六人分赔，限两月内赔完。①

六月，王国昌于依限完纳赔银，从宽免罪。刘暟虽罪在侵用库银，亦因限内全完，免正法。只因其官声甚劣，又谎奏山东各州县仓粮无亏，被发往奉天。但二人赔补的仅仅是济南等六府赈灾银两和沂州库银，并非山东藩库亏空的银两，而就在当月，新任"巡抚赵世显密奏仓粮亏空至五十余万石"②。但康熙朝并没有继续追踪彻查。

所以，山东的钱粮亏空自康熙朝便是迷雾重重，远不及真相。康熙末年又有巡抚蒋陈锡等人的捐谷侵欺案，至雍正，经乾隆、嘉庆，山东始终是钱粮亏空的重灾大省。

（三）官员侵盗、暗通关节的通州仓粮亏空案

康熙四十三年（1704），刑部尚书王鸿绪密奏通州仓以折放烂米掩盖亏空事。四月，康熙帝命都察院左副都御史傅作楫前往查审。寻傅作楫奏通州仓亏空达90余万石。户部遂传问通州各管仓监督，俱供称亏空系因粮食浥烂，拟将浥烂之米折给仓役作为脚价。次年二月，此议由仓场总督题奏准，九卿户部令将浥烂之米照四十一年例，按老米一石作银四钱，搭放库银作为脚价，六个月放完。

那么通州仓究竟有无亏空？烂米又烂到怎样的程度？王鸿绪在其密折中将九卿户部如何通同作弊的情形作了形象的描述。他说：

> 据外面看来，傅作楫查参亏空，仓场说是浥烂，今将浥烂之米搭放似乎与国储无损也。孰知其中弊窦甚大。……先经会议之时，傅作楫在班上说，哪里有什么烂米，总是亏空罢了等语。臣问侍郎张睿，烂米如此之多，车户人等如何肯支领？张

---

① 参见《清圣祖实录》卷215，康熙四十三年二月丙申。
② 《清圣祖实录》卷216，康熙四十三年六月戊子。

睿说，我昔年出过仓差，算来烂米不得有如此之多。大约米之上面一层有热气冲上以致变色者有之等语。后臣又闻户部侍郎王绅说，烂米并无数十万之事。今照烂米折给定例……然烂米谁人肯要，不过将好米折给之。现今通州好老米时价一两八钱至二两外不等，将好米一石发与经纪车户人等，彼情愿出烂米六石领状，是止须私发好米三万五六千石便可销去烂米十八万七千余石，亏空可以立清。……傅作楫所参九十万亏空之数，再将六十万好米作为烂米放出，则仓上官吏便可白白侵用，总在九十万涸烂数内。①

也就是说，通州仓官员折放烂米的目的是以次充好，掩盖亏空。即所谓"是止须私发好米三万五六千石，便可销去烂米十八万七千余石，亏空可以立清"。由于通州仓官员公然作弊，都察院怕担干系，会议中将例应在发放仓米时须由都察院堂官或御史签署的意见删去。而户部会议所以有此结果，是有人与涉案官员暗通手脚。据称：

> 二月十五日御史钱肇修具本送内阁，参仓库亏空，伏乞皇上遣官查明亏空，方议借帑。大学士说，奉旨不收参本，止收条陈，因发还。十六日，钱肇修改作条陈本送内阁。……越数日会议钱肇修出一两议稿，云不准借银，止准搭销烂米。户部以止准搭销烂米为难，故是日会议不成而散。坐粮厅江蘩乃宗人府府呈江蘩之弟也，户部系主稿衙门，江蘩乃托侍郎王绅主持周全，其钱肇修处，江蘩托傅作楫止其不必两议，都察院满汉堂官闻亦俱往嘱托。钱肇修说，我前日上参本不收，中堂云，你在会议班上说，故此立两议稿，今堂上与户部俱不深求，我

---

① 《康熙朝汉文朱批奏折汇编》第1册，康熙四十四年，工部尚书王鸿绪奏陈通仓折放烂米及山东养民议叙案内情弊折，第310—313页。

亦不坚执矣。及再会议时，钱肇修默无一言，户部遂实准借帑稿具题。

是案，王鸿绪评价曰："通仓亏空米石，通库亏空库银，人人皆如此说，总由坐粮厅与各监督及仓库人等积年所侵，或有公事差使借端那空。今水落石出，仓场总督无可奈何，于是坐粮厅等纠合各行经纪车役人等出名借帑银四十万两分年扣销并搭销烂米，其说似乎为公，然其实借来遮掩亏空。闻得库银约空十七余万，若准借帑先行暗扣，其余给与各行人等将来能扣完与不能扣完，且待八年之后再处，而现在之坐粮厅又从前题留之旧监督在仓守候放米者，俱可脱身矣。"①

（四）鄂海及其家人魏二的亏空案

鄂海任职西北二十余年，颇有政声。然在康熙五十三年（1714）八月，鄂海接到甘肃巡抚绰奇传旨："总督鄂海理事多善，亦有效力处，惟操守稍差。"② 五十九年五月，谕曰："总督鄂海平昔居官亦优，今因年老，声名渐不如前。陕西两年歉收之处，并未详悉上闻。"时西陲用兵，转输挽运，康熙帝命漕臣施世纶诣陕西，佐总督鄂海督军饷。在年羹尧取代鄂海出任陕甘总督后，鄂海奉命往吐鲁番种地效力。③ 未几，鄂海便被革职官员以婪索供出。

康熙六十年（1721）九月，在审理参革西安府知府徐容、凤翔府知府甘文煊亏空银米一案时，徐容、甘文煊供称，"前督院（鄂海）家人魏二、蔡大雷，二幕宾朱性本、陈子和，及原任布政使萨穆哈与家人马二、幕宾严堂等，或取用米价、或空发官生姓名捐纳。

---

① 《康熙朝汉文朱批奏折汇编》第1册，康熙四十四年，工部尚书王鸿绪奏陈九卿会议通仓亏空案并张霖情形折，第306—308页。
② 《康熙朝满文朱批奏折全译》康熙五十三年八月二十一日，川陕总督鄂海奏请布政使所送礼物应否照收折，第970页。
③ 《清史列传》卷12《鄂海传》，中华书局1987年版。

又原任武功县知县章绅欠交捐银,是以各有亏缺等"①。十二月,川陕总督年羹尧密奏:"陕西原任粮道祖允焜亏空米豆十余万石,今已被参病故。其所以亏空如此者,由前督臣鄂海需索过多。""再前督臣鄂海精神昏迈,任人指使……至于钱粮,无所恐惧,日久必致亏空。"年羹尧以在甘州凉州办理大兵粮饷,事权不一,请将鄂海调走。他有一句话表达了对当时官场大员的认识,他说:"多一大人即多一处侵蚀,求能见财而不苟且者,实鲜其人也。"②

六十一年(1722)二月,年羹尧又奏,奉旨与朱轼会审"漕臣施世纶参劾西安府知府徐容、凤翔府知府甘文煊亏空捐纳钱粮一案,又署甘抚臣花善参革署会宁县事效力知州李德荣侵扣赈银、主事西伦等乘机需索、藩臬两司互讦一案"。会审结果揭出,矛头直接指向鄂海与其家人魏二。所谓"凡有亏空之案,皆入魏二之名"。经过严审,年羹尧罗列详情如下:

> 臣与朱轼平情酌理,就事完结,并不敢刻意深求,别生枝节,惟冀钱粮获有着落而已。……陕省亏空各官已奉旨革职者,现在诸案审追,皆以前督臣鄂海与其家人魏二除节礼生辰外勒索财物,因而那用钱粮,冀免一时之祸。日朘月削,遂至累万盈千,坚供凿凿。即质之魏二,亦自俯认无辞。是凡有亏空之案,皆入魏二之名,竟似有意罗织……又陕西钱粮因不按年奏销,上下侵蚀,以致亏空几及百万,不肖官吏将正项钱粮供上司家人之需索,罪固难逭,而迫于威势,又颇有不得已之苦情。臣悉知之,今皆按律拟以侵欺斩罪,实为已甚……以臣愚见,竭臣心力三年之内设法完补。③

---

① 《康熙朝汉文朱批奏折汇编》第8册,康熙六十年九月十六日,川陕总督年羹尧奏陈西安欺隐捐银案内涉及督抚大员折,第848页。
② 《康熙朝汉文朱批奏折汇编》第8册,康熙六十年十二月十六日,川陕总督年羹尧奏陈陕西粮道亏空米豆案内涉及督臣及亲王折,第855页。
③ 《康熙朝汉文朱批奏折汇编》第8册,康熙六十一年二月十三日,川陕总督年羹尧奏报审得西安府等亏空婪赃实情折,第874—875页。

虽鄂海直接侵盗钱粮或证据不足，但其纵容家人勒索之罪实属难逭。但处分结果依然与康熙朝的大多数亏空案一样，不了了之，未对鄂海产生任何影响。据《清史稿》记载，雍正元年"予（鄂海）原品休致，效力如故。寻卒"①。

（五）地方钱粮"屡以亏空见告"

尽管康熙朝自中期便开始关注地方钱粮亏空的问题，并制定了一系列相应的管理与惩治措施，但是全国的钱粮亏空态势似愈演愈烈，除了上述发生在康熙后期的几例个案外，其他各省也"屡以亏空见告"。

如河南与山东都属于人口众多的大省，皆"亏空甚多"。康熙三十九年（1700）十月，河南巡抚徐潮陛辞，康熙帝谕之曰："闻彼处亏空甚多。"②但对亏空的实际数额却并不清楚，亦不见徐潮调查的结果。直至康熙四十二年（1703）十二月，康熙帝南巡驻跸河南卫辉府城，地方官员奏报欠银四十万两。③山东先时奏称没有亏空，在四十三年（1704）六月，"巡抚赵世显密奏仓粮亏空至五十余万石"④。此前"无亏空"的奏报显系谎言。是年二月，两江总督阿山疏参"南昌县知县王廷对亏空银四万余两，（巡抚）张志栋不行参奏"⑤。康熙四十八年（1709）五月，湖广巡抚陈诜疏奏，"湖北藩库亏空银七万七千余两，请将布政使王毓贤解任候审"⑥。随即奏准。但就目前的资料来看，这项亏空案没有审理，也没有更多的内幕揭出。

此外，广西的情况也很特殊。忽而亏空，忽而又无亏空，亏空的数额也是时而多时而少。康熙四十一年（1702）十一月，广西巡

---

① 《清史稿》卷276《鄂海传》。
② 《清圣祖实录》卷201，康熙三十九年十月己巳。
③ 参见《清代起居注册·康熙朝》第18册，康熙四十二年十二月初六日，第10385页。
④ 《清圣祖实录》卷216，康熙四十三年六月戊子。
⑤ 《清圣祖实录》卷215，康熙四十三年二月壬午。
⑥ 《清圣祖实录》卷238，康熙四十八年五月己亥。

抚萧永藻疏参原任布政使教化新亏空米谷，应令照数追赔，① 随后没有见到追赔的记载。至六十年（1721）五月，巡抚高其倬奏称，库银无亏空，仓米虽有少量短缺，却不难补足。他说，"广西藩库现存银八十六万六千两"，经其亲身盘查并无短少，"通省常平仓谷共四十五万石，此项仓谷各州县现在实贮者共有三十万石，余十五万石俱每石折价二钱存库，俟秋后买补。虽价银稍有不敷，然所差价数无几"。亏空者唯有捐纳米谷。"各州县分贮捐纳谷一百一十七万余石，此项谷石所少颇多。"大约计之，"通省合算约少二十二三万石"②。

随着时间的推移，各省钱粮亏空的奏报越来越频繁。康熙五十一年（1712）五月，浙江巡抚王度昭在莅浙一年半后查出，"从前司库亏缺二十余万"③。五十六年（1717）三月，两广总督杨琳奏，"数年来亏空钱粮数目甚多"④。六十年（1721）七月，陕西巡抚噶什图奏称："布政使库之钱粮，诸府州县之钱粮，奴才秘密询访，无不亏空者，惟其中亏欠数额多寡不等，缘由亦不同，官风亦甚劣。"⑤川陕总督年羹尧则直接指出，"上下侵蚀以致亏空，几及百万"⑥。同一年，广东巡抚杨文乾"确访闽省吏治亏空各实情"，系"征台官兵需用米粮，（总督）满保将州县仓谷动支碾米"⑦。这是用兵征剿台湾朱一贵产生的费用。

值得一说的是山西。康熙六十一年（1722）正月，新任巡抚德

---

① 参见《清圣祖实录》卷210，康熙四十一年十一月壬申。
② 《康熙朝汉文朱批奏折汇编》第8册，康熙六十年五月初二日，广西巡抚高其倬奏报库银仓谷实数折，第777—781页。
③ 《康熙朝汉文朱批奏折汇编》第4册，康熙五十一年五月，浙江巡抚王度昭奏陈地方事务折，第222页。
④ 《清圣祖实录》卷271，康熙五十六年三月丁卯。
⑤ 《康熙朝满文朱批奏折全译》，康熙六十年七月初六日，陕西巡抚噶什图奏报田禾长势及钱粮亏空等事折，第1481页。
⑥ 《康熙朝汉文朱批奏折汇编》第8册，康熙六十一年二月十三日，川陕总督年羹尧奏报审得西安府等亏空婪赃实情折，第874页。
⑦ 《世宗宪皇帝朱批谕旨》卷9下，文渊阁四库全书影印本。

音奏："诸府州县地方亏空者一百四五十万两余，其中指为官俸衙役钱粮八九十万两余，此项银既然逐年能得，不定为亏空处。无真正着落处乃五六十万两余。此处众人云：此俱接收前任官员亏空者，尚未完结者亦有，配给军需者亦有等情。"为尽快弥补此项亏空，德音请将不能完补亏空的府州县官员"俱行革职留任，限三年偿还，限内完结者照常为官，未完结者严加治罪"①。然尽管如此，完补情况仍不乐观，至十一月，仅"完结十万两"②。

就全国的钱粮状况而言，越是钱粮多的大省亏空越多，如山东、河南、江苏、浙江等。钱粮征收少的直省亏空的数额反而较少。如广西，"各州县每年征收银三十二万六千两，银数既少，难以支饰，亦无大亏空"③。而亏空最严重的是西北三省。六十年（1721）十二月，陕甘军需亏空冒销已达千万之多，其中不无官员侵蚀。据川陕总督年羹尧所说："甘属平庆临巩四府，额赋无多，所存米豆草束历年支用无余，故亏空者少。非陕属可比。惟肃州口外所用军需银两已逾千万，尚未报销。""甘肃抚臣绰奇料理大兵钱粮，皆升任凉庄道仍留肃州办事之何廷圭、甘山道傅泽洢、肃州道胡仁治等三员经手支用居多。其初意已定，一面拨用，一面即将冒销银两任意侵蚀，若何廷圭者，奢侈无度，骤至数十万之富，三道之中，最为狡诈。"且"那新掩旧，年复一年，终难清楚"④。以至于，康熙帝在其生命中的最后一个月还在感叹："近见天下钱粮，各省皆有亏空，陕西尤甚。"⑤

---

① 《康熙朝满文朱批奏折全译》，康熙六十一年正月十三日，山西巡抚德音奏报各府州县亏空银两等情形折，第1492页。

② 《康熙朝满文朱批奏折全译》，康熙六十一年十一月初二日，山西巡抚德音奏报偿还亏欠银两折，第1515页。

③ 《康熙朝汉文朱批奏折汇编》第8册，康熙六十年五月初二日，广西巡抚高其倬奏报库银仓谷实数折，第777页。

④ 《康熙朝汉文朱批奏折汇编》第8册，康熙六十年十二月初五日，川陕总督年羹尧为再奏查参陕西亏空钱粮并题补各官情由折，第853页；康熙六十一年十二月二十二日，署理直隶巡抚赵之垣奏报差官彻底清查亏空情形折，第1024页。

⑤ 《清圣祖实录》卷299，康熙六十一年十月甲寅。

综观康熙朝，由康熙三十年前后揭出钱粮亏空，到六十一年钱粮亏空案泛滥，三十年左右的亏空状态可想而知。而且，除了各省布政司库及府州县仓库的亏空外，还有税关亏空、盐课亏空等，诸如"两广盐课累年亏空至一百八十余万"[①]。虽然自中央到地方各级官员大都开始着手清理钱粮亏空并设法弥补，但收效甚微。从康熙朝揭出的亏空案来看，无论是仓谷亏空还是库银亏空，大多发生在军需、赈济、南巡等国家重大活动期间，亏空的原因又都与筹集经费有着直接的关系。但是，有关亏空的具体状态、亏空的原因，以及官员应该承担的责任等，都在宽松的政治环境中被模糊处理了，官僚政治中的腐败也被悄然遮掩了。

---

① 《清圣祖实录》卷271，康熙五十六年三月甲子。

第 二 章

康熙朝应对钱粮亏空的制度建设及其与财政体制的镠轕

　　研究者惯以官员贪腐婪赃的既定思路去追寻钱粮亏空的原因，但在现实中，钱粮亏空的发生远比想象的要复杂得多，仅用"官侵""吏蚀"及"民欠"并不能理清其亏空的缘由与过程。从揭出的亏空状况看，官员贪腐固然是钱粮亏空的重要原因，但从腐败发生的过程及其得以产生的诸多因素来看，国家政治体制及财政制度、各制度之间的关联性、官员管理上的疏漏，以及整个官僚系统下造就的管理者的习惯思维等，都为腐败提供了条件。

　　以往，官僚政治主要是作为古代专制国家的腐败问题来研究的，但它在王朝国家繁密的法网下如何能够腐败？如何在自身机制的运行过程中造成了腐败？无论是在理论上，还是就技术层面，都缺乏历史的清晰度与镜鉴感。因此，钱粮亏空的话题，恰好可以为我们提供一个从制度运行角度进行思考的研究域境。以故，这一章将以康熙朝应对钱粮亏空的制度建设、皇权的影响力、官员的责权关系，以及各制度建设与财政体制之间的矛盾与镠轕问题展开讨论。

一 康熙朝对地方钱粮管理责权的建立

康熙朝从国家行为上对地方钱粮的管理、建立责权应对亏空并进行清理，大致经历了这样几个时段。

第一时段是在平定三藩之后，康熙帝在着手于国家内政建设的同时，开始对财政的混乱状况进行清理。二十三年（1684）三月，康熙帝针对平三藩期间广西巡抚郝浴挪用库银造成亏空的案例，在征集各省督抚意见后，准备从各省赋税存留的情况查起。所谓"二十三年以督抚侵欺库帑，命廷臣详议条例以闻"。① 谕曰：

> 户部管理各省钱粮，一时难以清楚。地方督抚将在库银两那移私用，虽云补垫，及题奏时每多朦混销算，部内无凭稽察，百姓深受其害。即今原任广西巡抚郝浴侵欺银至十九万两。由此观之，天下类此者不少。朕日夜思维，欲清查各省钱粮，访之外任官员及督抚等，皆云清出存留钱粮，则别项钱粮自必清楚。朕思此事一行，虽在外督抚司道不无被罪，实于国家有益，果钱粮充足，更可为加恩百姓之用。今九卿曾为外官者多，知之必详，尔等会同详议以闻。

寻大学士会同九卿等条议具覆：

> 一、凡奏销钱粮，应将存留、起运逐项分晰，并报部年月，明白造册，毋致朦混驳查。如有驳回者，将该督抚照朦混例处分，户部司属不行详查，亦交吏部议处。
> 一、支给各省驻防官兵、绿旗官兵米豆草束，除折价地方

---

① 王庆云：《石渠余纪》卷3《纪会计》，第136页。

不议外，如支本色，地方尽本省所收支给，如有不敷，照时价给发，官兵自行采买。如有将价值浮折具题者，将该管官并督抚照例处分。

一、各省采买米豆各项，从前有价值浮多者，有支领并无实据者，应行令该督抚清查，定限一年追完。如不完，将经催官并督催之督抚，俱照承追不力例处分。

一、兵马钱粮数目有舛错者，应令各省将军督抚提镇将各弁印领结状，按季送部，以便查对。如有不符，照朦混例处分。

一、直隶各省奏销钱粮，凡有驳查者，俱令具题完结，不得以咨文塞责。①

大学士九卿的廷议，决定了从奏销、支给、采买，以及会计等环节提出问责管理规定。得旨：本内第一款奏销驳察事情着照见行例行，余如议。

随后，清朝进一步明确了有关督抚于钱粮亏空责任的规定，即督抚有盘查钱粮之责，若出现亏空有参劾之权，若保结后查出属员亏空，有被革职并分赔的处罚。据光绪《大清会典事例》记载：康熙二十七年（1688）题准，"各省藩库交代钱粮定限两月，如有侵欺亏欠等弊，将隐匿不参之该督抚革职，如督抚有侵欺入己之处，照侵欺例治罪"。康熙二十八年题准，"粮驿二道库存钱粮责以藩司，各府库存钱粮责成各该道，如无道员管辖之府，委令邻近道员于奏销时清盘。如无侵挪亏空情弊，即具保结呈送巡抚。倘保结之后仍有查出侵挪亏空者，该抚题参，将藩司各该道皆革职分赔"②。

在官方文献中，有关钱粮亏空的揭报始于康熙二十八年（1689）三月，由户部奏报，"各省藩司库银屡以亏空见告"，并开始讨论应对措施。认为"应于每年奏销时，该抚将新旧存库银两清查一次，

---

① 《清圣祖实录》卷114，康熙二十三年三月癸酉。
② 乾隆《钦定大清会典则例》卷16，《吏部·考功清吏司·清盘库项》，文渊阁四库全书影印本。

如无亏空，于奏销本内保题。倘保题之内仍有查出亏空者，将巡抚照交盘例治罪。又各州县官亏空钱粮，往往于去任之后始得发觉，请敕藩司、知府，将州县钱粮每岁察核，如有隐匿不举事发，以徇庇议处"①。

这份决议，经九卿讨论奏请后获准实行。说明清朝政府开始重视从州县到直省各级地方仓库出现的钱粮亏空问题，提出以每年清查、复核的方式加强管理。特别是明确了巡抚对亏空所负有的责任，即"每年奏销时该抚将新旧存库银两清查一次"。随后，江西巡抚宋荦题请，将粮驿二道的监查权也归由巡抚。他说："藩库为通省钱粮总汇稽查最宜严密，今于每年奏销之时，奉有谕，令巡抚亲身察盘，保题州县钱粮，责成知府查报，可谓既严且密，诚为万世遵守良法。惟是粮驿二道，各有经收支放库贮钱粮，既不在于藩库之内，为巡抚察盘所不及，而在各府库内亦有收贮钱粮，似应一并清厘，庶几侵那亏空之弊，可以永杜于将来。宜将粮驿二道库贮钱粮，于每年奏销之时及二道离任之日，责成藩司亲身察盘，如有亏空，立行呈报巡抚题参。"② 但令人不解的是，这些"屡以亏空见告"的上奏文书并没有保留下来，地方亏空的实态尚不清楚。

这一时期的制度建设，重点在钱粮的管理与监察方面，也有对督抚于钱粮亏空责权及处分的规定。但在制度与条规出台后，并没有看到后续的落实或实施，也没有看到它在清理钱粮方面发挥的作用。换言之，清朝尚未将钱粮亏空清理纳入应有的国家治理议程。直至康熙三十七年（1698），累积已久的钱粮亏空终于由陕西籽粒案的揭出走入朝廷的视野。于是，国家开始了对钱粮亏空的清理。

第二时段大致可从康熙三十九年（1700）直隶巡抚李光地的一份奏疏算起。这份奏疏开启了又一次的官场讨论，此后十余年间是康熙朝查处地方钱粮亏空最集中的时期。

---

① 《清圣祖实录》卷140，康熙二十八年三月戊子。
② 宋荦：《西陂类稿》卷33《请察道府钱粮疏》，文渊阁四库全书影印本。

三十九年二月，李光地以地方钱粮亏空为时下积弊之最，请求立法以正其弊。他提出三点：

> 目前因循积弊未有甚于亏空者，不可不立法厘清宿弊。一、杂项钱粮不入奏销案内者，应责成该管上司，于监查正项时一并照例盘查保结，则那移之弊杜矣。一、上司盘查属库例责年终，嗣后应自该年十一月起至次年奏销以前止，亲至查明。如有亏短，立行揭报。见存无亏，据实出结，则期限舒徐可以逐项周察也。一、亏空那移律例虽有正条，但法轻易犯。嗣后地方官如有那移银至五千两以上或粮米至六千石以上者，无论已未革职，仍拟满流，不准折赎。即遇恩典亦不准减免。庶人知畏法，而仓库加谨矣。①

在李光地的奏疏中，再次强调了对钱粮监察的重要性，认为官员的奏销恰恰是监察的重要环节，而由于奏销制度存在易产生亏空的漏洞，故有将不入奏销的杂项钱粮与正项一并盘查，并将盘查库例的时间延长的提议，而且明确提到以"那移银至五千两以上或粮米至六千石以上"，作为对亏空官员"刑罚处分"的底线，也是对官员亏空钱粮的由过到罪的定性。

由于李光地关于"挪用钱粮官员，宜从重治罪"的提案过于尖锐，户部会议时没有通过，"议不准行"。最后还是康熙帝以谕旨的形式确定下来。"上曰：前李光地曾奏，直隶诸处亏空钱粮甚多。朕云，尔不必虑此，可细查之，亏空未必甚多。及彼查奏，亏空果系无多。但那移钱粮，便致拖欠。着照李光地所奏行。"②

这次的制度调整并力行处罚，足以对官员们敲响了警钟，正如

---

① 《清圣祖实录》卷197，康熙三十九年二月丁卯。注："那移"，即挪移。历史文献中多用那移，少有使用挪移。本书在注释中一律按文献原文保留。
② 《清代起居注册·康熙朝》第14册，康熙三十九年三月初六日，第7840页。

都察院左都御史李楠所称,"州县亏空,近日定例甚严"①。接下来又有数条规制被确定下来。

当年六月,给事中陈黄永条奏大计三款,建议将钱粮亏空列入考核的内容,却被吏部否决,因为它会影响到众多官员的前程与利益,议不准行。但康熙帝却批复曰:"大计官员,察其钱粮有无亏空,造册报部,着照陈黄永所奏行。"②

七月,建立上级代赔的处罚条例。先是,浙江巡抚张敏奏报,原任革职丰城县柿源巡检李森缺欠米石,追赔七年,家产尽绝是实,请免赔补。户部会议准行。但康熙帝不准。他说:"此事所关虽小,地方官亏空钱粮,追赔数年,因其家产尽绝,遂行议免,则钱粮之缺欠必至甚多。此后地方官亏空钱粮,不能赔还,着落该督抚代赔。"③ 而且是年题准,"州县府道收存钱粮,于地丁正项及常平仓谷外,一切杂项钱粮,该管上司一并照例盘查"。又题准,"上司盘查所属仓库,例责年终,时限甚迫,嗣后于次年奏销前,秉公清查,据实出结"④。

另据光绪《钦定大清会典事例》记载,康熙三十九年上谕:"近见各省督抚等先以官员亏空仓库银米题参,后以家产尽绝保题者甚多,此等亏空银米,作何着落追还,着九卿詹事科道会议具奏。"寻九卿等遵旨议定:"嗣后仓库银米如有亏空,审明是侵是那,着落亏空官追还,有实系家产尽绝不能完结者,着落岁终申报保题之各上司官追完。至起解银两及漕粮等项已经启程之后,如有亏空者,将解官运官审明追还。实系家产尽绝不能完纳者,亦着落差遣不慎之该管上司名下追完,如有借端私派民者,从重治罪。"⑤

但是,清朝对地方钱粮的清查监管趋严仅仅表现在出台的条文

---

① 《清圣祖实录》卷202,康熙三十九年十一月己酉。
② 《清代起居注册·康熙朝》第15册,康熙三十九年六月二十六日,第8055页。
③ 《清代起居注册·康熙朝》第15册,康熙三十九年七月十四日,第8093页。
④ 光绪《钦定大清会典事例》卷101,《吏部·处分例·清盘库项》。
⑤ 光绪《钦定大清会典事例》卷175,《户部·田赋·究追亏空》。

上，而事态的发展又出现了新的变故。

康熙四十二年（1703），直隶巡抚李光地再次题请将亏空钱粮官员定例治罪。二月二日，适逢康熙帝南巡驻跸（苏州府）行宫，大学士马齐等以此请旨。康熙帝曰："此事着暂收贮，俟各省到齐之日再奏。"① 十个月后，即是年十二月二十日，户部议覆，直隶巡抚李光地请定亏空上司处分则例。康熙帝"又曰：此事着问九卿具奏"②。

这本应是一次针对管理不善、疏于职守的地方官员如何议定处分条例的会议，但是它的内容究竟如何？何以历时一年之久？地方各省督抚的态度怎样？这在官书及档案中都没能找到相关记载。见到唯一的讨论记录是《清实录》康熙四十三年三月一条，九卿各官遵旨"先议州县官仓谷霉烂者，督抚题参革职留任，限一年赔补，赔完免罪复职。逾年不完解任，二年外不完定罪，着落家产追赔"。康熙帝遂下旨将此议行文各省督抚再议，随后直省各督抚等疏称："所议仓谷霉烂限年赔完，甚当。但恐有扶捏之弊，应于补完日令府道出具印结，申缴藩司督抚存案。如再有亏空，府道亦分别议处。"③

四十四年，康熙帝颁上谕："嗣后荐举卓异，务期无加派、无滥刑、无盗案、无钱粮拖欠、无亏空仓库银米，境内民生得所，地方日有起色，方可膺卓异之选。"④ 随后吏部覆准："州县仓库钱粮，责成知府盘察，于每年奏销时，出具所管州县仓库实贮无亏印结，造册申详保题，仍令不时盘察，无论几时查出亏空，立即揭参，免其革职分赔。若州县亏空，知府有扶同徇隐情弊别经发觉者，将知府参革，令知府独赔。如知府止系盘查不实，不行揭报，或别案发觉始行报出者，系那移，将知府革职，令知府分赔；系侵欺，知府

---

① 《清代起居注册·康熙朝》第 18 册，康熙四十二年二月二十二日，第 9903 页。
② 《清代起居注册·康熙朝》第 18 册，康熙四十二年十二月二十日，第 10430 页。
③ 《清圣祖实录》卷 215，康熙四十三年三月壬寅。
④ 《清圣祖实录》卷 221，康熙四十四年五月己卯。

照失察侵盗律议处，免其分赔。"①

这里强调了上级官员的连带责任与相应处分，以及独赔、分赔等赔补方式。且因这项规定得到了在外督抚与在京九卿官员的一致认同，康熙帝批准执行，其连带赔补遂行诸各省。而且不仅仅是针对米谷霉烂的亏空，银两亏空同样有连带赔补责任。随后，康熙四十八年（1709）秋，甘肃巡抚舒图提出对监管责任官员追赔实行奖惩责任制，"若能追完银五千两以上，仍按俸禄升用，追完银万两，不按俸禄即行升用之。其两年内不能追完者，参劾从重治罪。如此，各官不仅自行追完，而且欲升级者代为赔补，以未可知。庶于亏空案确有裨益"②。对于承追愈限官员不予宽宥。

此外，重视查运查销制度的执行以及执行过程中的问题也被提起讨论。康熙四十六年（1707）十二月，川陕总督博霁说："按定例，州县钱粮年终查运查销。"而甘肃的情况是，常平仓捐纳米谷共计90万余石，查阅各属地报册，虽出结报部却尚未彻底清查。因于各州县卫所分征者甚多，其中征米者有之，征银者亦有之，往往一年查运一次且有亏欠者。而当时的常平仓捐纳米自康熙四十二年春季至四十六年秋季，已有五年没有清查过。博霁随即奏请"解送布政使库贮存，其米交付该管道员、知府收藏，倘有亏欠者，即令补赔，有未完结者，则参奏治罪"③，并对完善查运查销之制提出建言。

康熙五十年（1711）二月，偏沅巡抚赵申乔疏奏，因公诖误解任等官应追银两已交原籍原旗查追，请将原参承追逾限官员各案注销，吏部议覆准行。似有宽纵之意，被康熙帝驳回。谕曰："凡解任官员，有应追银两，地方承追官应严行催追，依限完结。今因发回本旗本籍追赔，遂欲将原参承追官即准销案。此特为原追各官希图

---

① 光绪《钦定大清会典事例》卷101，《吏部·处分例·亏空分别处分开复》。
② 《康熙朝满文朱批奏折全译》康熙四十八年九月初六日，甘肃巡抚舒图奏报甘肃军需钱粮亏空数折，第645页。
③ 《康熙朝满文朱批奏折全译》康熙四十六年十二月初五日，川陕总督博霁奏请清查常平仓捐纳米折，第555页。

卸过之意。如此则必致互相推诿，愈难完矣。此例遵行已久，不可更改，仍照定例行。"①

当然，这一时期清廷对钱粮亏空的重视程度尚停留在制度层面的建设与规范上，实践的步骤过于缓慢。

随后，清朝从国家层面进一步明确了督抚对钱粮亏空的责任，加大了督抚对钱粮管理权限。如四十五年（1706）五月，责令两广盐政将历年亏空盐课银两数目、缘由，行文该省巡抚查明具奏再议。②五十五年（1716）六月，令杭关钱粮交与该巡抚监收。七月，规定凤阳关钱粮亦着交该抚征收。③

这些政令的下达都在针对盐务、权关等钱粮来得快与多的"肥缺"清理上，却释放出中央政府对钱粮亏空的重视程度的加强。而且，也加大了督抚对亏空案的处置权。康熙五十四年（1715）十二月，御史田轩来条奏，"州县官员亏空银两至三千两，令该督抚审理，五千两以上自京差遣大臣审理"。康熙帝的意见是，"从前外省常遣京师大臣审拟，但督抚乃封疆重臣不令伊审，而遣京师大臣赴审，恐苦累地方，因是停止差遣京师大臣"④。完全交由地方督抚审理。

而且，一些在日后清理钱粮亏空中发挥着重要作用的条规也基本确定下来。例如挪移亏空的处罚有了数额的规定，钱粮有无亏空列入大计考核，本人无力完补上司代赔等，已在这一时期形成了制度。

由于亏空的势头没有得到遏止，于是有了康熙朝第三个时段的国家立法干预，即康熙五十九年（1720）详定亏空钱粮条例。⑤

先是，五十八年（1719）正月，康熙帝以"各省钱粮亏空甚

---

① 《清代起居注册·康熙朝》第19册，康熙五十年二月二十七日，第10555—10556页。
② 参见《康熙起居注》第3册，康熙四十五年五月初八日，第1975页。
③ 参见《康熙起居注》第3册，康熙五十五年六月十四日，第2291页；康熙五十五年七月初六日，第2295页。
④ 《康熙起居注》第3册，康熙五十四年十二月初一日，第2227页。
⑤ 参见王庆云《石渠余纪》卷3《纪会计》，第135—137页。

多"，谕户部等衙门令议立法。他说："今总督杨琳因历年积欠钱粮，将伊应得银两照数补完，盐课事务俱已清楚。又行文赵弘灿、满丕等，速将从前所得银两解送甘肃，以为军需之用。由此观之，各省亏空钱粮，督抚等果能尽心竭力完补，又何至亏空乎！其作何完补之处，尔等会同详议具奏。寻议，应行令直隶各省督抚将见今亏空各项钱粮数目作速查明，何项亏空？作何完补？并嗣后作何立法？始可永无亏空之处，一并确行定议具题，到日再议。从之。"① 于是，各部院分头发布政令，但讨论的重点在如何完补亏空上。

四月，山东巡抚李树德提出，官员承追亏空不完以代赔免除处分的议题。奏曰："康熙五十八年二月初八日，接准刑部咨开，会议承追处分之例一案，具题奉旨，这事情着照九卿所奏，行令各省督抚作何分别勒限催追方于钱粮有益之处，着详议具奏。……伏思各省承追亏空银两之案新例，一年内不完，承追官罚俸一年；二年内不完，将军流徒罪等犯即行充配，死罪人犯仍照原拟监追，承追官降一级留任；三年内不完，承追官降一级调用。""惟是承追各官内，有自顾功名，愿捐己资代为赔纳者，请分别银数之多寡，以定年限之远近，准其代赔，予以议叙。……徒将承追官按年参处，终无济于钱粮。"② 随后，又有十数名督抚相继参与了这次大讨论，并提出自己的意见。

康熙五十九年（1720）七月，户部根据康熙帝"应作何立法使亏空之弊永远清理，着行文各该督抚确议具奏"的谕令，就各督抚等覆疏逐一会核定议。当时以陕西总督鄂海为首，有闽浙总督觉罗满保、两广总督杨琳、浙江巡抚朱轼、广东巡抚杨宗仁、广西巡抚宜思恭、湖广巡抚张连登、偏沅巡抚王之枢、福建巡抚吕犹龙附议

---

① 《清圣祖实录》卷283，康熙五十八年正月壬寅。另参见《康熙朝汉文朱批奏折汇编》第8册，康熙五十八年四月二十四日，山东巡抚李树德奏为遵行议奏亏空钱粮如何完结之法事折，第453—456页。
② 《康熙朝汉文朱批奏折汇编》第8册，康熙五十八年四月二十四日，山东巡抚李树德奏为请定承追亏空银两之处分等事折，第456—459页。

提出："州县钱粮，令知府严加稽查，随征随解，无许久存州县库内以绝侵那之弊。"四川总督年羹尧、两江总督长鼐疏称："州县亏空钱粮，或知府有扶同徇隐情弊别经发觉者，请将知府参革，责令独赔。"长鼐又会同云贵总督蒋陈锡、山西巡抚苏克济合疏："州县官恃有上司分赔之例，本无亏空，将库银藏匿，假捏亏空，应令督抚核实题参，严加议处，其亏空银两仍在该州县名下独赔。"此外，河南巡抚杨宗义、云南巡抚甘国璧、江西巡抚白潢、护理贵州巡抚印务布政使迟炘则提出："州县因公那用亏空钱粮，请照霉烂仓谷之例革职留任，限年赔完。其霉烂仓谷者，不论在任解任，以及分赔之知府能于限内全完，准其开复。应如杨宗义等所请，亏空钱粮果系因公那用者，将该员革职留任，勒限赔补，限内全完准其开复。至霉烂仓谷，见在参追者，于一年限内如数完补，亦准开复。再州县亏空钱粮或有知府揭报，而布政使不即转揭或已揭，而督抚不即题参者，应令该知府申报部院，将督抚、布政使等官俱照徇庇例议处，仍令分赔。其卫所官员亏空屯卫等项钱粮亦照地丁之例处分，着为定例。"①

这次"直隶各省督抚等所奏，或与定例相符，或与钱粮无益者，均无庸议外"。随后获准实施的：一是鄂海等题请的州县钱粮随征随解，令知府严加稽查，不得久存州县库内，以杜绝侵挪之弊。二是长鼐等题请的假捏亏空，应令督抚核实题参，严加议处。其亏空银两仍在该州县名下独赔，或知府有扶同徇隐情弊别经发觉者，将知府参革并独赔。上司分赔之议被否决。三是杨宗义等题请，因霉烂仓谷亏空者，完补后准予开复。四是因公挪移者赔补后亦准开复。五是州县亏空钱粮，督抚不即题参者照徇庇例议处，仍令分赔。而且，"以上征解追赔各条既经各该督抚等具题定议，即应责成督抚。如亏空未发之先，伊等不尽心防范，亏空已觉之后，伊等不竭力补苴。应将该督抚严加议处，责令分赔完项"。

---

① 《清圣祖实录》卷288，康熙五十九年七月庚午。

在《清朝文献通考》中，也记录了户部根据这次讨论意见概括出六条实施规则，并说这是康熙帝有鉴于"各省钱粮亏空甚多，欲立法清理"①。可与《实录》相印证。

其一，州县官征收钱粮。务令随征随解，如迟延不解，即令该督抚题报参处。如州县官批解钱粮，而布政司抵充杂派，扣批不发，许州县官申报督抚，并报部院衙门题参。其二，令该督抚确查亏空情由，或因知府扶同徇隐，以致亏空者即行参革，令知府独赔。其三，州县官有捏报亏空，审明定拟，即于本犯名下独追还项。其四，亏空钱粮果系因公挪用者，将该员革职留任，勒限赔补，限内全完，准其开复。若至霉烂仓谷，现在参追者，着一年内如数完补，亦准开复。其五，州县官亏空钱粮。如有知府揭报，而布政司不即揭报，或已结而督抚不即题参者，应令该知府申报部院，将督抚布政司等官照徇庇例议处，仍令分赔。其六，卫所官员亏空屯卫等项钱粮，亦照地丁之例处分。

这些规定证明，在康熙晚年，国家已经作出了要全面清理钱粮亏空的选择，督抚在被寄予地方守土之责的同时，也负有对钱粮管理的监察权，而一旦出现亏空，更有不可推卸的责任。其中相关措施的制定，也对接下来雍正朝的清理钱粮亏空政策的推行产生了影响。理论上说，这应该是一次就钱粮亏空问题所进行的立法过程，虽然在督抚的提案中有部分是已在实施的政令，但是，由于它经由十八位督抚的再次认定，就必然成为最具影响力度的行政法规。而由督抚直接参与立法，再度强调了地方督抚在处理钱粮亏空中的责权及其作用的重要性。

遗憾的是，上述条例在康熙朝并未来得及实施。而在此前的政治实践中，旧有的各项条规，也多停留在制度层面，而且制度的制定及其约束力远不及亏空案发生的速度及其产生的危害来得快。换言之，康熙朝曾有三次从国家层面较为集中地讨论了地方钱粮的管

---

① 《清朝文献通考》卷41，《国用三·会计》，商务印书馆万有文库本，第5230—5231页。

理方式、官员的责任,以及对产生亏空的防御与处罚措施等,并相应制定了各项制度与条规,其中康熙三十九年(1700)李光地关于重惩挪移的提案,康熙五十九年(1720)由诸多地方督抚大员参与讨论的各项条规,都是值得关注的政治节点,但却少有实施。

二 "挪移正项之事,此乃亏空之大根原"

在康熙朝,国家前后用了四十年余的时间,一次又一次制定清理钱粮亏空的规则、颁布法令,康熙中后期又由朝廷派出钦差大员清查地方的钱粮亏空。但实际的清查结果却未见成效,不仅没有查出亏空的原因,也没有对需要承担钱粮亏空责任的官员作出应有的处分。那么,在对这种现象追根溯源的过程中,不难发现这与康熙帝对钱粮亏空的认识有着直接的关系。

康熙帝曾在上谕中明确表示,亏空与官员个人的操守并无直接关系,也就是说,清官并不能保证不出现钱粮亏空。亏空的主要原因在于地方存留的钱粮不足,尤其是频繁的战争中因军费浩繁产生了大量的"因公挪用"。对于这一观点,康熙帝有过两次明确的表述。

第一次是四十八年(1709)十一月,康熙帝在诏谕大学士等人时说:

> 适科臣郝林条奏各省钱粮亏空,郝林但知州县钱粮有亏空之弊,而所以亏空之根原未之知也。凡言亏空者,或谓官吏侵蚀,或谓馈送上官,此固事所时有,然地方有清正之督抚,而所属官员亏空更多,则又何说?朕听政日久,历事甚多,于各州县亏空根原知之最悉。从前各省钱粮,除地丁正项外,杂项钱粮不解京者尚多。自三逆变乱以后,军需浩繁,遂见一切存留项款尽数解部,其留地方者,惟俸工等项必不可省之经费,

第二章　康熙朝应对钱粮亏空的制度建设及其与财政体制的镠锱

又经节次裁减，为数甚少。此外则一丝一粒无不陆续解送京师，虽有尾欠，部中亦必令起解，州县有司无纤毫余剩可以动支，因而有那移正项之事，此乃亏空之大根原也。①

第二次是六十一年（1722）十月，也就是康熙帝在临终前的一个月，又进一步阐明了上述的观点，他说：

> 近见天下钱粮，各省皆有亏空，陕西尤甚。其所以致此者，皆有根源。盖自用兵以来，大兵经行之处，督抚及地方官惟期过伊地方便可毕事，因资助马匹盘费衣服食物甚多，仓卒间，无可设法，势必那用库帑。及撤兵时，又给各兵丁马匹银两，即如自藏回来之将军以及兵丁沿途所得，反多于正项。是以各官费用动辄万金，人但知取用而已，此等银两出自何项，并无一人问及也。官之亏空钱粮者，俱已题参离任，其亏空银两，追比不能即得，新任官又不代完。此项银两，终无着落。故用兵之地，历年钱粮奏销，朕悉宽缓，正为此也。前荡平三逆，原任湖广布政使徐惺所用兵饷，至四十余年尚不能清完，朕念皆系军需那用，将未完银两俱从宽免。盖宽缓则州县力舒，上可不误国帑，下可不病民力。去年陕西督抚题参亏空各官，奏请将此亏空银两追出，以充兵饷。后追比不得，伊等无可奈何，巡抚噶什图密奏欲加通省火耗，以完亏空。此折朕若批发，便谓朕令加征。若不批发，又谓此事已曾奏明，竟自私派。定例，私派之罪甚重，火耗一项，特以州县官供应甚多，故于正项之外略加些微，以助常俸所不足，原属私事。若公然如其所请，听其加添，则必致与正项一例催征，将肆无忌惮矣。所以将噶什图奏折申饬批发，第陕西督抚既不能追比亏空，又不敢请拨钱粮，倘有紧要军机、焉能不致迟误。朕因交与议政大臣动户

---

① 《清圣祖实录》卷240，康熙四十八年十一月丙子。

部库帑解送矣。①

由此可知，康熙帝在上述谕旨中就钱粮亏空的认识表达了这样两层意思：一是，各省钱粮亏空的根源系用兵以来督抚及地方官筹办军需，特别是平三藩以来，一切存留项款尽数解部，地方除留有官员的俸银外没有其他的经费存留，一时无可设法，势必挪用库帑。"此乃亏空之大根原也。"二是，既然挪用有其自身无法遏制的原因，从而形成了一种需求、挪用、赔补的不良循环，而亏空最终还是弥补不上。特别是，"官之亏空钱粮者，俱已题参离任，其亏空银两，追比不能即得，新任官又不代完，此项银两，终无着落。故用兵之地，历年钱粮奏销，朕悉宽缓，正为此也"。

尽管雍正帝并不认同"因公挪用"系亏空的直接原因，强调吏治腐败是问题的关键。但就揭出的亏空案件而言，"因公挪用"的案例的确占有相当的比重。不可否认的是，正是制度的缺陷，使"因公挪用"成为钱粮亏空的一个源头。

那么，事实究竟是怎样的呢？康熙帝的认识又对国家的决策及官场的执政导向产生了怎样的影响呢？

（一）"因公挪用"的非法与无可避免

康熙朝系清王朝的开创时期，戡乱统一的战事不断，且军需浩繁而国力浇薄。故康熙朝地方的军需供应，非开捐纳，即为挪用公项。但在制度条文上因公挪用又是被严令禁止的。

早在清初顺治十八年（1661）六月，工科给事中阴应节就将"州县那移"称作钱粮四弊之一。② 而清朝从国家层面也对"那移钱粮"制定了相关的处分条例。如康熙六年（1667），户部议覆"那用钱粮各官，仍照旧例处分。如系侵欺者限一年追取，限内不能全

---

① 《清圣祖实录》卷299，康熙六十一年十月甲寅。
② 《清圣祖实录》卷3，顺治十八年七月己未。

第二章 康熙朝应对钱粮亏空的制度建设及其与财政体制的缪轕

完,将家产变价入官"①。十二年(1673)七月,户部等衙门遵旨会议,详细讨论了新旧任官员在钱粮接交时如何杜绝挪移之弊,规定:

> 清理钱粮应严新旧官交代,交代严,则侵欺透冒、那移垫解等弊可杜。嗣后司道府州县新旧官交代之时,如前官任内有侵欺透冒、那移垫解,并拖欠未清等弊,署官、新官即行通报上司题参,将前官照例处分。如署官、新官徇隐不报,交代后始行查报者,不必议前任之官,竟坐接任官名下,侵欺透冒者照侵欺例拟罪。已征那用、诈称民欠者,照例革职拏问。那移垫解者,照那移例议处。如后官不受交代,通详督抚司道,而上司不行详报题参,徇庇旧官、逼勒新官交代者,许新官即行据实指名报部,将逼勒之上司以徇庇议处。本官既报参上司,本省难以为官,应于别省员缺调补。再州县官,有侵欺透冒、那移垫解等弊,司道官亦照知府例,于次一年内查出者免议。如迟至三四年始行查出者,仍以失察例议处。其余各款仍照旧定例遵行。从之。②

但是,上述条例还未来得及普遍落实到地方州县,五个月后,即康熙十二年(1673)末三藩反清的战乱爆发。当时云贵、两广、闽浙、赣楚以及川陕甘等十余省相继沦为叛军的割据地区,就连地丁钱粮的征收都化为乌有,更不要说地方存留经费的有无了。而战争耗时八年,国家财政几乎陷入枯竭,战争期间解决浩繁的军需成为地方督抚的行政重心,其如何筹措、方法有无弊症已经降为次要。

如康熙十六年(1677),湖北地方奉命为岳州水师打造20艘快船,其经费来源据巡抚张朝珍奏,系"奉贝勒谕令各官捐助","若动钱粮恐难报销,若派各属又累官民,且更稽延时日,有误军务"③。

---

① 《清圣祖实录》卷22,康熙六年五月己未。
② 《清圣祖实录》卷42,康熙十二年七月甲午。
③ 《张朝珍启一件》,中国第一历史档案馆藏,《清三藩史料》清1039号。

说明张朝珍等造船的所有经费都是出自官员的"捐助"。而"若动钱粮恐难报销",恰恰说明当时财政制度上的某些问题。所以,这一时期以官员、商人捐助、捐输等方式解决地方财政缺口的事例绝非个案。康熙十七年(1678),当清朝在平叛战争中取得了决定性的胜利时,康熙帝才以上谕的方式强调了钱粮制度的刚性。谕吏部、户部、兵部三部:吴三桂反叛,"用过军需,未经报部,不准销算。以上新定各例,不无过严,但为筹画军需,早灭逆贼,以安百姓之故。事平之日,自有裁酌"①。那么诸多未经报部的临时筹集经费就自然无法奏销了。这对于在军情紧急时不惜代价积极筹措军需的地方官而言并不公平。

事实上,由于接连不断的战争,康熙年间朝廷为限制官员侵蚀钱粮,从挪移、加派、奏销等方面进行了严格的制度约束。但在军需紧急的情况下,任何一个官员都会在因公挪用与贻误军机面前选择前者,以至于"前荡平三逆,原任湖广布政使徐惺所用兵饷,至四十余年尚不能清完"②。平三藩的八年,是康熙朝地方直省挪用地丁钱粮的第一个高峰期,这就是康熙帝所说的,"仓卒间无可设法,势必那用库帑"。这就使得亏空不能与婪赃等同。而"事平之日,自有裁酌"的许诺,在平三藩后也并未完全兑现。

康熙中期,清军三次出征准噶尔,川、陕、甘等西北诸省军需供顿不已,挪移之事必当不乏。例如川陕总督吴赫参劾属员吴秉谦扣克军需银两,勒索税规等,但在调查的过程中,只查出"亏空库银,俱系军需紧急,因公那用,并非侵蚀。其用过银两,交与总督陕甘二抚,令阖省文武官员均赔"。甘肃巡抚布喀也以"擅用库银,支给运米脚价"被参,经查"系紧要公务,非私自那用,应免其追取"③。而"甘肃省自康熙三十四年至五十七年,因供应喇嘛、赈济

---

① 《清圣祖实录》卷72,康熙十七年三月壬午。
② 《清圣祖实录》卷299,康熙六十一年十月甲寅。
③ 《清圣祖实录》卷198,康熙三十九年三月丙申。

贫民，以及军需脚价、买备驼马等项，借动银粮"①，除以文武各官俸工银捐补外，尚有未完各案亏空银两290206两，康熙五十二年夏灾案，又有动用赈济粮37258余石。② 这项亏空直到乾隆元年（1736），"未经完补银粮尚有八万七千余两"③。这表明在"因公挪用"中，因无法奏销出现了持久的钱粮亏空问题，而亏空的过程中又难免有官员乘隙侵蚀。

对于地方督抚于挪用过程中侵蚀入己的行径，康熙帝并非不知情。早在二十三年（1684）他在谕旨中便指出："地方督抚将在库银两那移私用，虽云补垫，及题奏时每多朦混销算，部内无凭稽察，百姓深受其害。"④ 这表明康熙帝已经意识到挪用钱粮中官员使用蒙混奏销的手段进行婪赃的问题。六七年的平准战争或许给了康熙帝更多的警示，所以，在康熙三十九年（1700）二月，当直隶巡抚李光地在提案中提出重"挪移之法"时，旋即得到康熙帝的批准。疏曰："亏空那移律例虽有正条，但法轻易犯。嗣后地方官如有那移银至五千两以上或粮米至六千石以上者，无论已未革职，仍拟满流，不准折赎。即遇恩典亦不准减免。庶人知畏法，而仓库加谨矣。下部议行。"⑤ 这是清朝颁布的一项针对挪移亏空明确了限额的处分条例。尽管挪移多属因公所致，但挪移钱粮，官员是要承担责任并受到处罚的，这说明"因公挪用"的非法性。

但是，在揭出的挪移亏空案中，并没有看到按照此条例律对官员执行处分的个案。而且就雍正初年各省的揭报来看，各省的钱粮亏空案中多有因公挪用的记载，说明了因公挪用的普遍存在。

例如福建省。据闽浙总督满保奏称：康熙六十年（1721），清军出兵征剿台湾朱一贵的反清活动，"因事紧急，动用库银二十三万余

---

① 《清高宗实录》卷11，乾隆元年正月癸丑。
② 参见《雍正朝汉文朱批奏折汇编》第6册，雍正三年十一月十六日，甘肃巡抚石文焯奏遵旨筹画追赔虚悬库项折，第479—480页。
③ 《清高宗实录》卷11，乾隆元年正月癸丑。
④ 《清圣祖实录》卷114，康熙二十三年三月癸酉。
⑤ 《清圣祖实录》卷197，康熙三十九年二月丁卯。

两,进入台湾后,内地招募之兵及原留台湾之兵丁,不发钱粮难以为生,故动支储于厦门之台湾兵饷三万余两送去供给。为此,奴才等与众官员捐银赔补十万二千两。除此之外,其余十二万两与台湾兵饷三万余两,福建地方小事情多,委实无力捐纳。故请准予销算"。满保还奏称:"偿还采买铜斤、捐造营船、浙江旗兵来福建、福建旗兵赴京城等项共计用银九万余两。此概为公事,垫用实出无奈。拟以催征旧欠及应收取之俸工银两抵还此项。"[1] 雍正元年(1723)八月,新任福建布政使黄叔琬在清查布政司库后奏报:"福建藩库向来借支动用,相沿已久。"应库存银79.7万余两,实在存库银只有40万余两,其余39.6万余两中,有各标营借支俸饷和预支船工银等25.9万余两[2],为"公项挪用"之款。还有布政使萨穆哈挪用10.9万余两,亦称"因公"。在上述近50%的亏空银两中,挪用之项占到了近93%。十二月二十六日,黄叔琬遵旨奏闻:"前折奏因公那用十万九千两,督抚二臣奏明以俸工赔补。"经"复加密访,实系修理战船、津贴、运费、不敷铜价、整修水师军器火药、供应杭兵来往夫船、修理各处河滩、资助微员回籍,及历年赏给巡缉山贼官兵饭食,并省中应办各项公事,夫船脚价等项。总之,闽省公用皆取给于俸工。彼时俸工尚未解到,遂将正项那用,以致有十万九千之数"。"已经归补五万余两。"[3] 可见,福建的挪用多属于军需挪用和地方应办各项公事挪用。

又如湖南。雍正元年十一月,巡抚魏廷珍在查湖南藩库钱粮时发现,前藩司"宋致任中除去解过并实存数目有净亏空十万七千两并不在库,又欠湖北藩库中一万七千余,又欠各州县军需动用银一万七千余,又应补解过巡荆道库银四万七千两余,俱未清完"。"据

---

[1] 《雍正朝满文朱批奏折全译》雍正元年二月初一日,闽浙总督满保奏报清查布政司库银两折,第21页。

[2] 参见《雍正朝汉文朱批奏折汇编》第1册,雍正元年八月初五日,福建布政使黄叔琬奏报清整库项银两折,第765页。

[3] 《雍正朝汉文朱批奏折汇编》第2册,雍正元年十二月二十六日,福建布政使黄叔琬奏再陈督抚因公挪用正项银两缘由折,第458页。

宋致详称，系前任督臣满丕、抚臣王之枢批明动用，以为军需等费。"①

再如浙江。布政使王朝恩在雍正二年（1724）盘兑库银，发现浙江藩司应存库正杂银为68.5万余两，实际只有现银38.6万余两，而在缺银30万余两中，有满汉官兵借支俸银14.7万两，巡抚李馥吊取银4.2万余两称买米补漕，余10.9万余两为藩司傅泽润借支买米补漕并支给官兵路费等项。② 其中相当一部分银两也与军需挪用有关。

此外，山东藩库有巡抚李树德任内借支兵饷银12万余两，运米官员盘费银3.7万余两，各官借领银4.5万余两，地方公务银2.6万余两，皆系挪用。③ 安徽藩库有将补项动支2.5万余两挪作他用。④

即使是与战争无直接关联的省份，也有军需供应之责，往往也多有挪用的亏空。康熙六十一年（1722）十二月，署理直隶巡抚赵之垣莅任之后，奉命清查钱粮，在与守道李维钧商议后奏称：直隶自军兴以来，购买马骡，军前运米协济马匹等项，原有赔累之处。因而挪新掩旧，年复一年，终难清楚，以致多有亏空。然较之他省，为数尚少，易于补苴。⑤ 而且，此类亏空往往因难以奏销而致久悬。如贵州按察使申大成名下有1.8万余两的亏空，据贵州巡抚毛大铨称，此项亏空银两，系申大成在康熙五十五年山东济东道任内奉命解送骡马至肃州军前的借项，申大成升任贵州按察使后，这项借款便虚悬未销。直至雍正三年清查山东钱粮时，在巡抚李树德的借出

---

① 《雍正朝汉文朱批奏折汇编》第2册，雍正元年十一月二十五日，偏沅巡抚魏廷珍奏复查核钱粮采买米石折，第302页。
② 《雍正朝汉文朱批奏折汇编》第2册，雍正二年正月二十五日，浙江布政使王朝恩奏陈清查浙省藩库钱粮折，第536页。
③ 参见《雍正朝汉文朱批奏折汇编》第1册，雍正元年五月二十四日，山东巡抚黄炳奏明清查库项情形折，第455页。
④ 参见《雍正朝汉文朱批奏折汇编》第7册，雍正四年五月十八日，安徽布政使石麟奏查明博尔多任意支用弥补亏空银两数目折，第286—287页。
⑤ 参见《康熙朝汉文朱批奏折汇编》第8册，康熙六十一年十二月二十二日，署理直隶巡抚赵之垣奏报遵旨彻底清查亏空钱粮积弊折，第1029页。

亏项中被查出。① "前准贵州抚臣毛文铨咨称，申大成请限五年自雍正三年起，每年完银三千六百两。"毛文铨称申大成财产在"黔省无可措变，将旧日亲友借贷之项开单移臣，分咨顺天、山西、江南等处，照数追出，即令本人解交山东藩库。申大成仍一面遣人回原籍地方变产，陆续凑解"②。而类同申大成因军需奏销虚悬而由个人赔补之例并非鲜见。雍正三年（1725），甘肃巡抚石文焯说："臣见从前各项公用军需供应等项，有以核减而驳追者，有以多支而着令赔补者，诸如此类皆历二三十年之久，现在催追无完。"③

在上述福建、湖南、浙江、山东、安徽等数省中，不但都存在因公挪用，且因挪用造成亏空的数额占有相当的比重，就连山东这个巡抚婪赃案高发的直省也有数十余万银两的因公挪用。这些挪用钱粮的记载是否确系"因公"，因缺乏监督而无从判别其真伪，但从现象的普遍程度来看其可信度还是不低的。可以说，康熙帝关于操守与亏空没有直接关系的论点并非无据可查，由频繁战事发生的临时派项，致因公挪用的频率高发，几乎没有哪个省份不发生因公挪用的事情，也没有哪个巡抚能够免受因公挪用需要承担的责任。

官员"因公挪用"的行为，须由个人赔补的处罚，表明了挪用权限的非法。而挪用钱粮的代价，不仅仅是革职丢官，其经济赔偿或许致其倾家荡产。既然挪用系有明令规定为不准，于是行政制度与行政命令的不统一所产生的双重压力，将官员置于无所措置的两难境地，左右都是非法，都将面临处分，而挪用可以将处分延期，甚或侥幸免除。这或许就是当事官员在两难中权衡取轻的选择。也就是说，在地方没有"存留公项"的自主财政、没有国家下拨的办公费用的情况下，一旦有突发性事件或朝廷下达

---

① 参见《雍正朝汉文朱批奏折汇编》第4册，雍正三年四月二十三日，山东巡抚陈世倌奏李树德案内申大成情愿分年赔补借银折，第818页。

② 《雍正朝汉文朱批奏折汇编》第5册，雍正三年六月初三日，山东巡抚陈世倌奏为追还申大成借欠李树德银两请旨折，第257页。

③ 《雍正朝汉文朱批奏折汇编》第5册，雍正三年六月二十八日，甘肃巡抚石文焯奏陈查追官员旧欠钱粮管见折，第418页。

的临时性委派的紧急公务时，地方官往往会因事情紧急而"挪用钱粮"，其权力便被置于一种尴尬的位置上，他们虽不是巧妇，却要做成"无米之炊"。他们一方面必须"实心任事"，忠诚于皇帝的旨意，履行权力赋予的职责；另一方面又要寻求制度以外的权力去自行筹资解决财政的缺口。因为，不能在规定时间内筹措到钱粮，以解决诸如军需、灾情赈济、工程派项，同样要受到处罚。于是，加征火耗等额外赋税就成为补充地方财政的主要来源，官员俸工银的捐助、地方乡绅的捐输，也是补给的渠道之一。但当上述的来源都不能满足财政缺口时，"挪用"正项钱粮便成为地方官最直接、最便利也是最无奈的解燃眉之急政务的习惯选择。

（二）对亏空官员处分从轻

面对各省日趋严重的钱粮亏空，康熙帝并非毫无作为。例如，他首先考虑到的是地方大吏的用人问题，向亏空较重的直省选派干练的督抚，由先前重官员个人操守转而更注重他们的为官能力和执政风格，希冀通过"治人"达到归补钱粮的目的。如三十七年（1698），康熙帝以"山西省私派甚繁，故致正项钱粮比年亏欠"[①]，命干练的满人噶礼出抚山西，而噶礼也明确表示："前来山西省，奴才惟以皇上仓库为要务。"[②] 河南因系亏空严重的直省，三十九年（1700）十月，康熙帝把徐潮派往河南。谕之曰："尔去当加筹画，如何令无亏空。"[③] 徐潮奏曰：河南"火耗之外尚有私派，更为民困"。"从来州县亏空钱粮，革职，即无着落。臣到河南，惟有洁己率属，宽养其力，使彼逐渐自补。再不悔改，定行题参。"[④] 四十年（1701）正月，康熙帝以浙江亏空严重，将有铁面之称的刑部员外郎

---

① 《康熙朝满文朱批奏折全译》，康熙三十八年十一月初一日，山西巡抚噶礼奏参平阳知府王福贪污折，第193—194页。
② 《康熙朝满文朱批奏折全译》康熙四十三年七月初四日，山西巡抚噶礼奏参平阳知府贪污钱粮折，第330页。
③ 《清圣祖实录》卷201，康熙三十九年十月己巳。
④ 《清代起居注册·康熙朝》第15册，康熙三十九年十月初十日，第8268—8271页。

赵申乔派往浙江，出任征税大省的布政使。二十九日，赵申乔赴任陛辞，康熙帝嘱其曰：浙省财赋之区，自张鹏翮迁左都御史去任之后，继任者对钱粮之事渐多蒙混。"尔当秉公察核，能使库帑不致亏空，小民不致滋累，方不负委任之意。"赵申乔当即表示："臣到任后，自当洁己奉公，稽覆库帑，禁绝火耗，若有瞻顾苟且，愿服重典。"① 抵任后，赵申乔果然践行其言，凡"州县解至钱粮，赵申乔亲视称兑，若有余资，竟还解饷之人"②。"火耗分厘不取。"③

此外，五十一年（1712），康熙帝将王度昭任职浙江巡抚以后，"浙省各项钱粮皆请"④。而同样以钱粮清楚受到康熙帝肯定的督抚还有张鹏翮、马齐以及苏克济等。"张鹏翮为浙江巡抚时，七年钱粮全完，马齐为山西巡抚时亦曾全完七年钱粮，今山西巡抚苏克济完本年钱粮，而且完噶礼所亏空之钱粮。"⑤

晚年的康熙帝经常与身边的大臣交流各省钱粮的状况。如五十二年九月，"上问张鹏翮曰：何省钱粮明白？张鹏翮奏曰：山东、河南二省钱粮明白。上曰：山西钱粮亦明白。张鹏翮奏曰：是。上曰：直隶钱粮似不甚明白。张鹏翮奏曰：各省钱粮拨饷，皆请旨而后行。于成龙为直隶巡抚时，特奏一面拨饷一面奏闻，所以钱粮款项繁杂不甚明白。尚书穆和伦奏曰：臣部因直隶钱粮数目舛错，常行驳回。上曰：尔等驳回有理，朕即允行。朕所言皆有根据之言也。"⑥

但是，尽管康熙帝对各省钱粮亏空给予了关注，对于钱粮的监管与处罚都制定了相关的制度，并派出干练的官员前往清查，但在解决钱粮亏空的执行力度上，却显得软弱无力，尤其表现在对责任官员的处罚往往选择从轻。

其一，分赔，"此事断不宜行"。康熙三十七年（1698）七月，

---

① 《清代起居注册·康熙朝》第 15 册，康熙四十年正月二十九日，第 8503 页。
② 《清代起居注册·康熙朝》第 16 册，康熙四十一年正月二十七日，第 9180—9181 页。
③ 《清圣祖实录》卷 206，康熙四十年十月壬戌。
④ 《清代起居注册·康熙朝》第 20 册，康熙五十一年六月二十六日，第 11482 页。
⑤ 《清代起居注册·康熙朝》第 21 册，康熙五十二年三月二十三日，第 12012 页。
⑥ 《清代起居注册·康熙朝》第 22 册，康熙五十二年九月二十三日，第 12379—12380 页。

监察御史荆元实条奏："亏空钱粮，应令巡抚以下官员按职分赔"。强调监管的责任，并使责任与处分、经济利益相关联，认为"如此则自后钱粮不致亏空矣"。康熙帝虽然意识到全国亏空的严重性，也不否认分赔的作用，但他顾虑到一旦要求上级官员分赔，在个人经济利益受损的情况下，会引发官员派取民间的事情发生。所谓"朕听政有年，深知各省亏空之故，浙江、江南钱粮亏空较他省更甚，此等亏空，非由一任、两任官员所致，倘急于行查，地方官情迫，必致派取民间。历年亏空，百姓一时何由措办？此事断不可准行，着问九卿具奏"。寻九卿遵旨会议，大学士阿兰泰将会议结果条奏，"今皇上念及令地方官分赔，必致派累小民，天语甚善，此事断不宜行"①。事实上，早在康熙二十八年（1689），清廷就颁布了"查出侵挪亏空者，该抚题参，将藩司各该道皆革职分赔"的处分条例，② 但当面临实施，特别是连巡抚也要承担分赔责任时，却被康熙帝一语否定。

其二，居官优，系因公挪用而致亏空者，着宽免。康熙三十八年（1699）六月，刑部题，原任新安县知县熊开楚亏空银米，议追变家产。"上曰：熊开楚居官颇优，此应追钱粮，亦着照前宽免。"③ 三十九年三月，对于陕西巡抚布喀擅用库银、支给运米脚价，"查系紧要公务，非私自那用，应免其追取"④。这些谕旨直接否定了国家就挪移钱粮当诉诸法律的规定。而且实际的事例远远不止于此。

其三，亏空官员尚未补足亏空，却捐还原职者，未予严惩。康熙三十九年三月，户部等衙门题，知州李六成承追原任知州谢廷玑亏空钱粮迟延，议降俸二级，仍令戴罪承催。康熙帝的批示是，谢廷玑亏空挪移并应追赃银，皆未完足，即赴永定河捐还原职。其应

---

① 《清代起居注册·康熙朝》第12册，康熙三十七年七月初六日，第6455页；康熙三十七年七月十二日，第6462页。
② 光绪《钦定大清会典事例》卷101，《吏部·处分例·清盘库项》。
③ 《清代起居注册·康熙朝》第13册，康熙三十八年六月初六日，第7197页。
④ 《清圣祖实录》卷198，康熙三十九年三月丙申。

追各项银两,着交刑部,速行追完。① 对于其未完亏空却有银捐纳不予追究,并未处理。十一月,给事中张睿题参原任湖广荆州府知府许廷亏欠银两三十万,不能赔偿,已经保奏家产尽绝。今又捐还原职。康熙帝曰:似此者,必尚有之,着俱行查。② 但并未见其后续的查审结果。这或许因为资料保存的问题。但似此亏空钱粮,以家产尽绝奏陈无力赔补,却又通过捐纳补原官者,明显是在欺隐,本应严惩以儆效尤,但在处置上却只关注了承追亏空钱粮的数额。

其四,亏空官员完补后,仍予革职,定例太过。康熙四十年(1701)六月,"刑部覆,福建巡抚梅鋗题,原任凤山县知县朱绣已经革职拟徒,今亏空米石已照数赔补,请免其罪。上曰:仓谷已经补完,复革其职,嗣后无人赔补矣。所定此例,稍觉太过,着问九卿具奏。"③

其五,亏空官员允许革职留任,限期赔补。对此,康熙帝认为是好主意。六十一年(1722)二月,山西巡抚德音奏,"奴才为参劾亏空钱粮之官革职留任,限三年偿还,缮折具奏,圣主施恩,奉朱批,此议好,即照此办"④。而革职留任、限期赔补,不过是为亏空官员利用职权之便加派民间提供了方便而已。

(三)"其中细微不必深究",但以完补亏空为清查目的

康熙帝对钱粮亏空的认识,直接决定了国家和各级政府在处理这一问题上的态度及决策,而且皇权可以随时对制度作出修正,康熙帝会以谕旨的方式把握其宽严的尺度,而总的倾向是趋宽。所以形成如此局面,固然与康熙帝以宽仁为执政的理念分不开,更主要的是步入晚年的康熙帝更需要的是国泰民安的祥和稳定局面,希望

---

① 参见《清代起居注册·康熙朝》第14册,康熙三十九年三月十四日,第7866页。
② 参见《清代起居注册·康熙朝》第15册,康熙三十九年十一月初九日,第8362—8363页。
③ 《清代起居注册·康熙朝》第16册,康熙四十年六月二十三日,第8744页。
④ 《康熙朝满文朱批奏折全译》康熙六十一年二月初八日,山西巡抚德音奏为督催各州县偿还亏欠钱粮折,第1495页。

"能使库帑不致亏空,小民不致滋累"① 的双赢结果。

因此,他将清查亏空的重点放到了完补亏空的结果上,对亏空的官员,只要能补足亏空,康熙帝是不轻易处分的,也即"不必深究"。康熙四十八年(1709)十一月,康熙帝在给大学士的上谕中,将其"不必深究"的思想表达得淋漓尽致。他说:

> 正项钱粮二千两,征收未完五百两者,按分数议处,其例甚轻。若因公那用五百两则处分甚重。今但责令赔偿足额,其罪似乎可宽,不必深究。凡事不可深究者极多。即如州县一分火耗,亦法所不应取,寻常交际一二十金,亦法所不应受,若尽以此法一概绳人,则人皆获罪,无所措手足矣。且如户部库中钱粮,历年存积,数极难清,前此库贮一二千万时,曾令部中遂案盘查,转多二十余万。即各仓粮米亦历年堆积,陈陈相因,赢余不少。不肖官役侵盗银米,未尝无人,若行盘查,数仍不缺。总之定例所在,有犯必惩。其中细微,不必深究。诸事大抵如此。②

康熙帝对清查亏空"不必深究"的主张是深得官员的拥护与认同的,而且他们早已是付之于实践。如康熙四十六年(1707),在西北任职二十余年,由布政使直迁至总督的鄂海说:"州县钱粮亏空,确有其原因。奴才查得,州县钱粮或有在限期内不能完结者,销算时官员畏罪,以新征钱粮补旧欠之数,故新钱粮内有亏空者,或者接收前任官员未完欠项,而后不能完结,以致亏空者亦有之。奴才念钱粮事宜关系重大,若不预计可以完结之事即行纠参,则恐不能偿还,反致亏空国帑,故暂停纠参,皆着落官员偿还之。是以前欠钱粮皆已补完。其一二县未完者,将严追限结。

---

① 《清圣祖实录》卷203,康熙四十年正月丁巳。
② 《清圣祖实录》卷240,康熙四十八年十一月丙子。

若逾期不能完结,则另行参奏。"①

督抚等官员之所以不急于对官员以钱粮亏空进行参劾,除了顾虑"即行纠参,则恐不能偿还,反致亏空国帑"外,更多的还是因为这其中隐藏上官与属官之间千丝万缕的利益关系。关于这一点,我们在后面的论述中将会多次谈到。而由康熙帝谕旨中传递的"其中细微,不必深究"的政治信息,使原本就不愿深究的地方督抚们吃了一颗定心丸。他们乐得在清理亏空中只关注弥补亏空的钱粮,而对于亏空中侵占钱粮以及相关的责任官员则不予深究,对亏空案的定性也大都不与侵盗婪赃挂钩,更不深究亏空原因,但求以完补亏空为结案标准。

如四川巡抚年羹尧,于康熙四十八年(1709)十二月到任后盘查藩库,发现亏空银39280两,"查系提督岳昇龙自康熙四十一年起至四十八年止,于巡抚贝和诺、能泰,布政使高起龙、于准、何显祖、卞永式任内陆续具有印领借去"。经询问,"岳昇龙自称为历年借银采买木植贩往江南贸易,已令家人收取还库"。及至年羹尧于"今年(五十年)春间向提臣追取此银,始知前日贸易之语尽系支吾之说"。也就是说,岳昇龙所支取银两系个人私用,其行为实属侵占国帑。但在是年八月,年羹尧对岳昇龙提出的处理意见却是,前任巡抚布政司大半皆解任、病故,岳昇龙效力年久,系病废老臣,借银之时随手用去,如若令其变产还补,"惟觉苦难"。于是,在岳昇龙已还银五千两后,其余亏欠银两,由各镇协营将弁"捐今年秋冬两季、明年春夏两季俸银代为还补,共银二万四千两,其余银一万两有零,臣率川省文官自府道以上捐俸助还"。对于这样一个明明是一人盗取公帑的贪污行径,只由个人赔补12.5%,其余由现任文武官员赔补的提议,竟然得到康熙帝的允准,请旨后的

---

① 《康熙朝满文朱批奏折全译》康熙四十六年六月二十五日,陕西巡抚鄂海奏报州县亏空钱粮缘由折,第521页。

朱批是："照尔所奏完结甚妥。"①

而就在当年四月，直隶巡抚赵弘燮奏，前任守道李毓柱侵用库银，因穷追，已经由李毓柱之子李继泰全交完库，并奏称将印结呈上。康熙帝的朱批是：既已补完也就罢了，印结不必览。②

在这种示范效应下，各省督抚于亏空钱粮仅仅是"补完而已"，不论亏空系"为己靡费"，还是"为上司私自动用"，皆不深究。如康熙五十四年（1715）四月，浙江巡抚徐元梦奏："奴才抵任观之，知县、官员亏空钱粮者甚多，或有为己靡费公家钱粮者，或有为上司私自动用钱粮。奴才谨遵主子若有亏空钱粮者，补满而已，不得侵漏之旨。严谕伊等、监督伊等改正，伊等已皆知之，已给假准伊等补满缺额。"③ 五十六年十一月，江西巡抚白潢在揭报亏空后，同样提出令各州县利用谷贱之时补仓。至于动用何项银两买补却并不清楚，白潢并未涉及④。康熙五十八年（1719）五月，白潢发现，安福县官员刘学愉捐升离任，交代不清。据"司府揭报亏空银七千八百余两、仓谷五千三百余石，理应照例题参"。但他考虑发审之后再按款究追，"势必经年累月，该员纵有银钱必致花费无存"。于是，一据揭报，立即委吉安府知府王若鳌等前往搜查刘学愉寓所，共得银三千余两，提审该员家人，审取侵匿官银及原籍产业确供。⑤ 至六月，刘学愉将所亏银谷照数赔补全完，即"该员亏项于参后未及一月，立速变产、借贷赔补全完"。至于刘学愉因何钱粮不清并未追究，且明明是有欺瞒混迹之嫌，在其完补后不但准予开复，还树为

---

① 《康熙朝汉文朱批奏折汇编》第3册，康熙五十年八月初一日，四川巡抚年羹尧奏陈川省文武官员捐俸助还提臣所欠库银折，第676页。

② 《康熙朝汉文朱批奏折汇编》第3册，康熙五十年四月初三日，直隶巡抚赵弘燮奏报前任道员李毓柱侵用库银业经追交折，第400页。

③ 《康熙朝满文朱批奏折全译》康熙五十四年四月十九日，浙江巡抚徐元梦参奏官员亏空钱粮等情折，第1003页。

④ 参见《康熙朝汉文朱批奏折汇编》第8册，康熙五十六年十一月二十三日，江西巡抚白潢奏报江省仓贮大半亏缺并营兵操练久废折，第32—33页。

⑤ 参见《康熙朝汉文朱批奏折汇编》第8册，康熙五十八年五月二十九日，江西巡抚白潢奏报追审安福县知县亏空钱粮情形折，第501—503页。

完补亏空的典范，"以为嗣后亏空之员咸知所劝"①。

这就是康熙朝宽大政治下官员对钱粮管理与清查的状态，在其"宽仁爱养"的政治环境下，由钱粮亏空中滋生的贪婪与腐败便被合理地掩盖了下来。

（四）"诏用兵以来钱粮未清者，皆予除洗"

康熙朝的非常项支出最多的当属军费支出，康熙朝六十一年的统治，是清朝入主中原巩固国家一统天下的重要时期，平三藩、收复台湾、取雅克萨、征准噶尔等重大战役皆发生在康熙朝，前后数十年，遍及边疆的各个省份，而平三藩和平准更是竭全国之力的战争，其军需浩繁，军需支出几乎成为康熙朝地方支出的常项，因军需挪用正项导致的钱粮亏空最为普遍。康熙帝深知其中的原委，故有"时海内大定，诏用兵以来钱粮未清者，皆予除洗"②的谕旨。

其一，平三藩中的亏空。平三藩的战役前后历时八年，主战区遍及云贵、川陕、两广、湖广、闽浙、江西等十几个直省，国家税收受到了严重的影响。于是，清朝于战争的第二年便开启了以解决军费为主要目的的"捐纳"制度。所以平三藩不仅是清王朝面临的战场上的一次生死对决，而且也是国力上的一次巨大消耗，故魏源将平三藩比喻为"摧山"。据陈锋对军费的研究估算，八年的战争耗费银两约在1亿—1.5亿，湖南、湖北主战场耗银约三千万两③。如此巨大的军费支出不仅耗尽了国家乃至各级地方政府的财力，且造成了国家财政整体上的无序与混乱的状态。

平三藩后，因钱粮亏空被提名的省级大员并不多。如广西巡抚"傅弘烈以军事急，移库金七万有奇、米七千余石供饷"，继任巡抚郝浴"请以库项扣抵。及卒，布政使崔维雅署巡抚，劾浴侵欺，命

---

① 《康熙朝汉文朱批奏折汇编》第8册，康熙五十八年六月十九日，江西巡抚白潢奏报安福县知县亏空银两业经赔完请予开复折，第532—534页。
② 王庆云：《石渠余纪》卷1《纪蠲免》，第13页。
③ 参见陈锋《清代军费研究》，武汉大学出版社1992年版，第247—248页。

郎中苏赫、陈光祖往按。如维雅言，部议夺官追偿"①。其时，郝浴侵欺银至十九万两的罪名成立，部议革职。但在康熙二十四年（1685）五月，以钱粮非入己，从宽免追，伊子进士郝林，援例呈请开复原官。②又如福建总督姚启圣"修理兵船兵器，浮冒钱粮四万七千余两"，应行追赔。因攻取台湾，著有劳绩，免其追赔。③

时军需亏空最为严重的省份是主战场湖北。"前荡平三逆，原任湖广布政使徐惺所用兵饷，至四十余年尚不能清完。"徐惺自康熙十五年九月出任湖北布政使，适值平三藩的战争进入到围剿湖南的阶段，湖北藩司承担着最繁重的军需供给，挪移亏空不可避免。至康熙三十九年，徐惺虽已身故，名下却仍有百余万亏空钱粮未完。七月，大学士伊桑阿"遵旨以原任湖广布政司徐惺一案同九卿会议，亏空钱粮共一百六十余万两内，八十万俱系他人所亏，与彼无关，徐惺所亏八十一万余两，今已身故，家产尽绝是实"。"上曰：此系行兵时亏空者，今已年久身故，家产尽绝，着从宽免。"④对于亏空钱粮的去向，康熙帝十分清楚。六十一年（1722）十月，他说："朕念皆系军需那用，将未完银两俱从宽免。盖宽缓则州县力舒，上可不误国帑。下可不病民力。""盖自用兵以来，大兵经行之处，督抚及地方官惟期过伊地方便可毕事，因资助马匹盘费衣服食物甚多，仓卒间无可设法，势必那用库帑。"⑤既然侵蚀公帑都不予严惩，因军需造成国库亏空，只要核定为军需挪用，大都得以宽免。

但仍有相当一部分地方挪用与支出是得不到宽免也不准奏销的。在战争的过程中，各地奏销之难，奏销规制之僵化也导致了某些亏空的发生。

早在康熙十五年（1676）八月，康熙帝就针对平三藩军需浩繁，

---

① 《清史稿》卷270《郝浴传》。
② 参见《清圣祖实录》卷126，康熙二十五年六月丙寅。
③ 《清圣祖实录》卷116，康熙二十三年九月丙子。
④ 《清代起居注册·康熙朝》第15册，康熙三十九年七月十九日，第8102—8103页。
⑤ 《清圣祖实录》卷299，康熙六十一年十月甲寅。

要求各省督抚及经管钱粮各官殚心料理，一应收支销算详明造册、据实开报。原因是"近见部覆各处奏销本内，或因款项不符，或因数目舛错，或因造报遗漏，或因册结不到，多致驳察。道路往返，动经岁月。明系地方各官不加意清厘，故留疑窦，希图延挨时日，以滋弊端，钱粮朦混不清，民力苦累益甚。以后如何尽除积习，钱粮不致驳察，尔部定议具奏"①。但是，所以会出现上述问题，尤其是往返驳察导致的迁延时日，并非都是督抚们故意为之。对此，江宁巡抚慕天颜的军需奏销疏说得很清楚。他说：

> 江南供应满汉各营节年米豆草价各案，不蒙准销，屡驳屡核，万难减报，不得不直陈仰冀睿鉴者也。臣查康熙十三、十四、十五、十六等年，采买放给旗营提镇与夫过往官兵支应米豆草束，未销价值。前抚臣与臣暨总督臣安抚臣具题，驳覆之案，不下数十件。部臣皆以侍郎臣温代访报之价与请销之数不符，节行驳减。但部臣温代在康熙十五年秋初所访江北舒桐之价，一隅耳，一时耳。货物市情之不齐，即二三百里内外、一两月日前后，亦有异同。何况远及千余里，历经岁月二三年之久，岂能一律较量乎。若执此为一定不易之数，可以远近垂永久，何以下江苏松接壤之浙杭，与上江安庐接壤之江右，是年一体报价，可以允销，而独驳江南为浮多乎。至于产处价贱而远贩则贵，初收价贱而过时则贵，米豆则盘剥水脚，纳税耗折，种种滋费，草束则蓬松艰运，堆贮灰烂，实多亏损，是以积算加增。而舒桐偏僻一隅，不通商贩，适当收成之候，本地庄家争售，又不过关纳税，价值自然较省。前安抚臣靳辅、今安抚臣徐国相，于钱粮等事案内历历陈明，即臣亦于议折豆草一案疏内敷对详晰，而积案久悬，终难销结。细查康熙十三四年，正当王师云集，商贾绝迹之时，粮料市值腾涌，而司府各官倘

---
① 《清圣祖实录》卷62，康熙十五年八月丙寅。

买备稍迟，法当身膏斧钺，竭力多方，购求充用。迨造册报奏销，原已再三减过，实实无浮。至十五年以后，访据各地时价，业已损之又损。今若遵依再减，责之经办穷员，万万无力赔补，而追商则买卖人无定，名姓亦无可纪，追兵则饲秣久已果腹。……臣今敢请特敕廷臣会议，将臣等报销节年各案。①

也就是说，因时价、地理差价等问题，报后不被认同，是奏销过程中累经批驳的主要原因。而由差价形成的不能及时奏销，也成为奏销制度中滋生腐败的土壤。

六十一年（1722）二月，川陕总督年羹尧奏："陕西钱粮因不按年奏销，上下侵蚀，以致亏空几及百万。"② 十个月后，他再次强调，"查陕省州县历年经手钱粮俱未奏销，以致那新掩旧、积欠亏空，竟至成千累万"③。

其二，平定准噶尔战争中的亏空。康熙朝的平准战争主要集中在康熙三十年至三十六年，康熙晚年又有驱准保藏之役。虽不及平三藩波及那么多直省，但因战争发生在西北，地理环境险恶，粮草供应极度艰难，故西北山西、陕西、甘肃三省的军需供应最为殷繁，甚至直隶、江南等地区也有供应骡马之费。

康熙三十六年（1697），康熙帝对于西师的军费有过这样的表述："比年用兵以来，一应军需刍粮俱动支正项钱粮储峙供应，从不取办闾阎，乃各府州县官员借端私征、重收火耗，督抚布政使等官又不仰体朝廷恤民至意，纠察贪污，禁革加派，反多瞻徇曲庇。"④

---

① 慕天颜：《军需报销疏》，载贺长龄、魏源编《清经世文编》卷26。
② 《康熙朝汉文朱批奏折汇编》第8册，康熙六十一年二月十三日，川陕总督年羹尧奏报审得西安府等亏空婪赃实情折，第874—875页。又见川陕总督年羹尧《奏为会审官犯徐容等亏空钱粮各案完结并陈陕省钱粮被侵亏空情形事》，康熙六十一年二月十三日，中国第一历史档案馆藏，《朱批奏折》档号：04-01-30-0474-030。
③ 《康熙朝汉文朱批奏折汇编》第8册，康熙六十一年十二月初五日，川陕总督年羹尧奏查参陕西亏空钱粮并题补各官情由折，第853页。
④ 《清圣祖实录》卷183，康熙三十六年五月戊戌。

康熙帝表达的是，征准噶尔用兵的军费皆出自国家正项钱粮，无须地方自行筹措，而地方州县则借端加征加派，侵欺入己。

但事实是，朝廷的军费调拨往往无法满足前线的实际需求。而战争中地方官面临紧急的军需供应时，必竭尽全力方能免斧钺之罚，而军情战况又往往复杂多变，所以仅以官员的操守来讨论钱粮亏空的问题，必然会有很多的现象无法解释。

如康熙三十七年（1698）七月，刑部等衙门议奏，原任山西巡抚温保、布政使甘度横征科派，激变蒲州百姓。部议温保、甘度应拟立斩。① 随后，大学士阿兰泰等审理此案时，查到该案与军需有关，请旨为温保与甘度减刑。理由是，臣等遵旨问九卿，"九卿云，造办军需车辆，皇上原令动支正项钱粮，我等以为解送正饷必致迟误，议将捐助银两造办，但因捐助银两未得骤至，温保等不得已派取民间"。于是，康熙帝命将二人革职，从宽免死。②

温保于康熙三十四年（1695）六月由内阁学士出任山西巡抚，适逢平准战争期间，奉命与左都御史于成龙料理诸务，次年十二月丁忧，由倭伦接任，前后不过一年半的时间。三十六年（1697），康熙帝在亲征途中获悉，"温保居官甚劣，苛虐百姓至于已极"，"布政使甘度居官亦最庸劣"，命将二人革职严拏赴京交与刑部，刑部随后便有了正法的提议。但是，需要质疑的是，温保私派，派征了多少？苛虐百姓又到了怎样的程度？都无从得知。而温保因军需紧急，"不得已派取民间"，却实实在在说明了问题的症结在于财政出了问题，即便有"私派""苛虐"之举，也是因军需紧急，如不筹饷，必置身于"法当身膏斧钺"的境地。

相关的军需挪用，随着时间的推移不断发酵。如前面提到的，康熙三十九年（1700）三月，九卿及刑部会议钱粮各案，查明前任陕西巡抚布喀擅用库银支给运米脚价，系紧要公务，非私自挪用，

---

① 参见《清圣祖实录》卷189，康熙三十七年七月己卯。
② 《清代起居注册·康熙朝》第12册，康熙三十七年七月初六日，第6455页。

议免其追取。又查明，原任山陕总督吴赫参巡抚吴秉谦"扣克军需银两、勒索税规仓规，俱系风闻不确。惟属官情愿送礼，收受是实。亏空库银俱系军需紧急，因公那用，并非侵蚀"①。此外，康熙四十八年（1709）九月，甘肃巡抚舒图奏报："甘肃省自征噶尔丹以来，各官军需核减及亏空、挪用旧案，共五十八件，亏欠银共三十二万余两，粮二十四万余石。该项官员亏欠多，未完甚少。惟甘肃地处极边，新官到任为旧案牵连，以督催愆期迟缓，每年只是参劾，而事不能完结。"②

在康熙后期，为加强西北军事力量，康熙帝谕议政大臣要关注军中粮务。提到"度今所用钱粮，最多不过三四百万，可以足用"③。但在现实中，捐纳、自筹等钱粮供应早已超出三四百万的数额了。六十年（1721）十月，康熙帝总结说："近见天下钱粮，各省皆有亏空，陕西尤甚。其所以致此者，皆有根源。盖自用兵以来，大兵经行之处，督抚及地方官惟期过伊地方便可毕事。因资助马匹盘费衣服食物甚多，仓卒间无可设法，势必那用库帑。及撤兵时又给各兵丁马匹银两，即如自藏回来之将军以及兵丁，沿途所得反多于正项。是以各官费用，动辄万金。"④ 所以，因公挪用成为清代钱粮亏空的原因之一，也是地方督抚藩司补苴地方财政的选择之一。

康熙朝为开疆拓土、巩固国家统一的重大战争虽然在历史上有其光环笼罩，但在此背后，除了满目疮痍的战争创痛外，国家财政的空虚和地方财政的巨大缺口也是不言而喻的。直至雍正初年，仍有"山西、河南两省昔年亏空甚多，俱称应办军需所致"的议论。⑤虽然康熙帝有诏说，"用兵以来钱粮未清者，皆予除洗"⑥。但在实

---

① 《清圣祖实录》卷198，康熙三十九年三月丙申。
② 《康熙朝满文朱批奏折全译》康熙四十八年九月初六日，甘肃巡抚舒图奏报甘肃军需钱粮亏空数折，第645页。
③ 《清圣祖实录》卷240，康熙五十四年四月丙子。
④ 《清圣祖实录》卷299，康熙六十一年十月甲寅。
⑤ 《清世宗实录》卷47，雍正四年八月癸亥。
⑥ 王庆云：《石渠余纪》卷1《纪蠲免》，第13页。

际运行中却很难事事做到，于是就有了国家赋予权力以外的"非法定"权力的使用。这不仅直接导致了国家钱粮的亏空，而且也会对吏治与地方财政产生不可估量的影响。而问题的根源无不指向财政制度的缺陷。

三 低"存留"的地方财政

从现象看，官员"因公挪用"是清朝财政在地方建制上的缺陷机制造成的，不可简单地视为贪腐。但是，官场的腐败也恰在这空隙中滋生。而在制度缺乏健全运行机制、仓储等规则也缺乏适时监管的情况下，贪赃枉法便有了相当多的可乘之机。而低俸造成的生活需求更给贪欲增加了胆量。

"因公"是官员"挪用"的最堂皇理由，但任何挪用钱粮的行为都要受到法律的制裁，官员们之所以敢于赌上项上的顶戴花翎甚至累世的家财去挪用，不得不说是有其客观上的无奈，这就是地方上向来经费短缺，并无自主的经费。

那么，地方财政何以经常短缺与不足呢？其具体经费的调拨情况又是怎样的呢？

（一）严重失衡的"存留"与"起解"

清朝的财政体系，因赋税钱粮"俱照从前则例征收"，基本可说是"清承明制"。中央财政与地方财政的区别可以用"起运"与"存留"界定，起运钱粮入户部，属于中央财政经费，存留指收贮于地方仓库的钱粮，故属于地方经费。对此，乾隆《钦定大清会典则例》是这样记载的："州县经征钱粮运解布政司，候部拨，曰起运"。"州县经征钱粮扣留本地，支给经费，曰存留。"① "存留"分储于各省布政

---

① 乾隆《大清会典则例》卷36，《户部·田赋》。

司、各道，以及各府、州、县。这些"存留"就构成地方财政。

学界通常认为，清前期并没有严格意义上的中央财政与地方财政的分野，甚或没有地方财政。虽不尽然，但地方存留过少却是实情，而这恰恰构成清朝财政及其分配的主要特点，或者说也是清朝财政制度的主要缺陷。起因与顺康年间接连不断的战争有关，而后当以需求的惯性被制度化了。对此，学界虽多有研究，但这里仍须就过程略作梳理。

顺治初年，中央与地方的钱粮分配情形是"钱粮起存相半"①，按照当时年赋税二千万的收入计算，② 起运与留存当各为千万两左右，中央与地方大体上可以各自相安。后因国家军需浩繁，支出拮据，遂压缩"存留"。顺治九年（1652）四月，户部为解决钱粮不敷问题，遵旨会议，开始大量裁减地方存留银两。③ 周远廉在研究中指出，在三个月后户部尚书车克便就存留过少的问题，于七月在题本中指出，"存留银供本地之用，一或不敷，万难乞贷于别省，本地必要供应减缩，势必欲挪移供应"④。主张不可过度裁减存留，为地方保留尽可能多的存留银两。但提议并没有引起重视。康熙朝继续了将地方州县大部正项钱粮"起解"到户部的做法，而且形成规则。

"康熙元年题准，州县钱粮先尽起运之数全完，方准存留。"⑤ 七年（1668），户部奏报各省存留银总额从原来的1069万余两减至338万余两，存留比例仅为钱粮总额的13.1%。是年，再度裁减地方存留，"止实在存留银一百六十四万三千二百三十七两零"。为此，御史连国辅上疏"题请复裁减各项必须之钱粮"。虽经会议，"所裁

---

① 汤斌：《逋赋难请，乞减定赋额并另立赋税重地州县考成例疏》，见乾隆《江南通志》卷68。
② 顺治十八年，国家的岁赋至2157万余。参见王庆云《石渠余纪》卷3《纪丁额》，第113页。
③ 参见《清世祖实录》卷64，顺治九年四月丁未。
④ 周远廉：《向天再借五百年·康熙新传》，故宫出版社2013年版，第136页（引文《为遵旨议奏事》顺治九年七月二十八日车克题）。
⑤ 光绪《钦定大清会典事例》卷170，《户部·田赋》。

各款自九年为始,复其存留"①。康熙九年(1670),四川巡抚张德地疏言,"四川州县,无存留钱粮。若银钱兼征,则起解脚费累民"②。张玉书曾直疏曰:"每年正供赋额,各有抵销,遇有别项费用,部臣辄请敕该督抚酌量设法,不得动用正项钱粮。……名为设法,实则加派而已。"③

三年后,即康熙十二年(1673)末,"复其存留"的政令还未及全面实施,随着平三藩战事的爆发,朝廷尽裁了地方存留。所谓"自三逆变乱以后,军需浩繁,遂见一切(地方)存留项款尽数解部,其留地方者惟俸工等项,必不可省之经费,又经节次裁减为数甚少。此外则一丝一粒无不陆续解送京师,虽有尾欠,部中亦必令起解,州县有司无纤毫余剩可以动支"。平定三藩后,康熙帝已经意识到地方钱粮不足的危害性。康熙二十五年(1686)二月,针对湖广布政使张仲举请裁存留钱粮的提议,部院衙门议准行。但康熙帝说出了他的担忧:"直隶各省存留钱粮,原系预备本处地方各项支发,遇有缓急需用,便于通融接济,以纾民力。今若再行裁减,恐支应不敷,致借端科派,重累小民。"④ 至康熙四十八年(1709)十一月,面对地方不断出现的钱粮亏空,康熙帝更进一步认识到地方存留不足所产生的财政问题,所谓"天下财赋止有此数,在内既赢则在外必绌。凡事须预为之备,若各省库中酌留帑银,似于地方有济。倘在外各省,一旦仓猝需用,反从京师解出,得无有缓不及事之虑"⑤。

但是,三藩早在康熙二十年即已平定,而钱粮尽解户部的做法并没有恢复到从前。康熙中期御史陆陇其为地方存留不足进行呼吁,他说:"自兵兴之际,司农告匮,将存项尽行裁减,由是州县掣肘,贪

---

① 蒋良骐:《东华录》卷9,康熙八年七月,中华书局1980年版,第153页。
② 《清圣祖实录》卷33,康熙九年四月丁亥朔。
③ 张玉书:《请杜设法名色疏》,《张文贞集》卷2,文渊阁四库全书影印本,第1322册,第409—410页。
④ 《康熙起居注》第2册,康熙二十五年二月二十九日,第1442页。
⑤ 《清圣祖实录》卷240,康熙四十八年十一月丙子。

墨无忌，私派公行，不可禁止，百弊之源皆起于此。"① 直至康熙末年，情况仍未改观。时任翰林院侍讲吴襄有一份奏疏，依然谈到了地方存留过少的现象，并认为这成为地方钱粮亏空的重要原因。他说：

> 臣私揣，数十年前绝少亏空之事，今何以直省州县在在皆然，缘钱粮尽解藩库，州县之存留者已少。又各项经费渐次裁减，州县之支销者无多，牧令所资惟有额微之火耗，而上下之交际、家口之衣食，虽廉吏不能全无所费，倘遇水旱多故，逋赋难征，奏销逾期，催科无策，百计经营，但求免于考成。②

以上所谓州县钱粮尽解藩库，并不代表各省有足够的留存，赋税收入在中央与地方之间的不平衡状态在康熙朝始终存在。

美国学者曾小萍根据康熙二十四年（1685）各省存留与起运的状况，"得出最可能的结论是，所有地丁钱粮平均21%留给各省以供地方使用"③。陈支平也认为，至乾隆年间，各地赋税的总存留数仅占全国钱粮总收入的21%左右。④ 倪玉平根据乾隆朝《大清会典则例》得出的结论亦与前者相同，"乾隆时期，地方存留比例极少，总的存留比例不到22%"⑤。这种赋税分配状况造成了地方财政的弱势，无法满足地方政府正常的行政所需，何平将"这种不能因事设费在制度上即存在支出缺口的财政，称之为不完全财政"，并指出它直接造成"官吏俸禄的低廉、地方公费的缺乏和军费开支的不足"⑥。

---

① 陆陇其：《论直隶兴除事宜书》，载贺长龄、魏源编《清经世文编》卷28。
② 翰林院侍讲吴襄《奏为严杜亏空开科取士敬陈管见事》康熙朝，中国第一历史档案馆藏，《朱批奏折》档号：04-01-30-0416-019。
③ ［美］曾小萍：《州县官的银两——18世纪中国的合理化财政改革》，董建中译，第27页。
④ 参见陈支平《清代赋役制度演变新探》，厦门大学出版社1988年版，第88—106页。
⑤ 倪玉平：《从国家财政到财政国家——清朝咸同年间的财政与社会》，科学出版社2017年版，第14页。根据乾隆《大清会典则例》卷36，《户部·田赋三》。
⑥ 何平：《清代赋税政策研究：1644—1840》，中国社会科学出版社1998年版，第109页。

那么，学界所谓地方存留仅占21%的结论，究竟有多大的适应程度，我们不妨来看一张关于各省钱粮存留数据的表格。

表 2-1　　**各直省存留钱粮数额**①　　（单位：万两；"两"以下略去）

直省存留钱粮	正银	耗银	总额	《嘉庆会典事例》载各省存留
直隶	67.2622	—	67.2622	正银 74.5299 耗银 10.2052
盛京	0.9148	—	0.9148	正银 1.6087 耗银 0.3640
吉林	0.0144	—	0.0144	正银 0.1025
山东	32.8171	4.5941	37.4112	正银 34.5854 耗银 20.7948
山西	有闰年 32.5074 无闰年 31.2540	8.6201 8.6200	41.1275	正银 32.9388 耗银 9.8033
河南	有闰年 24.8773 无闰年 23.2944	3.6272 3.6272	28.5045	正银 20.4761 耗银 17.3719
江苏 江宁布政司	16.6263	1.6617	18.2880	正银 18.9055 耗银 4.9557
江苏 苏州布政司	12.4761	0.7497	13.2258	正银 13.1278 耗银 4.6108
安徽	25.0419	5.5370	30.5789	正银 36.5586 耗银 5.5050
江西	有闰年 21.5993 无闰年 20.8547		21.5993	正银 28.7017 耗银 9.6444
福建	19.8762	0.4864	20.3626	正银 21.0423 耗银 9.4256

---

① 光绪《钦定大清会典事例》卷170，《户部·田赋》；又据嘉庆《钦定大清会典事例》卷143，《户部·田赋》，沈云龙主编《近代中国史料丛刊三编》，台北文海出版社1991年版。

续表

直省存留钱粮	正银	耗银	总额	《嘉庆会典事例》载各省存留
浙江	23.9796	1.0731	25.0527	正银 24.5014 耗银 6.5628
湖北	9.8403	1.0922	10.9336	正银 15.9544 耗银 5.0115
湖南	9.4975	0.9497	10.4472	正银 23.4910 耗银 4.2220
陕西	27.8122	17.0760	44.8882	正银 26.9401 耗银 17.3780
甘肃	7.1441	2.9902	10.1342	正银 6.9531 耗银 3.2378
四川	10.0106	5.4900	15.5006	正银 11.4209 耗银 5.4911
广东	有闰年 17.1568 无闰年 16.1075	—	17.1568	正银 19.2460 耗银 5.2664
广西	有闰年 9.7166 无闰年 9.1207	—	9.7166	正银 9.7156 耗银 2.6850
云南	4.6771	3.2684	7.9455	正银 6.6815 耗银 6.3802
贵州	2.8930	1.4440	4.3370	正银 2.9373 耗银 0.9701
合计			435.4016	正银 430.4186 耗银 149.8856
总额				580.3042

表中的数字出自《光绪会典事例》，没有作具体朝代的说明，但就其有耗羡银两的征解，并有《嘉庆朝会典事例》的记录来看，它至少应该可以反映乾嘉以前各省钱粮征解的状况。就其平均数来观察，可以从中看出两个不同的存留总数，一个是没有标明年代的各省存留正项加火耗为4354016两，当为乾隆朝以前的数字，但这

个数字不包括各项杂税。另一个是按照《嘉庆会典事例》所载，正项加火耗的各省存留为5803042两。由于《嘉庆会典事例》始修于嘉庆六年（1801），至二十三年成书。所以，上述存留数字反映的应该是乾隆朝的钱粮征收状况。

那么这一时期的国家赋税是多少呢？根据清人王庆云的《石渠余纪》中记载：顺治十八年赋银2057.6万两，康熙二十四年赋银2444.9万余，雍正二年赋银2636.2万余，乾隆三十一年赋银2991.7万两，嘉庆十七年赋银3284.5万两。①

从这五个数字我们可以看到，除去顺治到康熙年间，从康熙二十四年到嘉庆十七年（1685—1812）这127年，上述四个数字之间大致相隔40年，也就是说国家的赋税大约在40年会增加二百万至三百余万两。如果以此国家税收数额与前面表格中各省存留的数字进行计算的话，无论是不具年代的435.3万余两，还是有《嘉庆会典事例》标注的580.3万余两，各省的存留都不到18%。

可见，虽然自康熙中期以来国家逐渐步入盛世，国家税收一直都在稳步增长，国库的存储也愈益增多。如康熙四十一年（1702），"户部库帑有四千五百万两，每年并无糜费，国帑大有赢余"②。四十八年（1709），"户部库银存贮五千余万两"③。至乾隆三十七年（1772）十一月，乾隆帝在谕旨中宣称：自平定西陲以来，"每年节省银九十余万两，历今十有余载，岁出较少，约积存千有余万。"是以魏源认为，"乾隆初年户部库银止三千三四百万，今已多至七千八百余万"④。但是，地方存留的比例却不见增加，甚至有所减少。

关于地方钱粮的存留是否充足的问题，还有两点需要顾及：一是上述表格中各省的存留数额代表的是应征数，而不是实征数，

---

① 参见王庆云《石渠余纪》卷3《历朝田额粮赋总目》，第113—114页。
② 《清圣祖实录》卷210，康熙四十一年十一月乙卯。
③ 《清圣祖实录》卷240，康熙四十八年十一月丙子。
④ 魏源：《圣武记》卷4，《外藩》，中华书局1984年版，第158页。

如果遇到民欠或荒欠等其他情况，就无法保证上述的应征数额。二是地方支出银两的内容与范围。通常，地方支出有常规性，主要部分是官俸、役食银、驿站夫马、祭祀等各项，还有必须保证的办公费用。临时性经费支出，诸如赈济、军需、河工，以及地方修建等这些"非常项支出"，而且都属于数额巨大的紧急性支出。特别是军需支出，它在地方支出中所占的比重之大往往超出我们的想象，曾小萍的研究认为，康熙年间山西留作地方经费的地丁钱粮中军费等支出占到84%①。虽属个案，却也一定程度上反映了西北各省因战事频仍、军费支出巨大对地方财政产生的负面影响。

对于地丁钱粮的征收与支出之间的数额比重，雍正初年，在福建总督高其倬的奏报中提到巡抚毛文铨曾反映过一个尖锐问题。他说："福建每年应征地丁等银约略一百四十一万两有零，而每年应需各项银一百四十七万两有零，每年应征不能完者八九万两及十万两不等，再以有闰之年加兵饷十余万两。"② 按照这种说法，实际发生的费用已经超出应征钱粮六万余两，如果再加上不能征完的部分，即所谓"民欠"等，其缺额在15万两左右。虽然这个奏报因算法的问题受到质疑，奉旨发回，但却说明地方钱粮的不足，还包括了经常被忽略掉的应征未完钱粮部分。

这种局面的形成，虽有制度的缺陷，但在清朝更多的是皇权的旨意。例如康熙帝晚年曾有过这样的表述："地方时当承平，无军旅之费，又无土木工程。朕每年经费，极其节省，此存库银两并无别用，去年蠲免钱粮至八百余万两，而所存尚多。因思从前恐内帑不足，故将外省钱粮尽收入户部。"③ 雍乾以后，在"法祖"的惯性思

---

① 参见［美］曾小萍《州县官的银两——18世纪中国的合理化财政改革》，董建中译，第29页。
② 《雍正朝汉文朱批奏折汇编》第8册，雍正四年十二月二十日，福建总督高其倬奏闽省须备饷银情节数目折，第671页。
③ 《清圣祖实录》卷240，康熙四十八年十一月丙子。

维下，这便成为国家的一种财政收支方针，从而造成了地方财政严重不足的常态，也即财政权力的分割失衡。而地方"存留"过少，必然导致各省的财政缺乏自主性。

（二）"蠲免"加剧地方财政的拮据

蠲免，是指国家根据地方民力对应征赋税的免除，它表达了国家经济实力的雄厚和造福于民的惠政。所谓"蠲免钱粮，原欲使小民物力稍舒、渐登殷阜"①。但"蠲免"在被誉为造福于一方百姓的养民措施不断加以推行的同时，其为地方财政带来的负面影响却被掩盖了。因此有必要重新认识并评估清朝的"蠲免"。

清朝自入关伊始，即以蠲免作为征服民心的大政，所谓"我朝列圣，以爱民为家法。偏灾赈蠲外，凡逋赋之在民者，与银谷食种之贷而未收者，遇国家庆典，或巡幸，或军兴，辄止勿责。每库藏稍充，即务推所有以益下"②。故有"灾蠲""恩蠲""逋蠲"等诸多蠲免名目，还有漕粮蠲免、田赋银蠲免、地丁银蠲免等不同内容，以及缓征、分年带征、轮免、普免等不同形式。

最大数量的蠲免主要发生在康熙中期至乾隆朝的百余年间。这里，我们不妨以康熙朝为例。

平定三藩后，自康熙二十三年至二十六年（1684—1687），"三载之内，布惠一周，后来普免之典，实肇于此"。自康熙三十一年（1692）为始，以次各蠲一年。三十二年以粤、蜀、滇、黔四省明年地丁银米。三十五年免各省漕赋宿逋，三十六、三十七年免陕西、山西、甘肃年租，三十九年免湖广、甘肃年租。四十年免江苏、甘肃明年地丁银。四十一年免安徽、陕西明年地租银。四十二年免山东、河南、云南、贵州、广西、四川六省明年地租，免浙江、山东明年租。四十四年免湖南、湖北明年租。这一时期是蠲免的紧密期。

---

① 《清圣祖实录》卷144，康熙二十九年二月己卯。
② 参见王庆云《石渠余纪》卷1《纪蠲免》，第12页。

从数字来看，四十五年普免天下逋赋 390 余万，四十七、四十八年免江南、浙江地丁人丁银 789 余万，①而部库"所存尚多"②。至四十九年（1700）十月，康熙帝在给户部的谕旨中更是以"民为邦本"，明确了"政在养民，蠲租为急"的政治目的，并表示欲在执政五十年，将天下钱粮一概全免。所谓：

> 数十年以来，除水旱灾伤，例应豁免外，其直省钱粮次第通蠲一年，屡经举行。更有一年蠲及数省，一省连蠲数年者。前后蠲除之数，据户部奏称共计已逾万万。……朕每岁供御所需，概从俭约，各项奏销浮冒亦渐次清厘，外无师旅饷馈之烦，内无工役兴作之费。因以历年节省之储蓄为频岁，涣解之恩膏。朕之蠲免屡行，而无国计不足之虑，亦特此经筹之有素也。……明年为康熙五十年，思再沛大恩以及吾民，将天下钱粮一概蠲免。因众大臣议奏，恐各处需用兵饷拨解之际，兵民驿递，益致烦苦。朕因细加筹画，自明年始，于三年以内通免一周，俾远近均沾德泽。直隶、奉天、浙江、福建、广东、广西、四川、云南、贵州，所属除漕项钱粮外康熙五十年应征地亩银共七百二十二万六千一百两有奇，应征人丁银共一百一十五万一千两有奇，俱着察明全免。并历年旧欠共一百一十八万五千四百两有奇，亦俱着免征。③

可以说，清朝各种名目的蠲免，在收揽民心、稳定社会秩序、巩固国基等方面确实收到了成效。在研究者的视野下，蠲免也一向被视为国家藏富于民的善政。他们认为，"田赋蠲免作为统治者实施

---

① 参见王庆云《石渠余纪》卷1《纪蠲免》，第12—14页。
② 《清圣祖实录》卷240，康熙四十八年十一月丙子。
③ 《清圣祖实录》卷244，康熙四十九年十月甲子。

的一项"恩政",是"康熙帝采取的恢复社会经济的重要措施之一。"① 对康乾盛世的出现有着重要的历史作用。② 而且蠲免也是"荒政"研究关注的热点,诸如邓拓的《中国救荒史》,李文海、周源《灾荒与饥馑:1840—1919》等,都有深度的研究,对此,李光伟作了详细的梳理。③

但也有学者指出,不能简单地将其作为康乾盛世的内容之一加以理想化。康熙初期,清政府是被动地免除因赋额过重实际上不能征取到的积欠。中后期方把宽赋和蠲免作为"育民之道"的关键环节,推行促进农业生产发展的主动积极的钱粮蠲免措施。④ 有学者指出清前期对于江南苏松等地的蠲免,主要是免逋赋,是对江南重赋的补偿。⑤ 同时,学界也根据"业主蠲免七分,佃户蠲免三分,永着为例"⑥的规定,对蠲免的受益人是业主还是佃农进行了讨论。⑦ 但在上述诸多研究中,对于蠲免之后于地方财政产生的影响问题却鲜有论及。⑧

蠲免作为一项措施,如果从其影响来考虑,其负面的效果也不容小觑。事实上,清朝的蠲免在康熙四十四年(1705)十一月,经大学士马齐等奉命查奏,"自康熙四十二年以来蠲免钱粮数目一千六百余万","自康熙元年以来所免钱粮数目共九千万有奇",五十年

---

① 参见陈锋《清代"康乾盛世"时期的田赋蠲免》,《中国史研究》2008年第4期,第131页。
② 参见张杰《康熙帝"养民蠲租"与宽大政治述论》,载刘凤云等主编《清代政治与国家认同》,社会科学文献出版社2012年版,第687—692页;参见杨振姣《皇权政治与康雍乾时期蠲免政策》,《辽宁大学学报》2006年第2期,第81—84页。
③ 参见李光伟《清代田赋蠲缓研究之回顾与反思》,《历史档案》2011年第3期。
④ 参见何平《论康熙时代的赋税减免》,《中国人民大学学报》2003年第6期,第125—131页。
⑤ 详见徐建青《清代康乾时期江苏省的蠲免》,《中国经济史研究》1990年第4期;罗仑、范金民:《清前期苏松钱粮蠲免述论》,《中国农史》1991年第2期。
⑥ 《清圣祖实录》卷244,康熙四十九年十一月辛卯朔。
⑦ 参见经君健《论清代蠲免政策中减租规定的变化——清代民田主佃关系政策的探讨之二》,《中国经济史研究》1986年第1期。
⑧ 夏明方在《中国早期工业化阶段原始积累过程中的灾害分析——灾荒与洋务运动之二》(《清史研究》1991年第1期)一文中,从灾害史的角度提及蠲免对财政收入短少的影响。

前便达到了一亿两。①

特别是一些局部地区，诸如西北三省地区的蠲免尤其频繁。据记载，康熙三十一年（1692），令将"陕西巡抚所属府州县卫所康熙三十二年地丁银米，着通行免征。从前所有积欠，亦着通行豁免"②。陕西"西、凤二府属被灾州县卫所康熙三十三年粮米照旧征收外，其地丁银两着通与蠲免"③。"山西平阳府、泽州沁州所属地方，前因蝗旱灾伤，民生困苦，已经蠲免额赋并加赈济，而被荒失业之众犹未尽睹干宁，其康熙三十年、三十一年未完地丁钱粮……所欠钱粮五十八万一千六百余两、米豆二万八千五百八十余石，通行蠲豁。"④ 康熙三十六年（1697），因比年以来，征剿厄鲁特噶尔丹军兴供亿繁多，命将大同府属州县卫所应征地丁银米，甘肃各州县、并陕西所属榆林州县等沿边军需运输要道地丁银米尽行蠲免。⑤ 康熙三十七年（1698），令将山西通省地丁银米一概蠲免。⑥ 四十二年（1703），着将是年前山西所属州县未完银两米草尽行蠲免。⑦ 康熙四十五年（1706）十二月，"将康熙四十三年前（山西）未完钱粮照江南等省例通行蠲免"⑧。而后，又令将山西省五十一年钱粮及历年奏销内所欠钱粮全部蠲免。⑨

康熙末年，随着准噶尔策妄阿拉布坦对西藏地区的觊觎，康熙帝再次出兵西北，西北的蠲免再现一轮高潮。五十七年（1718）康熙帝有谕旨曰："目今系有军务之时，除米豆草束外，其康熙五十八

---

① 《清圣祖实录》卷 223，康熙四十四年十一月癸酉；卷 244，康熙四十九年十月癸未。
② 《清圣祖实录》卷 157，康熙三十一年十月己卯。
③ 《清圣祖实录》卷 160，康熙三十二年十月庚辰。
④ 《清圣祖实录》卷 162，康熙三十三年三月辛酉。
⑤ 参见《清圣祖实录》卷 178，康熙三十五年十二月己丑；辛亥。
⑥ 参见《清圣祖实录》卷 185，康熙三十六年十月壬戌。
⑦ 参见《清代起居注册·康熙朝》第 18 册，康熙四十二年十月二十六日，第 10281 页。
⑧ 《康熙朝满文朱批奏折全译》康熙四十五年十二月二十一日，山西巡抚噶礼奏报感谢蠲免未完钱粮折，第 479 页。
⑨ 参见《康熙朝满文朱批奏折全译》康熙五十二年十二月十一日，山西巡抚苏克济奏闻百姓聚众抗交钱粮折，第 922 页。

年应征地丁银一百八十八万三千五百三十六两有奇，并历年积欠银四万七百五十七两有奇，着一概蠲免。"① 五十八年，命将"甘肃所属地方康熙五十三、四、五、六等年民间旧欠银米草豆，着尽行豁免"。"将康熙五十九年额征银九万八千一百两尽行蠲免。"②

上述所论之蠲免，至少表明在康熙中后期，特别是清朝用兵西北期间，西北三省几乎是连续得到蠲免。所谓，"陕西历年钱粮，屡经蠲免"③。

但是，蠲免并非只是国家与社会这样简单的关系，它同时也关系到国家自身的财政建设与官僚体制内部的财力分配等政治问题。在清朝频繁实施蠲免之后，国家特别是地方财政收入的减少已是不争的事实，尽管康熙帝不断表示，"朕之蠲免屡行，而无国计不足之虑"④。然"天下财赋止有此数，在内既赢，则在外必绌"。康熙帝的"无国计不足之虑"的说辞，不过是满足了自己做宽仁爱民皇帝的心愿，蠲免的同时，原本的国家财政收支状态必然被打乱。

首先，中央财政要作出相应调整。仅以康熙五十年为例，康熙帝原拟于是年全免天下钱粮。但户部尚书希福纳提出：国家每年地丁钱粮及盐课、关税、杂项钱粮，除存留各省外，"一年共起解银一千三百万两有余，京城俸饷等项一年需用九百万两有余，每年所积不过一二百万两。如将天下钱粮全免，似乎国用不足"⑤。随后经大学士及户部等官员会议，"恐各处需用兵饷拨解之际"无饷可调，于康熙五十年，实行"三年以内通免一周"。

但更多的情况下，国家是要通过节省各项支出经费来实施蠲免的。例如，康熙帝谕户部："国家钱粮理当节省，否则必致经费不敷。每年有正项蠲免，有河工费用，必能大加节省方有裨益。前光

---

① 《清圣祖实录》卷281，康熙五十七年八月戊辰。
② 《清圣祖实录》卷284，康熙五十八年四月庚戌；卷286，康熙五十八年十二月辛酉。
③ 《清圣祖实录》卷289，康熙五十九年十月戊申。
④ 《清圣祖实录》卷244，康熙四十九年十月甲子。
⑤ 《清圣祖实录》卷240，康熙四十八年十一月庚辰。

禄寺一年用银一百万两,今止用十万两。工部一年用二百万两,今止用二三十万两。"① 可见,节俭,是传统国家基于"量入为出"的财政经制作出的经常性选择。

其次,地方倡开捐例。康熙朝中央与地方的财政分配原则,一向是在优先满足中央财政的前提下再考虑地方存留的比重。四十八年（1709）,康熙帝曾反思地方各省存留过少所引发的财政短缺问题,他说:"因思从前恐内帑不足,故将外省钱粮尽收入户部。"② 但地方存留过低的问题,不但在康熙朝没能解决,即便是雍乾时期,地方的存留也不过在21%左右,③ 甚至更低④。这必然导致地方财政的严重不足。

所以一旦蠲免,国家财政可以统筹,蠲免西北可以从东南等其他直省征收钱粮,而地方在蠲免之后则意味着当年从赋税征收中可得的存留也被免掉了。西北地区频繁蠲免与接连不断的捐纳,恰可从二者之间的关系说明地方财政在蠲免之后的状态。表面看,蠲免对地方百姓特别是有土地的富户减轻了征收钱粮的负担,有藏富于民的意义,但同时也意味着地方没有财政"存留"的可能。二者之间通常是有蠲免就会有督抚奏请开捐例,捐纳成为解决地方财政的主要渠道之一。

再次,蠲后照额征赋。由于蠲免不仅免掉正项钱粮,且连随正赋加征的耗羡银两也一同免掉,这等于不仅地方当年的存留出现了问题,且连被官员视同俸银的陋规银也无从获得。于是便在已经蠲免的地方出现了私下征赋的情况。康熙四十七年（1708）的江浙蠲免就是一例。由于江浙两省俱被旱荒,康熙帝下令除漕粮外,将康熙四十八年江南通省地丁银475万两余,浙江通省地丁银257.7万

---

① 《清圣祖实录》卷227,康熙四十五年十月乙巳。
② 《清圣祖实录》卷240,康熙四十八年十一月丙子。
③ 参见陈支平《清代赋役制度演变新探》,第88—106页;倪玉平:《从国家财政到财政国家——清朝咸同年间的财政与社会》,第14页。根据乾隆《大清会典则例》卷36,《户部·田赋三》。
④ 参见本书第81页。

两余全行蠲免,所有旧欠带征银米仍暂行停止。① 但在次年,康熙帝便听"闻江南有催征蠲免钱粮,以偿已之亏空者"②。而且时任两江总督的噶礼在奏折中还提到,巡抚"于准置皇上施恩蠲免钱粮于不顾,仍勒索州县规礼,又向大府州县每年取银三千五千两不等,共约得银十三四万两。(布政使)宜思恭每年征收钱粮时,秤上增取者较前官多数倍,置皇上施恩蠲免钱粮于不顾,仍勒索州县官员规礼,又采买药等项支付钱粮时,每两强扣二钱三钱,共得银十八九万两,州县官员因不收钱粮、不获火耗银,且于准等仍逐季索取规礼,以致派民,动用库银,各地皆亏欠,多者至数万,少者亦至数千"③。

也就是说,面对地方财政紧缺、钱粮出现亏空,而个人也失去了赖以塞满腰包的陋规、规礼的情况下,地方官会不顾圣旨、不顾朝廷法令,对已明令蠲免的钱粮进行征收,进而勒索民膏民脂。

最后,蠲免的数量在江南最多,其中大部分为历年积欠,但亏空的数额也最多。雍正六年(1728)十二月,尹继善奏陈"江苏地方历年积欠钱粮,除康熙五十年以前者,均蒙特恩蠲免,自康熙五十一年以后,至雍正元年积欠地丁六百余万两,加以漕项等银,共九百余万两。虽拖欠之故,亦有岁时丰欠不齐,然大半皆从前各官邀誉市恩怠玩之所致也"。请求分年带征。④ 但面对实在无法征收上来的积欠,雍正帝即位后仍继续予以豁免,所谓"皇上自雍正二三年于江宁等五省民欠钱粮,自康熙十八年起至康熙五十年止,尽行豁免"⑤。

因而,内阁学士兼礼部侍郎胡煦则指出:"江南之拖欠,圣祖仁

---

① 参见《清圣祖实录》卷 235,康熙四十七年十月戊午。
② 《清圣祖实录》卷 239,康熙四十八年十月丙午。
③ 《康熙朝满文朱批奏折全译》康熙四十八年十一月初四日,两江总督噶礼奏于准等扣克银两折,第 653 页。
④ 《雍正朝汉文朱批奏折汇编》第 14 册,雍正六年十二月十一日,署江苏巡抚尹继善奏陈地方积欠钱粮情弊折,第 183 页。
⑤ 《雍正朝汉文朱批奏折汇编》第 32 册,内阁学士兼礼部侍郎胡煦奏陈漕项侵缺与行追迁延情形折,第 323 页。

皇帝或三年而一免，或五年而一免，已不啻一而再再而三矣。我皇上御极之始，蠲免江南旧欠七百二十九万有余。""自康熙五十九年，圣祖仁皇帝命天下督抚各陈亏空之由，各赍消弭之术，臣于此时便已留心访察，始知亏空之源厥由拖欠，而拖欠之自则侵食者其一，抗拒者又其一也。"① 虽为一己之见，却从一个角度说明，江南的地方钱粮亏空由拖欠所致，与蠲免也形成间接的连带关系。

清朝地方财政原本先天不足，如果遇上"蠲免"，地方财政势必陷入拮据的状态。以故，为了满足地方必要的支出，督抚就必然要想方设法寻找并利用其他的可行资源。

四　直省补苴地方财政之道

面对地方钱粮不足的问题，在没能通过体制上的改革得到解决之前，各省督抚在行政过程中逐渐摸索出一套通行的补苴之道，它通常由面向百姓的加派、社会各阶层的捐纳、捐输，以及在职官员的捐俸三项组成。这里将着眼于后两项进行讨论。

（一）倡捐纳筹资

捐纳，即捐粟纳官，是清代一项解决或缓解财政拮据与匮乏的经济手段。根据许大龄的研究，康熙十四年（1675），为平三藩筹措军饷，清朝开启捐纳实官的暂行捐例，对于当时国家财政的状况，江宁巡抚慕天颜有曰："查得户部疏称，需用钱粮甚多"，"议节省则事款通裁，几于节无可节矣。议捐输则事例多案，几于捐无可捐矣。然而军马之供亿，每患不敷"②。但捐纳的确可解燃眉之急，至

---

① 《雍正朝汉文朱批奏折汇编》第 32 册，内阁学士兼礼部侍郎胡煦奏陈亏空之由益请杜拖欠之弊折，第 321 页。
② 慕天颜：《请开海禁疏》，载贺长龄、魏源编《清经世文编》卷 26。

康熙十六年，"开例三载，所入二百万有余"①。特别是康熙十九年的捐纳事例，②在贵州全部改征本色，易纳银为纳米，并令就近士绅富民直趋军前输粮，为解决围剿云南吴三桂巢穴的数十万大军的粮饷起到了至关重要的作用。

平三藩以后，康熙帝曾宣布"凡军兴所开各项捐纳事例尽行停止"，但事实上却从未停止过，以赈济、军需、办差为名的捐例反而愈开愈多，捐纳成为地方各省解决财政补给的主要来源。

康熙二十九年（1690），漠西蒙古准噶尔部噶尔丹以追逐喀尔喀蒙古为由率兵大举南下，西北三省成为兵燹前沿，西师之役由此而起，军需筹措成为地方的第一要务。次年，山陕地区又遇灾情，百姓急需赈济。于是，西北的捐纳事例是一起接一起。先是，是年六月，山西巡抚叶穆济奏准开大同捐例，于大同、五台、蔚州等地开捐，但因地瘠人贫、所处偏僻，捐者甚少。三十年二月，由于大同、宣化、张家口皆为清军驻扎之地，军需浩繁，故叶穆济奏开大同、张家口军需捐例，比照直隶例减成收捐。三月，以甘州、宁夏、西宁三镇与厄鲁特蒙古为邻，皆为险要之地，宜囤积粮草以备战守，又开甘肃捐例。而就在康熙三十年，陕西西安、凤翔等地遇灾，朝廷又议以开捐纳赈灾。三十二年（1693），经总督佛伦奏准开捐，是为西安赈灾捐例。此外，为征剿厄鲁特准噶尔部，还有三十六年（1697）的大同、宁夏等地的捐马例，等等。

平准之役告捷后，西北的捐纳并没停止，转入以赈灾积贮为主、军需为附。康熙四十二年（1703），经四川总督觉罗华显奏准，于甘肃开捐贮备常平仓；五十三年（1714），四川总督鄂海为筹划边省积贮，请开甘肃粮草捐例；九月，以赈荒再奏开甘肃捐例；而后，五十四年（1715）开甘肃军需事例；五十六年（1717）九月，鄂海再奏开甘肃湖滩河捐驼事例；五十九年（1720）五月，陕甘总督噶什

---

① 《清史列传》卷7，《宋德宜传》。
② 参见刘凤云《康熙朝捐纳对吏治的影响》，《河南大学学报》2003年第1期。

图奏开兰州喂养驼马事例。据粗略统计,康熙朝开暂行捐例有30余次,这一时期将近其半。①

此外,各省的捐纳也是接连不断,开捐的理由虽各不相同,但起因都源于地方财政的短缺。特别是康熙五十三年至五十五年间(1714—1716)在山东、福建、广东、广西等省先后开启了捐谷例,引发了连锁效应。如五十三年五月,两广总督满丕请在广州开捐,便是以福建既开捐纳之例为由,"倘邻省之米全去福建,恐广东地方之米价又上涨,伏乞与福建一体开捐纳之例"。是年三月正值青黄不接之际,"米价每石已到二两、二两余"②。开例捐谷达二百万石,分贮各府州县足食备荒。③ 又如,康熙五十五年八月,直隶顺永二府雨水过多歉收,宝坻等二十四州县因去冬今春被水,赈济用米四万三千六百余石,后又加赈七万八千四百余石,总督赵弘燮先是奏请以五十五、五十六、五十七三年官员的俸工银补,随后又请"照山东等省量开小例",因当时山东、江南、浙江、福建、两广、甘肃等省俱蒙恩准开捐纳。但是,康熙帝没有批准,朱批:"直隶地方断断开不得捐纳。"④

除了灾赈、军需之外,实施了蠲免的直省,往往因当年没有钱粮的"存留",会在督抚的奏请下开捐例来解决地方财政的不足问题。特别是西北的蠲免多,各种名目的捐纳事例亦多。

对于蠲免与捐纳二者之间的关系,康熙三十二年(1693)川陕总督佛伦有过清楚的表述。他说:"陕西省各项钱粮,蒙皇上鸿恩全行蠲免,故皆赖此捐纳银两。"⑤ 甚至为了增收,此次的陕西捐例中

---

① 参见刘凤云《康熙朝的捐纳制度及其对铨制的影响》,《明清论丛》第4辑,2003年。
② 《康熙朝满文朱批奏折全译》,康熙五十二年五月初七日,广东巡抚满丕奏米价上涨缘由折,第849页。
③ 参见《康熙朝汉文朱批奏折汇编》第6册,康熙五十四年五月初一日,广东巡抚杨琳奏谢暂停捐例事折,第163页。
④ 《康熙朝汉文朱批奏折汇编》第7册,康熙五十五年八月二十九日,直隶总督赵弘燮为所属歉收请旨准开捐纳以实仓廪折,第391—394页。
⑤ 《康熙朝满文朱批奏折全译》康熙三十二年三月二十四日,川陕总督佛伦奏请捐纳亏空银两展限补完折,第40页。

还要求在捐纳银两中同样加征耗羡银两。有记载证实，康熙三十二年（1693）六月，各州、县解捐纳银百万余两送交布政司库时，亦每两随带火耗银三分。佛伦会同巡抚吴赫询问布政使戴屯，将其盈余额缮写清文书，共盈余银四万余两。佛伦认为，"收捐纳银时多加取者，是州县官员乃至布政司皆已犯法，奴才欲即参奏，惟此项为火耗而增收者，向以为例，各省皆有。"他建议将此盈余银四万余两交付布政司存于官库，"以备本年漕甸地方建仓、练兵行赏、秋收时运米谷至省城及地方公务，酌情用之"①。虽说资料中反映的是陕西一省的问题，但"为火耗而增收者，向以为例，各省皆有"，说明了它具有普遍性，同时也证实了在地方经费没有保障的情况下，地方官员为满足财政上的需求，在手段上无所不用，包括加派。

而且，捐纳的危害不止于此。作为国家或地方财政增收的一项政令或者是措施，在实际推行过程中"捐纳有济于实用者少"，而且往往导致新的亏空出现。生活在康雍之际的吏科掌印给事中崔致远以其切身感受有过这样的表述，他说：

> 国家偶开捐例，原为兵荒，实非得已。累年以来，捐例颇繁，初开之时包揽之光棍、收捐之监督、该管之上司，无不染指分肥。及限满销算，库帑亏空，始知朝廷受虚名，官棍攫实利，至查参究追，不过空悬一永不完结之案而已。如陕西西安、凤翔，甘肃华阴、大同，山东等处无不皆然。是各处捐纳有济于实用者少，有损于国体者甚大也。惟户部开捐实交贮库未闻亏空。然捐例常开，名爵不贵，选用无期，乐输渐少。……请将内外各例一概停止。……朝廷开一捐纳所得尚无几何，而存贮库内正项钱粮乃消耗于一二贪墨之手，甚可恨也。②

---

① 《康熙朝满文朱批奏折全译》康熙三十二年六月二十八日，川陕总督佛伦奏请将捐纳银盈余额存于官库折，第46页。
② 《雍正朝汉文朱批奏折汇编》第1册，雍正元年四月十九日，吏科掌印给事中崔致远奏陈轸恤京师官民等三事折，第252页。

也就是说，借解决地方财政不足之名开捐例，随后借机侵盗钱粮，从而产生新的亏空，这在康熙朝几乎成为各省的通例。如康熙三十二年（1693）由川陕总督佛伦以陕西灾情开启的捐纳，随后便产生了亏空，至四十五年（1706年）正月，两江总督阿山在奏折中仍称："查西安救饥例，其捐纳官生亏空米石，历年未查明。"① 又如，"大同等处捐纳，名有百十万钱粮，亦未必实其数。"②

除了西北之外，由捐纳引发的亏空案在康熙年间不可胜计，典型的倡捐分肥的案除了山东、广西外，还有广东。这里以广东捐例略作说明。

康熙五十三年（1714）广东开捐以后，巡抚满丕"擅改购米捐纳之例，制定捐纳银之例，一两二钱银折为一石米，此共计一百二十万余两。满丕将八十万两银与属下大员分取之，惟将四十万两银交付知县官等购米。知县官员知此种弊端，竟不购米者亦有，购半数者亦有。上官自身既行私舞弊，有无仓米亦不敢查。故此，仓米欠缺者甚多"。这显然是一起较为典型的集体侵吞捐纳银两的贪污案，康熙五十六年（1717年）三月，新任巡抚法海上疏参劾满丕贪利，谓"满丕昔为巡抚时，弊端甚大"。但由于没有得到康熙帝的明确表态，法海的处理方法是"催知县官员偿购米粮"，"倘官员等迟不偿米，奴才必参奏重惩示儆"。而康熙帝的朱批，只有一个"是"字，首肯了法海的处置方式。③

这类亏空虽为"分肥"，但在地方缺少经费同时短少俸银的情况下，地方大员竟能明目张胆地将捐纳银两据为己有。这在当时的官

---

① 《康熙朝满文朱批奏折全译》康熙四十五年正月二十五日，两江总督阿山奏请开捐以利河工折，第406页。
② 《康熙起居注》第3册，康熙五十六年二月二十六日，第2359页。
③ 《康熙朝满文朱批奏折全译》康熙五十六年三月二十五日，广东巡抚法海奏为设立捐纳银例事折，第1180页。是案另见《康熙朝汉文朱批奏折汇编》第8册，康熙五十七年五月初七日，两广总督杨琳奏为备陈粤东捐纳始末并处理办法请旨折，第101页；康熙五十七年十二月二十一日，两广总督杨琳奏为再陈广东捐纳款项处理办法请旨折，第358页。据杨琳奏：其时，巡抚满丕得银五万两，总督赵弘灿得银五万四千两，布政使王用霖得银二万一千两，将军、副都统、八旗协参领提督及各道员共得银五万六千两，杨琳本人得银四万两。

场中是一种不被等同于贪赃的行为，与将加征的火耗自行使用有着类似的认同。也正是这些不被视为贪赃的加征行为始终处于灰色地带，才使得贪官在挪用钱粮上肆无忌惮。

康熙晚年，地方官手中的银两，除了俸工银、陋规和火耗银之外，还有来自捐纳的银两，换言之，捐纳不仅是一项财政上的补给，也成为官员个人收入的一项来源。地方官经常性地将俸工银捐出用作公项，令地方开捐有了最不可否定的理由，就是解决地方财政的不足。所以，自康熙朝开捐纳实官之例后，清朝的捐例越开越多，直至清末一直是畅行不止。但实际的作用却微乎其微。雍正十三年（1735）末，都察院左都御史兼吏部侍郎的孙嘉淦以其亲身经历证实了以开捐解决地方财政的失败。他说：

> 查捐例之设，原为军需等项用费浩繁，故酌盈剂虚，取之有余，以佐赋税。然而铨官赎罪，皆关治体，款项之开不可不慎也。臣前在银库效力，亲身收捐者二年，见户部运粮之例大款四十有三，其中细项百有余条，官自郎中以下皆可捐升，罪自斩绞以下皆可捐免，然而每年所捐银两不过一百四五十万，细核其中，惟俊秀捐监一条可得百万有奇，其余数十百条所得者仅二三十万耳。是空有开捐之名，而于国计军需未能大有裨益。户部捐册俱在可考而知也。夫俊秀捐监原非官爵可比，且乐输者众，权其多寡轻重，可暂留此条，以佐经费，其余一切有名无实之例，似当悉行罢除。俟各处军需咸竣，将捐监之例并行停止。①

（二）俸禄的摊扣

俸禄，是国家按等级规定发给官吏的报酬，系官员的个人所得。

---

① 《雍正朝汉文朱批奏折汇编》第32册，都察院左都御史孙嘉淦奏请酌停捐纳之例以崇治体折，第794页。注：此奏折没有注明年代，查《清高宗实录》可知，孙嘉淦于雍正十三年十一月以都察院左都御史兼管吏部侍郎事务，直至乾隆元年十一月。

但在地方自我解决财政经费的过程中，官员俸禄也演变成一项经常性用来解决地方经费的补苴之道，俸禄的性质发生了改变，地方财政与官员的俸禄之间结成了模糊不清的一体，公私之间不再有明晰的界限。

在以往的研究中，研究者关注了清朝官员的低俸问题，关注了清朝官员经常因各种原因受到罚俸的处罚，以至于无法得到应得的俸禄。但还有一个更为重要的问题却少有人提及，那就是清朝官员的俸禄并非完全属于个人，在发放的中途就已经转化为地方财政的一部分，即挪为"公用。"所以，这里讨论的是清朝官员俸禄的非私有现象及其产生的后果，以及它是如何成为清朝地方财政重要补项的问题。这同时也是一个吏政与财政相关联的话题。

其一，官员低俸收入与无薪履职。

众所周知，清朝官员的俸禄低廉、微薄。根据光绪《钦定大清会典事例》的记载："凡在外文官俸银与京官一例，按品级颁发。不给恩俸，不支禄米。"正从一品俸禄180两，正从二品俸银155两，正从三品俸银130两，正从四品俸银105两，正从五品俸银80两，正从六品俸银60两，正从七品俸银45两。除了俸禄外还有薪银。顺治四年议准，总督岁支薪银120两，蔬菜烛炭银180两，心红纸张银288两，案衣什物银60两；巡抚（兼副都御使）岁支薪银120两，蔬菜烛炭银均144两，心红纸张银均216两，案衣什物银均60两；布政使岁支薪银144两，蔬菜烛炭银80两，心红纸张银120两，修宅什物银48两，案衣银52两；按察使岁支薪银120两，蔬菜烛炭银80两，心红纸张银120两，修宅什物银48两，案衣银52两；知府岁支薪银72两，心红纸张、修宅什物银各50两，案衣银20两；知州岁支薪银48两，心红纸张30两，修宅什物银20两，缴扇银10两；知县岁支薪银36两，心红纸张30两，修宅什物银20两，缴扇银10两。① 见下表。

---

① 光绪《钦定大清会典事例》卷249、251，《户部·俸饷》。

表 2-2　　　　　　　　各省文官每岁薪俸　　　　　（单位：两）

官阶	俸禄	薪银	蔬菜烛炭银	心红纸张银	修宅什物银	案衣什物银	缴扇银	合计
总督	180	120	180	288	—	60	—	828
巡抚	155	120	144	216	—	60	—	695
布政使	155	144	80	120	48	52		599
按察使	130	120	80	120	48	52		550
知府	105	72	—	50	50	20		297
知州	80 五品 60 六品	48	—	30	20	—	10	188 168
知县	45	36		30	20	—	10	141

如此微薄的俸薪，无论哪级的地方官员都是难以维持生计的。康熙八年（1669），御史赵璟在其条奏中说明了这一点：

> 查顺治四年所定官员经费银内，各官俸薪心红等项，比今俸银数倍之多，犹为不足。一旦裁减，至总督每年支俸一百五十五两，巡抚一百三十两，知州八十两，知县四十五两。（若以知县论之），计每月支俸三两零，一家一日，粗食安饱，兼喂马匹，亦得费银五六钱，一月俸不足五六日之费，尚有二十余日将忍饥不食乎？不取之百姓，势必饥寒，若督抚势必取之下属，所以禁贪而愈贪也。夫初任不得已略贪下赃，赖赃以足日用，及日久赃多，自知罪已莫赎，反恣大贪，下官行贿以塞上司之口，上司受贿以庇下官之贪，上下相蒙，打成一片。臣以为，俸禄不增，贪风不息，下情不达，廉吏难支，请敕查取原定经费银数及额设款项，从长会议，或将本省应征税银与折纳赎银加增官员俸禄。①

---

① 蒋良骐：《东华录》卷9，第151—152页。

赵璟的奏疏可谓切中官场时弊，同时也说明清朝地方官员的俸禄之低已经低到不足以养家糊口的程度。但是，康熙帝的朱批仅限于"该部知道"，并没有任何实质性的下文。而当时的国情是年仅十六岁的康熙帝刚刚亲政，最需要解决的问题是如何稳定手中的皇权，官员的低俸问题还远远提不到他的议事日程。

康熙四十一年（1702），御史刘子章疏请地方官赴任时减少携带家人、仆从，以避免官员因无从为解决此等人的口食而侵占官帑，其背后的原因还是官员俸禄过低的问题。他说："凡官员家口，除妻子兄弟外，其奴婢则督抚止带五十人，藩臬四十人，道府三十人，州县十五人。有多携带者，一经指参，以违制论。"认为地方官多携家人赴任的后果，将因开销过多导致官员无法支撑日常开支而侵蚀官帑。所谓"督抚藩臬之家口多，则属员必不能廉，而通省受其累。府州县之家口多，则本官必不能廉，而阖属受其累。彼赃私之狼藉，仓库之亏空，大都由此也"①。

这同样是说，官员单靠俸薪难以维持自家生计，何来银两供养诸多长随、家人等，故有"节仆从以省扰累"之请。而且即便如此微薄的俸工银，还要经常因公罪或私罪被罚俸而不能如数领取。②

清政府及其官员备受低俸的困扰，自上而下、朝内朝外皆知低俸难以养廉，如顾炎武在《日知录》中明确指出："今日贪取之风，所以胶固于人心而不可去者，以俸给之薄而无以赡其家也。"③ 任源

---

① 刘子章：《节仆从以省扰累疏》，载贺长龄、魏源编《清经世文编》卷16。
② 康熙朝以敢言闻名的官员魏象枢自言："臣在御史任内，（康熙）十一年五月内，为题明盗案事，罚俸一年。九月内，为自请议处事，罚俸一年。又在大理寺卿任内，十三年七月内，为检举事，罚俸六个月。又在户部侍郎任内，十四年六月内，为检举事，议罚俸一个月，奉旨宽免。十五年七月内，为查参事，罚俸一个月，奉旨宽免。……十六年四月内，为检举事，议罚俸一个月，奉旨宽免。十七年六月内，为请照旧例收税事，奉旨罚俸一年。"在六年零一个月内，共罚俸三年半，不包括宽免的三个月。这仅仅是罚俸，魏象枢是京官，没有地方性的摊扣。见魏象枢《寒松堂全集》，中华书局1996年版，第116页。又如布兰泰于湖南巡抚任内接催康熙五十九至雍正元年地丁钱粮未完，不及一分，每案各罚俸三个月。见《雍正朝汉文朱批奏折汇编》第13册，雍正六年七月二十七日，江西巡抚布兰泰奏谢从宽免除湘抚任内奏销各案罚俸处分折，第75页。
③ 顾炎武：《俸禄》，载贺长龄、魏源编《清经世文编》卷18。

祥也认为，官僚低俸非养廉之道，若"乏衣食之资"，必"阴纵之贪，脧民膏以为利，而祸乱从之"①。但清政府却不肯轻易作出任何改变。

重要的是，清代官员的低俸具有政治上的设计，被视为官僚制度中的合理现象。因为，低俸源于"量入为出"的儒家治国观念，所谓"十五省之州县虽有大小之不同，然一州县之所入亦足供一州县官之所用"②。而俸禄出自民赋，富民的思想是传统社会政治家治国理念的轴心，轻徭薄赋历来是传统政治向往的盛世憧憬，文景、贞观皆以低税被冠以盛世美名。可见，对于政治理念与行政实践之间的矛盾，清朝的统治者们尚未找到相应的解决措施。

其二，耗羡与陋规的作用。

从法定的低俸来看，清朝的官员既不足以养家，更难以养廉。但这并没有影响到清朝各级政府的行政运行，也没有导致官僚阶层的贫困化。换言之，在康熙朝，支撑地方财政及官员个人收入，并维系行政正常运行的主要经费来源，不是20%左右的地方"存留"和官员的低俸，而是以各种名目征收的耗羡银两。

耗羡，原本是在赋税征收过程中用于抵补实耗的加征银两，在顺康时期却演变成赋税征收中的附加税收。地方官加征一分耗羡，即10%，在康熙帝看来是合理的，但现实中加征二三分者亦不属个别，其主要原因就是为满足各级官员的需用。耗羡由州县官加征，并由州县官以进谒方式借新任、年节、生日、寿日等时机送给高级官员，并形成无文的规矩。于是，耗羡银两中因有相当一部分被用作送礼，故名"规礼"，也即"陋规"。

就各省督抚收受规礼的情况，可汇集资料记录如下。

康熙四十五年（1706），康熙帝询问甘肃巡抚齐世武"除茶马

---

① 任源祥：《制禄议》，载贺长龄、魏源编《清经世文编》卷18。
② 《雍正朝汉文朱批奏折汇编》第1册，雍正元年二月初六日，兵科给事中陈世倕奏陈甄核保举画一条例等事折，第41页。

正项税外，应得银两如何？"回奏称："每年得银二万余两，奴才因此致富。"①

康熙四十八年（1709），噶礼到任两江总督之后，自称下属送来了许多规礼。

>自到任以来，计贺礼、生辰礼、冬至礼、元旦礼物、署理巡抚印务二次庆贺礼物，共十万余两，奴才分文不取。即于盐课、税关内应得礼物，奴才亦分文未取。即对学政杨中讷，奴才亦一介未取。②

康熙五十四年（1715），巡抚徐元梦也讲述了他到任后收到的各种礼节名目，曰：

>经查看州县官员，用于公私事务上者多，因此等人生活之处不可不安闲，故奴才未受此等人所送礼物，司道府官员节令所送礼品，奴才视居官清廉者，收一次者亦有，收二次者亦有，经核算，有五千两上下。再布政使所给之火耗银一万两，盐法道指令商人所给之银一万两，合计二万五千两银，奴才用于满洲、汉军、绿旗兵步骑射情形鼓励奖赏、死亡官兵捐恤，书院修缮，读书生员赐食，共五千两上下。修筑海宁海堤，修缮贮存截留之漕粮仓廪，率地方官员为军需捐纳，奴才捐七千两。延请帮助衙门办事之相公、奴才家中诸项费用、赠送往来之人，总计万两上下。目前奴才处仍剩三千两。再，经查盐商所送之银，前任巡抚等人收二万两者有，收一万两者亦有，若此项银

---

① 《康熙朝满文朱批奏折全译》康熙四十五年十月二十五日，甘肃巡抚齐世武谢恩并报所得银两数目折，第469页。

② 《康熙朝满文朱批奏折全译》康熙四十九年四月二十日，两江总督噶礼奏陈张鹏翮、张伯行等侵扣钱粮折，第671页。

两不收，则无力办地方公事。念不收不可，故奴才收用一万两。①

五十一年（1712）正月，云南巡抚吴存礼奏所得规礼，有布政使每年旧规三千两，并余盐旧规银一万八千两。又酌量收过上任贺礼共银三千余两。②

康熙五十三年（1714）八月，川陕总督鄂海在奏折中强调了他的收入来自属下的规礼。曰：

> 视西安旧例，由布政使等人承圣恩所得火耗银内，四季中每季西安布政使送一千两，巩昌布政使送二百四十两、四川布政使送四百两，陕西提督、总兵官由伊等份额所得东西内各送二百两，四川提督送二百两、总兵各送一百二十两。因西安粮道、四川按察使兼理盐务，俱各送二百四十两，总计算之，一年可得一万六千余两。将此按前面所列事项粗略算之，需银七千余两，仍余八千两，奴才养家口私用敷用。倘此几处大员所送之礼品不收，总督衙门与甘肃巡抚衙门相同，无茶马银，故难以办公事。是以奴才惟由此几处取用，此外未向地方官索取一物。

康熙帝在朱批中也仅仅是告诫其"不可向武官索取"③。五十五年（1716）四月，闽浙总督满保奏：

> 奴才先任福建巡抚时，由布政司每年支付加耗银五千两，

---

① 《康熙朝满文朱批奏折全译》康熙五十四年十一月二十五日，江苏巡抚徐元梦奏到任一年银数等情折，第1074页。
② 参见《康熙朝汉文朱批奏折汇编》第3册，康熙五十一年正月二十八日，云南巡抚吴存礼奏报收受旧规及贺礼等银数目并粮价折，第965页。
③ 《康熙朝满文朱批奏折全译》康熙五十三年八月二十一日，川陕总督鄂海奏请布政使所送礼物应否照收折，第970页。

两营又有五十随兵钱粮。奴才拟每年用于养家、赏给等项,已于五十一年四月缮折奏闻。今查总督衙门进项,在福建省,由布政司每年支付加耗银五千两,再衙役工食三千两,除一千两支给衙役外,仍可结余两千两。三营又有四十兵丁钱粮,奴才每年用于养家,赏赉兵丁等项。查浙江省,不从布政司动支银两,向例由盐道每年给银一万两。此项之银,奴才若为不收,则白白便宜了盐道,奴才之意,将此项银两即储于道衙,若有奴才赏赉兵丁或地方需用之项,则动用之。至于二省文武所赠礼物,奴才概未收纳。①

康熙五十六年(1717)正月,广东巡抚法海奏:

凡晋升总督、巡抚新任,地方官员等均以贺礼赠予银、绸,共银二万两。奴才法海皆未受。②

五十六年六月,两江总督长鼐奏:

六月十九日抵达江宁,接任之后,二十二日,安徽布政使年希尧、按察使朱作鼎、江苏按察使祖业宏、江安粮道王喜顺、驿盐道徐克奇、江场镇道魏立通、徽州府知府郭进喜、江宁府知府魏奇、扬州府知府丰肃、镇江府知府陈世功、松江府知府李文元,伊等亲携银五百两至一百二十两不等,作为新接任之礼,送与奴才共银三千八百两。估算现送来之银数及尚未送来之江南、江西司道府官员之银,约万两余。……未收受所送银两。③

---

① 《康熙朝满文朱批奏折全译》康熙五十五年四月初八日,闽浙总督满保奏报总督衙门收支银两情形折,第1097页。
② 《康熙朝满文朱批奏折全译》康熙五十六年正月二十九日,广东巡抚法海奏断不可接受礼物折,第1169页。
③ 《康熙朝满文朱批奏折全译》康熙五十六年六月二十五日,两江总督长鼐奏报未收受下属官员礼银折,第1208页。

五十六年十一月，江西巡抚白潢奏：巡抚衙门每年阖属有节礼银约计五万两，每年粮道有征漕规礼银四千两，每年湖口赣州二关共有规礼银二千四百两，每年盐商有盐规银一万两，每年还从布政使那得平头银八千两。①

五十八年（1719）六月，福建巡抚吕犹龙奏：

> 抵任后已将本衙门一切规礼尽行裁革，其闽省捐纳一案，向有督抚公费，自去年停止后甫经具题，尚未准有部覆。今有马快草料银三千两，此项每年除给各役工食外，仅余一半，同藩司平规银五千两向充巡抚衙门公用。……此项银两仰祈恩允充作西饷，容奴才解赴户部投纳，抑或就近充闽省不敷兵饷，少拨他省协济。②

康熙六十年（1721）五月，广西巡抚高其倬在其奏疏中详细列举了广西省各衙门在耗羡以外的平头银、规礼等，颇有代表性。曰：

> 广西一省正杂等项共征银三十二万六千余两，每一千两平头银二十两，布政司每年得平头银六千五百余两，因钱粮数少不送巡抚衙门，平规每年只送四节节礼，共银一千六百两，按察司一年节礼共六百两，苍梧道六百两，左江道二百两，右江道二百两，桂林府、平乐府、梧州府、浔州府、南宁府五处一年节礼共二千两，柳州府、太平府、庆远府、思恩府四处一年节礼共八百两，通省州县有送四节、三节、两节、一节不等，亦有不送者，州县一年节礼共六千四百两，通省一共一万二千

---

① 参见《康熙朝汉文朱批奏折汇编》第8册，康熙五十六年十一月十三日，江西巡抚白潢奏为据实胪列巡抚衙门各项旧规折，第8页。
② 《康熙朝汉文朱批奏折汇编》第8册，康熙五十八年六月初四日，福建巡抚吕犹龙奏报地方情形并请将马快草料余银充饷折，第507—509页。

四百两。此项节礼奴才不敢收受。……又有到任礼一分，如一季节礼之数。奴才亦不敢收，发还。又桂林、平乐、梧州、浔州四府，每年有落地税规共七千两，奴才恳乞恩留为给赏兵丁养赡家口之用。①

六十一年（1722）六月，升任云贵总督的高其倬奏：

> 贵州一省一年地丁等项八万余两，奴才衙门向无布政司平规，府州县亦不送节礼，惟布政司、按察司、贵东道三处一年节礼共一千二百八十余两，奴才俱不收受。云南一省司道府州县每年节礼通共二万一千四百余两……云南布政司地丁等项兑收银二十余万两，每年有奴才衙门平规三千余两，盐政虽系巡抚衙门专管，一年亦送奴才规礼一万三千两，又秤头银四千两。……赏给往藏官兵及一切捐帮军需等项不下九千两，奴才将盐规一项公贮备用，若有余剩，奴才并布政司平规、盐道秤头之七千两，恳乞圣恩，欲留用赏给标兵及养赡家口。②

从上述由各省督抚自述在康熙四十八年至六十年期间（1709—1721）所收到的规礼银中，我们可以得知地方高级官员实际的收入状况如下。

一是，上述资料中涉及江苏、江西、安徽、广东、福建、浙江、广西、四川、陕西、云南、贵州十一省，其耗羡银两在督抚衙门自五千至一二万两不等，规礼银（特别是新任）在一万至数万两不等，远远超过他们各自的俸薪。此外还有盐道、盐商及其他商人贡献的银两。如两江总督噶礼在赴任时得到十万余两的规礼；江苏巡抚徐

---

① 《康熙朝汉文朱批奏折汇编》第8册，康熙六十年五月初二日，广西巡抚高其倬奏陈巡抚衙门规礼情形折，第771—773页。
② 《康熙朝汉文朱批奏折汇编》第8册，康熙六十一年六月二十八日，署理云贵总督高其倬奏报云贵衙门规礼情形折，第907—910页。

元梦一年收到规礼是五千两，火耗银二万五千两；川陕总督鄂海一年由两省布政司等衙门可得火耗银一万六千余两；长鼐称莅任伊始两江三省属官约送规礼银万余两。此外，藩臬两司及各道府也都有各自的进项。

在规礼中，尤以到任礼最多，督抚们多称"分文未取"。对其真实程度康熙帝并不追究，在朱批中只是告诫其不可向武官索取火耗，说明其所收火耗银是得到国家默许的。

二是，督抚所收陋规不仅用于养家，还要用于各种公项银两，有不收不可的理由。如江苏巡抚徐元梦说："若此项银两不收，则无力办地方公事。"其公事中"用于满洲、汉军、绿旗兵步骑射情形鼓励奖赏、死亡官兵捐恤，书院修缮，读书生员赐食，共五千两上下。修筑海宁海堤，修缮贮存截留之漕粮仓廪，率地官员为军需捐纳，奴才捐七千两。""延请帮助衙门办事之相公、奴才家中诸项费用、赠送往来之人，总计万两上下。"又如川陕总督鄂海说："倘此几大员所送之礼品不收，总督衙门与甘肃巡抚衙门相同，无茶马银，故难以办公事。"公用事项需银七千余两，仍余八千两家口私用。再如闽浙总督满保在巡抚任上，"由布政司每年支付加耗银五千两，两营又有五十随兵钱粮。奴才拟每年用于养家、赏给等项。"还有广西巡抚高其倬奏称："桂林、平乐、梧州、浔州四府，每年有落地税规七千两，奴才恳乞恩留为给赏兵丁养赡家口之用。"

三是，地方督抚的行政支出与家用支出各在七八千两。

所以，在康熙朝，虽然地方官员的俸工银被经常用于解决财政的不足而被扣掉，但对官员个人生活的影响并不大，因为陋规银才是官员个人收入的大头。虽然陋规银从未被朝廷纳入制度的合法性范围内，但也因未被制止成为被朝廷默认的灰色收入。正由于它属于朝廷不管的状态，地方官员在收取过程中更有其随意性。

雍正帝即位后，各省的陋规并未被禁止，贵州巡抚毛文铨奏，其巡抚衙门"自藩司以至州县止共有节礼银七千两"，"有粮驿道衙门规例银二千两"①。山东巡抚黄炳"前任按察司时，向有盐商规礼，六载于兹，共收银三万两"②。雍正三年（1725）七月，江苏巡抚张楷奏：从前巡抚一年进益，除各属节规外，"止有藩司平规四千两查系历年旧例，臣可存为薪水"③。

其三，俸银的肆意摊扣。

清朝的俸银其公私属性是模糊的，它在许多情况下被作为地方财政的补充银两。虽然"每省钱粮于存留项下设立俸工银两，按季开支，诚因官役不可无养廉"。但"向来上司动以公费抑勒私捐"④。而且，相比开捐例需要奏请待批、花费时日，地方官的俸工银则属于看得见、抓得住的存留银两。通常情况下，由于地方存留经费的最低限额是要保证官员的"俸薪"，所以在地方经费"存留"不足的情况下，地方财政一旦遇到紧急临时性的缺口，除了挪用正项钱粮之外，官员的俸工银两是被"因公"使用的最主要款项之一。也因为有陋规作官员个人居家生计的保障，所以将俸银挪为公用也就有了可操作的空间。

有关以俸银扣抵财政缺口的记载在康熙后期的文献中随处可见。康熙四十三年（1704），河道总督张鹏翮因山东赈济，误用常平仓谷，奏称"今臣属河员愿将俸工清还山东仓粮"⑤。四十六年（1707），康熙帝第六次南巡，巡视江南溜淮套工程，"见有舍宇三间"，询问"此系取用何项？"张鹏翮回奏，"系俸工银两所造"⑥。这两项动用俸工银的用途或为百姓赈济，或为修建舍宇等。甚至京

---

① 《雍正朝汉文朱批奏折汇编》第 3 册，雍正二年五月二十九日，贵州巡抚毛文铨奏地方节礼陋规折，第 116 页。

② 《雍正朝汉文朱批奏折汇编》第 2 册，雍正元年十一月二十二日，山东巡抚黄炳奏陈前按察使任内收受盐商规礼均充公费缘由折，第 297 页。

③ 《雍正朝汉文朱批奏折汇编》第 5 册，雍正三年七月十六日，江苏巡抚张楷奏报不受节规力补亏空等事折，第 566 页。

④ 《雍正朝汉文朱批奏折汇编》第 5 册，雍正三年六月初四日，署川陕总督岳钟琪奏报查明年羹尧任内各属私捐俸工无着折，第 262 页。

⑤ 《清圣祖实录》卷 216，康熙四十三年四月戊子。

⑥ 《清圣祖实录》卷 244，康熙四十九年十月戊子。

官需索也要出自俸工银。可以看出，作为官员个人的俸工银可以被当权者以公用的名义先行取用。

从现有文献中查看，俸工银被用于地方支出最多的还是紧急的军需以及各项工程。

一是军需用银。以康熙末年用兵西北，西北三省支取最多。如"甘肃省自康熙三十四年至五十七年（1695—1718），因供应喇嘛、赈济贫民，以及军需脚价，买备驼马等项，借动银粮，议定扣捐官役俸工还项"[1]。康熙五十四年（1715），清朝因征剿准噶尔策妄阿拉布坦，需要马骡运输，为筹集购买骡马的银两，先后有山西、直隶、江苏、浙江等省参与了捐助，有直接扣除俸工银的，也有全省官员公捐的。如五十四年六月，直隶总督赵弘燮在接到西路出兵需用马骡的部文后，题请捐助。随后他与道府等官捐马骡三千匹，尚有一半多，即四千五百匹因银两不足未能置办。当时直隶的经费状况是，"直隶历来公务俱赖俸工捐济，即如修理密云城工所需银两，已将五十五、六两年俸工请抵。今见在不足马骡及驼鞍、口袋、苫盖物件等项，臣虽遵部文暂动正项钱粮采买，其用过之银，应请于五十七、八等年俸工银内照数捐还"[2]。也就是说，当时直隶早已因为地方工程出现了寅吃卯粮的现象，预支了未来两年的俸工银。所以，七千五百匹的骡马购买，全省道府以上级别的官员捐助了三千匹，其余四千五百匹虽"遵部文暂动正项钱粮采买"，但也要用未来三年或四年的俸工银补还。而且这些购买的骡马还有喂养之费没有着落，赵弘燮的办法仍是于五十七、五十八等年俸工捐内"抵此番喂养之费"[3]。

山西的情况略有不同，巡抚苏克济是主动请缨捐马骡。他说：

---

[1] 《清高宗实录》卷11，乾隆元年正月癸丑。
[2] 《康熙朝汉文朱批奏折汇编》第6册，康熙五十四年六月十四日，直隶总督赵弘燮奏陈俸工捐抵采买马骡等项折，第251—253页。
[3] 《康熙朝汉文朱批奏折汇编》第6册，康熙五十四年七月二十三日，直隶总督赵弘燮奏请将俸工捐抵喂养马骡费用折，第380—384页。

捐马虽未算山西,"然运米事重,既用马骡甚多,奴才虽带领司道府等官员,公同将捐助之事议定。……山西省应买之骡马七千五百匹及口袋、鞍子、绳子等物时,岂敢动用国家钱粮,拟将奴才等之俸禄及衙门之人所食钱粮捐出,按时价采买"①。从后来雍正朝揭出苏克济多次借军需之名派取州县、从中渔利的做法来看,此番自请捐银的动机也不外于此。

浙江的做法是,由浙江巡抚徐元梦奏明由官员捐助。他说:"为策妄喇布坦之事,需用内库钱粮,故奴才本人与浙江司、道、府、县等员,欲为军需公同稍加捐赠。已自愿捐助八万两银,奴才业经具本题闻。此俱系合省官员欢悦捐赠,毫无另向百姓摊派之处。"②

此外,两江总督赫寿奏请捐银买马,称"情愿捐助自银八千两,以交付将军、副都统采买马匹"③。

这些官员的捐助虽说并未指明系直接动用俸工银,然仍系出自他们个人的腰包。

二是为地方河工、城工等工程捐助。例如,康熙四十四年至四十五年期间(1705—1706),广东省"因捐助河工及刷印藏经等项公用无银可支,又将官役俸工捐解两年,此前任督抚(郭世隆、范时崇)批行之案"。"至四十六年九月,原任布政使高必弘因续捐天然坝河工及应办公务,支应不敷,与司道府县公议,请将四十七年夏季起至四十九年春季止,除微员苦役不捐外,其余官役俸工捐充公用。"④ 也就是说,广东因地方河工工程的经费短缺,就将全省官

---

① 《康熙朝满文朱批奏折全译》康熙五十四年六月十七日,山西巡抚苏克济奏拟捐买马骡运送军粮等情折,第1031页。
② 《康熙朝满文朱批奏折全译》康熙五十四年八月十四日,浙江巡抚徐元梦奏与浙省官员捐银助军需折,第1048页。
③ 《康熙朝满文朱批奏折全译》康熙五十五年六月初十日,两江总督赫寿奏请捐银采买马匹折,第1117—1118页。
④ 《康熙朝汉文朱批奏折汇编》第5册,康熙五十三年正月初十日,两广总督赵弘灿奏辩捐扣灯壮俸工银两以充地方公用缘由折,第367—370页。

员六年的俸工银连续捐为公用,这意味着广东省官员连续六年无俸履职。

又如,康熙五十五年(1716)六月,湖广总督满丕以湖北十二州县、湖南七州县雨水过多、江河漫溢,请求以湖广官员俸禄及衙役工食银捐修沿江沿湖堤岸,加固加高。① 五十七年(1718)三月,贵州巡抚黄国材查贵州省城城垣多有坍塌之处,遂"率领司道各官公捐俸工银两,委员修理"②。七月,又倡修自贵州镇远府至湖广常德府水路,自称"当与司道等官捐俸工银三千两,凑同督臣蒋陈锡捐银三千两"③。

河工、城工等项修筑,其费用原则上亦应属于国家财政的支出部分,至少国家财政应该有部分拨款,但在许多情况下这些费用也要从原本不多的地方存留中支取,或由俸工银捐助。

三是地方办公用银。据两广总督孔毓珣与广东巡抚年希尧奏:"广东康熙四十二年以前,州县除钱粮之外,另有均平名色,以为交接、应酬、办理公务。自督臣郭世隆、抚臣彭鹏裁革均平,遇有公事则着各州县分办,然岁无定额。州县用一派二,相沿滋弊。康熙五十四年,前督臣赵弘燮、抚臣杨琳公议,每年将知县以上俸工捐出,解司办理公务,尽免州县派办。"④

对于地方经费短缺并常以俸工银补苴的状况,康熙帝自然清楚。因此,各省督抚扣取俸工银充补地方经费的奏请,大都予以批准,其朱批或曰"很好",或曰"知道了"。甚至,有些就直接出自皇帝的谕旨。如四十二年(1703)十二月康熙帝南巡驻跸河南卫辉府城,

---

① 参见《康熙朝满文朱批奏折全译》康熙五十五年六月二十八日,湖广总督满丕奏请捐修江湖堤岸折,第1120页。
② 《康熙朝汉文朱批奏折汇编》第8册,康熙五十七年三月二十二日,贵州巡抚黄国材奏报年景米价并地方事务折,第74—75页。
③ 《康熙朝汉文朱批奏折汇编》第8册,康熙五十七年七月十三日,贵州巡抚黄国材奏报捐银修建茶亭等情折,第236页。
④ 《雍正朝汉文朱批奏折汇编》第3册,雍正二年六月初七日,两广总督孔毓珣等奏筹画地方公务酌行捐解俸工折,第137—138页。

河南省官员奏报欠银四十万两。康熙帝认为,"显系有司闻朕蠲除秦晋积欠钱粮,希冀恩免,而于中渔利。现今民欠甚多,俱免催征,着将河南通省官俸役食补足所欠之数。如有不完,停其升转,俟完日开复。特谕"①。

可见,以官员的俸银解决地方财政的缺口,无论是督抚还是皇帝都已视为一种合理的习惯性行为。在地方上,俸工银不仅用于各项临时性的公项支出,成为地方经费的备补部分,还用于灾情赈济、修建舍宇,以及城工、河工、军需等。

其四,俸禄肆意被摊扣的危害。

如前所述,清朝官员的俸禄制度承袭明制,低俸更有过之。问题的关键在于,就连如此的低俸也不能发放到官员的手中,清朝的地方官员常常处于几年的无俸履职的为官状态。虽说有陋规等灰色收入的替代,但陋规只是高级官员或正印官的专利,对于大部分官员而言,仍须依赖俸禄为生。因而摊扣俸银对官员乃至吏治的影响是不言而喻的。

一是俸银的过度公用已经出现了寅吃卯粮的现象。

捐俸工受害最大的是下级官僚,特别是佐贰教职等,如果没有婪赃的渠道,枵腹办事是常态。这种情形在康熙末年比比皆是,不胜枚举。

如雍正元年(1723)五月十五日,湖广总督杨宗仁在其奏折中谈道:"湖广州县以上俸工报捐已经十有余年,总无分厘给发,责成官役枵腹办事,焉能禁不需索闾阎?"而贪官往往借公用之名,将捐得的俸工银据为己有。杨宗仁认为,"俸工一项乃朝廷禄养官役之殊恩,岂可任意报捐,下填贪官欲壑"。因此,他在上任伊始,便将贪婪冒销俸工的布政司张圣弼题参在案,下令"自雍正元年起,一切官役应支俸工令臣明白晓谕,俱令各照额编支领"②。

---

① 《清代起居注册·康熙朝》第18册,康熙四十二年十二月初六日,第10385页。
② 《雍正朝汉文朱批奏折汇编》第1册,雍正元年五月十五日,湖广总督杨宗仁奏陈饬给俸工缘由折,第401页。

又如，雍正元年八月初十日，通政司右通政钱以垲说到，他于康熙四十四年（1705）以卓异升山西隰州知州，至四十八年离任。"历任四年余，俸工尽行捐解，每年勒取印领以副奏销，近闻预捐俸工起解者又复多年矣。他省沿习大率类此。"他认为，俸以养廉。"官不食俸何以励其清操，吏不给食何以责其任使。大吏身任封疆亦当顾名思义体察下情，况如教职佐杂微员岂能枵腹从事？"请求"敕谕督抚嗣后各省遇有公事，大者奏请定夺，小者酌量分捐，或将州县钱粮耗羡内凑用，不得私派百姓，其俸工捐解永行停止"①。

河南巡抚石文焯说："豫省俸工一项，因抵补军需及两次运陕米石脚价、修渠太行堤工等项，直扣至雍正九年始得补完。"②

雍正三年（1725），岳钟琪奉命接替年羹尧署理川陕总督，"到任之始，各官皆以无俸工为请"。在饬令布政司清查后，"据该司册报，自康熙六十年六月内起至雍正三年五月分止，奉前督臣年羹尧令各属捐解俸工银共一十五万五千九百九十一两五钱四分零，今实存未用银六千一百四十四两七钱四分零，其已用银一十四万九千八百四十六两零，开销无着等"。他怀疑系年羹尧侵欺分肥，"既已捐解在司，必须清理着落，若指公捐之名通为分肥之用，则有悖官常"③。虽然年羹尧在回奏中说明：由于"私派既禁，地方公事每致棘手不能办理，是以不得不动用俸工"。并说明支出俸工银有在省与巡抚会商支用者，有两赴肃州、前往西宁支用者，进京陛见支用，亦有布政司回明抚臣支用者，其支用细数臣不能一一记忆。有历任藩司经手的档册可查。④ 但在四年的时间内用掉14.98万余两银子，

---

① 《雍正朝汉文朱批奏折汇编》第1册，雍正元年八月初十日，通政使司右通政钱以垲奏请严禁俸工捐解折，第809页。
② 《雍正朝汉文朱批奏折汇编》第1册，雍正元年八月二十七日，河南巡抚石文焯奏陈详议完补亏空之法折，第892—893页。
③ 《雍正朝汉文朱批奏折汇编》第5册，雍正三年六月初四日，署川陕总督岳钟琪奏报查明年羹尧任内各属私捐俸工无着折，第262页。
④ 《雍正朝汉文朱批奏折汇编》第5册，雍正三年七月十二日，杭州将军年羹尧奏覆陕西捐解俸工银两有档可查折，第538—539页。

很难给没有中饱私囊的质疑一个令人信服的解释。

雍正四年（1726）八月，据布政使张保所奏，山东于康熙六十年修筑太行堤等工程，动用库银82415两，经巡抚李树德奏明，自康熙六十年起每年通省捐俸工银16483两，以五年捐补还项，已还一年，此外还有以俸工银还赈谷银并各州县的流抵银两，通省共议提捐俸工银211670两，已完解186670两。①

以上的几条资料大致反映了湖广、山西、河南、陕西、山东五省的俸工银捐助情况，连续捐助的时间少者也有四年，多者达十几年。

二是因捐俸银而致亏空。

如雍正元年十二月，福建布政使黄叔琬奏称："闽省公用皆取给于俸工银，彼时俸工尚未解到，遂将正项挪用，以致有十万九千之数。"② 又如，雍正五年（1727）八月，云南巡抚朱纲奏："从前议捐俸工，以现年之公事，预借数年之俸工，是以俸工为名而支用者仍系钱粮，明报公捐，暗那库帑，实属大弊，万不可行。""从前各直省动用俸工俱系悉听藩司开销、督抚查核，其捐俸工之本人竟不与闻。查察，是以藩司得以浮开侵蚀，甚或有督抚藩司通用分肥，弊端不一，如将所捐俸工办何项公事，将人工物料如何估计，承领监督委何员支用之处，先通行领捐各衙门知照，即令捐俸工各员彼此互相稽查，则分肥侵冒可绝。"③ "枵腹办事，势实难行。"④ 此外，据直隶总督蔡珽查奏，修建"太行堤工，经原任总督赵弘燮题请，扣五年俸工捐还库项，而亦分毫并未完补。此项，历赵弘燮、赵之垣、李维钧三人，臣细扣其月日，赵弘燮应追赔银九千三十八两零，

---

① 参见《雍正朝汉文朱批奏折汇编》第7册，雍正四年八月初六日，山东布政使张保奏报提捐俸工补还库项银两情由折，第862页。

② 《雍正朝汉文朱批奏折汇编》第2册，雍正元年十二月二十六日，福建布政使黄叔琬奏再陈督抚因公挪用正项银两缘由折，第458页。

③ 《雍正朝汉文朱批奏折汇编》第10册，雍正五年八月初四日，云南巡抚朱纲奏陈捐俸工弊端折，第298页。

④ 高成龄：《请复提解耗羡疏》，载贺长龄、魏源编《清经世文编》卷27。

赵之垣应追赔银一万三千三百四十二两零，李维钧应追赔银一万四百三十七两零。合之李维钧前项应追俸工，共一十八万一千七百九十三两零"①。

这三条资料分别说到三个问题，第一，俸工银成为经常使用的公项支出，由于俸工银未及时解到，便挪用了正项钱粮。第二，预借数年之俸工，捐俸工之本人竟不与闻。是以藩司得以浮开侵蚀，甚或有督抚藩司通用分肥，弊端不一。因此，下级的俸工银成为地方大员又一婪赃分肥之处，多数官员"枵腹办事"成为常态。第三，名义上以捐俸工银补库亏空，却丝毫未补，俸工银也成为亏空之项。

三是在俸银也无法摊扣的情况下，还有向官员以及商人的"派捐"、向百姓加征。

如江南亏空案中，查出布政使张四教派捐 11 万两，经审并非补库，而是为了给官员发放俸禄，这 11 万两系康熙三十八、三十九至四十年官员的俸饷，"系皇上前来南巡时摊派"②。康熙四十七年（1708），江宁知府陈鹏年在被两江总督阿山参劾后接收审查，其供词中就有派取两项，一项是"煮粥赈济所用皆总督、巡抚、边官、司道府厅等员公捐私银"，而陈鹏年承认其"止取当铺送来银八十两给粥场用之"。另一项是索要盐商银两案，盐商送盐引，称"共送银三千余两"，陈鹏年供称："修建江塘时无银用，故止取银二百四十两用之。"③ 所以，在康熙四十九年（1710），针对张鹏翮表示"愿将俸工逐年扣补（江南）诸项亏空"，康熙帝曰："俸工银两有限，即逐年扣补，亦难清理。且官无俸禄，役无工食，必至私派以累民。依尔所言能保地方官日后不累民乎？"④ 直接道明这些亏空是地方官

---

① 《雍正朝汉文朱批奏折汇编》第 33 册，吏部尚书蔡珽奏参原任直隶总督李维均违旨擅用俸工等项银两俱应勒限严追折，第 444 页。
② 《康熙朝满文朱批奏折全译》康熙四十年九月初九日，两江总督阿山奏报承审高承爵参劾案情形折，第 216—217 页；参见附：审问张四教口供，第 218—222 页。
③ 《康熙朝满文朱批奏折全译》康熙四十七年七月二十四日，江南总督邵穆布奏报会审陈鹏年情形折，第 592 页。
④ 《清圣祖实录》卷 244，康熙四十九年十月癸未。

员借南巡挪用府库银两，而为了避免地方官苛派于民间，令免于赔补。而是否派取民间，似与官员的操守无关。"在广东省向派取均平银，官员皆赖以资生，其后派取者甚多，故停派均平银，改为二分火耗，至今仍取二分火耗。"①

对于摊扣俸银的危害，时人有入木三分的分析：如吏科掌印给事中崔致远说："臣查各省亏空案内，有因紧急军需那用钱粮，谓之有抵亏空，议以十年俸工赔还，官不得升。夫既称军需即系朝廷之急务，况违误军需即当军法治罪。今以朝廷之钱粮应朝廷之急务，又以十年俸工还项，此其官又何罪而使十年不升乎？此等官员惟有灰心短气，苟延岁月，徒然占缺，无益于地方。"② 在制度上，官要捐俸充公用于赔补亏空，而捐俸赔补期间又不得升转，于仕途不利。更有甚者，在捐俸期间，有利于掌握俸工银的督抚藩司大员分肥，贪赃枉法。

另一无名者的奏疏，当写于雍正元年，请旨严敕各省抚藩停止题解俸工银两，俾微员苦役均沐天恩。他说："有官即有俸薪，有役即有工食。""乃向来各省巡抚藩司借公捐为名，将所属衙门应得俸工银两尽行题解藩库，名为急公备用，实则营私肥己。臣闻各省俸工多者十余万两，少者亦不减六七万两。州县于正项钱粮之外另批起解收贮藩库，以备巡抚不时之需，大约巡抚支用者十之六七，藩司自肥者十之一二，其欲掩饰属员耳目，姑办公事一二件者所费亦十之一二，又虑费少存多，恐各属不无窃议，则令承办公事之员出具虚领，用一开五，以为存案抵销之计，承办属员既以此趋奉抚藩，又其估计任意浮冒，领五得一，已多赢余，靡不承顺风指间，有狡黠之员事后流言讹诈，抚藩亦百计弥缝之。""其通省道府以下至于佐杂官，则终任未得薪俸，役则累年从无工食，枵腹办事，辄思生

---

① 《康熙朝满文朱批奏折全译》康熙五十年十月初四日，广东巡抚满丕奏报亲临澳门等地海防折，第749页。
② 《雍正朝汉文朱批奏折汇编》第1册，雍正元年二月二十日，吏科掌印给事中崔致远奏陈京官升补铨政管见折，第105—107页。

法图利，加派小民，鱼肉乡里。"①

综之，钱粮亏空虽属财政问题，但形成亏空的症结却与仓储制度、赋税制度、俸禄制度、监察制度乃至国家体制都有着直接的关系。制度的缺陷成为腐败的推手，康熙朝的清官政治以教化的方式塑造了众多的清官形象，贪腐与惩贪不被纳入康熙帝治理朝政的重点，这也在一定程度上放松了对官员个人行为的管控。特别是康熙后期，进入晚年的老皇帝更多沉醉在太平盛世的梦境中。康熙五十四年（1715）十一月，他在谈到何为好官的要求时说："山西巡抚苏克济、直隶巡抚赵弘燮、山东巡抚蒋陈锡历任俱久，未闻清名，亦无贪迹，而地方安静，年岁丰稔，此等便是好官。"② 可见，保持盛世稳定的社会秩序，是康熙帝晚年最大的心愿，官僚队伍的建设与治理则放到了其次。

最具讽刺意义的是，康熙帝所说的这三位"居官安静"的"好官"，都在雍正帝掀起的反腐风暴中以亏空钱粮数额巨大被参。

---

① 《雍正朝汉文朱批奏折汇编》第33册，佚名奏请严敕各省抚藩停止提解俸工银两折，第942—943页。
② 《康熙起居注》第3册，康熙五十四年十月初九日，第2217页。

第 三 章

雍正朝清理钱粮亏空的政治风暴

康熙六十一年（1722）十一月，雍正帝在一片质疑声中登基，虽然面临着帝位认同的危机，但却丝毫没有影响到他对国家财政状况及吏治败坏而采取的果断措施。继位伊始，他破例将内阁草拟的《登基恩诏》中有关豁免官员亏空的条例删除，一个月后，即在十二月，谕令全面清理钱粮亏空。除陕西省因用兵外，"限以三年，各省督抚将所属钱粮严行稽查"。

一 "三年之内，务期如数补足"

十二月，雍正帝针对当时普遍存在的钱粮亏空现象，下令要在全国范围内全面清理钱粮亏空。[①] 谕户部：

[①] 有关雍正朝清理钱粮亏空等问题，以往的研究主要侧重两个角度，一是从清朝财政体制改革出发讨论钱粮亏空的背景与原因，另一是从官僚制度的腐败揭示钱粮亏空过程中的吏治问题。诸如中国台湾学者庄吉发《清世宗与赋役制度的改革》、美国学者曾小萍《州县官的银两——18世纪中国的合理化财政改革》、日本学者佐伯富《清雍正朝的养廉银研究》，以及王业键《清雍正时期（1723—35）的财政改革》等论著，都属于前者。董建中《耗羡归公的制度化进程》、陈锋《论耗羡归公》等论文，也是在讨论清代实施耗羡归公的动因及作用时，兼及各省以耗羡弥补亏空问题的阐述。而以吏治为主要论题讨论钱粮亏空的，则以王志明《雍正帝整饬福建粮仓与吏治》、郑永昌《雍正初年的吏治整饬——江苏巡抚吴存礼的个案试析》等论文最具影响力。本书强调雍正帝清理钱粮亏空的出发点在于反腐惩贪，但同时进行了制度的改革。

> 自古惟正之供，所以储军国之需。当治平无事之日，必使仓库充足，斯可有备无患。皇考躬行节俭，裕国爱民，六十余年以来，蠲租赐复，殆无虚日，休养生息之恩至矣。而近日道府州县亏空钱粮者正复不少，揆厥所由，或系上司勒索，或系自己侵渔，岂皆因公那用！皇考好生知天，不忍即正典刑，故伊等每恃宽容，毫无畏惧，恣意亏空，动辄盈千累万。督抚明知其弊，曲相容隐，及至万难掩饰，往往改侵欺为挪移，勒限追补，视为故事。而全完者绝少，迁延数载，但存追比虚名，究竟全无着落。新任之人，上司逼受前任交盘，彼既畏大吏之势，虽有亏空，不得不受。又因以启效尤之心，遂借此挟制上司，不得不为之隐讳，任意侵蚀，辗转相因，亏空愈甚。一旦地方或有急需，不能支应，关系匪浅。凡有亏空，无论已经参出及未经参出者，三年之内，务期如数补足。毋得苛派民间，毋得借端遮饰，如限满不完，定行从重治罪。三年补完之后，若再有亏空者，决不宽贷。①

随后，雍正元年（1723）正月元旦，也就是大年初一，雍正帝颁布的不是喜庆新春的诏谕，而是直接给各直省巡抚、布政使及各知府、知州、知县下达的清理地方钱粮亏空的政令。他分别就各级政府官员造成钱粮亏空的原因及各自需要承担的责任，一一予以批示，明确了他们各自清理亏空的主要目标。指明，日益严重的钱粮亏空状态，与康熙末年"未曾将侵蚀国帑、贪取民财之人置之重典"的治吏原则有着直接的关系，即由此酿成了官风吏治的每况愈下，国家财政已然空虚的局面。

雍正帝认为，地方亏空有两个最关键环节：一是直省亏空之源头在巡抚及布政使。"藩库钱粮亏空，近来或多至数十万，盖因巡抚

---

① 《清世宗实录》卷2，康熙六十一年十二月甲子。

之赀用皆取给于藩司，或以柔和交好互相侵那，或先钩致藩司短长，继以威制勒索，分肥入己，徒供一身贪缘自奉之费。""如司库盘查之责在巡抚，亏空之根亦由巡抚，巡抚借支，而布政不应者少矣。"专司"赋役会计"的藩司，"果能廉正自持，则巡抚挟势借支，断不能行，但谨身节用，量入为出，司库必无亏空矣。州县库盘查之责在知府，觉察虚实之责独在布政"。二是州县官多以加增火耗掩盖亏空，上级各官借盘查之名进行勒索，致亏空加剧。所谓"近闻州县火耗任意加增"，各官"或借盘查之名勒索馈遗，是因盘查而亏空愈甚矣"①。

可以看出，雍正帝将全国清理钱粮亏空的重点放到了地方上，地方官成为皇权最先针对的利益集团。而且在他看来，钱粮亏空案多发，源于官僚队伍的腐败，仅凭对官员警饬训诫，望其徐徐感化，绝不会制止贪腐。他要从清理钱粮亏空着手，以疾风暴雨的速度、严刑峻法的手段来整治官场上的腐败，以还澄明吏治。这表达了他与其父康熙帝不同的执政取向和风格。

如前所述，康熙四十八年（1709），针对不断出现的钱粮亏空及官场舆论，康熙帝对大学士等人谈及他的看法。他说："凡言亏空者，或谓官吏侵蚀，或谓馈送上官，此固事所时有。然地方有清正之督抚而所属官员亏空更多，则又何说？……那移正项之事，此乃亏空之大根原也。"② 这是康熙帝首次明确将地方钱粮亏空的"大根原"，指为地方财政的先天不足问题，即州县没有存留，遇事无可动支，故有"因公挪移"。

虽然有康熙帝为钱粮亏空的成因作了一锤定音的结论，但对其认同程度却尚未在朝中达成一致。雍正帝即位后，面对一些官员对钱粮亏空仍作"因公挪用"的解释，雍正帝予以了严厉的驳斥。所谓亏空钱粮者"或系上司勒索，或系自己侵渔，岂皆因公那用？"明

---

① 《清世宗实录》卷3，雍正元年正月辛巳朝。
② 《清圣祖实录》卷240，康熙四十八年十一月丙子。

确表达了反对意见。

事实上，挪用钱粮，不仅为满足官员的贪欲提供了最便利的侵欺条件，且是导致钱粮管理混乱的一个诱因。所以，将官场中司职官员的"勒索""侵渔"视为钱粮亏空的主要根源，是雍正帝对钱粮亏空性质的基本认识，也是他要从清理钱粮入手进行惩贪腐败的目的。

在雍正帝的影响下，朝廷上下也开始有人直言亏空之弊，但从揭报的情况来看，最先响应且态度积极的是那些翰詹科道等小京官。

如雍正元年（1723）正月，翰林院检讨汤倓上"请严大吏勒索以绝亏空之源五事折"，颇有代表性。他认为："天下亏空者极多，陕西、山西、四川累岁军兴，亏空尚属可原。以臣所闻，如直隶、山东、湖广竟少不亏空之州县，监守自盗处分极重，小吏岂不畏法而敢饱为私橐乎！皆贪污上司节仪分外尚费，夤缘、命盗、讹误皆需打点，小吏剜肉医疮止顾目前，日积月累亏空动至数万，其强者益肆贪残欲藉为填补之资，懦者将新抵旧无由满解部之额，及至亏空被参，又谋留任补足，或称因公挪用，讫无完结。至于常平仓谷不闻奏销，有司皆挪用以充正项交盘，遂至荒歉备赈之粟尽归乌有。"①

汤倓所言代表了朝廷中相当一部分人的认识，即不仅西北为亏空最重的省份，②且直隶、山东、湖广等直省的亏空也十分堪忧，而亏空的源头在于上司官员的勒索，由此形成亏空的连锁反应。

几天后，又有翰林院检讨潘淳上"奏陈钱粮亏空宜核实等三事折"。内称："外省司道府州县库项钱粮，每年有应解、有存留，应解所以供饷需，存留所以备缓急也。乃近日各省积习相沿，凡存留

---

① 《雍正朝汉文朱批奏折汇编》第1册，雍正元年正月二十五日，翰林院检讨汤倓奏请严大吏勒索以绝亏空之源等五事折，第19页。
② 有关西北的亏空，康熙六十年八月，陕甘总督年羹尧就曾奏称，"西、延、凤、汉四府、兴安一州无不亏空钱粮之官，共亏空正项银九十余万，而原任布政使萨穆哈亏空司库钱粮不在数内。"见年羹尧《陕西亏空情形并分别办理折》，季永海、李盘胜、谢志宁翻译点校《年羹尧满汉奏折译编》，天津古籍出版社1995年版，第216—217页。

库项任意亏空,督抚奏销存库,半属纸上空谈,一遇旱涝赈恤、拨解兵饷,则仓皇失措,或暗那本年正项,或借端苛派民间,暂支目前,苟免参罚。"①

进入二月之后,指斥亏空诸弊、支持清查亏空的折子更是接二连三、纷至而上。如二月六日,兵科掌印给事中陈世倕疏陈,"亏空之宜绝其源也"。他说:近年亏空累万盈千,在在皆是,其源在于"督抚贪,则一省之官无不贪,贪则层累而被其害,而州县之所入,不足供州县官之用,虽欲不亏而不可得也。迨夫亏空既成,督抚知其因己而亏,非抑知府而不报,即勒后任以交盘,又或摊于通省,不亏者亦亏。目前无亏之名,日后其亏更甚"。"亏空纵补于今,旋亏于后。"② 二月十日,掌京畿道监察御史吴镐也疏奏曰:"于亏空参之,于贪污参之,皆知为州县之罪也,而究其所以,实督抚致之。是故地方仓库之亏空,百姓之困苦,宜先问之督抚也。"③

这几份奏折,大都强调钱粮亏空的普遍性,以及亏空之源在于地方督抚大吏的婪索,指明亏空与吏治的腐败有直接关系。所谓"国家之重务在钱粮,州县之通病在亏空,亏空之事州县笃之,亏空之根起自督抚"④。都察院左佥都御史陈允恭也有相同的认识,他说:"州县之亏空犹少,院司之亏空实多。郡邑之仓库易盘,藩帑之虚实难核。……前任藩司原因督抚那用而至亏帑,后任藩司又因督抚压勒而受其交盘,辗转容情、东那西掩,日积月累越久越深,竟视空数为现存,貌国帑为己物矣。而其中

---

① 《雍正朝汉文朱批奏折汇编》第1册,雍正元年正月,翰林院检讨潘淳奏陈钱粮亏空宜核实等三事折,第30页。
② 《雍正朝汉文朱批奏折汇编》第1册,雍正元年二月初六日,兵科给事中陈世倕奏陈甄核保举画一条例等事折,第41页。
③ 《雍正朝汉文朱批奏折汇编》第1册,雍正元年二月初十日,掌京畿道吴镐奏请确核督抚实政折,第68页。
④ 《雍正朝汉文朱批奏折汇编》第2册,雍正元年九月二十六日,工科掌印给事中康五瑞奏请责成督抚肃官箴裕国课折,第22页。

有解任之藩司则督抚为之代饰,何也?藩司之缺项,皆督抚之婪受也。"①

翰林官戚麟祥对大臣勒索小吏也曾有分析曰:"亏空之弊,州县亏空由于有司之不肖、顽民之拖欠者十之一二,由于大吏之需索者十之七八,向来督抚止有节规,而无馈送,今则欲避节规之名,诡称不受。然而寿旦庆贺、嫁女娶妻、生子生孙,一切吉凶之事,道府挨敛如索。军需累万盈千趋承恐后,一岁之中不一而足,是不受者四季之节规,而受者无穷之节规也。"②

而且,他们对地方督抚经常挂在嘴边的"公捐,不费正项钱粮"也不认同。吏科掌印给事中崔致远说:"切惟西陲用兵以来,督抚办事或有所费,动云臣等公捐,不费正项钱粮,其实一时应用者皆钱粮也。上下通同欺敝,以致不肖司道等官效尤成风,肆无忌惮侵蚀无遗。"③

翰詹科道职掌撰著及监察,并不直接接触钱粮事务,但小京官的特殊地位,可以看到一些存档的邸报,更可以最先嗅到敏感的政治讯息,他们所揭报的问题和矛头指向既不会无的放矢,也不会空穴来风。而在另一意义上,可以说明,面对清查钱粮亏空,朝廷内外已经形成了不同的利益集团。小京官是京官中数量最大的群体,他们大多无钱粮之责,故不属于被清查的对象,他们对朝廷清查亏空的举措,表现出坚决支持的态度与积极参与的愿望。如在雍正元年(1723)二月七日,兵科给事中刘祖任在其奏折中表示,请雍正

---

① 《雍正朝汉文朱批奏折汇编》第2册,雍正元年十月二十四日,都察院左佥都御史陈允恭奏请严藩库盘查以杜亏空折,第167页。
② 翰林院侍讲学士戚麟祥《奏为州县亏空积贮等情弊敬陈管见事》乾隆朝,中国第一历史档案馆藏,《朱批奏折》档号:04-01-30-0417-016。此折无具奏时间,一档馆目录中录为乾隆朝。经考证:戚麟祥系浙江德清人,康熙四十八年进士,选庶吉士,散馆改编修,官至侍讲学士。通河洛之学。雍正朝因事戍宁古塔,乾隆元年赦归,七年病逝。参见李兴盛《流人名人文化与旅游文化:增订东北流人史》,黑龙江人民出版社2008年,第336页。
③ 《雍正朝汉文朱批奏折汇编》第1册,雍正元年四月十九日,吏科掌印给事中崔致远奏陈轸恤京师官民等三事折,第252页。

帝"钦选京官之廉干者每省补一道员,俾其清查仓库,访求利弊"①,明确把自身视为皇权乃至国家利益的代表。

而对于雍正帝来说,要想实现其政治目标、达到预期目的,需要的不仅仅是小京官们的舆论支持和参与,他更需要一批同他一样具有铁腕风格的封疆大吏作为其政治举措的推行者。所谓"署印之官更为紧要,必须慎重简择"②。于是,雍正帝在用人上以打乱重来的魄力,对权力进行重新分配。

雍正元年正月,他以钱粮关系甚重,在中央成立新的机构会考府,由怡亲王允祥、隆科多、大学士白潢、左都御史朱轼四位王大臣总其责,将各部各省一应钱粮奏销事务交由会考府。③而对地方督抚及藩臬两司的官员更换,雍正帝更是自即位的当月,便开始了大动作的调整。

康熙六十一年(1722)十一月,他将官声不佳的署湖广总督满丕调回京城,命在工部左侍郎原任内行走,升授广东巡抚杨宗仁为湖广总督。④ 十二月,以"山东按察使黄炳补授山东巡抚",认为原任山东巡抚谢赐履虽操守颇好,但未能谙悉地方行政诸务,遂召回另行补用。⑤ 雍正元年(1723)正月,调江西巡抚王企靖、湖北巡抚张连登来京,升贵州布政使裴㦸度为江西巡抚,山西布政使纳齐喀为湖北巡抚。升湖南巡抚王之枢为吏部右侍郎,以内阁学士魏廷珍补湖南巡抚缺。⑥ 二月,将直隶巡抚赵之垣革职,升授直隶守道李维钧,又以左佥都御史嵇曾筠署理河南巡抚事务。⑦ 三月,以甘肃布政使傅德署理甘肃巡抚,升江南安徽布政使石文焯为河南巡抚。革

---

① 《雍正朝汉文朱批奏折汇编》第1册,雍正元年二月初七日,兵科给事中刘祖任奏陈澄叙外吏等事折,第51页。
② 《清世宗实录》卷2,康熙六十一年十二月甲子。
③ 《清世宗实录》卷1,康熙六十一年十一月戊戌。
④ 《清世宗实录》卷3,雍正元年正月甲午。
⑤ 《清世宗实录》卷2,康熙六十一年十二月辛酉。
⑥ 《清世宗实录》卷3,雍正元年正月癸巳、雍正元年正月辛丑。
⑦ 《清世宗实录》卷4,雍正元年二月辛未、雍正元年二月戊午。

江苏巡抚吴存礼职，以江南京口将军何天培署理。① 四月，以陕西宁夏总兵官范时捷署理陕西西安巡抚，山西巡抚德音从宽免革职来京，其缺由内阁学士诺岷补授。②

在不到半年的时间里，雍正帝更换了10个直省的巡抚，在十一月，又升云南布政使毛文铨为贵州巡抚。③

与巡抚同步更换的还有布政使。诸如江南安徽布政使两次更换，前后不过三阅月。康熙六十一年十二月，以江西按察使石文焯升任，雍正元年三月，石文焯升任河南巡抚后，以福建按察使董永艾补缺。山西布政使自元年正月至九月四次更换，先是雍正元年正月以山西按察使森图为之，四月，以森图办事不力，革退，命顺天府府丞连肖先补授；八月，又调连肖先回京，以山西按察使高成龄署理山西布政使；九月，再以内阁侍读学士田文镜取代高成龄署理山西布政使。山东布政使自二月至九月三次更换，二月，先是升署山东按察使佟吉图为山东布政使；六月，佟吉图缘事革职，以太仆寺少卿须洲署理；九月，以户部郎中博尔多署理。湖南和湖北布政使皆两次更换，三月，调湖南布政使宋致来京，命江南学政翰林院侍讲学士郑任钥赴任；五月，湖北布政使张圣弼缘事革职，升河南按察使朱纲为湖北布政；十二月，湖南湖北布政使互换，即调朱纲为湖南布政使，郑任钥为湖北布政使。

此外，更换一次的有陕西、甘肃、四川、江西、江苏、福建、广西、浙江、广东九省。按时间排列依次为：雍正元年二月，升四川川东道胡期恒为陕西西安布政使，实授傅德为陕西甘肃布政使；三月，解四川布政使戴铎任，升吏部郎中罗殷泰为之。调江西布政使许兆麟回京，以候补道员石成峨升授。解江苏布政使李世仁任，擢内务府员外郎鄂尔泰升任。以太仆寺少卿黄叔琬为福建布政使。原任福建布政使刘廷琛为广西布政使；九月，解浙江布政使傅泽渊

---

① 《清世宗实录》卷5，雍正元年三月甲戌、雍正元年三月辛卯、雍正元年三月辛丑。
② 《清世宗实录》卷6，雍正元年四月壬戌、雍正元年四月癸酉。
③ 《清世宗实录》卷13，雍正元年十一月丁酉。

任,调广东布政使王朝恩为浙江布政使,升兵部郎中图理琛为广东布政使。①

可见,相比巡抚,布政使的更换更是频繁,14 个直省在雍正元年进行了全面的调整,且大都集中在年初的二三月份,其中山西、山东、安徽、湖南、湖北五省进行了两次以上的更换。

雍正帝对布政使和巡抚的频繁调动,明显是出于如何贯彻和推行清查亏空这一重大举措的人事考虑,也表达了雍正帝清理亏空的决心和力度。而这里仅就巡抚与藩司的人事调整为例,是借以说明新任的督抚藩司等地方大员是雍正帝一手缔造的皇权与国家利益的代表,应该是一个可以为皇权所用的既得利益集团,他们能够自觉与皇权保持一致,并在清理亏空中以执行力度的迅猛保证了皇权意志的畅行无阻。

康熙六十一年(1722)十二月,即雍正帝颁布清查亏空令后,直隶巡抚赵之垣立即表态弥补亏空:"其有项可抵者,臣谕令作速赔补;无项可抵者,如南宫、三河、雄县、大名、滦州等处,先后题参,俟审定追补。今臣伏读上谕,洞悉亏空积弊,且宽限三年令其完补,限内不完,始惩以法。仰见皇上深仁厚德,宽严并济……臣现在遴委廉干妥员,将直属仓库钱粮米谷通行彻底清查,俟亏空实数查报到日,臣当与李维钧尽心商议,作何完补。俾上有益于国帑,下不累于民生。不论已参、未参,务期三年限内全完。"雍正帝朱批:"倘若借端生事,复扰害百姓,加倍苛派,再经朕闻,则罪不容于缓矣。""若为不肖官吏侵欺肥己,抵销亏空之举,恐难逃朕之耳目也。慎之。密之。"②

---

① 据《清世宗实录》卷 2,康熙六十一年十二月丁卯;卷 3,雍正元年正月癸巳;卷 4,雍正元年二月戊辰;卷 4,雍正元年二月甲戌;卷 5,雍正元年三月辛卯;卷 5,雍正元年三月壬辰;卷 5,雍正元年三月辛丑;卷 6,雍正元年四月癸酉;卷 7,雍正元年五月己亥;卷 8,雍正元年六月丙子;卷 10,雍正元年八月甲寅;卷 11,雍正元年九月己丑;卷 11,雍正元年九月辛卯;卷 11,雍正元年九月庚子;卷 11,雍正元年九月辛丑;卷 14,雍正元年十二月壬子。

② 《康熙朝汉文朱批奏折汇编》第 8 册,康熙六十一年十二月二十二日,署理直隶巡抚赵之垣奏报遵旨彻底清查亏空钱粮积弊折,第 1029—1032 页。

随后，雍正元年（1723）五月，山东巡抚黄炳针对省内的巨额亏空，将查出的原因奏闻。他说："此中有升迁事故而留交后任者，有现在升任，而未经交盘者，有身任职守而那移缺额者，皆由从前之上司各官不能实力稽查，以致积习相沿，辗转亏空。"今着令三年补完，"臣尽心设法，酌量数目之多寡，定其赔补之久速，多者限三年，次者限二年，少者限一年，务期如数清完，不令丝毫缺额"①。

雍正二年（1724）正月，超擢为江苏布政使的鄂尔泰上折说："江苏重地，财赋甲天下，从前各项亏空欠在民者，或有灾荒，欠在官者半由贪鄙。深维其故，瞻顾实贪鄙之源，因循乃瞻顾之验，瞻顾因循未有不流为贪鄙者，上官需索下属，下属因剥削小民，至剥削之所入，犹不足以供所出，则动库帑。""钦奉谕旨：将各项亏空捐补之项，令历来前任督抚司道赔补，不许累及现任无辜之员。"②

以上巡抚藩司的奏疏都与雍正帝表达了同样的看法，即钱粮亏空与官僚腐败有着直接的关系，正是在这种共识的前提下，雍正帝开启了他的暴风骤雨式反贪模式。事实证明，尽管地方亏空的清理有着无法想象的难度。但是，清理亏空的速度并不显得迟滞，一个重要的原因就在于这些新任的督抚和布政使们未辱使命。其中山东巡抚黄炳、广西巡抚李绂、直隶巡抚李维钧、山西巡抚诺岷、江西巡抚迈柱、广东巡抚杨文乾，以及河南巡抚石文焯、田文镜等，都在雍正帝清理亏空期间发挥了重要作用。

例如，康熙末年的广西捐谷亏空案，就是由巡抚李绂经过近三年的彻查，将广西各大员侵蚀分肥的情况一一揭出的。③ 河南亏空的清理，主要得力于两个关键人物，他们都以"风力"派著称，一个是石文焯，另一是田文镜。而石文焯是河南清理钱粮亏空的开局人

---

① 《雍正朝汉文朱批奏折汇编》第 1 册，雍正元年五月二十四日，山东巡抚黄炳奏明清查库项情形折，第 455 页。

② 《雍正朝汉文朱批奏折汇编》第 2 册，雍正二年正月十一日，江苏布政使鄂尔泰奏奉遵令补亏空之谕并缴朱批折，第 490 页。

③ 参见《雍正朝汉文朱批奏折汇编》第 6 册，雍正三年九月初七日，广西巡抚李绂奏遵旨清查捐谷不实情弊折，第 68 页。

物，他于雍正元年三月出任河南巡抚，八月便查出原巡抚杨宗义任内漕米亏空等项。① 雍正二年十月，田文镜继任河南巡抚。次年二月，查出通省各官亏空钱粮共计 36 件，题参在案，其中 10 案已由杨宗义赔补 5.4 万余两。另外 26 亏空案内，有 18 案已经查清，为亏空地丁银 8.9 万余两，亏空仓谷 5.1 万余石，经严查追参外，尚有银 6.7 万余两、仓谷 3.86 万余石未完，为无着亏空。② 是为按照定限在三年期间完成清查较好的直省。至雍正十三年（1735）七月，王士俊出任河东总督后查奏，"河南藩库于前督臣田文镜厘清之后，其收支耗羡撒数总数俱极清楚"③。

随后，石文焯奉命调往浙江署理巡抚印务，他的雷厉风行的作风也一并带到了浙江。雍正元年十月，自"抵任以来，一面料理赈济，一面稽核案牍，查有十三案无着亏空，共银九万二千余两"④。

山西的清查主要是由诺岷一手完成的。诺岷有户部郎中的为官经历，懂钱粮销算与稽核，于雍正元年四月由内阁学士授山西巡抚，六月抵任后，便接手亏空各案。山西共有 97 州县，诺岷勒限 10 个月追完太原府等 36 州县之亏空，共银 17.8 万余两，将亏欠银两的州县官员参拿治罪⑤。至十月，进一步详察了其余的 60 余州县。仅用半年多的时间便完成了对山西通省的清查，其为政之凌厉可见一斑。至雍正五年（1727）七月，山西布政使高成龄奏："查晋省钱粮从前亏空累累，经前抚臣诺岷自雍正元年到任后，仰体皇上轸念国计民生至意，彻底清查，已将各属一切亏空参追究拟在案。……

---

① 参见《雍正朝汉文朱批奏折汇编》第 1 册，雍正元年八月二十七日，河南巡抚石文焯奏陈着落赔补亏空折，第 890 页。
② 参见《雍正朝汉文朱批奏折汇编》第 4 册，雍正三年二月二十四日，河南巡抚田文镜奏请补各案亏空以裕国帑折，第 504 页。
③ 《雍正朝汉文朱批奏折汇编》第 28 册，雍正十三年七月二十四日，河东总督王士俊奏报河南藩库动支耗羡银两确有浮冒并请逐条查明分别办理折，第 829 页。
④ 《雍正朝汉文朱批奏折汇编》第 3 册，雍正二年十月十五日，署浙江巡抚石文焯奏量提火耗以济公用折，第 803 页。
⑤ 参见《雍正朝满文朱批奏折全译》雍正元年七月二十七日，山西巡抚诺岷奏报赔补亏欠未完钱粮人员暂缓参革缘由折，第 256 页。

尚有未完银五十八万一千两有奇,此未完内有无可着追者约计一十一万六千余两,已据承追各官出具任所并无隐匿印结存案。但原籍家产虽经搜查,估变其果否尽绝,尚难悬定。……其可着追者约计四十六万四千七百余两,内有题准征补之民欠,任所搜查之衣饰,以及别州县分赔垫解拨补银两,凡在本省催追者,臣已不遗余力设法追变,陆续完补。"①

在这场政治与利益的对垒中,新任督抚藩司作为皇权的代表,甘为"马前卒",尽心竭力,其心态与心志诚如石文焯所言:"臣蒙圣主畀以封疆重任,敢不悉心筹画,依限完补,期于有裨国帑,无累民生。"②

二 州县与藩司为清查亏空的重点

对于钱粮亏空的实态,朝廷中的大小官僚们都不乏推断和披露,而亏空数额巨大是趋于一致的认识。雍正元年四月,吏科掌印给事中崔致远就指出:当时的各省仓库,"存贮数万者即亏空数万,存贮数十万者即亏空数十万。今新放之官认真盘查,水落石出,始知亏空如许之多。查向年刑户吏议定新例之时,查出各省亏空赃罚八百万,今约略加倍计之,当在千万两之外矣"③。时任兵部右侍郎的李绂在奏折中也说到,"臣去岁(当为康熙六十一年)任都察院,查亏空揭帖,自康熙十八年至五十三年直省乃亏空银八百余万两,米谷一百九十余万石。自五十四年至六十一年二月,直省乃亏空银九

---

① 《雍正朝汉文朱批奏折汇编》第10册,雍正五年七月初十日,山西布政使高成龄奏陈追补钱粮亏空事宜折,第169页。
② 《雍正朝汉文朱批奏折汇编》第1册,雍正元年八月二十七日,河南巡抚石文焯奏陈详议完补亏空之法折,第892页。
③ 《雍正朝汉文朱批奏折汇编》第1册,雍正元年四月十九日,吏科掌印给事中崔致远奏陈轸恤京师官民等三事折,第252页。

百一十三万余两，米谷二百四十二万石"①。如果把李绂奏折中自康熙十八年至六十一年的亏空全部加在一起，仅亏银一项就达1700万两以上，加上亏谷，当在二千万两左右，远远超出崔致远"千万两以外"的推断。亏空事态的严重性，也超出了时人的想象。正如翰林院检讨汤倓所说："天下州县亏空者极多，陕西、山西、四川累岁军兴，亏空尚属可原。以臣所闻，如直隶、山东、湖广竟少不亏空之州县。"②

崔致远和李绂在奏折中谈到的数字都是已查在册的，而且两人奏折中的"向年"（康熙五十三年前）的亏空额（800余万）是一致的，这说明李绂的披露，即雍正元年清查开始前直省钱粮亏空的数额有二千万两之多是可信的，接下来的清查，揭出的亏空数额只能是更大。而过程与实态的分析，将会揭示出其中的各种利益关系。我们不妨就雍正帝关注的两个亏空重点，即州县和藩司为例进行解析。

（一）州县亏空的普遍性

从现有能够看到的文书传递情况来看，最先受到触及的自然是那些职位较低的基层州县官。自雍正元年初，各省便开始了有关州县官亏空钱粮的揭报，奏折是由巡抚上奏的，但是中间是经由地方府道、布按两司层层转递上达的。这说明清查的程序是自上而下的，意味着州县官是第一批被清查的对象。如江苏省，雍正元年（1723）正月，巡抚吴存礼"据布政使李士仁会同江安督粮道王希舜详准江常镇崇道魏荔彤，据署江宁府印本府同知刘鉴察报，江宁县知县臧长源亏空康熙六十一等年地丁漕项等银二万一千二百四十六两零，截留漕米三万三千四百石"。"臧长源亏空银米甚多，必须逐加确审，

---

① 《雍正朝汉文朱批奏折汇编》第31册，兵部右侍郎李绂奏陈请改正印捐纳以杜亏空根源折，第808页。

② 《雍正朝汉文朱批奏折汇编》第1册，雍正元年正月二十五日，翰林院检讨汤倓奏请严大吏勒索以绝亏空之源等五事折，第19页。

方得侵那实情。"① 七月，继任巡抚何天培报："据署江苏布政司事江苏按察使葛继孔，会同苏松督粮道副使杨本植详称，据松江府见任知府周錞元详据华亭县详报，署县印本府通判郑鹤任内经手钱粮，查有亏空各年各项共银一万四千一百七十七两零，米五十五石零，例积谷五千七百四十二石零，屡催并无移交造册。"②

其他州县亏空的揭报与上述江苏省在程序上完全相同，而亏空的结果最终都是由巡抚上达朝廷的。如元年七月，湖广巡抚纳齐喀奏："通城县知县吴文琦未完康熙六十一年分经征地丁起运银三千八百七两三钱七分五厘零，驿站银五百四十两，又征收康熙六十年分地丁起运银三千七百四十五两四钱九分六厘零，既无存库，显有侵那情弊。再应存仓谷麦共三百五十九石四斗九升六合，并无颗粒在仓，亦系亏空。"③ 九月，纳齐喀又报："沔阳州知州高廷鋐已征雍正元年地丁银五千七百三十一两零，又征康熙六十一年分地丁银二千三百一十三两零，又已征带征康熙五十五年分民欠地丁银九百二十两零，并无存库亦无起解，实属亏空。"④

雍正二年（1724）十月，湖广总督杨宗仁奏报："安仁县知县田仁亏空库银一万二千两，于去年九月内被参，摘印之日，因素有赊欠铺户账目未清，众人见其离任，拥挤索讨，群相争闹，而田仁自知亏空难掩，希图乘机诬害，捏称银柜被抢。"⑤

这种亏空的例子在其他直省也是举不胜收。雍正元年十二月，偏沅巡抚魏廷珍上特揭亏空折，称："武陵县五十九年亏空银七千九

---

① 《雍正朝内阁六科史书·吏科》第1册，江宁巡抚吴存礼题江宁县知县亏空地丁漕项请革职本，广西师范大学出版社2002年，第35页。
② 《雍正朝内阁六科史书·吏科》第5册，署江宁巡抚何天培题参江苏松江府通判亏空银米请革职本，第343页。
③ 《雍正朝内阁六科史书·吏科》第5册，湖广巡抚纳齐喀题参湖北通城县知县亏空钱粮请革职本，第183页。
④ 《雍正朝内阁六科史书·吏科》第6册，湖广巡抚纳齐喀题参沔阳州知州高廷鋐亏空银两请革职严审追本，第306页。
⑤ 《雍正朝汉文朱批奏折汇编》第3册，雍正二年十月二十日，湖广总督杨宗仁奏覆安仁知县田仁亏空库银一案等事折，第855页。

百七十七两九钱零,六十年亏空钱银一千七百四十六两三钱零,六十一年亏空银一千七百四十九两零,雍正元年亏空银四百七两七钱零。又那动五十九年征收银一千九百三十二两七钱零,又亏空仓谷三千六百六十石,漕米三千石等。"① 雍正二年四月,两江总督查弼纳奏:"原署武进县印苏州府同知陈绅亏空银七千二百七十五两零",此外"陈绅尚有未清银二万三百八十二两零,并不移交,又不起解,明系亏空"②。雍正三年(1725)六月,广东巡抚孔毓珣奏:"番禹县额贮捐积仓谷盘查,实缺二万八千一百三十石九斗五升零,并无存仓。又征存康熙六十一年、雍正元年、二年、三年共钱粮四千六百六十七两四钱六分零,并无存贮,显系亏空。"③

而由各省报出的通省各州县的亏空事态更是惊人。诸如年羹尧奏称,陕西"除司库亏空抚臣现在查确会参外,其余府厅州县亏空多者六七万,少亦数千金,若竟置不问,则法纪全无,万难振刷。若尽行参究,则四府州所存者不过寥寥新任数员而已,且恐钱粮终属无益"④。又如黄炳查核山东各州县钱粮,"约略统计,自康熙四十八年起至六十一年止,各州县地丁亏空六十余万两,府州县仓谷共亏空九十余万石"⑤。

上述随意举出的州县钱粮亏空,都在数千两至一二万两不等,如果按照每一个县在一万两亏空数额计算,全国1358个县中即便有一半的县出现亏空,其数额也要接近千万两了。还有一个数字也值得注意,那就是在雍正二年十月十二日至二十日的九天内,

---

① 《雍正朝内阁六科史书·吏科》第8册,偏沅巡抚魏廷珍题为武陵县知县陈敏亏空钱银仓谷请解任本,第71页。

② 《雍正朝内阁六科史书·吏科》第10册,两江总督查弼纳题江苏常州府知府张汝愫捏结同知陈绅亏空银两案本,第567页。

③ 《雍正朝内阁六科史书·吏科》第21册,两广总督孔毓珣题参广东番禹县知县裘印生亏空钱粮请革职本,第418页。

④ 年羹尧:《陕西亏空情形并分别办理折》,见季永海、李盘胜、谢志宁翻译点校《年羹尧满汉奏折译编》,第216—217页。

⑤ 《雍正朝汉文朱批奏折汇编》第1册,雍正元年五月二十四日,山东巡抚黄炳奏陈清查库项情形折,第455页。

吏部共审议了84件亏空案,其中"所有官员承追亏空赃罚降俸罚俸之案三十一件,库项未完降俸罚俸之案五十三件"①。而且在这些对承追不力官员处罚的案子中,可以看到对州县亏空承追的时间有不少始自康熙中期,最早的案子,是江苏巡抚何天培以长洲县未完康熙十七年支应库平银四百余两等事揭报。这在说明钱粮亏空普遍性的同时,也在传递着一个信息,就是在这场钱粮亏空的清查中,被作为清查和追缴钱粮的官员远比我们想象的还要多,如果从康熙二十年以后算起至雍正元年,清查的范围仅州县一级的正印官或许就有一万至二万人之多。② 而且,从档案名册上看,他们几乎都已故逝或者离职。所以,河南巡抚石文焯说:"州县亏空钱粮已成积习。"③

康熙六十年(1721)八月,川陕总督年羹尧在进京陛见返回陕西后上了一份奏折,指出了地方官如何利用制度漏洞制造亏空之弊。疏曰:"往回陕省地方,即闻西延凤汉四府兴安一州无不亏空钱粮之官,今于七月二十日到任后,留心察访,已悉其详。凡此四府一州之府厅州县共亏空正项银九十余万两,原任布政使萨穆哈亏空司库钱粮不在数内,其所以积年亏空久而愈多者,其弊有三:内有钱粮已完填批起解而银不上库,另据借领存案,印掣批回为据。此已完而空批作解者其一;又有钱粮已征解在库,并不起解仍作民欠。计康熙六十年必有皇恩可图蠲免脱然无累,而不知民间皆执有完票可凭。此已完而捏作民欠者其一;更有因原任被参通判张晟亏空仓粮,代为分赔,名曰'体上急公'。此则迎合上司欲救他人之亏空因致本

---

① 《雍正朝内阁六科史书·吏科》第21册,吏部尚书隆科多题报各省承追亏空赃罚银两不力各官并请分别降俸罚俸本,第494页。
② 据《清史稿·职官志三》的记载,清朝的县有1358个,直隶州76,属州48。按照清朝升转州系三年至五年的惯例,在康熙中期至雍正元年的三十余年中,当有10任左右,据此,似可以认为自雍正元年开始的清查钱粮亏空,被查的州县一级正印官就有一万至二万人之多,尽管他们未必都有亏空,但却属于清查的范围。
③ 《雍正朝汉文朱批奏折汇编》第2册,雍正二年正月二十二日,河南巡抚石文焯奏明划补亏空盈余贮库折,第526页。

任亏空者又其一。年复一年竟不上闻者,上下衙门各有费用,结成一局,牢不可破。"除已查实之亏空外,"其余府厅州县亏空多者六七万,少亦千余"①。

雍正元年(1723)七月,山西巡抚诺岷则指出了州县官如何行贿上司得其徇庇,进而肆意侵贪。有曰:"近几年山西府州县吏治败坏,大抵先通贿上司,待上司难以翻脸后,其即随意挪用仓库钱粮,花用如同一己私物,有事则搜刮于民,能捞能刮,善于行贿者视为有才。"②

雍正二年(1724),云贵总督高其倬奏报上司勒索而致属下亏空,他说:"云南府知府韩锺,因从前满洲官兵在省,前督抚臣将一切供给诸事尽推令该府一人支应,又有勒索之处,以致亏少仓米三万一千余石。又有大理府知府程玠,因从前上司压令代各州县完补亏欠银米,代完盐欠,种种勒索。且有钦差查隘口七人令该府供应,以致亏欠仓米一万余石,银八千两。""惟此二员实非自己花销。"③

此外,一些奉命差遣到地方的京官也在履职过程中观察到州县钱粮亏空的状况,他们的分析或许更加客观。

如雍正元年八月,通政使司右通政钱以垲奏报州县官将征收钱粮恣意花销的状况,他说:"迩来各州县亏空叠见,皆因州县官一经捧檄,侈然自喜,辄将征收钱粮恣意花销,或为子弟捐官,或逢迎上司进奉取悦,或藉以肥家,置田置产,经营生理,日渐酿成亏空,不能弥补,非一朝夕之故也。第该管知府于州县官有上司分赔之例。……官员既参亏空,向例先于本任追补,至数年无可估变,方行原籍追赔。有等不肖官员于被参后预将所有产业移寄别户",请

---

① 川陕总督年羹尧《奏为查明陕省库项亏空情形请旨遵行事》康熙六十年八月初一日,中国第一历史档案馆藏,《朱批奏折》档号:04-01-30-0474-026。
② 《雍正朝满文朱批奏折全译》雍正元年七月初三日,山西巡抚诺岷奏请府州县亏欠未完银两由各官分赔折,第207页。
③ 《雍正朝汉文朱批奏折汇编》第3册,雍正二年五月二十八日,云贵总督高其倬奏酌定税规羡余充饷折,第108页。

"一面任所严追，一面行文原籍追变家产"①。

雍正初年，吏部右侍郎沈近思在典试山东后，对山东州县亏空现状与原因分作四种，进行细致的分析。他说："东省向来亏空繁多，据抚臣云，欠在藩库者，一年以来皆已全补。惟欠在各州县者尚有三四十万，正在严催急补。……亏空亦各不相同，有因军需要务及地方灾荒赈济，不得已而亏空者；有因逢迎上官侈靡妄费而亏空者；有自己任内亏空者；有前官亏空、上司威逼而承认者。""宜将亏空之省派令抚藩通盘清算，共计若干，分别四等：一为奉旨事件公捐之项；一为通省事件公用之项；一为前任所亏代认之项；一为自己侵那之项。""其为自己侵那者，固当着落本人追还，置之重典矣；其为奉旨事件公用者，当遵旨照例豁免矣；其为通省事件公用及前任所遗代认者，此等官员断未有以己财补项，不过取之于耗羡，仍是地方之物。况肯受亏空之人，必不能有操守而善节省，久留于任，不特前亏无补，必致后亏复生，徒使百姓受重耗之害。不若令其解任，另选贤能之员。"②

日讲起居注官夏力恕同样是在充山西乡试考官后，将观察到的山西省亏空的性质与类别进行了分析，其论点与沈近思大致相近。他说："晋省亏空不一，有侵蚀者，有因公那移者，有上留下接者，有上司需索而成者，有委办军需而支领不敷者。既以同谓之亏空，而合而计之，又有有抵无抵之分，无抵者，实亏空也，有抵者，别项可拨还也。"③

据此似可以认为，州县一级的官员是这场清查亏空的政治风暴中受到冲击的人数最多的利益集团。由于亏空原因的不同，致州县亏空案错综复杂。有蓄意侵挪者，如年羹尧所言之"已完而空批作

---

① 《雍正朝汉文朱批奏折汇编》第1册，雍正元年八月初十日，通政使司右通政钱以垲奏请严亏空之例折，第811页。

② 《雍正朝汉文朱批奏折汇编》第32册，吏部右侍郎沈近思奏陈东省州县亏空缘由并请饬令抚藩通盘清算分别情况追还折，第67—68页。

③ 《雍正朝汉文朱批奏折汇编》第32册，翰林院编修夏力恕奏陈晋省清补亏空情形及耗羡归公后钱粮当留余地折，第441页。

解者""已完而捏作民欠者",以及迎合上司接收前任亏空者。还有行贿上司与被上司勒索而致钱粮亏空者。地方州县钱粮亏空的原因不尽相同,官员蠹蚀钱粮的手段也是无所不用其极。

(二) 布政司藩库亏空数额的巨大

布政司藩库为一省钱粮总汇,由二品大员布政使执掌锁钥,典守綦重。相比州县,布政司藩库的清查要困难得多,它存在更多的权力与利益之间的暗箱交换。内阁侍读学士马喀有言:"各督抚仅奏参州县之亏空,而不核查藩库钱粮。布政使在任时,并不闻库项亏空,而离任后亏空辄达数十万两。查其亏空缘由,皆因糜费过度所致,已经动用在库钱粮,视如己物,任意动用,久而久之。为隐瞒亏空,又行贿上司,或曲意逢迎,故彼督抚与布政使不合者少。一经意气相投之后,难免为私事而串通一气,动用在库钱粮。虽于年终由督抚查后给印结,亦不过为虚名而已,并不符实。即遇正直总督巡抚,当销算时,布政使早已筹画妥当,以掩人耳目于一时,事后照旧亏空。惟被革职或离任之后,才得以暴露其亏空情事。"① 也正因如此,随着地方大员的更易和时间的推进,不断有新的亏空案被揭出,所查报的亏空数额也随之翻新。可见,巡抚若与布政使"柔和交好"是布政司藩库亏空与难以揭查的原因。而清查布政司藩库也就意味着触及该省的最高权力层巡抚与布政使。

监察御史江苞对此也有相同的认识,他说:藩库"查盘亏足责在巡抚,各宜奉公守法,不容少有假借者也。但抚藩情好易密,多有相为表里,藩司侵那,则力恳巡抚代为掩藏。巡抚滥用,该藩司不得不一一应付。以公帑之储蓄竟视为私家之出入,而亏空遂不可以数计"②。

---

① 《雍正朝满文朱批奏折全译》雍正三年五月十二日,内阁侍读学士马喀奏陈定期调换布政使以杜钱粮亏空折,第1125—1126页。
② 《雍正朝汉文朱批奏折汇编》第1册,雍正元年八月初九日,掌江南道事江苞奏陈酌议查盘藩库之法折,第806页。

此外，若布政使与府道勾连，也会形成狼狈为奸、上下扶同侵挪的婪赃行为。在利益面前结为攻守同盟者，这也是官场中常有的现象。所以，布政司藩库往往就是各省钱粮亏空的重灾区。

最先对藩司亏空进行揭报的，是雍正帝一手提拔的新任巡抚或新任布政使们。例如，雍正元年（1723）五月，新任山东巡抚黄炳上清查布政司库项折，称查出前任巡抚李树德"任内亏空银四十万两零"，落李树德与布政使王用霖二人名下分赔，并"查李树德已完银二十五万一千余两，尚有未完银十四万九千余两，而王用霖之家属至今尚无分厘完结"。此外，又查出山东藩库内有李树德任内借支兵饷银1.23万余两，运米官员盘费银3.7万余两，各官借领银4.5万余两，地方公务银2.6万余两，皆系挪用①。

接着是福建直省，元年八月，新任福建布政使黄叔琬清查布政司库后奏报，福建藩库向来借支动用，相沿已久，应库存银79.7万余两，实在存库银只有40万余两，亏额多系因公挪用。在黄叔琬的严查严催下，前任布政使萨穆哈除归还短缺库银二万两外，又补还三万余公务用帑。②

十月，诺岷奏报山西各州县"大抵无亏空之情者甚少"，"山西前经揭出之一百三十万两亏空"③。并指出，山西的亏空与前任巡抚苏克济"干法索财"有直接关系，"致山西亏欠钱粮百万余两"④。这是较少以地方大员贪腐指认亏空原因的直省，但所揭之亏空数额不限于藩司。

十一月，湖南巡抚魏廷珍奏查湖南藩库钱粮，称"有净亏空十

---

① 《雍正朝汉文朱批奏折汇编》第1册，雍正元年五月二十四日，山东巡抚黄炳奏陈清查库项情形折，第455页。

② 参见《雍正朝汉文朱批奏折汇编》第1册，雍正元年八月初五日，福建布政使黄叔琬奏报清整库项银两折，第765页；《雍正朝满文朱批奏折全译》雍正元年八月二十七日，闽浙总督满保等奏报福建布政司库欠银来年补完折，第313页。

③ 《雍正朝满文朱批奏折全译》雍正元年十月十七日，山西巡抚诺岷奏请调转州县官员以便清理亏空折，第440页。

④ 《雍正朝满文朱批奏折全译》雍正元年九月初一日，山西巡抚诺岷等奏报审问苏克济及其子达尔布情形折，第317页。

万七千余两","欠湖北藩库中一万七千余,又欠各州县军需动用银两一万七千余,又应补解过巡荆道库银四万七千余两,俱未清完"①。

浙江省是由大理寺卿王朝恩外放补授布政使的任上揭报的。他于雍正二年正月到任,亲诣藩库逐项盘兑,发现浙江藩司应存库正杂银为68.59万余两,实际只有现银38.65万余两,缺银29.94万余两。所缺之项:一是满汉官兵借支俸银14.73万两零;一是巡抚李馥吊取银4.2万余两称买米补漕;一是前任藩司傅泽润借支银10.99万余两,亦称买米补漕,或称支给新兵及往福建官兵路费等项。② 所指缺项皆系因公挪用。

就连贵州这样偏远的省份,经新任巡抚毛文铨盘查藩库,在雍正二年五月查出,贵州历年应存正项钱粮共41万两有余,其时仅存银17.3万余两。其中除有文武官循例预支季饷外,净缺银18万两零,"始知为前抚金世扬用去。查世扬所用之银惟康熙六十年备办凯旋江浙满洲官兵船只,据开五万四千九百八十余两之一项奏明,余皆私用"③。

雍正四年(1726)十月,随着清查的深入,曾任山东布政使的程光珠亏空库银被揭出。据奏,程光珠在署理山东布政使时,库项短少,照册查封后发现,多系程光珠、博尔多经手。"如册载黄炳借口临关缺税,取银二万七千五百,亦系程光珠支给。"④ 吏部右侍郎王沛憓奉命审理博尔多任内事件,据布政使张保送到的俸工收支册三本案卷,共有159件,其中"程光珠支过俸工银甚多,内有六十一年取银二万七千余两,补临清关缺税,未注巡抚

---

① 《雍正朝汉文朱批奏折汇编》第2册,雍正元年十一月二十五日,偏沅巡抚魏廷珍奏覆查核钱粮采买米石折,第302页。
② 《雍正朝汉文朱批奏折汇编》第2册,雍正二年正月二十五日,浙江布政使王朝恩奏陈清查浙省藩库钱粮折,第536页。
③ 《雍正朝汉文朱批奏折汇编》第3册,雍正二年五月十四日,贵州巡抚毛文铨奏前抚金世扬欺罔营私擅用库银折,第53页。
④ 《雍正朝汉文朱批奏折汇编》第8册,雍正四年十月初九日,吏部右侍郎王沛憓奏请将程光珠押发东省以便审理藩库亏缺银两案情折,第259页。

姓名，因黄炳六十一年护理巡抚，是以错认在黄炳任内"，实则"黄炳在十一月方接任。此项银两乃李树德任内，程光珠支送，应审程光珠追赔"①。

雍正五年（1727），山东布政使张保奏报，雍正元年由皇帝恩赏老民老妇布帛米石的银两，山东共给银六万余两，分别被历任布政使扣留。其中，前任署布政使程光珠于内扣留部费名色银 3970 两零，前任署布政使项洲于内扣留过部费名色银 1590 两零，升任布政使布兰泰于内扣留部费名色银 6550 两零。② 三任布政使共计扣留了 12110 两，占总数的 20% 强。其中唯有布兰泰在雍正五年末差人补还。③

雍正六年（1728）四月，山东巡抚塞楞额奏："查原属布政司事程光珠名下前有奉追在济东道任内，收受属员规漕银七千九百四十两，并借徐光林银二千两。嗣又奉文追赔俸工银五万四千五十三两。当经屡檄严追，其收受规礼以及借欠银共九千九百四十两，已据照数交完。"④ 是月，塞楞额再奏，江西巡抚布兰泰、广东巡抚杨文乾皆照数缴还其在山东省的欠银："查江西巡抚布兰泰应交还东省恩赏老民以及建造祠宇两案内扣留部费银，共七千六百八十五两，于上年十一月内先据解还银四千一百三十三两，业经奏明在案。今于本年三月二十八日，又据布兰泰解到银三千五百五十二两，所有应还扣留银两，俱已照数全完。又广东巡抚杨文乾于前任山东曹州知州任内，应还流抵银二千一百五十六两，今于四月初六日，杨文

---

① 《雍正朝汉文朱批奏折汇编》第 8 册，雍正四年十月十五日，吏部右侍郎王沛惲奏错将程光珠应赔俸工银开在黄炳名下自行检举折，第 286 页。

② 参见《雍正朝汉文朱批奏折汇编》第 9 册，雍正五年四月十四日，山东布政使张保奏报前署司程光珠等违禁扣留部赀名色银两折，第 638 页。

③ 雍正五年（1727）十一月，"准布兰泰差家人解银四千一百三十三两来东，据称，少银三千五百二十二两，俟来春解缴"。见《雍正朝汉文朱批奏折汇编》第 11 册，雍正五年十一月二十四日，山东巡抚塞楞额奏报收到江西抚臣布兰泰认还部费银两数目折，第 108 页。

④ 《雍正朝汉文朱批奏折汇编》第 12 册，雍正六年四月二十六日，山东巡抚塞楞额奏请饬追原署藩臣程光珠借欠银两折，第 287 页。

乾照数解还。"①

据此似可以认为，在清查亏空的这场政治风暴中，几乎所有官员被卷入其中，又几乎是无官不亏空。而在上述举出的山东、福建、山西、湖南、浙江、贵州六个直省中，仅在雍正元年至二年，便由新任巡抚等揭出藩司亏空钱粮自十数万至数十万不等，不仅数额巨大，而且造成亏空的罪魁也往往指向前任巡抚与布政使等。

三 督抚是亏空案中的侵欺元凶

雍正帝一向认为，地方钱粮亏空的根源在督抚。早在雍正元年（1723）元旦的长篇上谕中，雍正帝就指明："藩库钱粮亏空，近来或多至数十万，盖因巡抚之费用皆取给于藩司，或以柔和交好互相侵那，或先钩致藩司短长，继以威制勒索，分肥入己，徒供一身夤缘自奉之费，罔顾朝廷帑藏财用之虚。"而且巡抚之责与钱粮甚有关系，所谓"司库盘查之责在巡抚，亏空之根亦由巡抚"②。"布政司交代，例应巡抚盘查具题。"③

从后来揭出的钱粮亏空案来看，督抚以及藩司的贪腐是钱粮亏空高发的一个重要原因。二年十月，雍正帝明降谕旨，告诫督抚中的贪吏。他说："如赵世显、苏克济、李树德等大员，（负）圣祖皇帝擢用之恩，任意贪婪，亏空库帑，朕即不严加处治，若复听其脱然事外，不行追补，何以使人知所畏惧。且朕意欲使天下贪吏知妄取之物，既不能中饱私橐，贻及子孙，虽贪婪总属无益，翻然悔悟，亦澄清吏治之一法。"④ 雍正三年（1725）五月，雍正帝再度就督抚

---

① 《雍正朝汉文朱批奏折汇编》第 12 册，雍正六年四月二十六日，山东巡抚塞楞额奏报江西巡抚布兰泰广东巡抚杨文乾照数缴还东省欠银折，第 289 页。
② 《清世宗实录》卷 3，雍正元年正月辛巳朔。
③ 《雍正朝汉文朱批奏折汇编》第 9 册，雍正五年四月十二日，广东布政使官达奏报到任盘查藩库仓谷等事折，第 628 页。
④ 《雍正朝起居注册》第 1 册，雍正二年十月十七日，中华书局 1993 年版，第 339 页。

贪黩的影响程度点名斥责曰："年羹尧可谓国家人材矣。今既败露，闻得陕省之遭害，（万）民之怨恨，胜于苏克济、李树德、常鼐、满丕等远矣。"① 而如苏克济、李树德、常鼐、满丕、吴存礼之类的督抚还是大有人在的。

（一）山东三任巡抚蠹蚀藩库银两案

山东自康熙以来就是亏空的重灾省，有关山东钱粮亏空的问题，雍正帝在登基之前就有耳闻，他将以干练著称的黄炳由按察使超擢为巡抚，就是希望他能严查此事。黄炳也未负雍正帝所望，最先揭开了山东钱粮的亏空内幕。

雍正元年（1723）正月，黄炳向雍正帝报告了他所调查的山东分贮监谷一案的亏空情况。他说：山东从康熙四十五年至五十三年（1706—1714）八年间，以存贮粮食备赈为名开捐，按照一石一两的折银标准，累计收银311万余两。本来这些银两应该用来购买谷物存放，但在康熙五十一年，经巡抚蒋陈锡题请，按每谷一石折银三钱，分贮各道府州县衙门备赈。据此计算，"各州县共领过银九十三万三千四十八两，尚该余银二百一十七万七千一百一十二两，俱为蒋陈锡鲸吞蚕食"。黄炳奏请将蒋陈锡家私追出百余万。

黄炳还说，由于发给各州县银两不足，各州县无法买足谷物，或借机侵盗，从而形成亏空。所谓"彼时州县各官领银自行买谷贮仓，其中将原价发交里民买补者有之，或暗将谷价侵用亏空无存者有之，及至离任交代之时央求请托势难交盘，展转相因，朦混接受"②。也就是说，由于蒋陈锡将大部分捐银据为己有，造成恶劣的政治环境，州县官借机肆意侵吞谷价银两。

---

① 《雍正朝汉文朱批奏折汇编》第4册，雍正三年五月初十日，直隶总督李维钧奏不惜私情已发参本折，第944页。

② 《雍正朝汉文朱批奏折汇编》第1册，雍正元年正月二十五日，山东巡抚黄炳奏查分贮监谷一案情形折，第23页。

由于此时蒋陈锡已故，雍正帝将查处的重点放到与蒋陈锡一同负责捐谷案的登州知府李元龙身上，批示要对李元龙严惩。他说："知府李元龙乃李国亮罪不容诛之子，家私数百万，而仍贪酷不已。"而且李元龙与前任巡抚李树德为同宗，"任事同通不规，扰害百姓。此等不肖种类，当一面拿问，一面参处"①。

雍正元年六月，由于没有黄炳查审的进一步消息，雍正帝命户部郎中博尔多前往山东督促，以将李元龙已交到黄炳处查办日久，责令黄炳"即行提质"，将"李元龙名下赃私，除完伊任内亏空以及补还赈济银两外，其余赃私尔回京时带来"。但是，由于李元龙坚称没有藏匿赃私，不吐实情，将一切责任推到管家身上，所谓"狡诡异常"。黄炳只能将"李元龙产业等项造册封固"，并将其管事家人王二押解至山东。②八月，博尔多奉命与黄炳会审，严讯李元龙并夹讯王二及伙计。然而得到的口供仍然是，"止剩房产等项，其余坚供不吐"③。

就在这起亏空案要被搁浅之际，先前被忽略的人物，已故巡抚蒋陈锡进入人们的视线。

蒋陈锡，江南常熟人，字雨亭，康熙十二年进士，选庶吉士，授御史。康熙四十七年（1708）九月由河南按察使升任山东布政使，十二月擢升巡抚，至康熙五十五年（1716）九月再升云贵总督。蒋陈锡在山东巡抚任上长达九年，为久任之山东大员。以勤慎治政，年成丰硕，地方安定，得到康熙帝的肯定，曾有谕旨评价曰："蒋陈锡未闻清名，亦无贪迹，而地方安静，年岁丰稔，此等便是好官。"④然而，山东由捐谷发生的亏空巨案，就在他的任上，随着事件的发酵，蒋陈锡被扒出是侵盗捐谷的元凶。而且由怡亲王允祥上折参奏，

---

① 《雍正朝汉文朱批奏折汇编》第 32 册，山东巡抚黄炳奏请圣安折，第 803 页。
② 《雍正朝汉文朱批奏折汇编》第 1 册，雍正元年六月十九日，山东巡抚黄炳奏复审办李元龙贪污一案迟延缘由折，第 530 页。
③ 《雍正朝汉文朱批奏折汇编》第 1 册，雍正元年八月十二日，户部郎中博尔多奏报会审李元龙情形折，第 823 页。
④ 《康熙朝起居注》第 3 册，康熙五十四年十一月初九日，第 2217 页。

印证了黄炳先前对蒋陈锡的指控。

雍正元年九月，允祥疏奏：他在会同河道总督齐苏勒查审山东省监谷收捐之案时，发现蒋陈锡侵蚀监谷价银，"每谷一石收银一两，共谷三百一十一万一百六十石，该折银三百一十一万一百六十两。及分贮之时，每谷一石折银三钱，共止分贮银九十三万三千四十八两。该余银二百一十七万七千一百一十二两，蒋陈锡尽归己有。臣前请追银百余万，因蒋陈锡病故军前，量追还项。"①

由巡抚黄炳，到河道总督齐苏勒与怡亲王允祥，他们对蒋陈锡侵盗钱粮的指控应该是确凿无疑的。但是，在康熙帝的眼里，蒋陈锡操守并无问题，"任山东巡抚时，钱粮亦清楚"②。而雍正帝又以蒋陈锡弟蒋廷锡为股肱，信从"廷锡入陈（亏空）始末，诏减偿其半"③。于是，对蒋陈锡的处置仅限于减半追赔。

由于资料的缺乏，蒋廷锡对其兄亏空原因的辩解无从得知，但其侵欺入己的行为应该是否认不了的。也就是说，蒋陈锡实属婪赃，且数额巨大。但却得到了最高权力的庇护。而属官登州知府李元龙是否侵蚀分肥捐谷？侵占多少？抑或代人受过？未能见到下文。

接替蒋陈锡的李树德同样是个贪官。李树德以山东登州总兵官用为山东巡抚，时在康熙五十五年（1716），康熙六十一年（1722）十月调任福州将军。然未及赴任，康熙帝逝世。雍正帝以"今东省钱粮，急宜清查"为由，令镶白旗汉军副都统宜兆熊前赴福州署理将军事务，李树德代宜兆熊署理都统事务，"清查伊任内钱粮"④。半年后，即雍正元年五月，黄炳上陈清查库项折，查核山东通省各州县钱粮。经他"约略统计，自康熙四十八年起至六十一年止，各

---

① 中国第一历史档案馆编：《雍正清理钱粮亏空案史料》下，雍正元年九月十四日，怡亲王允祥等为查议已故山东巡抚蒋陈锡侵蚀谷银事题本，《历史档案》1990年第4期。
② 《清圣祖实录》卷272，康熙五十六年四月丁亥。
③ 《清史稿》卷276，《蒋陈锡传》。
④ 《清世宗实录》卷2，康熙六十一年十二月辛酉。

州县地丁共亏空六十余万两，府州县仓谷共亏空九十余万石"①。六月，黄炳又奏："李树德任内亏空藩库银两，经臣去岁奏明，已奏出未完银二十六万两零，未奏银十三万两零，查核尾数，共亏空银四十万零五百六十九两。"前后共收李树德已完银"二十六万七千三百九十五两，尚少银十三万三千一百七十四两，与李树德折内银数不符"②。

随着清查的深入，雍正元年十二月，黄炳检阅旧案又查出，"李树德所题无着银谷俱系约略模拟，并非确实核算"，"允其详请陆续捐俸补还之项，名则俸工捐补，实则虚悬无着，况俸工已奉停止，无项可捐，实难遵照部行依限赔补"。所以，他请旨将山东难以捐补的"无着银三十万余两，无着谷十二万五千余石，皆系前任抚臣李树德任内未清之项"，"应请仍着落李树德补还，以清积案"③。

李树德的问题还远不至于此。接任黄炳的陈世倌在雍正二年（1724）七月，查出李树德有流抵银谷之案底。④ 三年四月，查出李树德利用职权出借官帑以致造成亏空。"李树德原开帮助各员一单，应追赔银五万余两，经臣讯明行追，已据李亮德等十二人完解银一万二千六百两，发布政司兑收贮库，其余现在咨催。至李树德续供出馈送借欠一单……已据复到认完者阿尔布等九人共银三万七千八百两，现在咨追尚有未复到者十人，共银三万九千六百两，现在催复。又江西瑞州府知府刘元琦借欠银二万二千六百两，解任来东，称系代担，并非借欠。现在饬讯着落究追外，查有现任贵州按察使

---

① 《雍正朝汉文朱批奏折汇编》第 1 册，雍正元年五月二十四日，山东巡抚黄炳奏陈清查库项情形折，第 455 页；雍正元年六月十九日，山东巡抚黄炳奏覆仰遵训旨事宜并缴御批折，第 528 页。
② 《雍正朝汉文朱批奏折汇编》第 1 册，雍正元年六月十九日，山东巡抚黄炳奏谢训勉并查李树德空亏藩库银两情形折，第 526 页。
③ 《雍正朝汉文朱批奏折汇编》第 2 册，雍正元年十二月十三日，山东巡抚黄炳奏请饬前任巡抚李树德补还虚悬无着银两折，第 389 页。
④ 参见《雍正朝汉文朱批奏折汇编》第 3 册，雍正二年七月二十三日，山东巡抚陈世倌奏报查询李树德借赈冒销及流抵银谷一案折，第 345 页。

申大成借欠银一万八千两，现任铜仁协副将冶大正借欠银五百两。"①

李树德出借库帑，除了个别借项如贵州巡抚毛文铨证明系因军前借项外，大都非公事所需。雍正三年（1726）六月，由布政使布兰泰查明，李树德出借库银的目的大都用于经商，行以权谋私之事。

例如，刘元琦欠李树德银两一案，原系李树德任巡抚时，"将银三万五千两借与商人商一元行盐使费，势压原任历城知县刘元琦具领，有原任济东道程光珠等从中说合"。又如，商人孙迪吉等欠李树德银一案，"审系李树德借与原任泇河通判张镐银六千两，指出海丰、沾化等处盐窝以抵此项，李树德势压沾化知县沈文崧作保，今难以抵还国帑，现在查追，实系李树德居官狼藉所致"。

此外，还"有原任宁远州知州李升德应还帮银一千一百两，有李树德梁姓家人来代交，因银色不足，李树德嘱托奴才（山东布政使布兰泰）用情收兑，可见李树德虽已革任，犹然不肯安静若此"。又"原任山东博兴县知县、今捐升广东廉州府知府李元伟，本系江西粮道蒋曰广书吏，改名纳官，前往博兴任时加收重耗，民怨沸腾，曾侵蚀百姓灾银二千八百八十余两，又修造衙署花园擅动正项银三千一百七十余两，又那用丁地银二千七百二十余两，共亏空银八千八百余两，而前任巡抚李树德俱准于流抵案内弥补。"②

李树德在山东前后不过六年，他将藩库当成了家库，想方设法任意支取，以至于官场中传其"甚毁山东"。而这正是康熙末年宽松政治局面下官员私欲膨胀的写实。但最具讽刺意味的，还是被雍正帝委以重任的黄炳成为山东第三个被揭出的侵贪巡抚。

黄炳在查处他人时确实不遗余力，不负雍正帝所托。但他同样是个贪官。雍正二年（1724）闰四月，都察院巡盐御史莽鹄立将查参山东贪腐的目标指向了黄炳。他在给雍正帝的奏折中表示了对黄

---

① 《雍正朝汉文朱批奏折汇编》第 4 册，雍正三年四月初十日，山东巡抚陈世倌奏李树德案内申大成赔银可否给限五年折，第 757 页。
② 《雍正朝汉文朱批奏折汇编》第 5 册，雍正三年六月二十二日，山东布政使布兰泰奏原任抚臣李树德与其属贪黩狡猾折，第 366—367 页。

炳的怀疑。他说：我原久在京城院署行走，而不甚晓省民之事，此次前往山东省办理盐务，住了二月。"闻得，前巡抚李树德甚毁山东省。黄炳人稍聪睿，微有才干，且性燥轻浮无定，非能教养全省百姓之器。今为巡抚以来，虽稍改品性，但先任按察使时因有贪项，多有怵于下官，总是遮掩。倘将伊现调往他处，山东省众官仓库之亏空，伊本身所欠之项，即致暴露。"对于莽鹄立所奏，雍正帝并未轻易取信。他顾虑有人诬陷，故在朱批中回复："黄炳有才干，与伊不睦之人多，倘并无贪赃枉法之处，不可闻省大臣等滥言轻易办理，诚获证据再奏闻。朕同尔等一样有闻，不可将所闻竟糊涂相信。"①但雍正帝为防万一，还是接收了莽鹄立的建议，于雍正二年闰四月，将黄炳调回京城任内阁学士兼礼部侍郎。

就在黄炳离开山东不过三阅月，竟如莽鹄立所言，有关黄炳侵蚀公项导致亏空的秽行就被新任巡抚陈世倌查明。雍正二年（1724）七月，陈世倌奉旨查审李树德借赈冒销及流抵银两一案时，各州县官员及李树德俱称，黄炳署藩司时利用赈济之机浮开谷价银12万余两入己。

原来，黄炳在康熙五十五年六月至六十一年十二月任山东按察使，其间曾兼署布政使事。康熙六十年（1721）山东奉文散赈，"赈谷折银二十四万五千一百七十五两七钱四分"，六十一年二月，黄炳"行令各州县备空印册二十本，每本百页送司攒造赈册报部，于各属实赈外加开谷三四千及八九千石不等，每石折价银三钱，着令解司，共计加谷四十一万有零，折价银一十二万三千余两，俱各解讫。是州县已经解银交司，今又责其分赔"。"随传李树德面质，据称当时因有一十三万亏空未经题明，署藩司黄炳回我，趁此番赈济令各州县多开谷四十万石，折银解司便可完项。我一时昏昧允了。后来此十二多万银子是黄署藩收的，其实各州县原无应赔等语。"陈

---

① 《雍正朝满文朱批奏折全译》，雍正二年闰四月初四日，都察院巡盐御史莽鹄立奏报两任山东巡抚贪赃枉法折，第788页。

世倌认为，是案"在黄炳不合借赈肥己，在李树德亦不应听信允行。此项银两或向黄炳追赔，或令李树德分赔"①。

是案揭出之后，黄炳当即表示"情愿将此谷价银十二万三千两独认赔补"，并请给予两年期限。②但直到雍正五年（1727）正月，限期已过，黄炳方"差家人解银三万两到东（省）补还司库"，"尚有未完银九万三千两"黄炳迟迟未缴。③但这还不是黄炳婪赃的全部。

雍正六年（1728），负责稽查江南钱粮的监察御史伊拉齐、浙江总督李卫，以及杭州将军鄂弥达分别接到雍正帝的谕旨，令查黄炳在康熙五十五年之前任浙江盐驿道员任内有无贪劣款绩。接到谕旨后，鄂弥达与总督李卫、御史伊拉齐前往福建。九月至十一月，经过三个月查审后，鄂弥达等会疏具题，奏称："臣初查大概，黄炳任盐驿道三年有余，其于盐驿道内克扣之粮共近二十八万两，与盐驿道内克扣之银近二万两。雍正四年，其差家人二名向盐商索银一千六百两，故伊克扣勒索之银共近三十万两。由此看来，恐怕还有别项赃银。"雍正帝批复，令其"秉公办理"④。

黄炳以干练有才气为雍正帝一手拔擢，但在敛财侵贪上黄炳的才气同样毫不逊色，自道员、按察使到布政使，一路贪赃勒索，制造了一起又一起钱粮亏空案。黄炳的个案在一定程度上揭示了康熙末年以来官员在缺乏监管机制下所释放出的贪欲。而通过雍正帝对黄炳坚持在查审中使用，或可看到他在践行对"有才具之员，当惜之，教之"的用人原则。

---

① 《雍正朝汉文朱批奏折汇编》第 3 册，雍正二年七月二十三日，山东巡抚陈世倌奏报查询李树德借赈冒销与流抵银谷一案折，第 345 页。

② 《雍正朝汉文朱批奏折汇编》第 3 册，雍正二年八月初一日，刑部左侍郎黄炳奏独任赔补任职鲁藩时亏空谷价折，第 384 页。

③ 《雍正朝汉文朱批奏折汇编》第 9 册，雍正五年二月初十日，署山东巡抚塞楞额奏报前任抚臣黄炳已还应赔公款数折，第 61 页。

④ 《雍正朝汉文朱批奏折汇编》第 14 册，雍正六年十二月十二日，稽查江南钱粮监察御史伊拉齐奏报会议办理江南钱粮亏空案件情形折，第 199 页；《雍正朝满文朱批奏折全译》，雍正六年九月二十八日，杭州将军鄂弥达奏报盐驿道黄炳克扣银两数目折，第 1666 页。

（二）山西军需亏空案中的巨贪

山西的钱粮亏空案以数额巨大堪称典型，而最大的贪官同样是被康熙帝称作"好官"的另一位巡抚苏克济。然而山西各州县普遍存在的数百万亏空，大都与"苏克济干法索财"有着直接的关系。

雍正元年，在雍正帝刮起的反贪飓风中，以潞安府知府裴章为首的诸多府县官员合疏首告巡抚苏克济，随即苏克济以450万巨额亏空被逮。经严审，苏克济"承认其指称军机之事所得及收受年节礼品、生日贺礼，并五次大计、入京谒见等项，侵吞之银四百二十五万余两是实"①。

康熙四十五年（1706）十二月，苏克济由内阁侍读学士出为陕西布政使，四十八年（1709）四月接噶礼任，升为山西巡抚，至六十年（1721）十二月丁忧解任，为官山西前后长达十五年。其间，正值清朝为驱逐准噶尔伸向西藏的势力而大举用兵西南与西北，故苏克济的亏空中，多有"借军需之名，指称官俸工钱，挪移库帑而致亏空"②。也就是说，除了向下属索贿外，苏克济假借军需之名肆意支取官员俸工银，随后将公帑婪入私囊，是其屡试不爽的惯用侵欺伎俩。例如，苏克济以动用各州县官员"五年俸工银"为名，"将各州县钱粮挪移三十万两"，名义上是解给大同知府栾廷芳，而"实际仅解给栾廷芳银七万一百六十七两九钱有奇，另二十二万九千八百三十二两余银尚未挪解"③。

苏克济此举为大同知府栾廷芳效仿，并形成上行下效通同舞弊的亏空关系。栾廷芳同样指称军需，号召阖府官员捐出俸工银等，随后侵吞入己。自康熙五十六年至六十一年（1717—1722），以采买

---

① 《雍正朝满文朱批奏折全译》，雍正元年九月初一日，山西巡抚诺岷等奏报审问苏克济及其子达尔布情形折，第317页。
② 《雍正朝满文朱批奏折全译》，雍正二年七月二十七日，山西巡抚诺岷奏请完欠官员开复折，第866页。
③ 《雍正朝满文朱批奏折全译》，雍正元年六月初二日，山西巡抚诺岷奏报查明预参亏空银两折，第838页。

驼马草料军需为名，"欺蒙浮冒侵蚀二十七万七千九百余两，另大同捐纳银多领十三万二千八百余两"。又有"亏欠库银十六万余两"，成为知府中的贪腐大鳄。① 而且此种侵欺公帑之法，在山西已形成风气。所谓"自军兴以来，山西上下官员指称大同军需名色侵蚀正项钱粮、冒销俸工银两、私派加耗，种种设法染指分肥，已非一日，其底账悉在栾廷芳手内"②。

另一位与栾廷芳可以相提并论的是知府冯国泰。雍正元年（1723）十一月，诺岷查出"原任平阳府知府冯国泰亏空银二十余万两"，并于冯国泰任所搜得许多银两及金银首饰器皿以及借银文书、古董、绸缎等，粗估折银四五万两。③

可见，正是在苏克济肆无忌惮侵盗钱粮的恶劣政治环境下，山西几乎通省亏空。据巡抚诺岷揭出，"山西亏空银内，变抵有项之银为八十六万二千余两，另有指称借给饥民粮米八十三万九千余石"。"至亏空银内变抵无项之临汾县等十七州县亏空之银二十八万五千余两，拟限两年照数追完。再太原县等三十六州县亏空之十七万八千余两之银。"④

在清查中发现，山西共有 97 州县，有 53 个州县有亏空，其中 17 州县有 28.5 万余两的变抵无着之亏空。而上述府州县的亏空，皆与巡抚苏克济大有干系。首先苏克济摊扣官员俸工银两，致州县官因无俸履职而肆意妄为；其次苏克济动辄以筹办军需之名向属员征派，并以各种名目索取陋规及各类节礼，形成自上而下的层层婪索、无官不贪的官场恶习。甚至连苏克济的家人也在其大肆婪赃的过程

---

① 《雍正朝满文朱批奏折全译》，雍正元年七月二十七日，山西巡抚诺岷奏报查出栾廷芳亏欠银两数目折，第 255 页。

② 《雍正朝汉文朱批奏折汇编》第 1 册，雍正元年四月十八日，川陕总督年羹尧奏报栾廷芳侵蚀钱粮冒销银两折，第 251 页。

③ 参见《雍正朝满文朱批奏折全译》，雍正元年十一月初二日，山西巡抚诺岷奏报搜得冯国泰府上银两物件数目折，第 470 页。

④ 《雍正朝满文朱批奏折全译》，雍正元年七月初三日，山西巡抚诺岷请府州县亏欠未完银两由各官分赔折，第 207 页。

中成为受益者。据苏克济的后任巡抚德音奏称："苏克济信任之家人赵齐，多年欺官殃民。"在被执拿后赵齐当夜自缢。随后"将赵齐诸物俱行清查，衣服箱四十三个、绸缎箱十五个、装古董等物箱五个，记载此等物品之档簿一册、及贷银之文书、江南地方房地契、所购男妇十数口，俱交知府李庆岳等，折价偿还亏空钱粮。知府等算，值银五万四千五百两余"①。

在山西的巨额亏空案中，由苏克济侵盗钱粮所产生的蝴蝶效应已经导致了整个官场的坍塌、官僚队伍的断层。

（三）湖北库银亏空案

对于湖北库银亏空的查审，始于康熙五十七年（1718）。时湖广巡抚张连登抵任，将布政司藩库逐一按款盘查，至十一月，查出布政使张文灿"亏空库银十五万有奇，究讯从前俱系挪移掩饰，当即严行追补"。随后，张文灿并其子、家人等共交银两五万六千两，尚缺银九万四千余两未能补还，续又追出银一万六千两，实在亏空七万八千两。此案本应照例参追，严行追补，以彰法纪。

但奇怪的是，巡抚张连登没有照例参劾，他把张文灿亏空归结为"赋性懦弱，听信家人滥用"。同时以张文灿如果离任将致库项虚悬、银两无补为由，令其在任赔补。谓"臣再四思维，因暂缓题参，勒令设法完补"。随后张连登又奏，要与总督满丕各自拿出平余银、羡余银两，与张文灿一同将亏空银两补足。谓"将该司每年应得平银及臣与督臣每年应得羡余一并尽行补库。其一应钱粮，轮委各道员监守监放，约计两年即可清完"康熙帝对此案颇为重视，朱批："此事甚有关系，当同总督确议速奏。"②。

次年正月，署湖广总督满丕给出与巡抚张连登同样的亏空理由

---

① 《康熙朝满文朱批奏折全译》，康熙六十一年正月十三日，山西巡抚德音奏报各府州县亏空银两等情形折，第1492页。
② 《康熙朝汉文朱批奏折汇编》第8册，康熙五十七年十一月二十七日，湖广巡抚张连登奏陈因藩库亏空请旨应否将藩使题参折，第350—352页。

和解决办法。他一面将张文灿家人刘三监禁严追,一面令张文灿多方设措,竭力变卖完补,并将张文灿所得平余银及总督等衙门羡余一并查收入库。① 随后,在五十九年(1720)正月,满丕正式奏闻已补完亏空。他说:"先后共完补银十五万两有奇,俱已实贮在库,并非亏空。查张文灿平日为人老实,居官不扰,亏空银两一年之内全完,可否仰邀圣恩免其参处、请旨定夺。"朱批:"是。令本人告老辞去罢。"②

是案令人不解的是,十五万两的亏空,在康熙朝并不为小数目,但对于亏空的原因却不得而知,惟称"挪移掩饰",系家人所为。那么布政使的家人如何得以畅行无阻地侵盗了政府藩库的银两?且数额高达十五万余?总督、巡抚一再为张文灿开脱,称亏空之人老实懦弱、听信家人滥用。而且,甘愿以自己的平余、耗羡银两助其补完亏空。这一切不合常理的行为,不能不令人怀疑督抚与藩司有勾连徇庇、相互掩饰的动因。而康熙帝的处置依然轻描淡写,仅令其补足亏空即休致还乡。

查阅康雍两朝实录,竟不见有关张文灿亏空的记载。由此似可以认为,在康熙晚期,各省钱粮亏空的实情和详请在官书中基本上没有被记载下来。大量的亏空案件由地方官密折奏报,见到皇帝的朱批即遵旨行事,而不具题户部,也使得许多案件缺少行政文书的留存。奉命查处亏空案的督抚更是不愿披露真相,希图蒙混了事,所以许多钱粮亏空案的真相被掩盖了下来。但此案的疑点还在。

雍正元年(1723),湖北布政司库再度出现亏空,总督杨宗仁以司道官勾结朋比侵销俸工等银将新任布政使张圣弼任题参,随后巡抚纳齐哈也上折参张圣弼亏空库银。五月,革张圣弼职。

---

① 参见《康熙朝汉文朱批奏折汇编》第 8 册,康熙五十八年正月初十日,署湖广总督满丕等为遵旨议奏湖北布政使亏空银两事折,第 384 页。
② 署理湖广总督满丕《奏为查明湖北布政使张文灿亏空库银限内全完请免参处事》,康熙五十九年正月二十八日,中国第一历史档案馆藏,《朱批奏折》档号:04-01-30-0474-033;另见《康熙朝汉文朱批奏折汇编》第 8 册,康熙五十九年正月二十八日,署湖广总督满丕等奏为湖北布政使亏空全完请免参处折,第 649—651 页。

张圣弼于康熙五十九年（1720）七月，由湖北按察使升授布政使，于十一月接署藩司许大定印。然其亏空库银事牵连前任张文灿，于是湖北藩司亏空案被重新翻了出来。

十一月，刑部尚书佛格为审理张圣弼亏空库银一案，请将原任湖广总督满丕①、原任巡抚张连登发湖北质审，奉旨："满丕系重罪犯人，不可发往湖广审理，着部内取供移去，张连登（时在年羹尧军中）亦着行文年羹尧取供。张圣弼等亏空钱粮甚多，着会同总督详审。"② 时张文灿任太仆寺卿，押交刑部，就近详审取供。

有关是案的审理经过，在刑部尚书佛格、励廷仪，侍郎马尔齐哈、徐天相、高其佩会书的奏折中有较为详细的叙述。③

先是，张圣弼供："前往布政使张文灿任内，亏空银十万两，因前任督抚缮折奏称全完，令许大定出具领状，捏称铜价银不足，用银六万两，又指称捐助马价银，捐出六十年俸工银四万两，以抵补张文灿亏空，逼迫张圣弼接收交盘。"

若据张圣弼说，张文灿亏空库银中十万两，前任督抚满丕、张连登以其应得增平银补足之说是假，捏称铜价六万两并马价四万两，逼勒交盘是真。但满丕不认。仍供称"将我等（张连登）每季应得的增平银各有五千余两，替伊填补，我等三季没有收取，共补偿三万余两"。

然张文灿的供词则持另一说法。他表达了两点，一是经手钱粮全部清楚。"我从前任湖北布政使，康熙五十六年正月二十一日到任起，至五十九年四月十八日交印卸事止，一应经手正杂钱粮，俱系逐一交待清楚，经署布政司事驿粮道许大定接受，明白造册出结，依限详报。总督满丕、巡抚张连登核明，亲诣布政司库盘查确实，

---

① 康熙六十一年十一月，满丕由湖广总督任上奉诏回京为工部侍郎，历汉军、蒙古、满洲八旗副都统，雍正元年八月，"缘事革职"。
② 《雍正朝汉文朱批奏折汇编》第2册，雍正元年十一月初四日，刑部尚书佛格等奏审问原湖广布政使张文灿供无亏空请行文湖北等再行详审折，第208—212页。
③ 《雍正朝满文朱批奏折全译》雍正元年十一月初四日，刑部尚书佛格等奏查原湖广布政使张文灿亏空折，第471—472页。

加结保题。"二是所欠钱粮全部还清。"所有缺欠钱粮十四万九千余两一项，原系历年积欠，自五十七年六月初三日，原任巡抚张连登查出之后，司库系由巡抚封库，锁钥亦由巡抚收去，嗣后每遇收放钱粮，委派许大定监收监放，将我应得耗羡、规礼，一概扣存贮库。督抚令我赔补，当即竭力借钱变卖，于五十七年十一月内巡抚折奏时，已经完过五万六千余两，于五十八年正月内奉旨，会同总督核议速奏。总督满丕、巡抚张连登核查回奏时，又已偿还一万六千余两，其余未完银两，议限一年全完。"

随后，张文灿附了一份湖北藩司的收支及个人还项的清单：

一、每年藩司约收各属新旧钱粮七十七万余两，每两二分九厘火耗，二年约略共该火耗银四万四千六百六十余两。

一、支发各杂项银两，计平头余银，二年共银五千余两。

一、盐规每年得六千两，二年共得银一万二千两，俱交与粮道许大定收取补库。

一、节礼银每节该银三千五百余两，二年七节日共该银二万四千五百余两，随封二千四百五十两，门礼二千四百五十两。

一、库官、库吏每年钱粮外，费用银每千两按五两计，新征旧欠约略七十七万余两，二年共该银七千七百余两。

一、我家人刘三凑补库银一万两。

一、粮道旧衙役库吏徐弘远帮补银三千两。

一、督抚两院将应得钱粮火耗银帮补，二年共计银二万余两。

一、我自行折变补库银一万六千两。

一、张圣弼做按察司时，还原借羡余银一千两，尚有一千两未还。

一、前任驿道杨懋绍还原借羡余银一千两。

一、我借都司李愈隆银九百两，完补司库，以上合计共完结银十五万六百六十余两。

张文灿还供称："张圣弼系五十九年十一月到任，伊系接受署司许大定交盘。……迟至二年后经新任总督杨宗仁题参发审，忽称从前督抚尚有捏报全完之铜价六万两并马价四万两勒受交盘，系我任内未完之项，凭空捏造希掩侵欺。"①

雍正帝在朱批中将张文灿革职，并说若张文灿之事明白了，满丕、张连登之事自然露出。可见，雍正帝的关注点在满丕与张连登先前是否以增平银还项的问题。但据张文灿所供，"督抚两院将应得钱粮火耗银帮补，二年共计银二万余两"，而非满丕所说"三万两"。

此案还留下几点疑问。在上述审理的供词中反映了两个关键的问题：一是张文灿对亏空原因有不同的说法，即"缺欠钱粮十四万九千余两一项，原系历年积欠"，与此前巡抚张连登、总督满丕说其"听信家人滥用"前后不一。二是张圣弼所参奏张文灿任内亏空十万两银与之前的十五万余两是否系同一笔亏空？换言之，湖北藩司究竟亏空了多少银两？

在雍正帝对这起亏空案的穷追不舍之下，至雍正二年九月，湖广督抚与藩臬两司又经过一年左右的查审，随后查出，湖北藩司共亏银 31.4 万两，其中有着可抵银 9.3 万余，可催俸工银 1.7 万余，其余 20 余万两皆系无着亏空。证明湖北藩司亏空数额巨大，远远超出先前的 15 万余或 10 万余的揭参数额；并查明布政使张圣弼与前任督抚满丕、张连登皆有侵用亏银的婪赃行径，"张圣弼侵欺银二万四千九百四十七两，张连登侵用银一万两，满丕侵用银五千余两，系前后那垫未清，分别拟罪，着落追赔具题。"其余无着亏空按追赔比例多寡分赔。这证实了满丕与张连登所以掩饰张文灿亏空库项的用意在于保全自身。至此，是案告结。

为慎重起见，雍正四年（1726）三月，辰沅靖道张廷枢引见回

---

① 《雍正朝汉文朱批奏折汇编》第 2 册，雍正元年十一月初四日，刑部尚书佛格等奏审问原湖广布政使张文灿供无亏空请行文湖抚等再行详审折，第 208—212 页。

楚，雍正帝令其密传旨意："张圣弼一案，前任总督杨宗仁审的少不公道，致多风言，教总督李成龙公审，如果情实，不可轻放，如有冤抑，亦当据实具奏。"

于是，李成龙奉旨查核原卷档案，质诸供词，随即奏明此案审理及追赔的结果。除张文灿续经身故，同张连登、吕犹龙、牟钦元等应追银两已咨原籍本旗着落查追外，张圣弼、许大定现在湖广严追，令查已经揭报的各案，如原报有着可抵银9.3万余两内已完补银6.3万余两，原报各属可催俸工等银1.7万余两内已完补银1.2万余两，原报张圣弼名下应追银2.3万余两内，已续完银6600两等各项。又查另案所参朋比侵销俸工等银一案。此外，还有张圣弼应另追银8320两内已完银2740两，又有另案题参张圣弼将各州县起解地丁违例扣批、混抵捐项应追银5641两未完，俱于原案报部。是前后各官扶同侵拿亏空，令照例问拟追赔。①

但是，张圣弼并非安分之人，雍正四年四月，湖北按察使宪德到任不数日，张圣弼便前往署衙请见，引起宪德的反感，被送入府监，在总督李成龙的协调下方得宽免监禁。② 而张圣弼的居心狡黠再度成为清查追缴钱粮的重点，进入人们的视线。次年（1727）四月，吏部尚书署理湖北总督傅敏奏："查湖北参革布政使亏空库项尚未完银三万二千余两，前因圣弼抗顽不完，经抚臣宪德同臣会题，伊任所房屋器物衣饰人口，若再令其自行变卖，势必仍前玩延，应请严行搜查变卖完补。至家产赀财或有寄顿亲友之处，限三个月听其自首。"随即檄令布按二司严查，并委武昌知府江夏知县赴张圣弼及伊子张槩、张檀住所逐一查报所存衣物等项，又查张圣弼尚有亲子一人妾三人，另居伊侄家中，亦前往细查。时张圣弼之家资经几度追缴，所存皆系粗旧之物及文契等项。然傅敏等以张圣弼居官贪劣，

---

① 参见《雍正朝汉文朱批奏折汇编》第7册，雍正四年三月二十日，湖广总督李成龙奏覆查核张圣弼等亏空原案情形折，第16—19页。

② 参见《雍正朝汉文朱批奏折汇编》第7册，雍正四年六月初八日，湖北按察使宪德奏原任藩司张圣弼请免监禁情由等事折，第421页。

为人狡诈,疑其藏匿寄顿,且其案内还有侵吞人参八百斤,请旨后将张圣弼严加刑讯。①

对于湖北这起布政司库银亏空案,湖广总督李成龙的评价可谓切中肯綮,他说:湖北之弊在于集体性侵盗,"由从前督抚司道贪婪不职、上下扶同侵蚀欺罔、烂支混垫,以致亏空累累"。而张圣弼在此案中,不仅"居官贪污",操守有损,且"存心狡黠",在清查亏空中屡屡制造事端,以至于这起亏空案参追数年之久。

不过,湖北亏空案仍有不明晰之处,诸如满丕仅被查明侵用银五千两,何以被雍正帝指为督抚中的大贪之人?满丕、张连登、张圣弼三人侵贪银两加在一起不过四万余,而湖北亏空总数在31万余,其余的亏空银两系怎样形成的?等等。

(四)江苏亏空案

两江三省(江苏、江西、安徽)无不属于亏空大省,但江苏的情况在两江中最为复杂,且亏空数额巨大。

雍正帝在即位之前对江苏情况就有耳闻,"据言江苏库银多为不清",时任巡抚的吴存礼自然成为第一个被关注的对象。吴存礼于康熙五十四年(1715)十二月由云南巡抚调任江苏,在苏州巡抚任上七年有余,可谓久任江南。

雍正元年(1723)三月,吴存礼为执行雍正帝下达的清理钱粮亏空的政令,将署理上海县同知郑山以亏空钱粮题请革职留任。但郑山系以贤能遴选署印之员,对于郑山亏空钱粮之说,雍正帝自然不信,他质问说:郑山"何至亏空钱粮?此项亏空应将遴委郑山署理之上司查明,令其分赔"②。吴存礼此举无疑加深了雍正帝对其官品不端的怀疑。随后,从两江总督查弼纳的奏折中,雍正帝了解到:"吴存礼本年六十三岁,身体尚不衰弱,在此任职多年,熟谙地方之

---

① 《雍正朝汉文朱批奏折汇编》第9册,雍正五年四月二十一日,署湖北总督傅敏奏请刑讯参革布政使张圣弼完补亏空库项折,第707页。
② 《清世宗实录》卷5,雍正元年三月戊子。

情，唯为求得好名声，对属下劣员管饬不严，对刁恶生员人等亦不惩治，以致地方之人皆言，巡抚不管事、不办事。""吴存礼居官虽无苛暴勒索之处，但官属行贺一应礼物亦俱收受。适才伊已张出告示，不受官员礼物，禁止馈送行贺。"① 也就是说，查弼纳眼中的吴存礼是个不作为，且好收礼的官僚。

于是，雍正帝朱批：将吴存礼调走。② 命江南京口将军何天培署理江苏巡抚，并将其格外赏识的鄂尔泰超擢为江苏布政使。

与其他直省相比，江南清查亏空的推进并非顺畅。雍正二年（1724）正月，据鄂尔泰奏报："除前督臣赫寿、常鼐之子，前藩臣杨朝麟之子，业经督臣查弼纳于别案具题，奉发到省，前抚臣吴存礼、前藩臣李世仁现在江苏，统俟商酌督抚二臣会查。"③ 十月，鄂尔泰审查革职布政使李世仁亏空一案，李世仁具告，前后两任两江总督赫寿、常鼐均有勒索情由，赫寿勒索银六万四千余两。④ 但江南钱粮的清查随着鄂尔泰的升迁而搁置。

雍正三年（1725）三月，何天培从署理苏州巡抚回任江南京口将军，其行政能力并没有得到雍正帝的肯定，江西布政使张楷接任了江苏巡抚。然张楷虽有廉声，却谨守有余。

早在雍正元年八月，张楷奏称，查得苏松积欠690余万，奏准分年代征。又奏，江南簿册不清，印官事务纷繁，即欲彻底清查而力有不逮。⑤ 然此时雍正帝的注意力并不在民欠，而在清查官侵，张楷所奏并未引起雍正帝的重视。九月，总督查弼纳亦奏："两江亏空钱粮320余万，其年已久，催征徒有其名，实际完纳甚少。国帑空

---

① 《雍正朝满文朱批奏折全译》雍正元年三月十五日，两江总督查弼纳奏报吴存礼居官情形折，第48页。
② 《清实录》记载为"缘事革职"。
③ 《雍正朝汉文朱批奏折汇编》第2册，雍正二年正月十一日，江苏布政使鄂尔泰奏奉遵令补亏空之谕并缴朱批折，第490页。
④ 参见《雍正朝汉文朱批奏折汇编》第3册，雍正二年十月二十四日，江苏布政使鄂尔泰奏陈审原藩李世仁亏空一案情节折，第869页。
⑤ 参见《雍正朝汉文朱批奏折汇编》第13册，雍正六年八月十五日，署江苏巡抚张坦麟奏请委员督查旧欠钱粮折，第197页。

虚，官民遭殃，臣忧心切切，会同三巡抚缮折条陈，因见识浅陋，未得弥补亏空之良方。"寻提出"由前任督抚子弟赔补"的意见。理由是前任总督常鼐、赫寿系大贪。"臣闻两江之贪官无过于前任总督常鼐者，其贪婪异常，残暴至极，家业殷富，天下无人不知。其继任总督赫寿虽无恶名，却图钱财，家业亦为丰厚。"所以，"兹两江亏空钱粮，不可不分别由其子辈完偿"。雍正帝虽认同查弼纳的说法，但因尚无常鼐、赫寿二人因婪赃而导致钱粮亏空的实据，遂指示查弼纳可先从常鼐、赫寿的"下属书办予以查问，岂有不得之理！"① 并责令将藩臬道台一并列为清查范围。于是，常鼐、赫寿被列为清查亏空的重点官员。

遵照雍正帝的指令，自雍正二年二月，查弼纳根据原布政使李世仁的检举，以原总督赫寿、常鼐等勒索银两立案。但因常鼐已故，刑部将赫寿、常鼐长子及与本案有关家人俱押送江南。查弼纳咨令布政使鄂尔泰、按察使葛继孔严加审问。但是审理并不顺利，常鼐"子成善（次子捐纳监生）、灵德（三子捐纳主事）又恃官职，巧饰隐瞒，绝不供出财物家产之实数"。雍正帝只好将成善、灵德革职，着该总督严审，命将萧大（家人）、屈四（管家）亦送江南再审。②

事后，鄂尔泰对此案的办理作过这样的议论，他说："江苏州县亏空案内，曾为赫寿、常鼐属员者五十余员，计算亏空银米不下百余万，承追州县虽有限年处分，究不能按欠清完，若不着落赔补，终于国帑无补，但遽将前项银两查照，均摊赔项，又恐有力之员得以漏网。"③ 可见，由查弼纳主持的江南清查，将主要对象集中到往届的总督上，特别是常鼐已故有年，显然追查的主要目标并不对头，以致这一时期江苏省的清查及追赔没有收到成效。

---

① 《雍正朝满文朱批奏折全译》雍正元年九月二十一日，两江总督查弼纳奏请由前任督抚子弟赔补两江亏空钱粮折，第366页。
② 《雍正朝满文朱批奏折全译》雍正二年二月二十七日，两江总督查弼纳奏请审理原总督长鼐勒索银两折，第692页。
③ 《雍正朝汉文朱批奏折汇编》第3册，雍正二年十月二十四日，江苏布政使鄂尔泰奏陈承审原藩李世仁亏空一案情节折，第869页。

对此，雍正帝十分气恼，他申斥巡抚张楷无所作为："惟务沽取虚名，于地方事务全不经心料理。""朕访知贪劣不及官员，指名令其参奏，伊始行参奏。""以朕绥靖地方之心，而张楷视为烦扰地方之事，其意不过欲姑息优容"，命将张楷革职锁拿。①

而后，陈时夏、张坦麟相继出任江苏巡抚或署理巡抚印务，然江苏的钱粮亏空清查仍没有头绪。雍正四年（1726）六月，都统范时绎奉命署理两江总督，随即组织查审钱粮清册，查得安徽并无亏空。至江苏苏州会同巡抚盘查布政司库，应存银148.8万余两，实存145.3万余两，还有3.5万余两由前任布政使李世杰、鄂尔泰并该司各任内因公动支、尚在候款归补②。据此而言，似江苏苏州两藩司并无亏空可言。可见，两江的钱粮亏空情形依然没有明朗。直到尹继善出任江南巡抚，情况才有了转机。

雍正六年（1728）八月，尹继善奉命署理江苏巡抚。九月奏称："臣到任后即稽查历年各案亏空赃罚银至二百五十余万两，粮至数十万石。问之官吏，多以年久无着难于追补为辞。"雍正帝认为，江苏的吏治民情及钱谷问题已经不堪，经鄂尔泰虽稍整治，但任事时间过短，所以指示尹继善："就你精神力量竭力料理者，勉之！""惟竭力秉公一切不欺不隐。"③ 看来，雍正帝是寄希望于尹继善能对江苏这一钱粮征收最多、却管理最为混乱的大省实施认真而有效的清查与治理。

十一月，尹继善根据"布政使赵向奎具详"，查明前任巡抚吴存礼有贪污隐情，曰："前抚臣吴存礼各案亏空共银四十余万两，从前承督各官徇情宽纵，积久无完。"嗣吴存礼已故，因江南并无吴存礼家私，布政使赵向奎题请归旗完补亏空。然署巡抚张坦麟与总督范

---

① 《清世宗实录》卷48，雍正四年九月壬寅。
② 参见《雍正朝汉文朱批奏折汇编》第7册，雍正四年八月十五日，署两江总督范时绎奏报盘查江苏藩库钱粮情形折，第882页。
③ 《雍正朝汉文朱批奏折汇编》第13册，雍正六年九月二十六日，署江苏巡抚尹继善奏报稽查江南亏空侵那钱粮积弊折，第547—548页。

时绎互相推诿。尹继善认为："吴存礼在旗产业先已查估，即归旗行追，终属无益。况伊历任外官，贪墨素著，又亏空钱粮如是之多，岂至一无着落？随饬提其家人王国玺等严审。据王国玺交出账簿一本，簿内登记馈送借欠各项共银四十余万两，按簿质讯皆凿凿可据。"并以其长子吴永年时任甘肃提标后营游击，请解其任发往江苏严审追究。[①]

时"江苏亏空累累，积案未清"，在尹继善抵任三个月后，弊窦渐次败露。尹继善确定了三项清查内容，一是本省侵挪亏空，二是外省咨追亏空，三是赃罚银两。为配合尹继善的清查追补，雍正帝命监察御史伊拉齐为钦差前往江苏。至十二月，尹继善知会署督臣范时绎、并巡按御史戴青保，前抚臣陈时夏公同会议。"查得江苏本省亏空二百六十余万，赃罚等银共二十余万两，米谷等项共五十余万石，外省咨追银共一百七十余万两。"[②] 与此同时，御史伊拉齐也有相同的奏报，"查得江苏本省亏空共银二百六十余万两，赃罚银共二十五余万两，米谷等项共三十余万石，更有外省咨追二百余案"[③]。至雍正六年年末，江苏钱粮亏空案终于有了初步的清查结果。

随后尹继善对江苏官员进行重新甄别使用。鉴于江苏各州县多半新任，而查审亏空、清理仓库均需有业务能力的官员，他除了请求吏部委派外，又自行挑选了四名熟练钱谷之人，留用了原任干练之州县官五人。

雍正七年（1729）年初，伊拉齐在查核磨对布政司册籍时发现，还有遗漏之亏空钱粮未报，"共溢出一百二十四案不在司册之内，约

[①]《雍正朝汉文朱批奏折汇编》第 13 册，雍正六年十一月初九日，署江苏巡抚尹继善奏报查追以故巡抚吴存礼亏空银两折，第 888 页。
[②]《雍正朝汉文朱批奏折汇编》第 14 册，雍正六年十二月十一日，署苏州巡抚尹继善奏覆会议清查江苏亏空积案缘由折，第 182 页。
[③]《雍正朝汉文朱批奏折汇编》第 14 册，雍正六年十二月十二日，稽查江南钱粮监察御史伊拉齐奏报会议办理江南钱粮亏空案件情形折，第 199 页。

计银三十万两"①。当日又奏:"查江苏所属承追案件除州县续报一百七十余案、约银六十余万两外,司册所报本省侵那、外省咨追,并赃罚共六百余案,约共银五百三十余万两。"② 并指责布政使赵向奎对追查不甚着急。

可见,追缴亏空钱粮远比清查要难得多,所谓"清补完项者百无一二",特别是外省着追的亏空,地方官大都在做"好人",对归补钱粮的态度并不积极。

但雍正帝对江苏的钱粮清查效果是满意的,由于江苏是赋税征收的大省,亏空数额又大,追缴亏空势必旷日持久而影响到赋税征收,于是雍正帝下令将"雍正三年以前亏空各案荷蒙圣恩,分别宽免"。雍正四年以后亏空并外省咨追的历年积案,经尹继善等"彻底查追,细心审究,或已全数清完,或有产业可抵,内有实在无可着追者"③。"二年以来自有查出之数已至四百余万。"④

从山西、山东、湖北再到江苏,其钱粮亏空都在数十或数百万之多,是亏空的重灾省,而每一项亏空都与地方督抚、藩司有直接的关系,他们利用手中的权力,借助监管的缺失和制度的缝隙对官帑任意侵蚀,因此,督抚等官僚的腐败同样是钱粮亏空的大根源。

雍正三年,升任云南布政使的李卫,以其为官阅历与感悟,言及亏空之由。他谈到,直省亏空之员,其防之于先,绳之于后,而终不能绝。其原因在于督抚藩司掌握着府州县官员的为官前程。所谓"一省督抚藩司有一不肖,则属员之亏空类多不能自立。何也?每逢保举、题升、报满,调烟瘴、调繁简,以及拜门生委属印诸层,

---

① 《雍正朝汉文朱批奏折汇编》第15册,雍正七年六月十一日,稽查江南钱粮事务监察御史伊拉齐奏报查追下江钱粮亏空情形折,第517页。
② 《雍正朝汉文朱批奏折汇编》第15册,雍正七年六月十一日,稽查江南钱粮事务监察御史伊拉齐奏陈在苏实属无用请旨掣回京都折,第525—526页。
③ 《雍正朝汉文朱批奏折汇编》第20册,雍正九年六月初六日,江苏巡抚尹继善奏报查办亏空清理入官田房产物情由折,第656页。
④ 《雍正朝汉文朱批奏折汇编》第20册,雍正九年六月初六日,江苏巡抚尹继善奏报遵谕清查侵蚀钱粮积弊缘由折,第657页。

莫不阴取厚实，又有曲全大计，免派军前、徇隐病废等类，无非索诈之端"，"受贿者不得不为容隐"①，而终因亏空"补苴无术"败露。

四　仓谷亏空案中的"分肥"与"仓谷之底"

地方官仓、常平仓的设置及相关的赈恤机构，以贮粮备荒为目的，所谓"原以备凶年平粜及赈济之用"②。有关粮食与仓储问题的研究，以往主要是从经济史研究范畴集中关注于粮价、市场流通等问题，近年研究者已从"养民"的角度将其纳入到国家政策的范畴，即仓储系国家防备灾荒与战乱的救济措施及社会保障措施。

然而考诸史实却不难发现，如此一项重要的制度或者措施建设，在践行过程中最大的问题是仓谷经常处于亏空的状态下。康熙朝黄六鸿曰："三代而下之言积贮，莫善于平粜常平社义诸仓之法矣。然而初行有效，久则弊坏者。""今朝廷备荒之政，命直省建立常平，令捐谷得补太学明经。近复允计臣请，听民间照亩出粟以为积贮，其为灾民计，可谓详且切矣。然备贮之粟，春则减价以粜，秋则增价籴买还仓，非即耿寿昌常平之制乎。然今之捐纳，半徇于上司亲友之情面，半没于官役朋比之侵渔，而廪中之储，濩落无几，恐其一朝败露，遂假潮湿浥烂之辞，而为出陈易新之请，以掩饰其欺。及不幸而去官，亏空之弊水落石出，其叠万盈千，见之参奏者，比比皆是。"③至康熙六十年（1721），"各省积贮虽报称数千百万，州县侵蚀，存仓无几"④。也就是说仓谷亏空的案例不比亏空库银者少。

---

① 《雍正朝汉文朱批奏折汇编》第5册，雍正三年三月二十五日，云南布政使李卫奏陈清除亏空弊源管见折，第121页。
② 方宗诚：《鄂吏约》，载盛康《皇朝经世文续编》卷25。
③ 黄六鸿：《积贮》，载贺长龄、魏源《皇朝经世文编》卷39。
④ 王庆云：《石渠余纪》卷4《纪常平仓额》，第172页。

揆之原因如下。

一是米谷易腐，难以久储，这是存贮过程中易于短缺的自然因素。发生在康熙四十一年（1702）的广西原任布政使教化新亏空米谷案就属此类亏空。当时，巡抚萧永藻疏参教化新，并请令照数追赔。教化新被逮后于是年十一月死于狱中。对此，康熙帝曾谕大学士张玉书、马齐等曰："各省仓廒所贮米谷，苟核其实，监收官员尽被牵累。必有收贮之地乃为可久，若并无仓廒，惟积于空野，能免朽烂乎？况南方之地无一干土，米谷积于空野，朽烂必矣。"① 当时的存储问题在于"各州县存贮米谷甚多，仓廒不能尽贮"。而南方又系多雨潮湿，米谷易至霉烂。

次年二月，直隶巡抚李光地就如何处置因米谷霉烂导致的亏空奉旨条奏，其中谈到，"本官任内虽逐年霉烂或所不免，然亦不过十分之一二耳。今若不计亏空多寡皆准其留任赔补，则不肖官员或将米谷尽数侵盗借口霉烂亦未可知"②。据此可知，在当时的管理条件下，由腐烂导致的米谷亏空当在百分之十到二十之间，亦属于自然亏空。但此前没有对米谷糜烂数额的限定，系制度上有缺失。

二是粜出米谷难以届时收回。曾先后出任粤西、云贵、闽浙封疆的高其倬曾指出，仓谷出粜后往往不敷买补，其原因在于："历年以来平粜之中积有二大病，以致官廪日虚。"其一，"从前各官交盘之弊不清，其所授受，皆有价无谷，而所作之价，又系不敷买补之价"。其二"年年平粜之价太贱"，"向时督抚但讨目前百姓之称扬，不顾将来买补之无法"。平粜之米，每石粮价减至一两，且有不及一两只卖九钱者，而就当时福州一府而言，即便大丰之年，最贱米价也没有卖到一两一石以下者。③ 湖广巡抚陈诜也讲到了同样的问题，就是仓储出粜、出借过于价廉，而后则因米贵无法买补，从而导致亏空。他说："积贮原系备荒。近来湖北米贵，州县卫所各官多有因

---

① 《清圣祖实录》卷210，康熙四十一年十一月壬申。
② 李光地：《覆亏空霉烂米谷例疏》，《榕村集》卷27，文渊阁四库全书影印本。
③ 高其倬：《仓谷平粜疏》，载贺长龄、魏源《皇朝经世文编》卷40。

军民借贷，私行借出者，亦有粜三存七，不止粜三者。更有捐积一项，止照该年时价收银，及米贵未曾买补存贮现银者。""臣现饬各府详查，亏缺甚多。臣若一概题参，则通省州县卫所官员所存无几。臣仰恳天恩，暂从宽典。容臣于秋成之后，米价稍贱，严督各府县卫所官员实令买补。如秋成之后尚不补足，臣据实指参。"①

这说明在出粜以及入籴过程中会遇到各种预想不到的问题，无法保证米谷的正常回收。其中，谷价的高低、回收力度和实际能力固然不可小觑，但制度的混乱，诸如湖北的"私行借出者"、云贵等地的"交盘之弊"等都为亏空产生打开缺口。

三是管理混乱，官吏借端侵蚀分肥。康熙六十年（1721）九月，都察院左都御史朱轼在分析各省亏空原因时指出："直隶各省积贮仓谷，不肖有司任意侵那，一经地方报灾，或称平粜，或称借贷，或称煮粥，总系有名无实。""地方官每因赈济，动支仓谷，辄称捐俸抵补。查俸银有限，仓谷甚多，不但抵补无期，且册开之数，借非实借，还亦非实还。"②

朱轼所言没有夸大其词。如山西省"诸处储仓之粮，用于赈济者亦有，借给民人者亦有，平价出售者亦有，亏空者亦有"③。又如直隶"各州县收贮仓米，俱无实际"。而且还有一些官员借出粜与入籴的仓储规则掩盖亏空。所谓"平日积贮原为备荒而设，今值青黄不接之时，固应平粜，但地方官亏空仓米，不过粜卖数石，即借此掩饰亏空"④。再如福建，"在雍正元、二两年，（总督）满保将闽省仓谷碾米运浙粜卖后，俱发给谷价，令州县采买补仓，因发价短少，不敷采买，是以将原价存库，以致延捱至今，此米谷亏空之所由来

---

① 《康熙朝汉文朱批奏折汇编》第2册，康熙四十八年五月二十八日，湖广巡抚陈诜奏陈楚北地方情形折，第460—463页。
② 《清圣祖实录》卷294，康熙六十年九月癸丑。
③ 《康熙朝满文朱批奏折全译》康熙六十一年二月初八日，山西巡抚德音奏为督催各州县偿还亏欠钱粮折，第1495页。
④ 《清圣祖实录》卷297，康熙六十一年四月戊午。

也"①。更可笑的是，在康熙六十一年（1722），陕西省地震，地方官为掩饰亏空，"因言仓粮朽烂奏请蠲免"，被康熙帝一语揭穿，"夫地震何至粮朽？此皆州县官借端开销耳"②。

上述事例说明，在仓贮米谷的流通环节存在诸多的制度漏洞，它既是形成亏空的渊薮，也是官员侵盗钱粮、遮蔽亏空的屏障。三十七年（1698）正月，康熙帝针对陕西仓储亏空的奏报感慨曰："凡有益地方之事，日久弊生。即如常平仓，其来已久，原属善政。但近日各省所积米谷，俱无实贮。昨陕抚巴锡奏称，前所报银米，半属空虚。一省如此，他省可知。倘遇饥荒，何能实济。"③又说："积谷备荒最属紧要，但各处积谷未必皆实，推陈易新之说听之虽美，而行之甚难。当青黄不接时将仓谷散去，倘值秋成歉收便不能还仓。若再如此一年，则仓谷必多亏缺，虽遇灾荒将何赈济。"④又曰："此皆备灾之谷，丰年久贮，反致损额。若照亏空银两例追赔，决不可行。……尔等酌议，嗣后亏空银两照旧追赔，若系米谷，另行定例，于事方有裨益。"⑤可见，康熙帝已经意识到仓谷存储及亏空的特殊性，需要"另行定例"。

雍正帝即位后，多次强调"仓场米石，乃国家第一要务"⑥。"各省所贮仓谷原备歉年赈济之用，实百姓性命所关。地方官员亏空仓谷者，较之亏空银两，其罪更为重大。是以朕即位以来，时刻以仓储为念，总为民命起见也。"于是，针对仓谷亏空的问题，雍正帝连发谕旨："凡亏空钱粮犹可勒限追完，无损国帑。若亏空仓谷，则一时旱涝无备，事关民瘼非小，是亏空仓谷之罪较亏空钱粮为甚，自宜严加处分。"并就亏空仓谷之定例的问题，命令内阁九卿等确

---

① 《世宗宪皇帝朱批谕旨》卷9下。
② 《清圣祖实录》卷299，康熙六十一年十月甲寅。
③ 《清代起居注册·康熙朝》第11册，康熙三十七年正月二十六日，第6218页。
④ 《清圣祖实录》卷239，康熙四十八年九月乙未。
⑤ 《清代起居注册·康熙朝》第17册，康熙四十一年十一月二十五日，第9728—9731页。
⑥ 《清世宗实录》卷58，雍正五年六月癸巳。

议。① 雍正三年，又颁诏说："今直省地方俱着定限三年，将一应仓谷务期买补完足，不得颗粒亏欠。三年之后，朕必特差官员前往盘查，如有缺项，定行重治其罪。"② 随后户部等衙门遵旨议覆，"嗣后州县亏空仓谷，应照亏空钱粮例，分别侵蚀那移二项定罪"③。

雍正四年（1726），针对清查亏空三年为限而收效并不理想的状况，雍正帝决定要进行第二个三年为期的清查。八月，雍正帝谕直省督抚等曰："数十年来，各省钱粮亏空甚多，朕曾降谕旨宽限三年，令督抚催追完项，至今未见有奏报料理就绪者，惟原任直隶总督李维钧曾于去年奏称，各属地丁银两俱已弥补，惟仓谷尚略有缺欠，冬春之间即可补足。及去秋畿辅水涝歉收，须用谷石赈济，而仓谷存者甚少。今夏遣官访查，各属亏欠一一显露，仓谷如此，则库帑之亏缺可知矣。"于是，雍正帝下诏，"凡各省亏空未经补完者，再限三年，务须一一清楚。如届期再不全完，定将该督抚从重治罪，如有实在不能依限之处，着该督抚奏闻请旨"④。

但在第二个三年清查期间，雍正帝将清查的重点由地丁钱粮转向常平仓等仓谷亏空。雍正五年（1727）正月，再颁谕旨，"令各省州县于三年之内，将所亏仓谷悉行买补，务期足数，违者重治其罪。嗣又屡颁谕旨，谆谆申饬，并谕各该督抚，若所属地方有不能如期补足情由，亦据实陈奏"⑤。

这不仅是因为粮食关涉国计民生，"总为民命起见"，还在于仓谷亏空更加普遍，且清理仓谷较之清理钱粮更为困难。贵州巡抚毛文铨就曾说过，"大约亏空银两者尚少，而亏空米谷者不乏其人"⑥。而且，"论交代于库项之银两则易，论交代于仓储之米石则难。……

---

① 《雍正上谕内阁》卷39，第414册，台湾商务印书馆2008年版，第345页。
② 《清世宗实录》卷39，雍正三年十二月戊子。
③ 《清世宗实录》卷41，雍正四年二月戊寅。
④ 《清世宗实录》卷47，雍正四年八月癸亥。
⑤ 《清世宗实录》卷52，雍正五年正月乙巳。
⑥ 《雍正朝汉文朱批奏折汇编》第3册，雍正二年七月初六日，贵州巡抚毛文铨奏清查仓库钱粮折，第286页。

米石之积储未易彻底盘量"。时任鸿胪寺卿的张坦麟说："臣查各仓交代，于康熙五十九年经御史高玢条奏，部议定限四个月，如有亏空，必须指定某廒短少，不得以似属短少朦混揭报，是原欲交代之迅确而交代愈至迟疑，总以盘查之难而立法之未有一定耳。"①

在地方上，仓谷亏空一向由来已久，亏空的原因虽不尽相同，而亏空的普遍程度则大体一致。如署理广东巡抚事务布政使年希尧亦奏："广东州县钱粮亏空颇少，惟仓谷不无亏缺。"② 广西巡抚孔毓珣亦有奏曰："广西各州县存仓谷共一百六十万石有零，前抚臣高其倬因岁歉平粜"，缙绅里民借领，"岁内已完十分之九"③。雍正元年八月，刑部尚书励廷仪奏请严仓谷之亏空，广积贮之良法，以实馆廪以裕民食。他提出通过增加督抚的核查力度来保证仓谷不致亏空，曰："各直省存仓之项，除历年动用外，其实存米谷固不能保其如数无虚，即知府有盘查之定例，司道有管理之专责，亦不能保其一无徇隐。臣愚以为，似当责之督抚令其核实严查历年存仓之项及现在捐谷之数。"④

但就仓谷亏空的原因来看，大体可以归为两类：一类是官员中饱私囊，即督抚藩司乃至州县往往借购买米谷支取银两，却不见米谷入仓。曾小萍对此种现象描述说："一些州县官将出粜所得银两据为私有，并没有用它在收获季节补充仓米，而有的州县官接受了买补米谷的赋税和捐献经费，但实际上从未购买粮食充实谷仓。"⑤ 另一类是利用制度的漏洞和管理中的潜规则，将亏空置于半合法化的状态，用以欺瞒朝廷。如具有普遍性的"仓谷之底"。所谓"捐谷

---

① 《雍正朝汉文朱批奏折汇编》第 2 册，雍正元年十二月初三日，鸿胪寺卿张坦麟奏请严钱粮交代之法折，第 340 页。
② 《雍正朝汉文朱批奏折汇编》第 1 册，雍正元年六月初三日，署广东巡抚年希尧奏报地方应行事宜折，第 481 页。
③ 《雍正朝汉文朱批奏折汇编》第 2 册，雍正元年十二月二十六日，广西总督孔毓珣奏粤西仓谷补足请遣员盘验折，第 457 页。
④ 《雍正朝汉文朱批奏折汇编》第 1 册，雍正元年八月初五日，刑部尚书励廷仪奏请严查仓谷以实仓廪折，第 756 页。
⑤ ［美］曾小萍：《州县官的银两——18 世纪中国的合理化时政改革》，董建中译，第 50 页。

之底者,开捐之时每石收价一两一二钱,买谷之时每石发价三钱,中间侵欺几及百万,此所谓仓谷之底"①。雍正初年揭出的仓谷亏空案几乎无不有"仓谷之底"的现象,且多与捐纳有关。影响较大的几例案件主要发生在直隶②、江西、福建、广东和广西等省。

(一) 广西官员私分捐谷案

广西捐谷案的揭开,得益于新任广西巡抚李绂。李绂,江西临川人,翰林院编修出身,累迁内阁学士、都察院左副都御使、兵部侍郎等京官。对于不断出现的钱粮亏空现象,李绂向有自己的认识,他说:"盖库帑之亏由于捐纳之烂。""捐纳之途渐广,故亏空之案渐多。"③

雍正二年(1724)四月,李绂奉命出抚广西,按照吏部行文,"巡抚到任,限三个月盘查仓贮米谷造册"。李绂遂于九月将盘查情况奏闻。他说:"查广西捐谷之始每石三钱,发给州县建仓之费亦在其中,而谷价常在三四钱以上,难于购买,止以价银递相交盘,后经接任各抚臣陆续责令买补,前任督臣孔毓珣尤加严催,虽现在州县颇苦赔累,然仓谷亦十补其九矣。臣到任后逐一稽查,尚有八九万石未买。"经催又买补四万石有零,仍尚有四万石未经买补,请宽

---

① 《雍正朝汉文朱批奏折汇编》第4册,雍正三年二月十六日,广西巡抚李绂奏报彻底清查仓谷折,第462页。
② 先是,总督李维钧曾奏直隶州县仓谷亏空无多,至雍正三年岁秋即可全补无缺。雍正三年八月,蔡珽署直隶总督,揭báo直隶清苑仓谷颗粒无存,引起雍正帝的怀疑。雍正帝认为"清苑为保定附郭之县,仓谷尚亏空如此,则他处可知。李维钧前次所奏不实,着大学士会同刑部问明具奏"。蔡珽还奏称:"直隶亏空赵弘燮实为罪魁,李维钧因奉有令其好为弥补之旨。……今保定府葛斗南亦亏空仓谷五千石,竟不与新任知府温仪交代,欲赴盐道任,而求李维钧令温仪出结。及闻臣署事,方星速遣伊子前来清楚,有二千五百石已曾发银二千两与伊所属二十州县代买交仓者,又有两千五百石乃前任马兆辰亏空,而葛斗南代为承担者。"于是,雍正帝严斥李维钧"奉行不力",命大学士会同刑部对李维钧进行讯问,又令"严追本官还项"。此案将在下一章追赔事例里还有涉及,在此不予详细展开。
③ 《雍正朝汉文朱批奏折汇编》第31册,兵部右侍郎李绂奏陈请改正印捐纳以杜亏空根源折,第808—809页。

限一月补足。① 并指出广西各州县捐谷皆有亏空，亏空的原因是当时发给各州县买谷的银两不足。

广西捐谷案发生在十年之前，系康熙五十三年（1714）夏，由巡抚陈元龙奏准，照广东开捐监生、贡生加级事例捐行。分别委桂林知府吴元臣、同知黄之孝、通判蔡国典在桂林省城收捐，委梧州知府李世孝、柳州知府赵世勋、南宁知府沈元佐分别在梧州、柳州、南宁收捐，总由时任布政使的黄国材主持。至康熙五十五年（1716）夏，计捐谷117.8余万石，折银129万余两。但是，"当日管捐诸臣，每谷一石收银一两一钱，以三钱发到州县，而以八钱归私囊"。事后，主持捐纳的当事各官不但没有受到任何处分，反而大都加官晋级，分任各省。

李绂经过三个月的查审，证实捐谷银两亏空乃系主持捐纳官员私分，如欲将原收捐价各官侵欺百万之银彻底清楚，须对已经调任他省的当事官员质讯，因拿不准如何处置，他一面密折奏明请旨，一面奏请动支捐谷银两垦荒。②

李绂的奏请，被雍正帝揣度出其真实的目的与心理，指明李绂是要推卸昔日广西捐谷亏空的赔补之责。谕曰："李绂条奏垦荒六款，请动支捐谷为开垦之费等语，朕观其意，不过为开销广西昔年捐纳谷石之计。此项捐纳之谷，原系陈元龙、王沛憻经手，其间有名无实、首尾不清之处甚多，朕知之最悉。李绂难于料理，故借开垦之名以为开销亏空之地，可着陈元龙、王沛憻前往广西，将此项彻底清楚。倘有不清，着李绂据实参奏。"③ 十二月又谕曰："捐谷一事，李绂务须彻底清查，即着落陈元龙等办理清楚。此原属旧案，与李绂无涉。伊若以从前未经查清，今即隐讳瞻徇，是将他人亏空

---

① 《雍正朝汉文朱批奏折汇编》第3册，雍正二年九月二十八日，广西巡抚李绂奏陈仓储谷石折，第712页。
② 《雍正朝汉文朱批奏折汇编》第4册，雍正二年十二月十八日，广西巡抚李绂奏钦奉上谕清楚捐谷暨料理垦荒折，第208—209页。
③ 《清世宗实录》卷26，雍正二年十一月乙卯。

认为己有，后经发觉，罪皆归于伊身。"①

雍正三年（1725）年初，原任广西巡抚已升任礼部尚书的陈元龙，与原任广西布政使已升通政司通政的王沛憻二人前往广西，奉旨调查此案，表明了雍正帝要将广西捐谷侵欺案"彻底清楚"的态度和决心。李绂随即奏称：广西捐谷经其手已经补足，本无不清。"所不清者，捐谷之底耳。""今当钦遵圣谕彻底清楚者也，此捐纳底数臣到任后即已查出。"②雍正帝"着行文各省取具各员确供咨送广西，并咨原藩司黄国材处将收捐始末情弊奏闻，如敢欺隐从重治罪"③。

雍正帝对于李绂是否能够彻查此案表示的怀疑不是没有道理，李绂需要明了皇帝的态度，更需要自保。虽然他在雍正三年（1725）二月就将各官私分捐银之数查明，当时"督抚每石一钱，所得各十一万七千八百余两，惟藩司每石得银三钱五分，所得不下四十万两"。但他认为，"此事难在屡赦之前"，同时又觉得"赦罪例不赦赃，库帑理宜清楚"④。

事实上，在康熙末年，各省的捐纳皆有李绂所说的"捐谷之底"的侵欺之弊，也即凡开捐纳便有官员分肥。山东、广东都属于同样的情况。⑤康熙六十年五月，时任广西巡抚的高其倬已奏明，"各州

---

① 《清史列传》卷15，《李绂传》。
② 《雍正朝汉文朱批奏折汇编》第4册，雍正三年二月十六日，广西巡抚李绂奏报彻底清查仓谷折，第462页。
③ 《清世宗实录》卷30，雍正三年三月庚戌。
④ 《雍正朝汉文朱批奏折汇编》第4册，雍正三年二月十六日，广西巡抚李绂奏报彻底清查仓谷折，第462页。
⑤ 山东捐谷案：见本章第三节中"山东三任巡抚蠹蚀藩库银两案"；广东捐谷案：巡抚满丕擅改购米捐纳之例，制定捐纳银之例，一两二钱银折为一石米，此共计一百二十万余两。满丕将四十万两银交付知县官等购米，其余八十万两银与属下大员分取之。满丕得银五万两，总督赵弘灿得银五万四千两，布政使王用霖得银二万一千两、将军副都统八旗协参领提督及各道员共得银五万六千两，杨琳得银四万两，剩银三万二千两贮库。杨琳奏，其名下四万两及贮库三万二千两，已动用修造炮台城座营房。满丕、王用霖、赵弘灿三人名下十二万五千两，知会各人解赴甘肃巡抚以备供应差使之用。恳请皇上宽大弘恩宽免，若彰明具本一经部议，势必追究从前亏空库项之由。年远日深，人多物故，是以未敢具本。康熙帝朱批：事情该当如此，但银数太多，以折奏报，恐后来无处着落。参见《康熙朝汉文朱批奏折汇编》第8册，康熙五十七年十二月二十一日，两广总督杨琳奏为再陈广东捐纳款项处理办法请旨折，第358—370页。

县分贮捐纳谷一百一十七万余石，此项谷石所少颇多"。"通省合算约少二十二三万石。"① 但这并未引起朝廷的重视，或可认为，所谓"仓谷之底"在当时是被视同由耗羡支出的陋规等项，通常不被列入侵欺。所以，当雍正帝最初看到李绂奏疏后，在谕旨中也表达了他的犹豫和模棱态度。他说："大凡开捐之处，稍有盈余亦人所共知，如将此项盈余即照枉法婪赃一律治罪，其他捐纳之省必致借此讹诈生事。但谷价数倍于正项之处已经奏出，又不清查，恐此后不肖之徒假公多收竟视为分内之事，任意肆行矣。"②

正由于此案分肥数额巨大，雍正帝才决意彻查。随后他谕令行文直隶、江南、云南督抚讯取黄之孝、吴元臣、沈元佐确供，咨送广西李绂处，又令福建巡抚黄国材将收捐始末情弊咨覆广西并奏闻。而原任南宁府知府沈元佐则交由云贵总督高其倬直接审理，经高其倬委布政使李卫、按察使江苞将沈元佐及家人王四等反复详细查审，追查出原存盖有南宁府印的细册一本。随后高其倬等将开载甚详的原册存司，另誊写一本咨送李绂。③

雍正三年（1725）五月，王沛憻在奏折中明确了广西捐谷案的性质。他说：康熙五十三年广西请开捐谷事例，原系假公济私，非从地方起见，系黄国材具详，陈元龙题请，其捐谷理应变价存库，因未曾召对，是以不得不备陈。"臣到粤西，即向巡抚李绂问明仓谷有无亏空，据云，捐谷一百一十七万八千二百五十石，历年亏少九万余石，俱系有抵，已于雍正二年催买贮仓并行保题。"又奏，"陈元龙业已首出，其现在广西之知府赵世勋、蔡国典，知县赵成章等各供当年发交谷价实系三钱，盖仓五分，则是三钱五分，以外俱系

---

① 《康熙朝汉文朱批奏折汇编》第 8 册，康熙六十年五月初二日，广西巡抚高其倬奏报库银仓谷实数折，第 777—781 页。
② 《雍正朝汉文朱批奏折汇编》第 4 册，雍正三年五月初二日，福建巡抚黄国材奏奉据实奏闻广西捐纳训旨叩谢天恩折，第 882 页；《清世宗实录》卷 30，雍正三年三月庚戌。
③ 参见《雍正朝汉文朱批奏折汇编》第 4 册，雍正三年五月初六日，云贵总督高其倬奏进呈原存广西捐谷细册誊本折，第 923 页。

当年分肥之羡余。"①

六月，在直隶、江南、云南督抚的协助下，李绂根据黄之孝、吴元臣、沈元佐、赵世勋、蔡国典等原管收捐官员的口供，查明当年广西各官的分肥实数及婪赃过程，随即奏闻："访闻陈元龙符同黄国材密嘱黄之孝令其冒认分肥银数。黄之孝因身家狼狈无所顾惜，已经冒认。又将黄之孝口供分送吴元臣、蔡国典等，令其符同冒认。臣访闻确实。即于五月二十六日于蔡国典处追出伊等私送黄之孝供底在案。"又曰："臣细访捐谷一事，黄国材所得为多。今虽未便据为一定，而众口皆同。"朱批："此事料理甚属公正，此情节不待你奏，早有把柄在此发来。"②

七月，雍正帝将清查重点指向了这起亏空案的主持者原布政使黄国材，认为广西捐谷事例，"正项之外，侵匿数倍，应行查追，命将黄国材解福建巡抚任，发往广西质审"③。九月，黄国材详细供述了收捐及其私分的始末。他说：

> 彼时因外省来捐者运谷艰难，管捐四府与督抚司道公议，每谷一石收银一两一钱，每石各府自存六钱买谷盖仓等项使用外，有羡余系管捐府厅各官分得。其余银五钱内、部费一钱、总督一钱、巡抚一钱、布政司一钱、按察司本道各四分、抚院衙门书办纸笔等费一分、布政司衙门书办造册人工饭食以及解册等费一分。以上每石共银五钱。至于部费一钱内，臣动用三分凑修桂林、平乐、梧州三府滩河及绮路营房等项用讫。业经抚臣陈元龙奏明圣祖仁皇帝恩鉴，其余七分交巡抚作部科上下考核稽查之费。再查……督臣赵弘燮得羡余银八万八千零一

---

① 《雍正朝汉文朱批奏折汇编》第4册，雍正三年五月初四日，通政使司通政使王沛憻奏查办广西捐谷情弊事竣是否回京折，第891页。
② 《雍正朝汉文朱批奏折汇编》第5册，雍正三年六月初九日，广西巡抚李绂奏报清查捐谷分肥实数折，第280—281页。
③ 《清世宗实录》卷34，雍正三年七月癸亥。

两，署督臣杨琳得羡余银二万九千八百二十四两，抚臣陈元龙得一十一万七千八百二十五两，臣布政司衙门得一十一万七千八百二十五两，按察司年希尧得四万七千一百三十两，苍梧道张惟远八千零九十一两六钱，张惟远离任后按察司年希尧署印得羡余银二万零五百六十六两八钱，江左道贾阔基得八百八十六两八钱，贾阔基升任后南宁知府沈元佐署印，得银九千零五十九两六钱，右江道戴锦得银四千五百零九两六钱，戴锦升任后柳州府知府赵世勋署印，得银四千零一十五两六钱。以上通计督抚司道共得羡余银四十四万七千七百三十五两，此数目臣知之最确者。……此事已历一十余年，彼等见督臣赵弘燮、杨琳俱已病故，抚臣陈元龙去任，惟臣一人蒙皇上天恩现任巡抚，是以俱委臣一人以脱自己赔补之计。

黄国材在奏折中表达了由他来承担主要赔补责任的不满，但雍正帝对他毫不姑息，朱批曰：凡天下事真假自辩，如何捏造得？尔同事人虽多不在，属员吏役众目昭彰，自有公论也。朕想你必有分析之奏，莫若你到粤西成质，明事干或据实自任，朕皆宽你。若倚势巧为，恐更有不妥处也。①

雍正四年正月，李绂奏报查明捐谷分肥数目：“计广西原捐谷一百一十七万八千二百五十石，每石收银一两一钱，共收过银一百二十九万六千零七十五万两内，除每石谷价三钱五分建仓五分实无浮冒，共用银四十七万一千三百两外，余银八十二万四千七百七十五两，均属分肥之数。”② 限分肥之官员五年内赔完。

至此，随着黄国材到广西并与陈元龙互质后，当日的捐谷情节逐一清晰，所有参与此案官员亦由李绂于原捐实收底册中全部查出。

---

① 《雍正朝汉文朱批奏折汇编》第 6 册，雍正三年九月初一日，解任福建巡抚黄国材奏覆广西收捐始末情弊折，第 6—9 页。
② 《雍正朝汉文朱批奏折汇编》第 6 册，雍正四年正月初十日，广西巡抚李绂奏报查明捐谷分肥数目等情折，第 686—688 页。

广西捐谷分肥亏空案"彻查清楚"。

（二）江西仓谷亏空案

江西位于江浙闽粤湖广五省之中，是产粮大省，清朝有漕八省之一，却也是康熙末年钱粮亏空严重的直省之一。康熙五十六年（1717）十一月，江西巡抚白潢奏报，江西几乎无官不亏，以致不知该参劾何人方是。他说："江省州县各仓存贮米谷共一百一十五万三千余石，以备赈济之需。凡在监守者，自应照数存贮。无如在上各官不加爱恤，以致州县日移月那，亏缺已至大半，理应立即题参，以儆职守。但在在皆然，法难及众。"①

雍正元年（1723）正月，裴㣚度由湖广布政使擢升江西巡抚，系雍正帝即位后擢用之人。但在雍正帝刮起的这场政治风暴中，最初却鲜见裴㣚度有关钱粮亏空的奏报。

雍正二年（1724）十月，两江总督查弼纳奏称："查江西各府州县额存仓粮共一百一十五万石零。……臣抵江西之前，实存粮米八十二万九千九百石零……自抵江西后，又陆续买补粮八万三千九百石零等因。其余尚未买补粮二十三万石，现均收存折色银，今仍在陆续买补，不致亏空。"② 根据查弼纳的奏报，江西的仓贮已有亏空，但也在买补之中，买补之米仍为折色银两。二个月后，即雍正二年十二月，巡抚裴㣚度方有奏报："查江省亏空内有年久无着十二万余两，议以节省浮费公同弥补。"③ 直到雍正三年（1725）年初，新任江西布政使常德寿抵任后，通过他的奏报，江西的钱粮亏空实况才被揭开一角。

常德寿称：江西藩库亏空通计银28.2万两余，内有无着亏空银

---

① 《康熙朝汉文朱批奏折汇编》第8册，康熙五十六年十一月二十三日，江西巡抚白潢奏报江省仓贮大半亏缺并营兵操练久废折，第32页。
② 《雍正朝满文朱批奏折全译》，雍正二年十月初一日，两江总督查弼纳奏报江西仓粮亏空买补等情形折，第946页。
③ 《雍正朝汉文朱批奏折汇编》第4册，雍正二年十二月十八日，江西巡抚裴㣚度奏覆节省浮费拨补亏空情形折，第212页。

12.7万两余,并称巡抚裴𨧱度以通省各官公捐节礼补项,约一年之内可以补完。至于现在追审各案,亏空银15.5万两余,亏空米谷6.5万石余,正严饬承追。江西通省应存仓谷115.5万石,而各府州县报称折价仓谷32.1万石,今已买过28.4万石。但"恐各属仓粮虚报数目,地丁钱粮挪新掩旧"①。而且常德寿对江西各州县奏报仓谷数额的真实性也产生了怀疑。但随后,因常德寿在当年八月调离江西出任山西布政使,总督查弼纳不直接参与清查藩库,江西仓谷亏空案的清查被搁置了下来,直到裴𨧱度升迁、将要离开江西之际方被揭开。

雍正四年(1726)二月,裴𨧱度迁户部左侍郎,留巡抚任,七月,擢都察院左都御史。②赴京离任前,他疏奏曰:"该省州县亏空系民欠居多,请交与接任官征催具奏。"③正是这份奏疏将裴𨧱度一直掩饰的江西仓谷亏空案暴露了出来。由于将亏空指称民欠,是地方官用于掩饰亏空最惯用的伎俩,"似此者直省不胜其数",不能不引起雍正帝的怀疑。而且就在当月,裴𨧱度徇庇属员亏空的实迹也传入朝廷。原来,江西武宁县知县廖科龄任内有亏项六千余两,捏称民欠呈报时,裴𨧱度竟然责令该管知府张景伟代完银四千余两,未完之银勒令新任知县方声亮出结认征。

雍正帝意识到江西仓谷必有亏空,认为"此事须派钦差前往,将此二案彻查深究"。他令裴𨧱度仍留江西,将江西阖省此类民欠案件一一据实查清。④

此次被派往江西的首席钦差为吏部侍郎迈柱。迈柱亦系满人,起家笔帖式,三迁至户部员外郎,授御史。雍正三年,擢工部侍郎,调吏部,同样是雍正帝一手拔擢之人。同去的还有户部员外郎满布、

---

① 参见《雍正朝汉文朱批奏折汇编》第4册,雍正三年四月初三日,江西布政使常德寿奏报严饬追补藩库亏空折,第725页。
② 参见《汉名臣传》卷25《裴𨧱度传》,黑龙江人民出版社1991年版。
③ 《清世宗实录》卷46,雍正四年七月辛亥。
④ 《清世宗实录》卷46,雍正四年七月辛亥。

工部员外郎德布寿。江西布政使丁士一与按察使积善虽被雍正帝责为"委靡随人,甚属负朕",但同样以雍正帝格外擢用之员,奉命随迈柱参与清查。可见,这些钦差不仅是皇帝最信任的人,而且多为满人、汉军旗人,人数多达十数人,足见雍正帝对此案的重视程度。

迈柱到江西后,经过查审,于十月以所查两案皆实回奏。而且还查得知府张景伟及所属知县刘绮瓒亦有将亏空捏称民欠、勒令新任官员出结的行为。与此同时,迈柱还委员清查乐平、安仁、德化、芦溪、南丰、宁都、兴国、瑞金、石城等十数州县仓储,其结果"或称发价未交,或称存价未买,或称民欠未领,一共缺谷四万三千八百七十六石"余。①

裴𬯎度掩饰亏空之实情终于浮出了水面。不仅如此,因"江西州县仓谷亏空甚多"②,裴𬯎度等已经题准分限带征抵补相沿积欠,③将亏空捏称民欠转嫁给了百姓。

十一月,雍正帝谕吏部,以江西各州县仓粮民欠亏空不清,命两江总督伊都立会同迈柱清查,并命迈柱署理巡抚印务。④"查出亏空之州县照直隶之例,俱令解任,留于本处赔补,赔补全完者具题给咨赴部另补,所遗员缺,即将命往之人题补。"⑤未几,迈柱与伊都立等将裴𬯎度在江西掩盖亏空的伎俩白于天下。

其一,借"存七粜三"的规定遮掩亏空。由于仓储向有"存七粜三"的规定,官员在上级盘查仓贮时只要做到"存七"就可以了,"粜三"即便是有名无实,也可以谎称有30%的米谷已经粜出借以搪塞过去。据迈柱奏:"江省粜三一案,凡系平时亏缺谷石或折

---

① 《雍正朝汉文朱批奏折汇编》第8册,雍正四年十二月十八日,署江西巡抚迈柱奏报清查江西仓谷积弊情形折,第645页。
② 《清世宗实录》卷52,雍正五年正月乙巳。
③ 参见《雍正朝汉文朱批奏折汇编》第8册,雍正四年十月二十七日,钦差吏部侍郎迈柱等奏报究审江西萧斌亏空并互揭李敬熙、孙兰芯诈赃案情折,第325页。
④ 参见《雍正朝汉文朱批奏折汇编》第8册,雍正四年十月二十七日,钦差吏部侍郎迈柱等奏江西梁县知县张景誉亏空库项自认完结可否免析,第323页。
⑤ 《清世宗实录》卷50,雍正四年十一月乙卯。

价不敷买补者,辄以此虚报粜三,暂为从前掩饰,即至秋收后延缓至今春,而各属粜三之谷强半不能买补者,盖仍是从前难征之民欠或仍是从前二钱之折价,并非粜三一案之谷价也。此事,臣若逐县参出,则县令既多诛之不可胜诛,若令买补则现存之价实在不敷。"所以,迈柱请求将"粜三之例"暂行停止,"以除州县借名掩饰亏空之端矣!"因"惟捏报粜三未买及折价不敷存价交代等弊各案繁多"①。

其二,"仓谷之底"使亏空半合法化。如前所述,所谓"仓谷之底",就是在常平仓中只存米谷的折价银两,并无米谷,而所存之折银又根本不敷买谷。当时,江西的仓谷之底,"向系二钱一石折算"。据迈柱查奏:"江西虽称产米之乡,但以最丰收之年,谷价至贱亦在二钱七八分为止,其平时价值三钱以上,若现今价值俱在四钱五钱以上,今所存二钱一石之价,如州县官遵令买谷贮仓,则每谷一石须赔出一钱二钱三钱不等,有亏缺千石万石之谷者折算赔累甚多,故自有二钱折价交代之弊,而仓谷终无买补实贮之日。"②

雍正五年(1727)二月,经过半年左右的查证,迈柱认为,江西的仓谷亏空颇具代表性,他将其中的弊症概括为三点:一在无谷无银,捏报实贮在仓,及至交代,又捏报发价在民,或借领在民。俱以素日信用书役人等公具认领,新任官按石征追,颗粒俱无;一在出粜仓谷得价侵收,及至交代,盖以二钱一石折算交出,接任者因不敷买补,以至仓贮久悬;一在亏空报完,以银二百两抵谷一千石,因价不敷,积久不能买补,并价已侵用,又捏称民欠。③ 也就是说,江西离任官员交接之仓厫并无米谷,而以二钱一石之贱价交银,接任之员力难赔垫,以致仓谷空虚,随后便将亏空捏称民欠。

---

① 《雍正朝汉文朱批奏折汇编》第9册,雍正五年三月十九日,署江西巡抚迈柱奏复州县仓库银谷亏空三弊请严定例折,第289页;第10册,雍正五年七月初八日,署江西巡抚迈柱奏报清查江省钱粮题参亏空官员折,第153页。

② 《雍正朝汉文朱批奏折汇编》第9册,雍正五年三月十九日,署江西巡抚迈柱奏复州县仓库银谷亏空三弊请严定例折,第289页。

③ 参见《满州名臣传》卷28,《迈柱传》,黑龙江人民出版社1991年版。

迈柱还特别指出，在江西，凡追完仓谷一千石者俱以银二百两抵完谷一千石，虽从未奉有部文，但各官皆以"江省旧例"奉行。如此一来，裴㴬度提通省节规处弥补银十二万两折价存库，名为完谷一千石，实存价只可买六七百石为止。① 而这所谓的"江省旧例"，就是江西省仓贮的通行规则。

由此不难看出，地方官是如何借制度漏洞，以利己之"旧例"来掩饰亏空，又是如何利用权力让亏空留给后任，最后不得不捏成"民欠"转嫁给百姓，从而导致亏空的恶性循环。江西不过是各直省中的一个。不可小觑的是，江西的状况具有普遍性，雍正初年揭出的河南巡抚杨宗义任内亏空漕米案，以及广东、广西的捐谷案，都利用了"仓谷之底"的通行规则。②

对于江西亏空案的处置意见，雍正帝于五年正月明确下达了谕旨，曰："地方官员亏空仓谷者，较之亏空银两其罪更为重大。""乃江西巡抚裴㴬度奏称，江西仓谷俱已补足，并无亏缺。且有数人在朕前称江西乃产米之乡，不必多贮谷石，应将江西现贮之谷酌量减数粜卖者。今据迈柱折奏，现在查出江西州县仓谷亏空甚多，是裴㴬度所奏，显属徇隐欺罔，而从前之奏称江西谷石当发粜者，想皆受裴㴬度之嘱托，欲借此以掩盖江西仓谷之亏空耳。……裴㴬度身任封疆大臣，为百姓所倚赖。而忍以百姓性命所关之物化为子虚，使属官得其利，百姓居其名，有是理乎？原任布政使张楷、陈安策职司钱谷，乃敢扶同欺隐，以致仓储亏缺若此。"命将陈安策革职，与张楷一同发往江西，交与迈柱、伊都立严讯亏空情由，裴㴬度亦

---

① 参见《雍正朝汉文朱批奏折汇编》第9册，雍正五年三月十九日，署江西巡抚迈柱奏复州县仓库银谷亏空三弊请严定例折，第289页。

② 雍正初年揭出的河南亏空案中，巡抚杨宗义于任内将康熙五十九年的10.37万余石漕米，只按每石六钱五分留存仓中，而当时市价每石需银一两六钱，每石应添出银九钱五分方敷买米，这其中亏空银当在9.85万余两。又如，雍正三年年初，李绂于广西巡抚任上被雍正帝责为借放粮掩饰亏空之后，他上了一个折子道出实情。他说：经查广西捐谷，"本无不清之项，所不清者，捐谷之底耳。捐谷之底者，开捐之时每石收价一两一二钱，买谷之时每石发价三钱，中间侵欺几及百万，此所谓'仓谷之底'"。

着革职质审，若仍欺隐含糊，定将伊等在江西就地正法，"以为私动仓储、轻视民命者之戒"①。

（三）福建仓谷亏空案

福建山多地少、人口稠密，粮食原本不足。雍正四年（1726），于水患后出现粮荒，粮价暴涨。五月，福建巡抚毛文铨以本年雨水过多、米价腾贵，请求朝廷由江西拨谷救济，引发雍正帝的怀疑。

按照仓贮簿记所说，"闽省存留新收米谷有三十五万余石，各府常平仓谷一百四十二万余石"，但毛文铨"折内总不提起作何拨用，第言动发库银向邻省各处采买，则前项谷石谅皆亏空无遗"②。也就是说，福建的仓廒新收米谷加上常平仓米谷应当有178万石，而巡抚毛文铨在需要赈济的时候却从不言及如何动用这些仓贮解决粮荒，于是，雍正帝怀疑福建"必有亏空"隐情。

雍正五年（1727）六月，雍正帝终于获悉，"闽省各属仓谷钱粮虚悬者甚多，有银谷两空者，有无谷而仅存价值者，至于实贮在仓者则十无三四"。于是，巡抚毛文铨"捏称实贮在仓"暴露出来。雍正帝以其敢于欺罔于当面，气忿至极。下旨曰："福建通省仓谷亏空甚多，巡抚毛文铨扶同欺隐。经朕访闻确实，特遣大臣前往盘查，务令彻底澄清，颗粒无亏，以备民间缓急之用。"③令照直隶、江西例，"特遣大臣，会同新任巡抚常赉，将通省仓谷秉公据实，一一清查。其拣选府州县等官，着即带往"④。雍正帝命钦差查出"从前督抚满保等如何徇庇属员致其亏空，毛文铨如何作弊徇隐，高其倬如何宽容，种种情弊"⑤。

此次奉命前往福建清查仓谷亏空的钦差是广东巡抚杨文乾，还

---

① 《清世宗实录》卷52，雍正五年正月乙巳。
② 《清世宗实录》卷44，雍正四年五月乙巳。
③ 《清世宗实录》卷58，雍正五年六月癸巳。
④ 《清世宗实录》卷58，雍正五年六月辛卯。
⑤ 《世宗宪皇帝上谕内阁》卷58，第414册，第632—633页。

有新任巡抚常赉以及许容、鄂弥达、伊拉齐等。杨文乾是汉军旗人，以为官风力著称，其余几人也以满人为主。

雍正五年（1727）八月，杨文乾抵福州，将闽省吏治及亏空实情确访清楚，随后福建仓谷亏空原因亦白于世。归结为二点：一是因康熙六十年征复台湾，前任总督满保动支州县仓谷，不肖州县借此任意狼藉侵欺，以致亏空。二是雍正元年、二年，满保将闽省仓谷运往浙江粜卖后，但令州县采买补仓，而所发银价短少，实不敷采买，是以将原价存库，此米谷亏空之由。① 可见，福建仓谷亏空至少有一半的原因也属于"仓谷之底"的弊政了。对于福建仓谷亏空的研究已有文章讨论，这里不再详叙。②

由以上资料似可以认为，在亏空中，仓谷亏空要比钱粮亏空还要普遍，借出粜为名将仓谷卖掉以获取银两，对于地方官而言是解决其用银最便利也最安全的方式，因为，无论是"存七粜三"还是"仓谷之底"，它都可以掩饰掉相当一部分的亏空。此外还可以借奏销制度的时间差，挪新掩旧。因此，作为灾荒之备的常平仓在相当一些地方，从未被派上应对饥荒或调剂粮价的用场，反倒成了地方官攫取银两、中饱私囊，进而操控地方财政的一个工具。

时任云贵总督的鄂尔泰有一段话，提到了那些潜规则如何能在仓贮制度中存在的原因，可谓见地之言。他说：

> 就江西一省论，恐亦难一例，臣前任江苏深悉此弊。止可济以权宜，不可着为例额，此行之在因其地也。至于时有丰歉，岁无尽登，今于夏初之间，以所买之谷减价粜出，据数报部，秋成买补。设岁一不熟，即使价增于前亦复无谷可买，而仓储亏空，恐干参罚，自必报荒求宽。至来岁买补，部议不允，则

---

① 《世宗宪皇帝朱批谕旨》卷9，下，第416册，第486页。
② 刘东海、王志明：《雍正如何强化中央集权——以雍正朝福建粮仓治理与吏治为例》，《探索与争鸣》2008年9月，第77—80页；王志明：《雍正帝整饬福建粮仓与吏治》，见台北《人文及社会科学集刊》第21卷第4期，2009年，第501—520页。

官实受累,部议若允,则端不可开。即半收半歉之岁,谷不能贱,而官必欲买补,甚至勒卖,而吏又四路搜括。即存七粜三之例,法良意美。而或属员朦混,上司因循,将名为粜官米,名为买官米,实为不肖官吏掩饰亏空,称民欠之资,此弊各省皆然,云贵尤甚。臣受事一年,已知备细,欲概行纠参,则一经革职,十无一完。①

鄂尔泰在指斥仓储制度的积弊时,也说出了官员面对制度缺陷及官场积习的无奈,所以,督抚们在如何处理仓谷亏空问题上,心理是复杂的,他们既要接受现实的种种规则,又不得不千方百计规避处分。迈柱曾认为那些大员掩饰亏空在于平日失察,所谓"彼既失察徇隐于平时,岂肯据实揭报于今日"②。但李绂、裴㷍度皆以为官干练、操守清廉著称,他们掩饰仓谷亏空绝非疏于职守,而是在按照既有的官场通行规则维护包括自身在内的地方官的整体利益。为此,他们还要运用手中的权力,做尽掩饰亏空的努力。

诸如,李绂在广西巡抚任上和直隶总督任上都曾请旨出粜仓谷,实际仓储没有足够的粮食可粜,即都有亏空,其欲借"出粜"之名弥补前任亏空、不愿承担亏空责任的用意不言而喻,故被雍正帝道破。裴㷍度在巡抚江西期间,见武宁县知县廖科龄任内有亏项六千余两并捏称民欠上报时,竟责令该管知府张景伟代完四千两余银,未完之数又令新任知县方声亮出结认征。目的也是将钱粮亏空之实情掩饰干净。③

所以,无论是李绂还是裴㷍度,他们的行为与贪赃没有关系,但在掩盖钱粮亏空的态度和做法上却与贪官污吏有着诸多的一致性。这再一次说明,地方的钱粮亏空使得作为责任官员的督抚与属员之

---

① 鄂尔泰:《议覆积谷疏》,载贺长龄、魏源《清经世文编》卷39。
② 《雍正朝汉文朱批奏折汇编》第8册,雍正五年正月二十四日,署江西巡抚迈柱奏报委调别府知府清查州县仓粮民欠等事折,第907页。
③ 参见《清世宗实录》卷46,雍正四年七月辛亥。

间存在利益的一致。而利益关系体现的是经济关系,构成政治关系的基础,进而决定政治态度。

但无论是官仓还是常平仓,其管理者都是政府的各级官员,亏空的重要原因还是监管制度有缺陷。湖广总督郭琇指出:"所谓查参亏空者,全凭司府之揭报,司府之揭报亦止可查征簿之多寡,征多解少即为亏空,其是侵是那必经审明而后可定。"[①] 这就意味着仓储的实际状况缺乏适时的监管机制,而所据账簿不但不能揭示亏空的实际状况,其真实性同样得不到保证。如果没有上级的盘查,官员的任意妄为特别是挪移,还可以在账簿的掩护下得以脱逃一时,而仓贮米谷出入规则反而成了掩饰亏空的托词。其关键还是在于没有制度约束和监管。在上述亏空中,无论官员使用哪种手法,都与制度的缺漏及管理的缺失有关。

---

① 郭琇:《华野疏稿》卷4,文渊阁四库全书影印本。

第 四 章
雍正帝的铁腕反腐与追赔

雍正朝的政治向以严猛著称，而清查亏空更是犹如一场政治飓风，将所有的官员卷入其中，其手段之严厉，尤其表现在追赔上。所谓"凡有亏空，无论已经参出及未经参出者，三年之内务期如数补足"，"如限满不完，定行从重治罪。三年补完之后，若再有亏空者，决不宽贷"[①]。因此，雍正朝可谓有清一代惩贪与治吏最成功的时期。乾隆帝有评价说："我皇考临御以来，澄清吏治，凡此等官侵吏蚀之习久已弊绝风清。"[②]"人而能为清官也。"[③]由此开创的政治局面，是成就康乾盛世的重要保证，而其中在反腐治吏上最大的举措，莫过于清理钱粮亏空过程中的制度践行与改革。

本章着重于从清理钱粮的实态与过程中所表现出的各种权力关系及其结成的利益关系入手，去讨论官场中的腐败，并从历史镜鉴的角度对雍正帝从铁腕反腐到制度改革进行分析。

[①] 《清世宗实录》卷2，康熙六十一年十二月甲子。
[②] 《乾隆朝上谕档》第1册，乾隆二年正月十一日，第150页。
[③] 孙嘉淦：《办理耗羡疏》，载贺长龄、魏源编《清经世文编》卷27。

一 亏空案中利益输送结成的关系网络

雍正元年，伴随着雍正帝严厉的清查指令，各省钱粮亏空案相继揭报上来，几乎每一案件都牵扯到利益与权力的交易。对此，雍正帝深知其中弊害，打击不遗余力。雍正四年（1726）六月，在处理皇八子允禩一案时，其罪责之一即是："外作矫廉，内多贪鄙，数遣护卫太监等私向赫寿、吴存礼、满丕索要银两。"① 雍正六年（1728）十二月，针对江苏巡抚吴存礼以藩库钱粮贿送援交朝中大臣一案批复曰：大学士"马齐岂有放过吴存礼之理"②。马齐"若论其生平，赃私累累，罪案重叠"③。

可见，正是官场中由利益固结的权力关系，致使钱粮亏空案屡屡发生，却又难明其真相。

（一）山东巡抚李树德案

李树德被查审后，开列一份由其出资"帮助借给族人亲友捐纳银两清册"，内有"四十一员，共计帮助借给捐助银五万一百两"，其中有他的族叔、族兄弟、堂叔、堂兄弟等，有汉军旗人，有满人，有汉人。这些人本身大都是官员。花名册如下：④

> 堂叔候选知州李铣为捐知州帮银二千两
> 堂叔已故湖北襄阳府襄阳县知县李镛为捐复知县帮银一千五百两

---

① 《清世宗实录》卷45，雍正四年六月甲子。
② 《宫中档雍正朝奏折》第26辑，《尹继善奏呈吴存礼家人开出馈送借欠等项人名单折》，台北"故宫博物院"1982年影印本，第220—224页。
③ 《雍正朝起居注册》第3册，雍正六年十二月十六日，第2489页。
④ 《雍正朝汉文朱批奏折汇编》第3册，雍正二年八月二十四日，山东巡抚陈世倌奏遵旨查询李树德案追赔各员折，附件：李树德呈帮借亲友捐纳银两清册，第491—493页。

堂叔候选知县李镶为捐知县帮银二百两

堂叔李锵为捐监生帮银一百两

族叔现任河南汝宁府信阳州知州李廷基为捐知州帮银一千五百两

嫡堂弟革职江西抚州府金溪县知县李偏德为捐知县帮银一千五百两

嫡堂弟现任湖北武昌府通判李达德为捐通判帮银一千五百两

嫡堂弟拣选四川省补用知州李据德为捐知州帮银一千七百两

从堂弟现任江南镇江府同知因进藏议叙今升江西广信府知府李亮德为捐知府帮银二千五百两

从堂弟现任河南河南府陕州知州今调补磁州知州李尚德为捐知州帮银二千两

从堂弟现任奉天锦州府宁远州知州李升德为捐免考帮银一千一百两

从堂弟候选知县李立德为捐知县帮银二千两

从堂弟候选知县李泰德为捐知县帮银四千两

从堂弟候选通判李谦德为捐通判帮银二千五百两

从堂弟举人李萃德为捐科分帮银五百两

族弟候选知县李德沛为捐知县帮银一千两

族弟候选知县李洊德为捐知县帮银三千两

族弟现任湖南衡州府知府蓝山县知县李宗望为捐免考帮银七百两

族弟荫生李林庆为捐免考帮银三百两

以上十九员俱系正黄旗汉军人。

族弟候选知州李宗夔为捐知州帮银五百两（山东兖州府沂

州民籍）

族弟李宗广为捐监生帮银四十两（山东兖州府沂州民籍）

族侄李深为捐监生帮银六十两（山东兖州府沂州民籍）

亲妹夫现任工部员外郎达海为捐主事先用帮银二百两（满洲正黄旗）

亲内侄候补笔帖式僧保为捐先用帮银二百两（满洲正黄旗）

亲女婿丁忧候补知县靳树玉为捐知县帮银一千两（镶黄旗汉军）

亲外甥拣选河工效力候选知县靳树椿为捐知县帮银五百两（镶黄旗汉军）

外甥现任浙江宁波府通判靳树鏾为捐知府帮银二千两（镶黄旗汉军）

亲家之子候选通判祖尚垣为捐通判帮银三百两（镶黄旗汉军）

亲侄婿郭允谦为捐监生帮银一百两（镶白旗汉军）

亲外甥原任直隶宣化府蔚县知县今回避候补郭允文为捐知县帮银五百两（镶白旗汉军）

妻弟丁忧候补知县鲍钧为捐同知帮银二千五百两（正红旗汉军）

妻弟原任广东惠潮道鲍鑰为捐复职帮银二千两（正红旗汉军）

族侄婿候补笔帖式峻德为捐先用帮银二百两（正白旗满洲）

以下为友人：

候补通判锺岱为捐通判帮银五百两（镶蓝旗汉军）

以下为借银：

候选训导武烽文为捐先用帮银二百两（直隶保定府完县人）
候选道宋映为捐道员借银二千五百两（江南苏州府人）
现任湖南永州府同知王柔为捐同知借银三千两（山东登州府福山县人）
举人李本溧为捐科分借银一千两（山东大嵩卫人）
现任江西瑞州府知府刘元琦为捐知府借银二千两（山西省人）
候补知府李景春为捐复借银一千两（陕西省人）
原任湖南宝庆府新化县知县王锦为捐复借银二百两（江南省人）

这份贪赃的帮银名单，记录了李树德以侵亏钱粮进行的利益输送。雍正帝在朱批中曰："李树德开呈此一单人，皆李树德贪婪不法苛取民财、亏空国帑之物，以帮助亲友捐助官职者。今李树德事已败露，其当日受益亲友当分应其事。"

另据《雍正朝起居注册》记载，李树德"为伊亲戚捐纳有八十余人"①。除了帮助亲友捐纳之外，另一笔出自官帑亏空银两，被李树德称作"馈送当事、帮助亲族并亲友借欠"。他也列了一份清单，② 系李树德馈送的当事人员及其银两数目：

太监魏珠银二万五千两
太监陈福银二千两
正白旗原任鹰上侍卫通保银二万两
原任内阁学士鄂托拜银五千两
原任督理运米都统图思海银二千两

---

① 《雍正朝起居注册》第1册，雍正二年五月五日，第235页。
② 《雍正朝汉文朱批奏折汇编》第3册，雍正二年八月二十四日，山东巡抚陈世倌奏遵旨查询李树德案追赔各员折，附件：李树德供馈送帮借银两及余存房地家口数目单，第493—494页。

以上五人共馈送过银五万四千两。再当日九卿内亦有送过银两，不过零星数目，记忆不清。

帮助过亲族银两数目：

表弟正黄旗管侍卫内大臣公马尔赛银九千两
嫡堂叔阿思哈尼哈番李铸银一千二百两
族弟正黄旗副都统李林森银四百两
前妻弟正黄旗汉军鲍镇银三千两
妻兄正黄旗满洲鄂尔布银三百两
妻兄正黄旗满洲色尔布银三百两
以上六人共帮助过一万四千二百两。

借给过族人亲友银两数目：

族叔福建汀州道李铉借银一千两
妹夫镶白旗汉军丁忧候补知府卢兆鹏借银三千两
族妹夫镶白旗汉军许重昭借银一千两
表侄婿广东广州府花县知县朱绍濂借银一千五百两
贵州按察使申大成借银一万八千两
江西瑞州府知府刘元琦借银二万二千六百两
丁忧候补道程之炜借银五千两
山东大嵩卫举人李本淏借银四千两
山东沾化县知县沈文崧保认原任泇河通判张镐借银六千两（此宗应向沈文崧追讨）
原任浙江定海总兵官金弘声借银五百两
贵州铜仁协副将冶大正借银五百两
以上十一人共借给银六万三千一百两，俱有借约、图书、花押、中保为凭。

这同样是以钱粮亏空为代价联结的关系网络，将李树德与他的亲友同僚等社会关系固结为一体。

此外，李树德作为康熙末年山东巡抚中亏空最多的大员，他的亏空银两还包括行贿于朝中权贵。在雍正四年审理的隆科多案中，报出隆科多"收受李树德银二万一千四百余两"①。随后李树德将其如何行贿"帮助"隆科多的缘由及相关细节记录在一张单子里，但因没有保留下来，我们是看不到了。

有资料记载的，李树德还行贿于大学士、一等公马尔赛等。雍正四年（1726）十一月，署理山东巡抚的塞楞额请旨："原任巡抚李树德因伊送过公马尔赛银两，无力抵还，将伊当日帮过隆科多银二万一千四百两、帮过鄂伦岱银一千四百两之处呈请追出，以补公马尔赛之项。"② 有关此事的详情，在布政使张保的奏折中有奏报。

（二）江苏巡抚吴存礼亏空案

雍正六年（1728）十一月初九日，江苏巡抚尹继善在奏折中称："前抚臣吴存礼各案亏空共银四十余万两"。随后，在严审其家人王国玺后，王国玺交出账簿一本，簿内登记馈送借欠各项共银 45 万两余。也就是说，这本账簿记载了吴存礼多次行贿朝中朝外文武各官的名单及数额。③ 详请见此记账簿：④

  馈送名单
  松祝　　　　　　中堂　　　　　　　　　　　　　　14000

---

① 《清世宗实录》卷62，雍正五年十月丁亥。

② 《雍正朝汉文朱批奏折汇编》第8册，雍正四年十一月初十日，署山东巡抚塞楞额奏为追回前抚李树德帮助隆科多银两请旨折，第410页。

③ 参见《雍正朝汉文朱批奏折汇编》第13册，雍正六年十一月初九日，署江苏巡抚尹继善奏报查追已故苏抚吴存礼亏空银两折，第888页。

④ 《宫中档雍正朝奏折》第26辑，《尹继善奏呈吴存礼家人开出馈送借欠等项人名单折》，台北"故宫博物院"1982年版，第220—224页；又见《台北故宫博物院清代宫中档奏折及军机处档折件》，文献编号：402002284。

赖都	刑部尚书	5750
查弼纳	兵部侍郎	1362
张文彬	奏事大人	9400
迈公	乾清门大人	1800
范时崇	总宪	3130
汪双全	奏事大人	8000
王掞	中堂	9466
陈元龙	工部尚书	2720
殷公	满洲（缺名）	8700
于准	原任江苏巡抚	2268
张鹏翮	吏部尚书	1000
何天培	将军	1000
赵弘燮	直隶总督	15840
赵珀	副都统	3560
耿公忠	副都统	10680
耿肇佐	佐领	6786
李钺	原任本旗佐领	3370
李涵德	本旗佐领	4040
许国柱	本旗副都统	1030
佟萨尔纳	汤山监督	3580
魏五十一	汤山监督	2874
钱以恺	礼部侍郎	4166
勒什布	吏部侍郎	2408
李先复	兵部侍郎	2256
李永绍	户部侍郎	728
李旭升	吏部侍郎	1192
色尔图	吏部侍郎	1370
穆和伦	户部尚书	640
徐元梦	原任巡抚	1800

白潢	中堂	3240
满保	福建总督	720
赫奕	原任工部尚书	784
鄂海	原任陕西总督	1000
巴侯	乾清门大人	1080
常鼐	原任江南总督	3000
傅绅	吏部侍郎	2680
汤右曾	吏部侍郎	4550
王顼龄	华亭中堂	7548
蔡升元	总宪	3700
张廷枢	刑部尚书	2520
赫林	工部侍郎	512
王企靖	户部侍郎	404
蒋有德	翰林	896
李光地	中堂	2560
汪	正黄旗都统	5800
黄秉钺	副都统	1700
李林森	副都统	4600
潘锦	通政司左参	2530
陆经远	通政司（苏州人）	656
登德	内阁学士	540
孙柱	兵部尚书	440
李华之	刑部侍郎	1344
王奕清	詹事府	760
杨存理	兵科	3670
彭腾喆	原任山西驿道	3400
党阿赖	总宪	2000
杨	奏事大人	1924
詹嗣禄	工科	1548

田从典	户部尚书	812
成文运	提督四译馆	1680
巴克善	原任河南道御史	380
连肖先	正主考	480
戚麟祥	副主考	180
艾芳鲁	刑部侍郎	141
巢可托	刑部尚书	320
沙碧汉	工部尚书之子	560
杜呈泗	松江提督	500
江藻	通州坐粮厅	764
张圣佐	河南抚院	400
白	本旗参领	1950
赫寿	总督	2588
永在	工部都水司	540
杨朝凤	原任醴陵县（汉军）	400
韩	原任江南乐县（正白旗人）	776
常岱	吏科	448
陈允恭	太常寺	418
索	鹰上大人（满洲正白旗人）	600
周道新	刑部侍郎	942
齐	奏事大人	1400
常	奏事大人	176
花	奏事大人	740
刘相	刑部侍郎	1556
孙查齐	户部尚书	1700
胡作梅	礼部侍郎	460
王思轼	礼部侍郎	682
陶赖	刑部尚书	528
张勷伯	原任顺天府	400

姓名	职务	数额
黄叔琳	太常寺	684
黄叔琬	通政司	304
杨茂崇	本旗甲喇	564
董殿邦	包衣昂邦	600
阿锡鼐	刑部侍郎	680
耿三	本旗副都统（正黄旗人）	340
王之枢	内阁学士	100
肯德福	理藩院主事（镶黄旗人）	500
刘荫枢	原任贵州巡抚	400
塔拜	杭州将军	600
孙文成	杭州织造	600
曹頫	南京织造	540
陈世安	大名道（浙江海宁人，住苏州）	440
高怡	御史	400
王景鲁	刑部侍郎	240
赵世显	总河	2200
鄂克荪	南京将军	240
欧阳恺	崇明总兵	200
甘国培	镇江副都统	300
胡俊	崇明总兵	260
张大受	原任贵州学政	256
巴颜太	侍读	500
张健策	御史	160
岳	南京将军	400
安泰	原任总宪	400
伸保	原任江宁副都统	400
伍格	侍卫	1242
阿琳	子牙河分司	220
鄂公	鄂伦岱	880

阿公	阿灵阿	1060
佛大人	营造司	220
高其位	原任松江提督	400
陈鹏年	原任总河	520
梁文煊	原任浙江宁台道	200
朱斐文	现任直隶河西务同知	400
祖应宸	京口参领	200
龚荣	饶九道	360
陈献德	浙江乌程县（镶红旗人）	275
马世勋	现任山西参将	300
施世范	施世纶胞弟	200
傅作楫	御史	160
马礼善	户部员外郎	100
徐树庸	御史（昆山人）	240
黄觐光	中部县（福建人，李中堂之婿）	600
查克旦	兵部左侍郎	200
李老公	十二府人	600
李三	五老公，十府人	115800
苏努	贝子	1064
六黄带子	苏努之子	1770
李英贵	包衣昂邦	470
魏珠	太监	20770
马世辉	三府人	2000
金以皋、金以龙	三府人	2000
哈姓	塞思黑家人	25600
金姓、何老公	塞思黑家人	400
陈锠	十五府家人	800
刘老公、佛大人、阿其那家人		26400
兵科杨存理经手送众科道36人		2376

礼部侍郎钱以恺经手送众科道31人		2046
合计	445724	
有券借欠名单		
郭朝祚	原任松江同知	1000
张景伟	南昌知府	300
那尔泰	苏州乌林大	1100
合计	2400	
无票借欠名单		
甘国璧	云南巡抚　代捐纪录银	1282
赵友夔	原任巩昌府（常熟人）	500
刘廷琛	广西臬司	500
南天培	云南总兵	580
段志熙	浙江布政司，代捐纪录银	2250
刘蕃	陕西学道	424
海宝封王	翰林	260
张管	江西饶州府同知	500
合计	6296	

根据此账簿可知，当时的受贿者有时任大学士4人（松祝、李光地、王掞、王顼龄），雍正帝即位后升授大学士5人（白潢、张鹏翮、田从典、陈元龙、徐元梦署大学士）；部院尚书、侍郎、内阁学士、都察院左都御史等约计31人；外省督抚等约7人；都统、副都统、将军、提督、总兵等约16人；此外还有王公贵戚等数人，共计约有230余人。①

这本账簿呈现给我们的不仅是一份行贿的名单，而且是一个上至朝廷权贵，下至御史、参领、翰詹科道，乃至各府家人、太监等，

---

① 郑永昌研究并统计，此清单内有大学士5人，部院尚书、侍郎30人，王公贵戚14人，总人数达219人。郑永昌：《雍正初年的吏治整饬——江苏巡抚吴存礼的个案试析》，载《为君难——雍正其人其事及其时代论文集》，台北"故宫博物院"2010年版，第289页。

横向更是遍及全国的关系网络，呈现出官场中一个如此庞大的利益链条。更有意思的是，在吴存礼的这张单据中还有施世纶之弟、李光地之婿、苏努之子、刑部尚书沙某之子，以及皇八子、皇九子家人等，足见吴存礼编织这张网络时的用心程度。

而且，上述账簿中还不是吴存礼行贿的全部。比如，隆科多案发后查出收受吴存礼贿银一万二千两①不在账簿中。雍正帝看过吴存礼行贿的账簿后，发现没有大学士马齐，朱批有"马齐岂有放过吴存礼之理!"②还有，雍正八年五月，据江南松江提督总兵官栢之蕃奏报，其先前在参领任内吴存礼为江苏巡抚，自康熙五十七年至六十一年（1718—1722）五年内，吴存礼陆续帮给银1200余两，皆由吴在京家人送来。康熙六十年，栢之蕃母病，又向吴存礼挪银三百两。③这笔银两也不在账簿中。

（三）山西巡抚苏克济及知府栾廷芳亏空案

除了山东、江苏而外，山西的大贪同样留下了亏空款项的去处。如山西巡抚苏克济亏空450余万两，曾行贿国舅隆科多"银三万六千余两"。诚亲王允祉获罪后，"查出勒索苏克济银两"④。说明，苏克济在山西任职期间，也在不断编织自己的关系网络，而利益与权力输送必是结网的前提。

例如，苏克济与大同知府栾廷芳建立起相互攀援的关系，并通过栾廷芳结交京城王公权贵，以及徐元梦、高其倬等高官。栾廷芳曾经是康熙帝倚重的大臣理藩院尚书阿灵阿的家人，曾"送过阿灵阿并其子阿尔松阿银两、绸缎等物，不曾细记，约有四五万两"。虽然阿灵阿在康熙末年先已去世，但影响力仍在。据栾廷芳供认，其

---

① 参见蒋良骐《东华录》卷29，第476页。
② 《宫中档雍正朝奏折》第26辑，《尹继善奏呈吴存礼家人开出馈送借欠等项人名单折》，第220—224页。
③ 参见《雍正朝汉文朱批奏折汇编》第18册，雍正八年五月二十七日，江南松江提督栢之蕃奏复原江苏巡抚吴存礼从前帮给盘缠银两暨往来实情并请议处折，第796页。
④ 《清世宗实录》卷70，雍正六年六月己亥。

自身由兴县知县一路升任大同府知府，皆有赖于阿灵阿。苏克济正是看中了这一点，题奏栾廷芳升任大同知府，与其固结。

此外，在这个权力关系的链接中，还有巡抚诺岷。诺岷"不将（栾廷芳）馈送阿灵阿数十万两陈奏，代为隐匿"①。很明显，诺岷也属于与阿灵阿交好之人。但不可否认的是，诺岷在查审栾廷芳一案中是有功之人。

先是，雍正元年（1723）九月，经诺岷严讯栾廷芳并其家人，随后从其家中挖出婪得赃私，"共得银十五万八千七百余两，得金三百五十余两，俱已入库"。附有清单及雍正帝朱批。② 雍正二年九月，诺岷又查出栾廷芳行贿京城各王爷及大臣。奏称："给恒郡王允祺银六千五百两，为送郡王允䄉马畜用银四千两。云云。将此栾廷芳言为苏克济所送者，苏克济则推诿栾廷芳，彼此推诿无定，故于前次折内未写。今据苏克济言，接收偿还。""又于册内取银两之人内，现任、解任大臣官员颇多，其中图思海得银二万三千余两，既然数额多，则除仍咨行其旗追索外，其余人所得之银两，皆栾廷芳等作为礼物送者，其中章京、笔帖式等，仅写其姓者多，问其名，栾廷芳皆不知。此皆栾廷芳自己所用之项，理应着落于伊偿还者。其衙门所用银两，既蒙皇上加鸿恩免追究，则可否免追此等大臣、官员银两，恩出自皇上。此外，各州县官员欠伊之项，若不代伊追取，恐伊难以独自偿还，故臣已遍行全追。"雍正帝基本同意了诺岷的处理意见，令将"官员所得银两数，谨具折奏览"。

随后诺岷将栾廷芳馈送银两情形记载如下：③

---

① 《雍正朝汉文朱批奏折汇编》第6册，雍正四年正月二十九日，山西总督伊都立奏报查明大同府知府栾廷芳馈送银两亏空钱粮缘由折，第742—743页。
② 《雍正朝满文朱批奏折全译》，雍正元年九月十八日，山西巡抚诺岷奏报自栾廷芳家中挖出藏银数目折，第351页。雍正帝朱批："唯先将其十八万两亏空全部补完。"
③ 《雍正朝满文朱批奏折全译》，雍正二年九月初四日，山西巡抚诺岷奏报栾廷芳馈赠银两情形折·附栾廷芳馈送银数折，第924页。

给恒郡王允祺银六千五百两

徐元梦一千两

高其倬共七千四十八两

以上苏克济承认催交。（朱批：将此三人所欠者，苏克济已偿完银百万两，将此又另行偿还则除议外，若到不能之时，则将此事再行询问之。）

图思海共二万三千八百七两

运米大人艾芳曾八百两

内阁学士常寿四百两

侍郎王懿四百两

领驼大人殷济纳井莽、班、拖三人共五千三百六十两

买马大人侍郎罗瞻一千两

运米大人李先复八百一十四两

送驼大人副都统陶托卜克六百两

跟随图思海等夸兰大（营总）纳显等三百两

夸兰大瓦尔喀等七百二十两

笔帖式罗、常、索三人三百六十两

夸兰大索三百二十两

夸兰大诺尔孙八十两

夸兰大索三百二十两

夸兰大程三百二十两

笔帖式罗一百二十两

笔帖式陶一百二十两

夸兰大祝兆鹏六百两

法员外三百二十两

甄主事三百二十两

>魏笔帖式二百四十两
>
>法笔帖式一百二十两
>
>舒笔帖式一百八十两
>
>放米户部员外常二百两
>
>放米齐八十两。
>
>以上栾廷芳请咨催追。

除此之外，受贿者还有果郡王允礼、允祎等，未列名于所附清单。

由于在康熙末年的储位之争中阿灵阿是皇八子允禩的支持者，也就是雍正帝的政敌。于是雍正帝对栾廷芳案高度重视，有旨严惩。诺岷也因未奏出这层关系受到指责，甚至因此失去雍正帝的信任。

对于这起亏空案，雍正四年（1726）正月，雍正帝从官员相互徇隐、党庇的角度作了这样的分析，他说：栾廷芳原系阿灵阿家人，倚恃阿灵阿势力官至知府。在任甚属贪婪。前任巡抚瞻徇情面，将百万钱粮交伊办理，以致亏空侵蚀甚多，诺岷查审时并未声明原由，俱为伊掩饰开脱。且栾廷芳馈送朕弟之处，诺岷俱曾察出奏闻。至于馈送阿灵阿数十万两之处，并未陈奏，显系诺岷袒护伊党，为阿灵阿隐匿耳。雍正帝又说，年羹尧从前曾奏云，栾廷芳完结亏欠银两，情愿前往陕西效力，交银十万两等。所以，在雍正帝眼里，栾廷芳亏空侵蚀钱粮并不完补，乃于各处钻刺营求，殊属可恶，命交与新任巡抚布兰泰将原由查明严审具奏。①

可以看出，栾廷芳不仅工于人脉建设，且交游的范围极其广泛，换言之，围绕一个知府的钱粮亏空案，挤满了诸王公、尚书、侍郎、督抚以及夸兰大、笔帖式等诸多个侵蚀国帑的蠹虫。栾廷芳的亏空案除了数额巨大之外，也直接揭示出官场中一个利益相关的共同体。

---

① 参见山西巡抚伊都立《奏报官员侵蚀亏空银两事》雍正四年正月二十九日，中国第一历史档案馆藏，《朱批奏折》档号：04-01-35-0707-023。

(四) 年羹尧案

雍正三年（1725），陕甘总督年羹尧以恃功倨傲、骄横跋扈获罪。在诸项罪状中，其中之一即为贪赃受贿、侵蚀钱粮。而在其侵蚀钱粮的背后依然是权力的攀附与利益的输送。

先是，雍正二年（1724）十二月，雍正帝开始通过奏折向地方大员了解年羹尧的情况，在给齐苏勒的朱批中，令其报告"年羹尧大露作威作福揽势"之情。二十二日，在给湖广总督杨宗仁的奏折中朱批：年羹尧何如人也，就你所知据实奏来。① 于是，在雍正帝的号召下，地方督抚等方面大员开始揭发年羹尧擅权婪赃的诸种罪状。

因有奏报说直隶总督李维钧、镶白旗汉军都统范时捷等皆跪拜年羹尧。为表明立场，雍正三年（1725）五月初十日，范时捷特参年羹尧欺罔贪婪。其一，年羹尧因运米四万石至军前，照捐纳价银不开细数销银144万两，其中在甘肃就近买米省出40余万脚价银侵蚀入己。其二，年羹尧管理捐纳，捐例每驼一只定价折银72两，每米一石亦折银72两，年羹尧每驼一只额外勒银36两，计共收捐银61.6万余两，共婪赃30余万两。有经手收捐官原任西安府知府桑成鼎、金启勋等可讯为证。其三，陕西俸工银因军需殷繁，由总督鄂海题明捐补，至雍正元年十一月停止。年羹尧妄称已经奏过，将雍正二年俸工照旧公捐，但公捐数目及支销款项匿不公开。②

五月二十八日，署理山西巡抚刑部左侍郎伊都立以其在山西所闻数端奏参。曰：先年西塞用兵，选调直隶、山东、山西、河南四省官员赴甘肃效力，后有谕令年羹尧酌量发回原任，年羹尧借端勒令每员帮助银四千两。现据军前效力山西太平县参革知县张学都具

---

① 《雍正朝汉文朱批奏折汇编》第4册，雍正二年十二月十三日，河道总督齐苏勒奏谢恩赏奶饼果干恭奉朱批天语折，第180页；第4册，雍正三年正月二十日，湖广总督杨宗仁奏遵旨陈报年羹尧居官为人情形折，第330页。

② 参见《雍正朝汉文朱批奏折汇编》第4册，雍正三年五月初十日，镶白旗汉军都统范时捷奏参年羹尧欺罔贪婪折，第946—947页。

呈，有临洮府知府王景灏转行牌票可据。①

六月二十四日，副都统觉罗伊里布密奏首获赃私事。曰："年羹尧历任川陕以来十五六载，财货之多富至无比，自今年二月间起以至五月终止，陆续发过驮子共传一万有余，预先安置以营三窟，而暗留于陕西文武军民等处者尚多。近有督标后营游击出首皮箱一百零八个，脚价银四百两，云系魏之耀寄下；又于四川坐省提塘王纬寓所藏有十余万金，业被封住；且咸长两县俱有存贮之物，而民间传言，西安府知府赵世朗处，年羹尧寄放银子极多，即象牙有一百几十根。"②

八月初八日，四川巡抚王景灏奏：约计西宁军需除不入正项开销用去银两外，年羹尧浮冒仍有二十余万。③ 至雍正三年（1725）十二月，经过近一年时间的调查，查出年羹尧勒索受贿"共计赃银三百五十余万两"。

根据蒋良骐在《东华录》中的记载，雍正三年，议政王大臣与刑部议定年羹尧92项大罪，④ 其贪黩之罪十八：

> 收受题补官员银四十余万两
>
> 勒索捐纳人员银二十四万两
>
> 赵之垣罢职发往军营，羹尧勒馈金珠等物价值二十余万两
>
> 受乐户窦（经）荣银两
>
> 收受宋师曾玉器及银万两
>
> 遍置私人，私行盐茶
>
> 私占咸宁等盐窝十八处

---

① 参见《雍正朝汉文朱批奏折汇编》第5册，雍正三年五月二十八日，署山西巡抚伊都立奏陈年羹尧劣迹数端折，第194页。
② 《雍正朝汉文朱批奏折汇编》第5册，雍正三年六月二十四日，西安右翼副都统伊里布密报年羹尧赃私巨多折，第370页。
③ 参见《雍正朝汉文朱批奏折汇编》第5册，雍正三年八月初八日，四川巡抚王景灏奏估计年羹尧在西宁浮冒军需银数折，第763页。
④ 蒋良骐：《东华录》卷27，第446—447页。

收受鸿胪寺少卿郭继孔古玩

索属员傅泽溎贿，不据实劾亏帑

西安、甘肃、山西、四川效力人员，每员勒银四千两

受参劾知府栾廷芳贿，奏随往陕西

掠各番衣物为己有

私征新抚各番租银

擅取蒲州盘获私盐价银一万两

遣仆贩卖马匹

私贩马，发各镇勒重价

遣庄浪县典史朱尚文赴湖广、江、浙贩卖四川木植

令人卖茶得银九万余两

其侵蚀之罪十五：

冒销四川、西宁等处军需入己（据王录：西宁应单列，作为一项）

冒销军前运米费入己

侵用各员并俸工几五年皆入己

筑布隆吉尔城，冒销工料入己

隐匿夔关税银，又加派粮规入己

盘获私茶，取罚赎银入己

侵用河东盐政盈余入己

西安米万石未运至西宁，冒销运费入己

宁夏各卫贮仓谷及留西宁养马银并收入己

侵用城工余银入己

买贮咸、长等八县米浮销余银一万五千余两

抄没塔尔寺硼砂、茜草诸物，私变价银入己

侵用纪廷韶等捐解银入己

砍桌子山木植入己

以上资料虽然揭露的主要是年羹尧婪赃、侵蚀的数目,但其贪赃侵盗钱粮所以能够得逞,正是依赖于权力之下的利益需求与输送,仍有权与钱的交易。雍正三年八月,直隶总督李维钧揭出的问题就足以说明年羹尧如何以权谋私。

李维钧于雍正元年(1723)二月,由直隶守道破格擢升直隶巡抚,二年十月,特改直隶巡抚缺为总督缺,仍以李维钧升授,足见雍正帝对李维钧的倚重。雍正帝曾就直隶亏空要求李维钧清偿。据档案记载:雍正元年三月李维钧进京,"上谕:直隶亏空多少?臣奏:约有四十万两,都亏空在州县那新掩旧,不亏空在道库,是年年奏销过的。上谕:从前亏空都是赵弘燮做下的,如今赵之垣自愿捐银三十万两料理他叔子未完事件,你追他的出来,以后的亏空交给你了"①。

然李维钧因与年羹尧交谊过厚,欲借此机会贿媚年羹尧,以赵之垣为陕人将其赔补亏空的30万银转交年羹尧催追。直到年羹尧败,其背后交易方得曝光。原来,"赵之垣仅缴二十万两,年羹尧代为请豁"。"西安人见赵之垣送年羹尧礼物,每次必用皮箱数十只。"②也就是说,赵之垣行贿年羹尧,年羹尧代其题准免去应赔银两10万余两。

(五) 隆科多案

相比年羹尧案,隆科多案牵扯到的交易内幕更加触目惊心。雍正四年(1726),随着雍正帝对隆科多擅权诸罪的清算,刑部等衙门议奏隆科多挟势婪赃,差家人王五、牛伦陆续索取揆叙家人安图名下骡马、缎疋、古玩等物并银14万两。此外又收取赵世显、满保、甘国璧、苏克济、程光珠、姚让、张其仁、王廷扬、年羹尧等,金

---

① 《雍正朝汉文朱批奏折汇编》第5册,雍正三年七月十九日,直隶总督李维钧奏恭呈面奉上谕折,第586页。

② 《雍正朝汉文朱批奏折汇编》第5册,雍正三年六月十七日,直隶总督李维钧奏覆李宗渭应否任其去留暨年羹尧贪婪劣迹等事折,第337页。

800两,银42200两。① 雍正五年(1727)十月,顺承郡王锡保等在审理隆科多婪赃一案时,报出了其收受贿赂的明细。隆科多的十六起婪赃罪分别是:②

> 索诈安图银三十八万两
> 收受赵世显一万二千两
> 收受满保金三百两
> 收受苏克济银三万六千两
> 收受甘国璧金五百两、银一千两
> 收受程光珠银五千两
> 收受六格猫(睛暎)
> 收受姚让银五百两
> 收受张其仁银一千两
> 收受王廷扬银二万两
> 收受吴存礼银一万二千两
> 收受鄂海银一千五百两
> 收受佟国勷银二千四百两③
> 收受佟世禄银二千两
> 收受李树德银二万一千四百两
> 收受菩萨保银五千两

在上述行贿的十六人中,赵世显为直隶巡抚、满保为闽浙总督、苏克济为山西巡抚、甘国璧为云南巡抚、吴存礼为江苏巡抚、鄂海为川陕总督、佟国勷为江西巡抚、李树德为山东巡抚,这八人都在康熙末年封疆各省。此外还有布政使程光珠。其中直隶巡抚赵世显、山西巡抚苏克济、山东巡抚李树德、江苏巡抚吴存礼四人,都是背

---

① 参见《清世宗实录》卷40,雍正四年正月辛酉。
② 蒋良骐:《东华录》卷29,第476页。
③ 佟国勷在云南布政使任上曾以贪劣遭巡抚佟毓秀疏参,被革职拿问。

负巨额亏空的直接责任人，同时也是行贿隆科多银两最多的大省督抚，行贿额都在万两以上。而程光珠在山东藩司任上，也是任意支取银两导致亏空的布政使。对此，前文皆有论述。

由隆科多的受贿案，再次看到一个由利益编结成的关系网，地方大员的钱粮亏空多与朝廷高层的权势人物的受贿有关，但地方督抚行贿又不止于高层，甚至连把握一定权力的小京官也在他们以金钱拉拢的范围之内。而督抚用于行贿的金钱，大都由勒索地方州县所得。如此则结成一条上下婪赃、行贿索贿的关系链。京官的贪腐案大都会与地方督抚的亏空案扯上关系。因此可以认为，利益关系的建立在很大程度上是以国家钱粮亏空为代价的。官员由利益结成群体，在利益关联的作用下集体舞弊，是造成亏空的人为因素。

因此，清理钱粮亏空是一最具杀伤力的反腐风暴，它是以确保国家利益为前提，针对国家的财政亏空和吏治腐败，对官僚集团实施的一次经济上的大清查。它所表现出的官僚政治中的利益关系，揭示出国家政治运行过程及其走向的某些决定性成因。

二　"毕竟叫他（贪官）子孙作个穷人！"

正是基于对钱粮亏空来自官员贪腐的认识，雍正帝才决意铁腕反腐惩贪。而追赔也成为他打击贪官的重要手段，为此，雍正帝说出一句狠话，就是"毕竟叫他（贪官）子孙作个穷人"。

在雍正帝看来，对于吏治腐败如果不下大力度整顿，贪风难以止息。而官员贪黩，多是为家庭子孙谋利，正所谓"妻妾欢悦童仆饱，始知官职为他人"。因此，雍正元年（1723），当山东巡抚黄炳揭报仓储亏空高达二百多万时，雍正帝批示要对主犯李元龙严惩。他说："知府李元龙乃李国亮罪不容诛之子，家私数百万，而仍贪酷不已。"李元龙与前任巡抚李树德为同宗，"任事同通不规，扰害百姓。此等不肖种类，当一面拿问，一面参处。在此人身上，追出数十万金,以养尔山东百姓,不是好事么?丝毫看不得向日情面、众人请托,务必严加议处。追到水尽山穷处,毕竟叫他子孙作个穷人,方符朕意"①。足见雍正帝对贪官的痛恨之情,也表达了他惩贪的坚决和不达目的誓不罢休的决心。

就清查亏空的目的而言,说到底是国家在经济上对官僚个人非法占有进行全面清算并收归国有,而对官员个人而言是一次利益的巨大损失。没有人能心甘情愿地将费尽心机侵盗的钱粮再拿出来赔补,甚或要赔到倾家荡产。所以,清查亏空的过程是十分艰难的,而赔补的过程就更加不易。地方官为掩饰亏空无所不用其极,而在共同的利益下,互相徇隐包庇是其通用的手法。而为完补亏空继续搜刮百姓,更会不择手段。

为此,雍正朝制定了严厉的追赔亏空条例,雍正二年(1724)定追赔定例:"凡亏空官员须审明革职,勒限追完。审无侵欺入己之项,勒限一年内赔补,全完准以原职补用。"雍正四年(1726)议准的以侵欺、挪移钱粮的完补条例及其处分方式尤为详细:

> 州县侵挪亏空,审明确系知府徇隐、独赔之项,将知府照例革职离任,本犯拟罪监追,勒限三年完补。无论本犯完补或知府协同完补,但能于一年内全完,系侵欺之项,本犯拟死罪者,照例减二等发落,拟军、流、徒、徒、杖者,照例豁免。徇隐之知府不准开复。系挪移之项,至二万两以上者,一年内全完,本犯照例释免;未至二万两者,一年内全完,本犯照例准其开复,其徇隐之知府亦照雍正二年八月上谕,上司与本官一同开复之例皆准其开复。如二限三限完补者,本犯照例分别发落。若三年限满不能完足,即将本犯治罪,查实果系家产全无,无力完帑,不论是侵是挪,将未完之项尽数着落徇隐之知府勒限一年完补,除徇隐侵欺之项,虽经全完不准开复外,系

---

① 《雍正朝汉文朱批奏折汇编》第32册,山东巡抚黄炳恭请圣安折,第803页。

挪移之项能于一年内全完，准其开复。一年限满不完，再限一年完补，若能于二限内赔补全完，照依原职降一级调用。二限内完不足数，再限一年完补，若能于三限内全完，照依原职降二级调用。三限内不完，将知府家产搜查变补，即赔补全完，亦不准开复。

如州县亏空，知府失于觉察，系侵欺之项，除本犯照例严追外，失察之知府照失察侵盗本律议处，免其分赔。如系失察挪移，例应分赔之项，将知府革职，其亏空之项亦先在本犯名下勒限三年追补。一年内全完，将本犯及不行揭报之知府皆准其开复。二限三限完补，本犯照例分别发落。若三年限满不能完足，将本犯治罪。查实果系家产全无无力完帑，将未完之项着落不行揭报之知府分赔一半，其余一半入于无着项下完结。其知府分赔一半银勒限一年内完补，一年内全完准其开复，不完，再限一年完补，若能于二限内全完者准其开复，于补官日罚俸一年。如二限内完不足数，再限一年完补，若能于三限内全完者，照依原职降一级调用。如三限内不完不准开复，未完银仍着落追赔。①

根据上述条例可知，雍正帝以三年为限严行追补亏空。然而最能代表其铁腕追赔的方式，概括起来主要有这样几点，而且自雍正元年以来即已陆续颁行：一是亏空官员一律革职离任追赔，"嗣后亏空钱粮各官即行革职，着落伊身勒限追还"②。二是严行"抄没家产""父债子偿"之例，即"凡亏空官员于题参时，一面任所严追，一面行文原籍地方追变家产"③。且连带其子孙。"雍正元年定例内

---

① 光绪《钦定大清会典事例》卷101，《吏部·处分·亏空分别处分开复》。
② 《清世宗实录》卷4，雍正元年二月己卯。
③ 《雍正朝汉文朱批奏折汇编》第1册，雍正元年八月初十日，通政使司右通政钱以垲奏请严亏空之例折，第811页。

开，亏空之官查其子有出仕者，解任发追，完日开复。"① 为此，雍正帝要将此等人追至"叫他子孙作个穷人""务使成为乞丐"，其严厉性可想而知。三是对该管上司追究失察责任，对失察或徇庇者以"分赔"方式令其承担经济损失。四是惩处及追变家产不遗余力。

（一）革职离任、革职拿问并抄没家产

康熙时期，对于亏空官员往往施以革职留任的处分，目的在于令其尽快赔补亏空的钱粮。但雍正帝认为，若"亏空钱粮各官革职留任催追，必致贻累百姓。既然获罪革职，岂可留任。嗣后亏空钱粮各官即行革职，着落伊身，勒限追还"②。并于雍正元年（1723）发上谕定立此项规矩。为了保证亏空钱粮有着赔补，元年十一月，又以部文通令各省督抚"亏空留任赔补之官即令离任，从前年久行追之案，亦照伊子现在何省为官题请离任，俱俟追完开复"③。

1. 山西例

雍正元年（1723）七月，山西诺岷在清查钱粮亏空的过程中，首先遇到了对亏空官员是令其革职留任还是革职离任赔补的问题。

先是，前任巡抚德音已奏准太原等36个"知府知州等自愿担保于十个月内完赔，于该州县官员免于革职"。"若逾限不完，则将该州县官参革拿审，从重治罪，未完钱粮，以家产追赔。原具保知府、知州及隐情不行举发之布政使苏瞻、原任巡抚苏克济俱照例分赔。"④ 但诺岷到任后发现，原奏十个月内应完补17.2万余两，仅完7.4万余两。于是，诺岷奏请甄别州县官员贤恶，将居官劣者革职。他说："凡有亏空，但愿定限赔补，或办事好，于地方尚有利者，可留任另

---

① 《雍正朝内阁六科史书·吏科》第21册，吏部尚书隆科多题为永清县知县亏空银米请将其子太原县知县解任追赔本，第375—376页。
② 光绪《钦定大清会典事例》卷101，《吏部·处分·亏空分别处分开复》。
③ 《雍正朝汉文朱批奏折汇编》第2册，雍正元年十一月二十六日，川陕总督年羹尧奏请恩准亏空之员限年赔补折，第308页。
④ 《雍正朝满文朱批奏折全译》雍正元年七月初三日，山西巡抚诺岷奏请府州县亏欠未完银两由各官分赔折，第207页。

调州县效力。凡居官恶劣于地方无益者，虽留任亦无意赔补亏空，反为地方一害，对此等人，臣将查实陆续纠参。"①

可见，诺岷对亏空官员革职留任、限期赔补的示范是失败的。但是，对于革职离任的实施同样也是有困难的。由于州县普遍亏空，若将亏空官员一律革职，也会面临着官衙空荡、署任无人的尴尬局面。接下来需要解决的不仅是钱粮亏空的持续性清查，还有被革职官员的空缺如何选人的问题。诺岷在另一份奏折中就提到他在山西遇到的这一窘境。正因如此，他一面请旨由朝廷派遣候补官员补缺，一面将亏空官员陆续查参，并采取各州县官员互调互查等措施。前者针对的是亏空官员革职后管理人员的不足，后者是为了防止官员在自己的辖区徇私舞弊，以保证清查亏空的实际效应。

诺岷随即将勒限十个月追完的太原等36州县中未完亏欠银两的官员参拿治罪。"但若照此办理，州县出缺甚多，署任人员不足，故臣一并奏请选给候补之员二十名。"② 但诺岷并没有将朝廷调补的20人直接补革职官员之缺，而是"以现出之缺，酌情调用旧员，其调后出缺用二十新到之人。这些人背对互查，此三十州县之钱粮必能彻底查明"。并声称其余60余州县也要照此办理，奏请再发30员候补官员来山西。这项奏请亦得到雍正帝的批准，命"自四川、云南拣人送去"。

诺岷如此大费周章，是因为历经几个月的观察，他发现，"州县官员行弊极其狡猾，手法隐蔽。夫今若查其库存之项，则有向各店铺富殷之人借取充数者，倘借不到，则擅改征收钱粮之册改作民欠，欺蒙上司；若追其亏欠，又挪移钱粮，以新征补旧欠。如今涉事官员皆在任上，书办民人俱不敢如实相告。"而通过官员之间的互调，

---

① 《雍正朝满文朱批奏折全译》雍正元年十月十七日，山西巡抚诺岷奏请调转州县官员以便清理亏空折，第440页。
② 《雍正朝满文朱批奏折全译》雍正元年七月二十七日，山西巡抚诺岷奏报赔补亏欠未完钱粮人员暂缓参革缘由折，第256页。

则可使狡诈之员无用武之地，而"新任之员断不会替人受过"①。所谓"山西通省皆为新任，所有隐瞒亏空，俱令彻底清查可也"②。

雍正元年十二月，诺岷对山西各州县的清查基本进入尾声，山西共有 97 州县，先是有 32 州县实施了新旧官员相互掺调，又有 10 州县官员全为新员，其余 55 州县也在年底完成了新旧官员的互调，③97 州县官员全部为新任。可以说，诺岷不仅在山西落实了雍正帝对亏空官员"革职离任"赔补的惩治手段，且以"官员互调"、背对背清查的方式保证了清查与追缴亏空钱粮向纵深推进。雍正六年（1728）四月，雍正帝回忆说："向来山西亏空甚多，国帑久虚，不能弥补。从前抚臣多请将亏空之员革职留任，以为弥补之计。夫以不肖之徒，令其留任还帑，是以亏空为护官之符，不但无益于国计，亦且有害于民生。"④

因此，在对亏空官员革职离任、严厉追赔的落实上，山西无疑是作出了表率。虽然最初雍正帝对诺岷在山西大刀阔斧般的人事调动有着诸多的担忧，不欲推行他省。雍正二年（1724）正月，他在给直隶巡抚李维钧的朱批中说："近省非如山西只大更革者，使不得。即远省亦不过止此一二次，非常策也。"⑤ 但在清查过程中各省皆遇到了与山西相同的问题，在严酷的事实面前，雍正帝不仅同意了各省效仿山西，而且还通过谕旨下令推广。

如雍正四年（1726）的直隶省仓谷亏空案，同样采取了州县官员进行彻底更换的方式。是年七月，雍正帝提出，直隶借出祟仓谷掩饰亏空，"此等州县官员，若仍留原任，将来假公济私，那新掩

---

① 《雍正朝满文朱批奏折全译》雍正元年九月十八日，山西巡抚诺岷奏请调转现任之员以便清查亏欠折，第 350 页。
② 《雍正朝满文朱批奏折全译》雍正元年十月十七日，山西巡抚诺岷奏请调转州县官员以便清理亏空折，第 440 页。
③ 参见《雍正朝满文朱批奏折全译》雍正元年十二月初五日，山西巡抚诺岷奏请亏空银两清册俟清查完毕报部折，第 552 页。
④ 《清世宗实录》卷 68，雍正六年四月壬寅。
⑤ 《雍正朝汉文朱批奏折汇编》第 2 册，雍正二年正月二十七日，直隶巡抚李维钧奏请拣选候选候补州县人员发用折，第 554 页。

旧，必至剥削小民，亏空正项。……可将巧称仓谷出借各官悉行解任，着吏部将投供到部候补、候选之州县官俱带来引见，朕亲自选定人数，其鄂尔奇等已经到过正定、顺德、大名、广平、保定五府所属赞皇等二十一州县，着即将拣选人员掣签发往。鄂尔奇等未到之永平、宣化、顺天三府所属之二十一州县，俟伊等到彼，查出有出借仓粮者，即咨吏部，令签掣人前往代之。"① 直隶州县官来了一次大换血。

又如在江西和福建各州县仓粮亏空案的追赔中，雍正帝命令署江西巡抚迈柱等，"查出亏空之州县，照直隶之例俱令解任"②。对福建，雍正帝在"差遣大臣清查"的同时，"拣选府州县等官多员令带往更换，是现任者必去，而接任者新来"③。而钦差杨文乾在清查钱粮亏空之后，便将福建省内八府一州自知府以下，同知、通判、知州、知县等80余官员，凡涉及亏空案者尽皆题参革职解任，仅十数人无亏空官员被交错调用。

2. 山东巡抚李树德抄家例

相对于革职离任，革职拿问以及抄没家产，是针对在清查过程中侵渔官帑、中饱私囊的大贪官。如山东巡抚李树德等。

李树德是雍正朝清理钱粮亏空中最先被革职拿问、抄没家产的巡抚之一。为赔补亏空需以家产做抵。雍正二年（1724）八月，在李树德的一份清单中供出所有余存房地家口数目：

> 西直门内新街口正觉寺胡同路北，祖遗住房大小二所，共计二百六十七间。又小房一所，计十八间。
> 西直门内新街口嘎嘎胡同路北自置住房一所，共计六十间。
> 宣武门外粉房琉璃街自置小房一所，计十四间。
> 房山县田哥庄自置庄房，计十二间。

---

① 《清世宗实录》卷46，雍正四年七月乙巳。
② 《清世宗实录》卷50，雍正四年十一月乙卯。
③ 《清世宗实录》卷58，雍正五年六月癸巳。

涿州街顿家胡同路　自置住房一所，共计八十一间。

涿州南门内路东自置房一所，计四十间。

保定府完县亭乡村祖遗庄头房十六间。

山东兖州府沂州自买族弟宗菱民地十六顷，又费县民地五顷。

京屯男妇大小家人共三百五十余名口。

李树德表示，"以上房地家口情愿入官变卖，以上通共银一十三万一千三百两"。但同时也提出，在他亏空的银两中，有相当一部分或者说绝大部分是无法赔补、似也不应全部由他来赔补的部分。他说：

> 我前所开族人、亲友四十一人皆系为捐纳之事帮助借给者，其当日另有馈送帮助及欠我账目等银两，因非捐纳之项，所以不敢混行开入。但我名下除现在查询事件听候议赔外，有业经派定应赔之雍正元年赈济银六万九千一百一十二两，又有应交盐商案内银五万六千七百两，又有代赔修筑袁口柳林寺前三闸银二万二千八百一十两，共计银十四万八千六百二十二两。此外又有修筑太行堤、朱姬庄张秋堤岸等工。现奉查核，恐亦有应行赔补之处。统计各项为数甚多，若只靠我所剩房地人口变卖赔补，即一项亦不能清还。就将我从重治罪，终与国帑无益。①

在以上供单中，确有属于因公挪用的工程款项，或因工讹误之项。尽管在李树德开列的房地产中可变价13万余两，能够抵赔一部分亏项，但距离完补所有因侵盗和因公挪用产生的亏空，还相差甚

---

① 《雍正朝汉文朱批奏折汇编》第3册，雍正二年八月二十四日，山东巡抚陈世倌奏遵旨查询李树德案追赔各员折，附件：李树德供馈送帮借银两及余存房地家口书目单，第493页。

远。李树德所谓"就将我从重治罪，终与国帑无益"，当不为虚言。但从朝廷对李树德由革职留任到抄家变产逐步落实各项，表达了雍正帝对钱粮亏空追赔到底的态度，同时也是告诫贪官，不可恃侥幸心理。

3. 直隶总督李维钧革职抄家例

直隶总督李维钧因政治上援交年羹尧，触碰了皇权的底线，被判了政治重罪。雍正三年（1725）八月，随着年羹尧的倒台，李维钧被革职。随后，直隶仓谷亏空案揭白于天下。

李维钧于雍正元年（1723）二月，由直隶守道破格擢升直隶巡抚，在仕途上顺风顺水。次年十月，特改直隶巡抚缺为总督缺，仍以李维钧升授，明系为李维钧量身打造。这与雍正帝在浙江、河南特设总督缺，分别以李卫、田文镜出任如出一辙，足见雍正帝对李维钧的倚重，而且将清理直隶亏空的重任寄托在李维钧身上。

然而，李维钧素与年羹尧交结深厚，年羹尧每至直隶，必落脚于李维钧的保定直隶总督衙门，故李维钧向被视为年党。随着年羹尧的倒台，李维钧自然备受牵累。尽管李维钧竭力表达了要协助朝廷调查年羹尧在保定等地藏匿赀财的愿望，但在雍正三年夏，年羹尧被逮之后，李维钧还是被雍正帝革职。接踵政治上的失势，李维钧隐瞒直隶仓谷亏空的种种私弊也暴露出来，并牵扯出他侵渔直隶库帑达数十万的赃私一案。

雍正四年（1726）五月，雍正帝派出由翰林、御史、部院能员组成的十数员钦差，前往直隶会同地方官清查钱粮。① 七月，钦差詹事府詹事鄂尔奇、通政司右通政缪沅等回奏：时直隶四十二州县亏空仓粮，仓廒颗粒无存。② 十二月，直隶总督李绂奏称：李维钧通共应赔银 20.6 万余两，勒限五年全完。③ 雍正帝行令浙江巡抚李卫查

---

① 参见《清世宗实录》卷 44，雍正四年五月甲午。
② 参见《清世宗实录》卷 46，雍正四年七月乙巳。卷 47，雍正四年八月庚申。
③ 参见《雍正朝汉文朱批奏折汇编》第 8 册，雍正四年十二月十七日，直隶总督李绂奏代李维钧转恳将长子李蔓将分受汪森之银交库入官折，第 634 页。

抄李维钧在浙家产。

事实上，对李维钧的追缴和抄家于雍正四年年初便已展开，虽然李维钧先已多方转移寄顿，但李卫穷追不舍。自四年三月开始，查找半年多，于十月终于找到了李维钧转移的家产。其追查过程可谓一波三折。

据李卫奏称：李维钧赀财寄顿之处，过半在江南姑苏伊姻亲户部侍郎吴士功名下，其余尽在浙江嘉兴府属伊亲家江南学政俞兆晟处。其子李蔓依托妻父代置产业，多在嘉兴、海盐二县，有膏腴之田数千余亩，又嘉兴府东门外市宅楼房数处，① 由于李蔓夫妇外出躲藏，李卫通过跟踪婢女找到李蔓妻汪氏，又通过汪氏找到李蔓，始审明李蔓埋藏嘉兴及京城诸处的银两。又据李蔓供称，其父李维钧与岳家相好，在至亲、干亲处陆续寄顿银两有 24 万余。此外，又查出田地两千余亩，住房三所，租房 260 余间等。前后搜获并报出者，共有 34 万—35 万两。②

十二月，总督李绂就籍没财产作了说明："查出维钧家现存银五万三千六百零；又寄存长子李蔓之妻父汪森当铺内一宗银三万两，又一宗银六万两；又汪黄氏帮银二万两；而汪森之继孙汪廷英即将维钧寄存银六万两及伊家当本银十八万一并报出，呈请交库入官。又维钧田产衣饰共值银四万两余，已足抵完。"③

在此期间，署直隶总督事务蔡珽又查出李维钧曾违旨苛派俸工银 14.8 万余两。九卿议限五年赔补，但雍正帝认为，如若五年限满后仍然不完，然后治罪，于钱粮无益。"应将所欠银两数目按所勒年

---

① 参见《雍正朝汉文朱批奏折汇编》第 6 册，雍正四年三月十五日，浙江巡抚李卫奏遵查李维钧贪赃寄藏情形折，第 934 页。

② 参见《雍正朝汉文朱批奏折汇编》第 8 册，雍正四年十月初九日，浙江巡抚李卫奏遵旨搜查李维钧寄顿财产情由折，第 255 页。

③ 《雍正朝汉文朱批奏折汇编》第 8 册，雍正四年十二月十七日，直隶总督李绂奏代李维钧转恳将长子李蔓将分受汪森之银交库入官折，第 634 页。据李绂转达李维钧奏：其亲家系开当铺之家，家资百万，但已过世，家资分给一子 50 万，三女 50 万，李蔓为三女婿之一，分得 16 万余。这 16 万一并交官入库。

限，计算一年应完若干，倘一年应完之数不完如何治罪，年限已满不能全完，又如何治罪之处分别议奏。"① 以防止李维钧拖欠。

雍正帝对李维钧超严厉的追赔，不无出自对李维钧依附年羹尧的憎恶和失望，而雍正帝在给蔡珽的上谕中也表达了这一点。他说："直隶总督李维钧居心险谲，竟敢阳奉阴违，如保定府城内即现有年羹尧私置之家产、藏留之财物，彼并不参奏。"及至"朕旨令查尚具奏，故作犹豫之状希图延挨"②。

按照李绂提供的信息，李维钧赔补的银两共有 34 万之多，远远超出了 20 余万的应补数量，其中包括其长子李蔓从岳父家分得的 16 万余家产。足见当时追赔时形成的强大震慑力。李维钧不仅自身丢官，且家财散尽，长子李蔓因隐匿家产被革去荫生，丢了前程。

4. 查追平阳知府冯国泰例

在追查山西省平阳知府冯国泰及夏县知县刘玉泉的亏空案时，因二人藏匿赃物，雍正帝表达了异常坚决的态度，曰："将余下之财尽数追出，务使成为乞丐。"

先是，雍正元年（1723）十一月，山西巡抚诺岷奏称，"冯国泰亏空银二十余万两"，又于其任所搜得许多银两及金银首饰器皿，并借银文书、古董、绸缎等，粗估折银四五万两。刘玉泉在署理翼城知县任内亏空银两一万余。

但在查抄二人家产时，却发现冯国泰与刘玉泉的任所内皆空荡无物。随后，经多方搜查，在刘玉泉处"搜得纯银二万余两，此皆系藏于井中等处者"。有鉴于此，为追查冯国泰的亏空银两去向，诺岷派出干练的泽州州同刘方弼，"令其会同冯国泰原籍官员严查冯国泰之家产商号，变价追回"。然此时冯国泰已经身故，其 21.1 万余

---

① 《雍正朝起居注册》第 1 册，雍正四年四月二日甲子，第 705 页。
② 《雍正朝汉文朱批奏折汇编》第 32 册，领侍卫内大臣马尔赛等奏覆查审李维钧隐匿年羹尧家产情形并将其暂行羁候折，第 417 页。

亏空钱粮内，有13.9万余为借欠银两，①难以追回。雍正帝十分气愤，批复曰："冯国泰灭门方能抵罪。再刘玉泉藏匿银两罪当即斩，此等之人即使偿还钱粮，亦应将余下之财尽数追出，务使成为乞丐。"②

与此同时，浙江巡抚黄叔琳奉命查追冯国泰原籍家产，所谓"查有参革平阳府知府冯国泰亏空无完，行浙查追"③。随后将冯国泰名下家产估勘银1.1万两零，远远不足以抵补亏项。于是，令其余亏空银两由冯国泰亲戚沈渊代赔，沈渊原任河南南阳府知府，表示愿将己产估报银6.1万两助抵冯国泰亏项。④但不及补完，沈渊病故，又将沈渊弟沈有涧解山西质讯，直到沈有涧认可"愿助银一万一千二十六两，行浙勒追"方罢。然或许惊吓过度，或因赔补压力过大，沈有涧也旋即身故，其名下未完助银奉命宽免。而追赔仍在继续，甚至追及冯国泰之媳张氏并幕客黎一谦等人⑤。

可见，冯国泰的婪赃给其家人及戚属带来了无尽的灾难。尽管冯国泰先已身故，但雍正帝必欲一追到底、定将冯家变成乞丐的态度，无疑是对满朝贪官的警告。

（二）追赔中的父债子偿

父债子偿，在中国古代是一个天经地义的法则，没有人怀疑它是否具有合理性，但在执行上会有不同。雍正帝就是一个坚定的推行者。据记载，"雍正元年定例内开，亏空之官查其子有出仕者，解

---

① 平阳知府冯国泰因委令承审栾廷芳一案，数日之内，忧急成病，于雍正元年四月初五日身故；冯国泰之子冯毓美在晋省供报沈渊借欠伊父银三万九千两。
② 《雍正朝满文朱批奏折全译》雍正元年十一月初二日，山西巡抚诺岷奏报搜得冯国泰府上等银两物件数目折，第470页。
③ 《雍正朝汉文朱批奏折汇编》第26册，雍正十二年四月十五日，浙江总督程元章奏报追缴平阳知府冯国泰亏空银两折，第161页。
④ 冯国泰之子冯毓美复在晋省供报沈渊借欠伊父银三万九千两。
⑤ 参见《雍正朝汉文朱批奏折汇编》第32册，浙江巡抚黄叔琳奏报办理原任山西平阳知府亏空钱粮一案情形折，第830页。

任发追，完日开复"①。于是，这项措施在赔补钱粮亏空中成为重要的一项规则，并经由雍正帝拔擢的督抚得以不折不扣地执行。

首先，江苏亏空案就是一例典型。在尹继善署任江苏巡抚之前，对于原巡抚吴存礼的亏空先已有人揭出。其时，布政司赵向奎请以吴存礼的旗宅变价完补，署抚张坦麟也以此案扣限饬追。但在办案程序上，"向系督臣主稿批候，而督臣范时绎又以吴存礼病故，现系抚臣衙门题报批候、抚臣会题，因致悬案未定"。尹继善署巡抚后，以吴存礼在旗产业先已查估，命查其他家产。他说："臣思吴存礼在旗产业先已查估，即归旗行追，终属无益。况伊历任外官贪墨素著，又亏空钱粮如是之多，岂至一无着落，随饬提其家人王国玺严审。据王国玺交出账簿一本，簿内登记馈送、借欠各项共银四十余万两，按簿质询，皆凿凿可据。"②

随后，尹继善除了将吴存礼这个江苏最大的贪官揪出外，在追赔上也颇具风力手段。当时，虽然查出吴存礼亏空银四十余万两，但却"开报产业无几"。尹继善随"将伊在苏家人提究，止据开出借欠报送等项"。并"以吴存礼历任贪婪必有隐匿财产，当即具折请旨，将吴存礼长子甘肃游击吴永年解苏究审，又准部将吴希圣等押解来南"。寻因尹继善奉命兼理河道事务并前往各府县清查亏空，故是案搁置一年多，尚未审定。雍正七年（1729）十一月，尹继善回任，"随将吴永年、吴希圣等严加审追，趋伊等供出在京并江南高邮吴县等处地亩房屋，又各名下首饰什物人口等项，一并开报"。并对收监的吴永年等进行监视。所谓"吴永年等在监，臣令人不时察其动静，以便相机根究"。甚至还对吴永年由监所寄往陕西的家信进行监控，以分别是否还有隐匿资产。随后又咨甘肃巡抚，令查究吴永年之寄顿何物？陕省留住家人口若干？有无挟资潜匿等。并咨会该

---

① 《雍正朝内阁六科史书·吏科》第 21 册，雍正三年七月十七日，吏部尚书隆科多题为永清县知县亏空银米请将其子太原县知县解任追赔本，第 375—376 页。
② 《雍正朝汉文朱批奏折汇编》第 13 册，雍正六年十一月初九日，署江苏巡抚尹继善奏报查追已故苏抚吴存礼亏空银两折，第 888 页。

旗，对吴永年回旗家口即行审查根究。

雍正帝对尹继善在江苏如此认真查办十分满意，在给尹继善的朱批中充满了肯定。所谓"如此秉公执法方不负朕之任用也"①。所以，尹继善在推动江南清查亏空案中起到了重要的作用是无可置疑的，以至于在乾隆初政崇尚宽大的环境中，他也受到了"刻薄"的舆论指责。"乃如朕（乾隆帝）降查奏旗人入官房产之旨，而外人即知为尹继善所奏。且云尹继善从前曾奏过清查亏空之案，过于刻薄，今为此举以忏悔之。"②

其次是山东亏空案，在对山东巡抚蒋陈锡的追赔中尤其体现了父债子偿的原则。蒋陈锡在雍正元年（1723），由山东巡抚黄炳揭出，其在巡抚任，"侵蚀捐谷羡余银二百余万，部议督追。弟廷锡入陈始末，诏减偿其半"③。虽有雍正帝的股肱之臣蒋廷锡出面，蒋陈锡获准减半赔补，且蒋陈锡已于康熙六十年病故。但部议仍追及家产充饷，并以不足完项，将追赔对象落到了蒋陈锡的儿子蒋洞的头上。

蒋洞，字恺思，进士出身，历工部郎中，出为云南提学道。西陲用兵，奉命从军，授甘肃凉庄道。以功，迁山西按察使，晋布政使。八年，蒋洞因在陕西效力有功，实心供职，随后在山西藩臬两司任上又有较好的政绩，于是，以实心任职得免其父应追银两之半。用蒋洞的话说：臣父蒋陈锡名下应赔山东仓谷案内等项，"屡经减免，已逾十分之九"。又发令豁免一半。④ 但即便如此，应赔之项仍有10万—20万两之多。

巨额的赔补对于蒋家而言始终是一种重压，在利益面前很难不受诱惑。雍正三年（1725）三月，因"升任靓庄道蒋洞经手未清钱

---

① 《雍正朝汉文朱批奏折汇编》第18册，雍正八年三月二十二日，江苏巡抚尹继善奏报查办吴存礼隐匿资产折，第244页。
② 《清高宗实录》卷71，乾隆三年六月辛丑。
③ 《清史稿》卷276，《蒋陈锡传》。
④ 《雍正朝汉文朱批奏折汇编》第33册，山西布政使蒋洞奏谢恩允家父蒋陈锡名下应追银两豁免一半折，第552页。

粮"，川陕总督年羹尧"遵旨代完钱粮"。据年羹尧奏："蒋洞任内经手钱粮，惟康熙六十一年分，因巴里坤军前需粮孔亟，蒋洞支领帑银即分给运户陆续挽运，继因肃州无米，凡已给运户银两未能缴还，除追取运户及蒋洞赔完外，尚欠肃州军需银六万三千五百余两，原系库内正项钱粮，自难宽免。今既奉旨令臣设法完结，臣前经管西安捐纳，每收捐粮一石，原有羡余银十两，自雍正元年夏季起至雍正二年秋季停捐止共银二万七千两；本年布政司平规银一万两；臣兼理河东盐政，本年盐规银二万七千两，可以清结蒋洞未完之项。"① 虽然此项钱粮不清，没有直接追究到蒋洞的头上，但钱粮因何不清，却不能不令人起疑。而且，在雍正五年（1727）十二月，山西巡抚石麟查到时任山西按察使的蒋洞在上年内多支取刑名部费银一千两，虽据布政使高成龄详称，蒋洞于十二月十四日移还补项，② 但其行为的性质仍有违钱粮支取的相关规定。

雍正十年（1732），蒋洞加侍郎衔奉命往肃州办理军营屯田事务。两年后，即雍正十二年（1734）末，被都察院副都御使以"营私作弊"侵帑误公参劾，寻逮治论死，下狱追赃。原来，蒋洞委用知县潘治、州判石廷栋所修堤岸，因偷工减料、施工草率，在涨潮时被冲塌。蒋洞本人又"将屯田存剩银两亏空无存"，且有误工冒帑、短发工价等行径。故被革职拿问，侵蚀靡费之项均着追赔。而后虽有总督查郎阿等交章为其雪罪，然蒋洞在被处罚赔补的岁月中，于乾隆五年（1740）病逝。③

此案，虽然在史料中看不到蒋洞侵蚀靡费公帑的动因与弥补其父蒋陈锡的巨额亏空有直接的关系，但是在弥补父辈钱粮亏空中自家所形成的"亏空"，对于相当一部分官员而言，不可能不是他们进

---

① 《雍正朝汉文朱批奏折汇编》第4册，雍正三年三月初三日，川陕总督年羹尧奏遵旨代完蒋洞未清钱粮折，第579页。
② 参见《雍正朝汉文朱批奏折汇编》第11册，雍正五年十二月十八日，山西巡抚石麟奏报升任巡抚德明臬司蒋洞解还养廉银两折，第261页。
③ 《汉名臣传》卷15，《蒋陈锡传》。

行贪婪掠夺的一个重要诱因。而蒋洞为官一生，几乎都在忙于赔补其父侵帑的亏空中度过，其才干与追求最终都被看不到光亮的巨额赔补所遮挡，最终也因此而断送为官前程且身陷囹圄，可谓悲剧人物。

此外，还有对山西巡抚苏克济亏空案的追赔。雍正即位后，查明山西的亏空，皆与巡抚苏克济"干法索财"有直接关系，"致山西亏欠钱粮百万余两"①。苏克济本应正法，但雍正帝却将其发往山西进行赔补。这应该是雍正帝基于巡抚诺岷办事风力而干练，寄希望于诺岷设法追回这数百万的亏空。

雍正元年九月，苏克济被押解到山西后，诺岷便将苏克济及其年长四子俱行锁拿收监，时诸子皆已革职。随后，诺岷与署布政使田文镜、按察使高成龄、领侍卫内大臣额伦岱、刑部侍郎涂天相等，将苏克济父子一并夹讯。在重刑之下追回部分亏空银两。即"现亏空各项除苏克济承担垫赔一百万两外，其余银两则对原参各官于苏克济名下贪污之项严加清查，由伊等分别赔补，断不准摊派于民"②。

除了父债子还之外，代兄赔补亏空的也不在少数，即所谓"代赔"。如四川巡抚蔡珽请代兄完补亏空，其胞兄蔡琨早年为同知任内亏空荳麦6140石，迄有二十余年未完。蔡珽奏称，"实因家贫无力能完，今臣兄衰老病废"。请照成都驻扎满兵每月支需粮饷数额，准在成都照数全完，③"蔡珽愿意弥补"④。

这里有一个问题尚须思考，那就是，每一位亏空的官员在面对数额巨大的亏空时，他们的心态如何？其弥补亏空的银两来源何处？而蒋家的侵用和赔补过程，或可在一定程度上说明这一问题的症结。

---

① 《雍正朝满文朱批奏折全译》雍正元年九月初一日，山西巡抚诺岷等奏报审问苏克济及其子达尔布情形折，第317页。
② 《雍正朝满文朱批奏折全译》雍正元年九月二十八日，山西巡抚诺岷等奏报审理苏克济父子之情折，第389页。
③ 《雍正朝汉文朱批奏折汇编》第33册，四川巡抚蔡珽奏请代兄蔡琨完补亏空折，第401页。
④ 四川巡抚蔡珽《奏请代兄完补同知任内亏空麦石事》雍正朝，中国第一历史档案馆藏，《朱批奏折》档号：04-01-35-1100-023。

（三）严行分赔之例

分赔，是针对属员亏空而上司官员失察的处罚，在康熙二十八年（1689）便有规定，但从未认真实施过，康熙三十七年（1698），又以"地方官分赔，必致派累小民"，由九卿会议决定"此事断不宜行"①。康熙五十九年（1720）七月，再度被两江总督长鼐、云贵总督蒋陈锡、山西巡抚苏克济等合疏提出反对意见，理由是州县官恃有上司分赔之例，会将库银藏匿假捏亏空。② 因此，在康熙朝对于官员失察的分赔处分也就无从得以贯彻执行。

雍正二年（1724）八月，在雍正帝的主持下，规定："凡官员亏空钱粮仓谷，该管上司失于盘查，自应革职分赔。"③ 四年（1726）八月，再次强调，"州县力不能完，则上司有分赔之例"④。于是，"分赔"在雍正朝得到严格贯彻，成为督促地方官员加强监管属下的常规条例。而作为雍正帝铁腕反腐的措施之一，"分赔"在国家完补财政亏空中无疑发挥了重要的作用。

诸如，山东作为亏空的重灾直省，巡抚李树德便成为分赔的主要责任人，山东亏空案中的无着亏空，由巡抚黄炳奏请，着落巡抚李树德与布政使王用霖二人名下分赔。⑤ 据其后任陈世倌奏报，李树德有这样几项分赔内容：一是为其亲戚应承担的分赔约五万两。二是"雍正元年散赈银二十万七千三百三十六两七钱，仍照部议着落李树德、李元龙、陶锦名下三分均赔"。其中，李树德"分赔雍正元年散赈银六万九千一百一十二两六钱三分零"。三是"康熙六十年赈谷折银二十四万五千一百七十五两七钱四分"中，除去黄炳借赈肥

---

① 《清代起居注册·康熙朝》第12册，康熙三十七年七月十二日，第6462页。
② 参见《清圣祖实录》卷288，康熙五十九年七月庚午。
③ 《清世宗实录》卷23，雍正二年八月甲申；光绪《钦定大清会典事例》卷101，《吏部·处分例·亏空分别处分开复》。
④ 《清世宗实录》卷47，雍正四年八月癸亥。
⑤ 参见《雍正朝汉文朱批奏折汇编》第1册，雍正元年五月二十四日，山东巡抚黄炳奏陈清查库项情形折，第455页。

已用银 12.3 万余两外，其余 12 万两余，亦在李树德名下追赔。四是"无着银十五万二百八十四两八钱七分，谷价银三万五千一百六十一两二钱二分，部议着落李树德等赔补"①。五是"有应赔修闸及盐案内银七万九千五百余两，再将此项着令赔补，恐一时不能清完，钱粮或致无着，请照李树德所开之居官不好张振伟、滕永祥及伊亲戚名下共应追赔十一万有零，尚缺银一万二千余两，应仍令李树德名下追赔"②。由以上开出的分赔各项落在李树德名下的共有 44 万两之多。

又如，河南巡抚杨宗义名下分赔名目也多属责任所系：一是康熙五十九年（1720）漕米 10 万余石，仅存"仓谷之底"价，须补银 9.8 万两。二是卫辉府知府吴柯等六员共亏银 4.8 万余两，米谷 5.6 万余石，力不能完，"其未完之项系杨宗义任内未经查参之亏空，应着落杨宗义赔补"。三是"各属尚有未经参出之亏空银一十四万五千一百余两，谷一十六万三千五百余石"，若本官不能完补，亦系杨宗义任内未经补苴之亏空，应着落杨宗义赔补。③ 共计分赔数额加上谷价与李树德不相上下。此外，杨宗义还有因公挪用之项需要补还。"因去年修筑河堤公务那去库银二十二万余两，宗义自认补还。"④ 杨宗义个人名下承担的赔补数额在六七十万。

李树德与杨宗义名下的分赔数额，在一定程度上可以反映出当时亏空较多的直省督抚需要承担的责任，但并不意味着是可以追赔到的数额，追赔之路甚是艰难。

再如，江西仓谷亏空案的分赔。自雍正四年（1726）案发后，

---

① 《雍正朝汉文朱批奏折汇编》第 3 册，雍正二年七月二十三日，山东巡抚陈世倌奏报查询李树德借赈冒销及流抵银谷一案折，第 345 页；雍正二年八月二十四日，山东巡抚陈世倌奏遵旨查询李树德案追赔各员折，第 489 页。

② 《雍正朝汉文朱批奏折汇编》第 3 册，雍正二年八月二十四日，山东巡抚陈世倌奏遵旨查询李树德案追赔各员折，第 489 页。

③ 参见《雍正朝汉文朱批奏折汇编》第 1 册，雍正元年八月二十七日，河南巡抚石文焯奏陈着落赔补亏空折，第 890 页。

④ 《雍正朝汉文朱批奏折汇编》第 2 册，雍正二年四月初七日，光禄寺少卿罗其昌奏陈豫省钱粮无甚亏空等事折，第 761 页。

巡抚迈柱先后将"民欠流抵不清者"及"仓内无谷无价捏称民欠者"查明参劾，责任官员分赔。次年八月，查出缺谷45.8万余石，买补23.4万余石。其余无力补完者，仍需官员分赔。虽然各官总是寻找各种借口将亏空转嫁出去，但"捏报粜三未买及折价不敷、存价交代等弊各案繁多者"，共计82案，分成钱谷两册，分赔对官员造成的压力不难想象。但迈柱还是遵照雍正帝的旨意，将最主要的亏空，"着落前抚臣裴㐇度同张楷、陈安策及历任布政司分赔"。

雍正五年（1727）十月，江西巡抚布兰泰奏称：其到任后，除了通查各属钱谷外，就是督催"前抚臣白潢、裴㐇度，与原任布政司张楷、陈安策等各名下分赔之项"①。据《满汉名臣传》记载：裴㐇度在雍正十年（1732），前后费时五六年，方将亏空之额买谷补上，得释还回籍。② 在此过程中，被追赔者经历了怎样的人生煎熬，我们无从得知。

此外，值得提及的还有山西亏空案中的分赔。根据诺岷的奏报，我们可以看到，雍正元年（1723），山西省州县亏空官员未完银两，由"原具保知府、知州及隐情不行举发之布政使苏瞻、原任巡抚苏克济俱照例分赔"③。雍正二年，原布政使森图除山西应赔银两外，还有部属库银需要承担分赔。原巡抚德音的"应赔之银今亦有数万两"，由山西巡抚诺岷奏准，森图、德音均被责令返旗赔补。④

除"分赔"外，还有官员代属员或他人赔补的"代赔"，所以，"代赔"不仅有子偿父债、弟偿兄债，还包括对催追不力官员

---

① 《雍正朝汉文朱批奏折汇编》第10册，雍正五年十月十八日，江西巡抚布兰泰奏报通查各属亏空积欠情弊折，第824页。

② 《汉名臣传》卷25，《裴㐇度传》；《雍正朝汉文朱批奏折汇编》第10册，雍正五年七月八日，署江西巡抚迈柱奏报清查江省钱粮题参亏空官员折，第153页；第10册，雍正五年八月十六日，署江西巡抚迈柱奏报确查仓库银谷不清各案及勒限追补缘由折，第389页。

③ 《雍正朝满文朱批奏折全译》雍正元年七月初三日，山西巡抚诺岷奏请府州县亏欠未完银两由各官分赔折，第207页。

④ 《雍正朝满文朱批奏折全译》，雍正二年三月二十二日，山西巡抚诺岷奏请令原任巡抚等返回赔补折，第729页。

的追责。例如雍正五年（1727）十二月，新任山西巡抚觉罗石麟奏称：前任高成龄护理巡抚时，开列山西尚有未完银共55.2万两零，内有可着追者11.4万两零，其余屡催久未还解。奉旨："此案应如何追究之处，俟石麟到任后，与高成龄忠心定议具奏，如不能清，伊都立、高成龄不能辞代赔之责也。"①

上述事实表明，在无法搞清亏空的真正责任人时，"分赔"与"代赔"的原则，可以将所有任职的官员都变成亏空责任者，以共同责任人的身份承担着各种分赔的处罚，即便是操守尚佳、宦绩上乘之人也在所难免。如两广总督孔毓珣曾在广西司库于俸工内支送钦差银两，其个人名下认分赔银4890两，于雍正六年（1728）方赔补完毕。②

这种做法虽然对追缴亏空有利，但同时也将大多数官员圈进一个利益及官运相同的共同体内。没有哪个官员心甘情愿地承担亏空的责任，这不仅意味着仕途的夭折，且有因赔补而致倾家荡产的危险。因此，他们往往会在亏空被揭出之前，千方百计对亏空案件进行徇庇，设法筹资以填补亏项，做尽掩饰亏空的努力。就连李绂、裴𧿇度等居官干练、操守清廉者也不例外。他们即便不做利益的衡量，也会顾忌自身的官声。

有了"分赔"的处罚压力，督抚等需要加倍用心、小心方是，但仍无法做到"明察秋毫"。湖北署理总督傅敏与巡抚宪德在联名上疏中流露出他们对清查的忧心，有曰："州县仓库钱粮责在知府盘查，倘或徇庇失察定有独赔分赔之例，功令极严，而州县亏空发觉于平时者无几，往往揭报于事故离任之日，则是知府素日徇庇之事似不能保其必无也。今查督抚新任例，应于三个月内查明具奏，臣

---

① 《雍正朝汉文朱批奏折汇编》第11册，雍正五年十二月初十日，山西巡抚石麟奏遵旨酌议查追晋省各案亏空钱粮情由折，第212页。
② 参见《雍正朝汉文朱批奏折汇编》第12册，雍正六年六月二十八日，两广总督孔毓珣奏遵旨将广西分赔俸工银两解发藩库收贮公用折，第779页。

等当经严檄布政司实力盘查,然止据各府揭报无亏,终不敢尽信为实。"①

但对国家而言,实施分赔、代赔的条例,可以尽快弥补巨大的亏空数额,同时也可在处罚的重压下,迫使"责任官员"不敢稍有徇隐与懈怠。所谓"凡所以清查亏空,治罪分赔者,总欲令后人知所儆戒也"②。

(四) 追赔不遗余力

如果说清查钱粮亏空与追赔亏空钱粮,是这场政治风暴中伸向腐败的一把利刃,其杀伤力就是在雍正朝实实在在地将贪官变成穷人、乞丐。

在执行过程中,凡亏空数额多的官员,本人监禁,家产查封。而雍正帝的批示也十分严厉。如雍正元年(1723)九月,他以道员许大定亏空银米甚多,下令"着在湖广省监禁,其亏空银米会同总督审明勒限追完,若不完,将许大定定行正法。再许大定于山东道任内亦有缺欠银两,着交与山东巡抚查明移咨湖广督抚追取,许大定原籍交与地方官即行看守"③。十二月,原任江南布政司杨朝麟勒取原任知县郑融等银两事发,诏令"着该旗将伊(杨朝麟)紧要之子及管事家人作速发往江南质审,其家产并着查封"④,以备查追。雍正四年(1726)三月,甘肃巡抚噶世图有亏空未完钱粮,擅自回京,惹怒雍正帝,诏令吏兵刑部"遣员驰驿迎往,严行锁拿,交地方官解交石文焯收管",随后羁押在省城兰州追赔。⑤

凡钱粮亏空既多却又迟迟不能补还的官员,妻子家人也同样在

---

① 《雍正朝汉文朱批奏折汇编》第9册,雍正五年十二月二十日,署湖北总督傅敏等奏请盘查仓库钱粮折,第138页。
② 《清世宗实录》卷76,雍正六年十二月丙申。
③ 《雍正朝起居注册》第1册,雍正元年九月十六日,第101页。
④ 《雍正朝起居注册》第1册,雍正元年十二月七日,第146页。
⑤ 《雍正朝起居注册》第1册,雍正四年三月十四日,第691页。

受罚之列。如雍正元年，署陕西巡抚范时捷以高陵县知县吴绍龙家产尽绝，请援赦免令将亏空钱粮豁免。而雍正帝批复曰："吴绍龙亏空如许银米，行追十有余年，止完银二十余两，情殊可恶，将伊妻子俱着发往乌拉。"① 山西巡抚苏克济借称军需侵用官帑婪赃罪坐实后，新任巡抚诺岷便将苏克济及其年长四子俱行锁拿收监，并将其父子一并夹讯。② 雍正二年（1724）七月，刑部以原任陕西布政使萨穆哈亏空库帑案请旨，雍正帝以萨穆哈亏空甚多，情殊可恶，命"伊子有在西安者即于彼处提拿监禁严追，有在京者十五岁以上，俱着拿交刑部监禁严追"③。

雍正帝对追赔的态度直接影响到负责清查亏空的官员，针对追赔过程中官员的逃避与财产转移，督抚在设法查追时也是毫不含糊。如雍正元年（1723）十一月，山东巡抚黄炳在处理已故藩司王用霖赔补藩库亏空一案时，"遵旨将伊管事家人杨义、伊子王允枢等交予济南府知府姚让严行追究，今追出之物不及应赔十分之一。复将杨义严刑夹讯。据供，伊主所有家私俱已交出，此外并无私蓄"④。

此外，子弟中的为官者还要受到行政上的连带处罚。如直隶永清县知县郭惺任内亏空，"伊子郭延祚现任山西太原县知县，应请照例解任押发来直，以便严追"⑤。前述苏克济子、李维钧子都为其父亏空钱粮而牵连，被革官职罢功名。

为追赔钱粮，即便是高级官员也绝不姑息。诸如，康熙末年的广西捐谷亏空案，自雍正三年（1725）八月开始对是案分肥各官进行查追，原广西巡抚陈元龙、原两广总督杨琳，以及原广西布政使

---

① 《雍正朝起居注册》第 1 册，雍正元年十二月十六日，第 149 页。
② 参见《雍正朝满文朱批奏折全译》雍正元年九月二十八日，山西巡抚诺岷等奏报审理苏克济父子之情折，第 389 页。
③ 《雍正朝起居注册》第 1 册，雍正二年七月二十一日，第 282 页。
④ 《雍正朝汉文朱批奏折汇编》第 2 册，雍正元年十一月十二日，山东巡抚黄炳奏报严追已故藩司王用霖家产折，第 250 页。
⑤ 《雍正朝内阁六科史书·吏科》第 21 册，吏部尚书隆科多题为永清县知县亏空银米请将其子太原县知县解任追赔本，第 375 页。

黄国材等都在追赔之列。"元龙应追赔得过羡余及认分赔部科等费共银二十一万二千两有奇",分限五年完纳,部议不准以它项抵扣,只因陈元龙捐助军需有功,雍正帝特准其抵扣。① 杨琳从黄国材处得银二万余两,其子湖南岳常道杨晏奏称,情愿以其在京家资不足七千两,并房子191间入官。② 黄国材分肥最多,"应令赔补共银二十四万九百八十两有奇",准其分限五年完纳。③ 而陈元龙时任礼部尚书、黄国材时任福建巡抚。

在赔补亏空上的一视同仁,还包括对功臣之后的态度。雍正二年(1724)五月,浙江巡抚黄叔琳为宁波同知赵永誉题请在任赔补,理由是赵永誉在征收海关税务时颇著贤声,且为名将之后。但雍正帝不准,责黄叔琳意欲徇庇。虽然赵永誉的曾祖赵良栋是康熙帝平三藩的功臣,祖赵弘燮、父赵世显亦莅任封疆,雍正帝还是着令严加饬行追赔。并告诫说:其父"赵世显所欠银两甚多,赵永誉仍着离任调取来京,完伊父祖亏空银两,如果能完,再将伊补用"④。

但是,在追补过程中,无论是督抚等封疆大吏还是府州县官员,都会以自己的方式进行程度不同的抵制。如广西捐谷案中,需赔补25万两银的黄国材就颇具典型意义。

黄国材的赔补年限是五年,如果自雍正三年计起,当在雍正七年末补完。但在雍正七年(1729)初,湖广总督迈柱发现,时任湖北布政使的黄国材之子黄焜令家人"开档逐利,买房租赁",即上疏参劾。他说:"查黄国材原日侵帑议赔之案,发觉在雍正三年间,历今接连已有四载,如果有急公赔帑之心,即应将湖广所存万金房屋及典铺银本尽行变价完项,乃不独不行变产,尚在陆续置业、计利收息,是黄国材居心止欲遂其贪婪之私,全无报效之心可知矣。况

---

① 《汉名臣传》卷16,《陈元龙传》。
② 参见《雍正朝汉文朱批奏折汇编》第6册,雍正三年九月二十五日,湖南岳常道杨晏奏陈家父杨琳接收捐项陋规银数并竭力完补折,第216页。
③ 《满洲名臣传》卷31,《黄国材传》。
④ 《雍正朝起居注册》第1册,雍正二年五月十一日,第240—241页。

伊家产业在广东置买者较之湖广数倍之多,以臣所闻,各省均有寄顿,尚不止湖广、广东为然也。此虽臣得之传闻未确,但即以湖广论,凡系其家人及管当管租之人,出入豪华浪费无所底止。"①

但黄国材疏辩曰:"自奉文追银,已交银十五万九千两,又有商人领去绸缎皮货变价银三万两,在本年完交。其余房屋,一时难售。"显然是在为拖延赔补找托词,于是雍正帝以黄国材巧辩欺诈将其革任。② 而且在刑部审理过程中,黄国材还谎称曾交给两广总督孔毓珣七千两银求其代购房产,欲令孔毓珣给还。然孔毓珣坚称绝无此事。③ 如果孔毓珣的说辞当真,那么黄国材的人品就可见一斑了。为了抵赖赔补是无所不用其极。

(五) 反腐初见成效

毋庸置疑,雍正朝清查钱粮和追补亏空的效果是显著的。独补与分赔、代赔的措施,使国家财政和吏治在第一个三年中便已初见成效,国家的利益得到了保证。而在第二个三年或更稍后一些时候,雍正帝的"叫他(贪官)子孙作个穷人""务使成为乞丐"的追赔目标也在一些贪官身上得以实现。

根据各省督抚的奏报,雍正元年十二月,广西各州县共存仓谷160万石有零,前以岁欠平粜,"今各州县俱上紧买补,岁内已完十分之九,通计所少不及十万石,明岁二月俱可全足"④。福建的布政司,在雍正元年六月查有"司库那用银十万九千余两,督抚二臣奏

---

① 《雍正朝汉文朱批奏折汇编》第14册,雍正七年正月十九日,湖广总督迈柱奏密陈黄国材父子开典收租与置买产业情形折,第369—370页。
② 《满洲名臣传》卷31,《黄国材传》。
③ 康熙五十六年,二人为广西藩臬同僚,黄国材确曾托孔毓珣代觅山东产业,然孔毓珣以外任已久、家中无人代为料理而辞绝。见《雍正朝汉文朱批奏折汇编》第11册,雍正六年二月初六日,两广总督孔毓珣奏明未代黄国材置买地情由折,第590页。
④ 《雍正朝汉文朱批奏折汇编》第2册,雍正元年十二月二十六日,广西总督孔毓珣奏粤西仓谷补足请遣员盘验折,第457页。

明以历年俸工抵补"。"于雍正二年八月已将前项归补全完，实贮在库。"① 雍正二年（1724）十二月，直隶顺德、庆平、大名三府应补银 15.1 万余两，俱已满完。保定、河间、正定三府及五直隶州所属应补银 18.3 万余两，亦完有十之七八。② 河南省府县库银，已经照数收明，并无亏缺。③

虽然上述记载不能代表全国的各个直省，也不能保证其数据信息的准确程度，即弥补亏空的可信度还尚待检验，特别是上述各省在此后仍发生了不同程度的亏空案。但是，至少可以说明，这种横扫雷霆之势的追赔反腐，确实起到了一定成效，许多亏空的钱粮逐渐收归国库。

这还包括对中央部院等衙门的清理。例如，据刑部尚书励廷仪奏报：刑部"库内自康熙五十二年起至六十年止，共亏空库银二千六百五十三两二钱零。"在雍正元年十二月奏明如数补完。④ 又如，光禄寺卿党古礼等亦奏称："康熙四十六年六月内，前任正卿莫音代等题明，案内有原任司库吴党阿亏空银六千二百五十一两四钱，又张廷颢拖欠银二万二千四百四十五两。""吴党阿之亏空系历年积欠，张廷颢之拖欠系四十二年间原任少卿董殿邦借与之项。"经严追，"照数交送户部"同时将"寺内承追不力之官员一并题参"⑤。

特别是在雍正六年（1728）年末，雍正帝对大学士等说："今仓场各官俱已奉法，积弊渐清，人情咸知警惕矣。"⑥ 说明雍正帝及

---

① 《雍正朝汉文朱批奏折汇编》第 3 册，雍正二年九月十三日，福建布政使黄叔琬奏报司库钱粮折，第 626 页。
② 参见《雍正朝汉文朱批奏折汇编》第 4 册，雍正二年十二月初六日，直隶总督李维钧奏仓库银粮补足及筑墙挖沟防盗情形折，第 137 页。
③ 参见《雍正朝汉文朱批奏折汇编》第 4 册，雍正三年二月十九日，河南布政杨文乾奏报盘点现贮库日期折，第 485 页。
④ 《雍正朝汉文朱批奏折汇编》第 2 册，雍正元年十二月初十日，刑部尚书励廷仪等奏库银每年宜分两次交送户部折，第 373 页。
⑤ 《雍正朝汉文朱批奏折汇编》第 2 册，雍正元年十二月十二日，光禄寺卿党古礼等奏请严追拖欠积案折，第 382 页。
⑥ 《清世宗实录》卷 76，雍正六年十二月丙申。

其追随者对贪官的严厉打击，已经对官场起到了警示的作用。而不折不扣的追赔，也使一些贪官和失职的官员在经济上大受挫败，这其中也包括一些出任地方官员的旗人。雍正末年，有正蓝旗汉军副都统董玉祥在奏折中提到："八旗汉军往年外任司道州县等官，多因亏空革职，咨旗查产追赔，但其中有家产足赔补者，亦有不足赔补者，所以各省亏欠往往不能完结。目今各旗现在严查亏空人员家屋有无多寡定议。""新例：凡州县亏空钱粮，该管上司分赔一半，其本员名下一半，勒令变产赔补。今八旗人员多有家产不足抵还一半者，即行追比，钱粮终无着落。"①

雍正帝之所以在追赔亏空钱粮的问题上不折不扣，一追到底，目的只有一个，就是惩治贪腐，扭转官僚队伍的积习。雍正八年（1730）二月，雍正帝再度表达了同样的态度与意志。他说："朕若不加惩治，仍容此等贪官污吏拥厚资以长子孙，则将来天下有司皆以侵课纳贿为得计，其流弊何所底止？"而"贪黩之风不息，则上亏国课，下剥民膏"②。

三　赔补亏空的银两

清查钱粮亏空，虽旨在反贪治吏，但同时也是要收回因官侵吏蚀造成的国家财力的流失。因此，承追与赔补是完成清查亏空的重要环节，但也是最艰难的环节。虽在"独赔""分赔""代赔"等规章下，对亏空官员实施了穷追猛打般的严厉追赔，确保了对国家钱粮流失的回收，又有雷厉风行的执政效率和不折不扣的执法原则，为各项规章的落实保驾护航。但是，令雍正帝最终取得追赔亏空钱粮成效，成为吏政与财政大赢家的却并非完全得益于政治手段的严

---

① 《雍正朝汉文朱批奏折汇编》第33册，正蓝旗汉军副都统董玉祥奏陈追查外任旗员亏欠钱粮家产管见折，第70页。
② 《清世宗实录》卷97，雍正八年二月丙辰。

猛，而是制度的改革，是通过改革用归公的耗羡银两补足了大量的"无着亏空"。

那么在钱粮清查与追赔过程中，国家经历了怎样的"财政回收"过程？官员与国家政府之间产生了怎样的利益纠葛？国家为平衡这种政治关系开启了怎样的制度改革？

（一）捐扣俸银以抵补亏空

面对如何弥补大量的钱粮亏空，在雍正帝雷霆般的强力震慑下，地方官为避免在权力的高压下受到重责，都会想尽办法积极赔补。其途径之一是加派百姓。这种办法只能私下进行，但却是赔补亏空的惯用财源渠道。其二是商捐和绅捐。例如，河南"有州县亏空钱粮百姓情愿代赔者"，就是由百姓中的富户承担赔补。对此提议，雍正帝坚决反对，称"此端断不可开"。他分析说："百姓贫富不等，断无阖县情愿代赔之理，或系棍蠹勾连借端科敛，或不肖绅衿一向出入衙门，通同作弊。及本官被参，犹冀题留复任，因而号召多事之人，连名具呈。"认为"名曰乐捐，其实强派"，实则加派民间的一种。令嗣后绅衿富民情愿协助者，听其自行完纳，"其有阖县具呈者，即将为首之人治以重罪"①。其三，便是以全省、府州县官员的俸银捐抵。但由于俸银低薄有限，赔补数额不多。但在康熙中后期直至康雍之际，凡对亏空钱粮的官员革职抄家、追赔钱粮外，上司等责任官员多被罚俸银，所谓"从前弥补亏空，皆指俸工银两"②。

例如，康熙四十九年（1710），江宁等府属亏空银两案，"议扣康熙四十八年至康熙五十三年各属俸工等银抵补"③。康熙五十年（1711）五月，巡抚张伯行奏，江苏各府州县有10.8万余亏空银两，系散赈、平粜、挑河等事借用，尚未补还，属于无着银两，"此项仍照户部尚书张鹏翮等议，扣除康熙四十八年俸工等项银两

---

① 《清世宗实录》卷19，雍正二年闰四月乙酉。
② 《清世宗实录》卷47，雍正四年八月癸亥。
③ 《清圣祖实录》卷244，康熙四十九年十月辛丑。

捐助还补"。康熙帝南巡地方用银也在其中。康熙帝顾虑官员捐俸银后会科派扰害百姓，命将此项钱粮免予赔补。①

康熙五十一年（1712）五月，浙江巡抚王度昭针对藩司库银亏空20万两，提出"将州县耗羡并官役俸工二项抵补"。理由是，"因思别无补苴之术"②。接着他讲述了赔补这20万两的过程。他说："臣两载兢兢，唯严饬藩司时加节省，凡无关于经费者，不得轻动一文，两年内清解各属积欠，合计五十、五十一两年官役俸工，除微员苦役不在捐款外，至今五十一年岁终止，已补足司库亏缺银二十万余两之数。"③ 康熙五十四年（1715）四月，徐元梦接江苏巡抚任，奉旨回奏前任王度昭归补钱粮事，证实了王度昭的确在以官员俸银赔补亏空钱粮。他说："先前指称公事，布政司、道、县库银亏空共三十一万两上下，王度昭接任后，取官员俸禄及衙门之人所吃钱粮添补，现今只剩七万两上下，今明二年内，可将此补齐。"④

而且，以俸银弥补亏空一直延续到雍正初年，安徽省"各州县有着亏空银二十三万九千四百六十六两九钱零"，自雍正二年至四年（1724—1726），各员捐解到节礼银3.7万余两，俸工银2.3万余两，共计6万余两，尚有18万两余并未补完。⑤ 甘肃历年亏空各案系供办而动用公项银两，久悬而成"无着亏空"，有未完各案亏空银两29万余两，又有动用赈济粮3.7万石零，"皆系文武各官俸工捐还之项"。以至于巡抚石文焯说："臣到任时，见有武弁报捐俸银深为

---

① 《清代起居注册·康熙朝》第19册，康熙五十年五月十三日，第10698—10699页；《清圣祖实录》卷246，康熙五十年五月己酉。
② 《康熙朝汉文朱批奏折汇编》第4册，康熙五十一年五月，浙江巡抚王度昭奏陈地方事务折，第222页。
③ 《康熙朝汉文朱批奏折汇编》第4册，康熙五十一年十一月，浙江巡抚王度昭奏报浙省司库岁内补足折，第562—563页。
④ 《康熙朝满文朱批奏折全译》，康熙五十四年四月十九日，浙江巡抚徐元梦参奏官员亏空钱粮等情折，第1003页。
⑤ 参见《雍正朝汉文朱批奏折汇编》第7册，雍正四年五月十八日，安徽布政使石麟奏查明博尔多任意支用弥补亏空银两数目折，第286页。

诧异。"雍正帝在朱批中说："俸工万万不可捐，至武弁更令人可骇。"①

可见，地方一旦出现亏空，捐俸银是最常见的赔补方式，且往往是捐解的时间旷日持久。如"甘肃省自康熙三十四年至五十七年，因供应喇嘛、赈济贫民，以及军需脚价，买备驼马等项，借动银粮，议定扣捐官役俸工还项"。这是因挪用产生的亏空，但直到乾隆元年（1736）"未经完补银粮八万七千余两"②。云南省在乾隆二年（1737），还有将文职各官俸工银两捐抵康熙五十九年以前军需的赔补之项。③

由于俸银贮于藩库，官员应捐出的份额是直接由巡抚或布政使决定，并直接在藩司库中扣除，所以对于官员而言，几年甚至是十几年都拿不到应得的俸禄是一种常态，俸禄对官员个人而言变成了一个似有实无的数字，仅仅是一组代表官员身份、社会地位的符号而已。

事实上，捐俸银不仅仅是用于赔补亏空，而且是地方财政的常项补充，凡有工程、军需、灾赈等事宜，在得不到户部拨款的情况下，其经费大多出自官员的俸银。对此，康雍之际的翰林院侍讲吴襄一针见血地指出，"各省俸工因公捐扣，常至数年之后，此不过借虚名以抵塞耳"④。因此，捐俸银的同时，也就意味着亏空的出现，只不过是以俸银确定并预支了赔补该项亏空的银两。或者也可以说，是在各种公用经费发生并出现了亏空后，以捐俸银之名来填补该项亏空或搪塞应对而已。

---

① 《雍正朝汉文朱批奏折汇编》第 6 册，雍正三年十一月十六日，甘肃巡抚石文焯奏遵旨筹画追赔虚悬库项折，第 479 页。
② 《清高宗实录》卷 11，乾隆元年正月癸丑。
③ 《清高宗实录》卷 41，乾隆二年四月丁丑。
④ 翰林院侍讲吴襄《奏为严杜亏空开科取士敬陈管见事》康熙朝，中国第一历史档案馆藏，《朱批奏折》档号：04 - 01 - 30 - 0416 - 019。

(二) 雍正帝诏令"停捐俸工银",然令行不止

雍正帝即位之后,公捐俸银以解决地方经费的做法在各省依然得以延续。但是,官员的俸禄关系着操守,"天下亦无枵腹而为人办事之理,必资其养廉,方可责以清操"①。以俸工银捐补亏空,无疑致官员无资养家,从而为其搜刮民脂提供合理的口实。雍正帝深知个中道理,于雍正元年(1723)九月,当江西巡抚裴𬱖度请捐俸工银两赈恤被水灾民时,果断宣布,以公事捐助俸工银永行停止。他说:"官吏俸工特为赡养伊等家口而设,原不可少。纵将通省官员俸银捐助,为数亦属无几,有何裨益。至若胥役工食亦尽行捐出,何以令其应差行走。"嗣后,"凡地方遇有公事奏请捐助俸工之处,永行停止"②。

十月,雍正帝又针对各处工程仍有请将俸工银两捐助者,表示"此事断不可行。伊等名为捐助,实则借端勒派,扰累小民"。"若直省大吏将己分内所得羡余捐助完工者,听其捐助,如或不能,着奏请动用正项钱粮。"③ 可见,在禁止地方官员滥用俸工银时,雍正帝还曾考虑到允许地方大员以所得羡余取代俸银的捐助办法。

但是,在没有解决地方财政问题的情况下,俸银的公用是难以禁止的。

雍正二年(1724)二月,直隶巡抚李维钧奏:"臣查直属修筑太行堤工经前督臣赵弘燮题明,暂动道库银两,以通省俸工自康熙六十一年起分作五年捐还。又截漕运贮大瓩二府脚价亦经题明动借库项,俟俸工有余捐还。"所谓"捐俸工之处,未行停止"。虽然雍正帝此前已经下令停止捐俸工银,但是对于李维钧的"以后遇有公

---

① 蓝鼎元:《台湾保甲责成乡长书》,载贺长龄、魏源编《清经世文编》卷84。
② 《清世宗实录》卷11,雍正元年九月丁亥;《雍正朝起居注册》第1册,雍正元年九月十二日,第99页。
③ 《清世宗实录》卷12,雍正元年十月壬子。

事地方，大吏捐资料理"的请求，没有正面反对。朱批："此事要你自己斟酌办理，朕做不得主意。"①

六月，两广总督孔毓珣称：今奉旨"俸工一概停捐"。但由于地方应办修筑炮台、城垣、海塘等项事务需经费，遵旨"实发并微员苦役俸工照旧不捐外，其自知县以上俸银解司库，每年约有俸工银二万五六千两，以为办理通省公务之用"。请旨后朱批："此事朕谕不得。"② 可见，面对如此两难的抉择，连一向果敢的雍正帝也无法轻易决断。随后孔毓珣又奏，所捐俸工银留办公务，本年公项犹未必足，安能补及从前。③ 说明这二万五六千两俸银也仅仅用于维持当年的办公用费，远远不足以弥补任何他项亏空。

雍正四年（1726）正月，福建巡抚毛文铨奏："闽省俸工除台湾一府外，内地八府约计七万两，向充通省公用。自奉皇上禁止之后，前任督抚两臣满保、黄国材等商量，一切公用中如承造战船，办解铜觔，俱属火急之务，各项帮贴刻不能缓，于七万之内酌捐二万四千两有零，以作前项所需。……海外一府每年动用俸工二千七百五十六两，各改名为公捐，其实即属俸工。朱批：此系公捐，如何言得俸工？"④

可见，在皇帝眼里，公捐与捐俸银还是有区别的。虽都出自官员个人，但捐俸工则不需要征得官员个人的同意，而由省级大员直接扣取。因此，在公捐和摊扣俸银的过程中，蒙混、欺隐等弊患充斥其中。

根据各省督抚的奏报，在有旨停捐俸工银后，各省仍在各自继

---

① 《雍正朝汉文朱批奏折汇编》第2册，雍正二年二月二十三日，直隶巡抚李维钧奏陈停捐俸工无以补库情由折，第593—594页。
② 《雍正朝汉文朱批奏折汇编》第3册，雍正二年六月初七日，两广总督孔毓珣等奏筹画地方公务酌行捐解俸工折，第137—138页。
③ 《雍正朝汉文朱批奏折汇编》第3册，雍正二年六月初七日，两广总督孔毓珣奏追赔透用流抵俸工折，第138页。
④ 《雍正朝汉文朱批奏折汇编》第6册，雍正四年正月初四日，福建巡抚毛文铨奏报闽省公捐实属俸工折，第658页。

续捐扣。如直隶，自雍正元年九月奉旨停捐俸工银，至雍正三年八月，李维钧共收过俸工银15.9万余两，然藩库仅存一万余两，其余14.8万余两，着李维钧勒限五年追赔"。①

安徽"自雍正二年起，收存各属公捐俸工节礼银六万余两，查此项当日原为弥补上江亏空起见。……（布政使）博尔多遂将此项俸工节礼等银那借三万三千余两，并未在库，其余止存二万六千余两。博尔多屡次详明动用，臣（巡抚魏廷珍）俱未批行"②。

山东自康熙六十年（1721），雍正元年至三年（1723—1725），自藩库提取俸工银18.5万余两，声称捐补，却未将分毫补还。原任布政使"程光珠、博尔多俱俯首莫辩，止以因公动用为词"③。

江苏省由于"升司鄂尔泰与前司漆绍文因地方公务繁多，无项可支，详明督抚仍行酌提雍正二三四五等年俸工闲款银两解库应办"。其中，鄂尔泰任内收银2.4万两零，漆绍文任内收银9035两零，两任内提解银3.3万两余，俱"照数动支无存"，且"无可稽查"④。

这说明，地方财政缺口及赔补亏空的压力必须寻找"俸工银"以外的解决渠道，现有的状况已经不能将雍正帝及其官僚们带出财政缺口的困境，而官员侵蚀钱粮正是发生在这一过程中。正如雍正元年，时任经筵讲官兵部右侍郎李绂所言："国计莫重于钱粮，而弊端莫大于亏空，十数年来内外臣工竞言库帑之亏，各效补苴之策，然塞其流未清其源，弊终不得而除也。"⑤

既然公捐俸禄不过勉强能凑够官员当年的办公之需，根本不足

---

① 参见《雍正朝起居注册》第1册，雍正四年四月二日甲子，第705页。
② 《雍正朝汉文朱批奏折汇编》第7册，雍正四年六月初八日，安徽巡抚魏廷珍奏清查升任布政使博尔多存库各项钱粮等事折，第419页。
③ 参见《雍正朝汉文朱批奏折汇编》第8册，雍正四年十一月十九日，署山东巡抚塞楞额奏查审原任抚藩滥用俸工银两情形折，第467页。
④ 《雍正朝汉文朱批奏折汇编》第10册，雍正五年十一月初一日，苏州布政使张坦麟奏为应否动支领库存俸工银两请旨折，第898页。
⑤ 《雍正朝汉文朱批奏折汇编》第31册，兵部右侍郎李绂奏陈请改正印捐纳以杜亏空根源折，第808页。

以赔补历年积累的钱粮亏空，且雍正帝又明确规定了不准再以公捐俸银的方式用于公项，那么，为弥补亏空、解决地方经费，总要找到可行的途径。在国家、各级政府以及官员个人利益的关系上，各省的督抚藩司等大员几乎都认准了利用耗羡银两来弥补亏空的办法，这就使"耗羡归公"的改革有着体制与制度内的需求。

（三）"无着亏空"数额巨大

自清查钱粮亏空伊始，雍正帝派往各直省的大员所面临最棘手的问题便是"无着亏空"的数额巨大。诸如，雍正元年（1723）七月，根据巡抚诺岷的奏报：山西"原奏作速追完之变抵项银八十六万二十余两内，仅赔补八万一千八百两，尚有七十八万九千余两未完。原奏限二年追完之二十八万五千七百余两，惟赔补六万九千八百余两，尚有二十一万五千八百余两未完。原奏十个月内完赔之十七万二千余两，兹限满仅赔补七万四千三百七十余两，尚有九万七千六百余两未完"[①]。

这组数字说明，弥补亏空的数额，仅能做到9.5%、25%、43%左右，获取赔补最多的也还不过43%左右。之所以如此，是因为大多数的亏空已找不到承担赔补的责任人，成为"无着亏空"。

山东的情况与山西相差无几。雍正元年十二月，巡抚黄炳奏称：原任巡抚李树德先前自报的"无着亏空"银2.9万两零，谷8千余石，流抵未清之无着银12.7万余两。随后黄炳查出，山东实际的"无着银三十万余两，无着谷十二万五千余石，皆系前任抚臣李树德任内未清之项"[②]。

而在上述"无着亏空"中不得不说的是"流抵亏空"。正如李树德所言："东省历来相沿有流抵一项，盖因州县各官遇有修建仓

[①]《雍正朝满文朱批奏折全译》雍正元年七月初三日，山西巡抚诺岷奏请府州县亏欠未完银两由各官分赔折，第207页。
[②]《雍正朝汉文朱批奏折汇编》第2册，雍正元年十二月十三日，山东巡抚黄炳奏请饬前任巡抚李树德补还虚悬无着银两折，第389页。

厫、衙署、文庙、城垣、堤岸等公务。始虽详称愿捐俸工应用，实则那动正项钱粮，迨后因俸工无几，不能一时补完，遂致递年渐补，一遇升迁、事故，又流交于接任之官，通省合计，约共十二万七千两有零，此东省流抵未清之数也。"① 所以，在雍正三年（1725）四月，山东布政使布兰泰奏称，其到任以来查知，山东向有流抵亏空共银40余万两，已经由巡抚题请，请将通省耗羡弥补，蒙皇上俞允。② 五年（1727）二月，布政使张保奏报，"东省各项流抵亏空银谷，共银五十万五千八百七十七两零"。其中有动耗弥补，也有未动耗弥补者。③ 而这项不断增加的流抵亏空，绝大部分应该是由必要支出的财政缺口所造成，显然不宜落入巡抚或藩司等个人名下赔补。而以耗羡弥补财政缺口和亏空，在雍正三年前后便已开始在各省悄然实施。

除山西、山东外，两江三省（江苏、江西、安徽）的"无着亏空"也比较突出。总督查弼纳奏称，两江亏空钱粮多达320余万两，其年已久，催征徒有其名，实际完纳甚少。④ 雍正二年（1724）年末，江西巡抚裴㣙度："查江省亏空内有年久无着十二万余两，议以节省浮费公同弥补。"⑤ 布政使张坦麟在雍正五年（1727）十一月的奏折中说：江苏亏空前经题明饬追，"现在着追之项共银一百五十六

---

① 《康熙朝汉文朱批奏折汇编》第8册，康熙五十八年四月二十四日，山东巡抚李树德为遵旨议奏亏空钱粮如何完结之法事折，第453页。
② 参见《雍正朝汉文朱批奏折汇编》第4册，雍正三年四月初七日，山东布政使布兰泰奏请将余剩耗羡银两量给微员养廉折，第739页。
③ 《雍正朝汉文朱批奏折汇编》第9册，雍正五年二月初七日，山东布政使张保奏报流抵银谷亏空折，第20页。根据山东布政使张保的彻查，自李树德、黄炳、陈世倌，以及布兰泰等历任巡抚、布政使每人都有"流抵亏空"未完。如李树德、黄炳任内有山东省流抵亏空银谷共计34万余两银，经过各属弥补，仍亏空26万两零。陈世倌任内题明亏空流抵银15万两零，除完补及归入民欠外，实剩应补亏空银谷12万两零，布政使布兰泰任内查出无着亏空银谷共4万两银，又有流抵亏空应弥补银7万两零。于是张保统计出，"东省各项流抵亏空银谷共银五十万五千八百七十七两零"。
④ 《雍正朝满文朱批奏折全译》雍正元年九月二十一日，两江总督查弼纳奏请由前任督抚子弟赔补两江亏空钱粮折，第366页。
⑤ 《雍正朝汉文朱批奏折汇编》第4册，雍正二年十二月十八日，江西巡抚裴㣙度奏复节省浮费拨补亏空情形折，第212页。

万余两，米麦豆三十万八千余石，迄今数载追完尚不及十分之一，接年又有续参各案"①。雍正六年（1728）九月，新任署江苏巡抚尹继善也称："到任后即稽查历年各案亏空赃罚银至二百五十余万，粮至数十万石。问之官吏，多以年久无着难以追补为辞。"②

另外，甘肃巡抚石文焯也曾谈到江苏等省巨额积欠及大量无着亏空。他说："历年既久，当日经手之官大概多亡，少存在任所着追者，每值限满参处，徒兹案牍之繁，承追之官亦惟甘受参罚而已。行原籍查追者，若该员有子孙，可以着落原属，理之当然，若子孙俱无或虽有而贫乏无业，地方官必究及族人，株连不已。胥吏一遇此事，刻意搜求，肆行索诈，即其人果有财产未经入官，先已半饱胥役之腹。""按之，纸上原有盈千累万之项，究竟追变入官实属无几。"③

所以，在各省揭出的钱粮亏空中，可以追责进行赔补的亏空，只占亏空总额的一小部分，数额巨大的是找不到追赔对象的"无着亏空"。

（四）督抚藩司的呼吁

自清查钱粮亏空在各省全面铺开后，督抚们便承受着"三年之内，务期如数补足"的巨大压力，在不许加派民间，捐扣俸工银又被严令禁止的情况下，他们纷纷呼吁以耗羡弥补"无着亏空"。

耗羡，是地方州县在征收正项地丁银两时自行加征的名为"耗损"的银两，在没有被各级官员分割之前属于地方的共有和公用。康熙年间，地方官在正赋之外加征火耗银已是常态，加征一分，即10%，在康熙帝看来也是合理的。但现实中加征二三分者亦不属个

---

① 《雍正朝汉文朱批奏折汇编》第10册，雍正五年十一月初十日，江苏布政使张坦麟奏陈查追官员侵挪亏欠银两管见折，957页。
② 《雍正朝汉文朱批奏折汇编》第13册，雍正六年九月二十六日，署江苏巡抚尹继善奏报稽查江南亏空侵那钱粮积弊折，第547页。
③ 《雍正朝汉文朱批奏折汇编》第5册，雍正三年六月二十八日，甘肃巡抚石文焯奏陈查追官员旧欠钱粮管见折，第418页。

别，其主要原因就是为满足各级官员的需用。如康熙四十二年（1703）十二月，康熙帝在谕旨中对于加耗二三分者指斥说："闻各省火耗俱是加一，巡抚钱粮最少者惟有甘肃，通计正额共二十八万有奇，加耗亦止二万八千。州县官钱粮既少，加耗无几，不敷用者宜或有之，其余赋额皆多。如一州县正额有二三万，加耗即至二三千，宜敷用矣。而州县官仍有以艰难告者，其故安在？朕随地谘访督抚，虽有不受馈遗者，然馈藩臬者若干，馈道府者若干，可尽云廉吏乎？"① 可见，加派份额从未得到控制，州县官大行贿赂、营私舞弊也尽在其中。

康熙四十八年（1709）五月，湖广巡抚陈诜访闻，由于火耗加派，屡奉严纶，致"有不肖州县，钱粮多用大等称收，有一两只秤七钱及七钱以上不等者，即布政司王毓贤在任，亦暗用重秤收兑钱粮。又湖广条银俱照米准银，州县于正项之外，有每石私加三四钱至一两不等者"②。康熙五十一年（1712），浙江巡抚王度昭也证明了地方官借此不断地科派。所谓"耗羡一项，虽出诸官，实取诸民，不肖有司往往借端科派"③。

虽然官场中人人皆知耗羡乃地方吏治腐败之渊薮，却无人能去干预并制止。就是因为加征火耗并非是道德操守上的问题，而是地方财政必须解决的现实问题，且加征二三分者并未受到惩戒。如在康熙六十一年（1722），巡抚噶什图奏："秦省州县火耗，每两有加二三钱者，有加四五钱者"④。山西"全省每年增耗银五十一万九千四百两余"每两征耗银一钱四五分到二钱二三分不等⑤。

---

① 《清代起居注册·康熙朝》第 18 册，康熙四十二年十二月十九日，第 10425 页。
② 《康熙朝汉文朱批奏折汇编》第 2 册，康熙四十八年五月二十八日，湖广巡抚陈诜奏陈楚北地方情形折，第 460—463 页。
③ 《康熙朝汉文朱批奏折汇编》第 4 册，康熙五十一年十一月，浙江巡抚王度昭奏报浙省司库岁内补足折，第 562—563 页。
④ 《清圣祖实录》卷 299，康熙六十一年九月戊子。
⑤ 《康熙朝满文朱批奏折全译》康熙六十一年二月初八日，山西巡抚德音奏为督催各州县偿还亏欠钱粮折，第 1495 页。

可见，西北山陕对民间的耗羡征收已是正赋的20%—50%左右。而且，在康熙中期山西巡抚噶礼还以耗羡银弥补了地方钱粮亏空。

根据康熙三十九年（1700）十二月噶礼的奏折："细查密访各州县仓库，见其中催征钱粮时，以火耗余额尽行补足，毫无亏欠者十有八九。"① 虽然噶礼在山西以耗羡完补亏空的做法得到了康熙帝的默许，但加征耗羡终属加派，而以耗羡弥补又难保州县不再借端加派，所以在康熙朝并不被提倡。

康熙末年，随着各省钱粮亏空的日趋加剧，朝廷就钱粮如何弥补亏空征集意见，督抚中也相继有人提出以耗羡弥补亏空的议案。

如康熙五十八年（1719）四月，巡抚李树德就山东亏空钱粮作何完结等事，提出"莫若以通省州县征收地丁之耗羡酌补亏空"的奏请。曰："因思通省州县大半皆有流抵（亏空），若一经报参，则离任与现任各官多被议处，库项反致空悬，似非安静弥补之道。是以止严饬其陆续补项，未敢遽行章奏。今荷蒙圣谕，行令将亏空钱粮作何可能完结之处议奏，奴才敢不悉心筹画。……伏思现在勒追东省亏空各案，远则十余年之久，近亦有五六年、三四年不等，无如本犯力实不能完纳，而当日之上司等官类多升迁、事故，又无从着落。即现今流抵一项，积久不清，在州县官或有那新掩旧之弊，恐将来水落石出，终成亏空矣。今奴才熟筹完结之法，莫若以通省州县征收丁地之耗羡酌补亏空、流抵二项，庶几众擎易举，积欠可清。查东省丁地钱粮，除卫所为数无多不议外，其六府所属一百四州县共征收丁地银三百三十三万六千两有零，州县征收钱粮，向有耗羡，分别缙绅、民户，多寡不等，每两约计一钱三分，相沿年久，在州县官则以此为养廉，在士民亦相安而输纳。奴才愚陋之见，令州县各官于所得一钱三分之耗羡内，捐出一分三厘解司存贮，合计每年约有银四万三千余两。即以此弥补各案之亏空与历年未清之流

---

① 《康熙朝满文朱批奏折全译》康熙三十九年十二月十八日，山西巡抚噶礼奏报饬令所属捐俸修城楼等事折，第205页。

抵,不过三年半悉皆完结,而全无亏空矣。一经完结之后,应即停其捐解。"①

康熙六十一年(1722)二月,山西巡抚德音奏陈,为偿还诸处亏欠之钱粮,他着令布政使苏瞻会同知府等清查全省增耗银数。据查后报出:"全省每年增耗银五十一万九千四百两余。此内,补西地途中驻驿马匹,给驿站人员之盘缠,偿还运米驼,捐助前往汛地,前往运米之地方官员盘缠,以及途中用项,用于修整考场等公事银两,共十七万两余。此外,尚余三十四万八千三百两余等情。"奏请"将此三十四万八千两余银,倘俱偿还亏欠钱粮,不需二年,无着落银可完结"②。

是年八月初五日,陕甘总督年羹尧与陕西巡抚噶什图等也因军需耗费有相同的奏请,噶世图在奏折中直接提出以火耗加征解决亏空的弥补问题。他说:"总督年羹尧启程前,奴才我等商议,将亏空钱粮多之官员俱参劾,此亏空钱粮,倘惟赖被参劾官员催征偿还,致主子之钱粮终无完结之日。陕西省前征火耗银,有每两征三四钱者,亦有每两征一二钱者,除火耗外,复有摊派之项,合计每两即四钱余。全省擅摊派者我等皆已禁止。火耗每两以两钱计,一年共一百六十万两余钱粮银内,除各该地方截留外,应送布政司库一百三十万两余银,所得火耗银内,按存州、县之大路、偏僻处计,分派千两多寡不等,按户算计,总督、巡抚、布政使、按察使、道员、知府四五千两以上、万两以外不等计。此外,所有火耗及分与奴才一万两内,我出五千两增核垫补亏空之项计,以此民人较前所出有减,亏空之项亦可相继完结。"③

虽然噶什图的方案很具体可行,但康熙帝非但不允,而且坚决

---

① 《康熙朝汉文朱批奏折汇编》第8册,康熙五十八年四月二十四日,山东巡抚李树德为遵旨议奏亏空钱粮如何完结之法事折,第453页。
② 《康熙朝满文朱批奏折全译》康熙六十一年二月初八日,山西巡抚德音奏为督催各州县偿还亏欠钱粮折,第1495页。
③ 《康熙朝满文朱批奏折全译》康熙六十一年八月初五日,陕西巡抚噶什图奏报垫补亏空钱粮折,第1509—1510页。

反对，谓"自古以来，惟禁止火耗而已，不可开"。他说："自古以来，惟禁止火耗而已，不可开，奈何地方官稍征一二分，朕如何办？尔为人之亏欠而密奏，故朕拟批索取？照依之？此断非可行之事，不可行。"又说："六十年，陕西督抚题参亏空各官，奏请将此亏空银两追出，以充兵饷。后追比不得，伊等无可奈何。巡抚噶什图密奏，欲加通省火耗以完亏空。此折朕若批发，便谓朕令加征。若不批发，又谓此事已曾奏明，竟自私派。定例，私派之罪甚重，火耗一项，特以州县官供应甚多，故于正项之外略加些微，以助常俸所不足，原属私事。若公然如其所请，听其加添，则必致与正项一例催征，将肆无忌惮矣。"①

康熙帝对陕西督抚藩司的斥责不可谓不严厉，而从档案的记载中看到，康熙帝十分气愤，他对噶什图说："尔等二巡抚昏聩受骗，布政使胆大，理应斩之。今俱参劾全省官员，反将主子之钱粮垫补此处，尔等能承担乎？"②

但在九月，噶什图再次以"陕西亏空甚多"，强调"若止于参革官员名下追补，究竟不能速完。查秦省州县火耗每两有加二三钱者，有加四五钱者。臣与督臣商议，量留本官用度外，其余俱捐补合省亏空"。而康熙帝还是仍以加耗即为私派，"定例私派之罪甚重"，而坚决否定。直到他临终前的两个月，即六十一年九月，依然对扈从大学士、尚书、侍郎等人说："朕谓此事大有关系，断不可行。"③

雍正帝即位后，随着清理亏空的全面铺开和深入，大量无着亏空成为最棘手的问题，而雍正帝三年弥补亏空的严旨犹如悬在督抚们头上的一把利剑，使他们辗转不得安宁，于是各直省督抚又有人旧话重提，开始奏请以耗羡弥补亏空。

---

① 《清圣祖实录》卷299，康熙六十一年十月甲寅。
② 《康熙朝满文朱批奏折全译》康熙六十一年八月初五日，陕西巡抚噶什图奏报垫补亏空钱粮折，第1509—1510页。
③ 《清圣祖实录》卷299，康熙六十一年九月戊子。

先是，雍正元年三月，署河南巡抚嵇曾筠在其"查明规礼以备公用、以补亏空"折中提出，"钱粮耗羡酌留十分之三给令养廉，所有余羡俱随正项每月委员拆解藩库以补欠项"，"三年之内可冀补足"①。七月，山东巡抚黄炳也在奏折中提到以耗羡弥补亏空的问题。他说："细查一百四州县中，求其无亏空者寥寥止有十数处。臣现在设法渐次弥补。查所属原有火耗一项，从前所收加二五加三不等……除每年留给通省各官养廉外，余剩若干，尽数补项。即以其本来应得之规以补其原额虚悬之项，不损官不累民，如此三年内庶几渐次弥补矣！"②

在倡导以耗羡银两弥补亏空的督抚中，要数河南巡抚石文焯的态度最为积极，也最有代表性，雍正元年八月二十七日，石文焯在一天内连上两折，详细阐述了他的具体规划。明确提出"凡有亏空之州县，应限二年内将所有羡余积累茞补"的建议。③ 他分析了河南的情况，称："本省承追者尚有未完银七万二千三百余两，未完谷三万三千八百余石。有本犯已经身故，着落家属追比日久无完者，有本犯虽在着追任所无可变赔者，是徒有追比之名，究无补茞之实。即咨回原籍搜变家产，恐徒延时日，终于国帑无补。""完补之法，若以通省俸工抵补，则豫省俸工一项，因抵补军需及两次运陕米石脚价、修筑太行堤工等项，直扣至雍正九年始得补完。前经咨部有案。若以通省耗羡抵补，则谨饬自守并无亏空者，是以所得羡余反为他人抵补，而奢侈妄费恣意亏空者，皆赖他人代赔，益致肆无顾忌，似非情理之平。舍此二者之外，别无良法。"提出，巡抚衙门向有府州县节礼，"莫若将此项节礼令各属缴存司库留为抵

---

① 《雍正朝汉文朱批奏折汇编》第1册，雍正元年三月初四日，署理河南巡抚嵇曾筠奏查明规礼分别办理折，第135页。
② 《雍正朝汉文朱批奏折汇编》第1册，雍正元年七月初十日，山东巡抚黄炳奏覆粮价散赈等事折，第645页。
③ 《雍正朝汉文朱批奏折汇编》第1册，雍正元年八月二十七日，河南巡抚石文焯奏陈着落赔补亏空折，第890页。

补亏空之项。"①。

但雍正帝仍然存有顾虑,他说:"将耗羡充课,固属急公。但恐以耗羡归正额,而正额之外复加耗羡,商民重输叠出,何以堪此。"②随后,石文焯于雍正二年正月二十二日又连上两份奏折,以其提案的完善说服了雍正帝。

先是石文焯奏报,其"衙门所有司道规例及府州县节礼俱已尽行革除"。只保留了一分火耗,留以养廉。原府州县节礼每年约有四万余两,已收三万余两收贮在库。雍正帝担心"应捐助之名,又在他处加倍亏空",在朱批中说:助饷之说再不要提起。"即归公,亦可作尔本省或补亏空,或修理城垣、道桥、堤岸、兵马器械费劳之用可也。"③

根据石文焯奏报可知,河南省"自今年为始,将臣(巡抚)衙门所有司道规例、府州县节礼及通省上下各衙门一切节寿规礼,尽行革除。地方一应公事概不议捐,以杜州县藉口之端,以塞上司勒索之路"。此外,他对耗羡的收取状况作了细致的调研,所有火耗,"通盘合算约有一钱三分有零,统计全省额征地丁银三百六万余两,约耗羡银四十万有零。除通省各官酌量分别给以养廉及每年有各项杂用公费并赔垫之项"。"每年约可余耗羡银十五六万两解贮司库,以为弥补亏空、抵还借项及办公事之用。"④

但雍正帝仍然担心,地方藩司在将耗羡划入正项钱粮后是否会再向民间派征耗羡。三月,他针对石文焯"请将捐谷耗羡银收存司库,留充公用的折奏"明发上谕:"耗羡存库,不过暂寄,以备地方分用,断不可归入钱粮之内。凡此等羡余,概不得牵混正项。国家

---

① 《雍正朝汉文朱批奏折汇编》第 1 册,雍正元年八月二十七日,河南巡抚石文焯奏陈详议完补亏空之法折,第 892—893 页。
② 《清世宗实录》卷 16,雍正二年二月丙午。
③ 《雍正朝汉文朱批奏折汇编》第 2 册,雍正二年正月二十二日,河南巡抚石文焯奏裁革节礼规例银两作何用项请旨折,第 525—526 页。
④ 《雍正朝汉文朱批奏折汇编》第 2 册,雍正二年正月二十二日,河南巡抚石文焯奏明划补亏空盈余贮库折,第 526—527 页。

经费自有常额，若将此入正项，尔等羡余必仍另取，不特名实相违，且恐移东就西，反致滋弊。"①

雍正二年五月，石文焯再度奏报其付诸实施的情况，以及以养廉银的方式给州县官发放银两。他说："豫省上下各衙门一切规例节礼，臣已尽行革除，丝毫不许收受。州县征收钱粮封柜，委折火耗解贮司库。阖省各官分别给以养廉，一切公用概不派捐，悉于司库支应。""各官养廉前蒙谕旨即令布政使田文镜按季给与。"②

上述记载表明，石文焯在河南提取耗羡银两，不限于赔补亏空钱粮，已经涉及地方官的俸禄制改革，地方官养廉银的问题已经提到日程上来，财政体制的改革是势在必行。这期间，无论是支持或反对，都有利益的考虑。且除了河南之外，其他各省的抚藩也在一面频频请旨，一面私自在所属地方实施以耗羡弥补亏空的改革。

例如，雍正二年年末，江西在巡抚裴𢆶度的主持下，将年久无着的亏空银两12万余，以通省州县向来各节礼、贺礼等八九种陋规，"约计每年尚有八万之数"赔补，"因查未参之亏空亦有十余万，现已补八九"③。

地方督抚的提议及各自的赔补措施都在说明一个问题，那就是仅靠对官员群体的追赔是根本实现不了对数额巨大的亏空钱粮进行回收的目的。不仅地方如此，中央也如此。雍正二年十一月，怡亲王允祥查出户部"实在亏空二百五十余万两，深以追补为难，请以户部所有杂费逐年代完，约计十年可以清楚"。雍正帝虽然深知亏空系由历任堂官肆意侵渔所致，但他还是接收了允祥以户部历年杂费代赔的建议。④ 可见，雍正帝已经清醒地认识到，要解决官僚队伍的腐败问题必须要在钱粮管理等财政制度上有一个大的改变。

---

① 《清世宗实录》卷17，雍正二年三月丁丑。
② 《雍正朝汉文朱批奏折汇编》第3册，雍正二年五月十八日，河南巡抚石文焯奏耗羡归公用补亏空折，第67—68页。
③ 《雍正朝汉文朱批奏折汇编》第4册，雍正二年十二月十八日，江西巡抚裴𢆶度奏覆节省浮费发补亏空情形折，第212页。
④ 《清世宗实录》卷46，雍正四年七月辛亥。

（五）以耗羡弥补"无着亏空"

经过雍正元年一年多的酝酿，地方督抚主张以提解火耗来弥补亏空的想法已经成熟。而且，山西、山东，河南以及陕西等直省已经付诸实施。没有实施的直省也提到以"耗羡"弥补亏空的议案。如雍正二年五月，云贵总督高其倬奏，"现今云南府知府韩锺将所收税羡及该员变产借完之项一总填入，已买补米二万三千余石，剩下七千余石，若再收一年有余，即可全清。大理府知府程珩将伊税羡及伊自补之项，一总填入，已将所欠仓米一万余石买补全完，尚有银八千余两未能完补。大理之税课羡余较云南府稍少，若再收补二年亦可全清"。按照三年清完的期限，令云南府在雍正三年冬季，大理在雍正四年交藩库。①

但是朝廷内外，对耗羡归公的看法历来有不同的声音，如吏科给事中崔致远在雍正元年四月的奏折中指出："今闻山东、山西、陕西填补之法，不论有无亏空之州县，所有钱粮火耗或加一加二加三以上不等，尽收尽解，不知何县火耗填何县亏空？不知若干火耗填若干亏空？亦不知起于何年止于何日？州县等官量给盘费，既不足以养廉，于是另行搜刮，剥肤洗髓，无所不至。切念北省连年荒歉，山东、直隶流亡载道，山西、陕西米价每石六两七两不等。百姓艰食，苟延残喘。"②

崔致远所奏的意义在于，他证明了山东、山西、陕西等省已经实施了通省提解火耗、统筹弥补亏空的做法。但他见到了地方官在征解过程中对百姓造成的伤害，不支持尽收尽解火耗。

次年四月，光禄寺少卿罗其昌则比较客观地介绍了地方征解火耗的具体情况：他说："访闻得直隶、山东、山西、陕西、河南抚院

---

① 《雍正朝汉文朱批奏折汇编》第3册，雍正二年五月二十八日，云贵总督高其倬奏酌定税规羡余充饷折，第108—110页。

② 《雍正朝汉文朱批奏折汇编》第1册，雍正元年四月十九日，吏科掌印给事中崔致远奏陈轸恤京师官民等三事折，第252页。

藩司，将各州县之钱粮火耗尽数收入库中，以备办公之费，其州县论大中小地方或给银一千两或给八百两，或给六百两，以为养廉之资。又闻得各处州县自称一州一邑公私之费甚繁，所给之数不敌所出。"①

上述奏议都应该在不同程度上对雍正帝产生影响。但反对的势头也不小，如州县官则以通省火耗大部解至藩司库中，失去对火耗征收后的自主处置权，也即对利益的丧失而不满。雍正帝在给河南布政使田文镜的谕旨中有："闻得尔省将州县一概火耗盈余尽归藩库以补亏空，又每千两解一二十两，名曰平余，州县分文不与，有官穷民困之论。"② 这说明反对耗羡归公的声音已经传到了雍正帝的耳中。虽然河南的州县是有扣留养廉银的，并无分文不取之事，但在一定程度上反映出来自州县官员的不满。

此外，作为国家中枢机构的内阁成员中也多有持反对意见者。雍正二年（1724）六月，针对山西巡抚诺岷的提解火耗奏议，"内阁交出请禁提解火耗之条奏"。随后，山西布政使高成龄上折陈述耗羡归公的作用。据《清实录》和《档案》记载，高成龄奏：

> 直省钱粮正供之外向有耗羡，虽多寡不同，皆系州县入己。但百姓既以奉公，即属朝廷之财赋。臣愚以为，州县耗羡银两自当提解司库，以凭大吏酌量分给，均得养廉。且通省遇有不得已之费，即可支应，而不分派州县，借端科索，至以羡余赔补亏空。今抚臣诺岷将每年存贮耗羡银二十万两留补无着亏空之处，先经奏明。臣请皇上敕下直省督抚，俱如山西抚臣诺岷所奏，将通省一年所得耗银约计数目，先行奏明，岁终将给发养廉、支应公费、留补亏空若干之处，一一具折陈奏。则不肖

---

① 《雍正朝汉文朱批奏折汇编》第2册，雍正二年四月初七日，光禄寺少卿罗其昌奏陈豫省钱粮无甚亏空等事折，第761页。
② 《雍正朝汉文朱批奏折汇编》第3册，雍正二年五月十二日，河南布政使田文镜奏复火耗盈余解司归库折，第46页。

上司，不得借名提解，自便其私，如条奏所虑矣。

奉上谕：此事着总理事务王大臣九卿詹事科道，平心静气，秉公持正会议。少有一毫挟私尚气，阻挠不公者国法具在，断不宽宥，各出己见，明白速议具奏。如不能画一，不妨两议三议，皆可。①

有记载曰："雍正二年，诺岷请将山西一年所得耗银提解司库，除抵补无着亏空外，分给各官养廉。而成龄复请仿山西例，通行直省。上以剔除弊窦，必更定良法，耗羡必宜归公，养廉须有定额，诏总理王大臣、九卿会议。会各省皆望风奏请，议遂定。"②但事实是，过程并非如此简单，高成龄的提案并没有顺利通过。

七月，总理事务王大臣、九卿科道等议覆回奏，反对质疑的声音不小，如"提解火耗非经常可久之道"，"先于山西一省所奏试行之"，"提解火耗，将州县应得之项听其如数扣存，不必解而复拨"，等等。对于京官中反对耗羡归公的原因，田文镜也做了回应。他说："臣思各州县均有同年故旧亲友在京，而平日或向外官抽丰称贷，在州县得以自由之日无不竭力照应。今一旦将钱粮封柜、耗羡解司，凡有所需，州县自将此情相告，更或甚其辞以婉却，议论由此而指也。但钱粮封柜耗羡起解，州县自不比昔日可以自恣，而一切陋例尽解禁革，百姓俱各安乐，并无民困之处。"③

但最终雍正帝支持了高成龄等人的改革方案，将内阁的意见果断驳回，所谓"今观尔等所议，见识浅小，与朕意未合"。雍正帝曰："州县火耗原非应有之项，因通省公费及各官养廉，有不得不取给于此者。……历来火耗皆州县经收，而加派横征，侵蚀国帑，亏

---

① 《清世宗实录》卷21，雍正二年六月乙酉。另见《雍正朝汉文朱批奏折汇编》第3册，雍正二年六月初八日，山西布政使高成龄奏陈提解火耗管见折，第143页。
② 陈康祺：《郎潜纪闻初笔》卷2《耗羡归公》，中华书局1984年版，第30页。
③ 《雍正朝汉文朱批奏折汇编》第3册，雍正二年五月十二日，河南布政使田文镜奏复火耗盈余解司归库折，第46页。

空之数不下数百余万,原其所由,州县征收火耗,分送上司,各上司日用之资,皆取给州县。以致耗羡之外,种种馈送,名色繁多。故州县有所藉口而肆其贪婪,上司有所瞻徇而曲为容隐,此从来之积弊所当剔除者也。与其州县存火耗以养上司,何如上司拨火耗以养州县乎?……是提解火耗,既给上下养廉之资,而且留补亏空有益于国计。"他反问朝中大臣们:"今尔等所议,为国计乎。为民生乎。不过为州县起见。独不思州县有州县之苦。上司亦有上司之苦。持论必当公平。不可偏向。又朝廷之与百姓原属一体,朝廷经费充足,民间偶遇歉收,可以施恩赈恤,百姓自无不足之虞。是清补亏空于国计民生均有益也。"明确表示:"各省火耗自渐轻以至于尽革,此朕之愿也。……各省能行者,听其举行,不行者亦不必勉强。"①

雍正帝之所以有如此坚定的意向和明确的态度,是因为他看到了改革已是势在必行,而形势的发展已经为其提供了改革的样板,那就是山东、山西、河南、陕西等省先已试行以耗羡弥补亏空,且已初见成效。在雍正帝的明确表态之后,以弥补钱粮亏空为最初目的的耗羡改革在各省相继开始,三年完成弥补亏空的目标有了保障。

据记载,山东省于雍正二年(1724)九月,由巡抚陈世倌"与布政使博尔多及各府会议,以通省耗羡弥补,三年内可以全完"。耗羡"通算可得银五十四万两,臣等会议以二十万两弥补亏空,以二十万两为养廉"②。

雍正三年(1725)二月,高成龄奏陈,自诺岷到山西后,酌议裁减火耗,"止以加二为率,通省耗银约计五十万两,经抚臣奏明,除应给各官养廉并通省公费等项需银三十万两外,存银二十万两弥补无着亏空"③。

---

① 《清世宗实录》卷22,雍正二年七月丁未。
② 《雍正朝汉文朱批奏折汇编》第3册,雍正二年九月初四日,山东巡抚陈世倌奏陈亏空实数恳恩展限一年补完折,第548页。
③ 《雍正朝汉文朱批奏折汇编》第4册,雍正三年二月初八日,山西布政使高成龄奏报雍正元年耗羡银两折,第434页。又见贺长龄、魏源《清经世文编》卷27,高成龄《议覆提解耗羡疏》。

二月二十四日，河南巡抚田文镜连上三疏，奏明："臣在布政使任内支领过布政使养廉并公费银一万二千四百一十九两"，"臣于雍正二年三月十八日到布政使任内起至本年十一月二十六日升任止，共收过各年新旧耗羡银三十万五千一百四十七两"余，"前任布政使牟钦元任内收存耗羡共银一万二千九百六两"余，二项共银31.8万余两，其中14.18余两奏请弥补亏空。①

但是，以耗羡弥补亏空并非能够解决所有直省的无着亏空问题，原定加耗份额少的直省大都延迟了耗羡归公的时间。

诸如江苏，虽亏空数额巨大，但属于赋重耗羡银两征收少的省份，所以迟迟没有实施以耗羡归补亏空的做法。雍正三年（1725）七月，巡抚张楷奏称："江苏地方繁剧，公用浩繁。从前巡抚一年进益，除各属节规外，又有司库平规四千两，淮盐规二万四千两，浙省盐规八千五百两，浒墅关规礼八千八百两。"但仍称"臣衙门一年用度尚属不敷。"②。雍正四年（1726）六月，范时绎在署理两江总督任上与巡抚张楷计议如何增得弥补银两时，也是议从漕米及巡盐衙门所得盐规中提取，谓"弥补之项今又增添出六万两来，若归于原奏盐规节规之内，统计每岁存银十八万九千两"，此"亏空可于十年之内尽行完补"③。所以，江苏省直至雍正六年始提取耗羡，"每年应提耗羡银三十万一千二百九十四两零"，除办公费用及自督抚及府厅各官养廉"需银一十九万三千八十六两零外，尚可余剩银一十万八千二百两零，以为弥补亏空之项"④。对于这样的直省，不得不延期完项。

---

① 《雍正朝汉文朱批奏折汇编》第4册，雍正三年二月二十四日，河南巡抚田文镜奏呈藩司任内经收各年耗羡银两数目折，第498页；河南巡抚田文镜奏陈藩司任内收存动支新旧耗羡银两数目折，第502页。

② 《雍正朝汉文朱批奏折汇编》第5册，雍正三年七月十六日，江苏巡抚张楷奏报不受节规力补亏空等事折，第566页。

③ 《雍正朝汉文朱批奏折汇编》第7册，雍正四年十月二十日，署两江总督范时绎奏报与抚臣张楷会商弥补江苏各项亏空钱粮情形折，第717页。

④ 《雍正朝汉文朱批奏折汇编》第10册，雍正五年十一月初一日，苏州布政使张坦麟奏覆提用耗羡银两情由折，第901页。

江西的情况也属于耗羡归公稍迟的直省。巡抚裴㣧度于雍正二年（1724）十二月奏称："江省亏空内有年久无着十二万余两，议以节省浮费公同弥补。"① 雍正五年（1727）三月，据署理江西巡抚的吏部侍郎迈柱称："裴㣧度于雍正三年、四年内，提解各官减免节规弥补袁居等十五案无着亏空，并充通省公用，今前项无着亏空案已补完，现在亏空各案俱系照案着追。"② 而除了来自耗羡节礼之外，江西省以往的盐规等陋规也都列入弥补的银两中。所谓"查江省督粮道、饶九道向有盐规，俱经按年归补无着亏空，已无余剩。盐驿道、赣南道盐规除补无着亏空外，并买贮以备仓谷"③。

安徽省的耗羡归公始自雍正四年（1726）。据按察使祖秉圭的奏折可知，安徽此前府厅州县各官一年节礼、刑名部费、羡余、盐规等项，共计银2.8万余两，知府、直隶知州所有规礼盐规9900两解交布政司弥补无着亏空，下存1.8万余两，再裁各种羡余、节礼，余8770两余请作养廉。④

直隶提取耗羡归公同样是迟至雍正四年（1726），由直隶总督李绂奏请，于各州县加一耗羡，内提解二分为各府道官员养廉，二分存贮司库公用，其余六分厅州县自行存留，为养廉办公之用。⑤

此外，一些边远直省由于耗羡银两过少，根本无法实现以耗羡银完补无着亏空的目标。如甘肃巡抚石文焯于雍正三年（1725）十一月奏报，该省经其彻查后，仍有久悬未补之项，"未完银二十九万二百六两"，"赈粮三万七千二百五十八石"，当属于无着亏空。因

---

① 《雍正朝汉文朱批奏折汇编》第4册，雍正二年十二月十八日，江西巡抚裴㣧度奏覆节省浮费拨补亏空情形折，第212页。
② 《雍正朝汉文朱批奏折汇编》第9册，雍正五年三月十九日，署山西巡抚迈柱奏陈急宜办理之事三条折，第293页。
③ 《雍正朝汉文朱批奏折汇编》第15册，雍正七年四月二十六日，署江西巡抚张坦麟奏覆江西官员养廉情形折，第181—182页。
④ 参见《雍正朝汉文朱批奏折汇编》第7册，雍正四年七月初四日，安徽按察使祖秉圭奏报各属规礼银两数目折，第579页。
⑤ 参见《雍正朝汉文朱批奏折汇编》第8册，雍正五年正月二十八日，署直隶总督宜兆熊等奏议各州县酌议提解耗羡以为养廉银办公暨赏官犒兵折，第948页。

找不到补项，拟以全省文武俸工银抵补，但以雍正帝禁止以官员俸银弥补亏空，石文焯随又奏请"着落年羹尧照数赔还"①。

云南作为边疆直省与甘肃面临着同样的问题。雍正六年（1728）十月，云贵总督鄂尔泰为设法弥补无着亏空以清积案、以实库帑事，到任后便竭力催追，但收效甚小。对此，鄂尔泰在奏折中有详细的说明，并提出具体的补苴之法。他说："臣查云南通省新旧亏空共十五案，内除署永昌府事参革同知梁衍祚、临安府参革知府王润、云南府参革知府韩锺、广通县参革知县刘淑元、元谋县参革知县徐鸣鸾、署武定府事开化府参革知府佟世祐、沅江府参革知府张嘉颖，以上七案或有家产可以变补，或有借欠可以追偿。……又顺宁府参革知府范溥名下亏空银钱铜铅等项，已经题请，着落前任督臣高其焯、署抚臣杨明时、原任按察使江苎各名下分赔。"②

此外，云南还有亏空银谷七案，合计为银2.66万余两，虽屡次移咨各原籍查追，俱称并无产业可变。为设法弥补，鄂尔泰提出二点，一是以云南有未报之勋戚、叛逆田产纳产入官，二是由现任官养廉银的一半弥补。

但弥补亏空之道甚是艰难，即便是已经实施耗羡弥补亏空的直省，问题依然存在，三年完成归补的预期并不容易实现。比如最先实施耗羡弥补亏空的山东省，至雍正五年（1727）正月，署理山东巡抚塞楞额奏查耗羡弥补亏空一案，称原奏题明于雍正四年年底全完，但布政使张保报称，仍有未完银22万余两。但耗羡随正赋征收，由于民欠尚多，故耗银亦不能如数增收，以耗羡完补亏空自然会受影响。③

对于三年完补亏空的规定，雍正帝顾虑到地方官为遵循时限而

---

① 《雍正朝汉文朱批奏折汇编》第6册，雍正三年十一月十六日，甘肃巡抚石文焯奏请着落年羹尧赔还久悬帑项以清钱粮折，第480页。
② 《雍正朝汉文朱批奏折汇编》第13册，雍正六年十月二十日，云贵总督鄂尔泰奏报设法填抵无着之亏空以清积案折，第718—719页。
③ 参见《雍正朝汉文朱批奏折汇编》第8册，雍正五年正月二十四日，署山东巡抚塞楞额奏请将滥行开销耗羡银两于各员名下追赔折，第910页。

加征滥派，致地方完补亏空的成本成为危害百姓的弊患。四年（1726）八月，雍正帝在谕旨中将完补亏空的时限延长至六年。他说："从前弥补亏空皆指俸工银两，及朕有旨不许捐输俸工，则皆称以耗羡抵补。夫耗羡亦出于民，乃不问当日督抚等所以致此亏空之由，而动称耗羡弥补，以百姓之脂膏饱有司之溪壑，岂朕悯惜元元之至意乎！今特沛宽恩，凡各省亏空未经补完者，再限三年。"① 可见，雍正帝仍然纠结于以耗羡赔补亏空难免会加重百姓的负担。

但对于已经按期归补亏空的直省，如山西等省取得的"各官应得耗羡实行归公"，"各属无着之亏空由耗羡中弥补"的成果，雍正帝甚是欣慰，称耗羡归公"实权宜得中之善策也"②。至雍正六年（1728），雍正帝仍在回忆说："向来山西亏空甚多，国帑久虚，不能弥补。从前抚臣多请将亏空之员革职留任，以为弥补之计。夫以不肖之徒，令其留任还帑，是以亏空为护官之符，不但无益于国计，亦且有害于民生。而德音在任，又借弥补亏空之名提火耗以肥私橐。及诺岷接任，洁己奉公，实心办理，将亏空劣员悉行参革，州县火耗严行裁减，而酌留羡余以补无着之亏空，既不累及于闾阎，而有司亦免参罚，又为官员定养廉之资，为公事留办理之费。诺岷此举，于国计民生、上下公私均有裨益。然伊当始行之时，不但晋省属员怨望，而内外臣工皆有异词。朕彼时降旨曰：此事惟如诺岷之督抚方能行之耳。盖朕之意，原听各省督抚自为之，而至于不能行之督抚、不便行之地方，则朕并未强之使行也。"③ 而黄炳的"不损官不累民，如此三年内庶几渐次弥补矣"④ 也代表了一部分督抚对耗羡归公的认同。

这些认识都可说明，以耗羡弥补大量无着亏空，体现了国家与

---

① 《清世宗实录》卷47，雍正四年八月癸亥。
② 《清世宗实录》卷49，雍正四年十月壬申。
③ 《清世宗实录》卷68，雍正六年四月壬寅。
④ 《雍正朝汉文朱批奏折汇编》第1册，雍正元年七月初十日，山东巡抚黄炳奏覆粮价散赈等事折，第645页。

官僚之间在利益取向上达成的均衡。这些督抚疆臣在面对如何解决数额巨大的钱粮亏空时，具有共同性，也自然有共同的利益。

如果说，雍正朝清查钱粮亏空，靠的是雍正帝的果敢与铁腕，而最终能够在追赔上取得成效的，是通过"耗羡归公"①弥补了大量的"无着亏空"。对于国家和各级政府而言，则是流失财政的回归，对于大多数承担赔补和分赔的官员而言，则意味着经济压力的解脱。

自雍正六年（1728）始，清查亏空进入了尾声，十二月，雍正帝就仓谷亏空落前任监督各官分赔的问题作出宽免的决定。谓："今仓场各官俱已奉法，积弊渐清……将此数十万摊赔米石概行豁免。内有已经赔补者，其急公守法之心甚为可嘉，着照数给还，并交部议叙以示奖励。"②这道谕旨，将原用于处罚的"赔补"变成了"奖励"，这在一定意义上说明，雍正帝以回收国家财政为目的清查亏空措施收到一定的成效。对此，雍正帝是满意的。雍正八年（1730）二月，雍正帝在给内阁的谕旨中说："近观各省吏治，虽未必能澈底澄清，而公然贪赃犯法及侵盗钱粮者亦觉甚少，是众人悛改之象与朕期望之意相符，亦可遂朕宽宥之初心矣！""若果人心知儆，旧习渐除，令朕可以施宽大之政，乃朕之至愿也。此意系朕于元年二月间即屡向左右大臣等密言之者。"③

由归补亏空钱粮出发的"耗羡归公"，最先见到的成效就是在短时间内增加了国家的财力，这不仅是地方亏空银两的大量回归，而且户部的储银也成为这次追赔成果的见证。根据清人法式善的统计，雍正朝户部库银从元年实在存银2371.1万余两，到二年的3162.7万余两，再到三年、四年的四千余万两（三年4043.4万余、四年

---

① 此结论先已有学界同人提出，如庄吉发认为，"清世宗初意欲俟亏空清完后即停止提解耗羡"。"耗羡归公以后，各省亏空逐年清理完补。"参见庄吉发《清世宗与赋役制度的改革》，台北学生书局1985年版。董建中也曾撰文表述，"地方上弥补亏空的实践推动耗羡归公的形成"。参见董建中《耗羡归公政策究竟是如何出台的》，《清史研究》2002年第2期。
② 《清世宗实录》卷76，雍正六年十二月丙申。
③ 《清世宗实录》卷91，雍正八年二月丙辰。

4740.9万余），五年、六年在五千多万两（5525.2万余、5823.5万余），七年6024.8万余、八年便达到了6218.3万余两。① 虽然至雍正十三年，国库的储备因用兵西北又降到了3453.4万余两，但是这一时期的努力，为清朝盛世经济起到的奠基作用是不容忽视的。而且"耗羡归公"的意义不止于此。

首先，它对地方财政实现了划一的规范管理，养廉银与地方办公经费的明确分割，更是奠定了地方财政的基础规模。所谓"自督抚以至州县佐杂诸官养廉出其中，国家一切兴役亦半给其中，是加耗羡而民未必因之贫，去耗羡而国用或因之而减也"②。耗羡归公"其有上窃之国下取之民者则应全行裁革，于是地方官及关盐各项陋规多归公，而京署饭银亦准奏明支解。凡向之私敛，于商民及官员自相为与受者，除裁革后，均为例支"。"国初财政以节费为本至此而一变矣。"③

其次，也是更重要的一点。养廉银的创设不仅仅使清朝官员低俸问题得到了缓解，它以杜绝腐败的制度建设成为一项政治改革。雍正帝有谕曰："州县火耗，原非应有。因地方公费，各官养廉，不得不取给于此。且州县征收火耗，分送上司，以致有所藉口，肆其贪婪。上司瞻徇容隐，此从来积弊也。与其州县存火耗以养上司，何如上司拨火耗以养州县乎！"④ 七年（1729）三月，指示各省督抚，要"将未经分给之员一面办理一面奏闻，宁可以州县应出之项解至藩库从公发给，而不可使之自相授受"⑤。可以说，耗羡归公的关键性在于从制度上将耗羡银两收归督抚藩司，理顺了上下之间的权力关系，使督抚藩司的权力不受制于经济因素与人情的制约。

---

① 法式善：《陶庐杂录》卷1，第24页。
② 彭端淑：《耗羡私议》，载贺长龄、魏源编《清经世文编》卷27。
③ 吴廷燮：《清财政考略》，第346页。
④ 王庆云：《石渠余纪》卷3《纪耗羡归公》，第140—141页。
⑤ 《雍正朝汉文朱批奏折汇编》第14册，雍正七年三月初八日，湖北布政使徐鼎奏报各官养廉情形折，第792页。

第 五 章
乾隆初政与钱粮亏空的清理

有关乾隆朝钱粮亏空的研究,不能不先回到一个老生常谈的话题,那就是对乾隆帝执政风格的讨论,也就是说乾隆帝即位后如何经历了由严向宽、再由宽向严转变的?但应该注意到,乾隆初政的制度调整与建设是符合政治发展与国家行政管理的需要的。在此,以钱粮亏空的清理为讨论议题,来考察乾隆初政如何在这一整顿财政和吏治的重要政治过程中与雍正朝的严猛及铁腕进行对接的,以尝试回答乾隆初政过程中,是如何实现调整并转换自己的政治理念的。

有关乾隆初政的研究在20世纪80—90年代曾经是个热议话题,其核心观点就是乾隆初政改变了雍正帝的严苛作风,实施了宽严相济的政策。例如,戴逸指出:"乾隆初年面临的政治问题是继雍正的严酷统治以后,社会和官场弥漫着惴惴不安的恐惧心理和紧张气氛。乾隆即位之初,采取许多措施,来消除这种气氛,改变雍正苛严的政策,实行'宽严相济'的统治方针。"并强调,乾隆十三年(1748),"皇后丧葬和金川战争刺激乾隆采取更加极端的手段,促进和加速了政策从宽到严厉的趋势"[①]。左步青认为,乾隆帝"汲取

---

① 戴逸:《乾隆初政和"宽严相济"的统治方针》,《上海社会科学院学术季刊》1986年第1期,第190页;参见戴逸《乾隆帝及其时代》,中国人民大学出版社1992年版,第175页。

乃祖乃父两朝的政治经验，既不同于康熙晚年的'宽纵'，又不同于雍正时的'严刻'，标榜自己以'执两用中'为准则，主张'宽猛互济'。"① 高翔在其《康雍乾三帝统治思想研究》一书中，着重从乾隆帝接收的政治观念入手，分析了乾隆帝对宽严政策的取舍过程，并认为乾隆帝是"宽严相济""宽而有制"②。冯尔康在近年仍有文称，"乾隆初政在许多方面改变雍正朝的政策，在某种意义上说是翻前朝的案，执行'宽严相济'的施政方针"③。虽说各自的论述都有不同的侧重，但他们的共同点都在从宽严之变的角度来阐述乾隆初政，可以说学界在这一点上是达成了共识。

但近年也有不同的声音，高王凌就曾尖锐地指出："乾隆即位之初，胸怀'回复三代之治'的理想追求，围绕'井田'等问题不断进行君臣汇议，并通过粮政、农政、垦政等系列政策，带动了18世纪政府职能的全面加强。""以'宽严之辨'概括乾隆初政，就不免令人惋惜了。"④

对于乾隆初政，尽管从总体上可以用"宽严相济"综括，但仍需要就宽与严的对象再做考量。而且，就乾隆帝的政策推行过程而言，确实是经历了两个转变，一是由严向宽，另一是由宽向严。那么，在宽与严的变革中究竟变的是什么？不变的又是什么呢？这些在以往的讨论中被忽略的问题，恰恰应该是考察乾隆帝执政理念的关键所在。

可以认为，雍乾之间的变革，主要发生在如何"管官治吏"上，而不体现在国计民生上。研究中学界多引述清人昭梿的一段话，即"纯皇帝即位时，承宪皇严肃之后，皆以宽大为政。罢开垦、停捐纳、重农桑、汰僧尼之诏累下，万民欢悦，颂声如雷"⑤。用来说明

---

① 左步青：《乾隆初政》，《故宫博物院院刊》1987年第4期，第58页。
② 参见高翔《康雍乾三帝统治思想研究》，中国人民大学出版社1995年版。
③ 冯尔康：《乾隆初政与乾隆帝性格》，《天津师范大学学报》2007年第3期，第35页。
④ 高王凌：《乾隆皇帝"回向三代"的理想追求》，《中州学刊》2010年第4期，第162页。
⑤ 昭梿：《啸亭杂录》卷1《纯皇初政》，中华书局1980年版，第13页。

乾隆帝的宽政，是有偏差的。如若细加分析，不难看出这些评价都属于国家对百姓的嘉惠政策，而这些休养民生的举措在康雍乾三朝应该是一以贯之的，雍正帝推行"垦荒""清丈土地"等政策也是基于爱养民生的初衷。因此，以钱粮亏空的清理为讨论的对象，来考察乾隆初政如何在这一整顿财政和吏治的重要政治举措中与雍正朝的严猛及铁腕进行对接，就很有说服力。换言之，就乾隆帝如何在"管官治吏"中，实现调整并转换着自己的"宽"与"严"的执政理念进行考察，或许可以更清楚地认识乾隆朝政治过程的某些变化。而且，种种迹象也表明，乾隆帝对于如何把握并操纵国之钧轴的问题上，其认识的转变的确经历了一个矛盾、模糊而又摇摆的心路历程，即从最初坚决贯彻"惇大之政"，到乾隆十一年（1746）前后开始发生趋严的转变。

一 亏空案的豁免

乾隆帝即位未久，即对亏空案有"果家产尽绝、力不能完者概与豁免"的政令，这意味着在处理亏空官员上其与雍正帝定要那些贪官的子孙"作个穷人"的严厉程度有所改变。

从乾隆初政的政治环境看，经雍正朝的大力整顿，乾隆帝承继的不仅仅是国泰民安的国家，而且是吏治清明的集权政治，特别是雍正帝针对钱粮亏空所进行的官场官风的整饬，犹如一场政治飓风横扫了污浊之气，对官吏起到了警示作用。乾隆皇帝对此做过这样的评价，他说："我皇考临御以来，澄清吏治，凡此等官侵吏蚀之习久已弊绝风清。"[①] "虽满汉官员等用度不能充余，然无甚贫甚富之别，且不贻后日身家之患。"[②] 致"世风丕变"。官员中以贪致富者

---

① 《乾隆朝上谕档》第1册，乾隆二年正月十一日，第150页。
② 《清高宗实录》卷136，乾隆六年二月乙巳。

基本得到整治。可以说，在乾隆帝接收的政治遗产中，官僚群体中形成一个"无甚贫甚富之别"的阶级状态，这很像一个王朝的创建伊始。

而且，国家财政的状况，也因亏空银两的追赔与耗羡归公的制度改革发生了重大的改变，各省仓库中的钱粮大多已清楚无亏，应征钱粮的完解也在80%以上。雍正十三年（1735）十一月，署湖南巡抚钟保在给新登基的乾隆帝的奏折中有这样的表述，他说："布政司及粮驿二道库贮历年一切钱粮均无丝毫亏缺，其各府直隶州牧贮预备银两亦无丝毫亏缺。""民欠雍正十二年以前地丁各项钱粮全数解完，业经奏销。""雍正十三年钱粮通省计算，日下已征解十分之八。"① 尽管这只是湖南一省的情况，但以湖南在康熙末年曾经是个亏空的重灾省份而言，是可以说明雍乾之际的国家在政风及行政效率等方面所发生的变化的。而且，这种行政效率及吏治的清明一直保持到乾隆执政的前十数年。

在对中国第一历史档案馆藏《户科题本》的档案检索中，自乾隆元年至十五年（1736—1750），共可检索到有关地方督抚司道大员奏报亏空及承追情况的题本67条，其中有33条明确奏报了，"钱粮并无亏空事""行追亏空各案全完事""亏空银米谷石悉数通完事""无亏空银米亦无完欠数目事"等。也就是说，报无亏与完补者居半。② 这种政治局面无疑是成为乾隆帝登基后开启"惇大之政"的重要理由，而最能说明乾隆帝释放"宽松"政治信息的是他的登基恩诏。

雍正十三年（1735）九月，刚刚即位的乾隆帝在其"丕布新恩"的二十六条恩诏中，有三条是针对雍正以来的钱粮亏空案的处理及追赔的。具体为"一（第23条）、凡各省侵贪挪移应追之项，查果家产尽绝力不能完者，概与豁免，毋得株连亲族。一（第24

---

① 《雍正朝汉文朱批奏折汇编》第29册，雍正十三年十一月十八日，署湖南巡抚钟保奏报民风吏治仓库钱粮等地方事务折，第952页。
② 参见中国第一历史档案馆藏《户科题本》，清史数据库。

条)、八旗及内务府并五旗包衣人等，凡侵贪挪移应追银两，实系本人家产尽绝者，查明准与豁免。其分赔、代赔以及牵连着赔者，一概豁免。一（第25条）、应追军需钱粮，除本身不准豁免外。其弟兄亲族以及指欠、开欠、有着落追赔者，着该部旗查明具奏，候旨豁免"①。

在这三条中，第23条是对所有亏空钱粮官员发布的豁免令，告以不再株连亲族。但前提条件是，"果家产尽绝力不能完者概与豁免"。第24条是针对旗人的，特别强调了"分赔、代赔以及牵连着赔者，一概豁免"。并再次提到"家产尽绝"是宽免的重要条件。第25条是与军需亏空有关者。三条的共同之处，都在于缩小追赔的范围，减少对亲族的株连。其中"果家产尽绝力不能完者概与豁免"，尤其成为"受众"人数最多的一条恩诏。

此后，又不断就豁免的具体事项进行补充，扩大豁免的范围，或直接就个案颁布豁免令。诸如以下各案。

雍正十三年（1735）十一月，对于亏空欠帑官员内"与赦相符及情有可原之明亮等五十九名，与赦不符人员内觉罗查克散等十名名下应追各项银两，俱着豁免"。一次性将69人应追帑项宽免。同时豁免处罚，"或已经充发，或监候、枷禁，或扣俸扣饷，及妻子家属已入辛者库等罪概行宽释"②。

乾隆四年（1739）二月，对先前追赔各项中，以房产抵补亏项，"已经入官之房产，未曾变价者，亦令该管衙门查奏给还"。随即马上落实，查出"各旗、省亏空入官未变价提出之房屋德明等五案俱着给还"③。

是月，又颁布对代赔祖、父亏空之人的恩诏。谕曰："朕从前降旨，将代赔祖、父亏空已奉恩免人等停选停补者，俱准归入伊等班次铨选。其因追赔祖、父亏空革职之员，亦准一体开复。今朕念旗

---

① 《清高宗实录》卷2，雍正十三年九月己亥。
② 《清高宗实录》卷7，雍正十三年十一月辛酉。
③ 《乾隆朝上谕档》第1册，乾隆四年二月九日，第352页。

人有因代赔祖、父亏空,力不能完,治以枷责之罪者。此等人员与本身亏空,及缘事枷责者究属有间,概行摈弃,情亦可悯。伊等如愿考试,着该旗查明,除原案内载有不准考试字样外,俱准一体考试。"① 也就是,凡赔补亏空进入了第二代、第三代,即代祖、父赔补之人,以及奉恩免去赔补但被停选停补者,俱准归入其班次铨用,革职之员准开复,愿考试科举者准赴试。

乾隆九年(1744)九月,再度颁发上谕,对家产全无的官员只就本人论罪,不再追赔。规定"凡应追赃银年久不完,该管官察明,果系家产全无,即行具题,将本犯入官,不必复行追银"②。

这接二连三的豁免,明确传递了朝廷在清理钱粮亏空问题上要改变以往的严苛而实施宽政的信息。而且,乾隆帝自己也毫不含糊地表达了他要改变政风的意愿。他说:"迨(雍正帝)经理十余年后,人心渐知畏法,风俗亦觉改移,以时势观之,可以施惇大之政。朕是以将历年亏空之案,其情罪有一线可宽者,悉予豁免。"③

对于乾隆初政的诸多改变,早在元年(1736)七月,四川巡抚王士俊就以"今之条陈率欲翻驳前案"④,隐喻乾隆帝在"翻前朝之案"。但乾隆帝虽声称要为政宽大,却否认翻案之说。乾隆十二年(1747),他在上谕中有这样的表述,他说:"皇考世宗宪皇帝惩戒贪墨,执法不少宽贷,维时人心儆畏,迨至雍正八年,因吏治渐已肃清,曾特旨将从前亏空未清之案查明释放。"⑤ 这一点,乾隆帝没有说错,而是我们的研究有所忽略。

事实上,对于钱粮亏空案的宽免,的确并非从乾隆帝登基开始,而是自雍正六年(1728)年末伴随清查亏空进入了尾声,雍正帝对亏空官员的处罚,已经由严厉开始趋缓。

---

① 《乾隆朝上谕档》第1册,乾隆四年二月十六日,第354页。
② 《明清档案》第134册,乾隆九年十一月二十九日之七,山西巡抚阿里衮揭报乾隆八年分应追赃赎等项银两,台北联经出版事业公司1986年版,第B75579页。
③ 《清高宗实录》卷86,乾隆四年二月丙戌。
④ 《清高宗实录》卷23,乾隆元年七月庚申。
⑤ 《清高宗实录》卷299,乾隆十二年九月庚戌。

是年十二月，雍正帝就一起仓谷亏空案的赔补，释免了包括历届前任在内的各监督官员的分赔。谓："今仓场各官俱已奉法，积弊渐清……将此数十万摊赔米石概行豁免。内有已经赔补者，其急公守法之心甚为可嘉，着照数给还，并交部议叙以示奖励。"① 雍正七年（1729）十一月，下令对勋旧及其后裔予以免其赔补。如镇海将军三等伯王釚，代父原任正红旗副都统王毓秀分赔周玉豹等借欠公帑银3300两零，又代伯父原任布政使王毓贤分赔都司郭大受银320两零，通过将其俸禄扣抵此项亏空，共完过银2080两外，尚未完银1600两零，未完银蒙恩宽免。而在当时，勋旧后裔蒙恩宽免之人不在少数。所谓"将各旗所奏亏空拖欠六十员名下应追银两，着将内库银两拨补代为完项"②。此后被宽免的数额也越来越大。雍正八年（1730），通政使赵之垣奏称，其父名下应追未完银92760两，户部查奏于九月初十日奉旨悉行宽免。③ 次年（1731），又令查康熙四十五等年京通各仓并坐粮厅亏空案内各官需要分赔的200余万两，"恩旨将仓场官员亏空豁免"④。

所以，乾隆帝的这些措施并非完全意义上的在修正雍正帝的严刑峻法，而是在雍正帝已有了政策上由严向宽的松动之后，去努力落实并完成乃父清理钱粮亏空后期未竟的事业，去实现其整饬吏政的政治意图，同时也有对雍正帝在惩治腐败过程中的过激行为进行矫枉的良苦用心。这一点，恰是我们以往研究有所忽略的地方。

对此，乾隆帝有自己的解释。他说："治贵得中，事求当理，不当宽而宽，朕必治以废弛之罪，不当严而严，朕又必治以深刻之罪。""朕御极以来，见从前内外臣工不能仰体皇考圣意，诸凡奉行不善，遂有流于刻核之处。是以去其烦苛，与民休息，并非宽纵废

---

① 《清世宗实录》卷76，雍正六年十二月丙申。
② 《雍正朝汉文朱批奏折汇编》第17册，雍正七年十一月二十八日，镇海将军王釚奏谢恩命将内库银两拨补代完分赔银两折，第355页。
③ 参见《雍正朝汉文朱批奏折汇编》第19册，雍正八年九月二十八日，通政使赵之垣奏谢恩蠲除臣父赵弘灿名下应追未完银两折，第258页。
④ 《清高宗实录》卷47，乾隆二年七月丁未。

弛，听诸弊之丛生而置之于不问也。而内外臣民不喻朕意，遂谓法令既宽，可以任意疏纵，将数年前不敢行为之事渐次干犯。"接着他以严厉处分李绂等违纪官员为例，说明其为治在于宽严相济。曰："近日处分臣工数案，如李绂之滥举进士，朕即将伊降级调用。励宗万之擅将监场御史，咨送吏部处分，福敏之办理废员推诿迟误，朕即将伊等交部严察议奏。……惩一儆百，为治之道，固当如是，朕岂忽变而为严刻者哉?!"面对朝野对他"翻前朝旧案"的指责，乾隆帝感叹道："朕看此等情形，天下臣民竟有不容朕崇尚宽大之势!"①

但政策的实施过程并非是一成不变的，乾隆帝一直在调整中摸索并寻找最佳的施政途径。在乾隆二年（1737）七月，乾隆帝对宣布不到二年的恩诏进行了修订，即"豁免亏空，禁用家产尽绝字样"。理由是，"家产尽绝"成为许多亏空官员请求豁免的最便利的理由，"题奏亏空案件动云家产尽绝"。在他看来，"今所谓家产尽绝之人，衣食未尝亏缺，家口仍可支持，不过无力完帑，遂过甚其辞，以邀恩免"。并声称，嗣后一切亏空案件，如有实在不能完纳者，"但当云无力完帑，出具保结"②。

可以看出，尽管乾隆帝以宽严相济阐述其治政方针，但面对复杂的政治局面如何把握宽与严的尺度，仍令他踌躇并犹疑。乾隆帝在初政中之所以偏向于"宽"，有其政治理念的考虑，他在作皇子时就写过《宽则得众论》，收在《乐善堂全集》中，其政治认同不言自明。但还有更重要的一点，就是他顾及清朝的"国基"问题。即认为许多官员因赔补亏空而生活拮据甚至陷于贫困，其中有相当一部分还是旗人中的上层。从他在乾隆六年（1741）二月的上谕中可以看到他的顾虑。他说："近见居官者家计多觉艰难，而旗员为甚。""细推其故，盖由于查办亏空时，其囊橐不足抵补，则将房产入官，

---

① 《乾隆朝上谕档》第1册，乾隆元年五月二十七日，第67页。
② 王先谦：《东华续录》卷6，乾隆二年七月丁未。

以致资生无策,栖身无所。且不独本身为然,旁及弟兄亲戚,平日沾其余润者,亦皆牵带于中以补公项,而仕宦之家遂多致贫乏矣。"① 这种认识令乾隆初政表现出一种宽严摇摆不定的执政状态,但宽政是大格局,在这种局面下,更多的亏空案件逐渐被纳入到乾隆帝的宽免之列。

那么,乾隆帝对执政理念的选择正确与否,是要受到其实施宽政之后的直接影响及社会反应检验的,这将是接下来我们需要讨论的问题。而从对亏空案的豁免情况看,无论是在官场还是社会上,其影响的波及程度以及而后的扩散力度都是难以一言蔽之的。

首先,对于大多数因赔补亏空而陷于贫困的官员而言,这是一次精神与经济上的双重解脱。

豁免令颁布后大约两年的时间,即乾隆二年(1737)七月,乾隆帝在上谕中说:"朕临御以来,凡八旗部院及直省亏空银两施恩豁免者,已不下数千万。"② 这数千万银两至少是清朝一年或两年以上的赋税收入,蒙恩获得宽免的人数自然不在少数。从一个刚刚继任的统治者的角度来看,这是他博取"民心"(主要是官员)稳定国基的重要举措和良好开端。特别是对于那些确系因公挪用导致亏空、被勒限赔补而致贫困之人,不失为一个福音。其中对革职知县张世昌亏空案的豁免颇能说明问题。

这起发生在雍正年间的亏空案,豁免落实起来实在不易,直到乾隆九年(1744)四月才被提到日程上来。

张世昌原任贵州清镇县知县,因私卖仓米2150石(以每石四钱得银864两)被参,后买米补回955石余,尚有亏空1194石。又有挪移霉折米2618石零,共计亏空米3812石零。此外还有挪移银2596两零。

乾隆元年(1736),经贵州总督张广泗查实,张世昌未完银米在

---

① 《清高宗实录》卷136,乾隆六年二月乙巳。
② 《乾隆朝上谕档》第1册,乾隆二年七月二十一日,第205页。

任所系无可着追，按例咨行原籍苏州追赔。乾隆四年（1739），张世昌被押解回原籍由苏州巡抚继续着追，事历五载，负责查审的地方大员没有任何查报信息奏闻。直到乾隆九年（1744），江苏巡抚陈大受方以"张世昌原籍并无家产，力不能完"，"实系赤贫"等奏闻。并奏陈："张世昌所亏银米坚称实系因公那用有据，黔省咨部确凿，且系实无家产。""张世昌因公赔补被参之后，久羁黔省，寄居亲戚，委系力不能完，请照雍正十三年例请求豁免。"①

张世昌亏空案至少说明两点，其一，钱粮亏空究竟是否"因公挪用"在地方州县监管并不完全的情况下，很难查证清楚，以至于拖延成悬案；其二，此等人中不乏操守尚可之人，他们本身并非家资富裕，遂无力赔补，经数年追赔已经"赤贫"。

其次，军需亏空案是豁免的重点，且受益之人颇多。乾隆三年（1738）十二月，议准将雍正五年（1727）出征准噶尔各省各旗官兵的23起亏空军需案一概豁免。这23起亏空案，共计亏空银37780两余、米263石有奇、马242匹。亏空数额不算大，但牵扯其中的八旗官兵却不在少数，而考其亏空原因，"或马匹劳伤倒毙，或制备行装，或借支盘费，或产业已尽，无力完帑"②。皆有不可抗拒之理由。

此外，一些不合理的分赔也得以纠正或纠偏，而"分赔"也是雍正年间波及面最广、问题最多的一项措施。所谓"若或因钱粮数多，一人未能归结，而令旁人分赔、代赔、着赔"，此类"本属牵连"。由于"分赔"是雍正朝钱粮亏空案处理过程中牵涉官员人数最多，故对"分赔"官员的豁免，也最得人心。

但不得不说的是，乾隆帝对钱粮亏空案的一概宽免，令一部分侵盗钱粮的贪官也得以从中脱逃。在被豁免的官员群体中不仅有因公挪用者，也有婪赃侵蚀之徒。乾隆帝明确说，"溯其亏空之源，或

---

① 《明清档案》第130册，乾隆九年四月十二日之一，江苏巡抚陈大受揭报原任县官亏空钱粮经查原籍无产可追请准豁免，第B73063页。
② 《清高宗实录》卷83，乾隆三年十二月戊戌。

系侵蚀或系那移，侵蚀以公家之帑金充己身之私囊，其罪固无可逭。而那移之项则由办理不能妥协、苟且迁就之所致，亦属罪所应得者"①。

官员挪用系"办理不能妥协"，便罪有应得，此话甚是不负责任。因为亏空确有因地方财政存留不足，为军需、赈济而挪用所致。且不说其处置是否公平，但就他不论亏空性质的一概"宽免"，对于雍正以来的整饬官场、革除贪官污吏的政治"革命"来说，不能不是一夭折，甚至可以说是对雍正朝形成的吏政清明的政治成果的"扼杀"。

而影响面大的还有，乾隆帝在豁免亏空的同时，又多次发出了蠲免"民欠"、普免天下钱粮的谕旨，这又为那些利欲熏心的贪官将侵蚀官帑指为民欠、借蠲免规避治罪提供了机会。

其时，国家的钱粮亏空，除了"官侵""吏蚀"之外，还有相当一部分为"民欠"，而以"官侵"蒙混为"民欠"，已是官员的惯用伎俩和官场腐败的常态。雍正朝清理钱粮亏空，自四年（1726）以后便将盘查的重点转入存贮米谷的官仓、常平仓方面，同时也将各省的民欠清理提到议程上来，并挖出了侵蚀钱粮的州县贪官和作弊弄奸的经承里书等，也处分了对民欠不作为的督抚大吏。② 但仍有相当一部分民欠因为难以悉数追征，以"分年带征"的方式遗留了下来，其中有多少属于官侵、吏蚀，由于钱粮亏空案的复杂性不可能在短时间内全部查清。也就是说，雍正朝没来得及解决的这一难题留给了他的继承者乾隆帝。

但遗憾的是，乾隆帝即位后，将积欠在带征数年后一体蠲免，以实施他的惠及百姓的"惇大"之政。"朕上年御极之初，特沛新恩。将直省雍正十二年以前民欠悉行豁免，山东积欠未完之一百二十余万两亦概予蠲除，而豫省所豁免者，惟祥符、郑州、陈留、考

---

① 王先谦：《东华续录》卷6，乾隆二年七月丁未。
② 参见范金民《清代雍正时期江苏赋税钱粮积欠之清查》，《中国经济史研究》2015年第2期；《清代乾隆初年江苏积欠钱粮清查之考察》，《苏州大学学报》2016年第1期。

城四州县民欠七千余两。其余通省，悉皆无欠。"① 这虽然减轻或缓解了百姓的税粮负担，但在官侵、吏蚀尚未完全清楚的情况下，上述腐败便得以混迹其中，一并免除，这是对贪官的放纵，也等于终止了对雍正年间民欠问题的彻底清查。

乾隆帝对钱粮亏空案的处理态度直接影响到各直省的督抚，除了四川巡抚王士俊以"今之条陈率欲翻驳前案"为由指责乾隆帝支持翻案外，②大多数官员对这种政治风向的转换是持支持态度的，他们的政治取向也是建立在迎合这种"宽政"的理念之上的。

乾隆五年（1740）二月，湖广总督班第密奏，巡抚崔纪在审理道员崔乃镛亏空一案时"意存回护"，将崔乃镛亏空银两责令司道府等官公摊垫补完结。按例，即便是崔乃镛的亏空系因公挪用，也应先由崔乃镛赔补，其次才是论责分赔，故其处理方式难脱徇庇之罪。但乾隆帝仅限于申饬，并没有严肃处理，称崔纪"尚无大过失，因一时不得其人，姑留之，若再有枉法之事即据实奏闻"③。

乾隆十一年（1746）三月，江苏巡抚陈大受被指责"市恩"。起因是他在处理"参革同知周涌亏空一案"时意欲宽纵。雍正九年（1731），周涌曾以"伊弟周潼田产入官变价"弥补亏空，但陈大受却"误引十三年恩诏豁免，请将变价在先之产于别款内拨还"④。可见，地方督抚在对亏空案的宽免落实上，多采取能宽则宽，甚至不惜挪用法令。尽管陈大受一向以"尚堪负荷"勤于任事为乾隆帝所倚重，但在为政取向上仍摆脱不掉官场的跟风陋习。

随后，向以"沽名邀誉"被乾隆帝训饬的湖南巡抚杨锡绂在揭参属员亏空的做法上与陈大受同出一辙。乾隆十二年（1747）三月，杨锡绂参劾耒阳县知县邹凤城亏空县库银两，但却称"其因母病买参，以致债主取逼，遂将库银挪给"。于是遭到乾隆帝的严厉斥责：

---

① 《清高宗实录》卷17，乾隆元年四月庚辰。
② 《清高宗实录》卷23，乾隆元年七月庚申。
③ 《清高宗实录》卷111，乾隆五年二月辛丑。
④ 《清高宗实录》卷260，乾隆十一年三月癸酉。

"邹凤城系侵贪劣员，理应治罪。今听其粉饰之，反以为孝于其母，则是彼因孝而获罪矣。杨锡绂素系好名之人，遂借此等言语为劣员掩饰，若竟草率完结。"① 并指明巡抚杨锡绂在处理属员亏空婪贿等案时，"试探朕意，伊意在从宽，而又不肯明言。若朕以为不可宽，则将德归于己，怨归于上，其居心尚可问乎？"②

可见，在乾隆初政尚宽的政治环境中，面对属员亏空，督抚更倾向于避重就轻的处置方式，这无疑是"宽政"下失之于宽纵的表现。对此，乾隆帝并非没有认识。他举例说，陈邦彦所欠阿尔赛案内寄顿银两不能完项一案，"陈邦彦所欠，系雍正年间之案，若在当时，自必早已完纳，因朕办理亏空等案从宽者多，是以延缓至今耳"。话虽如此，但在处理上，乾隆帝虽革其职，责令回籍，所欠银两却从宽免其交纳。③

这表明，此时乾隆帝对如何治吏的思考，仅限于以道德及常规去约束官员的行为，而不欲通过严刑峻法整治，以保证其"力崇宽大"的执政理念的行之有效。而且，直到乾隆十二年（1747），他依然明确表示他此前的想法，是"在朕力崇宽大"④。

二　亏空新案敲响治吏的警钟

随着朝廷对钱粮亏空案的不断宽免，一些官员那根绷紧的神经开始放松了下来，而权力的牢笼一旦被打开，便难以抵挡利益的诱惑，吏治腐败的现象开始反弹，钱粮亏空案时有发生。乾隆初政不过十一二年的光景，乾隆帝便发出"近来侵贪之员比比皆是，或由水懦之失"的感叹。

---

① 《清高宗实录》卷287，乾隆十二年三月戊午。
② 《清高宗实录》卷288，乾隆十二年四月戊辰。
③ 《清高宗实录》卷404，乾隆十六年十二月壬寅。
④ 《清高宗实录》卷289，乾隆十二年四月丙戌。

据档案资料揭示的情况来看，乾隆初年的亏空案大都发生在地方府县。

例如乾隆四年（1739）十一月，直隶总督孙嘉淦揭参，昌平州库应存米谷价银7677两余，采买谷石用银1000余两，尚存谷价银3450两，有应存银3217两零既未采买亦无存贮，"实系亏空"①。六年（1741）八月，署江苏巡抚陈大受奏报，"署甘泉县知县吴鹗峙先经以贪鄙庸劣特奉题参，奉旨革职审拟在案，所有任内经手钱粮随经饬查。"吴鹗峙有应存各项库银二百二十六两零尚未交清，"查系亏空"②。又有浙江丽水县知县黄文修先因侵扣孤贫口粮，被前任巡抚卢焯题参革职。在对黄文修任内经手钱粮及仓谷等彻查后，又发现其任内有已征乾隆六年地丁应交银423两零，应交存公银86两零，应交乾隆六年平粜漕谷价银458两零，均无存库。又有应存各案积漕仓谷内少交积谷684石零、漕谷796石零，"明系亏空，列结请参"③。

六年十月，闽浙总督兼署浙江巡抚德沛在奏折中又奏参：宁波府属定海县知县李微熊亏空乾隆六年地漕银422两零、盐课银76两零、契税银71两零、牙牛等税银8两零、存公银4两零、平粜谷价银2795两零、制钱60零。又亏前任武康县任内柴价银539两零。经前任巡抚卢焯会疏题参，革职究审在案。兹据布政使张若震、按察使徐琳等又查出，李微熊尚有应存乾隆六年地漕银571两零，盐课银84两零，耗羡银69两零，捐监建仓银82两零，均无存库。又盘量仓谷缺少526石零，"亦无存仓，均系亏空"④。

---

① 参见《明清档案》第91册，乾隆四年十一月一日之一，直隶总督孙嘉淦揭参州官亏空钱粮，第B51385页。
② 《明清档案》第106册，乾隆六年八月二十八日之九，署江苏巡抚陈大受揭参革职县官亏空钱粮，第B59781页。
③ 《明清档案》第105册，乾隆六年八月六日之十四，兼理浙江巡抚德沛揭为续参革职县官亏空钱粮仓谷，第B59201页。
④ 《明清档案》第106册，乾隆六年十月二十二日之五，兼理浙江巡抚德沛为续参县官亏空钱谷，第B60047页。

八年（1743）三月，闽浙总督那苏图奏：福建布政使张嗣昌会同粮驿道副使张缪查建安县被参知县王士俊亏空数目，实亏空乾隆六年份学租银37两零；亏空乾隆七年份地丁银473两零、学租银82两零、税契银15两零；亏捐监建仓银38两零；又亏乾隆六年耗米26石零，乾隆七年份粮米819石零；亏空里民捐积谷项下仓谷1740石零，亏空领买谷价银1866两零。而且，是侵是挪？有无别项？均未清。①

这些亏空案件的揭出，多在常规性的盘查仓库中发现，且亏空案多发生在州县，亏空的钱粮数额也不算大，在数百两至千余两不等。所以，这个时期的亏空案并没有引起乾隆皇帝的重视。对亏空的当事人仅处以"革职"、封存家产并着追本人即了事。该管上司基本上没有受到降罚分赔等处分。这意味着若有上司官员中的失察渎职，欺隐徇庇，甚或同流合污的行为也会一概被掩盖掉。

但这一时期乾隆帝已开始注意对钱粮管理的制度性规范。八年（1743）四月，乾隆帝重申各级官员对仓库的盘查之例，他强调，"各省定例，督抚盘司库，司盘道库，道府盘州县库。所以杜亏空，防挪移也"②。同时他也开始意识到对责任官员处罚的重要性，这就是"分赔"在治吏中的约束作用。

乾隆帝自登基之初，曾一度下令"其分赔、代赔以及牵连着赔者，一概豁免"。但不过短短数月即告恢复。乾隆元年十月颁上谕："道府有稽查州县之责，州县设有亏空，道府非属分肥，即系疏纵，责令分赔，实属允当。"③ 但在执行上，乾隆初期的分赔仍远不及雍正朝贯彻得风行雷力。直至乾隆十一年（1746），随着奉天的数起亏空案被揭出后，情况才有所转变。

是年四月，奉天新任府尹苏昌揭参辽阳州知州吴秉礼，任内亏

---

① 参见《明清档案》第119册，乾隆八年三月二十九日之二，闽浙总督那苏图揭参县官亏空钱粮，第B67181页。
② 《清高宗实录》卷189，乾隆八年四月辛丑。
③ 《清高宗实录》卷29，乾隆元年十月己丑。

空库银1.3万余两,亏空存仓粟米1.2万余石,并有数千石米遭虫蛀。① 七月,又参已故宁海知县崇伦永为建造衙署亏空库银1947两。② 十二月上折称,奉天仓库钱粮款项多不清楚,以致"承德、辽阳、宁海、宁远、义州五州县亏空甚多","建造仓廒、祠庙等项工程事件尘积累累,竟有阅十五六年尚未报销者"③。乾隆十二年(1747)七月,苏昌指明参奏:"奉省亏空共有五案,辽阳州吴秉礼、义州胡世仁、宁海县崇伦永三案,俱审系各参员自行侵蚀;惟承德县荣大成、宁远州臧根嵩二案侵欺之外,各有那移银数千两。""今奉省仅有十三州县,而同时亏空即有五人,各属钱粮不过数千,而每案侵亏悉逾巨万。"④

因苏昌"所参属员亏空甚多,前后共有几案",遂引起乾隆帝的重视。他认为,这些亏空案件多发生在前任府尹霍备任上,若非霍备有婪赃行为,便是其徇私殆政,以致吏治废弛。故乾隆帝立即下令对亏空各官革职追赔,并命调查各案,霍备与前任吴应枚都在查审范围内。他总结说:"雍正年间属员亏空,定有上司着赔分赔之例,是以稽察严密。官员知所畏惧,亏空之案甚少,近来此例不行,所以贪风复炽,不可不加意整顿。稽察属员乃督抚专责,果其实心查察,耳目何患不周。"⑤ 而且乾隆帝明确了继续贯彻府尹作为责任官员的分赔处罚,"如被参官员亏空日后不能完补,俱着落霍备赔补,俟赔补完日,再照伊所降之级补用"⑥。

但奉天亏空案的查处并未有新的进展,除前任府尹霍备以不查

---

① 参见奉天府尹苏昌《题为续参辽阳州知州吴秉礼亏空虫蛀米石请旨并案审拟事》乾隆十一年四月十五日,中国第一历史档案馆藏,《户科题本》档号:02-01-04-14034-007。
② 参见奉天府尹苏昌《题为据实揭报已故前任宁海知县崇伦永任内亏空银两事》乾隆十一年七月二十五日,中国第一历史档案馆藏,《户科题本》档号:02-01-04-13999-014。
③ 奉天府尹苏昌《奏报盘查仓库钱粮事》乾隆十一年十二月十五日,中国第一历史档案馆藏,《朱批奏折》档号:04-01-35-1137-025。
④ 奉天府尹苏昌《奏为直陈奉省亏空各案情形事》乾隆十二年七月四日,中国第一历史档案馆藏,《朱批奏折》档号:04-01-12-0055-059。
⑤ 《清高宗实录》卷289,乾隆十二年四月甲申。
⑥ 《清高宗实录》卷274,乾隆十一年九月丁酉。

劾州县亏空褫职,于乾隆十二年(1747)六月被发军台效力外,亏空官员本人即着收监追赔,按例勒限三年。十四年(1749)九月,这些亏空官员率已临近限满,乾隆帝命大学士会同刑部将其原案查明,若情实即行候勾,"明后年不勾到,人所能推而知者,使其瘐死狱中,则侵贪者尚不知警"。而且,乾隆帝尤其想搞清楚,在奉天亏空案中,案犯臧根嵩、吴秉礼、荣大成三人皆自称因办差而致亏空,究竟是否确有其事。"有谓臧根嵩三犯,适值(皇帝)巡幸盛京之后,或者那垫办差,以致亏帑,夫巡幸经由道路,皆有一定之费,报部核销,或者无能,办理不善,被人所欺则有之。"乾隆帝的疑问在于,即便办差靡费,"然亦不至侵亏如此之多。盖始以无能而枉费,继以枉费而染指"①。

寻大学士及刑部回奏,已将原案及工部报销等案详悉查明,并证实了乾隆帝的推测。"吴秉礼并未办差,安得有那垫情节,侵蚀属实。"依拟入情实候勾,处以死罪。"其臧根嵩、荣大成所办,除报销外实在侵蚀,臧根嵩数至一万五千九百余两,荣大成八千二百两,俱在一千两以上。今二限已届,并无完交,法无可贷,均应改为情实。"② 因荣大成与臧根嵩二人确有办差挪用,为防止刑部等官员"迎合朕意",处置不公。乾隆帝又派出钦差大臣复勘,命礼部尚书王安国、刑部侍郎钱陈群、御史索禄、金相前往盛京,会同奉天将军、府尹、盛京刑部侍郎再行详悉查审。对于委派钦差的做法,乾隆帝解释说:"是所谓罪疑惟轻也。若实无可贷,即一面奏闻,一面于彼处监视正法,使众人共知儆惕,亦所谓辟以止辟也。朕综理万几,一秉大公至正,何恶于臧根嵩、荣大成而必欲置之典刑,但国法所在,朕不敢纵耳。人君固当临下以宽,而断不可宽于贪冒侵渔之辈。若专以姑息为宽,则五刑不当设,而四凶不当放,

---

① 《清高宗实录》卷349,乾隆十四年九月壬申。
② 参见礼部尚书王国安、刑部左侍郎钱陈群《奏为遵旨会审已革承德县知县荣大成及宁远知州臧根嵩亏空库银案按律正法事》乾隆十四年十月二十七日,中国第一历史档案馆藏,《朱批奏折》档号:04-01-01-0182-053。

何以成唐虞之治耶。"①

十一月，钦差礼部尚书王安国等回奏，在抵达盛京后，即提讯荣大成、臧根嵩二案，查荣大成先有亏空，借差开销八千二百余两，臧根嵩办差侵欺尚少，差后盗出库银一万五千九百余两。随即遵旨一面奏闻，一面监视正法。②

相比奉天亏空案的状况，湖北驿盐道曹绳柱亏空案又当别论。此案是乾隆帝下旨传谕督抚等调查的案子。

乾隆十一年（1746），乾隆帝风闻道员曹绳柱不仅任内有钱粮亏空，且以大计卓异入京引见为名向商人"勒借六千银两"。重要的是曹绳柱系经由总督鄂弥达与前任巡抚晏斯盛荐举之人，而卓异又意味着是有守有为的精英官僚，是地方上按照"道府厅州县十五而一"③的比例考核出来的。因此对于曹绳柱的亏空案，乾隆帝格外关注。

九月，湖广总督鄂弥达等，在接到谕旨后，"始具本题参"。寻以勒借一事有汉镇总商张云甫可证，亏空仓谷价银二三千两也有仓书可讯具奏，曹绳柱亏空及勒索皆属实，遂奏请将其革职。④ 随后，鄂弥达又咨明江西巡抚陈宏谋，将曹绳柱原籍家产查明封固，以备还项。而乾隆帝为防止鄂弥达再行庇护，先已谕令陈宏谋严行确查，时因陈宏谋已调任湖北巡抚，又交令新任巡抚开泰，要求其秉公实力严查，以清帑项。⑤ 鄂弥达本身即是一个操守不谨之人，先时曾借巡查为名，使子拜客收受馈遗，遭到皇帝的严斥。此次鄂弥达又是"不得以自行检举"。但乾隆帝并没有严厉处分他，仅以其不称封疆之寄，命解任来京，降二级调用。其余滥行保荐并失察之上司亦分

---

① 《清高宗实录》卷349，乾隆十四年九月乙亥。
② 参见《清高宗实录》卷352，乾隆十四年十一月庚戌。
③ 《清史稿》卷111，《选举六·考绩》。
④ 参见湖广总督鄂弥达、湖北巡抚开泰《奏为遵旨查明湖北盐驿道曹绳柱勒借营私侵亏正项请革职严审等事》乾隆十一年九月十三日，中国第一历史档案馆藏，《朱批奏折》档号：04-01-12-0051-065。
⑤ 参见《清高宗实录》卷276，乾隆十一年十月戊辰；卷279，乾隆十一年十一月丁未。

别降级，如湖北布政使安图降三级调用、终养在籍之巡抚晏斯盛着于补官日降一级用、按察使石去浮着于补官日降二级用。①

从湖北地方督抚大员集体被降调，到奉天府尹霍备被革职发往军台效力，都发生在乾隆十一二年间，足以说明乾隆帝执政风向标在这一时期已经发生了转变，诚如乾隆帝所言："近来侵贪之员比比皆是，或由水懦之失。"②并传谕各省督抚，表明要严惩亏空。他说："向来州县亏空仓库，定例綦严。……朕观近年来亏空渐炽，如奉天府尹霍备任内则有荣大成等五案，山西则有刘廷诏之案。"责令督抚"时时加意稽查，据实办理。如仍前宽纵，致贪风日炽，帑项侵亏无着，惟该管上司是问"③。

然官场陋习难改。面对各省亏案屡有发生，督抚们虽然时有揭参，却仅"以揭参了事"。待"异日无可着追，又为之照例请豁。是使贪员得计于目前，国帑虚悬于事后，而于其间上下相蒙，弥缝巧饰，实乃苟且因循，废法欺公之恶习"。因循庇护在所难免，更有甚者，还为侵贪官员设法脱罪免死。

乾隆十四年（1749），广西河池州参革知州朱红侵亏库银八千六百余两，逾限二年仍未完补，按例当死。但巡抚舒辂以年限未满"审拟缓决"入奏。九月，九卿会议以情实驳回，乾隆帝降旨令舒辂明白回奏。时逢舒辂来京陛见，面奏所以审拟缓决是因朱红亏空限期确在二年之内。但舒辂返回广西后很快否定了自己，在新上折子中又称自己先前误记，朱红年限已满。这种出尔反尔的做法令乾隆帝十分不满，也不信其所言，"该抚身亲查办，岂有不能记忆之理"。于是乾隆帝以其"明系朕前饰词取巧，以图一时朦胧混过"，命革职留任。④

---

① 参见《清高宗实录》卷277，乾隆十一年十月己丑。
② 《清高宗实录》卷288，乾隆十二年四月戊辰。
③ 《清高宗实录》卷289，乾隆十二年四月丙戌。
④ 《清高宗实录》卷349，乾隆十四年九月辛未；另见广西巡抚舒辂《奏为河池州知州朱红侵亏帑银一案审拟错误奏对互异奉旨革职留任谢恩事》乾隆十四年十二月初八日，中国第一历史档案馆藏，《朱批奏折》档号：04-01-12-0068-009。

这件事说明，地方督抚在查审亏空案件并提出处置意见时，是有诸多保留的，所奏事件的真实性是有其自行加减空间的。从乾隆帝所言，"舒辂原奏自为朱红亏空无着起见"来看，舒辂最初的用意，不排除试图以"无着亏空"多由众人分赔的惯例，使朱红在缓决期间以分赔的方式完补亏空。但由于朱红的时限被朝廷查明，于是朱红的无着亏空便落到了该管上司的身上。舒辂方奏请"着落原任抚藩分赔，并请将杨锡绂、唐绥祖交部察议"。可见，为规避处分，采用各种方法以减少赔补时需要承担的责任与分赔带给自己的经济损失，仍影响着官员们对亏空案作何处置的选择。如此，舒辂即摆脱了自身的责任。

是案，部议以巡抚杨锡绂、布政使唐绥祖徇庇失察议处，亏空银两亦着落二人名下分赔，唐绥祖分赔六成，杨锡绂分赔四成。① 乾隆帝还特别指出，布政使"唐绥祖有致书署任知州情节，诚不免于徇庇"。而巡抚杨锡绂"过于宽纵沽名"，以失察罪，令分赔示惩②。再一次对徇庇失察官员进行警告。

乾隆十五年（1750），云南又发生了一起由藩司主导的地方官擅动官项、上下扶同的婪赃亏空案。

先是，云南永善县知县杨茂亏空银米至7600余两之多，声称亏空是因钦差舒赫德等奉差阅兵，旷日迟久，需用甚多。由于杨茂故逝，这起亏空案的处置便成了问题。十月，云贵总督硕色参奏，巡抚图尔炳阿在处理已故永善县知县杨茂亏空一案时，"面谕属县设法弥补"，与布政使宫尔劝、知府金文宗通同舞弊。

是案上达后，乾隆帝首先对亏空的起因产生了怀疑，因为舒赫德阅兵路经数省，所过不止一县，俱不闻另有供应，为何独永善县声称供办用银至7600余两之多？所以，乾隆帝认为这起亏空案与先前奉天臧根嵩等以办差需费为名而侵盗钱粮同出一辙。所谓"杨茂

---

① 参见护理广西巡抚印务李锡秦《奏报唐绥祖杨锡绂分赔朱红侵亏银两全完事》乾隆十六年四月二十二日，中国第一历史档案馆藏，《朱批奏折》档号：04-01-35-0716-027。

② 《清高宗实录》卷355，乾隆十四年十二月戊戌。

之托言钦差需费亦复如是",实系侵欺。而图尔炳阿不揭参属员亏空,致贪官得到庇护。接着,又查出布政使宫尔劝、盐道郭振仪等"司道大员现在侵蚀累累"。乾隆帝认为,图尔炳阿作为"该上司既不能觉察于平时,及其败露,乃知府则代请弥补,藩司即擅动官项,上下扶同徇私舞弊","非重惩不足以示儆",命将图尔炳阿、布政使宫尔劝、知府金文宗俱革职。尤以"图尔炳阿身为巡抚,竟行批结,其欺隐徇庇,罪实难逭"①。随后,硕色奉命将图尔炳阿锁拿解京,交刑部治罪。经刑部审理,图尔炳阿供出,布政使宫尔劝"屡次详称该员(杨茂)办差那用闲款银两属实,恳请准销"②。坐实了布政使宫尔劝等司道官员为掩饰自身侵贪而徇庇杨茂的罪行。但图尔炳阿的口供更暴露出地方上的一些鲜为人知的官场隐情。

例如此次亏空案中的"闲款",是说当时云南省尚有一些违例没有上交中央财政的款项,统称"闲款",其中有铜觔、盐觔盈余,有陆路改用水路运行的脚价节费等,而这些闲款没有用于地方所需,而是成为耗羡归公之后,地方官员更为隐秘的"灰色款项"。且"滇省闲款其来已久",是贪官逐利的渊薮。仅就宫尔劝为例,他于布政使任内,"收买各仓铜觔,每百斤重秤厂民铜三斤,每年共有三十余万斤。或在厂内作买厂民铜觔,将帑银入己,或在卖铜官店竟卖私铜,肥橐在任数年,俱系如此"③。

此外,宫尔劝系以道员被前任云贵总督张允随以卓异举荐进京,寻又升云南藩司重任者,系久任云南。其贪欲起于何时?卓异是否货真价实?都成为一时难以搞清的疑点。再有,"永善县亏空一案,原因升任总督张允随牌行该司饬令动项垫用",图尔炳阿"接署总督,司道详请抵消"。图尔炳阿批驳了两三回才奏销了三千

---

① 《清高宗实录》卷374,乾隆十五年十月甲申。
② 《明清档案》第170册,乾隆十六年三月九日之四,署刑部尚书阿克敦奏覆革职滇抚图尔炳阿私动闲款销补属员亏空拟斩监候秋决,第B95249页。
③ 云贵总督硕色、云南巡抚爱必达《奏为遵旨严拿原任布政使宫尔劝收禁其家口查办资财事》乾隆十五年十二月二十一日,中国第一历史档案馆藏,《朱批奏折》档号:04-01-01-0197-046。

两，尚有四千余两属于未销状态。这些说法虽然有其狡辩开脱之因素，但图尔炳阿出任云南巡抚并署总督不过两年，而此案牵扯前任官员多人，总督张允随也在其中，它暴露出云南地方官员在利益面前有固结一体之嫌。巡抚图尔炳阿虽未被查出有侵挪入己之私，却因与藩司等扶同侵隐，致贪官得到庇护而被治以重罪。而地方大员将钱粮亏空视为常态，见惯不怪，麻木处之，也并非官场中的个例。

不过，此时的乾隆帝还考虑不到这些问题，或者他不愿意考虑。他只想以图尔炳阿的失职警示督抚大员的玩忽职守。但刑部尚未领会他的意图，仍以宽大处分为怀，比照"明知侵盗钱粮故纵律拟流"。乾隆帝申饬刑部"草率问拟"，"避重就轻"。对巡抚图尔炳阿于通省吏治全不留心整饬，一任属员恣意侵贪造成的后果痛斥不已。以致"宫尔劝、郭振仪等司道大员侵蚀累累，皆毫无觉察"。命比照监守自盗钱粮银一千两以上律，将图尔炳阿拟斩监候，秋后处决。其侵亏银两，俟宫尔劝、郭振仪等各案审结后着追。①

从事情的发端到酿成对失察大员的处斩，可以看出，贪腐历来是无孔不入地冲击着官场，钱粮亏空随着乾隆初政的某些"宽纵"措施，在短短十数年后再度成为清朝财政上的一颗毒瘤。同时，这也成为促使乾隆帝执政风格发生实质性转变的一个动因。

对于这一时期的亏空案件，乾隆帝已明确定性为"官员侵盗钱粮案件"，并表达了必欲惩治的态度。乾隆十二年（1747），他明令各省督抚，要将此前发生的13起亏空案纳入秋审程序严惩。他说："今查此等案件，竟有迟久不结，事历一载有余尚未题覆者。如直隶则有张德荣、张鉴、查锡纳三案，奉天则有荣大成、吴秉礼、臧根嵩、胡世仁、崇伦永五案，湖广杨统正、曹绳桂二案，福建李潜一案，广东朱介圭一案，云南陈题一案。此皆该督抚等任意迟延，不

---

① 《清高宗实录》卷382，乾隆十六年二月癸未。

以谳决为事，殊非国家立法惩贪之意。可寄谕各该督抚，将以上各案即速审明定拟题覆，务必入于今年秋审案内，毋得再有迟延。"① 直接指斥各省督抚的殆政。

针对钱粮亏空不断升级的状况，以及各省督抚在宽纵环境下习于疏政、殆玩，乾隆十一年（1746），江南道御史朱士伋上"严成例以杜亏空"的建言疏，在一定程度上反映出官中的舆论。他说："查阅邸抄，本年一岁之中，直省督抚参劾贪婪之封章接踵而至，其中亏空钱粮至盈千累百者几居其半，夫贪婪之罪律有明条，法难宽宥，而亏空之弊上干国计，所系甚钜，固应重其处分惩儆于事后，而尤当斟酌成例。"② 所以，朱士伋认为，由于督抚等疏于监管，外省州县官员可以不遵成例，借管理缺失任意侵欺，致各省钱粮亏空案件不断攀升。

三 追赔亏空的艰难

雍正帝清理钱粮亏空虽有雷霆之势，并以耗羡银两完补了大量的无着亏空。但其十三年的统治过于匆忙，没能来得及解决所有钱粮归补的问题，以致许多亏空案并未彻底告结。乾隆初政时期恰是进入了一个监收、承追、赔补的善后阶段，清查的重点应当是对雍正以来追赔中最难处理的亏空案件进行收尾，而且大都会遇到抄没家产之后仍无法追回被侵占的钱粮的困境。乾隆帝虽对各类追赔案件都有不同程度的豁免，但他仍将追赔的重点放到了由侵欺造成的亏空案件上，并缩小到针对亏空官员本人。同时对

---

① 《清高宗实录》卷285，乾隆十二年二月己丑；直隶总督那苏图《奏为遵旨审拟题复张德荣等官员侵盗钱粮各案事》乾隆十二年七月十五日，中国第一历史档案馆藏，《朱批奏折》档号：04-01-01-0154-013。

② 江南道监察御史朱士伋《奏请严成例以杜亏空仓库钱粮事》乾隆十一年十二月十四日，中国第一历史档案馆藏，《朱批奏折》档号：04-01-35-1137-023。

亏空新案的查处与追赔也在进行中。就追赔的效果而言，大体有这样几种。

其一，完成赔补，即追赔到的钱粮数额已经抵足欠项。

在内阁大库保存的《明清档案》中，可以找到由地方督抚奏报某官赔补完项请准开复的奏折，但大都属于知县一级的中下级官员。初步统计了一下，自乾隆元年至乾隆十三年的11000多条奏折中，有105余条属于此例，说明在乾隆初政的十余年间，至少有一百余被参州县官员"欠银全完"，按例"应准开复"。他们当中甚至不乏自雍正年间被处理的而追赔一直拖到乾隆初年方完结亏空的官员。

另外，在中国第一历史档案馆藏的《户科题本》中，从乾隆元年至十五年的67件有关乾隆朝亏空的题本中，也有4件谈到乾隆初年对赔补亏空全完的情况。例如，乾隆六年（1741）六月，闽浙总督德沛"题为乾隆五年分浙省行追亏空各案全完事"①；七月河南巡抚雅尔图的"题为乾隆五年分各案亏空银米谷石悉数通完事"②；次年七月，雅尔图再次"题为遵查乾隆六年分豫省各案亏空银米谷石俱已照数通完事"③。乾隆十一年（1746）六月，江苏巡抚陈大受"题为宿迁县知县钱朝模全完乾隆八年亏空银两请准开复原参处分事"④。

上述奏折，事涉浙江、河南、江苏三省，奏报乾隆五年、六年、八年追赔钱粮全完的事宜，同时也记载了追赔的过程，表明这一时期对亏空案件实行追赔的连续性及追赔的有效程度。

---

① 闽浙总督德沛《题为乾隆五年份浙省行追亏空各案全完事》乾隆六年六月初六日，中国第一历史档案馆藏，《户科题本》档号：02-01-04-13366-019。

② 河南巡抚雅尔图《题为乾隆五年份各案亏空银米谷石悉数通完事》乾隆六年七月初七日，中国第一历史档案馆藏，《户科题本》档号：02-01-04-13339-011。

③ 河南巡抚雅尔图《题为遵查乾隆六年分豫省各案亏空银米谷石俱已照数通完事》乾隆七年七月初二日，中国第一历史档案馆藏，《户科题本》档号：02-01-04-13462-001。

④ 江苏巡抚陈大受《题为宿迁县知县钱朝模全完乾隆八年亏空银两请准开复原参处分事》乾隆十一年六月十六日，中国第一历史档案馆藏，《户科题本》档号：02-01-04-13954-018。

而且，雍正以来的钱粮亏空案延续至乾隆初年仍在追赔过程中的话，大都是以父债子偿或兄债弟偿的形式完成的。乾隆六年（1741），刑部在清理旧的亏空案时，奏报了已故淮关监督年希尧①的亏空赔补事宜。当时年希尧名下应追银两为 130158 两，已落伊子年如名下着追。

这起案件起于雍正十三年（1735）十一月，时乾隆帝刚刚即位。年希尧先是被江苏巡抚高其倬以"庇仆纵役病商、贪赃坏法"参劾，受革职处分。寻又查出年希尧于徐州所属四县私添"落地税银"，违例滥征一案。②随后，江南总督赵弘恩复参年希尧于革职后寄顿藏匿赀财，遂惹怒乾隆皇帝。曰："朕即位以来，抄没诸臣家私乎？而年希尧如此防范，可恶之极。"遂于乾隆元年下令，"尽法处治，应追入官者，即丝毫亦不可假借"③。

未几，年希尧病故，应赔钱粮落到其子年如头上，年如奉命将所有房地于一年内如数变价交赔，因逾限未完，被另行参奏，时在乾隆四年（1739）十一月。至次年十二月，"年如仅完过银五万四千八百六十两零，尚未完银七万五千二百九十七两零"，且又已逾限。但查得其未变价家产可以足抵欠数，于是将年如交部照例治罪。并将年如"所有在京住房以及铺面房间照例取租招买，坐落房山县的房间以及各处地亩，兹交各该地方官征租招买"。在京以及房山县当铺五座，也在变产抵补的监管财产之内。④

其二，完补部分亏空（尚未全完），其中以总督伊都立的亏空案

---

① 年希尧（1671—1739）字允恭，一作名允恭，字希尧，号偶斋主人，年羹尧兄。原籍安徽省凤阳府怀远县，后改隶汉军镶黄旗。年希尧于雍正元年出任广东巡抚，寻署广东总督，再迁工部侍郎。三年十二月，年羹尧获罪，年希尧与父年遐龄以"忠厚安分"被雍正帝免除死罪，仅予革职。四年，年希尧被命为内务府总管，同年九月，出任淮关监督，五年兼管宿迁关。十二年，都察院左都御史衔。十三年再度被参，革职。
② 《清高宗实录》卷6，雍正十三年十一月戊戌。
③ 《清高宗实录》卷13，乾隆元年二月癸巳。
④ 《明清档案》第99册，乾隆六年二月五日之四，刑部尚书来保奏报已故淮安关监督年希尧应追侵银逾限未完应将伊子照律鞭责，第 B55859 页。

最易说明问题。①

伊都立出身满洲世家，且少年中举，堪称满洲才俊，雍正朝累官封疆。但此人恃才傲物，颇多狂妄之习。自督抚任上革职后，于雍正七年（1729）被启用，命赴大将军傅尔丹军中治粮饷，因甚属效力，授额外侍郎。但他仍然胆大妄为，无视雍正帝的严刑峻法，借办理军粮之机，收受粮商范毓馪等买米银两，托言撤兵时投米于河，诳报数目，与属员分肥。又将军需银两浮冒开销，侵蚀军需数万。但因是案做得隐秘，故迟至雍正十三年（1735）八月方被发觉，伊都立被褫职下狱。据大将军平郡王及内大臣侍郎海望等审明亏空款项，从重拟罪，应行正法。②但雍正帝未及处置是案先已亡故，随后在乾隆登基的恩诏中，伊都立于乾隆六年（1741）获释。

据档案资料显示：当年伊都立应赔的军需银两是 44069 余两，冒销米折银等项是 67968 两零，代赔苏尔海等冒销米折银等项 47380 两零，共应赔银 159418 余两。由伊都立并其家人等抵补侵用银 44069 余两、冒销 41626 两外，仍欠未完银共 73723 两余。

乾隆六年（1741）十二月，两江总督那苏图在奏折中谈到各级官员对伊都立亏空案的追赔情况时说：伊都立未完银，除伊子额驸福僧额、员外郎明福等俸禄外，并无家产，无力赔还。因伊都立前曾有外借盐商张龙池等人银两未还，而盐商又各自居住在不同的地区，且有认赔者、有不认赔者，有认赔乃借无力之名不行赔还者，伊等能否赔补之处，无凭查核。明确表示他们已无法追回亏空的银两。最终的处置结果，就是将伊都立交刑部按例处分，所谓"拖欠冒销等项银两，伊等若实在不能完交，该督取具该地方官甘结保题

---

① 伊都立，字学庭，伊尔根觉罗氏，大学士伊桑阿第三子。著有《嘉乐堂诗集》。康熙三十八年（1699）举人，时年十三。雍正元年，任内务府员外郎、詹事府詹事，寻署内阁学士、署通政司通政使，元年七月升任兵部侍郎兼理太仆卿事务，二年十一月转刑部侍郎，三年正月巡抚山西，十月总督云贵，寻任山西总督管巡抚事。四年十一月调江西巡抚。五年七月缘事夺职。五年十一月，发往阿尔泰军营管理粮饷种地事务。效力赎罪。
② 《清世宗实录》卷 159，雍正十三年八月辛未。

刑部照例治罪"①。

此外，山西巡抚苏克济的亏空案也仍在追赔之中。苏克济是雍正朝最早被揭出的督抚中的大贪，在山西巡抚诺岷疾风暴雨般的清查下，雍正元年（1723），苏克济侵盗亏空钱粮450余万两便被曝光。而后，追赔一直在进行中，苏克济的房屋地产以及其子的财产均已收作公产，但并未补完。直至乾隆七年（1742）五月，由直隶总督奏报，仍将其入官后的36亩余地继续征租，以赔补未完之亏项。② 说明这项追赔在乾隆初年仍在进行中。

但无论是伊都立案还是苏克济案，其漫长的赔补过程及追赔结果，都在告诉我们赔补亏空的艰难与完补的无望。即便是乾隆初年产生的亏空新案，亏空数额不大，赔补的情况也不理想。如乾隆四年（1739）五月，河南巡抚尹会一根据署布政司事的驿盐粮务道黄叔璥册报，是年共应追银88452两零，已完银不过4130两零，未完银84472两零。③ 已完补银两未及5%。

其三，大多数亏空官员没有赔补意愿和积极的行动，故追赔的结果以未完居多，督抚"但以察出劾奏，遂卸己责"。

雍正十二年（1734）八月，据署理江西按察使凌焘奏报，建昌府同知廖杰名下有奉部咨追伊父廖腾炜当年办理军需亏空银两66万余，分限三年追完。按此规定，廖杰每年应完银22万余两，至雍正十二年六月一年之限期满，但廖杰丝毫没有完解。所以，按察使凌焘奏请，扣抵廖杰的养廉600两并薪俸银80两，共计680两以赔补亏空并查原籍财产有无。④ 但这份奏折没有朱批，未知处理结果。即

---

① 《明清档案》第108册，乾隆六年十月二十一日之十，两江总督那苏图揭报犯官家产尽绝应赔拖欠军需钱粮请准豁免，第B61195页。

② 参见《明清档案》第111册，乾隆七年五月八日之五，直隶总督高斌揭报满城县应追侵欠苏克济名下入官余地租银一案无力完项取结请豁，第B62813页。

③ 参见河南巡抚尹会一《题报豫省乾隆三年份承追赃罚亏空银米谷石无完未完数目事》乾隆四年五月初十五日，中国第一历史档案馆藏，《户科题本》档号：02-01-04-13166-004。

④ 《雍正朝汉文朱批奏折汇编》第30册，雍正十二年八月初三日，署江西按察使凌焘奏请扣建昌府同知廖杰养廉薪俸以赔伊父原办军需银折，第769页。

便是以养廉薪俸赔补奏准的话,每年仅归补680两,又如何补得上22万两的亏空呢?!

这种情况至少反映了三方面的问题,一是亏空官员,特别是他们的子孙绝无积极赔补的自觉,得过且过、蒙混过关是基本的态度;二是监管上司同样缺乏积极追赔的动力与意愿;三是亏空数额与亏空官员的赔补能力、赔补意愿之间相差太大;四是亏空的原因系为"办理军需",即因公挪移,希图朝廷豁免。

不论是哪种情况,追赔之难是共性的。即便是对那些收监追赔的贪官同样也难以追回被他们侵占的银两。如原任粤海关监督祖秉圭被刑部判定侵欺银14万余两,奉雍正十一年(1733)十月谕旨,依拟斩监候,限二年交完应赔银两,逾限不完,在广东正法。但在二年限满后,仅追完赃银二万两,未完银有12万两余。可见,此案虽"系奉旨勒限二年追交,并非部咨承追等案可比",但对于此等"拥厚资以长子孙"的贪官污吏,可以舍命以保全赃款。而乾隆帝也只好令该督、该旗继续核办,命将祖秉圭于秋后处决。①

其四,身有钱粮亏空的官员会以种种方式逃避赔补,"外官习气,多有隐匿寄顿诸弊"。

在对亏空官员追赔时,其家产是很难查明的一项,侵占钱粮官员大多会事先转移寄顿,在抄家后往往是"家无余赀"。乾隆帝自然不信。所谓"伊等皆曾查明任所原籍财产,家无余赀,所侵帑项归于何处?"就奉天数起亏空案的查追,乾隆帝分析说:"八旗人员聚处京师,参领佐领稽查严密,尚间有隐匿遗漏,后来渐次发觉者。至外省则散处各籍,凡查产之案,上司委之地方官,地方官之无能者既糊涂而不能觉察。或因同为外任,彼此瞻顾,其有同年师生情故则公然徇隐,不过取一结具一文即为了事,孰肯实力查办。即如上届拟以情实之陕省李铭盘等案,非曾报家产尽绝者乎?非经该地

---

① 参见两广总督鄂弥达《题为密陈原任粤海关监督祖秉圭蠹国殃民欺隐婪赃复查无异请旨严惩事》乾隆二年二月初九日,中国第一历史档案馆藏,《户科题本》档号:02-01-04-12958-004;《清高宗实录》卷47,乾隆二年二月初九日。

方官出结保题者乎？乃朕加恩再予限一年，伊等知一年之后无可幸免，始上紧完交。今吴浩以全完减等发落矣，此外省查产不实之明验。"①

乾隆十四年十月，在审拟革职安西道常钧亏空一案时，乾隆帝明确指示甘肃巡抚鄂昌：常钧亏空17000余两，亏项为数甚多，已交该旗查明家产。"该参道任所赀财，虽据查封贮，但外官员习气，多有隐匿寄顿诸弊。该抚务须再行实力严查，毋任隐漏。"② 一年后，陕甘总督尹继善上折说明了对常钧的查审情况。他说：西北地方各官遵旨对常钧"前任潼关、榆林二处及陕甘各属地方已经逐一严查，细加体访，实无隐匿产业寄顿财物。至原参常钧亏空库项一万七千余两，现据巡抚鄂昌审明，业于委员盘查揭报之后，即已照数补完"③。

乾隆帝所以指示如此具体，是因为经过雍正朝十余年的追赔，至乾隆初年竟被一些官员找到可以作弊的漏洞。为逃避追赔，在隐藏转移赀财之后，不好藏匿的便是房产和土地，但房产、土地需要作价"变产"，是抵补亏空中最为常见的方式。于是，他们找到了作弊的方式。其做法是，在以家产作价时，往往是加价多报以充亏空之数，随后贱卖，不足抵补之数遂变成无着亏空。更有甚者，再以藏匿之资低价将原产买回。对此，乾隆帝已经知之甚悉。在乾隆十四年（1749）年末，云南安宁州知州陈题因亏帑被革职，提出"请将原籍已卖田产找抵"亏空时，乾隆帝的第一反应是，"此必系多报以图抵项，贱卖以示无着，终于自买以得其原业。此等奸弊，必应深究"。虽然，经湖北巡抚唐绥祖奉旨将调查结果查明，陈题没有使用这等伎俩，"尚无勾串多报情弊"。但却存在"田亩时价，较原值实不足"的情况，这仍然引起了朝廷的注意。

---

① 《清高宗实录》卷349，乾隆十四年九月乙亥。
② 《清高宗实录》卷350，乾隆十四年十月庚辰。
③ 陕甘总督尹继善《奏为遵旨查办亏空库项之安西道常钧家产事》乾隆十五年十月二十日，中国第一历史档案馆藏，《朱批奏折》档号：04-01-35-0715-056。

为杜绝此等漏洞，巡抚唐绥祖提出，若侵贪人员虚报家产，令地方官查估作抵，余欠不再列入无着亏空，"仍于本员着追"。若"买户有贬价串通朦蔽等情，价与产一并入官，仍按亏数治罪"。若买户一旦开报承买，"令买户久远承业，庶绝留余私赎得业之弊"①。从理论上说，唐绥祖的这套办法是可行的，但实践起来仍要面临着如何查实的难解问题。

其五，上司分赔而亏空本员反以产尽邀免，导致庇护多于参劾。

通常，大多数督抚对清查钱粮的态度都有不同程度的塞责和敷衍，但以查出亏空参劾完事，并不认真追赔。而追赔对于多数官员而言却是需要智慧和耐心，又要持之以恒的坚持与努力方可。因为即便"审明具题，起限着追，而狡诈之徒，早已多方寄顿，咨行原籍，动辄逾年，不过以家产尽绝一语照例结覆"②。

但随着乾隆帝开始重视并强调实施失察上司有"分赔"之责，又会出现另一种现象，即"着落上司分赔完项，而本人转得置身事外"。乾隆十八年（1753），福建巡抚陈宏谋查办一起属员亏空案后上折，内称"若因上司分赔，而本员反以产尽邀免，或查报不速而有产者亦得冒免，尤欠公平。现在闽省凡有亏空之案，俱一面拜疏，一面密咨原籍，先将家产查封，以待审明赔补等语。前因各省督抚于属员侵欺亏空之案，题参之后并不即为查办，致贪狡者得以多方寄顿，徒贻上司分赔之累，而本人转得置身事外，甚非国家惩贪之意"③。说明在此之前，官员以诸种手段规避赔补，"徒贻上司分赔之累"的现象已不为鲜见了。

可以看出，乾隆初政时期，在清理钱粮过程中，弥补亏空仍然是最困难的一个环节，特别是面对那些"无着亏空"，雍正朝可以通过耗羡归公后的银两填补这项巨额漏洞。但在乾隆朝，这部分耗羡银两已经归入了财政预算，向百姓加征杂税的做法也被明令禁止，

---

① 《清高宗实录》卷357，乾隆十五年正月癸酉。
② 《清高宗实录》卷436，乾隆十八年四月戊子。
③ 《清高宗实录》卷441，乾隆十八年六月辛丑。

朝廷是不可能再找到一笔费用来填补这些"无着亏空"的。所以，一旦地方钱粮出现了找不到责任人的"无着亏空"，官员们的养廉银便首先被纳入"预算"成为赔补亏空的最直接来源。从这一角度说，养廉银的发放从一开始就是有折扣的。因为任何一个官员都无法保证自己的属下不出现"无着亏空"，这也是大多数的该管上司在面对亏空，特别是"无着亏空"时，徇庇多于参劾的原因之一。而一旦掩饰被揭穿，也只能以上司责任官员的身份"分赔"了结。

因此，面对钱粮亏空案的追赔，乾隆帝在对侵贪官员惩治的同时，既要考虑对失察上司的警告、责令分赔，又要顾忌到"分赔"对于大多数官员所产生的经济压力。

四　制度调整传递的政治理念

乾隆帝认为："法久自必弊生，奉行每多过当，不得不因畸重畸轻之势而为之维持调剂，以归于正直荡平之道，此至当不易之理。"①因此，他即位之后，立即着手对钱粮亏空案的处理做制度方面的调整，而在践行一段时间后又有对原有诸项制度与政令的恢复与继承，此过程表达了其政治理念的转变，所谓"王者之国富民，霸者之国富士。"这一问题将成为我们考察乾隆朝政治气象的一些重要指标。

乾隆初政的调整在于纠偏，其中影响力度最大的除了前面已经讨论过的"豁免"之外，这里还有两点需要强调。

一是，分清亏空案件性质，对侵盗钱粮罪中的"非贪赃入己者"与"实在侵蚀者"加以区别。

乾隆元年（1736）七月，刑部通过了署兵部侍郎王士俊的提议，凡亏空案件不计亏空多寡，一律咨部查核情节，以明确可否免罪。亏空军需亦照此办理，实系军需挪移，到部核减报销，不准开销者

---

① 《清高宗实录》卷23，乾隆元年七月辛酉。

亦要明确着落赔补之处。① 这一规定，明确了中饱私囊与因公挪用的亏空的不同，将以往需要承担地方财政亏空责任的官员解放出来。

乾隆二年（1737）七月，再次就"挪移"亏空之项的赔补准许宽免，谓挪移"较之侵贪尚有可原之处"，令查明雍正十三年（1735）九月以前的挪移各案，实系因公、确有凭据者，可以"因公事紧急"的理由具题请旨宽免。② 乾隆六年（1741），又下令部院对此进行查核，对确系贪官者加重处罚。所谓"定例文武官员犯侵贪等罪者于限内完赃，俱减等发落，近来侵贪之案渐多，照例减等便可结案，此辈既属贪官，除参款外必有未尽败露之赃私，完赃之后仍得饱其囊橐，殊不足以惩儆，着尚书讷亲、来保将乾隆元年以来侵贪各案人员实系贪婪入己情罪较重者，秉公查明分别奏闻陆续发往军台效力，以为黩货营私者之戒"。讷亲等遂将乾隆元年正月至乾隆六年九月，刑部所有各旗各省题参侵贪人员的原案逐项加以核查、甄别，将"各案内实系贪婪入己情罪较重者，共九起"，令发往军台效力。其余"如因公那垫及照侵盗治罪等项，原非实在侵欺入己"等案情，皆属情罪稍轻，不在查奏之列。③

二是，理清赔补中的分赔、代赔等诸多赔补名目，分割亏空责任。

乾隆元年（1736）十月，责令户刑二部会议，在钱粮亏空案中官员需要在分赔、代赔以及着赔等项条规承担怎样的责任。寻二部议决："分赔案内，如有霉变米谷短少官物者，着落接受出结之员赔补及徇庇之上司分赔，不得藉端摊派。如擅动钱粮例不准销者，着落擅动之人赔补，不得抑勒分派。代赔案内，如本非应行分赔着赔之人，亦并无公帑侵渔、私财寄顿之事，只以本员产尽无着勒赔拖累者，概行禁止。承估承变承追之员，如无以多报少、瞻情延缓

---

① 《清高宗实录》卷22，乾隆元年七月戊戌。
② 《乾隆朝上谕档》第1册，乾隆二年七月七日，第200页。
③ 《明清档案》第107册，乾隆六年十月二十七日之七，吏部尚书讷亲奏报查明乾隆元年以来官员侵贪案内实系贪婪入己情罪较重各案，第B60165页。

之弊，只因变抵不敷、公帑无完，勒令代赔者，亦应禁止。着赔（独赔）案内，凡米谷、牛具、籽种、奉文出借之项，并非捏饰侵渔、私行借动者，如遇人亡产绝无可着追，准其题豁。承追各项赃罚，如本犯产尽无完，株连亲族及远年无据赃私，其人已故，无可质讯，即着子孙追补者，亦不得滥追。其开欠一节，如系平日债负及同官私借并无印领者，总非有亏公帑，听其自行索讨，不准抵追。得旨允行。"①

这两项调整在纠正冤案、对不合理的追赔进行纠偏方面无疑是得人心的措施，也是其实施宽大政治的一部分。

但同时，乾隆帝也意识到宽大政治带来的腐败反弹，他对雍正皇帝处置亏空的严厉性有了切身的理解。也正是在对现实政治环境认识的基础上，他自乾隆四年（1739）开始逐步恢复雍正以来的某些清理亏空的制度、措施以及手段，并加强法规方面的建设。具体有这样几项。

第一，恢复并实施雍正朝定于每年年底清查各省库项的常规制度。

清朝定制，各省"督抚盘司库，司盘道库，道府盘州县库，所以杜亏空防那移也"②。且雍正年间又令各省督抚每于岁末将库项中有着无着银两完过若干等，逐一清查造册。所谓"向来州县亏空仓库，定例綦严"③。乾隆即位之初也曾有所奉行。据安徽巡抚范璨在乾隆九年（1744）二月的奏折中提到，"雍正十三年九月二十一日准刑部咨，嗣后造送亏空赃罚等项款册，务将各原案叙入，总结开明已完银若干未完银若干，已经解部银若干，存库未经解部银若干"。所以，在他的奏报中就明确指出：今查乾隆三年未完赃罚银

---

① 《清高宗实录》卷29，乾隆元年十月己丑。
② 《清高宗实录》卷189，乾隆八年四月辛丑。
③ 王先谦：《东华续录》卷25，乾隆十二年四月丙戌。

两，王启源案内未完银 124 两零，王瀛彦案内 6273 两零。① 但乾隆帝在推行宽大政治中，一度停止了每年年底的各省清查。

乾隆五年（1740）正月，鉴于仓储的混乱，乾隆帝宣布恢复各省年末盘查制度。"今看各省情形，渐滋冒滥，若不早加整顿，立法防闲，必致挪移出纳弊窦丛生。"命各省"有无挪移亏缺之处，俱于岁底将一切动存完欠确数及扣贮减半平余银两，造册咨送户部核销"②。这道谕旨下来，于每年年底清查仓库成为各省督抚的常规性职责，"仍令各该督抚每于岁底将前项有着、无着银两完过若干之处，逐一分析造册具题"③。清查后有无亏空的奏报也成为一项制度。

重建年底各省盘查仓库钱粮制度，是乾隆帝对实施宽政后吏治开始败坏的防范。乾隆四年（1739）二月的谕旨，表达了他内心的这份担忧。他说："朕看今日内外臣工，见朕以宽大为治，未免渐有放纵之心，即如今日工部奏太庙庆成灯一事，遂大有浮冒，而工部司官营私作弊之事，屡经提督衙门奏参，则其他衙门与此相类者正恐不少，谓之无弊可乎？"④ 所以，年末盘查仓库的目的在于防范钱粮亏空，但不具有彻查性，督抚多以得过且过为避害之举，以至于盘查多流于形式。

第二，从管官治吏责任的角度，重新宣布该管上司对亏空官员的分赔规定。而强化"上司分赔"之责，成为乾隆帝的一项有力的管控官僚队伍的措施。

客观说，雍正年间的分赔之例规定綦严，"所以惩戒通同掩饰，蒙混徇庇之该管各上司，令其实力稽察，使属员不致侵食"。乾隆元年（1736），虽对"分赔"有所限定，但并未宣布取消。只是在实施"惇大之政"的过程中，"分赔"也随之不见了踪影。直到乾隆

---

① 《明清档案》第 129 册，乾隆九年二月八日之三，安徽巡抚范璨揭报乾隆五年分应追节年侵挪赃罚银粮完欠解存奉免细数，第 B72465 页。
② 《清高宗实录》卷 109，乾隆五年正月乙丑。
③ 《明清档案》第 100 册，乾隆六年三月十六日，署贵州总督管巡抚事张允随揭报乾隆五年分承追亏空银米已未完数目，第 B56503 页。
④ 王先谦：《东华续录》卷 9，乾隆四年二月壬午。

十二年（1747），由于各省亏空案渐炽，乾隆帝感到了压力，认识到这是对该管官员放纵的结果，所谓"揆阙由来，实缘该管上司见朕办理诸事往往从宽，遂一以纵弛"①。为此他宣布："雍正年间属员亏空，定有上司着赔、分赔之例，是以稽察严密，官员知所畏惧，亏空之案甚少。近来此例不行，所以贪风复炽。"遂命凡有属员亏空者，着该上司巡抚以下分赔，并传谕各督抚知之。②他要求各省督抚"整纲肃纪，当查者查，当参者参，不事姑容，不为蒙蔽"③。如仍前宽纵，致贪风日炽，帑项侵亏无着，惟该管上司是问。并从奉天府五起亏空案及山西浑源州知州刘廷诏的处理入手，责令"平日盘查不实"的上司分赔，以此为失察及通同掩饰徇庇属员之戒。

是年六月，奉天府尹霍备与江西巡抚开泰成为首批"照例令各该上司分赔"的地方大员。霍备因奉天任内发生荣大成等五起亏空案，以失察被参。乾隆帝认为，奉天所属亏空累累，皆因霍备毫无整饬所致，明令"霍备接任后亏空者，仍应专着霍备赔补"④。如此不论具体事由的处分已经是矫枉过正，但乾隆帝尤以为不足。降旨曰："奉天所属亏空之案累累，皆因其毫无整饬，以致州县无所顾忌，任意侵欺。霍备既不能稽察于前，又不能查参于后，深有旷于职守。今伊降调（因安置流民不妥）理应在此候补，而避而家居，优游自适，无以为负恩鳏职者戒。着革职，发往军台效力。"⑤

同时被处分的江西巡抚开泰，则缘于徇庇失职。先是，开泰以侵亏不职参奏丁忧万安知县马淇瑞，乾隆帝下旨将马淇瑞革职，令追查其侵亏不职的情由以及案内牵涉之人。但在盘查中，该管知府声称未查出马淇瑞仓储短少，直到两个月后在朝廷的一再督促下，开泰才以马淇瑞亏空5400余两奏闻。显然这是地方官在争取时间

---

① 王先谦：《东华续录》卷25，乾隆十二年四月丙戌。
② 《清高宗实录》卷289，乾隆十二年四月甲申。
③ 《清高宗实录》卷289，乾隆十二年四月丙戌。
④ 《清高宗实录》卷285，乾隆十二年二月己卯。
⑤ 直隶总督那苏图《奏为遵旨委员办理奉天府尹霍备发往军台效力情形事》乾隆十二年七月初一日，中国第一历史档案馆藏，《朱批奏折》档号：04-01-01-0154-053。

"挪借掩饰","通同徇纵"。在乾隆帝的经验中,近来此等亏空案件,皆由该上司等平日稽察不严,盘查不实,及至丁忧离任后不得已题参。开泰就属于"并不根究该府盘查情节,但据揭题参"①之人。知县马淇瑞时已丁忧,属于离任无可着追者,于是司府以揭报卸责,督抚以题参了事。乾隆帝认为"此风渐不可长"。下令马淇瑞之案若本身力不能完,"令开泰等分赔。嗣后各省督抚如有不实力稽查属员,俟其离任身故始行参出者,开泰分赔之例即其榜样"②。而且乾隆帝的眼里,开泰向来有因循沽名之习。③

第三,继续贯彻"父债子偿"的赔补方式,并以谕旨的形式宣布,凡侵贪之案"父债子偿"为定例。

雍正帝惩治贪官、追赔贪项有句名言:"务必严加议处,追到水尽山穷处,毕竟叫他子孙作个穷人。"④ 所以,他对惩治贪官的要求是"籍没家产""父债子偿"。乾隆帝在这个问题上与乃父有着相同的认识。他曾说:贪官"甘陷重辟,忘身殖货,以为子孙"⑤。"如云南省之戴朝冠直取库银付原籍置产,且恃年逾七十,冀得瘐死了事。刘樵侵蚀多至累万,而伊子且携资捐纳。此等之人,尚使其肥身家而长子孙,将明罚敕法之谓何?国家又何庸虚设此罪名、以启息玩为也。"⑥ 于是,在乾隆十四年九月,将戴朝冠、刘樵二人,与广西朱红一同予以"勾决",三人均被称作"亏空人犯",令明降谕旨宣示各省。⑦

乾隆十二年(1747)六月,刑部议奏,病故宁海县知县崇伦永亏空库银,应着落家属勒限究追,乾隆帝立即表示同意。他说:"州

---

① 《清高宗实录》卷292,乾隆十二年六月壬戌。
② 《清高宗实录》卷292,乾隆十二年六月丙寅。
③ 参见江西巡抚开泰《奏为特参万安县知县马淇瑞侵盗国帑东乡县知县刘资宽昏庸不职事》乾隆十二年五月十六日,中国第一历史档案馆藏,《朱批奏折》档号:04-01-01-0155-004。
④ 《雍正朝汉文朱批奏折汇编》第32册,山东巡抚黄炳恭请圣安折,第803页。
⑤ 《清高宗实录》卷349,乾隆十四年九月乙亥。
⑥ 《清高宗实录》卷349,乾隆十四年九月壬申。
⑦ 参见云南巡抚图尔炳阿《奏为奉旨将本省侵亏人犯刘樵及戴朝冠正法事》乾隆十四年十一月初八日,中国第一历史档案馆藏,《朱批奏折》档号:04-01-01-0182-016。

县官侵蚀仓库，非因公挪用可比，此等贪劣之员即至身故以后，不过于家属名下勒限着追，所有侵欺囊橐，伊子中料理家务承受财产者，仍得坐拥厚赀，从容措办，无以惩儆贪风。"命将身故之崇伦永子崇元诵监禁追比，宣布将父债子偿作为定例。所谓"嗣后侵贪之案，如该员身故，审明实系侵盗库帑者，即将伊子监追，着为例"①。

但监追子孙亦非易事，亏空官员的子孙往往闻风逃匿。乾隆十三年（1748）二月，广东韶州府知府王霍亏空平粜谷价、勒借属员银两，共计2485两零，拟罪勒追。其子王廷栋先时一直逗留在粤，王霍被参后，其子携二百两银逃走，但并未归旗，潜匿无踪。②十四年（1749）七月，云南永昌府参革知府刘樵亏空抽收税银一案，因伊子刘天任曾带银7000两由贵州经常德进京，乾隆帝谕令"伊父亏空，而伊子挟赀潜行，竟以国帑视同己物。此种弊端，不可不严行跟究。着传谕刘樵原籍督抚并刘天任所过地方各督抚，饬属实力缉拏务获，解交滇省追审，倘任其远扬，惟该督抚是问，何省督抚拏获，即着折奏。"③也就是，在监追贪官及其子孙过程中发生的潜逃事件，所在籍贯的督抚要承担追查之责。

第四，对定罪斩决的贪官取消"缓决"之例，执法更趋严厉。

雍正时对于贪腐官员在死罪处斩上有"缓决"之例，目的在于令其缓决期内完补亏项，乾隆初期一直延续执行。乾隆十二年（1747）九月，刑部核拟参革直隶涿州知州张德荣亏空一案时，以张德荣例应拟斩，但亏空银两尚未追完，请旨缓决。乾隆帝提出，"概拟缓决，似于定例未符"。他说："此等亏空案件，若因其未完即请缓决，是未完者转得邀缓决之恩，而全完者反抵于法，则侵欺之犯，惟以拖欠帑项为幸免之计，谁复将亏空之项完补？如此科断，殊非惩贪之意。"责令传谕大学士张廷玉、讷亲查明规制。指示说，即便

---

① 《乾隆朝上谕档》第2册，乾隆十二年六月十二日，第183页。
② 参见广东巡抚岳濬《奏为遵旨查办革员韶州府知府王霍亏空银两等情事》乾隆十三年四月三十日，中国第一历史档案馆藏，《朱批奏折》档号：04-01-12-0058-035。
③ 《清高宗实录》卷344，乾隆十四年七月壬子。

是"向来相沿,有此定例,亦宜改正"①。

乾隆帝意识到,侵盗贪婪之犯,秋审时原有拟入情实奉旨勾到之例,"盖因例内载有分年减等、逾限不交,仍照原拟监追之语,至秋审时概入缓决。外而督抚、内而九卿法司,习为当然"。"即在本犯,亦恃其断不拟入情实,永无正法之日,以致心无顾忌。"② 所以,乾隆帝要重新制定亏空侵贪官员斩绞之罪的量刑标准。他强调"贪婪侵盗之员,上侵国帑,下朘民脂,实属法所难宥,是以国家定制,拟以斩绞重辟,使共知儆惕,此纪纲所在,不可不持"。寻大学士等议:"凡侵贪案犯二限已满,察其获罪之由,如动用杂项及那移核减,一应着赔,作为侵欺并收受借贷等款,问拟贪婪,迨监追后急图完公者量拟为缓决。若以身试法,赃私累累,至监追二限已满……秋审时即入情实,请旨勾到。"③

也就是说,自此往后,凡是二限已满,便不可再以赔补未完拖延死刑的勾决日期。这一点又严过雍正朝。而乾隆帝对于贪官死罪趋严的处置,收到立竿见影的效果。"今据刑部查奏,自定例以后(自乾隆十二年),各省参劾侵亏之案渐少,而五案中现在全完者一案,完及七分者二案,其余二案亦俱有交完之项。"④

对于加重惩处的做法,乾隆帝有自己的解释。他说:"朕因各省侵贪案件向来虽拟以重辟,至秋审时相蒙概入缓决,以致人心无所警畏,参案渐多。特于乾隆十二年颁发谕旨,彰明晓谕,令限满即入情实册内候勾,朕之本意,不特为止侵盗,实乃以惩贪婪。"⑤ 可见在乾隆帝的认识中,贪婪与侵盗有性质上的区别,表明他对惩贪的重视。

而后,乾隆帝仍强调,贪官都有希图遇赦的侥幸心理,而且为

---

① 《清高宗实录》卷298,乾隆十二年九月辛卯。
② 《乾隆朝上谕档》第2册,乾隆十二年九月二十三日,第199—200页。
③ 王先谦:《东华续录》卷26,乾隆十二年九月庚戌。
④ 《乾隆朝上谕档》第2册,乾隆十四年五月十六日。参见《清高宗实录》卷341,乾隆十四年五月癸亥。
⑤ 《清高宗实录》卷349,乾隆十四年九月壬申。

子孙牟利，不惜以身试法。这是他要从严处置贪官，不给贪官以可乘之机的原因。他说："向来侵盗贪婪限满之后，不过永远监追，希图遇赦，久而终得幸免，以致贪吏公然视国帑为私藏，或任意花销，或暗侵肥橐，其不肖之甚者，竟有宁置身于圜扉，潜为子孙之计，此实官邪所必儆，国法所难容。若不加痛惩，则人心坏而吏治黩，于国是大有关系，是以降旨宣示，至再至三。凡系侵贪之案，限满不能完赃者，必抵于法，乃辟以止辟之意也。"[①] 可以说，对于那些应该处以死罪的贪官不再以追赔为由宽限缓死或免死，从法规上杜绝了贪官的侥幸心理。

第五，鉴于对无着亏空案的无效处分，制定代赔新例。

在追赔过程中最困难却又最常态的还是对"无着亏空"无效处分，在乾隆初政以后揭出的亏空案中，对无着亏空的处置仍存在诸多的问题。按照处分条例，"向来州县亏空，本犯无力完帑，将徇隐之革职知府勒限赔补，至限满不能全完，例止革职，别无治罪之条。夫之已经革职之员，复议革职，不过照例注册，虚文事耳"。例如，奉天亏空官员臧根嵩名下应追亏空银两，因"原籍委无产业"，而列为无着亏空，"照例取结保题，落失察之前任府尹霍备追赔还项"。但"霍备本身应赔银两尚不能完，又何能代赔臧根嵩侵项"。部议"亦明知霍备力不能完，徒以照例办理完结"。

所以形成这种状态，是因为制度留有缺漏使然。乾隆帝认为，"侵贪之弊，尤不可不急为整饬，嗣后侵亏案内应代赔之知府限满不完，作何分别治罪之处，该部另行定议具奏"。

乾隆十五年（1750）吏部制定新例，规定："其知府通同徇隐州县侵欺仓库钱粮，着落代赔之项。若已满三限尚不赔完，经该督抚将革职代赔之知府取具家产全无印甘各结，保题到日，臣部按其已未完交分数治罪。以十分为率，如未完之数在五分以内者杖一百，至六分者杖六十徒一年，七分者杖七十，徒一年半。八分者杖八十，

---

① 《清高宗实录》卷383，乾隆十六年二月丁酉。

徒二年。九分者杖九十，徒二年半。十分无完者杖一百，徒三年。均不准纳赎。再查州县侵欺帑项，限满不完，既着徇隐之知府赔补，则着赔之日，即应将知府之原籍房产令地方官查记档案，申报上司。如能依限代赔全完，房产给还，照例准其分别开复降调。如三限已满，变抵房产仍不足数，即照新定条例治罪。从之。"①

这个新例，主导思想仍是以责罚徇庇上司代赔为完补钱粮的途径，并不失苛刻。但它从处罚的角度量化了该管上司的责任，强调徇庇官员分赔，要将分赔官员的原籍家产封存，按照赔补的份数施以杖责和徒刑，且不纳赎等，所以，新例会产生严刑峻法的震慑效应。

第六，填补钱粮奏销的制度缺陷。

以往，钱粮奏销与开征的时间差为地方官挪新掩旧提供了便利。所谓"甲年钱粮，例应乙年五月奏销，而乙年钱粮，又应是年二月开征。向来奏销时，只将甲年完欠数目，载入盘查结内，于乙年已征钱粮，并不具结。州县官遇有拖欠旧粮处分，往往挪新掩旧，是以州县亏空，发觉于离任交盘之时者居多，而发觉于奏销盘查之时者甚少"。

乾隆十三年（1748）七月，户部通过了湖北巡抚彭树葵的一项钱粮奏销的提议。"请嗣后直隶州并府属州县奏销盘查，仍令该管上司将现年已征正耗杂项钱粮，一并盘查。倘有侵蚀，即行揭参，如无缺少仍具结申送。至知府有应征之项，责盘查之道员一体遵办。""并请令各督抚于清查司库钱粮，亦将本年新收各项，一并盘查出结保题。"② 乾隆十六年（1751），云南巡抚爱必达奏，要查明交接盘时仓谷存贮的数额。"查定例，常平仓积贮米谷，督抚升转离任将册籍交代，新任限三阅月查核奏闻，如有亏空即行题参。"③

---

① 《清高宗实录》卷370，乾隆十五年八月乙亥。
② 《清高宗实录》卷319，乾隆十三年七月壬寅。
③ 云南巡抚爱必达《奏报盘查仓粮以清亏空事》乾隆十六年正月三十日，中国第一历史档案馆藏，《朱批奏折》档号：04-01-35-1150-033。

虽然，这项规定的实施效果并不理想，但乾隆初政的制度建设与调整是符合政治发展与国家行政管理的需要的。如果从宽严的角度评价雍乾之际的变革，可以说乾隆帝认识到了法制法规的作用，在制度上进行了系列的调整，在如何管官治吏上明显地表现出由严改宽，又由宽趋严的转变。那么，促使乾隆帝作出这种转变的政治理念又是什么呢？从其管官治吏的实践中，他把自己的治政原则标榜为"宽严互济"，并为此寻找理论上的支持，尝言："朕用法从无假借，而必准情度理，允协厥中，以归至当。"① 但在深层次上，乾隆帝在转变的过程中还表现出，他在做"富国""富民"还是"富士"的选择。

乾隆六年（1741），乾隆帝有一段表述，他说："古云王者之国富民，霸者之国富士，仅存之国富大夫。如果百姓家给人足，即居官者不甚丰饶，犹不失轻重之权衡也。且言居官贫乏者，仍出于居官者之口。而入于朕耳。朕亦不过疑信各半。究之思所以富之之心，未如思所以富万民之心之切也。朕仰承皇考诒谋远略，一切章程惟有守而不失，间或法久弊生，随时酌量调剂则可。若欲轻议更张，不独势有不可，亦朕之薄德，力有所不能。"②

就清理钱粮亏空的实质而言，是一保护国家财富不被侵夺的富国富民之举，由于被清查的对象是各级官员，因此在利益格局上存在着国家与官僚之间的分野。富国，即从官员那里回收流失的钱粮就必然会有损于官员，在二者的选择上，乾隆帝在清理钱粮亏空上表现出的宽严选择，也即管官治吏上的宽严态度，实质是富国富民还是富士（官员）的选择。最初乾隆帝是想改变雍正以后因赔补亏空的官员陷于"贫困"的处境。但在经历一段时间后，他选择了富国，而富国的宗旨在于富民。为此，他由宽再回到严，选择了"一切章程惟有守而不失"，这应该是乾隆帝在宽与严权衡后的心得。

---

① 王先谦：《东华续录》卷26，乾隆十二年十月癸亥。
② 《清高宗实录》卷136，乾隆六年二月乙巳。

第 六 章

乾隆中后期的钱粮亏空案与乾隆帝斧锧惩贪

乾隆中后期是清朝乾纲独断的集权政治巩固发展的重要时期，也是官僚体制下国家制度臻于完善的历史阶段。乾隆帝经历了初政十余年对清理钱粮亏空案在政策上的宽严选择，意识到国家行政特别是管官治吏方面"祖宗之法"的重要性，即所谓"一切章程惟有守而不失"，故在致力于政治上各项建设的同时，继续雍正以来的风力作风和铁腕手段。但是，腐败是官僚政治的痼疾，时隔不过数年，在雍正朝被严厉打压下去的钱粮亏空案，还是在各省悄然滋生了。而且，乾隆中后期的钱粮亏空案更多揭示出作为封疆大吏的督抚由权力缺乏监管带来的腐败，出现了一起又一起由督抚主导的贪污大案。

对此乾隆帝深感不安。五十一年（1786）二月，乾隆帝在上谕中说："各省仓库钱粮，自皇考世宗宪皇帝御宇十三年彻底清厘，大加整饬，将从前亏空积弊一概涤除，各省库项仓储，俱归实贮。朕御极以来，虽间有不肖官吏侵欺贪冒者，无不加以创惩，盖因皇考一十三年整纲饬纪，旋乾转坤之力，以充裕盈宁之天下付托于朕，朕若不能随时整顿，稍涉颠顶。是皇考剔弊核实之苦心，至朕而竟有废弛，朕甚惧焉。"①

---

① 《清高宗实录》卷1249，乾隆五十一年二月辛卯。

为此，乾隆帝不吝杀伐。在其诛杀的二品大员里面，以婪赃为由的督抚就有二十余人，除了两人属于乾隆前期发生的案件外，其余皆出现在中晚期。对于这些案件，学界多有研究，无论是资料的汇集还是撰文，都给予了应有的重视。但是，总体而言，其研究深度尚停留在吏治与政治的层面，对于省级大员侵贪造成的地方财政的恶劣影响、国家财政的运行实态，以及由此引发的社会动荡等问题，尚缺乏进一步的研究。清查钱粮亏空过程中所体现的皇帝与地方督抚，以及督抚与州县官之间的心力对弈，也往往被研究者所忽视。以故，本章将此作为研究的重点。

一 督抚因徇隐亏空遭重惩：由南河案、蒋洲案到段成功案

乾隆中期的几起钱粮亏空案，揭示了地方督抚在乾隆初政的安逸宽松环境下所滋蔓的怠政坏法。随着政治生态由严向宽的转变，吏治渐有废弛，地方官员对上级极意逢迎，饱其欲壑，而大员对下属百般徇隐。此种朝政积习未祛，钱粮亏空因而故态复萌，为惩贪瘅恶，乾隆帝以重惩督抚予以警示。

（一）通同故纵的南河案

最先令乾隆帝感到震惊并引起重视的是乾隆十八年（1753）的南河亏空案，是案受到重惩的是河道总督高斌、张师载。

高斌，高佳氏，满洲镶黄旗人，初隶内务府，雍正元年（1723）授内务府主事，再迁郎中，管苏州织造。六年（1728）授广东布政使，调浙江、江苏、河南诸省。九年（1731），迁河东副总河。十年（1732），调两淮盐政，兼署江宁织造。是年，以女封皇贵妃，高斌更晋身为国丈。十一年（1733），署江南河道总督。二年后实授江南河道总督。张师载，生年不详，河南仪封人，康熙朝清官张伯行之

子，康熙五十六年（1717）举人，以父荫补户部员外郎。雍正初授扬州知府、江南河库道员，乾隆十年（1745），迁江苏按察使，内擢通政司左通政，再迁仓场侍郎内阁学士，乾隆十三年（1748），因向为南河道员、通晓河务，命协办江南河务。

乾隆十八年（1753）初，河南布政使富勒赫被派往江南随河道总督高斌、张师载学习河工。八月，富勒赫发现河工存在严重的亏空并上折奏闻。当富勒赫的折子奏到时，乾隆帝的最初反应是，主管官员高斌、张师载为属员蒙蔽，咎在失察。但随着九万余两的亏空被查出，高斌亦承认河工钱粮确有亏空时，乾隆帝方如梦初醒。他感到自己受了蒙蔽，怒责高斌、张师载先时不行参奏，而听河员之自为弥缝归补，并指责事件的性质"竟成通同故纵"。而通同故纵意味着对皇帝的欺蒙，是乾隆帝最不能容忍的。在他看来，"虽高斌、张师载身无染指，而明知侵冒，其罪非仅失察公过而已。今全河积年陋弊，尽行败露，若不极力整顿，则国家之功令不行，不但河员视侵亏为分所当然，将各省督抚瞻徇属员通同舞弊之恶习，何所底止耶？"于是，为防微杜渐，乾隆帝派出刑部尚书策楞、刘统勋前往逐一清查，具题着追。命将亏空各员摘印看守、追赔，予限一年赔补，限内不全完者，无论本年勾到不勾到，即行正法。①

据策楞、刘统勋查奏，河工案揭出几个问题：一是河工亏空形成一条关系链，且积弊由来已久。"本任调任升任及缘事各员，其经手钱粮大都牵前扯后，以致多有侵亏，看来此等俱系向来积弊。"②二是浮冒蒙混种种滋弊已成积习。如外河同知陈克浚、海防同知王德宣，亏缺皆至二三万，通判周冕对应办物料全无贮备，以致二闸被冲决时束手无策。③而且，至九月，策楞等又接续查出，南河亏空

---

① 《清高宗实录》卷445，乾隆十八年八月庚子。
② 《清高宗实录》卷445，乾隆十八年八月丁未。
③ 参见《清高宗实录》卷445，乾隆十八年八月庚戌。

银两超出九万，高达11.5万余两。[①] 也就是说，南河河员积年河工工料银两亏空案随着案情的明朗化，揭出的亏空数额愈益增多。三是主管官员颓风盛行，玩法养奸，徇庇属员侵贪。通判周冕因侵吞物料银，致河闸被冲决，仅以误事召回，不行题参。是"延玩瞻徇"，明知故纵。而这一点恰好触碰了乾隆帝敏感的底线，成为他决议严惩是案亏空各官的重要原因。

最初，当南河案刚刚揭出时，在如何处置主管官员的问题上，乾隆帝十分犹豫，觉得宽释不妥，严办也不妥。因为就个人操守而言，"高斌尚属旧人，其在河工久经出力，张师载恂谨自守，素无劣迹，且系随从高斌"。钦差策楞等也从河工工程需员的角度奏请宽免处分，曰："现在道厅各官更易者多，看守钱粮，经理案卷，在在需员。"而"现在道厅各员，俱系新手"。冲决的二闸尚未堵塞，提议令高斌、张师载抓紧时间限期完工。但乾隆帝几经考虑后还是选择了从重。顾虑若不从重处置，"至各省督抚若效尤试法"，将产生极其严重的后果。他说"朕自不得不尽法绳之，勿谓教之不豫，处之不公也"。为此，他下达了多条谕旨，对涉案官员自上而下一律严惩不贷。他说："高斌、张师载久任河臣，非漫无知觉者，特延玩瞻徇，遂致国家正帑，久肥若辈之橐而莫之禁。"[②] "若非策楞等前往，则该员竟致漏网"，及"富勒赫到工程后，高斌等内不自安，始拮据查办。逮富勒赫奏闻，方称有查出亏空九万之多，亦并未指名弹劾。高斌等负恩溺职，捏饰徇纵"。

为儆效尤，命将高斌、张师载俱革职，留工效力赎罪。其余侵帑各员俱革职拿问，免查抄家产。但所有侵亏银两勒限一年完项，侵吞物料银的通判周冕革职锁押，所亏空物料勒限半年完项。其有限内不能全完者，俱即于该处正法，其欠项令高斌、张师载及各上

[①] 署理南河总督策楞、刑部尚书刘统勋《奏为已革南河总督高斌江苏巡抚张师载情愿赔补各员未完亏空事》乾隆十八年九月二十五日，中国第一历史档案馆藏，《朱批奏折》档号：04-01-30-0341-012。

[②] 参见《清高宗实录》卷445，乾隆十八年八月丁未。

司分赔。但在这起案件中，最具惩罚意义的是杀戮的恫吓。在将二闸漫口的责任河员李焞、张宾正法时，乾隆帝令将高斌、张师载一同陪绑刑场。这一事件成为乾隆朝对督抚大员施以威权、进行处罚的典型事例。

由南河案中高斌、张师载对属员亏空钱粮的积年徇纵，乾隆帝开始对各省"无亏空"的奏报产生了怀疑。所谓"由此观之，各省督抚之徇纵属员者当不乏人，其谓功令森严，并无亏空者，尚可信耶！"① 由此乾隆帝对督抚的治政态度产生了高度的警觉，奉命署理河道总督的尹继善最先成为乾隆帝整治的疆臣。

在乾隆帝看来，尹继善莅任江南有年，且曾任总河，河工的积弊尹继善自所稔悉，若早为举出，即可及早办理，但尹继善"乃从无一字奏闻"，"是岂国家委任封疆大臣之意，尹继善着一并交部严察议处"②。乾隆十八年（1753）九月，尹继善上折就河工亏空各案提出处理意见。他说："该参员等因亏空数多，思图狡展，应追应抵款项，多有牵混，现在按款研鞫。"乾隆帝以其语中有"狡展牵混"之词，警告他说："尹继善折内故用狡展牵混等字样，以见其查办甚严，而实则为亏空各员豫存地步，不过欲一年限满时仍以牵混未清，未便即行正法搪塞耳。此等伎俩，伊自问岂能于朕前尝试耶！伊如欲为该参员等狡展，惟肯以一己之首领代之，则亦听其自为计耳。前者高斌、张师载陪绑河干，未即正法，看此光景，将来必至以现任总河（尹继善）置之重典而后已耶！"③ 乾隆帝的上谕明明就是在过度解读，吹毛求疵，借端打压震慑。

但尹继善似并未完全领会乾隆帝要对其严惩的用意。乾隆十九年（1754）二月，在对革职通判周冕应追亏空银两一事的处置上，奏请是否能予宽释。尹继善奏：周冕应追亏空银两，"已于半年限内

---

① 《清高宗实录》卷446，乾隆十八年九月庚申。
② 《清高宗实录》卷445，乾隆十八年八月庚戌。
③ 南河总督尹继善《奏为据实参究陈克浚等亏空河工银两情形并勒限追赔事》乾隆十九年正月十二日，中国第一历史档案馆藏，《朱批奏折》档号：04-01-30-0049-019。

全完，但误工属实，应否于该处正法，请旨遵行"。乾隆帝说："此奏又用伊巧伪故智，周冕之罪，若所重在缺料误工，则从前二闸漫口时即应照李焞、张宾之例正法。亏空帑项，自不难着落各上司分赔。若罪在亏帑则彼既限内全完，只应将伊误工应得之罪按例办理，岂得复请于该处正法？试问该督本意，果见为周冕必应请旨正法耶？抑明知其罪不至正法，而姑为此奏以见其执法耶？"仍命尹继善意欲将周冕是治其亏空之罪还是治其误工之罪，即应否正法，定议后覆奏。① 乾隆帝是责尹继善明明是欲姑息宽纵，却又讨巧请旨以避担责。

除了尹继善，江苏巡抚庄有恭同样受到乾隆帝的申斥。乾隆十九年（1754）三月，庄有恭因查审涂士炳等勒追银两，"惟将办料有据之项准其抵销，余不准作抵"，也就是说找不到亏空实据的部分不令涂士炳赔补。这种处置方式在乾隆帝看来也是欲宽其罪。降旨曰："此番特示创惩，不可不从严办理，令知自作之孽，不可稍逭。不惟房产借项不应官为追变，即办运之项，亦总应听自行清理，不得准其作抵，使得指以藉口，辗转迁延，腾那时日也。总之，此番法在必行，不仅为帑项起见。"② 再次强调了他要严肃法纪的目的，告知处置河工各员并不单单着眼于清理亏空，更重要的是国家的法令、皇帝的至上权威必须遵守，并令将此一并传谕尹继善、鄂容安、庄有恭等督抚知之。

乾隆十九年夏，乾隆帝以河员陈克浚等人侵帑亏空案中赔补限期将满，命勒限严追，要求尹继善等查清亏空各员名下应追帑项是否完缴，并将这些人在被参后的表现，即有无畏惧、是否勉力设法交纳，抑或甘心延玩以身试法等情形奏报。还要督抚等如何设法勒追之处，速详悉奏闻。乾隆帝说："屡次所降谕旨甚明，朕法在必行，断不能少容侥幸。但将来本犯既已正法，未完之项着落伊等家

---

① 《清高宗实录》卷456，乾隆十九年二月壬辰。
② 《清高宗实录》卷458，乾隆十九年三月甲寅。

属完缴。其终不能完缴者,即当于高斌、张师载二人是问。"其时,高斌、张师载已于上年皆交银二万两,以此作赎罪之请。但乾隆帝不依不饶,认为"伊二人从前捏饰容隐,佃法养奸,酿成锢习"。所以,是"属员之亏空,皆伊二人之亏空,着落赔补。作何定以限期,如逾限不完,又应作何治罪,亦当令尹继善于此时拟定奏闻。至现在监追限期将满各犯,如有畏罪情急别生事端,及自戕殒命致逃显戮者,恐尹继善不能代伊等担任也。尹继善之能办此事与否,及嗣后尚能承受恩典与否,皆于此案此时为断"。这又是对尹继善是否有徇庇之举的考验。

寻尹继善奏称:"宋应麟业经全完,王连璧、于鳌可于限内全完,其陈克浚等十一人,饬令极力设措,如限满未完即行正法。至高斌、张师载徇纵工员侵冒……请勒限一年,着落二人代缴。逾限不完,即将高斌、张师载请旨正法。"至此,乾隆帝方降旨允奏,曰:"谅汝于此案亦不敢复蹈故智耳。"① 乾隆十九年(1754)七月,尹继善等又奏称,南河亏空官员追赔限期将满,两月以来竭力追比,多有力不能完者,陈克浚等八人应于七月二十八日正法,罗纶等二人应于九月初五日正法,其未完银两着落各家属追缴,并查家产变抵。倘不足数,则着落高斌、张师载赔补。②

乾隆帝对南河案的重惩,特别是对南河案的责任官员高斌与张师载陪绑刑场的恫吓,都对以督抚为首的主管钱粮的官员产生了震慑力。但是,在钱粮亏空已经形成难以抗拒之势的环境下,督抚为避免朝廷发觉,除了徇庇外,便是千方百计地隐瞒亏空。

(二) 杀一儆百的蒋洲案

发生于乾隆二十二年(1757)的山西布政使蒋洲勒派案,令乾隆帝再度警觉。此案的直接原因,是蒋洲为隐瞒钱粮亏空,勒派属

---

① 《清高宗实录》卷463,乾隆十九年闰四月己巳。
② 参见《清高宗实录》卷468,乾隆十九年七月丁亥。

员私下弥补。虽然在这起亏空案中并没有查到蒋洲侵帑肥橐的直接证据，但是蒋洲却成为乾隆朝因掩饰亏空被治以死罪的疆臣中第一人。

蒋洲，江苏常熟县人，大学士蒋廷锡子，康熙六十一年（1722），蒙恩给二品监生。① 自主事累迁，乾隆二十年（1755）六月，擢山西布政使。时值其兄蒋溥任协办大学士、户部尚书兼吏部尚书，一门显贵。乾隆二十二年（1757），蒋洲迁巡抚，旋移山东。就在此时发生了"蒋洲案"。

"蒋洲案"并不复杂，先是继任山西布政使塔永宁在赴任途中风闻蒋洲贪纵，遂秘密访查。随后查出其库帑亏空多至二万余两，于升任之前委冀宁道杨龙文勒派通省属员完补事，遂密折参劾。② 就在蒋洲极力掩饰之际，南巡途中的乾隆帝已经闻知此事，随即命刑部尚书刘统勋董其事，驰往山西会同塔永宁按治，并将蒋洲革职，拿赴山西严鞫质审。

未几，刘统勋查实山西亏空银二万余两，系蒋洲藩司任内亏空，且"勒派通省属员以为弥补之计"，尚有不敷，又于寿阳县伐木卖银弥补亏空。而蒋洲称，亏空系因修理衙门多用银两。这个理由显然过于牵强，乾隆帝质疑说："修理藩署需费即多，何至二万余两，其为藉端捏饰，不问可知。"

虽然在这起案件中，并没有彻底查清亏空的银两究竟去了哪里，但这并不影响乾隆帝必欲对蒋洲重惩且治以死罪的决定。从事后乾隆帝的系列谕旨来看，蒋洲案中的地方官风的败坏，以及地方大员之间的相互援结庇护，是引发乾隆帝动了杀念的关键，欲杀一儆百。理由有以下两点。

其一，在大员的勒派下，下官明目张胆任意派取。"蒋洲案内道府勒派情节，于杨龙文署内查出派单一纸，而太原府知府七赍，复

---

① 《清代官员履历档案全编》第 15 册，华东师范大学出版社 1997 年版，第 469 页。
② 参见山西巡抚塔永宁《密奏留心察访蒋洲亏空缘由事》乾隆二十二年，中国第一历史档案馆藏，《录副奏折》档号：03 - 0644 - 054。

连名作札向各属催取。明目张胆,竟如公檄。""以致各属中之素有侵亏者皆无所顾忌,如朱廷扬①、周世紫皆盈千累万,此又与蒋洲之勒派无涉。吏治至此,尚不为之彻底清厘,大加整饬,何以肃官方而清帑项?""是该省风气,视库帑为可任意侵用已非一日。"②

其二,更重要的是,在这起亏空案中,还查出蒋洲在地方上有结交同僚的行为,而第一个交好的官员便是巡抚明德。经查,蒋洲使用库银先后馈送明德古玩、金麒麟、寿星,以及银一千二百五十两。蒋洲妻亡,明德率司道官往吊,并有奠金赠送。对于蒋洲亏空之事,明德没有任何奏闻,而两人共事经年,两署仅一墙之隔,故乾隆帝怀疑"此必有分肥之事",遂以明德一任属员侵帑营私,着革职拿问。③ 此外,蒋洲案还牵扯到山西按察使拖穆齐图,此人欠藩司库银三千两,在乾隆帝看来,"拖穆齐图为人亦甚不妥"。

此案,蒋洲亏空数额并不算多,不过二万两,且并未查明有侵盗入己的实据。但在乾隆帝眼里,"蒋洲如此侵亏狼藉","蒋洲勒派之事已确有证据,但讯之蒋洲、杨龙文、七赉三人即可速为审拟,具奏正法"④。随即,命将蒋洲处以死罪,所谓诸属吏亏帑,文职知州朱廷扬等、武职守备武琏等,皆论罪如律。陕西巡抚明德,以前官山西尝取蒋洲及诸属吏贿,亦论绞监候。

对于此案的认识及其处置,乾隆帝有一详悉的说明,他说:蒋洲"乃恣意侵亏,数盈钜万。又复勒派通省属员,以为弥补之计。其贪黩狼藉玷辱家门,实出情理之外"。"明德收受蒋洲及各属古玩金银等物,现已有旨革职拿问,解赴山西,着刘统勋等一并审明定拟。至拖穆齐图与蒋洲结纳关通,携取蒋洲古玩,收受银物,甚属

---

① 朱廷扬,山西平定州知州,亏帑至二万余。曾借给胞兄朱廷抡银五百两捐复。朱廷抡供内乃妄称伊弟承办金川差务,以致赔垫。参见《清高宗实录》卷558,乾隆二十三年三月丁亥朔。
② 《清高宗实录》卷549,乾隆二十二年十月丙戌。
③ 参见刑部尚书刘统勋、山西巡抚塔永宁《奏为遵旨审明原任山西巡抚明德失察不举藩司蒋洲库亏案依律定拟事》乾隆二十二年十一月十七日,中国第一历史档案馆藏,《朱批奏折》档号:04-01-13-0025-004。
④ 《清高宗实录》卷549,乾隆二十二年十月丙子;戊子。

贪污无耻，着革职拏解来京治罪。山西一省巡抚藩臬，朋比作奸，毫无顾忌，吏治之坏至于此极。朕将何以信人？何以用人？外吏营私贪黩，自皇考整饬以来久已肃清，乃不意年来如杨灏、恒文等案屡经发觉，而莫甚于蒋洲此案，若不大加惩创，国法安在？朕为愧愤。蒋洲之罪，重于恒文、杨灏。"① 十二月，在审拟蒋洲亏空案时，署山西布政使达灵阿因徇隐不报，照例革职。被勒出银之平阳府知府秦勇均等俱降一级，从宽留任。②

（三）利益交织的段成功案

乾隆三十一年（1766），山西同知段成功以"诈扰婪赃"获罪。先是，乾隆帝风闻"段成功在阳曲县任内曾有亏空，当升用同知离任时，上司代为弥补"。寻查明"段成功于升授同知时，亏空银一万两以外，上司知情弥补，俱属确实"③。乾隆帝命刑部侍郎四达等前往山西，会同巡抚彰宝审明此案各情节。未几，巡抚、布政使与此案的利益交集等隐情曝光。

牵涉此案的第一个大员是前任山西巡抚和其衷。乾隆三年（1738），和其衷由郎中记名用为陕西道监察御史，累迁盐驿道、盐法道、按察使、布政使等职，于二十八年（1763）五月出任山西巡抚。曾于任上保举段成功堪胜知府，段成功离任时因有亏空，"和其衷甚至给银五百两代为凑补"。因此，乾隆帝认为，"和其衷之罪更不止于滥举匪人"，而是明知属员亏空盈万，"不但不参劾究治，转为出赀佽助，掩饰弥缝，其玩法欺蔽之罪尚可贷乎。……是段成功平日必有交结逢迎之处，不可不彻底根究，若和其衷竟受其馈送遂尔曲意周旋，则更不能稍稽刑宪矣"。命将和其衷革职拿问，并令舒

---

① 《清高宗实录》卷550，乾隆二十二年十一月癸巳；参见刑部尚书刘统勋、山西巡抚塔永宁《奏为审明藩司蒋洲太原知府杨龙文亏赍亏空勒派按律定拟事》乾隆二十二年十一月初三日，中国第一历史档案馆藏，《朱批奏折》档号：04-01-01-0217-045。
② 《清高宗实录》卷552，乾隆二十二年十二月己未朔。
③ 《清高宗实录》卷754，乾隆三十一年二月辛亥。

赫德前往甘肃将其锁拿，就近讯问明确，然后押解山西质审。① 寻经四达等人的审问，段成功供出，"曾为和其衷代垫过骒价、修补署房、代买过皮袍褂，统其亏空银两，系将各属溢额谷价那用，曾向和其衷禀明，自求同寅帮助"②。事实正如乾隆帝所料，二人之间的交集在于相互的利益输送。

第二个涉案的大员是继任巡抚庄有恭，并关联到军机大臣"高晋审拟舛谬"。庄有恭系乾隆四年（1739）一甲一名进士，授翰林院修撰，直上书房，累迁至内阁学士、户部侍郎。乾隆十六年（1751）外任江苏巡抚，先后署两江总督、浙江巡抚等，乾隆二十九年（1764）授刑部尚书，次年协办大学士，仍留江苏巡抚任。由庄有恭官职屡迁，可知其深得乾隆帝信任。但在是案中，乾隆帝认为"庄有恭参奏段成功时，故为隐跃其辞，市恩解怨已属有心取巧"。"庄有恭题参段成功本进呈时，朕阅其情节可疑，交军机处题奏，嗣经高晋审拟舛谬，亲加指驳，遂得实情。"③ 原来，在庄有恭原参折中，有"段成功抱病被蒙字样"，及府司审拟接送江宁，高晋复审，见各供词相同，遂依样画瓢。④ 高晋责在失察，庄有恭过在有意徇隐。及侍郎四达按治，得庄有恭曾授意奎扬等有意从宽状。于是，庄有恭被褫职下狱，籍产。⑤

第三个涉案的大员是山西布政使文绶。文绶系满洲镶白旗人，富察氏，由监生授内阁中书，乾隆十一年（1746）外任甘肃凉州知府，累迁山西布政使。"文绶系专管钱粮大员，明知属员亏空，纵容弥补。"至是，坐迎合巡抚和其衷徇庇阳曲知县段成功亏帑罪，夺官，戍军台。此外，知府刘塘、按察使蓝钦奎、富勒浑等均以不揭

---

① 《清高宗实录》卷754，乾隆三十一年二月辛亥；卷756，乾隆三十一年三月辛亥。
② 刑部左侍郎四达、山西巡抚彰宝《奏为遵旨讯过原任山西巡抚和其衷等供情先行奏闻事》乾隆三十一年三月二十七日，中国第一历史档案馆藏，《朱批奏折》档号：04-01-01-0266-005。
③ 《清高宗实录》卷754，乾隆三十一年二月辛亥。
④ 两江总督高晋《奏为办理段成功参案昏聩糊涂惶愧无地据实敷陈事》乾隆三十一年正月初七日，中国第一历史档案馆藏，《朱批奏折》档号：04-01-12-0116-050。
⑤ 参见《清史稿》卷323，《庄有恭传》。

报亏空,通同容隐、徇庇,被摘取印信,革职离任。

寻四达、彰宝覆奏:段成功在阳曲任内,仅半载,辄亏空银一万两以外。阳曲虽为首邑用度较繁,亦不应妄费若此,"非伊如何上下交结馈送逢迎,以致花销无度侵贪盈万,必有隐情"。据查出之库簿开载,为段成功帮银之州县共计32个,所帮数目多者一千两以上,少者五十两为止,虽未遍及通省,而段成功交代限内即能弥补足数,苟非上司授意,焉能如此迅速齐全?四达、彰宝等奉旨,将当时实系何人首先授意,何人迎合派帮及事后互相容隐、隐匿不举发,并文绶等有无自行助银各情由彻底查清。① 随后,彰宝率同同知傅克钦及现署阳曲知县苏萃查明,自乾隆二十九年(1764)四月至六月内,共有32州县陆续帮交过银16723两,段成功亏空是实,各州县帮银亦确凿。② 但却并未查出何人授意帮银等幕后隐情。

所以,段成功的亏空案背后,应该是一个知县通过半年时间,以一万余两的库银结交通省自知府、藩司、巡抚等各级官员得以升迁的权钱交易故事。

对于官僚之间的相互援结、上下包庇固结,乾隆二十二年(1757)十二月,护理陕西巡抚吴士功道出其中的所以然。吴士功说:"藩库钱粮交代,新藩接受出结,督抚盘查保题,定例綦严,但日久玩生。……皆由藩司以出结为故套,督抚视保题为具文。其始同官一省,或因需用暂支,累月经年未及扣补。一旦离任,水落石出,既已瞻徇情面于前,自不能不回护掩饰于后。接任之员,即欲力矫其弊,或且议其固执不通,吹求过当,甚且以事属因公,并非侵盗,借用有抵,不致虚悬,从旁曲为解免。其接受者依违不能自决,限期已届,势不得不因循迁就,勉强出结。此所以上下那借,

---

① 参见刑部左侍郎四达、山西巡彰宝《奏为遵旨查办阳曲县知县段成功亏空银两案内情形事》乾隆三十一年二月十九日,中国第一历史档案馆藏,《朱批奏折》档号:04-01-12-0117-003。

② 参见山西巡抚彰宝《奏报查明段成功亏空库项及各上司知情容隐情由事》乾隆三十一年二月初二日,中国第一历史档案馆藏,《朱批奏折》档号:04-01-35-0724-046。

漫无顾忌也。"① 也就是说，国家规定了地方督抚在处置钱粮亏空中的责任与权力，但也正因为督抚在地方财政中所肩负的重要监察职责，藩司若与府道联手，视出结为行政具文，则侵蚀库项钱粮同样可以顺利地得手。所以对于巡抚而言，与其承担失察之责，不如徇隐了事。共同的利益决定了他们需要相互扶持。

二　由督抚婪赃引发的亏空案

乾隆帝明确表示"不可为贪吏开幸生之路"②，在处罚上要比他的父亲雍正帝更为严厉，是基于对贪官的认识。早在乾隆十四年（1749），乾隆帝颁谕旨说：

> 仓库钱粮，莫非小民脂膏，上以供军国经费，人君且不得私有，而乃漫无顾忌，如取如携，婪正供而入私橐，是闾里之输将，徒为若辈填溪壑也。夫取非其有者谓之盗，况取国家之所有乎！……乃向来锢习，以为宁盗毋贪，此在为上者爱民之深，权其轻重，谓与其厉民，毋宁损上，以是重言人臣之不可贪耳，而岂忍以盗待臣子哉？为臣子者又岂甘以盗自处哉？人徒知渔利于民者贪也，蠹蚀于官者侵也，援律傅罪，轻重判然。不知贪者固有害于下，而侵者实无所畏于上，以无畏之心，而济之以无穷之欲，则派累以肥橐者有之，因事而勒索者有之，甚至枉法而受赃者有之。朝廷之府库，且所不顾，更何民瘼之可矜，何民膏之足惜，此侵则必贪，势使然也。此等劣员多留一日，则民多受一日之残，国多受一日之蠹。既已劣迹败露，尚可因循姑息，系之囹圄，获全首领。下愚不肖之辈其何所警惕，而绝其行险徼幸之心，又

---

① 《清高宗实录》卷553，乾隆二十二年十二月丁亥。
② 《清高宗实录》卷365，乾隆十五年五月己未。

安知其不转以身被刑辟之虚名而子孙享富厚之实惠，且自谓得计耶！是斧锧一日未加，则侵贪一日不止，惟一犯侵贪，即入情实，且即与勾决，人人共知法在必行，无可幸免。身家既破，子孙莫保，则饕餮之私，必能自禁。①

乾隆帝从侵占官帑的"盗"到渔利百姓的"贪"，阐明了他对官员腐败的认识，强调"斧锧一日未加，则侵贪一日不止"，以及必欲使贪官"身家既破，子孙莫保"的决心。然而，尽管乾隆帝将钱粮管理视为国家的重务，对贪官不惜斧钺相加，却不曾举行过全国规模的清查钱粮运动，且由督抚行使的钱粮有无亏空的年终奏报早已流于形式，以致自乾隆中后期滋生蔓延开来的官场腐败，终因贪官污吏肆行无忌、缺乏监管，导致钱粮亏空案频频告发。

（一）布政司捏灾冒赈：甘肃阖省官员侵亏钱粮

由甘肃布政使王亶望主导的捐监捏灾冒赈案，被乾隆帝称为"实为从来未有之奇贪异事"。也是乾隆后期地方督抚藩司肆虐侵贪、蠹蚀地方钱粮，形成接二连三的亏空大案的起点。

乾隆三十九年（1774）二月，陕甘总督勒尔谨以通省仓储不能足额归补，奏请仍照旧例在甘肃开捐粟纳监之例，以增加仓储，户部议以本色报捐，奉旨允行。乾隆帝称："第念此事，必须能事之藩司实力经理，方为有益。"② 于是，浙江布政使王亶望作为能吏奉调甘肃，主持捐监事宜。

王亶望，字味辣，山西平阳临汾人，江苏巡抚王师子，乾隆十五年（1750）举人。乾隆二十一年（1756），自举人捐纳知县，任甘肃山丹、皋兰诸县。二十七年（1762）再行捐纳，迁云南武定知府、宁夏知府，累官肃州道。乾隆三十五年（1770）升授浙江布政

---

① 《清高宗实录》卷351，乾隆十四年十月甲辰。
② 《清高宗实录》卷957，乾隆三十九年四月庚子。

使,三十八年(1773)命暂署浙江巡抚。

乾隆三十九年(1774)春,王亶望抵任甘肃后,将原定各州县捐监统归于其心腹兰州知府蒋全迪办理,从而掌控了全省的捐监事宜。随后他将征收本色(粮食)私自改为征收折色(银两),规定捐一名监生交银五十五两,串通全省官员共同作弊,集体分肥,自总督以下到州县官员人人有份,将侵冒官帑视为故常,王亶望盗取最多。为掩盖侵盗行为,他每年虚报旱灾,将上报的捐监钱粮数额以赈灾名义陆续奏销。而"各属报灾分数俱由藩司(王亶望)议定,或由总督具奏后藩司(王亶望)补取道结,或取空白由藩司填定,从未亲往勘验,即放赈时亦从未亲身监视"[1]。诸弊随之滋生。"各县尚有未捐而捏报已捐者,有此县所捐银两竟为彼县那用者,又有此县已捐银两业为彼县那用,而仍将报捐粮数于赈案内开销者"[2],可谓混乱至极。为顺利实施其侵盗官帑的伎俩,王亶望还设立坐省长随以随时探听信息、收受贿赂,往来交际,将甘肃省经营成他婪赃侵盗的王国,而又密不透风。

至十一月,乾隆帝在王亶望所上捐监事宜折内看到,甘肃"收捐之安西、肃州及口外各属,扣至九月底止,共捐监一万九千十七名,收各色粮八十二万七千五百余石"。仅开捐半年即称报捐人数近两万,捐粮八十二万石,遂引起乾隆帝的怀疑。乾隆帝批复有"四不可解":其一,甘省民贫地瘠,安得有近两万人捐监?其二,甘肃省向称地瘠民贫,户鲜盖藏,安得有如此多余粮供人采买?其三,半年监粮即有八十余万,若年复一年,积聚日多,势必须添设仓厂收贮,而陈陈相因,更不免滋霉浥之虞,又将安用?其四,民间既有余谷,何如春季劝谕富民减价平粜,何必收捐监生,多此一举?遂诘勒尔谨。勒尔谨遂饰辞复奏,[3] 但这并没

---

[1] 大学士阿桂、管理陕甘总督李侍尧《奏为遵旨查办甘肃监粮折色收捐案情形事》乾隆四十六年六月二十七日,中国第一历史档案馆藏,《朱批奏折》档号:04-01-01-0392-029。
[2] 《乾隆朝上谕档》第10册,乾隆四十六年九月三十日,第801页。
[3] 参见《清高宗实录》卷971,乾隆三十九年十一月戊辰;《清史列传》卷25,《勒尔谨传》。

有解除乾隆帝的疑虑。

四十年（1775）春，乾隆帝特派刑部尚书袁守侗前往甘肃查验，因事先得到通报，没有查出侵冒等任何弊窦。四十二年（1777）五月，王亶望升任浙江巡抚，宁夏道王廷赞补授甘肃藩司，然折监冒赈一如从前。

四十六年（1781）春，甘肃循化厅苏四十三率众起事，围攻省城兰州，总督勒尔谨被革职。为筹备军需，国家鼓励官员报效。布政使王廷赞自请捐银四万两以助军饷，①而王亶望在此前浙江海塘工程案内捐银50万两之多。②王亶望、王廷赞等何以能捐银如此之多？进一步加深了乾隆帝对甘肃捐监的怀疑，断定其中必有侵欺之弊。是年五月，他派大学士阿桂为钦差大臣与陕甘总督李侍尧严查。

随后，在办理苏四十三一案过程中，阿桂等屡次奏报甘肃得雨，乾隆帝方明悉，甘肃历年旱灾请赈全属虚捏，谕令阿桂及总督李侍尧具实以闻。寻经阿桂、李侍尧遍省访查，查实王亶望等令监粮改输银及虚销赈粟诸状，乾隆帝始知"通省粮石尽属纸上虚文"。遂"遣侍郎杨魁如浙江会巡抚陈辉祖召王亶望严鞫，籍其家，得金银逾百万"③。至此，甘肃省连续侵贪数年，折收于前、冒销于后的奇贪大案终于揭白天下。

时值乾隆帝避暑热河，寻"逮亶望、勒尔谨及甘肃布政使王廷赞赴行在，令诸大臣会鞫。亶望具服发议监粮改输银，令兰州知府蒋全迪示意诸州县伪报旱灾，迫所辖道府具结申转；在官尚奢侈，皋兰知县程栋为支应，诸州县贿赂率以千万计"。于是，涉案官员自

---

① 参见管理陕甘总督李侍尧《奏为王廷赞前捐银一万两除应发皋兰县买补粮价银外余银应归入前捐银四万两内核销事》乾隆四十六年七月初四日，中国第一历史档案馆藏，《朱批奏折》档号：04-01-01-0394-040。

② 王亶望因亲丧不令家人回籍而越礼，获罪革职，仍在塘工效力赎罪，"情愿罚银五十万两以充塘工费用，本年缴银二十万两，其余三十万两将所有田产什物陆续售变，每年措缴银六万两，分作五年全完"。参见闽浙总督富勒浑《奏报王亶望呈称情愿罚银五十万两事》乾隆四十六年正月，中国第一历史档案馆藏，《朱批奏折》档号：04-01-35-0746-013。

③ 《清史稿》卷339，《王亶望传》。

"乾隆四十年起至四十五年假捏结报之道府直隶州五十三员,捐监报灾之州县一百十二员,止捐监而未办灾州县四十六员",俱被开单参奏,其中侵冒赈银二万两以上者就有20人。① 而王亶望则是其中的巨贪大鳄。

据程栋供,藩司署内一切支应俱令首县承办,每年需用银二万两,王亶望接受陆玮、宗开煌、郑陈善、杨直言、闵鹗元馈送四万四千余两,朱家庆一人给他银子上万两。王亶望"升浙江巡抚起身时,有数百骡头驼载行李。"抄其家,有金银至一百万两之多。②"京城、苏州、扬州营运及备缴各银款共四十余万两,又置买扬州盐窝一万九千余引契,买京城孙公园房产一所,及山西原籍尚有产业,不能记忆清数。"③ 其山西房产地亩,"原分乡贤街房屋一所,置买房屋三十七所,改建祠堂二所,现在取租房屋一十三所,取租铺户三十三间、地一千七百九十五亩"④。

如此规模且持续六七年之久的通省官员相互勾结、集体贪赃,其直接的后果不仅仅是吏治的全面败坏,更严重影响到国家的财政,在全省各州县贪渎成风的政治环境中,官员视国帑为家财任意侵贪。而甘肃除了捏灾冒销的82万捐监银两被上下官员侵蚀分肥之外,地方州县仓库钱粮也被侵蚀,出现了严重的亏空。

四十六年(1781)七月,乾隆帝发谕旨指出:"王亶望改收折色情弊显然,且据阿桂等查伊任内收捐之数独多,而赈恤案内一年所动粮

---

① 大学士阿桂、管理陕甘总督李侍尧《奏为据情查封现任甘肃道府州奎明等一百四十员赀财事》乾隆四十六年八月十五日,中国第一历史档案馆藏,《朱批奏折》档号:04-01-01-0392-039;刑部侍郎阿扬阿、管理陕甘总督李侍尧《奏为遵旨将甘省捏灾冒赈二万两以上程栋等犯正法事》乾隆四十六年十月初五日,中国第一历史档案馆藏,《朱批奏折》档号:04-01-01-0394-050。
② 《录呈甘省冒赈案内王亶望供词》乾隆四十六年七月二十九日,中国第一历史档案馆藏,《灾赈档》缩微号:075-1480。
③ 闽浙总督陈辉祖《奏为遵旨办理查抄王亶望在浙江省赀财情形事》乾隆四十六年七月初八日,中国第一历史档案馆藏,《朱批奏折》档号:04-01-01-0394-027。
④ 山西巡抚雅德《奏为遵旨查抄王亶望原籍家产赀财情形事》乾隆四十六年七月十八日,中国第一历史档案馆藏,《朱批奏折》档号:04-01-01-0394-042。

数亦多至一百七十余万石，明有上下通同舞弊，冒销分肥入己情事。"①九月，陕甘总督李侍尧查明甘肃省藩库钱粮积欠不清，各州县仓库亏短情形，约计：兰州道所属亏空银27万余两，粮2.9万石。巩秦阶道所属亏空银12万两，粮四万石。平庆道所属亏空银10万余两，粮四万余石。甘凉道所属亏空银八万余两，粮三万余石。西宁道所属亏空银九千余两，粮一万余石。宁夏道所属亏空银七万余两，粮一万余石。安肃道所属亏空银16万余两，粮三万余石。"通共亏空银八十万九千余两，粮十九万六千石"②，"此项亏短银两俱系前任各员分肥侵蚀"③。在随后的清查中还发现，"皋兰等三十四厅州县亏空仓库确数，共少银八十八万八千九百九十余两，又亏空仓粮七十四万一百一十余石及草束四百五万一千有零（共银一百六十余万两），俱系历任州县侵亏，转相容隐接收，各上司因循不辨捏结保题，酿成痼弊"。

对于皋兰数州县的亏空，李侍尧"请自乾隆四十年以前，溯至前二十年之历任州县道府藩司督抚，照伊等任内亏空四十二万两之数，着落加倍赔补，如有无力完缴者，即摊入通案各员名下代赔"。"其余八十二万余两未便竟归无着，着请于现任督抚及司道府厅州县各员养廉银内摊扣三成陆续归补。"④ 随后开出亏空人员清单进呈，交军机大臣会同英廉、胡季堂、刘墉，将现在解京人犯共69人详细查核，其中闵鹗元等17人皆有侵亏钱粮草束等项。⑤

乾隆帝认为"现在道府及州县各员多系新任，若令摊扣养廉银办公，未免竭蹶，且恐将来转有借词赔累，复致亏缺之弊，并着一

---

① 闽浙总督陈辉祖《奏为遵旨办理查抄王亶望在浙江省赀财情形事》乾隆四十六年七月初八日，中国第一历史档案馆藏，《朱批奏折》档号：04-01-01-0394-027。
② 《宫中档乾隆朝奏折》第48册，乾隆四十六年九月初七日，陕甘总督李侍尧奏报甘省各州县仓库亏短情形事，第691页。
③ 《清高宗实录》卷1141，乾隆四十六年九月乙卯。
④ 《寄谕陕甘总督李侍尧皋兰等州县钱粮亏空着免其分赔再亏不贷》乾隆四十七年三月十八日，中国第一历史档案馆藏，《灾赈档》缩微号：076-0378。
⑤ 参见《寄谕陕甘总督李侍尧皋兰等州县亏空钱粮人数着详查具奏》乾隆四十七年三月十九日，中国第一历史档案馆藏，《灾赈档》缩微号：076-0380。

体加恩，免其分赔"①。

至八月，李侍尧等又查出甘肃还有六十余万已征未解之钱粮。所谓"甘省各州县应解藩库银两积年未清一折内，称查核历年各款，有已征未解银两递年连压约计六十余万。虽据新任藩司福崧按款行催，各州县陆续批解外，尚剩五十余万两。因此等州县多系捐监冒赈之人，暂缓参奏，现在勒限两个月严催报解"。"有迟至数十年尚未批解者，其库贮亏缺自不待言者。"传谕李侍尧严行追缴。②

有征未解之钱粮，通常或贮于州县或贮于藩司，或实贮抑或有名无实。所以，这意味着甘肃的钱粮亏空不仅由来已久且积弊丛生，这一政治环境为王亶望的侵盗国帑提供了条件，人性的贪欲使其胆大妄为。所以，当审问王亶望"你如此贪婪不法，与属员通同作弊，你难道不怕日后犯出来，就如此胆大吗?"王亶望的回答是："我贪心重了，想上下合为一气各自分肥，又令该道府等出结存案，希可以朦混，况有散赈，可以借端掩饰，不致败露出来，所以就大胆做了这昧尽天良的事。"③

甘肃冒赈案的影响及其所产生的震慑力，直至嘉庆初年仍使统治者记忆犹新。嘉庆四年（1799）十二月，当户部奏请酌定各省开捐监生章程以备封贮银两时，有谕旨曰："从前甘肃省于乾隆三十九年报捐监粮，因地方官办理不善，日久弊生，捏灾冒赈，玩法营私。遂至酿成巨案，停止报捐。"④ 可见事过二十余载，嘉庆帝仍持谨慎态度，反复强调各省应当妥为经理，杜绝勒索侵亏之弊。

（二）巡抚国泰暴敛受贿：山东现二百余万巨额亏空

在乾隆朝的钱粮亏空案中，山东揭出了高达二百余万的巨额亏

---

① 《清高宗实录》卷1153，乾隆四十七年三月丙辰。
② 《寄谕陕甘总督李侍尧甘省库贮亏缺着严行催缴并查明应参者奏闻》乾隆四十六年八月初五日，中国第一历史档案馆藏，《灾赈档》缩微号：075-1526。
③ 《录呈甘省冒赈案内王亶望供词》乾隆四十六年七月三十日，中国第一历史档案馆藏，《灾赈档》缩微号：075-1496。
④ 《嘉庆道光两朝上谕档》第4册，嘉庆四年十二月十五日，第532页。

空，而且又称这项亏空系军需挪用。又一次令乾隆帝震惊不已。

国泰，富察氏，满洲镶白旗人，四川总督文绶之子。国泰最初授为刑部主事，由员外郎、郎中升为山东按察使、迁布政使。乾隆四十二年（1777）正月升任山东巡抚。国泰家世显赫，仕途坦荡，故养成骄奢蛮横的性情，对属吏不以礼待，稍不遂意就大声呵斥。布政使于易简对其极尽逢迎，甚至跪拜奏事。于易简是江苏金坛人，大学士于敏中的弟弟。原为济南知府，于乾隆四十四年（1779）十二月由山东按察使升任布政使，二人皆在山东任职有年。

乾隆四十七年（1782）四月，御史钱沣参劾国泰及于易简贪纵营私、索贿，致使全省各州县仓库亏空至八九万两不等。乾隆帝遂派尚书和珅、左都御史刘墉、侍郎诺穆亲等驰驿前往查办，并令钱沣与俱。国泰得知钦差大臣来山东查案，授意历城知县郭德平挪移四万库银以图掩饰。寻和珅等查历城县库，虽应贮库银数额相符，但银色不一，遂得其挪移掩饰情弊，迫知府冯埏呈出各府州县帮费清单，① 并查出国泰婪索属员达八万余两。

在审问国泰时，他对自己任意婪索各属员，盈千累万各款供认不讳。据国泰供称："历城县库亏空多少，数目实在不知。本月（四月）初六日，因闻钦差过境，有盘查等事，曾叫藩司查办，我就出城等候钦差去了。回来时面询藩司，据称俱已办妥，我也并未细问。后来晓得，即将我办物件余存、府署银两挪去顶补，这是有的。又各府州情愿帮办物件，我收了，短发价值也是有的。再他们也有帮交银两买办物价，俱交济南府收存。我于上年冬间两次共曾取银四万两，差人送京交项，此外尚有余存银约四万两，即系现在挪补历城亏项的。"② 国泰又供称，婪赃各款俱系济南府知府冯埏经手，此前系前任知府吕尔昌经手。

在此案中，国泰对属员的勒索可谓无所不用其极。据历城县前

---

① 参见《乾隆朝惩办贪污档案选编》第 3 册，乾隆四十七年四月十三日，中华书局 1994 年版，第 2405 页。
② 《乾隆朝惩办贪污档案选编》第 3 册，乾隆四十七年四月十一日，第 2402 页。

任知县陈珏成供:"我于四十三年三月俸满,要请咨赴部,在省守候了五个月,国巡抚总不给咨,我只得措办了一千两银子交吕尔昌处。又上年我因公上省,又值国巡抚要众人帮费,我又措办银一千两,交冯埏处。""又据许承苍供,我于四十二年在胶州知州任内,因公赴省,国巡抚屡次要我找寻物件,只得寻了嵌玉罗汉屏一座。那时于藩司做济南府,系他经手对我说,屏已看中了,叫我垫银买下,后来国巡抚止发银一千两,我赔了一千二百两。后又代买玉桃盒一件,赔垫银一千五百余两。至四十六年,国巡抚要众人帮费,我又派银两千两,交冯埏收存是实。"①

最初,乾隆帝并不打算兴大狱。他说:"上年甘省一案,甫经严办示惩,而东省又复如此,朕实不忍似甘省之复兴大狱。"② 但案情的发展令人发指。国泰婪赃勒派,而于易简身任藩司,一任仓库亏空,扶同弊混,甚至见国泰时长跪回话,国泰俨然已为山东一方之主,这无疑触碰了乾隆帝至尊的底线。于是,命将国泰、于易简、吕尔昌、冯埏、郭德平一并革职拿问,家产查封。并令萨载派员将吕尔昌迅速解往山东,归案办理。狱定,皆论斩,乾隆帝指令和珅押解国泰、于易简返京,逮系刑部狱监候,秋后处决。

因钱沣原奏亏空州县,系历城、东平、益都、章邱四州县,历城既经查出,乾隆帝命左都御史刘墉将其余三州县一体查办,务使水落石出。③ 并以直隶布政使明兴补授山东巡抚,在查明三县亏空实情后,限令二三年内弥补亏空。乾隆帝指示明兴,"于一切地方公务均当仰体朕意,宽严酌中,悉心办理也"④。至此山东亏空案应告一段落。

然而事情的发展往往超乎人们的想象能力。乾隆四十七年(1782)六月,山东亏空案随着明兴到任后的逐一访查,揭出"通

---

① 《乾隆朝惩办贪污档案选编》第3册,乾隆四十七年五月初七日,第2446页。
② 《清高宗实录》卷1154,乾隆四十七年四月壬申。
③ 《清高宗实录》卷1154,乾隆四十七年四月甲戌、己卯。
④ 《清高宗实录》卷1155,乾隆四十七年四月丁亥。

省亏缺约有二百万两"的巨额数字。明兴与布政使孙士毅分路前往盘查各州县仓库。

其时，据各府直隶州先后禀覆，计通省仓库共亏缺130余万两，但明兴等访查的亏空数额在二百万余两，显然各州县少报了六七十万两，系有意隐匿亏空情弊。并奏称，自七月至岁底约可弥补五六十万两，尚余七八十万两。请稍宽限期以来岁一年内补完。得旨，如此亦可。① 但国泰、于易简之罪系无可逃矣。

七月，乾隆帝发谕旨："明兴奏查明通省亏缺情形勒限弥补一折，东省亏空至二百万之多，殊出情理之外。所有该省应行弥补亏短之数，着传谕明兴即按照亏缺多寡、员缺大小，核定限期之远近，统于一二年内全数弥补，以清帑项。"②

山东省亏空数额如此巨大，亏空的银两究竟去了哪里？这是需要查清楚的问题。

巡抚国泰、布政使于易简在供词中都说到，自乾隆三十九年（1774），因办理王伦反清案，有预备守城不准开销之项，各州县因公挪移致有亏空等。于是，平定王伦反清活动的军费支出成为山东抚藩解释亏空二百万巨额的理由。如国泰有曰："这两州县亏空是因三十九年王伦滋扰，历城县系省会首邑，东平州与寿张阳谷连界，一切供给军需、备办器械俱是动用库项，后来历城又有河工，东平又修泰山庙工，俱有亏空，我都是知道的。这亏空原非前任侵蚀入己，所以吩咐后任出结，大家弥缝不致败露，指望陆续弥补。不料至今悬宕，我未曾据实参奏，实无可辩。"于易简亦供："我做济南府时知道，历城县有亏空，后来升任藩司，也知道东平州有亏空，这都是逆匪王伦案内挪移亏缺的，我也怕查出亏空与藩司有碍，所

---

① 参见《宫中档乾隆朝奏折》第52册，乾隆四十七年六月三十日，山东巡抚明兴奏报查明通省亏缺情形勒限弥补折，第305页。
② 《宫中档乾隆朝奏折》第52册，乾隆四十七年七月十一日，山东巡抚明兴奏为遵旨办理弥补亏短帑项折，第435页。

以只要他们出结，指望陆续弥补，希图掩饰是实。"①

就此讯据历城许承苍，供称："我于三十九年在历城县任内承办临清逆匪一案，一切差使奉札先提库项应用，实用银二万五千余两，后止准销五千一百余两，仍未蒙给。是以我任内原有些悬项未清，至现在亏至四万两，我实不知道，只求传接任各员究问。"② 按照许承苍的说法，历城在王伦起兵反清时，因承办军需，实用银两为二万五千余两，距亏空四万两尚有一万五千两不知去向。而军需奏销就连这二万五千两也没有得到批准，只有五千一百余两得以奏销。

此外，根据档案记载，在山东剿除"逆匪案"（王伦起事）内曾动用银七万余两，令巡抚徐绩分赔一股银3.5万余两，其余一股布政使国泰分赔2.1万余两，按察使孙廷槐分赔1.4万余两。③ 但在四十一年（1776）秋，国泰未完银1.3万、孙廷槐未完银一万，俱奉恩宽免。

可以认为，王伦的反清活动确实致山东省发生了一定的军费支出。但是，王伦起事前后不及一月，即便有因公挪移，按照许承苍所述加上当时抚藩的分赔也不足十万两，何致有二百万两之多？其中必有历任官员在相当长的一段时间内借端侵欺、中饱私囊。例如，乾隆四十九年（1784）十月，明兴保举堪胜知府之王道亨、张方理二人，但二人均曾给国泰馈送过银两。④ 说明在腐败成风的政治环境中，行贿受贿具有普遍性。而行贿银两出自何处？不能不令人与不断亏空的官帑联系起来。

那么，王伦案各州县到底有多少支出呢？乾隆四十七年（1782）五月，据刘墉等折内奏称，"该州县等亏空，系由从前办理逆匪王伦

---

① 《抄奏遵查历城东平仓库亏空案国泰等供词》乾隆四十七年五月初八日，中国第一历史档案馆藏，《灾赈档》缩微号：076－0438。
② 《乾隆朝惩办贪污档案选编》第3册，乾隆四十七年五月初七日，第2446页。
③ 参见山东巡抚杨景素《奏报布政使国泰等分赔军需银两请分三年完缴事》乾隆四十年四月二十三日，中国第一历史档案馆藏，《朱批奏折》档号：04－01－35－0740－018。
④ 参见《清高宗实录》卷1216，乾隆四十九年十月乙酉。

滋扰案内，因公挪用，以致各有亏空银三四万两"①。根据《军机大臣奏陈历任东平州、历城县各员亏银均系因公挪用片》记载：

> 历任东平州知州：白云从因剿捕王伦承办军需及泰山庙工，共挪用库银一万九千两；洪鸾接收前任亏空银一万九千两，又本任内承办挑挖东坝淤河挪用库银五千六百九十余两，业经身故；胡锦、施云翰接收前任亏空银二万四千六百九十余两，本任内并无亏空；李瑛接收前任亏空银二万四千六百九十余两，又本任内办理差务及承修戴村坝工，挪用库银一万八千七百五十九两。共有亏空4.3万余两。
> 历任历城县知县：许承苍因剿捕王伦承办军需挪用库银一万八千八百两；陈珏成接收前任亏空一万八千八百两，本任内并无亏空；周嘉猷接收前任亏空一万八千八百两，又本任内因购办河工苘料及挑浚省城河道，共挪用库银一万五千二百两，业经身故；王元启署任内因雇办差务车辆挪用库银四千五百两，并未接收前任交代；单琏接收前任亏空银三万八千五百两，又本任内垫修贡院及修理县监共挪用库银一千五百两；郭德平接收前任亏空银四万两，本任内并未亏空。②

共计有钱粮亏空四万两。

从上述资料可以看到，在王伦案中发生的军需挪用，东平州是1.9万两，历城县是1.88万两，两州县加上其余因公挪用的银两，共计亏空8.3万余，系历任州县因公挪用发生的流抵亏空。基本与刘墉的奏报相吻合。

然挪用公项，"断不至如此之多"，往往出现借挪用之名行侵蚀

---

① 参见《谕内阁东省历城东平仓库亏空皆由国泰等恣意贪婪负心欺罔所致着通谕中外》乾隆四十七年五月初八日，中国第一历史档案馆藏，《灾赈档》缩微号：076-0436。
② 参见《乾隆朝惩办贪污档案选编》第3册，乾隆四十七年五月二十三日，第2453—2454页。

之私的行为。所以乾隆帝并不相信，认为这是地方借端浮冒，侵蚀入己。如果实在公用挪移，即应据实奏明奏销。若系州县借词侵冒，亦应据实严参治罪。其根源在国泰、于易简但知罔上行私，通同舞弊，对于地方行政一味废弛，其属员必致上行下效。

所以，山东究竟如何亏空了二百余万钱粮？去向如何？并没有查明。随后，乾隆帝得到奏报，"国泰在山东肆行勒派，亏空至二百余万之多，业据明兴奏报于二年限内，已经弥补全完"①。时在乾隆五十一年（1786）二月。

先是，乾隆四十九年（1784）九月，据新任布政使冯晋祚奏报，山东省原亏仓库一案，经巡抚明兴清查，共计应存库银正杂等项315万余两，已弥补银27.9万余两，抵垫有着之项28.9万余两，实未补银38.7万余两。②经抚臣明兴奏蒙恩允，展至乾隆四十九年岁底为率一律清完。至十二月，冯晋祚又奏：前藩司陆耀本年续补一十八万二千七百余两，"臣任内又续存弥补银三十七万七百二十五两"③。

至五十年（1785）正月，明兴在奏折中称：奉旨"令臣详查酌办，与以二三年之限令其自行弥补。经臣查明缺数，共银一百三十余万两，又查出那新掩旧以完作欠等银十余万两，除四十七、八两年内归补过银八十二万余两，尚缺银五十七万余两。经臣奏明，请仍照原奉谕旨展至四十九年岁底全行弥补，清楚在案。前据布政使冯晋祚具报，自四十九年正月起截至十一月底止，原亏各州县已据陆续解到银五十二万三千余两，尚未完解银四万七千二百余两。"④

根据以上资料可知，山东钱粮亏空总数在一百三四十万两，经

---

① 《清高宗实录》卷1249，乾隆五十一年二月辛卯。
② 参见山东布政使冯晋祚《奏报接收库项并清查原亏空仓库钱粮案事》乾隆四十九年九月十八日，中国第一历史档案馆藏，《朱批奏折》档号：04-01-35-0748-011。
③ 山东布政使冯晋祚《奏报东省亏空银两依限弥补清完事》乾隆四十九年十二月十五日，中国第一历史档案馆藏，《朱批奏折》档号：04-01-35-0749-007。
④ 山东巡抚明兴《奏报遵旨酌议弥补亏空银两缘由事》乾隆五十年正月初六日，中国第一历史档案馆藏，《朱批奏折》档号：04-01-35-0749-011。

前后两任布政使陆耀、冯晋祚及巡抚明兴力行追缴，依限完补。但弥补钱粮的来源却并不清楚。可以断定的是，明兴等将二百余万亏空银两在短时间内补足，如果没有加派民间是无论如何也做不到的。

（三）督抚贪赃枉法：浙江数起亏空积案

在甘肃捏灾冒赈案审结后，乾隆帝以王亶望久任浙江，[①] 责令闽浙总督陈辉祖清查浙江藩库。乾隆四十七年（1782）二月，陈辉祖回奏称："藩库钱粮，自乾隆四十六年正月起至十二月底止，经收各年各款除支销外，实存银二十二万九千八百四十四两零。""其藩库积年存贮银两究有几何，并未详晰声叙"。乾隆帝命陈辉祖"将浙省藩库除支销各款外，实在新旧各款共贮银若干，再行详查迅速覆奏"。[②] 寻因陈辉祖在查抄王亶望赀财时有抽换情弊被革职，[③] 调查亏空一事暂时搁置。

九月至十月，乾隆帝先后任命富勒浑为闽浙总督、以甘肃布政使福崧迁浙江巡抚。十一月，乾隆帝获悉浙省仁钱二县有借动库项，垫换金两之事，虽已补还，但他仍顾虑其中有任意亏挪情弊。他说："浙省吏治，自王亶望以来废弛日久，陈辉祖接任后又复营私牟利，国栋庸懦无能，其通省仓库钱粮难保无积压亏缺、抑勒交代等弊。当此积弊已清，办理善后之际，正应实力整顿。"[④] 传谕总督富勒浑等派委司道各员彻底盘查。十二月，乾隆帝又得知浙江省各属仓库有任意亏挪情弊，于是要求富勒浑查清浙省仓

[①] 王亶望于乾隆三十五年至三十九年任浙江布政使，调任甘肃三年后，四十二年回任浙江巡抚，直至四十六年捐监捏灾赈案发。

[②] 《清高宗实录》卷1150，乾隆四十七年二月甲戌。

[③] 陈辉祖，湖南祁阳人，两广总督陈大受子。其弟陈严祖在甘肃冒赈案中被处死刑。乾隆二十年陈辉祖以荫生授户部员外郎，迁郎中，外授河南陈州知府。三十四年任广西巡抚，迁湖北，四十六年累官至闽浙总督兼浙江巡抚。七月，奉命查抄王亶望家产，以银换金，将贵重器物占为己有。于四十八年被赐自尽。

[④] 《清高宗实录》卷1169，乾隆四十七年十一月辛酉。

库亏空，究自何年而起。①

令乾隆帝疑惑的是，"若谓系王亶望任内因办理大差那移未能弥补，则上届南巡，朕曾经赏给该省帑银二十余万两以为差务之用，已属宽裕，足敷支给。闻王亶望、王燧尚藉此获利，何得又有各属那移亏缺之事？"② 该省各属仓库究竟亏短若干，始自何人？因命军机大臣严讯原任总督陈辉祖和杭州知府王燧。由是，围绕数任督抚侵贪而发生的几起亏空案被揭露出来。

1. 第一起发生在乾隆四十七年，核心人物是王亶望荐举的道员王燧

王燧，江苏如皋人，捐纳运判后，分发浙江补授嘉松分司，随后又捐升知府，由湖州府迁杭州府，再升杭嘉湖道员，在浙江历任几及三十余年。"浙省吏治废弛，仓库亏缺，皆由王亶望、王燧而起。"③

王燧的仕途系一路捐升、金钱铺路。让人不能不揣测其捐纳银两的来源与贪贿之间有所关联，且此人多善经营之道。乾隆四十六年（1781）正月，王燧因借皇帝上年南巡办差担任总局支销时，浮冒开销被参。乾隆帝传谕在浙省勘察海塘的大学士阿桂就近将王燧差费报销有无侵蚀查核确实。随后，阿桂等将访查的结果，即王燧"贪纵不职"各款奏闻。诸如王燧"买部民之女为妾，并于省城置买房屋、花园、开设银铺"④。与市井小民伙开银号，以致民怨沸腾，"种种款迹行同市侩，实出情理之外，非寻常有玷官箴者可比"⑤。于是乾隆帝明降谕旨，将其革职拿问，交阿桂严审定拟具奏。

乾隆四十六年（1781）七月，已经于捏灾冒赈案收监的王亶望

---

① 参见闽浙总督富勒浑《复奏严查浙省仓库亏空缘由事》乾隆四十七年十二月十九日，中国第一历史档案馆藏，《录副奏折》档号：03—0761—062。
② 《清高宗实录》卷1170，乾隆四十七年十二月甲子。
③ 《清高宗实录》卷1172，乾隆四十八年正月丙午。
④ 《乾隆朝惩办贪污档案选编》第3册，乾隆四十六年正月三十日，第2105页；乾隆四十六年二月初六日，第2109页。
⑤ 《清高宗实录》卷1123，乾隆四十六年正月壬寅。

在供词中称："我因王燧是个能办差的人，所以我信用他。上年办差，所有一切事物俱交他办，至于公捐银两如何侵蚀，我不能知其详。细想来，他所买物件以少报多，从中取利是有的，各属员因我待王燧甚好，所以没有人在我面前说他，至他买民间花园是早已有的……我所有发买物件，他无不承应，我就收存，没有给价也是有的。"① 可见，王燧倚恃王亶望的势力，在不断满足王亶望贪欲的同时，也在肆意侵贪敛财。

随后，阿桂的奏折也有证实。早在乾隆二十九年（1764），王燧便开始在省城购置房产，并将购置的房屋出租或作店铺，还在钱塘县开设永利银号等，于历任官职内都有牟利营私之举。② 而王燧"家属现在省城私宅居住，前后房屋共一百余间"，奉旨抄家时，得银九万余两，银器两千余两，"家产已有二十余万"③。其他物件尚不计算在内。

但在清查过程中，只查到了王燧贪纵敛财，却并未查出其办差浮冒的实据。阿桂等覆奏，"查办浙江报销办差经费一折内称，调取奏销细册详加核对，均系按照南巡成例开销，并无浮冒"④。王亶望在供词中亦提到"上年办差从未派及地方"⑤。但乾隆帝仍怀疑王亶望等侵蚀钱粮，致浙江藩库官帑亏缺。所谓"以王亶望、陈辉祖相继抚浙江，皆贪吏，复命察通省仓库"。于是，巡抚福崧等查出浙江全省"亏银一百三十万有奇，立例清偿如甘肃"⑥。那么，这亏空的银两究竟系何原因，又系何人造成的呢？

乾隆四十八年（1783）正月，福崧详细揭报，王燧通过出粜仓米、包揽工程、勒掯新官、派累富户、浮收漕粮等手段婪赃加派，

---

① 《录呈甘省冒赈案内王亶望供词》乾隆四十六年七月三十日，中国第一历史档案馆藏，《灾赈档》缩微号：075－1496。
② 参见《乾隆朝惩办贪污档案选编》第3册，乾隆四十六年二月十五日，第2113页。
③ 《乾隆朝惩办贪污档案选编》第3册，乾隆四十六年二月十六日，第2117页。
④ 《乾隆朝惩办贪污档案选编》第3册，乾隆四十六年正月二十九日，第2104页。
⑤ 《乾隆朝惩办贪污档案选编》第3册，乾隆四十六年二月二十七日，第2138页。
⑥ 《清史稿》卷338，《福崧传》。

致钱粮亏空的具体情形。他说："王燧在杭州府任内出粜省仓米石，并不候司核转，串通王亶望即日批准粜米三万石，计侵蚀银七千余两；又倚恃王亶望信任，办理工程包揽勒索；又新到人员羁留在省多方勒掯，各属缺出不待两司详请，即经与王亶望面定委员，然后行知藩司；又短发价值派累铺户。"闻奏，乾隆帝明确指出，"浙省吏治废弛，仓库亏缺，皆由王亶望、王燧而起。王燧情罪最重之处，尤在嘉兴收漕诸弊"。

时杭嘉湖绍四府南米俱系杭州府经收，"王燧于经收南米一事，浮收折色暨短报粜价，共计得赃银二万余两，实为确凿有据"。又"王燧于嘉兴府属办理漕粮视各县应征米数多寡，每县勒索银一二千两至五六千两不等"①。乾隆帝气愤之极，曰："王亶望、王燧于恩赏差费银内，尚藉以获利分肥，自必以办差为名恣意向各属勒派婪索，饱其私橐，各州县势必那移仓库，以为逢迎结纳之地。是浙省仓库钱粮积压亏缺，多由王亶望、王燧朋比为奸，藉端婪索所致。"②"王燧倚恃王亶望肆无忌惮，于征收南米等事贪婪勒索，竟敢得赃至数万余两之多。"二月，以王燧劣迹昭著，命照军机大臣及刑部所拟，即行处斩。并派大臣前往监刑，"以为监司大员与上司朋比为奸，藉端婪索殃民者戒"③。

是案的发生，使乾隆帝切实意识到，官场的腐败将直接导致国帑的亏空，他在谕旨中明确表态，要对各省开始清查钱粮，搞清是否确有亏空。他说："今直隶、山东、浙江等省既查出亏空，勒限弥补，想各省似此者亦复不少。着各直省督抚于接奉此旨后再确切访查，将各属究竟有无亏空之处据实具奏"，并设法勒限弥补。④

这是乾隆帝有针对性发布的关于清理钱粮亏空的谕旨，他自然

---

① 《乾隆朝惩办贪污档案选编》第3册，乾隆四十八年正月十四日，第2159页；乾隆四十八年正月二十五日，第2159—2161页。
② 《清高宗实录》卷1171，乾隆四十七年十二月辛巳。
③ 《清高宗实录》卷1174，乾隆四十八年二月甲子。
④ 《清高宗实录》卷1173，乾隆四十八年正月癸丑。

急于看到各省督抚执行的后果，浙江的清查状况最先被乾隆帝关注。

但辗转三余年过去，福崧但以浙省各属仓库亏缺尚多，难以依限全补，请分别展限回奏。① 对于这样的奏报结果，乾隆帝自然不能相信，也不肯罢手。他担心"该省竟有别项亏空情弊"。五十一年（1786）二月，有谕旨说："浙省地方，向无亏缺之事。四十六、七年，王亶望、陈辉祖贪黩之案相继败露，经富勒浑等将浙省仓库亏缺之处据实奏明。朕因该省王亶望、陈辉祖之案甫经查办，不值更兴大狱，是以降旨令其勒限弥补，已属失之姑息。该省大小官员自应激发天良，上紧设法筹补，乃历三四年之久，竟未弥补全完，尚敢腼颜奏请展限。""浙省亏缺之数非山东可比，何以立限已逾，尚复宕延亏帑。是该省大小地方官恃朕有不为已甚之旨，竟敢玩视帑项，一味稽迟。"②

随即，乾隆帝以巡抚福崧办事不力，召其来京候旨。将伊龄阿补授浙江巡抚，顾学潮补授浙江布政使，令新任总督雅德继续着意清查库项。同时，命户部尚书曹文埴、刑部侍郎姜晟、伊龄阿前往彻底查办。从乾隆帝对浙江督抚用人的重新布局，足见其对浙江钱粮归补的重视。

未几，曹文埴等奏云："浙省亏缺仓库钱粮一百三四十万两，勒限弥补，是年十二月奏明弥补过半。"延至上年（五十年）九月，"又弥补三十一万两有零。现在实有未完亏空三十三万二千两有零"③。五月，曹文埴又奏，续查过宁、台、衢、处四府库项仓储，连前七府共亏缺银 27.2 万余两，④ 应在归补之中。但浙江的钱粮亏空案并没有就此告结。

---

① 参见浙江巡抚福崧《奏报各属仓库亏缺钱粮尚未弥补全完事》乾隆五十一年正月二十八日，中国第一历史档案馆藏，《朱批奏折》档号：04-01-35-0751-006。
② 《清高宗实录》卷1249，乾隆五十一年二月辛卯。
③ 钦差大臣曹文埴《奏报遵旨查询浙省仓库钱粮事》乾隆五十一年三月十四日，中国第一历史档案馆藏，《朱批奏折》档号：04-01-35-0751-013。
④ 参见《清高宗实录》卷1250，乾隆五十一年三月庚戌；卷1254，乾隆五十一年五月丙午。

2. 第二起发生在乾隆五十一年，中心人物是平阳知县黄梅

乾隆五十一年（1786）四月，就在户部尚书曹文埴作为钦差大臣奉旨巡查浙江仓库钱粮的同时，浙江学政窦光鼐揭报，"嘉兴府属之嘉兴、海盐二县，温州府属之平阳县亏数皆逾十万"，"三县缺数已有三十余万，通省亏缺自不止此"①。窦光鼐的说法是，总督富勒浑、巡抚福崧以134万亏空具奏，根据是司道开报之数。福崧督催完补历年，"渐知报数外隐瞒尚多"，并以11府皆有亏缺，欲一并参究，迟疑未决。②窦光鼐与曹文埴所奏的不同，令乾隆帝不能不对曹文埴的调查产生了怀疑，他那稍稍松弛的神经重新绷紧起来，并表示"不可颟顸完结"，定要彻底根究。③

乾隆帝明确指责说："曹文埴等所奏，合省尚亏三十三万余两之处，殊非实在确数，似有将就了事之意。""富勒浑等仅据司道结报之数混同立限，并未彻底清查。而此时曹文埴等到彼，亦仅就福崧、盛住开报数目据以入奏。看来曹文埴等亦欲就案完事，殊非令彻底清厘之意。""州县设立常平、义仓收贮谷石，原为偶遇荒歉，临时平粜散赈之用。乃杭州等属竟至无谷可粜，而浙东采买，且有折收银两之事，尤堪骇异。"④

但曹文埴在回奏时予以了否认，称已照所奏诸款进行了核查。于是，乾隆帝命办理河务的大学士阿桂赴浙江省会办亏空钱粮事宜。⑤

乾隆五十一年五月，窦光鼐另折又奏，"仙居、黄岩等七县前任

---

① 德成《奏陈请令窦光鼐会同曹文埴等清查浙省亏缺事》乾隆五十一年四月十六日，中国第一历史档案馆藏，《录副奏折》档号：03-0670-007。
② 参见浙江学政窦光鼐《奏报奉旨查办浙省仓库亏缺一案事》乾隆五十一年四月二十七日，中国第一历史档案馆藏，《录副奏折》档号：03-1321-007。
③ 《清高宗实录》卷1254，乾隆五十一年五月丙午。
④ 《清高宗实录》卷1252，乾隆五十一年四月乙酉；参见钦差大臣曹文埴《奏报盘查浙省仓库钱粮亏缺缘由事》乾隆五十一年四月十九日，中国第一历史档案馆藏，《朱批奏折》档号：04-01-35-0751-022。
⑤ 参见大学士阿桂《奏报遵旨赴浙江省会办亏空钱粮事》乾隆五十一年五月初八日，中国第一历史档案馆藏，《朱批奏折》档号：04-01-35-0751-030。

知县徐廷翰等亏缺数目多至累万"。其中，永嘉知县席世维借诸生谷输仓备查；平阳知县黄梅借弥亏苛敛，且于母死日演剧；仙居知县徐廷翰监毙临海诸生马寊于狱；布政使盛住上年诣京携赀过丰，召物议；总督富勒浑经嘉兴供应浩烦。① 其中，以平阳知县黄梅的亏空钱粮最具代表性。

黄梅于乾隆四十三年（1778）调任浙江平阳县知县，在任八年。据窦光鼐查奏，黄梅以弥补亏空为名勒借钱文，写给印票向民户计亩派捐，令每田一亩捐大钱五十文；又每户给官印田单一张，与征收钱粮无异；又采买仓谷，并不给价，勒捐钱文。所侵吞之谷价与勒捐之钱，不下 20 余万，并将各生监缴出的田单、印票、收帖，名检等作为证据呈览。②

乾隆帝闻报后断定，这是又一起顶风作案的州县亏空案。命尚在浙江的大学士阿桂与江苏巡抚闵鹗元会谳。寻查实，黄梅在平阳县内亏缺谷价银 2.1 万余两，并以弥补亏空为名，勒借监生吴荣烈等钱 2100 文，侵用田单公费等钱 1.4 万余文，而仅弥补亏空银四千余两，明系借端婪索入己。③ 十月，此案审结，黄梅拟斩立决。

但此案留下的疑惑是，窦光鼐上折参奏的是三县亏空，而查实处罚的只有平阳一县，嘉兴、海盐二县究竟亏空与否不得而知。即便查出的平阳知县婪赃银两与窦光鼐所参亏空数额相去甚多。但阿桂认为，外省州县所言亏空往往亦有以少报多者，现在固可以此挟制上司，将来还可为自身侵渔留有余地。④ 所以，阿桂在审理此案过程中，并不认同窦光鼐所说的黄岩三州县皆有亏空，清查的结果自然有限。

是年六月，经阿桂等查明浙省亏空及已未弥补实数。所谓"通

---

① 参见《满汉名臣传续集》卷 58，《窦光鼐传》。
② 《清高宗实录》卷 1261，乾隆五十一年闰七月戊戌。
③ 参见军机大臣阿桂、江苏巡抚闵鹗元《奏为遵旨秉公审办平阳县知县黄梅贪黩各款事》乾隆五十一年八月二十日，中国第一历史档案馆藏，《朱批奏折》档号：04-01-01-0422-028。
④ 参见大学士阿桂《奏报遵旨赴浙江省会办亏空钱粮事》乾隆五十一年五月初八日，中国第一历史档案馆藏，《朱批奏折》档号：04-01-35-0751-030。

省实未弥补银二十五万三千七百余两零,议准自四十三年起截至五十一年五月止,查明各该县历任知县按照在任月日均匀勒赔,限一年内全完"。离任者以文到之日为始,革职者依限全完准其开复,病故者着落该管道府三七分赔。于上年十月内已完过银8.8万余两,尚未完银16.5万余两。①

在对浙江亏空案的责任追究中,乾隆帝有重责总督雅德②之意,这不仅仅是雅德对追缴亏空钱粮的态度漫不经心,而且是他发现雅德"与富勒浑通那银两,联成一气,其情节甚为可恶"。因此,当查明浙江省内尚有流抵亏空13.9万余两后,乾隆帝命归入雅德与原任督抚富勒浑、福崧名下分赔归款。并以富勒浑家产已经查抄,伊名下应赔银两亦落雅德全数代赔,以示惩创。③

3. 第三起是在乾隆五十七年十二月,中心人物是巡抚福崧

乾隆五十七年(1792)十二月,两淮盐政全德参劾盐运使柴桢侵用钱粮,奉命革职拿问,交两江总督书麟、江苏巡抚奇丰额严审。寻据书麟等奏,"柴桢供称,所挪扬州帑课银二十二万两内,将十七万分作四次送往浙江,填补交代"④。其余五万两私自侵用。

柴桢在两淮盐道任内不过一年有余,何以需要挪移帑20余万两?且其前任浙江盐道系美缺,养廉亦厚,又何以交代未清多至17万两?乾隆帝以巡抚福崧兼管浙江盐政,恐有通同染指情弊,将福崧革职拿问,交钦差兵部尚书庆桂、新任浙江巡抚长麟审办。

至次年正月,经庆桂、长麟会鞠,柴桢供出"前在浙江盐道任内福崧曾向斐索金银及派办物件,不发价银,通共用去银十一

---

① 浙江巡抚琅玕《奏报亏空案内应追银两已依限全完事》乾隆五十二年六月二十三日,中国第一历史档案馆藏,《朱批奏折》档号:04-01-35-0752-026。
② 雅德,瓜尔佳氏,隶正红旗满洲,乾隆二十九年外任盛京工部侍郎,累迁工部侍郎、仓场侍郎等职。四十四年出任山西巡抚,历陕西、河南、复任山西,再迁福建等省。乾隆五十年五月,由福建巡抚接任富勒浑为闽浙总督,前往浙江。因富勒浑婪赃案发,坐徇隐并为富勒浑代还借项等罪革职。
③ 《清高宗实录》卷1258,乾隆五十一年七月辛亥。
④ 《乾隆朝惩办贪污档案选编》第4册,乾隆五十八年正月初五日,第3323页。

万五千余两"①。复侵用挈规值月差费等项银 6.6 万余两。据柴桢家人供称："自柴桢到任后，福崧派令代买玉器，柴桢俱系托我购买，我经手买过玉器、朝珠、手卷、端砚、八音洋钟等件，共用银九万余两，内福崧收受玉器等件价银共二万八千余两……尚有福崧派买乌云豹皮五百张，价银四百八十两，云狐腿褂统一件价银六百两。又据柴桢家人柏顺供称：柴桢到任后，福崧要过金子二百两，计价银三千两。福崧自己进京用过骡脚船价银三千二百两。"此外，福崧之母游玩西湖，约有六七次，每次预备食用、灯彩船只等项，共用银 2500 余两以上。"共银十万余两，皆系供应福崧，致令亏空之项。""福崧其收受物件及需索各项银两之处，众证确凿，伊亦无可置辩。"②

对于上述指控，福崧是坚不认罪，直至被处死。据档案资料记载：当庆桂、长麟给福崧看柴桢及其幕僚等一干人的口供，"令其据实供吐"时，"福崧始犹饰词狡赖、坚不承认。臣等（庆桂等）提集一干人证、诸款质对，并明谕此时已经破案，若再稍有掩饰，徒受重刑，撩夹吓问，各人证仍复支吾，加以刑夹，始据柴桢幕友赵炳供"③。是案，福崧论斩，逮至京师，寻命于途中行法，福崧饮鸩而卒。④

浙江省虽揭出数起亏空钱粮的积案，处分了自督抚到州县的大小官员，但整个钱粮亏空的情况，即亏空程度究竟怎样？亏空原因又如何？仍是一些模糊的影像。

---

① 《乾隆朝惩办贪污档案选编》第 4 册，乾隆五十八年正月十一日，第 3334 页。
② 军机大臣兵部尚书庆桂、浙江巡抚长麟《奏为审明福崧、柴桢婪索侵蚀各款事》乾隆五十八年正月十一日，中国第一历史档案馆藏，《朱批奏折》档号：04-01-01-0457-044。
③ 《乾隆朝惩办贪污档案选编》第 4 册，乾隆五十八年正月十一日，第 3335 页。
④ 昭梿：《啸亭续录》卷 4，《吴雅中丞》："福崧系廉吏，因不贿通和珅，被陷害致死云。"《清史稿·福崧传》："福崧为巡抚，治事明决，御属吏有法度，民颂其治行。其得罪死，颇谓其忤和珅，为所陷。尤虑至京师廷鞫，或发其阴私，故以蜚语激上怒，迫之死云。"又《实录》记载："且福崧折内亦无一字认罪之处，实大不是，已明降谕旨，将福崧革职拏问矣。"见《清高宗实录》卷 1419，乾隆五十七年十二月庚寅。

（四）督抚婪索：福建各州县亏空大半

福建钱粮亏空案的揭出，始自乾隆五十三年（1788），亏空数额超过了山东，在250余万两。

先是，乾隆五十一年（1786）四月，时任闽浙总督雅德披露，福建"亏缺之故，实系历久相沿辗转接受，官非一任事非一时，各种头绪牵混不明"。"通计共盘缺谷五十四万余石，按照各属价值，共该银四十二万余两，前后督催，已据完缴过十分之五。"① 也就是说，福建的钱粮亏空数额巨大，是一冰冻三尺之相。但此事并未引起朝廷的重视。

是年十一月，台湾爆发林爽文的反清起义，清朝派兵征剿。五十二年（1787）正月，李侍尧以久任封疆，办理地方事务干练，由湖广总督调任闽浙，奉命到闽后核办军需，于剿捕事竣，会同巡抚徐嗣曾核其功过，分别办理。

正是在办理军需的过程中，李侍尧发现福建的钱粮支销混乱，所谓"台湾用过军需银米，为数繁多，经手各员，并未将照何例支销之处分晰造报"②。于是他开始清查各州县仓谷。九月，查出"亏缺竟有一百余万石"。随后他又令盘查乾隆四十八年至五十一年的库项，见总督雅德等原奏"共缺谷五十余万石，已完补十分之五"。李侍尧认为此中有弊。根据他最初的调查，福建通省额贮仓谷应有267万，如果亏缺仅止50余万两，又经弥补一半，则所短无多。何以与自己所查之数多寡如此悬殊？且各州县多有交代限满而不盘收结报者，此即亏空之明证。于是李侍尧上折奏称："仓谷原为储备供支，今亏短至如许之多，设遇需用之处将何以应缓急？此在五十一年清查以前已成痼弊，断难借口于军需，现在必须彻底盘查。"然而，乾

---

① 闽浙总督雅德《奏报盘查福建亏缺仓谷情形事》乾隆五十一年四月十六日，中国第一历史档案馆藏，《朱批奏折》档号：04-01-35-0751-018。
② 《清高宗实录》卷1299，乾隆五十三年二月甲寅。

隆帝的态度并不积极，朱批仅五个字："是。以宽为之。"①

遗憾的是，李侍尧还未来得及有所行动，便因患疮疾于乾隆五十三年（1788）十月病逝，对福建钱粮亏空案的清查也就此搁置了下来。

但钱粮亏空却还在继续，而且与继任的总督伍拉纳与巡抚浦霖有关。所谓"伍拉纳、浦霖贪纵，婪索诸属吏，州县仓库多亏缺"②。

觉罗伍拉纳，满洲正黄旗人，初授户部笔帖式，外除张家口理事同知，累迁福建布政使。以平林爽文办理军需有功，迁河南巡抚。乾隆五十四年（1789）正月，授闽浙总督。浦霖，浙江嘉善人。乾隆三十一年（1766）进士，授户部主事，再迁郎中，外授湖北安襄郧道，五十五年（1790）十一月累迁至福建巡抚。但其操守不佳。有记载曰："伍（拉纳）固贪吏，尝纳属员贿，动逾千百，有不纳者，锁锢逼勒。又受洋盗贿，任其劫掠，毫不捕缉。"③

乾隆六十年（1795）三月，福州将军魁伦风闻福建各州县亏空大半，于四月奏闻。他说："仓库虽闻亏缺甚多，因无档册可查，不能知其实数。至于督抚设法办理一节，查自五十七年即督抚饬令各属照粮派买谷石，弥补亏缺。上年夏间奴才询之藩司伊辙布，称派买项下可得十余万两等语，不知曾认真弥补等？因民间啧有怨言，于上冬始停止。"④

由于"闽省仓库经魁伦奏称多非实贮"⑤，印证了李侍尧先前的断言，也证实福建历任官员多有徇隐欺瞒之情弊，于是乾隆帝决定重启对福建钱粮亏空案的调查。他将布政使伊辙布召回京城，以

---

① 《宫中档乾隆朝奏折》第69册，乾隆五十三年九月初七日，闽浙总督李侍尧奏为仓谷亏缺现在盘查折，第420页。
② 《清史稿》卷339，《伍拉纳传》。
③ 昭梿：《啸亭杂录》卷9，《魁制府》，第292页。
④ 《乾隆朝惩办贪污档案选编》第4册，乾隆六十年四月二十二日，第3389页。
⑤ 《乾隆朝惩办贪污档案选编》第4册，乾隆六十年五月十二日，第3390页；另见《清高宗实录》卷1476，乾隆六十年四月庚寅。

"办事结实"的田凤仪接手藩司,协同魁伦将"该省各处仓储,何处亏缺若干,是否系州县任意侵那舞弊,抑或上司通同弊混之处,逐一查明,据实联衔具奏"①。五月,革总督伍拉纳、巡抚浦霖职,调长麟为闽浙总督,姚棻为巡抚。在乾隆帝看来,"此次闽省仓库多属空虚,尤非浙省可比"。下令全面清查福建仓库亏空。

随后,魁伦等查明福建前后亏空共 250 万余两,参劾州县亏空各官十数人。

五月十二日,魁伦与新任布政使田凤仪上折奏藩库存贮情由,称:"前藩司伊辙布交到现存正杂银两,共二百九十一万六千四百一十五两零内,乾隆五十九年各州县额征地丁,除漳泉等属被水应免银十四万两,实应完银一百一十万零,截至五月初二日止,收银三十三万余两,奏销已届核计,不过十分之三,明系各州县将钱粮任意侵挪。"又奏:"闽省仓库亏缺,从前(伍拉纳)奏过谷六十四万余石,银三十六万余两,本非实数……现在仓库两项又有续亏,前后约共二百五十万两以上。"且各属亏空以首郡较多,仅省城两厅、两县亏空仓谷 5.3 万余石,库项 7.8 万余两。②乾隆帝认为,"此事大奇!若不彻底究办,何以重仓库而儆官邪!"

得到乾隆帝彻底究办的指令,五月二十八日,魁伦上疏参劾"同知秦为干、知县李廷彩、牛世显、汪光绪、县丞史恒岱等在闽年久,所至声名狼藉,众议沸腾。且各于本署任内,经手钱粮,任意侵挪,亏缺累累。又泉州府知府张大本贪鄙性成,即如该府现在办理平粜一事,开粜则倒填日期,报价则短开数目,便已病民,怨声载道。以上六员,实为地方之害"③。奏罢,上述一干官员皆令革职。十一月,按定例,④将原任晋江知县彭良谡等四人、亏空银在一万至

---

① 《清高宗实录》卷1476,乾隆六十年四月辛卯。
② 《乾隆朝惩办贪污档案选编》第4册,乾隆六十年五月十二日,第3392页。
③ 《乾隆朝惩办贪污档案选编》第4册,乾隆六十年五月二十八日,第3396页。
④ 例载:侵盗存库钱粮入己数在一千两以上者拟斩监候,遇赦准予减免,一万两以上者不准援免,又例载,挪移库银在五千两以下总徒四年。

四万两者拟斩监候，遇赦不准援免。原挪移五千两以下者徒四年，病故内44员系家产尽绝无可着追者，落上司分赔。①

然而，这只不过是福建巨亏案的冰山一角。伍拉纳、浦霖俱在闽年久，臬司钱受椿等为其任用，知府张大本、同知秦为干等声名狼藉，众怨沸腾，伍拉纳等岂无见闻？绝非是疏于管理、听凭各州县任意侵挪那么简单。为此，乾隆帝以为，伍拉纳、浦霖俱有任用私人为之营私舞弊，甚至借弥补为名通同派累之情。命将此事交新任总督长麟与魁伦会同查办。

六月二十一日，在长麟与魁伦的讯问下，布政使伊辙布供称：他于乾隆五十三年（1788）七月到任，"查出通省各属亏缺仓项六十四万，库项一百五万零，当时禀明督抚（总督伍拉纳、前任巡抚徐嗣曾）分别着追，原想弥补清楚"。但"伍拉纳意存回护，将原禀发还，叫把库项少报七十万"②。伊辙布还供出一个重要人物周经。周经系伍拉纳任藩司时的库吏，伊辙布接任布政司后，周经开始在外经营银号，并开盐店、当铺，所用本钱系挪借库银8.8万余两，除已缴过四万两，尚少银四万两。③ 乾隆帝认为，伍拉纳与周经之间到了"以官帑令其牟利地步，伊辙布复任其拖欠时日，不向催促。迨不能措缴，又暗将办赈余项为之垫补，此是何故？设非平日有与通同分肥情事，岂肯不顾已罪，担此重大干系。"④ 是伍拉纳与伊辙布抚藩二人以出借官帑牟利分肥之罪坐实。

八月二十五日，长麟、魁伦传总商萨重山、谢承光到案，讯问福建历任总督收受盐商巨额规礼等事。寻查明"自乾隆四十四年起，杨景素收过银二万两，富勒浑三任共收过银五万五千两，陈辉祖收过银二万两，雅德两任收过银四万五千两。伍拉纳任内共收过银十

---

① 参见署理闽浙总督魁伦《奏报福建续行提到亏空钱粮各员审明定拟事》乾隆六十年十一月二十四日，中国第一历史档案馆藏，《朱批奏折》档号：04-01-35-0759-025。
② 《乾隆朝惩办贪污档案选编》第4册，乾隆六十年七月十一日，第3431页。
③ 参见《乾隆朝惩办贪污档案选编》第4册，乾隆六十年六月二十一日，第3405页。
④ 《清高宗实录》卷1484，乾隆六十年八月甲申。

五万两。其余正署各任均未收受,至巡抚衙门向无规礼,惟浦霖于乾隆五十七年索银二万两,均系按引摊派。"① 随后又查出伍拉纳、浦霖两次各收受厦门同知黄奠邦银九千二百两。② 是为查明的伍拉纳、浦霖案的一笔婪赃款项。

九月,伍拉纳、浦霖被解至京城。经军机大臣会同刑部审讯,伍拉纳供认,其收受盐务银两,得陋规银累万,以致通省仓库钱粮亏空,政务废弛。于是,命将伍拉纳、浦霖即行正法,按察使钱受椿逢迎需索,与周经亦即行正法。藩司伊辙布途次病毙,侥幸逃过此次显戮。其余州县官员中,亏缺逾一万两以上的李堂等十人拟斩监候。③

在此期间,长麟等奉命查抄伍拉纳、浦霖任所及原籍赀财。在伍拉纳家得银四十余万两,在其京中家产内,仅如意一项多至一百余柄。可知"伍拉纳等之贪贿积家产至三四十万之多"④。于浦霖原籍,"查出现存银钱及埋藏银共二十八万四千三百余两。房屋地契,共值银六万余两,金七百余两,其余朝珠衣服玉器等物尚不在此数。"⑤

在福建钱粮亏空案了结后,仍有两个问题需要作出回答。

一是福建250余万的巨亏银两究竟去了哪里了呢?在嘉庆初年先后出任福建藩司、巡抚的汪志伊作了披露。他说:

> 兹查台湾林爽文军需报销银两,除经部臣按例准销外,其因军兴紧急,地方官变通办理,实经支给有据,而例不准报销,及续经部臣驳删者,共银一百七十九万四千六百二十余两,业

---

① 署理闽浙总督长麟、署理巡抚魁伦《奏为遵旨复讯究出已革闽浙总督伍拉纳已革福建巡抚浦霖得赃款迹情形事》乾隆六十年八月二十五日,中国第一历史档案馆藏,《朱批奏折》档号: 04-01-01-0468-045。
② 参见《清高宗实录》卷1488,乾隆六十年十月甲申。
③ 参见《清高宗实录》卷1491,乾隆六十年十一月乙酉;乾隆六十年十一月庚午。
④ 参见《乾隆朝惩办贪污档案选编》第4册,乾隆六十年十月初七日,第3531页。
⑤ 《清高宗实录》卷1488,乾隆六十年十月甲申。

经前督臣伍拉纳奏请,统归于通省司道府厅州县养廉内分年摊扣归款在案,复经前督臣魁伦,照原摊每年额设养廉银三万三千四百余两之数核算,约至嘉庆五十二年方能扣楚,为时太长,势必办公竭蹶。且闽省现任各官均非原办军需之员,俱代前任捐赔,故恭照嘉庆元年恩诏,分赔代赔以及牵连着赔一概豁免之例,饬藩司查明造册,咨请部示,嗣准部覆。……臣思闽省自六十年清查以后,陋规全除,各官全赖养廉一项以资办公,其旧有摊捐者,如采买铜铅批解颜料纸张脚价,及缉捕洋盗经费,并帮贴船厂工料等项,已扣十之三四,加以摊扣前案军需十分之三,实得养廉不及一半。诚恐不肖之员藉资口实,又致侵亏仓库,扰累闾阎。可否仍照元年恩诏赐豁。①

根据汪志伊所奏,可知福建的巨亏发生在乾隆五十一至五十三年的平定台湾林爽文起兵期间,福建地方支出经费不准报销银两有179.4万余,经闽浙总督伍拉纳奏准,由全省州县以上官员养廉银中摊扣,按照三成摊扣的比例,每年只能扣缴3.3万余,伍拉纳在乾隆五十四年(1789)出任总督,即便按照当年开始扣缴养廉银,至乾隆六十年(1795)伍拉纳获罪,只可以归还20余万两,而且是在伍拉纳等人没有侵欺挪移的情况下。由此可知,伍拉纳实际婪赃的数额没有想象的那么多。

嘉庆五年(1800),御史张鹏展也有一番说法:"前闻福建查办亏空,至数百万之多,虽由不肖州县侵挪,亦缘台湾军需奏销。伊辙布为藩司,行取州县空白代填申请,总督李侍尧等分蚀,以致州县受累已深。继之以伍拉纳、浦霖、钱受椿之贪纵,更积重难挽,国计民生,均受其害,遂成大狱。"②

二是此案仅查出总督伍拉纳、巡抚浦霖二人受贿金额分别在15

---

① 汪志伊:《敬陈吏治三事疏》,载贺长龄、魏源编《清经世文编》卷16。
② 张鹏展:《练乡勇核军需疏》,载贺长龄、魏源编《清经世文编》卷89。

万两和二万两陋规，即便加上二人各自籍没的家产，也不足百万，与王亶望等不能相比。但是乾隆帝还是重罪处死了伍拉纳与浦霖。用乾隆帝的话说，"从前王亶望等在甘肃地方捏灾冒赈，婪索多赃，然其罪不过侵蚀监粮，而于地方仓库尚不至任意亏空。一经查出，立将王亶望等明正典刑"。"今闽省仓库，至于无处不缺，民生吏治玩愒废弛，更不可问。是王亶望之罪止于侵盗，而伍拉纳、浦霖等藐法侵贪，废弛玩误，竟至害政殃民，较之王亶望情节尤重。"①

可以认为，在乾隆后期相继发生的一系列督抚大吏侵贪造成的亏空大案中，福建伍拉纳与浦霖的贪腐案，再一次触碰到乾隆帝的底线，令其气愤痛心至极。

（五）行贿地方大员：中下级官员贪蠹的亏空钱粮案

中下级官员的贪黩在乾隆中后期也成高发状态，其特点是由攀援行贿的需求而侵盗钱粮，从而导致了地方钱粮亏空。在查办甘肃冒赈案期间，新疆同时发生了哈密通判经方侵用库项银两与乌鲁木齐各属侵冒粮价案，这两起案件的钱粮去向又都与属员行贿上司有关。

1. 哈密通判经方侵用库项银两

乾隆四十六年（1781）九月，直隶总督袁守侗查获哈密厅通判经方的长随王守贵等携带金银回京，随即奏闻，乾隆帝命交刑部质讯。十月，驻哈密办事大臣佛德、哈靖阿奏，查出经方侵用库项2.3万余两。随后经方供称，系在省还债使用，并有不肖家奴书役花费等。② 佛德等又查出，经方任内"亏缺粮石草束并运脚，合计价银复有六万七千余两之多"。乾隆帝朱批曰："大奇！"③

---

① 《清高宗实录》卷1491，乾隆六十年十一月庚午。
② 《清高宗实录》卷1143，乾隆四十六年十月丁亥。
③ 参见哈密办事大臣佛德、哈精阿《奏为揭报续查出参革哈密通判经方所管仓贮并各站粮房亏缺情形并自请议处事》乾隆四十六年十月二十七日，中国第一历史档案馆藏，《朱批奏折》档号：04-01-01-0394-048。

随后，乾隆帝先是命护理乌鲁木齐都统明亮抵达哈密办理此案，又命陕甘总督李侍尧亲自提审严讯，并令将其押解至京交刑部办理。四十七年（1782）正月，李侍尧、佛德等审明经方任内亏缺各项，自乾隆四十一年到任起至四十六年离任止，由经方经手动支的钱粮实亏库贮银9.47万两零，又亏缺应存粮草价值及运脚等银7.34万两零，通共亏缺银16.45万两余。① 与明亮所查相差无几。

是案告结，命将经方即处斩，伊子重庆销去旗籍，发往伊犁给厄鲁特为奴。② 前任都统索诺木策凌、奎林，因属员如此亏空公项竟全然不知，令照股分赔。办事大臣佛德、哈靖阿亦在分赔之列。

但此案仍留下一些疑问。经方并非出身满洲大族，以普通微员经手库项，竟然任意亏空至16万两之多？其中必然另有隐情。

对此，明亮的看法是，"经方乃一通判微员，亏空竟至累万，实属从来罕闻之事。且哈密厅之仓库该管道府俱有按年盘查结报之责，因何几次盘查未经报出，其中不无隐秘情弊"。"亏缺帑项数至十余万两，经方一人管理，五年之间何能滥用至此，实出情理之外，其间或该管道府竟有通同染指抑或别有情弊之处。"③ 随后，李侍尧查到，巴彦岱曾收受经方馈送银一千两。知府傅明阿与经方关系匪浅，他明知经方亏空，却匿不举发。而后当署都统图思义委员查取册档时，犹复拖延不给，明系有心徇庇，始终护匿。④

显然，是案没有搞清亏空的全部黑幕，只是有了处分的结果。经方任内亏空银两着落历任道府各员按股分赔。主管官员从重发往新疆效力赎罪。

---

① 《宫中档乾隆朝奏折》第50册，乾隆四十七年正月初十日，陕甘总督李侍尧奏报查明经方亏缺实数折，第490页。
② 参见《清高宗实录》卷1146，乾隆四十六年十二月戊寅。
③ 乌鲁木齐都统明亮《奏为查明哈密通判经方亏缺库银十五万余两给咨督臣李侍尧就近审讯事》乾隆四十六年十月二十六日，中国第一历史档案馆藏，《朱批奏折》档号：04-01-01-0394-047。
④ 《宫中档乾隆朝奏折》第50册，乾隆四十七年二月初七日，陕甘总督李侍尧奏为遵旨复奏应赔经方亏空银两各员情形折，第775页。

2. 乌鲁木齐各属侵冒粮价案

此案几乎与经方案同时发生。先是，乾隆帝命乌鲁木齐都统明亮调查镇西府知府崧柱折收钱粮事。四十六年（1781）十二月，明亮密奏，迪化等州县历年采买粮食价值与时价不符，显有捏报粮价以图冒销侵蚀诸弊。乾隆帝立即派刑部侍郎喀宁阿前往，会同明亮查审。次年六月，明亮陆续查出参革宜禾县知县瑚图里经管各项银两除垫支有着外，实亏银九万两零。在任五年内，仅借采买冒销便侵蚀银三万余两。现任奇台县知县窝什浑自四十二年（1777）十月到任，至四十六年七月离任，不到四年时间即亏缺库存银 3.76 万余两。①

但在此案中，州县的侵蚀库银与供应上司的婪索有直接的关系。据知县窝什浑供称："自到任之后，送给索（索诺木策凌）都统银物并供应索都统进京往返及升任将军官眷回京等项，共用银一万五千七百九十两。""又代前任知府崧柱报收监粮并馈送节礼，一切供应共用银一万六千九百六十两，又修建仓廒删减银四千八十两，其余银两是我糊涂花用等语。"② 其余各官员也都供称，曾送给索诺木策凌银两。

随后，喀宁阿等查明宜禾县知县瑚图里等经手采买侵吞银两属实。自乾隆三十九年（1774）以后，以不照市价核报等手段，于节年冒销侵蚀一万至数万不等。并索诺木策凌历年在都统任内，俱有收受迪化州知州德平等银两礼物之事。③ 索诺木策凌如此贪婪受贿，可以推测其在经方亏空案内并非仅仅是失察的责任，而定有婪索赃项。

对乾隆后期日益严重的亏空现象，大学士王杰将其归结为由和珅擅权受贿导致了官僚集团的腐败，即吏治败坏导致了亏空。他说：

---

① 参见《清高宗实录》卷 1159，乾隆四十七年六月癸巳、戊戌；卷 1162，乾隆四十七年八月戊辰。

② 乌鲁木齐都统明亮《奏报查明宜禾奇台二县亏空银两事》乾隆四十七年七月十七日，中国第一历史档案馆藏，《朱批奏折》档号：04-01-35-0747-013。

③ 是案于乾隆四十七年八月结案。乾隆帝降旨将案内各犯革职查抄，并派侍郎福长安驰往盛京，将索诺木策凌拏于处斩监候，秋后处决。喀宁阿亦将各犯解到，经军机大臣会同行在刑部拟，瑚图里、窝什浑即处斩绞。邬玉麟、王老虎、郭子俱依拟即行处绞。其余侵蚀银一万两以上之德平、伍彩雯、王喆，及侵蚀银一万两以下之徐维绥、傅明阿、木和伦、张建庵，俱依拟应斩监候，秋后处决。

> 乾隆四十年以后，有擅作威福者，钳制中外，封圻大臣。不能不为自全之计，而费无所出。遂以缺分之繁简，分贿赂之等差，馈送之外，上下又复肥[己]（己），久之习以为常。要之此等赃私，初非州县家财也，直以国帑为夤缘之具，而上已甘其饵，明知之而不能顾问，喜其殷勤也。有过体恤之，惧其讦发也。曲意包容之，究至于反受挟制，而无可如何。间有初任人员，天良未泯，小心畏咎，不肯接受，上司转为之说合，懦者千方抑勒，强者百计调停，务使之虚出通关而后已。一县如此，通省皆然，一省如此，天下皆然，于是大县有亏至十余万者。一遇奏销，横征暴敛，挪新掩旧，小民困于追呼，而莫之或恤，靡然从风，恬不为怪。至于名为设法弥补，而弥补无期，清查之数，一次多于一次，完缴之银，一限不如一限，辗转相蒙，年复一年。①

王杰作为当朝大臣，以身临其境的感受分析了钱粮亏空的原因及状况。指出自乾隆中后期地方钱粮亏空已经呈现出接连不断的趋势，而且几乎无不与督抚大员的婪赃腐败有关。但这绝不是钱粮亏空多发的全部原因所在。

嘉庆五年（1800），御史张鹏展的条奏，分析了州县亏空的四个原因，又指出了督抚怠玩徇隐的四个原因，有助于我们对乾隆后期钱粮亏空日趋严重势态的理解。他说：

> 臣思数十年来亏空之故有四：一素性奢靡者。需次旅邸，已负逋累累，甫到任即挪项偿逋。在任内复纵性豪侈，遂亏短日甚。一专意逢迎。投所好以邀上欢，遇有美缺，竭帑钻营，希图保题。倘上司经过，多方曲探上意，不惜巨费，抑或劣迹经人告发，竭帑馈送，以求曲护。一心地糊涂。或官亲及长随散耗，漫

---

① 王杰：《请[覈]实亏空变通驿站疏》，载贺长龄、魏源编《清经世文编》卷16。

无觉察。或因上司微厉声色,即茫无主意,遂不复顾惜帑项者有之。一专意营私,见近日亏空,未即发觉,自分才短,无可上达,到任即事侵渔,或将帑项私寄回籍,或开库为子弟捐官,以为亏空系众人之事,牵缠攀累。或难尽诛,所以侵私迄无顾忌也。若因公赔垫,以致短少,实不过百中三五而已。

如此而督抚岂尽无知觉,乃全无参办者何也?臣思其故,亦有四:一则避处分。属员亏空,上司有失察之咎,且有摊赔之责,所以欲图趋避,遂成徇隐。一则恐牵连。上司或受过属员之馈送供给,所以不敢办,一则徇情面,虽有洁清自守,并未受属员馈送办差之费,而所属藩臬道府。不能保无霑染。连累多人,动成大狱,所以宁隐忍而不肯办也。一则狃积习。近来各省亏空,俱未办出,一人独办反或招刻薄之名,遂至习为固然,而恬不知怪。①

条奏最后,张鹏展建议从加强监察制度的角度改变亏空钱粮的状态,所谓"若督抚司道同分重责,所以相维相制也"。说明制度的缺失与缺漏的问题已为越来越多的识者所关注。

三 乾隆帝对贪官的杀伐与宽纵

自甘肃省的捐监冒赈案揭出了阖省官员集体作弊侵欺钱粮,打破了乾隆帝安享盛世的美梦,成为其晚年政治生涯中的梦魇。而后十余年间接连不断的疆臣贪赃婪索引发的巨额亏空,更是将清朝的吏政与财政引向一个无法预判的轨道。而乾隆帝作为国家最高权力的执秉者,其思想与决策无疑对国家的政治走向起着重要的引导作用。

---

① 张鹏展:《请厘吏治五事疏》,载贺长龄、魏源编《清经世文编》卷20。

(一) 对贪赃枉法官员的严厉杀伐

乾隆末年,老皇帝多次强调对官员的处罚"不为已甚"。但自甘肃、山东、浙江等数省相继出现巨额亏空后,他开始不断反省,检讨自己执政过程中由宽纵造成的废弛。他说:"各省仓库钱粮,自皇考世宗宪皇帝御宇十三年彻底清厘,大加整饬,将从前亏空积弊一概涮除,各省库项仓储俱归实贮。朕御极以来,虽间有不肖官吏侵欺贪冒者,无不加以创惩。盖因皇考一十三年整纲饬纪,旋乾转坤之力,以充裕盈宁之天下付托于朕。朕若不能随时整顿,稍涉颠顶,是皇考剔弊核实之苦心,至朕而竟有废弛,朕甚惧焉。"①

为此,在对贪官的处置上,乾隆帝并不含糊,其杀伐之严厉在一定程度上超过了乃父雍正帝。② 诸如,甘肃捐监冒赈案,在乾隆帝

---

① 《清高宗实录》卷1249,乾隆五十一年二月辛卯。
② 乾隆朝以婪赃罪被诛杀者有:兵部尚书、步军统领鄂善以收受俞长庚贿赂,六年四月令自尽;浙江巡抚常安以婪赃纳贿,十三年七月处绞;湖南布政使杨灏以侵扣谷价,贪黩败检,二十二年九月处斩;云贵总督恒文以借贡献为名,短发金价,并纵容家人勒索门礼,二十二年九月令自尽;山东巡抚蒋洲以前在山西藩司任内亏短库项,恣意勒派,二十二年十一月处斩;山西布政使杨龙文以亏短库项,恣意勒派,二十二年十一月处斩;绥远城将军保德以贪黩败检,二十四年六月处斩;阿克苏办事大臣、副都统弁塔哈(同上);和阗办事大臣和诚以重利盘剥回人,贪婪败检,三十年七月处斩;陕西巡抚和其衷以前在山西巡抚任内,于升任阳曲令段成功弥补亏空一案徇纵营私,三十一年十月处斩;福建巡抚李因培以前在湖南巡抚任内,与武陵知县冯其柘亏空钱粮,扶同徇隐,三十二年十月令自尽;正白旗满洲副都统高恒以前在两淮盐政任内侵蚀官帑,三十三年十月处斩;署贵州巡抚良卿于威宁牧刘标亏一案,玩法婪赃,三十五年二月处斩;湖南巡抚方世俊以前在贵州巡抚任内婪索刘标货物,并于开矿受贿盈千,三十五年十月处绞;云南布政使、前广西巡抚钱度以支放库款,克扣盈余,婪赃数万,三十七年七月处斩;武英殿大学士、四川总督阿尔泰以贻误军务,并勒属派买,短发价值,克扣养廉,三十八年正月令自尽;参赞大臣、前理藩院尚书、一等成勇靖远侯富德以扣罚士兵银两,冒滥行私,并列参单诬陷他人,四十一年五月处斩;兵部侍郎高朴奉命往叶尔羌办事,勒索回民财物,并开采玉石,串商牟利,于四十三年十月处斩;浙江巡抚王亶望以前在甘肃藩司任内捏灾冒赈,侵蚀监粮,四十六年七月处斩;陕甘总督勒尔谨以失察王亶望侵蚀案,并收受属员代办物件,四十六年七月令自尽;甘肃布政使王廷赞于王亶望一案通同捏饰,四十六年九月处绞;山东巡抚国泰因贪纵营私、勒索属员财物,四十七年七月令自尽;山东布政使于易简以扶同国泰贪婪欺饰,四十七年七月令自尽;闽浙总督陈辉祖以商同属员隐捏抽换革抚王亶望入官财物,并贻误地方,四十八年二月令自尽;江西巡抚郝硕以进京陛见勒属馈送银两,四十九年七月令自尽;浙江巡抚福崧以两淮盐运使柴桢侵用盐课一案,通同侵染陋规,五十八年二月处斩;闽浙总督伍拉纳以婪索盐务陋规并属员馈贿银两,六十年十月处斩;福建巡抚浦霖(同上),共计二十余人。参见朱彭寿《旧典备征》卷5,大臣罹法,中华书局1982年,第123页。

看来，自乾隆三十九年恢复捐监旧例至案发，历任布按两司、道府州县的各级官员，几乎通统染指其间。"似此通省捏灾冒赈，蔑法营私，案情重大。"希望"经此番惩创之后，务须各凛冰渊，共矢小廉大法之诚"。于是，将主谋原任甘肃布政使已升任浙江巡抚的王亶望，与之联手的官员陕甘总督勒尔谨、布政使王廷赞、兰州知府蒋全迪等一并处决，而于"此案陆续正法者，前后共五十六犯，免死发遣者，共四十六犯"①。鉴于甘肃案牵扯官员太多，若全部依法严办，府道以上官员将为之一空，乾隆帝命"冒赈至二万以上皆死（一万以下斩候），于是坐斩者栋（皋兰知县程栋）等二十二人"。冒赈二万两以下者从宽免死发遣。"夺亶望子裘等官，发伊犁，幼子逮下刑部狱，年至十二，即次第遣发，逃者斩。"② 被抄家籍没财产者165人，其余被处以革职、罚俸等不可计数。③

此案的处罚方式，成为以后数案的模本。在接下来的因督抚贪婪勒索引发的钱粮亏空案中，乾隆帝也相继处死了国泰、于易简、陈辉祖、郝硕、福崧、伍拉纳、浦霖等督抚大吏。虽然乾隆帝多次强调自己"不为已甚"，但最后还是将这些曾经的封疆重臣处以死罪。那么，这些人又是因何越过了乾隆帝那条"不为已甚"的底线呢？

一是"伊家世受国恩"，却侵蚀国帑，昧良负恩。

在上述涉案的督抚中，不乏是出身官宦的世家子弟，他们世受国恩，有官有爵。例如，在甘肃捐监冒赈案中，主犯甘肃布政使王亶望，系江苏巡抚王师之子。同案中被处死的还有成德、陈严祖。成德出身八旗簪缨世家的高佳氏，陈严祖乃出自官僚世家。所以，在乾隆帝眼里，"成德、陈严祖二犯，尤非他人可比。成德系高晋（大学士）之子、书麟（巡抚）之弟。陈严祖系陈大受（大学士）之子，（总督）陈辉祖之弟。该二犯世受国恩，身为大员子弟"。虽

---

① 《清高宗实录》卷1167，乾隆四十七年十月庚寅。
② 《清史稿》卷339，《王亶望传》。
③ 参见屈春梅《乾隆朝甘肃冒赈案惩处官员一览表》，《历史档案》1996年第2期。

"冒赈银数在五千两以下，但系大臣子弟，昧良负恩，情罪尤重，是以予勾，俾大臣子弟等知所儆惧。即为大臣者亦当引以为鉴，严教子弟"①。

又如，在山东亏空案中，国泰出身于满洲望族富察氏，系总督文绶之子。布政使于易简，为大学士于敏中之弟。在浙江亏空案中，巡抚福崧系湖广总督硕色之孙，"伊家世受国恩，历任封圻，自应廉隅谨饬，勉力图报"。但其"骄纵乖张，胆敢向盐道婪索多赃，以致柴桢亏缺库项、那移填补"②。还有，江西巡抚郝硕系两江总督郝玉麟之子，郝硕长子郝尔敦为山西布政使经历，一家三代为官。故郝硕以强征属员贿银，"罪同国泰"，令乾隆帝深恶之。于乾隆四十九年（1784），由两江总督萨载论劾，逮京师鞫实，随后正法。

再有，两广总督富勒浑亦是婪赃营私的大贪官。富勒浑系乾隆朝后期首席军机大臣阿桂族孙，累官至督抚大员，由闽浙调用两广，委以海疆繁剧之任。但他纵容家人长随关通婪索，营私舞弊。又于兼署粤海关印务时，勒令书吏预缴银1.9万余两存贮私宅，希图侵蚀。及见家人赃私败露，始奏请归公，勒结存案。为掩饰推卸之计，"其先侵后吐，罪无可宽。着依拟应斩监候，秋后处决"③。此外，闽浙总督伍拉纳系皇族爱新觉罗氏，同样在福建巨亏案中被处死罪。

二是督抚等高级官员贪婪，下级官员投其所好行贿攀援，而银两则出自官帑，致州县亏空成为普遍现象。

这以江西巡抚郝硕勒派属员盘费银两案最具典型。据两江总督萨载查明，郝硕巡抚江西时，自藩臬各道皆有馈送，前后两次。一次是乾隆四十七年（1782），郝硕进京陛见，向属员言及短少盘费，各府州县官员呈送者自数百两至千两不等，由升任南昌府知府汤萼棠、署南昌县知县龚珠、丁忧（瑞州府）同知郑邦柱收存转交郝硕，共计银三万余两。其中汤萼棠馈送金子五十两，黄良栋送银八百两，

---

① 《清高宗实录》卷1167，乾隆四十七年十月庚寅。
② 《清高宗实录》卷1425，乾隆五十八年三月辛亥。
③ 《清高宗实录》卷1261，乾隆五十一年闰七月庚寅。

徐联奎、郑邦柱各送银五百两，李洗心送银八百两。① 第二次在乾隆四十八年（1783），有应交浙省海塘银五万两，郝硕以力不能完，令首府黄良栋告知各府帮捐。"各府州县量力呈送自数百两至一千两不等，共银三万八千五百两。郝巡抚令南昌知府黄良栋、同知徐联奎、李洗心，及南昌县知县富森布收存。"根据馈送清单，在乾隆四十七年郝硕接收贿银官员59人，乾隆四十八年至74人。② 另据《清实录》记载，有"馈送之府州县等七十一员"。乾隆帝命将这71员，照山东国泰勒索案内之处分例，免其革任，遇有缺出，止准予调，不准予升。有卓异议叙之案亦一并注销。③

三是地方官员利益固结，结党营私。

其时，地方上有为高官代理敛财之人，有为下属承担亏空者，以为互相掩饰、瞻徇隐匿，其结果必然是亏空数额越来越多。例如，甘肃冒赈案中的"巴彦岱一犯，收受馈送，代属员担承亏空，尚属甘省故习。及事败露，又瞻徇隐匿，有心袒护，是以予勾"④。在山东巡抚国泰案中，有知府"冯埏、吕尔昌等代巡抚经手系，由抑勒所致，即各州县以贿逢迎，亏短正项，亦由畏惧上司，并非侵蚀入己，与甘省折捐冒赈，公然舞弊营私肥橐者究属有间"⑤。

更甚者，上级官员不仅徇隐，且有帮银，这以山西案例最为典型。先是乾隆二十二年（1757），山西巡抚蒋洲在侵亏库项后令属员帮银弥补，蒋洲被处以死罪。而后，乾隆三十一年（1766）山西知县段成功亏空库帑一万余两，又有巡抚和其衷令各州县帮银自一千七八百两至一二百两不等。乾隆帝不得不感叹，"未越十年，复有盈

---

① 参见两江总督萨载《奏为遵旨严审江西巡抚郝硕勒派案内南昌府知府黄良栋等馈送代收按律定拟事》乾隆四十九年六月二十九日，中国第一历史档案馆藏，《朱批奏折》档号：04-01-01-0408-026。
② 《乾隆朝惩办贪污档案选编》第4册，乾隆四十九年五月初二十日，第2851页。
③ 《清高宗实录》卷1212，乾隆四十九年八月庚寅。
④ 《清高宗实录》卷1167，乾隆四十七年十月庚寅。
⑤ 《谕内阁省历城东平仓库亏空皆由国泰等恣意贪婪负心欺罔所致着通谕中外》乾隆四十七年五月初八日，中国第一历史档案馆藏，《灾赈档》缩微号：076-0436。

千累百帮补亏空之事"。责令所有查出帮银之各州县，数逾一千两以上者，着交部严加议处。①

（二）对科道谏言讳莫如深

尽管乾隆帝对侵占官帑的官员给予了最严厉的处分，反复强调要坚持贯彻雍正以来的铁腕手段，清理钱粮亏空。不断检讨自己用人不当，致贪官"如恒文、蒋洲、良卿、方世俊、王亶望、国泰、陈辉祖、郝硕诸人接踵败露，此皆朕水懦民玩，而用人不当，未尝不引以自愧"。警告各省督抚，嗣后"务宜整躬洁己，严肃驭下，以前事为戒。设有不知儆惧，仍蹈覆辙，一经败露，朕必执法重惩，毋谓宽典可以幸邀"②。

但是，对于一个已过古稀之年的老皇帝而言，他更希冀看到的是国泰民安，更想听到的是一片赞誉之声，以至于不愿承认钱粮亏空的普遍与严重性，对朝中官员指责亏空的谏言更是讳莫如深。所以，乾隆帝的政治举措往往是矛盾的，其政治意图也令人难以捉摸。

自甘肃、山东亏空案告发，乾隆帝开始以杀伐止贪。四十七年（1782）七月，山东巡抚国泰赐令自尽；翌年二月，赐令闽浙总督陈辉祖自尽；四十九年（1784）七月，赐令江西巡抚郝硕自尽；等等。为追随乾隆帝惩治贪官、杜绝钱粮亏空的节奏，朝廷内外便不断有翰詹科道等官员上折条奏。

乾隆四十七年（1782）九月，御史郑澂上折，请各省督抚严查仓库实贮之数。曰："仓库，督抚例于年底盘查题报，比自王亶望、国泰破案，甘肃、山东之亏空几遍通省，是题报仅属虚文，请乘此清查二省之际，令各省彻底清查。"经户部等会议后覆奏："应如所奏。清查后，倘再有亏缺，除本员照例治罪赔补外，将盘查出结之督抚等从重议处，并按数加倍分赔。仍令各州县将仓库实贮数目，

---

① 《清高宗实录》卷758，乾隆三十一年四月庚子。
② 《清高宗实录》卷1267，乾隆五十一年十月庚申。

每三月汇报一次，申送该管道府加结汇送藩司转申督抚，督抚随时抽查。"①

由于国泰、陈辉祖、郝硕等人获罪，都与进贡有着一定的关系，而乾隆帝关于禁止进贡的谕旨也接二连三发出。十二月，郑澂又上"禁贡献方物"以杜督抚派累侵挪折。奏曰："各省督抚养廉至为优厚，果其出资献纳，何至派累侵那。乃不意近如王亶望、国泰、陈辉祖之流巧滋诈伪，曲遂侵渔，以贡函为名，求索无厌，以致属库多亏。今已严禁进呈金器，诚足以永杜弊源。但兼金之价不过二十换上下而止，有无过费，其数易稽。如珠玉宝玩之物为价无定，俱易假托营私，请一体饬禁。倘有配入贡器者治以违制之罪。得旨：如所请行。"②

随后，乾隆四十八年（1783）正月，贵州道监察御史秦清上"请严禁外省馈送以清亏空"一折。奏曰："大员整躬率属无容开馈送之门，小臣洁己奉公不得犯亏空之案。臣略原其所自始，以推其所终极。新任接收交代点查清楚，各项俱属完全，彼时无所谓亏空也，究无所谓馈送。自是以后点缀不过一二，继且应酬多端，稍有处分，必须上下通情赅遗乃免。抑或调转升迁，若不事夫营求，必不列入保荐。以至采买短发、赈济冒销，不得不挪动公项，仓库钱粮一一尽属持赠之具，是馈送行而亏空出矣。亏空出而馈送愈难缓矣。当此而欲揭参亏空，实先得其馈送，欲退还馈送，无如已有其亏空，其弊辗转牵制，何所底止？"请"皇上饬下部议，严明示以章程，俾人知馈送断不敢行，即有需索勒派坚不应承"③。

秦清将官场中的馈送指为钱粮亏空的原因，是要纠正行贿受贿的腐败官风，属于寻常之奏，不过是老生常谈。但却引发了乾隆帝的不满，疑其有门户之嫌。降旨曰："御史秦清奏请严禁外省馈送以

---

① 《清高宗实录》卷1164，乾隆四十七年九月癸卯。
② 《清高宗实录》卷1171，乾隆四十七年十二月戊寅。
③ 贵州道监察御史秦清《奏为严禁外省馈送以清亏空事》乾隆四十八年正月二十六日，中国第一历史档案馆藏，《录副奏折》档号：03-0355-001。

清亏空一折，初看似谠言，细按之乃撏拾浮词，无指实之事。外省属员逢迎馈送例禁本当严，而犯者，朕亦未尝姑息宽宥。……如果有闻见，理应据实纠参，何得空言塞责，徒博献纳之名，而无实济乎！若如所称，敕下部议，严定章程，即使定以斩决，亦岂能将并未犯案无罪之督抚司道加以重罪乎？"令其将现在各省内馈送者何人？受馈者何人？亏空者又有何处？逐一据实指明白，而不可使启门户吓诈之端。①

随后乾隆帝又一次在谕旨中警告秦清，不可为博谠直之名。更不可撏拾浮词伐异党同。他说："今日据秦清覆奏，实因一己私见，以为亏空由馈送所致，是以冒昧入告。欲因已往而戒将来，意中原无其人，并无其处等语，所奏全属空言，毫无实际，此风断不可长。前钱沣参奏国泰一案，即时特派大臣查审办理，其所参款迹，虽未尽实，已就审实各款，将国泰治罪，钱沣加恩升用。然此事朕本早有风闻，是以一经被参，即行办理。原非仅因钱沣之奏也。至王亶望、陈辉祖各案，想早在人耳目，朕待科道之参奏已久，而总未见其人，始行查办破案。"②

乾隆帝将王亶望等结党伙同他人进行集体侵吞捐监银两的行径，怪罪于科道失耳目之责，固有几分道理，但将科道官员主张对钱粮亏空的彻查比同明季官场上的结党倾陷，对御史钱沣参劾国泰的目的持有怀疑，这自然阻止了言官在杜绝钱粮亏空上的积极建言热情。

在乾隆帝心里自有另一本账，他对于地方日趋严重的钱粮亏空心知肚明。自建立起按年奏报制度，乾隆帝从地方督抚那里得到的大都是"无亏空"的奏报。在甘肃、山东、浙江等省相继出现亏空大案后，乾隆帝对这些"无亏空"的奏报已经不再相信了。他多次在谕旨中指责各省督抚将盘查仓库"视为具文"。于是下令，"着各省督抚再确查各属有无亏空"。

---

① 《清高宗实录》卷1173，乾隆四十八年正月戊午。
② 《清高宗实录》卷1173，乾隆四十八年正月庚申。

有记载曰：乾隆四十八年（1783）六月，湖广总督舒常、湖北巡抚姚成烈奏，"臣等伏查上年十月内，先准户部议覆御史郑澂条奏，令督抚等将所属仓库彻底清查有无亏空"。是年二月，接准"上谕：盘查仓库系每年应行汇奏之件，各省督抚竟视为具文，届期一奏塞责，殊非核实之道。今直隶、山东、浙江等省既查出亏空，勒限弥补，想各省似此者亦复不少，着各省督抚再确查各属有无亏空，据实具奏，候朕酌量加恩，准照直隶等省之例，予限弥补完缴。则此后年终汇奏俱归核实，不致再蹈欺罔之罪。倘此次奏报复有不实，将来别经发觉，惟原奏之督抚是问，恐伊等不能当其重罪也。"① 可见，御史郑澂的条奏虽然遭到了批驳，但对腐败酿成钱粮亏空的担忧却留在了乾隆帝的心里。

乾隆五十一年（1786）二月，乾隆帝在谕旨中责备闽浙总督雅德，"盘查闽省藩库实存银两一折，殊不可信"。"外省于此事，不过视为具文，俱以仓库无亏一奏塞责。如浙省即系该督所管，其仓库亏短，昨据福崧奏到，至今并未弥补全完，即其明验。是闽省库项其所称实用实存数目，亦不过照例汇奏，并未确实查核。现在浙省已派钦差前往查办，闽省各属仓库钱粮如有亏短，该督当及早清查，据实奏明，俾库项仓储，俱归实贮，方为有益。若此时犹隐忍不奏，含糊支饰，若将来似浙省差人查办，恐雅德不能当其咎也。"②

同时，针对江西巡抚何裕城对清查亏空的塞责之奏，乾隆帝亦有谕旨："本日据何裕城奏各属仓库钱粮一折，此系照例汇奏之件，外省不过视为具文，届时以一奏塞责。江西省前经郝硕在彼勒索贪婪，合省逢迎，通同一气，各州县仓库钱粮，保无侵挪亏空情弊。昨据福崧奏浙省亏空，自四十七年勒限弥补后，至今尚未全完，奏

---

① 湖广总督舒常《奏报盘查湖北仓库钱粮无亏空事》乾隆四十八年六月初六日，中国第一历史档案馆藏，《朱批奏折》档号：04-01-35-1178-037。
② 《清高宗实录》卷1249，乾隆五十一年二月壬辰；闽浙总督雅德《奏报盘查福建亏缺仓谷情形事》乾隆五十一年四月十六日，中国第一历史档案馆藏，《朱批奏折》档号：04-01-35-0751-018。

请再行展限，而于实在亏短若干之处并不据实声明，已派钦差前往查办。江西一省，各属仓库钱粮如有亏短，系前任之事，何裕城到任未久，不值为之任咎，此时当及早清查，据实奏明，勒限弥补，俾库项仓储，俱归实贮，方为有益。若此时隐忍不奏，将来别经发觉，何裕城恐不能当此重戾也。"①

乾隆五十一年（1786）三月，在对时任湖南巡抚浦霖的奏折中，乾隆帝也有同样的批复．他说："各属仓库无亏及藩库实存银数两折，系属照例汇奏之件。外省于盘查库项钱粮，往往视为具文，俱以实贮无亏一奏塞责。现在浙省，据福崧奏到，亏缺之数较多，至今尚未弥补全完，实为从来未有之事，已派钦差前往查办。至湖南省向来仓库未闻亏短，该抚尤当以浙省为戒，于此时及早清厘，俾仓库尽归实贮。倘仍复因循，不能实力整顿，以致各属或有亏缺之事，将来朕或派人前往盘查，设有亏短，惟该抚是问，恐浦霖不能当其咎也。"②

可见，这一时期，乾隆帝不断以"外省于盘查库项钱粮，往往视为具文"申饬各省督抚，并以浙江"亏缺之数较多，至今尚未弥补全完"为例，不断加以警示。当获悉四川巡抚李世杰"在川省三年之中，不动声色，将亏空皆补完"的消息后，乾隆帝立即晓谕军机大臣及各省督抚曰："尔等何不仿为之。"③

但若就此认定乾隆帝要效仿雍正朝令举朝上下对亏空钱粮之弊进行抨击、进行全面清理的话，那就错了。内阁学士尹壮图上疏的遭际就说明了这一点。

乾隆五十五年（1790）十月，尹壮图奏称："督抚自蹈愆尤，不即罢斥，罚银数万，以充公用，因有督抚等自请认罚若干万两者，在桀骛之督抚借口以快饕餮之私，即清廉自矢者，不得不望属员饮

---

① 《清高宗实录》卷1249，乾隆五十一年二月辛卯。
② 湖南巡抚浦霖《奏报遵旨实力清查库项钱粮以杜亏空事》乾隆五十一年三月初十日，中国第一历史档案馆藏，《朱批奏折》档号：04-01-35-0751-011。
③ 《清高宗实录》卷1249，乾隆五十一年二月戊戌；卷1253，乾隆五十一年四月丙申。

助。日后遇有亏空营私重案，不容不曲为庇护，是罚银虽严，不惟无以动其愧惧之心，且潜生其玩易之念。请永停罚银之例。"① 直接抨击了当时流行于官场的督抚坐罪议罚养廉银的做法，并称罚银造成了地方钱粮的普遍亏空。

乾隆帝见奏，大为不悦。谕曰："尹壮图请停罚银之例，固属不为无见。不知朕之简用督抚，皆因一时无人，往往弃瑕录用，量予以宽。即或议缴罚项，皆留为地方工程公用，亦以督抚等禄入丰腴，而所获之咎尚非法所难宥，是以酌量议罚，用示薄惩。"以尹壮图既为此奏，必确有见闻，令指实覆奏。随后，又因尹壮图疏中称，"直隶、山东、江南等省多有亏空"。"各督抚声名狼藉，吏治废弛。臣经过地方，体察官吏贤否，商民半皆蹙额兴叹，各省风气大抵皆然"②等语，乾隆帝严令尹壮图，将直隶等省亏空者何处？商民兴叹究系何人？月选官议论某缺亏空若干？又系闻自何人传说？逐一指实覆奏。寻令尹壮图随户部右侍郎庆成赴各省核查仓库。

十二月，首查山西大同府库，次山西布政司库，皆无亏空。且巡抚书麟罚项系出自养廉银。尹壮图遂因谬奏自请回京治罪。然乾隆帝不准，仍令再往直隶、山东、江苏等省。③ "历查四省仓库，无不齐全。则该抚等未尝借口向属员生法可以概见。"且见"民人乐业道途，商旅无不衣冠修饬，讴歌玄诵之音时闻于闾巷。洵为衣食足而知礼让之明征"④。然另有记载曰："庆（庆成）固贪酷者，每至省会，初不急为盘查，而先游宴终日。惟公（尹壮图）枯坐馆舍，举动辄为肘掣，待其库藏挪移满数，然后启之榷对，故初无亏绌者。"⑤

---

① 尹壮图：《楚珍自记年谱》，《北京图书馆藏珍本年谱丛刊》第108册，第651—652页。
② 《清史列传》卷27，《尹壮图传》。
③ 参见钦差侍郎庆成《奏报盘查直省仓库钱粮并尹壮图沿途言行情形事》乾隆五十五年十二月十七日，中国第一历史档案馆藏，《朱批奏折》档号：04-01-35-0754-022。
④ 钦差侍郎庆成《奏报尹壮图询明长麟并盘查仓库钱粮事》乾隆五十六年正月十一日，中国第一历史档案馆藏，《朱批奏折》档号：04-01-35-0754-034。
⑤ 昭梿：《啸亭杂录》卷7《尹阁学》，第209页。

尹壮图回京后，刑部比照"挟诈欺公、妄生异议律"，议将尹壮图斩决。乾隆帝"以谤为规"，不必遽加重罪，于乾隆五十六年（1791）正月，命革职。尹壮图虽然保全了性命，但自此之后，再也无人讨论并谏言如何防止亏空事宜了。

对于尹壮图的奏言，乾隆帝还针锋相对地进行了批驳，不认同钱粮亏空已经构成全国性的财政危机。他说："朕思天下各省仓库甚多，那移亏缺之弊或不能保其必无。从前朕亦微有所闻，但恐偏听生弊，人言未可尽信。故五十余年以来，推诚待下，不肯察察为明，未尝特派大臣清查仓库，致使查弊之人反得藉端滋弊。今既据尹壮图奏称，各省亏缺，大势皆然。既有人奏明，则不可置之不问矣。因令侍郎庆成带同尹壮图，前往山西、直隶、山东、江苏听其盘查……所至各省，查明藩库及各府州县库贮，均属充盈，并有康熙年间银两久存在库者，各处仓廒米谷逐一盘量，亦皆不亏升合。若谓各省本有亏缺，一闻钦差起程信息，临时设法弥补，无从查出。殊不知州县库贮无多，或可通融掩饰。至于藩库银两，每省不下数十百万，即欲弥缝，一时岂能猝办。是尹壮图所奏亏空之语，不过轻信浮言摭拾入告，竟属全无影响矣。"并下令对"查无亏缺"的山西、直隶、山东、江苏四省布政使加恩议叙，以嘉其屏挡得法，慎重钱粮。①

尹壮图因疏奏各省亏空被罢一事，足以说明乾隆帝在耄耋之年已经习惯于沉浸在"讴歌玄诵之音"之中，钱粮亏空以及吏治腐败的话题，成了破坏他安享太平盛世美梦的最大忌讳。

（三）对贪官中"才堪任事"者的宽纵

乾隆帝一向视"乾纲独断"为本朝家法，因此，以他至高无上的权力，是可以越过制度的藩篱通行其个人意志的，这一点尤其表现在他对贪官中所谓"才气之人"的宽纵。说到乾隆朝的贪官，人

---

① 《清高宗实录》卷1371，乾隆五十六年止月乙巳。

们首先会想到和珅，但和珅之贪并没有在乾隆朝得到证实，而且乾隆帝重用的贪官并不仅有和珅一人。如李侍尧、国泰、富勒浑等皆为和珅同类。

早在乾隆四十五年（1780）正月，乾隆帝从丁忧在京的原任云南粮道海宁处获悉云贵总督李侍尧贪污婪索劣迹。随后，立即命侍郎和珅以钦差身份前往调查此案。三月，和珅回奏，证实了李侍尧自乾隆四十二年（1777）到任以来，擅自提取署银，婪索属员，赃私狼藉，以致云南通省吏治废坏，各府州县多有亏空之处。且李侍尧的婪索与"进贡"有直接的关系。于是，乾隆帝命福康安前往云南，查核通省各府州县仓库钱粮，将李侍尧家产查抄入官。云南巡抚裴宗锡、孙士毅坐令分赔，原籍家产亦被查封。

李侍尧敢于公开婪索，令乾隆帝吃惊不已。特别是"李侍尧婪索属员银两盈千累万，甚至卖给属员珠子，行同市井，较恒文等尤甚，实朕梦想所不到"。连按察使汪圻都有馈送金银之事。"督抚养廉丰厚，岁入一二万金，有何不足，而复贪饕无厌，甘蹈篝篆不饬之诫，以致自罹法网、身名俱丧乎？"李侍尧"较恒文等尤甚，实朕梦想所不到"①。

可见，此时乾隆帝关注的是李侍尧如此贪饕无厌令他感到失望，对于地方大员婪索造成的钱粮亏空并没有给予应有的重视，而福康安对云南亏空钱粮的调查也没有留下具体的资料。特别是，随着次年夏季甘肃捐监冒赈案的揭开，乾隆帝以地方需人等为由，借勋贵、功臣可以"八议"脱罪，将李侍尧宽赦，旋即调任陕甘总督。

对于这一打破常规的处置，乾隆帝在四十七年（1782）作过解释。他说："李侍尧久任总督，其所办贡物较他人为优，但实因其才堪任事，是以简畀封疆。前以收受矿课盈余，一经发觉，朕即治以应得之罪，未尝稍事姑容。适有上年苏四十三之事，军务倥偬，一时不得其人是以弃瑕录用，令其自效。然仅予以三品顶戴署理总督，

---

① 《清高宗实录》卷1103，乾隆四十五年三月戊戌。

以赎前愆。自莅任以来，查办监粮冒赈一案，不避嫌怨，积弊一清，实不负朕加恩复用之意。"① 可见，乾隆帝宽恕李侍尧"实因其才堪任事"。

也许正因对督抚治理一方才干的看重，在初闻国泰亏空案时，乾隆帝也准备网开一面，不想置其死罪。他说国泰在山东巡抚之任，"亦较他人为优，伊小有聪明，办事尚属勇往，朕本欲造就其材"。"朕实不忍似甘肃之复兴大狱，盖东省各州县被上司抑勒需索，原与甘省之上下通同一气、公然冒赈殃民者有间，此朕不为已甚之心。"②待查出山东亏空有因军需挪用之事，乾隆帝再度申明欲从轻处分的意图。所谓"因通省人数众多，且并非侵冒入己，与甘省监粮之案不同。兹予以期限，令其自行弥补，实系朕格外施恩"③。只是后来随着亏空钱粮数额的不断攀升，方下令处死了国泰、于易简。④

此外，两广总督富勒浑也是乾隆帝欣赏的一位大员。富勒浑，章佳氏，举人出身，由内阁中书历官户部郎中、山西冀宁道、山东按察使，乾隆三十五年（1770）署巡抚，调任陕西。自三十七年（1772）后三任湖广总督，二任闽浙总督，乾隆五十三年（1788）调两广总督。在乾隆帝眼里，"富勒浑历任督抚多年，虽其才具仅止中人，但于地方事务可称老练，是以调任两广，而其操守之好否，则从未闻也"⑤。

事实上，富勒浑多次因贪婪怠玩、徇私玩法被责，却又屡屡得到宽释。如乾隆四十六年（1781），富勒浑时在闽浙总督任上，先因巡抚王亶望贪赃不予参劾受到苛责。及杭嘉湖道王燧案发，复责富勒浑徇庇，夺孔雀翎，降三品顶戴，授河南巡抚。乾隆四十七年（1782），复授闽浙总督，寻又令总督两广。其间，富勒浑以纵仆殴

---

① 《清高宗实录》卷1160，乾隆四十七年七月甲辰。
② 《清高宗实录》卷1154，乾隆四十七年四月己卯。
③ 《宫中档乾隆朝奏折》第52册，乾隆四十七年六月三十日，山东巡抚明兴奏报查明通省亏缺情形勒限弥补折，第305页。
④ 参见《清高宗实录》卷1160，乾隆四十七年七月癸卯。
⑤ 《清高宗实录》卷1251，乾隆五十一年三月癸亥。

士俊纳贿，论罪当斩，下刑部狱。乾隆五十二年（1787）诏释之。次年，坐在闽浙失察总兵柴大纪贪劣罪，复下刑部论绞，仍释之。五十四年（1789），乾隆帝追论富勒浑废弛玩误，命成伊犁，仅一年释回。乾隆六十年（1795），又发热河，当年即释回。寻卒。

乾隆末年，福建、浙江两省都是钱粮亏空最严重的省份，而富勒浑恰在这一时期两任闽浙总督，前后十余年任期。即便他没有直接侵渔官帑，也当有管理之责。而乾隆帝却一次又一次地宽释了富勒浑。

从乾隆帝对官员不同甄别与不同处置的态度上，可以说，权力对于腐败的约束力已经出现了任人唯亲的偏差。尽管乾隆帝不愿承认其后期的吏治腐败与各省的钱粮亏空都出现了日趋严峻的态势，但这些问题在嘉庆帝即位后还是很快凸显了出来，特别是钱粮亏空的势头尤为令人担忧。例如，江西"乾隆四十一年至嘉庆四年各州县亏空银数至八十三万余两之多"①。"直隶一省自乾隆三十二年以后，未清银款至一百四十四万余两，历任（亏空）各官至一百三十九员之多"②。这足以证明了尹壮图的所谓"直隶、山东、江南等省多有亏空"之言绝非虚妄。

四　摊扣养廉俸银释放的政治信息

雍正朝实施耗羡归公的意义，在于弥补了大量无着亏空的同时，制定了相对合理的俸禄制度，即养廉银制度。更重要的是，耗羡归公改革注意到了地方政府日常行政费用所需及各省财政的自主性等问题，是国家从财政的角度对自身官僚体制的一种修复与完善。但是，养廉银作为官俸的性质在乾隆朝很快发生了变化，以摊扣、捐

---

① 《东华续录》卷11，嘉庆六年五月丁丑。
② 《嘉庆道光两朝上谕档》第4册，第472页。

输等方式转为公用的地方经费已成为常态，其释放的地方财政不足的信息，表达了雍正朝财政改革的失败，由官员低俸甚至是无俸带来的政治风险正导致官场腐败的加剧与国家钱粮的不断流失。

（一）养廉银的制度化

最初，由于加征的耗羡银两数量不一，各省官员，虽官职品级相同而养廉银的数额却并不同，"各省督抚养廉，有二三万两者，有仅止数千两者。"但督抚两司从优是制度设置的基本原则。如山西省作为耗羡归公的倡议者，经诺敏奏准，其巡抚衙门每年的养廉银在31700两。① 陕西、河南督抚也由雍正帝许以3万两。② 由于雍正帝对于耗羡归公改革没有时间上的要求，而且明确令各省根据耗羡的多少自定养廉银的数额，所以，终雍正朝养廉银的发放，各省督抚对此一直处于摸索中。

湖北。雍正五年（1727）四月，署理总督傅敏奏称，总督衙门的耗羡银两，有厂税羡余及盐商小礼两项，每年约共1.2万两，请留为总督养廉。巡抚衙门有荆关税羡及盐商小礼，约共1.4万两，为巡抚养廉。③ 该省的巡抚养廉反多于品级高的总督。

云南。雍正六年（1728）五月，巡抚朱纲奏，他于雍正五年十一月十八日到云南巡抚任，六年三月十五日送印卸事，其间共陆续得养廉银7700两，"内有盐道刘业长衙门旧规银六千两，刘业长署藩司，交藩司衙门旧规银三百两，张允随交藩司衙门旧规银七百两，又交羡余底母银四百两，元展成交羡余底母银三百两，以上共合前间七千七百两"④。

---

① 参见《雍正朝汉文朱批奏折汇编》第7册，雍正四年七月初一日，山西总督伊都立奏报动存养廉银两数目折，第555页。
② 《清世宗实录》卷54，雍正五年三月癸卯。
③ 参见《雍正朝汉文朱批奏折汇编》第9册，雍正五年四月二十一日，署湖北总督傅敏奏遵旨酌定督抚养廉数目并谢天恩折，第704—705页。
④ 《雍正朝汉文朱批奏折汇编》第12册，雍正六年五月初十日，福建巡抚朱纲奏报滇抚任内收得养廉银两数目情由折，第461页。

广西。雍正七年（1729）二月，据巡抚金鉷奏报广西的情况，各州县"照耗羡多寡，约以二三四五百两为率，州同、县丞等官各给银一百两，至各府知府俱给银一千两"，泗城新设且遥远给银1200两，首府桂林给银1500两。布政司原有养廉银3600两，按察司原有养廉银2900两，巡抚衙门有6400余两，俱不敷用，各请加银2000两。①

山东。雍正七年（1729）三月，署理巡抚岳濬奏，山东养廉银的发放始自陈世倌，但多寡未得协调，佐贰官未议。经与总督田文镜商议，巡抚给银二万两，学政四千两，布政使一万两，俱照旧例。按察使一万两，其刑名公费需银3940两，于养廉银内支用。粮道每年给养廉7500两，其漕项公费需银3500两，于养廉银内支用。济东道给银6500两，其驿站公费需银2500两，于养廉银内支用。其余各道府自四千两至二千两不等，各州县自一千五百两至一千两不等。②

浙江。雍正十二年（1734）七月，浙江总督衙门养廉银经总督李卫奏准，留总督一半养廉银五千两，并旧有盐政衙门公费银4800两，以资用度。每年有规银三千两为公事犒赏等用，每年约计1.3万养廉银，故恩赏巡抚之每年养廉一万两存藩库抵补从前无着亏空。③

可见，雍正朝各省养廉银的情况、数额及发放情况并不统一。但对于各省督抚当拿多少养廉银为适度，雍正帝还是有其通盘考虑的。例如，当地方最初将两江总督的养廉银定为一万四千两时，雍正帝明确指出，"在两江总督少不敷用，尔等斟酌到将可至两万两上下"。于是，两江总督的养廉银，分别由安徽出银8000两，江苏出

---

① 《雍正朝汉文朱批奏折汇编》第14册，雍正七年二月初四日，广西巡抚金鉷奏遵旨以税课赢余赏给养廉不敷官员并再恳恩赏养廉不足官员折，第533页。
② 参见《雍正朝汉文朱批奏折汇编》第14册，雍正七年三月初一日，署山东巡抚岳濬奏覆遵旨办理养廉银事务折，第733页。
③ 《雍正朝汉文朱批奏折汇编》第26册，雍正十二年七月二十一日，浙江总督程元章奏报任内动支养廉银缘由折，第710页。

银 6000 两，江西亦出银 6200 两，共计二万两有零。①

乾隆即位以后，养廉银的发放仍属于各省各行其政，苦乐不均。如张广泗授贵州总督，伊任内只有巡抚养廉，自不敷用，着每年赏给养廉银 1.5 万两。② 署直隶河道总督顾琮以养廉 4000 两，不敷用，将已裁缺之副总河的养廉银 2000 两一并赏给，③ 总共 6000 两。也就是说，官员最初的养廉银数额，并非完全按照官员的品级发放，其依据当是原耗羡银两征收的数量。

于是，乾隆十二年（1747）五月，乾隆帝以"在督抚俱属办理公务，而养廉多寡悬殊，似属未均"，谕令军机大臣根据地方远近，事务繁简，用度多寡，将各省官员的养廉银划一。寻议：

> 查各督抚养廉银，现在湖广总督一万五千两，两广一万五千两，江苏巡抚一万二千两，江西、浙江、湖南、湖北、四川各一万两，不甚悬殊，无庸置议外。直隶畿辅重地事务繁多，总督养廉止一万二千两较各省觉少，请增银三千两。山东、山西、河南三省同属近地，事务用度亦属相仿，且俱系兼管提督。而山东、山西二省各二万两，河南止一万二千两，请将山东、山西二省各减五千两，河南增三千两，各成一万五千两之数。广东巡抚一万五千两，广西止八千四百余两，虽广东用度稍多，然相去太远，请将广东减二千两，广西增一千六百两，以足一万两之数。再川陕总督虽有节制边方，犒赏兵丁之费，然养廉三万两，较各省过多，而西安、甘肃二省巡抚，西安居腹里，甘肃为边地，乃西安二万两，甘肃止一万一千九百两。请将川陕总督减五千两，西安巡抚减八千两，甘肃巡抚增一百两，以足一万二千两之数。闽浙总督其道里远近，事务繁简，与两广

---

① 《雍正朝汉文朱批奏折汇编》第 13 册，雍正六年七月二十七日，江西巡抚布兰泰奏遵旨酌定总督养廉银两折，第 78—79 页。
② 参见《清高宗实录》卷 30，乾隆元年十一月甲辰。
③ 参见《清高宗实录》卷 57，乾隆二年十一月癸酉。

相仿。而养廉二万一千两未免过多,请减三千两。福建巡抚养廉一万二千两,未免不敷,请增一千两。江苏巡抚养廉银一万二千两,安徽则止八千两,云南巡抚一万五百五十两,贵州则止八千五百两,亦属未均。请将安徽巡抚增二千两,贵州增一千五百两,以足一万两之数。至各省督抚养廉间有奇零,乃从前据火耗之额定数,今既经定制,零数应删,请将两江总督养廉银一万八千二百两内去零银二百两,云贵总督、云南巡抚各去银五百五十两。从之。①

根据以上资料制表如下。

表6-1　　　　　　　　各省督抚养廉银情况　　　　　　（单位:两)

各省督抚	养廉银原额	增减额	议定额
湖广总督	15000		15000
两广总督	15000		15000
直隶总督	12000	+3000	15000
川陕总督	30000	-5000	25000
闽浙总督	21000	-3000	18000
两江总督	18200	-200	18000
云贵总督	原文缺漏	-550	
江西巡抚	10000		10000
浙江巡抚	10000		10000
湖南巡抚	10000		10000
湖北巡抚	10000		10000
四川巡抚	10000		10000
山东巡抚	20000	-5000	15000

---

① 《清高宗实录》卷290,乾隆十二年五月己亥。

续表

各省督抚	养廉银原额	增减额	议定额
山西巡抚	20000	-5000	15000
河南巡抚	12000	+3000	15000
广东巡抚	15000	-2000	13000
广西巡抚	8400	+1600	10000
西安巡抚	20000	-8000	12000
甘肃巡抚	11900	+100	12000
福建巡抚	12000	+1000	13000
江苏巡抚	12000		12000
安徽巡抚	8000	+2000	10000
云南巡抚	10550	-550	10000
贵州巡抚	8500	+1500	10000

由此可见，乾隆十二年（1747）地方养廉划一后，总督的养廉银数额由 25000 两至 15000 两，巡抚的养廉银在 10000 两至 15000 两。而布政使的养廉银数额最高不超过一万，最低的在五六千两。据称：

> 各直省布政使养廉，从前各照本省额征耗羡酌定，但事务繁简不同，自宜多寡适均。今江宁新设布政使，应给养廉银八千两。其直隶、江苏两省，原定各一万两，应各裁减一千两。山东、河南、福建、陕西、广东五省，原定各一万两，应各裁减二千两。山西原定九千两，应裁减一千两。湖南原定八千三百两，应裁减三百两。云南原定八千四百两，应裁减四百两。至江西原定七千二百两，应增八百两。贵州原定四千五百两，应增五百两。广西原定五千五百二十两，应增四百八十两。其安徽、湖北、四川三省，原定各八千两，浙江、甘肃两省，原

定各七千两，应仍其旧。从之。①

根据以上资料制表如下。

表6-2　　　　　　　　布政使养廉银情况　　　　　（单位：两）

布政使	养廉银原额	议定额
江宁		8000
江苏	10000	9000
直隶	10000	9000
山东	10000	8000
河南	10000	8000
福建	10000	8000
陕西	10000	8000
广东	10000	8000
山西	9000	8000
湖南	8300	8000
云南	8400	8000
江西	7200	8000
贵州	4500	5000
广西	5520	6000
安徽	8000	8000
湖北	8000	8000
四川	8000	8000
浙江	7000	7000
甘肃	7000	7000

养廉银实施的意义，最重要的一点就是从制度建设的角度去杜

---

① 《清高宗实录》卷630，乾隆二十六年二月乙酉。

绝以耗羡银两私相收受产生的官场腐败问题。所以，雍正帝对养廉银的发放不仅顾忌到官员操守，也会考虑他们个人的家用及办公所需。例如，雍正八年（1730）四月，在给福建总督高其倬的谕旨中，雍正帝说："前福建省所奏分给各官养廉银数内，有给与观风整俗使衙门养廉银四千两，朕因刘师恕前任应追之项甚多，俱经免追。……但思伊操守未能坚定，若不给予此项养廉银两，获致另有巧取亦未可定。"① 安徽按察使祖秉圭请以8770余两羡余赏作养廉银，称如此可"一年用度有余，得免家计之累"②。

但是不过十余年的时间，官场中对耗羡归公及养廉银制度的评议发生了很大的变化，虽有孙嘉淦等人仍论其佳处，但在乾隆十年（1745），以御史柴潮生为代表的部分官僚已公开指斥耗羡归公乃"天下大弊"，尤其指出耗羡归公后，地方财政无以自主、处处掣肘，以及养廉银不敷己用的境况。他说：

> 耗羡归公者，天下之大利，其在今日，亦天下之大弊也。……自耗羡归公之后，一切弊窦，悉涤而清之，是为大利。然向者本出私征，非同经费，其端介有司不肯妄取，上司亦不敢强，其贤且能者，则能以地方之财办地方之事。故康熙年间之循吏多实绩可纪，而财用亦得流通。自归公之后，民间之输纳，比于正供，而丝毫之出纳，悉操内部。地丁之公费，除官吏养廉之外，既无余剩。官吏之养廉，除分给幕客家丁之修脯工资，事上接下之应酬，與马蔬薪之繁费，此外无余剩。每地方有应行之事应兴之役，捐己资既苦贫窭，请公帑实非容易。于是督抚止题调属员，便为整顿地方矣，不问其兴利除弊也。州县止料理案牍，便为才具兼优矣，不问农桑教养也。……今

---

① 《雍正朝汉文朱批奏折汇编》第18册，雍正八年四月十一日，福建观风整俗使刘师恕奏谢恩赐养廉银四千两并陈二千两即可足用折，第434页。
② 《雍正朝汉文朱批奏折汇编》第7册，雍正四年七月初四日，安徽按察使祖秉圭奏报各属规礼银两数目折，第579页。

> 耗羡归公之法势无可改，惟有为地方别立一公项。俾任事者无财用窘乏之患，而后可课以治效之成。①

从柴潮生疾呼"今耗羡归公之法势无可改，惟有为地方别立一公项，俾任事者无财用窘乏之患，而后可课以治效之成"而言，说明在耗羡归公之后，由于地方州县失去了自行管理耗羡银两的权力，自主财政的空间越来越小，而地方需要解决的财政支出反而是随着事务的增多而不断增加，故而出现了"捐己资既苦贫窭，请公帑实非容易"的财政困境。同时影响到官员个人的利益，所谓"地丁之公费，除官吏养廉之外，既无余剩"。

虽然耗羡归公并非将银两解往户部，而是仍然放在藩司，即地方官员的养廉银统归于布政司发放，从相关记载可以看出，耗羡银两的支取形式上没有大的改变。所谓"从前未提耗羡弥补亏空之时，俱系各州县公捐解司缴送，自雍正二年提解耗羡弥补亏项，一切部科饭银方取给于司库公费耗羡之中"②；"官员养廉银两，系藩库存贮之项，应按时放给"③；"各省养廉例应按季支放"④；等等。而且个别州县因路途遥远、解送困难等，其耗羡银两并未全部解司，养廉银亦在州县发放。但耗羡归公后对地方乃至官员个人产生的影响还是不小的。

具体而言，其一，耗羡归公在取代官员私取火耗银的同时，也将养廉银的发放置于国家的监督之下，也即地方州县不得再以任何方式派征耗羡银两。其二，养廉银数量虽比正俸高出10—20倍，但对督抚等高级官员而言，还是要比陋规收入少许多。例如，最早实施养廉银制度的山东，据雍正四年（1726）二月，山东布政使张保

---

① 柴潮生：《理财三策疏》，载贺长龄、魏源编《清经世文编》卷26。
② 《雍正朝汉文朱批奏折汇编》第9册，雍正五年二月初七日，山东布政使张保奏报原任布政使布兰泰浮支库项银两折，第19页。
③ 《清高宗实录》卷583，乾隆二十四年三月丁未。
④ 《清高宗实录》卷849，乾隆三十四年十二月丙子。

的折奏:"查藩司常规节仪前虽革除,奴才抵任复行示禁,是以署中衣食日用,凡有公捐以及幕友修金、用人工食等费,惟仰借于主子赏给之养廉银两。"① 这意味着有一部分官员的个人私欲将无法满足。

因此,某些督抚等大员并不热衷于改革,而抵触最强烈的当是州县官。耗羡银两解至省城布政司后,州县不仅失去自主的加征和对耗羡银两的直接管理与使用,也失去以规礼行贿上司进而结交攀附的机会,自然会强烈反对。而且,那些有渠道可以从州县官那里分肥的京官同样持反对立场。也就是说,改革会触及相当一部分官员的既得利益,这或许也是雍正朝没能迅速完成这项改革的原因所在。

所以,耗羡归公后,那些没有了陋规又失去了自主处理耗羡银两的地方官员们便处于"清则无鱼"的境地。特别是规定的养廉银数额并不能足额发放,地方官在将养廉银分给幕僚、支付办公所需,以及"事上接下之应酬,舆马蔬薪之繁费,此外无余剩"。这正是柴潮生等人指责耗羡归公的原因所在。而且,改革并没能改变清朝低税收与低存留的财政体制。所以,当地方经费再度出现紧张的情况下,原本不能足额发放的养廉银再度被挪为公用,成为赔补钱粮亏空的主要经费来源,重新回到康雍时期以官员俸禄赔补亏空的境地。

(二) 乾隆朝养廉银的公用

诚然,耗羡归公之所以被称作一项重大的财政改革,所要解决的问题是国家财政中官员俸禄与地方财政两低的问题。其目的,一方面是"禄重则吏多勉而为廉",② 另一方面是使地方日常行政有固定的经费保证。而且,雍正帝在实施耗羡归公之后,又在地方建立了备贮银制度,对康熙帝已经意识到的地方存留过少的问题进行了调整。

---

① 《雍正朝汉文朱批奏折汇编》第6册,雍正四年二月初一日,山东布政使张保奏报赢余银两存库折,第751页。

② 顾炎武:《日知录·俸禄》,载贺长龄、魏源编《清经世文编》卷18。

根据《清实录》的记载，雍正八年（1730），在给大学士的上谕中，雍正帝谈到他的调整设想。他说："从前直省应行起运钱粮，该省抚藩以解部为艰，每至拨饷之时，百计营求，借备公协饷之名存留本省。而户曹堂司亦就中渔利，将杂项税课尽留该省司库，即正项解部者亦属寥寥，以致外省抚藩得藉存库名色通同那用，而州县效尤，亦不肯随征随解，官侵吏蚀，亏空累累。自怡贤亲王总理户部以来，与二三大臣同心厘整，直省一切正杂钱粮，除实在存留，并各封贮数十万两以备公用外，其余悉于春秋二季按数拨解。从此各省不敢有虚收虚报之弊，是以亏项渐清，帑藏充裕。"① 在实际存留外，留有数十万两的备贮银分贮地方以备公用，这是雍正帝在继耗羡归公财政改革后的完善性补充措施，应视为其财政改革的重要组成部分，各省财政无存留或存留过少的问题在一定程度上得到相应的缓解。

根据何永智的研究，② 早在雍正五年（1727），雍正帝已经谕令各直省"酌量地方之远近、大小，钱粮存剩之多寡"，将各省藩库留储银数划分为 10 万、20 万、30 万三个层级，规定为各库"封存备用"之数。③ 而且设置的目的是针对钱粮亏空中的官员侵欺与挪移。所谓"从前征收钱粮，每因存贮州县，遂有不肖官吏任意那用花销，致成亏空"。"今应于酌留之外……计其办理事务之繁简，或协拨三十万两，或二十万两，交与该督抚、布政酌量每府及直隶州所属州县之冲僻，将拨到银两分发于府库、州库存贮。该州县有军需急切公务，具文请领。该府州立即给发，毋许留难。"④

乾隆帝即位后，继续雍正以来的财政政策，依然从耗羡中划出办公之费。他说，雍正帝"俯允直省督抚所请，将旧有耗羡一项，

---

① 《清世宗实录》卷 98，雍正八年九月丁丑。
② 何永智：《清代直省封贮银制度及其嬗变》，《清史研究》2019 年第 4 期。
③ 雍正《钦定大清会典》卷 32，《赋役二·起运存留》，沈云龙主编《近代中国史料丛刊三编》第 77 辑，台北文海出版社 1991 年版，第 1677—1678 页。
④ 《明清档案》第 47 册，雍正九年三月二十五日，湖北巡抚魏廷珍揭请动支银两分给冲繁府州存贮，第 26661—26668 页。

酌定额数，用资各官薪水及地方办公之需。名虽提解耗银，而较之从前私派私收，固已轻减数倍矣"。并在"乾隆三年，又将解部减半平余一项，扣存司库，以备荒欠应用，盖因各省公用甚繁，而耗羡无几，惟恐所入不敷所出，是以不惜部库之赢余，留备地方之不足"①。

而且，乾隆帝为保证禄重勉廉，他明确反对将养廉银挪为他用。谓"养廉之设以资督抚日用，着为定额，若移以他用，必致日给不敷，又将别图巧取，此端断不可长"②。乾隆十四年（1749）清朝用兵金川之际，江西巡抚唐绥祖奏请于本任倡捐养廉银一万两，并传同司道、府厅州县官员，令分别预捐养廉解赴川省以备军需，被乾隆帝制止。谕曰："官员养廉，乃因事诏禄，所以优体臣工，用励操守，非可轻议捐扣。如果经费不支，朕何妨明降谕旨，移缓就急。今以一隅馈运，遂至胺及外僚，岂成国体。"③ 十五年（1750），各省财政情况初步改观，出现了"现今各省俱有闲款，原以备因公那用，其有需费之处，自应在此项内动拨"④的自主财政，而且是针对以备不时之需的因公挪用。

但随着18世纪国家人口的激增，地方事务也随之增多，费用所需自然加大，而量入为出的财政征收体制却不得改变。换言之，低税收、低存留的财政状况仍是难解的困局，解决财政来源的狭小途径将官员俸禄重新置于经常挪为公用的境况下。其原因是复杂的。

首先，由于养廉银是从耗羡银两中分割出来的，其本身并没有彻底摆脱耗羡银两最初的半公半私性质。而且历史的惯性作用同样表现在地方官对由耗羡转化过来的养廉银的认知与使用上。如此，以养廉银解决财政亏缺，成为地方官最容易想到的路经。这种情况从耗羡归公后实施养廉银制度伊始便存在。

---

① 《清高宗实录》卷109，乾隆五年正月乙丑。
② 《清高宗实录》卷355，乾隆十四年十二月辛卯。
③ 《清高宗实录》卷334，乾隆十四年二月乙酉。
④ 《清高宗实录》卷375，乾隆十五年十月戊戌。

如山东布政使张保奏，自雍正二年（1724）七月内议给养廉银起，至雍正四年（1726）十二月止，通省道府州县署事各官共养廉银31560两零。已解过银11530两零，未完解20040两零。署巡抚塞楞额檄张保于此项内将13500两银给各州县领造营房。① 并奏称，"主子赏给之养廉银一万两以为食用外，凡有应分赢余银两合应存库公用"②。

山西巡抚衙门经诺岷奏明蒙准，每年养廉银31700两。巡抚伊都立自雍正三年（1725）二月十五日到任起，至雍正四年十一月十二日离任止，共领过养廉银54224两零。离任之日，伊都立曾将任内所得养廉银二万余两发寄司库，他说："臣一年内衙门一切日用等项共用银九千七十二两，余银二万二千六百二十八两，臣正在缮折奏明。"寻问解交何处。但雍正帝没有批准，批复曰："且缓。此系奏明尔分中之物。"令其将余银存留，俟有公用处奏闻。③

雍正九年（1731）七月，陕西布政使硕色奏，查巡抚衙门每年应给养廉银二万两，巡抚武格自雍正七年（1729）四月初二日到任后，除陆续支取，尚有未领养廉银五千两贮司库，因"所得养廉为一切公私用度并借给家口从容有余"，武格于回京日，请将此项存公养廉以充公用。④

雍正十三年（1735），浙江布政使张若震奏："臣监管盐政，将原定养廉银四千八百两照旧支领，以为幕友束修及公事犒饷等项之费，其衙门一切用度已有布政使衙门养廉银足以敷用，所有两次掣盐规费银两，臣毋庸支取，相应奏明以便归入节省引费项下，贮充

---

① 参见《雍正朝汉文朱批奏折汇编》第8册，雍正五年正月十二日，山东布政使张保奏报各属养廉银暨耗羡赢余等项银两情形张保折，第855页。
② 《雍正朝汉文朱批奏折汇编》第6册，雍正四年二月初一日，山东布政使张保奏报赢余银两存库折，第751页。
③ 《雍正朝汉文朱批奏折汇编》第7册，雍正四年七月初一日，山西总督伊都立奏报动存养廉银两数目折，第555页；第10册，雍正五年八月十三日，山西布政使高成龄奏覆巡抚养廉并无公用缘由折，第377页。
④ 《雍正朝汉文朱批奏折汇编》第20册，雍正九年七月二十二日，陕西布政使硕色奏抚臣剩余养廉银两存贮司库应否以充公用请旨遵行折，第958页。

地方公用。"①

以上情况可以看出，养廉银从最初的发放就有公用的成分在内，这一点已经由所有官员自觉将部分养廉银充作公用的认知中表现了出来。但是，其中多少属于公，多少又可以私有，却是混淆模糊的。正是这种公私界限不清的养廉银制度为日后的国家吏政与财政带来诸多的弊端。这就是这场体制内改革无法克服的问题。而且，由于陋规尽革，耗羡银两原本加派少的省份，如广西等省已经出现了办公费用不足的问题。雍正五年（1727）二月，署理广西巡抚韩良辅奏称："粤西茶果、节礼等项陋规尽行裁革，巡抚两司各衙门毫无进益，巡抚衙门费用每年约需五六千两，藩臬两司半之，左江右江两道又半之，应否于各关赢余银两内每年酌量存留若干，以资巡抚司道养廉。""其养廉银，巡抚每年约得六千四百两，布政司每年约得二千九百二十两。"② 广西省官员的养廉银额除了贵州之外，在全国是第二低的，且不敷发放，属于先天的不足。

其次，财政管理习惯提供给统治者惯性思维。从俸工银到养廉银，一再被以谕旨的方式禁止挪用，但在财政短缺的情况下，又多次被允许，几乎从未停止过。其中有用于各项军需、工程费用及办公费用，也有为弥补地方钱粮亏空，还有个人的各种罚项。也就是，自耗羡归公之后，不仅以养廉银养廉似有可虞，地方财政的缺口依然不小，所谓"昔之公项皆出于此而有余，今则日见其不足，且动正项矣"。以致养廉银被挪移公用的现象在乾隆朝屡见不鲜。而此种情况之所以再现于地方财政中，显然是得到乾隆帝的批准。

如军需、办差等大宗支出。乾隆十一年（1746），清军用兵瞻对土司，由大学士庆复奏准，"动支川省养廉银六千两以充公用"，而

---

① 管理盐政浙江布政使张若霆《奏报照旧支领养廉银毋庸支取规费银两事》雍正十三年十一月二十七日，中国第一历史档案馆藏，《朱批奏折》档号：04-01-35-0440-030。
② 《雍正朝汉文朱批奏折汇编》第9册，雍正五年二月初八日，户部尚书张廷玉等奏遵议广西养廉银两折，第21页。

后张广泗办理大金川军务,"所有川省养廉银两亦准其动支"①。可谓情急之下的酌盈剂虚之举,也成为乾隆朝摊捐养廉筹集经费的开端。而后,乾隆十三年(1748)初,漕臣蕴著为解决随时办公之项,预支乾隆十四、十五两年养廉银。尔后,漕运总督瑚宝以咨查追缴究难悬待为由,请先于各粮道及运司存公余平银内照数补解。② 可见,各省督抚已将捐俸视为解决地方经费的重要来源,没有人怀疑它是否具有合理性,而且越到乾隆后期捐廉的情况越多。

乾隆三十五年(1770),湖北省办理兵差,巡抚梁国治奏请,"每次公捐养廉银一万余两,现在按月陆续捐扣"③。四十五年(1780)二月,乾隆帝南巡,两淮商人奏请捐报效银两银一百万。乾隆帝以办差经费无需此等捐输,命将"留为此次各省办公之用,着交伊龄阿于此项银内,给还直隶公捐养廉银五万两,山东公捐养廉银十三万八千五百余两,江南公捐养廉银十二万三千七百余两。又前赏江南办差银三十万两,亦着于此项内归还原款"。又"于此项捐银赏给直隶银三万两、山西银五万两,以资修葺之费,毋庸再行捐廉办理。其余银三十万余两,仍即交存两淮运库,以备将来办公之用"④。"此次浙省办理差务所用银两内,公捐养廉银五万四千五百两,着加恩于盐道库项银两内照数赏给,毋庸扣捐养廉。"⑤

可见,乾隆帝此次南巡,沿路各省官员都有捐养廉,是两淮商捐银百万解决了养廉银的归补。由此可见,自乾隆中期开始,官员的养廉银在很大程度上得不到完整的发放,而"外省大小臣工,全藉养廉办公"⑥。最终能够发放到官员个人用于养家的部分就更少了。

乾隆五十一年(1786),乾隆帝西巡,河东商人报效银20万两,随后乾隆帝从巡抚伊桑阿那里了解到山西为办差,各官有捐养廉银,

---

① 《清高宗实录》卷301,乾隆十二年十月己卯。
② 参见《清高宗实录》卷358,乾隆十五年二月庚辰。
③ 《清高宗实录》卷862,乾隆三十五年六月丙子。
④ 《清高宗实录》卷1101,乾隆四十五年二月乙丑。
⑤ 《清高宗实录》卷1102,乾隆四十五年三月丁亥。
⑥ 《清高宗实录》卷1249,乾隆五十一年二月癸卯。

所谓"晋省办理五台差务，所有桥梁及黏补行宫座落等项向来例无开销，自抚臣以下至知府共捐养廉银八万两"。于是，乾隆帝令从商人报效的20万两捐银中，"赏给银八万两以作黏补行宫、建搭桥梁道路之费，不必另捐养廉"。又"赏山西省办差银一万两，直隶省办差银七千两亦即以此项银两内拨给，无庸长芦运库领解。除各项分赏之外，尚余银九万三千两，着交与直隶总督刘峨存贮，酌量上年被灾之顺德、广平、大名各属，或尚有应行抚恤接济需用之处，即行奏明动用"①。

事实上，如果将养廉银一概视为地方财政的补充而任意预支取用，并由此造成财政混乱和吏治腐败的话，那是只看到了问题的表面。捐廉的背后往往隐藏着虚假的官场内幕。例如乾隆三十七年（1772），四川总督阿尔泰为朝廷采办楠木，"伊将养廉银三千两捐办"②。半年后，继任四川总督文绶翻查前任藩司刘益任内的库吏册，发现阿尔泰采买楠木的银两，系"先于司库借动，复于通省官员养廉内摊扣弥补"。也就是说，阿尔泰面奏其采办楠木系"每年自扣养廉三千两"委员购运，实则并非自捐养廉银，而是先挪用官帑，随后又以通省官员养廉银扣抵。所谓"乃竟虚开扣存之数，仍暗行收回，并且派官扰商"③。

（三）以养廉银议罪与赔补亏空

地方官除以养廉银捐助公项、充作办公费用之外，还有一部分也是拿不到手中的，这就是罚项和赔补亏空钱粮。

按例，有过、有罪议罚养廉银。例如，雍正十一年（1733）四月，山西巡抚觉罗石麟奏称，因在应州等四州县积欠钱粮分年带征折内有错谬糊涂之处，奉旨扣除其名下养廉银四千两，并布政使名

---

① 《清高宗实录》卷1249，乾隆五十一年二月癸卯。
② 《清高宗实录》卷913，乾隆三十七年七月丁巳。
③ 《清高宗实录》卷923，乾隆三十七年十二月壬午。

下六千两存贮公用。① 这类处罚虽有一定的随意性，但尚在清朝对官员的行政处分规则范围内。但到了乾隆后期，由对官员的行政处罚的"罚俸"演变为"议罪银"。

议罪银，就是以交纳养廉银代替议罪。由于议罪银的出现恰好是在和珅把持朝纲的时期，故学界多以议罪银为和珅所设计，但却缺少一些实证的内容。根据档案及官书，可知，在乾隆四十六年（1781）正月，闽浙总督富勒浑因未参劾浙江巡抚王亶望于丁忧中不遣家属回籍一事，自请罚银四万两以赎前愆。② 在《清实录》中，第一笔议罪银的出现也是在乾隆四十六年，被罚者系在甘肃布政使王亶望捏灾捐监冒赈案中失察的陕西巡抚毕沅。毕沅在陕西八年，两署督篆，于王亶望等监粮舞弊一案中坐视其侵蚀而不参奏。乾隆帝传谕将其照李侍尧、富勒浑之例降为三品，命"将伊养廉银永停支给，倘毕沅因停其养廉之故，或借词需索属员，致有簠簋不饬之事，王亶望是其前车，朕必重治其罪"③。而且，乾隆帝犹以如此处分不足以平其心中愤懑，仍令毕沅自行议罪。寻毕沅奏请"愿罚银五万，留备甘省官兵赏犒之用"④。

次年（1782）七月，山东巡抚国泰请罚银为父免罪。所谓"上年伊父文绶获罪，发往新疆效力，伊奏请捐廉四万两为伊父赎罪"⑤。四十九年（1784）七月，两广总督舒常、广东巡抚孙士毅因失察沿江防范，致有揽送洋人越境之事，被交部严加议处，"舒常请罚养廉银三万两，孙士毅请罚养廉银二万两"⑥。此次虽因二人很快审出实情，"其自请罚养廉银两之处俱着宽免"。但可以看出，自请交纳罚

---

① 参见《雍正朝汉文朱批奏折汇编》第24册，雍正十一年四月十三日，山西巡抚石麟奏覆酌议拨给往晋协办军需用布政使蒋炯养廉银两请旨遵行折，第314页。
② 参见闽浙总督富勒浑《奏报未参奏王亶望请缴赎罪银两事》乾隆四十六年正月，中国第一历史档案馆藏，《朱批奏折》档号：04-01-35-0746-011。
③ 《寄谕陕西巡抚毕沅着倘借停养廉需索则王亶望是前车之鉴》乾隆四十六年十二月二十二日，中国第一历史档案馆藏，《灾赈档》缩微号：076-0294。
④ 《清高宗实录》卷1137，乾隆四十六年七月丁巳；卷1146，乾隆四十六年十二月己卯。
⑤ 《清高宗实录》卷1160，乾隆四十七年七月甲辰。
⑥ 《清高宗实录》卷1211，乾隆四十九年七月辛未。

银,已经成为乾隆后期高级官员免于行政处罚的一种方式。

除了自请罚银之外,还有被朝廷议罚的。乾隆四十九年(1784)十二月,新任兵部尚书福康安提议,对督缉金川逃兵不力的各省督抚议罚养廉。乾隆帝"俱着加恩准其支给一半仍分年带扣完缴。"① 福康安因前任云贵、四川、甘肃等省,亦在受罚范围之内,但被乾隆帝宽免。

乾隆五十年(1785),因运河中河一带未能预先建好闸座,致河道运道浅阻,两江总督萨载、河道总督李奉翰以"贻误要工"获罪。原拨款项13.26万两银一概不准开销,令分赔。萨载、李奉翰各分赔二万两,督办徐淮道刘锡嘏分赔三万两,剩银六万二千六百余两,由河员邱麟阁等五员名下分赔。而在这次责任中,萨载、李奉翰除了各认赔银二万两,又自行议交罚银二万两。虽被加恩宽免,但"萨载等代刘锡嘏分赔三万两外,再恳罚银二万两","着免其一半"②。

这种以交纳养廉银代替议罪的方式不仅风行于督抚等大员中,就连京官主事、外官知府以下也有人请以纳银赎罪。如乾隆四十九年(1784),原任户部主事孔继汾因擅启孔府圣林违例营葬亲母获罪,案内自行议罚五万两银、分次解缴河南藩库,已设措银一万两自行解往,其余四万两在设法变产,务于乾隆五十、五十一两年分作两限解缴。③ 至乾隆五十二年(1787),户部陆续兑收银四万二千两,尚有未交银八千两。④ 又如,因督办运往福建军糈米石而耽延获罪、后被发往伊犁的革职知府施光辂,呈请捐罚银一万两赎罪,并

---

① 参见《清高宗实录》卷1220,乾隆四十九年十二月己丑。
② 《清高宗实录》卷1230,乾隆五十年五月辛酉。
③ 参见山东巡抚明兴《奏为遵旨办理孔继汾欲违例附葬亲母情形并该员自请罚银五万两事》乾隆四十九年九月二十二日,中国第一历史档案馆藏,《朱批奏折》档号:04-01-01-0400-037;河南巡抚何裕城《奏报衍圣公孔宪培曾叔祖孔继汾分批解缴赎罪银两事》乾隆四十九年十一月初六日,中国第一历史档案馆藏,档号:04-01-35-0748-029。
④ 参见《清高宗实录》卷1292,乾隆五十二年十一月戊寅。

请自备资斧前赴闽省效力。① 虽然此议未准施行，但至少说明议罪罚银在官场中的影响力度。

议罪罚缴养廉银往往数额巨大，由数万两到数十万两不等，随意性很强。罚银最多的要数福建水师提督黄仕简。乾隆五十三年（1788），乾隆帝诏责："台湾逆匪滋事年余，一切军饷费用不赀，皆黄仕简因循贻误所致。若复令坐拥丰饶，无以示惩。着李侍尧于黄仕简名下，罚令缴出银二十万两以备赔补军需之用。"②

正因议罪银罚缴数额过大，官员往往拖延数年不能缴完。如"原任兵部尚书刘峨，前在直隶总督任内有认罚养廉银两"，至嘉庆四年（1799），未完罚银 1.2 万两，由嘉庆帝加恩宽免。③ 嘉庆二年（1797），即乾隆帝为太上皇期间，罚银议罪仍在执行。方受畴因任内收受属员生日节礼等陋规，"拟罚缴银二万两"，谕令"添罚银一万两，以示惩儆"④。

议罪银在实施近十年后，遭到内阁学士尹壮图的强烈反对，指出以罚银充公，造成了地方亏空钱粮的严重亏空，"请永停罚银之例"⑤。但并没有动摇乾隆帝将议罪银实施到底的决心。在他看来，各省督抚"本任养廉，原属优厚。除赡给身家及延请幕宾支用外，出其赢余，备物申悃，固所不禁"⑥。按此逻辑，罚银议罪对个人是没有影响的。而督抚中也有认可罚银的。如尹壮图在被责令到各省查看有无仓库亏空时，于江苏见到巡抚长麟，长麟称"由藩臬简用巡抚，历任七年，领过养廉八万余两，除缴罚项尚余二万余两，用度有余"⑦。

---

① 参见《清高宗实录》卷 1294，乾隆五十二年十二月甲辰。
② 《清高宗实录》卷 1298，乾隆五十三年二月乙未。
③ 参见《清仁宗实录》卷 41，嘉庆四年三月丙戌。
④ 《清高宗实录》卷 1497，嘉庆二年十二月甲子。
⑤ 《清高宗实录》卷 1367，乾隆五十五年十一月乙未。
⑥ 《清高宗实录》卷 1160，乾隆四十七年七月甲辰。
⑦ 钦差侍郎庆成《奏报尹壮图询明长麟并盘查仓库钱粮事》乾隆五十六年正月十一日，中国第一历史档案馆藏，《朱批奏折》档号：04-01-35-0754-034。

长麟在交完罚银后，仍有"用度有余"之说，或属于官员中家世殷实的个例，但更大的程度上可理解为长麟的逢迎作态。在现实中，乾隆后期官员养廉银被罚所引发的后果却是实实在在地令人担忧。

如乾隆五十年（1785），两江总督萨载奏称，其议罪的罚银有18万余两，分作三部分：一是因办理河务错谬被罚银，"将挑河建闸所用银两各赔银四万两"；二是因上年查办江西巡抚郝硕贪渎不职一案失察，"罚去养廉三年共银五万四千两。前经奏恳于乾隆五十年先缴银一万四千余两，余银四万两分作四年完缴"；三是"分赔前项河工银五万一千两"。萨载"惟有仰应圣恩，准于乾隆五十一年起每年应缴罚项银一万两之外，再缴分赔银五千两解交河库归款。计每年共缴银一万五千两，俟四年后再将剩余分赔银三万一千两分作两年完缴"。"在奴才等应完官项既得按年解缴，而每年各剩余养廉银三千两办公仍属有资。"① 也就是说，萨载的养廉银分作五六年扣罚，仅够其罚银部分，每年的办公费用仅剩三千两，而个人养家银两为负数。

仅就萨载的罚银数额来看，无异会将其置于贫穷的边缘，若家境瘠薄者便会倾家荡产。但是督抚们往往在这种处罚中却依然故我，甚至锦衣玉食不减。那么，这些罚银究竟出自哪里呢？这固然难以得其详，但绝对不会出自督抚们个人的腰包却是可以肯定的。

除了罚银议罪外，以养廉银赔补亏空也成为罚银的变相方式。而且，由于在雍正朝已经完成了耗羡归公、陋规已经被视为非法的情况下，存留有限的地方财政更成为一个无他源可寻的困局。那么这一时期的亏空，究竟如何弥补，是由官员个人弥补还是出自其他？那么既合法又不损公的经济来源只能是出自官员个人，这包括养廉银、家产。可以放到明面上也是最方便的方式，是扣缴养廉银。

---

① 两江总督萨载《奏为分赔河工银两请于每年养廉银内扣还归款事》乾隆五十年十月初三日，中国第一历史档案馆藏，《朱批奏折》档号：04-01-35-0174-013。

第六章　乾隆中后期的钱粮亏空案与乾隆帝斧锧惩贪

在雍正末年，便有官员发议以摊扣养廉银以赔补亏空，被指为恐有"那移动用，格外取巧之弊"而否决。① 但以养廉银赔补亏空还是在乾隆后期开始了。

例如，甘肃捐监冒赈案中的亏空，明确定由官员的养廉银弥补。所谓"皋兰县已征解银内，除借垫夫马工料及新疆各案车价口食等项俱应造销请领归款外，其余实系历任亏空，请核入通省亏空案内，着落在乾隆四十年以前，辗转接受之州县及加结保题之各上司加倍分赔。并将通省现任各官养廉，分年摊扣还项。西宁府未解茶课银内，除垫给进剿逆回官兵口粮并拨运粮草脚价例应准销外，其余请归入办差无着项内，亦将各官养廉陆续摊扣归款"②。在甘肃省 120 余万亏空中，除 40 万两追究历任官员的责任实行追赔外，还有"八十二万余两未便竟归无着，着请于现任督抚及司道府厅州县各员养廉银内摊扣三成，陆续归补"③。这些官员并非亏空的当事人，但他们仍然要用自己的养廉银去承担此项亏空的弥补。

在赔补时限上，乾隆帝的要求是很明确的，限期赔补、上级责任官员分赔、亏空官员独赔等，其执行力度一如雍正朝，甚至还有过之。

例如，乾隆帝针对山东省二百余万的亏空，要求地方弥补亏空赔补的时限是在两年限内。其赔补过程，巡抚明兴在奏折中说得很清楚："臣将所称四月以来弥补银数通盘核计，共补银五十余万两。合之，现在所缺一百三十余万两，竟与臣访查共缺二百万两之数不

---

① 以养廉银赔补亏空的想法在雍正末年便有人提出。在江西巡抚常安折中提到，署江西布政使宋筠奏：现任各官应追分赔核减等项银两，向系在任着追并不离任，虽按限查参，仍多悬欠。查八旗承追分赔等项，有扣抵俸禄钱粮之例，今外省各官俱蒙皇上赏给养廉银，应按照八旗例，酌其养廉多寡，先行咨部按年扣解。雍正帝令常安与布政使商议定夺。常安认为各官亏空数额多寡不同，担心出现新的挪移之弊，而否定了宋筠的提议。参见《雍正朝汉文朱批奏折汇编》第27册，雍正十二年十月二十二日，江西巡抚常安奏覆现任应追分赔款项仍照旧例勒限严追等事折，第164页。

② 《清高宗实录》卷1151，乾隆四十七年二月丙申。

③ 《寄谕陕甘总督李侍尧皋兰等州县钱粮亏空着免其分赔再亏不贷》乾隆四十七年三月十八日，中国第一历史档案馆藏，《灾赈档》缩微号：076-0378。

甚相悬。……臣现复同藩司按亏缺之多寡、员缺之大小,定弥补限期之近远,察视各该地方官感恩畏罪及力量赢绌情形,自七月至岁底约可弥补五六十万两,尚余七八十万两,虽为数亦复不少,但此一二十处,或因仓谷浥烂,不无赔贴,或实系因公帮垫,逐渐增多,此等州县期限应请稍宽,总以来岁一年为断,通省仓库均可一律实贮无亏。"① 半年后,明兴再报,"年余以来,各州县亦无不黾勉筹画,已完至八十二万余两,尚缺银五十七万余两"。"臣前因东省亏空累累,苟非严加督催难望竭力补苴。是以请限今年岁内全完。"②

两江亏空案的弥补也十分迅速,据总督李世杰的奏报,乾隆五十一年(1786)十二月,查核上下两江亏空共有27.2万余两,现在已弥补银17.5万余两,未弥补银9.7万余两。③ 至乾隆五十二年(1787)年末,李世杰与江苏巡抚闵鹗元又奏,本年三月内已据上江各州县及下江之苏、松、常、镇、太五府州各属弥补清完银20.1万余两。其江宁、扬州、淮安、徐州四府未补银6.1万余两。"仰恳圣恩,宽俟本年九月内一律完清。"④

对于没能按期赔补的亏空,乾隆帝特别委派官员前往催追。如浙江省,自乾隆四十七年(1782)勒限弥补后,因各属仓库亏缺之项为数较多,历三四年之久,至五十一年(1786)二月尚未能够依限全补,奏请再行展限。乾隆帝十分不怡。谕曰:"朕因该省王亶望、陈辉祖之案甫经查办,不值更兴大狱,是以降旨令其勒限弥补,已属失之姑息。"又说:"国泰在山东肆行勒派,亏空至二百余万之多。业据明兴奏报,于二年限内已经弥补全完。浙省亏缺之数非山东可比,何以立限已逾,尚复宕延亏帑,是该省大小地方官,恃朕

---

① 《宫中档乾隆朝奏折》第52册,乾隆四十七年六月三十日,山东巡抚明兴奏报查明山东通省亏缺情形勒限弥补折305。
② 《宫中档乾隆朝奏折》第58册,乾隆四十八年十二月十五日,山东巡抚明兴奏请淮州县展限弥补仓库亏那折,第697页。
③ 参见《清高宗实录》卷1271,乾隆五十一年十二月乙丑。
④ 《宫中档乾隆朝奏折》第66册,乾隆五十二年十一月三十日,两江总督李世杰等奏报江宁各属亏空已弥补全完事,第494页。

有不为已甚之旨,竟敢玩视帑项,一味稽迟。"① 随后派出尚书曹文埴、侍郎姜晟、伊龄阿等一干大臣为钦差,驰驿前往浙省,令将各州县仓库彻底盘查,究竟亏缺若干,弥补若干,据实具奏。于是,在是年十月,调任浙江巡抚伊龄阿奉命在一年之内完成了20余万的亏空赔补。所谓:"浙省未完亏项尚有二十五万三千七百余两,奏准按照各该县在任月日均匀勒赔,现在浙省者以奉旨之日为始,已离浙省者以到任之日为始,终于一年内尽数清款。"②

那么,对于如此速度的赔补缺额,似可以这样认为,养廉银的摊派是难以避免的。而官员有数的养廉银又不足以在短期内弥补巨额的亏空。所以加征耗羡银两同样也是不可避免的,这往往又成为一些不法贪吏勒索民力的一个机会,借此制造出更大的亏空。这种状况在嘉庆朝已经有了明显的验证。

---

① 《清高宗实录》卷1249,乾隆五十一年二月辛卯。
② 《宫中档乾隆朝奏折》第62册,乾隆五十一年十月廿四日,浙江巡抚伊龄阿奏报浙省人员已未完亏缺银数事,第75页。

第七章
嘉庆朝的艰难抉择

在清代历史上，嘉庆朝无疑是一个夕阳西下的历史年代，这不仅仅是因为"康乾盛世"在此宣告结束，更重要的是此时的清朝已与世界历史的潮流拉开了距离。但是，还需要看到的是，在清代纵向发展的历史上，嘉庆朝与雍正朝似应遇到了同样的问题，那就是一个老皇帝在"宽政""持盈保泰"的思想主导下，留下了诸多弊政。只是嘉庆帝没能如乃祖那样以铁腕托起隐藏危机的朝纲。在整饬钱粮亏空这一关乎国家吏政、财政以及经济实力等重大问题上，嘉庆帝所表现出的瞻前顾后、"徐徐办理"的执政风格，注定了他的统治缺乏应有的执行力度。虽然嘉庆帝为重振国力绞尽脑汁，整饬钱粮亏空坚持不懈，其结果却与其祖雍正帝难以望其项背。这固然有其个人的因素，而清朝国力的衰弱之势在彼时已成困局。

有关嘉庆时期清理钱粮亏空的研究，以往的先行研究不乏多有关注。① 其共性在于着重于对钱粮亏空现象以及国家应对措施的分

---

① 20世纪80年代，台湾学者刘德美就从安徽的钱粮亏空入手，对清代财政积弊进行了探源，撰写了《清代地方财政积弊个案探讨——嘉庆年间安徽钱粮亏空案》（《师大学报》第27期，1982年）一文，具有开拓性。90年代以后，诸多学者加入了这项研究，诸如贾允河的《嘉庆朝钱粮亏空的原因》（《西北师大学报》1993年第5期）《清朝钱粮亏空的财政制度根源初探》（《西北师范大学学报》1998年第1期）等文分别就官亏、民欠、吏蚀以及财政制度等亏空的成因与源头进行了分析；朱诚如、陈力的《嘉庆朝整顿钱粮亏空述论》（《明清论丛》第2辑，紫禁城出版社2001年版），对嘉庆一朝的钱粮亏空案进行了总体性的梳理，并对嘉庆帝的清理手段进行了讨论；

析。本章仍将全力关注"政治过程",就嘉庆一朝处理钱粮亏空案的实践过程,以及君主与官僚在政策推行过程中的不同认识进行讨论,以揭示皇权与官僚在专制政治中各自的不同立场及其背后的利益驱动。并通过对嘉庆朝出现的各省督抚于地方钱粮虽有持续不断的清查,得到的却是屡屡续亏的新报这一现象的分析,以表达地方钱粮亏空不可遏制的蔓延趋势,呈现的是清朝国力衰落的态势这一观点。

一 "徐徐办理""缓缓归款"

嘉庆二年(1797),刚刚登基两年有余的嘉庆帝命两广总督觉罗吉庆与广西巡抚台布清查广西常平仓谷,由此揭开了嘉庆一朝清理钱粮亏空的序幕。

此次清查是为战事筹计粮饷而起。先是,吉庆奏报粤西筹运平定川楚白莲教战事的军需粮米迟缓不前,"广西系产米之区,何至无米碾运?"嘉庆帝遂谕令吉庆与台布会同查办。而后,吉庆等奏以并无亏短,曰:"以常平仓谷随时动用,因近年谷价较昂,多有未经买补之处,将仓谷短缺州县现有谷价银四十一万三千余两存贮司库,即以数目相符,均无亏短具奏。"按照吉庆的回奏,广西的常平仓中没有存粮,只存有采买仓谷的银两,但吉庆等奉命查办此案业已半载有余,却没有结果回奏。嘉庆帝因此怀疑常平仓所储银两为虚,

---

陈连营《危机与选择——嘉庆帝统治政策研究》(博士学位论文,中国人民大学,1999年),从政策推行的角度对钱粮亏空清理的实施作了阐发和评议;赵亮《嘉庆朝官员革职案研究》(博士学位论文,中国人民大学,2007年)关注了对钱粮亏空官员的处分问题;李光伟在《清中后期地方亏空与钱粮蠲免研究》(《安徽史学》2014年第6期)一文中指出,清中后期的地方亏空有不可遏制的蔓延与恶化趋势,官僚系统却无法突破既有财政体制框架,尤其谈到了钱粮蠲缓的宗旨与实际效果发生了背离。这些讨论都有逐渐深化的趋势,并将钱粮亏空的现象深入到财政体制与国家体制中去思考。

吉庆是在拖延时间，为道府州县等官"闻风豫为挪借，藉谷价以为目前掩饰之计"①。即吉庆是在为广西大小各官徇隐，命将吉庆、台布交部严加议处。这似乎表明，嘉庆帝不仅明察秋毫，且有严惩亏空的政治意图与政治态度。

随即，嘉庆帝鉴于"各省亏空并非一日，仓谷亏空已成积习"的现状，决定开始全面清理亏空。他说："朕办理庶务，不为已甚，今特详细指示。吉庆等此次查办，总当以各该州县实贮谷石为凭，如仓谷实有八成以上，其余未经买补，所存谷价无几，其咎尚可从宽，只须交部议处。若仓谷只有五成，其余一半皆系谷价，即当交部严加议处。倘所管仓谷颗粒全无，惟以谷价藉词抵饰，竟应照亏空参办治罪。"②

嘉庆帝的这一上谕，是对仓谷亏空清查定下的基本原则，即必须实贮仓谷八成，八成以下就要交部按例议处。这个"不为已甚"的基调，虽不及雍正时期的严厉，却也不失为一项严肃的政治律令。嘉庆四年（1799）正月，又明确表态，"从前原任内阁学士尹壮图曾以各直省仓库多有亏缺，藉词弥补，层层朘削，以致民生受困之处俱着陈奏。其事虽查无实据，而所奏实非无因"③。这一公开支持尹壮图的态度，则意味着认同乾隆以来各省多已出现了钱粮亏空的舆情，并着意去清理。

但是，当嘉庆帝决定放手新政的时候，却只是惩办了权臣和珅及其党羽福长安等人，贪酷如"郑源璹、胡齐仑、常丹葵者，亦皆严拿纠讯"④。在清理钱粮亏空上却表现出一种温和政治的意向，这从他对山东、直隶两省清理钱粮亏空的处置意见上便可以洞知。

嘉庆四年（1799）三月，山东布政使署巡抚岳起最先揭报地方亏空实况，他说，"密查东省各州县官亏约有七十余万"，建议严行

---

① 《清仁宗实录》卷24，嘉庆二年十一月壬辰。
② 《嘉庆道光两朝上谕档》第2册，第327页。
③ 《清仁宗实录》卷38，嘉庆四年正月丁亥。
④ 《清仁宗实录》卷46，嘉庆四年六月己亥。

追赔。疏曰:"今惟有接限勒令完交,而吏治官方亦力加整肃,以冀起色。"然嘉庆帝的批示却是:"徐徐办理,自有成效。百姓足,君孰与不足,培养元气,胜于仓库实贮,奚啻万倍。至于大吏洁己率属,各员裁革陋规皆为善政,以此弥补足矣。捐廉罚银等事,朕必不为。"① 五月,他再次明确指示岳起,"以实办理而莫过急,大凡弥补之事,缓则民安,急则民病,损上益下,在民即同在官,益上损下,悖入终须悖出,此乃一定不易之理,须看得透"②。

嘉庆帝明确了清理钱粮亏空的基调,即"徐徐办理",而非严厉追缴。"各员裁草陋规皆为善政,以此弥补足矣。"这是嘉庆帝为弥补钱粮亏空所设计的最初方案,力求实施既不加派民间,也不处罚官员的和缓政治。

所以,当重新被启用的内阁学士尹壮图上"清查各省陋规一折",奏请"悉照(乾隆)三十年所有陋规勒为成式,其续增科派悉行裁革"时,遭到嘉庆帝的反对。理由是,"陋规一项,原不应公然以此名目达于朕前。但州县于经征地丁正项,以火耗为词,略加平余;或市集税课,于正额交官之外,别有存剩;又或盐当富商借地方官势,出示弹压,年节致送规礼。其通都大邑差务较繁,舟车夫马颇资民力,皆系积习相沿,由来已久,只可将来次第整顿,不能概行革除。今若遽行明示科条,则地方州县或因办公竭蹶,设法病民,滋事巧取,其弊转较向来陋规为甚"。"尹壮图所奏实不可行。"③

嘉庆帝意欲保持乾隆以后陋规加征的常态,就是要以不可概行革除之陋规、耗羡之盈余,实现其"缓缓归款"的政治目的。但是,地方督抚们并没有完全领会嘉庆帝的意图,或者他们有其自己的苦衷而无法执行,更或者无法接收嘉庆帝的主张,仍按既有

---

① 《清仁宗实录》卷41,嘉庆四年三月戊子。
② 署理山东巡抚岳起《奏报接任藩篆日期并查明库项钱粮事》嘉庆四年五月初三日,中国第一历史档案馆藏,《朱批奏折》档号:04-01-35-0760-010。
③ 《清仁宗实录》卷42,嘉庆四年四月乙未。

的规则和想法去处理钱粮亏空。

嘉庆四年六月，直隶总督胡季堂鉴于"直隶一省，自乾隆三十二年以后未清银款至一百四十四万余两，历任各官至一百三十九员之多"①的现状，提出了一项严厉的处罚与归补亏空的措施，奏请将所有亏空官员集中关押省城，勒限追赔买补，原因是直隶亏空向来较他省为多。这种勒限弥补亏空钱粮的做法，自雍乾以来通行不悖，颇见成效。而且，早在嘉庆三年（1798）二月，胡季堂刚刚由刑部尚书出任直隶总督不久，就提出分别公私情节、限期归补的清查要求，即"将实系亏缺者勒限买补，并分别着追，其因公动用者，于秋成后买补"②。此次则进一步要求，"现在直隶各员应提集省城按限追缴，至升迁外省并已回旗籍者，应行文各原籍及该管现任督抚将欠项各员提至省城管押"。随后还制定了对亏空官员的处罚与监追条规。③

胡季堂的建言，遭到了嘉庆帝的斥责和反对。他下达谕旨说："胡季堂此奏，只为追缴库项悬款起见，而不顾事理之难行，且于各省吏治均有关系，断不可行。直隶各州县皆有地方之责，若因立限追完欠项，俱提至保定省城，则本衙门应办刑名钱谷词讼诸事，势必交佐贰及委员经理，不特旷废职守兼恐百弊丛生。"而且，嘉庆帝尤其担心他省仿效，谓："若各省皆从而效尤，则天下凡有应缴亏项各州县必致一举而空之，试问国家曾有此政体乎？即据单内所开，不特州县，如巡抚冯光熊亦有摊赔之款，岂欲将伊调至云南省城令富纲追缴耶！封疆大吏当以吏治民生为重，而财富次之，胡季堂何不知大体若此？此直隶未完各款已悬宕三十余载，既须次第清厘，何必亟亟现在，各省悬项分别子孙代赔，及前任现任三款已交户部

---

① 《清仁宗实录》卷55，嘉庆四年十一月癸酉。
② 《嘉庆道光两朝上谕档》第3册，第23页。
③ 胡季堂制定了清查与完补亏空的条规，这些条规后在嘉庆四年十一月，经户部议定嘉庆帝批准颁行。但胡季堂于嘉庆五年辞官，寻病故。其追赔各款后由熊枚、裘行简执行。因该章程仅限于直隶一省，本文称之为《直隶章程》。此章程按照亏欠多寡规定了对官员的处分和追赔。但放宽了对"摊赔"责任官员的处罚。参见《清仁宗实录》卷55，嘉庆四年十一月癸酉。条款见本章。

陆续查办"①。六月，再次指示胡季堂："仓库必须弥补，然须行之以渐。为大吏者，正己率属，大法小廉，徐徐化导，革除陋规，自必渐次清厘。若勒限催追，施之于一二贪吏尚可，通省如此，是令加派小民，徒饱私橐耳，再者激成别事，所费益大矣。缓急轻重，可不详思乎。"②

在嘉庆帝看来，一旦对通省亏空官员勒限严追，等同于"令加派小民，徒饱私橐"。事实上，嘉庆帝的担心不无道理。其时，白莲教的反清战火已燃及川楚陕等五省，清朝已倾国家之财力与军力进行征伐，此时顾虑"激成别事，所费益大"也在情理之中。但是嘉庆帝的想法并不为地方督抚们所认同。

岳起与胡季堂皆为嘉庆初政启用之人。岳起（1749—1803），鄂济氏，满洲镶白旗人。乾隆三十六年（1771）举人，以笔帖式历官户部员外郎、翰林院侍讲学士、詹事府少詹事、奉天府尹、内阁学士。嘉庆四年（1799）任山东布政使。岳起以清廉实干著名，被江苏百姓"演为《岳青天歌》"，是继汤斌以后唯一获此殊誉之人。③ 胡季堂（1729—1800），河南光山人，礼部侍郎胡煦子。以荫生出任顺天府通判，历官刑部员外郎、庆阳知府、甘肃江苏按察使、刑部侍郎及尚书、山东巡抚、兵部尚书、直隶总督等职。尤其以任"刑部年久，于刑名案件办理谙悉"④。二人的出身、为官经历与为政风格并不相同，但在面对如何清查地方钱粮的问题上，所遵循的原则却并无二致，这说明他们的见地在官僚中是有一定代表性的。而对亏空官员实施严追、勒限弥补、重者关押省城等措施，这些措施曾通行于雍乾两朝，有先例可循。官员们欲借助这些措施弥补亏空，并非妄议。

对于地方大员在清查钱粮亏空问题上的习惯思维，五年（1800）

---

① 《嘉庆道光两朝上谕档》第 4 册，第 211 页。
② 《清仁宗实录》卷 47，嘉庆四年六月丙辰。
③ 昭梿：《啸亭杂录》卷 4《岳青天》，第 85 页。
④ 《清仁宗实录》卷 26，嘉庆三年正月癸巳。

正月，嘉庆帝便向各省督抚发布了清查亏空的特谕，进一步阐明他要"徐徐办理"，并且提出要以密查、密办的方式展开对钱粮的清查，清查的结果直达皇帝，即所谓"密奏章程，候朕酌定"。他说：

> 国家设立仓库，原备各省缓急之用，岂容稍有亏缺。若清查过急，州县借弥补为名，复有劝捐派累之事，是为民反成害民之举，理财变为聚敛之弊矣。若勒限在任弥补，则是剜肉补疮，无益有害，朕深知此弊。大抵州县亏空，不畏上司盘查，而畏后任接手。上司不能周知，盘查仍须书吏，临期挪凑，贿嘱签盘，况为期迫促，焉能得其真实。此所以不畏上司盘查也，惟后任接手，自顾责成，无不悉心查核，书吏亦自知趋向新官，不能隐藏册簿。然此皆向来之弊，非近年情形。近年则新旧交相联络，明目张胆，不特任内亏空未能弥补，竟有本无亏空，反从库中提出带去，名曰做亏空，竟移交后任。后任若不肯接收，则监交之员两边说合，设立议单，其不肯说合者，又令写具欠券，公同书押，以国家仓库作为交易，实属从来未有之创举。凡此弊端，朕在深宫皆知，况亲临之督抚独不知乎！……总之，百姓不可剥削，仓库不可亏损，其如何从容弥补之法，则在督抚悉心讲求，无欺无隐，密奏章程，候朕酌定，亦不拘年限也。特谕！①

而且，嘉庆帝反复强调，各省督抚"自应熟筹善法弥补，（弥补）全在上司培养元气，躬行节俭，以不收之陋规、耗羡之盈余，缓缓归款。上行下效，未有不能完之理"②。

但在五个月后，嘉庆帝发现各省大员并没有认真执行他的谕令，所谓"漫无章程，未见认真经理"。便于六月再度传谕各该督

---

① 《嘉庆道光两朝上谕档》第5册，第7页。
② 《清仁宗实录》卷62，嘉庆五年三月壬午。

抚,"惟当通盘查核,赶紧弥补,据实密奏。所有报销钱粮仍当按限题达,其经征不力之州县,亦当按照未完分数,循例参处,不得将亏缺数目辄行咨部"①。并直接通过军机处寄谕山东巡抚岳起、安徽巡抚荆道乾等人,斥责说:"各省亏缺,经朕密谕督抚等查办,惟当设法清厘,上紧弥补。今岳起竟将原奏咨部,并将朕密批一并抄送,大属非是,着传旨严行申饬,该抚惟当遵朕前谕,将该省亏缺密为查办。仍将如何上紧弥补之处密行奏闻。但必须令先行设法弥补,不得将挂欠数目于目下奏销册内遽行开报。图免本任干系。"② "今荆道乾竟将原奏咨部,实属非是,着传旨申饬。"

嘉庆帝所以如此办理,是因为在他的认知中,"各省（亏空）人数众多,若将亏空各员一体参革治罪不成事体,并恐此内或有居官尚好之员"。且"以数十年之积弊岂独罪及现任之官吏,情法亦不得其平,惟有徐徐弥补,剀切化导,俟全清之后再有亏缺者必置于法,方为正办"。他在给安徽巡抚荆道乾的朱批中明确指示:"奏销与弥补不可牵混者,因直省亏空众多,焉能尽行治罪,况诛之不可胜诛,即或严刑峻法,而亏缺反归无着,谁代弥补耶?"③他再度强调"各省密行查办"与"不得将亏缺数目辄行咨部"。

概而言之,嘉庆帝对地方清查钱粮亏空的要求可以归结为三点:一是"密奏章程",即由各省督抚自行提出清查本省亏空的办法,自行实施本省的清查事宜,不在全国设置统一清查与弥补方式。至于亏空数额、清查状况不得咨报奏闻户部,只要密报皇帝即可。二是"徐徐办理","不拘年限"。对于弥补亏空不限具体时间,朝廷只要完补结果,不问手段与过程。三是"百姓不可剥削","捐廉罚俸不

---

① 《清仁宗实录》卷70,嘉庆五年六月庚辰。
② 江苏巡抚岳起《奏报弥补亏空钱粮办法事》嘉庆五年七月十二日,中国第一历史档案馆藏,《朱批奏折》档号:04-01-35-0761-011。
③ 安徽巡抚荆道乾《奏报办理弥补亏空银两事》嘉庆五年闰七月初十九日,中国第一历史档案馆藏,《朱批奏折》档号:04-01-35-0761-012。

可为"，不苛民不损官，惟赖耗羡盈余、裁革陋规，补足亏空。

由此可以认为，对于清查钱粮亏空而言，嘉庆帝所要推行的是不折不扣的温和政治，这与雍正帝"限以三年"，"凡有亏空，无论已经参出及未经参出者，三年之内务期如数补足……如限满不完，定行从重治罪"的凌厉执政相去甚远。而这种温和政治出台的背后，又是基于怎样的考虑呢？

首先是，嘉庆帝鉴于亏空年久、牵涉官员众多的现状，欲"宽其既往之愆"，注重归补，以保持官僚队伍的稳定。所谓"原以亏空之案官非一任，事阅多年，若概行查办，则经手亏缺及接任虚报各员皆当按例治罪，人数未免众多，或尚有贤员亦觉可惜，是以宽其既往之愆，予以弥补之限。此系朕格外施恩，各该督抚惟当实力查核，将该省实在亏缺若干，其离任各员如何追缴，现任各员如何弥补，并作何分别年限一律清厘之处，一面查办一面据实密奏，方为实心任事之道"①。

嘉庆帝力图在不损害所有官员利益的前提下妥善弥补亏空。为此，他对督抚大员的监督，寄望于考成约束。"朕所以不即严办者，原以各该督抚自顾考成，明知所属仓库短缺，断无不上紧筹办之理，果能不动声色全数补完，何必因此辄兴大狱，乃各督抚等竟似一经奏明，即有恃无恐，置身事外。"②

其次，也是最重要的一点，就是嘉庆帝担忧严厉的追查，将导致官员借端苛派百姓而"激成别事"，实有对地方安定的担忧。所谓"州县借弥补为名，复有劝捐派累之事，是为民反成害民之举，理财变为聚敛之弊矣"③。因此，他在嘉庆五年（1800）三月颁布谕旨，曰："亏损之由非一朝一夕，则补助之道岂可骤施，况应酬交接之人存亡离散，无可着追，忍令现任之人倾家荡产乎！况亦必不肯倾家荡产，反借此以剥削小民，肥家入己。此事朕见得清，知得透，然

---

① 《嘉庆道光两朝上谕档》第 5 册，第 324 页。
② 《清仁宗实录》卷 83，嘉庆六年五月丁丑。
③ 《清仁宗实录》卷 57，嘉庆五年正月壬戌。

则任其亏缺耶!"①

可见,嘉庆朝清理地方钱粮亏空"行之以渐"的施政方针,是建立在不损官不害民的理想政治目标的基础上,但却是一个不切实际的施政方针。以故,各直省督抚大有不予认同者,主张按照国家法令法规予以严行追补,因此在施政过程中与皇帝旨意发生了抵牾。但随着清查的深入,不断出现的新亏、续亏,迫使嘉庆帝不得不进行政策的调整。

嘉庆帝与各省疆臣之间在整饬地方财政上的不同认识,是由其各自的立场所决定,而立场背后当是利益的驱动。从嘉庆帝来看,他既要照顾到官员的利益,也要顾及百姓的利益,更要考虑国家的长远利益,这应该是没有错误的。但是,在如何清理和弥补钱粮亏空的问题上,还存在着地方政府与中央政府之间的利益平衡问题,嘉庆帝似乎过分强调了国家或者说中央政府对完补亏缺钱粮这一清查结果的要求,而忽视了地方政府弥补亏空的实际能力。各省的陋规与羡余同样出自百姓,如若不能满足弥补亏空的需求,又要作何处置呢?这似乎不在嘉庆帝最初的思考范围内。而这一点恰恰就成为各省督抚藩司在清理和弥补钱粮亏空的问题上屡屡与之相左的原因所在,也是最终导致嘉庆朝清理钱粮亏空失败的重要因素。

二 各省督抚应对"密查、密办"

自嘉庆四年(1799),嘉庆帝下达令各省将属员亏缺密查密办、上紧弥补的谕旨后,各省反应不一,但实力推行者少。所谓"近日各省清查亏空,惟闻广东、浙江不动声色,以次清厘,办理已有成效,其余多系漫无章程,未见认真经理"②。在各省督抚、布政使所

---

① 《清仁宗实录》卷62,嘉庆五年三月壬午。
② 《清仁宗实录》卷70,嘉庆五年六月庚辰。

上的弥补章程中，只有广西巡抚谢启昆得到嘉庆帝的称许。

嘉庆五年（1800）八月，谢启昆奏称："弥补之法，宽则生玩，胥吏因缘为奸；急则张皇，百姓先受其累。各省贫富不同，难易迥别，一法立即一弊生，惟在因地制宜，率定章程，又多窒碍，请饬下各省先查实亏之数、原亏之人，如律论治，其无着者详记档案，使滑吏无可影射。多分年限，使后任量力补苴，不必展转株求，亦不必成功旦夕……惟率司、道、府、州省衣节食，革去一切陋规，俾州县从容弥补。"① 又说："臣前在山西、浙江藩司任内禀商抚臣，慎密设法追缴，将山西积亏银八十余万两全行补完，又将浙省积亏弥补十分之五，从未咨部，亦未咨追原籍，盖因原亏之员大半死亡遣戍，其子孙贫乏者居多，一经咨部查追，纷纷滋扰，徒饱吏胥之橐，仍不过以家产尽绝咨覆完结，求其照数追缴者十无二三。而现任之员反得以案已详咨脱身事外，实与帑项全无裨益。"并声称"查明通省库项未完者共三十九州县"，核其亏数廉羡多寡，分限三年按月交库。奏入，嘉庆帝批示曰："必应如此办理。"②

谢启昆的不可限期过激、过急的弥补亏空方法，可谓完全契合嘉庆帝的设想，而且他已在山西、浙江藩司任上有过以陋规弥补亏空的经历，故提出三年为期完补。然即便如此，嘉庆帝还是担心他有些过急。批复曰："所论甚是，三年有成，亦不为缓。"③

但是，各省的情况不同，如谢启昆者也终属个别，对于嘉庆帝的弥补亏空原则，督抚中或没有领会，或不能接收，各行其是者居多。例如，直隶省因清查亏空的方式过激在被嘉庆帝斥责之后，总督胡季堂虽然表示："臣因直隶未完各款，悬宕三十余年，奏请赏限追缴，仰蒙训示，惶悚尤深。"④ 并按照嘉庆帝的指示，在嘉庆四年

---

① 《清史稿》卷359，《谢启昆传》。
② 广西巡抚谢启昆《奏报遵旨密陈弥补仓库亏缺钱粮办法事》嘉庆五年八月初三日，中国第一历史档案馆藏，《朱批奏折》档号：04-01-35-0761-015。
③ 《清仁宗实录》卷62，嘉庆五年三月壬午。
④ 《清仁宗实录》卷47，嘉庆四年六月丙辰。

(1799)十一月，户部核议奏准直隶清理亏空的具体章程，将亏欠各员，按照亏空银数多寡限年追完，亏缺一千至五千两限一年追完，一万两限二年，二万两限三年，三万两限四年，三万两以上者限以五年，不及一万两者革职从宽留任，其数逾一万两者革职离任。① 但是，胡季堂于嘉庆五年（1800）十月即离任，由布政使颜检护理直隶总督。从后来直隶不断出现的续亏来看，颜检没有或没能实施对亏空钱粮的清理和弥补。

其余各省督抚，如安徽巡抚荆道乾、湖北布政使孙玉庭、闽浙总督玉德等人，大都主张严查严追。而这都与嘉庆帝"钦定"的归补政策相背离。

嘉庆五年（1800）二月，安徽巡抚荆道乾有"弥补亏空章程八条"。曰："一、各员旧亏应各按各任分别严追。一、勒提现任各员节省之项，按大中小缺分酌定银数，提归司库。一、离皖各员应分别咨追。一、仓库抵款应责成现任变追。一、年久无着之项，应于历任失察各上司及滥行出结之员摊赔。一、此次清厘之后，每年上司盘查及新旧官交代，不许沿习故套，率以无亏捏结。务将已未完各数于结内声明，题咨存案。一、追出银两，买补仓谷，应责成该管道府州赔补。一、现任州县开报旧亏不实，应着开报之员赔缴，报后续亏，应将现亏之员参办，其徇情之接任官及明知不报之上司一并严参，以绝流弊。"② 不难看出，荆道乾的基调就是"严追"。不但严追旧亏，还有对离任官员咨追、现任官员变追，无着之项摊赔，徇情者严参等。

湖北布政使孙玉庭的弥补章程，虽不及荆道乾所奏之周全，但提出了按照亏空数量分别处分的具体办法，且同样严厉。他说："请将亏数在一万两以内者，先行革职离任，调至省城，分别银数多寡，勒限完缴。如限内全完，奏请开复，逾限不完，即行监追，照例问

---

① 参见《嘉庆道光两朝上谕档》第4册，第472页。
② 《清仁宗实录》卷60，嘉庆五年二月壬子。

拟。其在一万两以上者，仍立即奏参监追，毋庸先行予限措完。内有升调别省及已回旗籍者，均请照此办理，已故者照例在家属名下着追。该州县一有亏缺，即应离任，亦不致苛扰小民。"孙玉庭的"革职离任，调至省城"等措施，依然意在依法处置亏空官员。而嘉庆帝在给孙玉庭的朱批中说，"朕所以不急办者，原恐病民，此谕只可同姜晟看，不可宣露于众"①，表示了对孙玉庭以处分亏空官员为清查手段的否定。

但是，督抚们似乎没有顾忌到嘉庆帝的三令五申，竟然自行将亏缺数额"咨报户部"，致亏空实情大白天下。所谓"近日督抚中，如岳起则将江苏省盘查案内亏缺一事，抄录朱笔密批，咨报户部。荆道乾则将安徽省州县交代展参案内，以仓库有亏声明咨部。惠龄则请将山东省未完州县处分暂缓例议，均属非是，已降旨饬谕"。很明显，地方督抚并没有理会嘉庆帝责令各省督抚密行查办亏空的用心。为此，嘉庆帝再次强调说："各省亏空一事，朕既责成各该督抚密行查办，自当仰体朕意实心经理，岂得以和盘托出，即可自占地步置身事外乎！况一经报部，即当按例参办，又岂能姑容不肖之员使之无所畏忌。"②也就是如此一来，亏空的状况也就要按照定例进行赔补，这与嘉庆帝不为"捐廉罚银"，不使小民为之骚扰勒索的初衷是相违背的。

然而，虽有嘉庆帝点名斥责，地方督抚中依然有我行我素、公然"犯禁"者。

嘉庆六年（1801）四月，江西巡抚张诚基奏报通省亏空并咨部。对此，他解释说：江西钱粮除民欠外，"其余悬欠尚多，若不将现在追赔弥补之数造册咨部，部中于钱粮数目无可稽核，且亏赔各项若仅由外省着追，本员既无停升革职之明罚，原籍又无承追之处分，恐观望延挨，终成悬宕。是以不得不照原奏章程咨部核办"。并奏称"仓库两项实尚有未完银八十三万九千九百一十八两零，统计应追之

---

① 《清仁宗实录》卷60，嘉庆五年二月壬子。
② 《嘉庆道光两朝上谕档》第5册，第324—325页。

人共一百八十二员"①。在张诚基看来,江西亏空近84万两,涉案官员182人,如果没有对亏空官员进行处罚的约束,仅靠官员自觉赔补,是一种无效行为,"是以不得不照原章咨部核办"。

但张诚基此举,遭到嘉庆帝的严厉斥责。曰:"所奏大谬,无此办法。各省钱粮仓库原应存贮充实,不得丝毫短少,设稍有亏缺,各督抚本当据实参办,至于弥补二字,原不可直达朕前,岂可公然咨部办理?"而且,嘉庆帝认为,"江西地方安静,年岁屡丰,并未有需费浩繁之处,何以自乾隆四十一年至嘉庆四年各州县亏空银数至八十三万余两之多。张诚基身任江西巡抚已阅多年,盘查仓库无亏,俱有奏案可据,今乃亏短如许之多,安知非该抚任内各州县任意亏缺,归咎前人作为历任亏项,思以罚不及众为属员开脱"。"今竟敢一面奏闻,一面咨部,岂以如此办理,伊即能幸免罪戾耶!"命将张诚基原折掷还,其咨部之案亦令该部速行驳回。②

从嘉庆帝的斥责中不难看出,他是认为张诚基咨部的动机有问题。首先,张诚基出任江西巡抚有年,以往并无亏空奏闻,而今骤然亏至83万有余,故有将任内亏项转嫁于前任之嫌。其次,张诚基还有试图通过咨部奏闻亏空,得仿照直隶特例,将"亏空各员姑免治罪"的用意。尽管如此,"照原章咨部核办",则意味着须按照既定条规清理亏空,它客观上反映出各省督抚的一种政治态度。而且,紧随张诚基的还有云南督抚以亏缺清册咨部。云贵总督"书麟先将奉到清查云南仓库亏短银数分别追赔之朱批率行送部,已属错误,而(继任总督)琅玕等又将追赔各员清册一并送部"。云南巡抚初彭龄也不甘于其人后,紧随之以亏缺清册咨部。

为此,嘉庆帝感叹道:"岂以此等追赔银两一经报部,该督抚即可置身事外,而历任亏空各州县及接受交代各员,俱可置之不问乎?"可见,嘉庆帝要求各省督抚密行查办亏空,并以密旨批复追

---

① 江西巡抚张诚基《奏报查明通省仓库亏欠钱粮实数分别追补事》嘉庆六年四月初四日,中国第一历史档案馆藏,《朱批奏折》档号:04-01-35-0761-039。
② 《东华续录》卷11,嘉庆六年五月丁丑。

赔，其意不过是提醒各省督抚只要私下补足亏空，便不会追究亏空各官，以亏空各员人数众多，意在宽宥。"朕所以不即明降谕旨清查亏空者，原恐各省人数过多，姑宽其期，以俟各督抚等妥为筹办。若皆将亏空数目纷纷咨部，是必欲朕执法办理矣。"以故，在处理云南咨部奏闻亏空的问题上，嘉庆帝命将送到各册已饬部驳斥发还外，"琅玕、初彭龄（巡抚）均着传旨申饬，所有各该员名下应赔之项，着琅玕等速行设法清理，务期帑项有着，不得于奏销及接受交代各项册内将亏欠数目开入，致滋牵混"①。可见，在嘉庆帝看来，此次云南的做法还有蒙混奏销亏空之嫌。

需要指出的是，在上述公然违背嘉庆帝旨意的督抚中，"岳起、荆道乾操守素好，均能实心任事之人"。岳起屡请严饬吏治，荆道乾"自简任封疆办理地方事务，俱能整饬"②。而书麟"清廉公正"，在乾隆末年各州县因上司加派而亏空累累时，"书麟独善其身"③。张诚基、琅玕等自身也并无贪酷勒索劣迹的传闻。因此，他们的政治态度并非尽为掩饰或徇庇属员，而是以各种方式表达着自己对推行清理钱粮亏空的意见。所以"咨部"，不过是主张依法办事。按例，清代"州县亏短仓库，法禁綦严，自应革职监追，查抄严办"④。而"一经报部，即当按例参办"⑤。

要之，督抚咨部奏闻的目的在于要依法清理亏空，依法追究亏空责任人，而不是以节省开支，搜求羡余、陋规等进行弥补了事。其个中的原因，还在于仅以羡余、陋规等根本无法完补巨额的亏空，各省督抚及藩司们"难为无米之炊"。他们在承担清查并弥补亏空职责的同时，也要承担因失职而遭受处罚的风险，所以他们必然要考虑如何履行好自己的职责，其政治态度及立场的

---

① 《清仁宗实录》卷84，嘉庆六年六月丁未。
② 《满汉名臣传》第3集，卷19，《荆道乾传》。
③ 《清史稿》卷343，《书麟传》。
④ 《清仁宗实录》卷224，嘉庆十五年正月己卯。
⑤ 《清仁宗实录》卷70，嘉庆五年六月庚辰。

背后，是为官者自身权力与利益的考量。

但嘉庆帝解决问题的思路仍然停留在自己的"理想国"中，嘉庆五年（1800）七月，在云贵总督书麟的奏折中，再次见到嘉庆帝以谕旨的方式，精辟阐释了他对钱粮清查的基本认识。他说："若清查过急，州县借弥补为名，复又劝捐派累之事，是为民反成害民之举，理财变为聚敛之弊矣。若勒限在任弥补，则是剜肉补疮、无益有害。其如何从容弥补之法，则在督抚悉心讲求，无欺无隐，密奏章程，候朕酌定，亦不拘年限也。特谕。"[①]

之后，虽有督抚仍以上折咨部的方式表示反对，却也没能改变嘉庆帝推行密办地方钱粮亏空的做法。至嘉庆十八年（1813），在湖北巡抚张映汉的奏折中，嘉庆帝又向各省督抚重申他的这一谕旨："嗣后仍遵照前旨，将所属亏空认真催追弥补，并于新旧交代时彻底盘查，每岁年终，将弥补确数据实密奏。俟奏报全完日，朕仍分派大员前往确查，如有短缺情弊，惟该督抚藩司是问，无庸照户部所奏，纷纷咨部。"[②]

正是在这种温和政治的环境中，各省钱粮亏空的态势越演越烈，"原款无着，后亏复增"，以至于直隶、安徽、江苏、山东以及甘肃等省的续亏高达数百万两之多。

三 直隶三次清查："亏缺之数日增"

嘉庆朝对直隶省钱粮亏空的清查，当始于总督胡季堂。胡季堂于嘉庆三年（1798）正月履任，随后就开始了对本省钱粮亏空的清理。至次年（1799）六月，胡季堂呈交了一份清查钱粮亏空的奏折，根据这份奏报可知，胡季堂在嘉庆三年至四年之间对直隶的仓库进行了两

---

① 云贵总督书麟《奏报查明滇省各属仓库亏欠各款并分别追赔事》嘉庆五年七月初八日，中国第一历史档案馆藏《朱批奏折》档号：04-01-35-1187-033。
② 《清仁宗实录》卷265，嘉庆十八年正月己卯。

次全盘清查。奏折内称：在三年春第一次清查各案中，"查出未完银二十一万八百零六两，计五十三员业已升迁外省及已回旗籍，俱属有着。先行造具清册咨送军机处行文着追，又有未完银六万四百三十余两，计八员系直隶人亡产绝、咨追无着者，亦先行议请在于历任该管上司名下分赔。"即第一次清查中，亏空数额在27万余两。随后在嘉庆四年（1799）二月，胡季堂又"查出通省州县交代案内，节年办理兵差等事摊捐各款及仓谷霉变应行赔补之项，计一百四十四万两零，共一百三十九员"①，是为直隶对仓库钱粮的第二次清查。

胡季堂认为，上述亏空始自乾隆三十二年（1767）以后，亏短历经三十余年，属于直隶各州县交代案内辗转悬欠、年久归补无着的款项。而且此次清查的亏空数额较第一次清查还多出一百多万。故而提出将所有亏空官员集中关押省城，勒限追赔买补的严厉追缴意见，但以行为过激被嘉庆帝斥责而否定。

在清查钱粮的同时，胡季堂制定了相关的追赔处罚条例。先是，他于嘉庆四年（1799）正月面奉谕旨，会同军机大臣制定了官员侵盗钱粮处罚条例，规定"侵盗钱粮数在四十两至三百三十两以上，至一千两以上者，悉依例分别拟以徒流斩候，分别一年、二年、三年勒限追缴，不完治罪监禁，本犯身死实无家产可以完缴者，照例取结豁免，其限内完赃不准减等之例应请删除"。"奉旨依议。"随后胡季堂又细化了对亏空官员的处罚与监追的具体章程，至十一月，户部讨论并通过了胡季堂的此项章程，并得到了嘉庆帝的批准，此即《直隶章程》。其内容如下：

> 所有现任亏欠各员谨拟：数在一千两以下者，限半年追完；一千两以上至五千两者，限一年追完；一万两者，限二年追完；二万两者，限三年追完；三万两者，限四年追完；三万两以上

---

① 直隶总督胡季堂《奏报查明节年未完各款分别追赔事》嘉庆四年六月十四日，中国第一历史档案馆藏，《朱批奏折》档号：04-01-35-0760-017。

者,限五年追完。又亏欠不及一万两之员,可否将现任者请旨革职留任,已回旗籍者,请革职暂留顶戴,俟银数追完准其开复。其数逾一万两以上之员,现任者请旨革职,即令离任,已回旗籍者,均请革职,按限著追。①

章程中按照亏欠多寡规定了对官员的处分和追赔。但对"摊赔"的责任官员放宽了处罚,原因是"皆因直隶一省差务繁多,数倍他省,地方官平日经理不善,或有借垫等项,不能及时归款,以致日久拖延,人数过多,故加恩特从宽典"。也正缘于此,他省"不得援照直隶之例"②。但由于胡季堂于嘉庆五年(1800)九月假归,《直隶章程》在其任内并没有落实,从而直接影响到直隶的亏空清查与归补进程。

嘉庆十年(1805)六月,新任直隶布政使裘行简揭报出直隶发现续亏,而且数额巨大,于是引发在朝中对钱粮亏空问题的高度关注。据裘行简查奏:直隶初次清查各属亏短银二十七万有余,二次清查则一百五十二万余两,皆经奏咨有案,至嘉庆六年以后又复三次清查,未经奏咨者已有二百六十四万余两之多。③

这是一个令嘉庆帝震惊的消息,而奏报者也需要讲真话的勇气和胆识。裘行简为工部尚书、河道总督裘曰修之子,起家内阁中书、军机章京,外放山西知府、道员。嘉庆六年(1801),由太仆寺卿升任河南布政使,迁江宁、福建藩司,以执事锐利,于九年(1804)十二月,再调直隶藩司。④

据记载"行简锐事清弊,司册目十有一,创增子目,支解毫黍皆见,吏不能欺。九年,入觐,会仁宗欲清厘直隶仓库,嘉其成效,

---

① 户部尚书布彦达赉等《奏为遵旨议覆直隶总督胡季堂所奏查出通省摊捐各款亏欠分限完交事》嘉庆四年十一月十九日,中国第一历史档案馆藏,《录副奏折》档号:03-1812-020。
② 《清仁宗实录》卷55,嘉庆四年十一月癸酉。
③ 参见直隶布政使裘行简《奏报抵任后清查库项亏空大概情形事》嘉庆十年六月初四日,中国第一历史档案馆藏,《朱批奏折》档号:04-01-35-0764-017。
④ 参见《满汉名臣传》续集,卷75,《裘行简传》。

特以调任"①。自嘉庆十年正月开始，裘行简对直隶钱粮亏空状况彻底清核，逐条覆奏。"申明成例，凡遇各属交代，如果仓库无亏，即由接任之员出具切实甘结，由该管道府厅州加结送转，傥实有亏缺，即由接任之员揭报，由该管道府厅州核实请参。"② 并在奏折中表达了他对钱粮亏空将一查到底的决心。他说："今直隶嘉庆四年以前亏短仓库各员，并未律以侵亏之条，乃率列入咨追之款，以致离任之员并不交银，屡思翻异。现任之员视为故习，毫无忌惮。各该本管上司既已宽纵于前，遂不得不回护于后，几至总督藩司无所措手。臣现已禀商督臣颜检，派委保定府知府杨志信，同知方其昀、麟昌、沈长春，知州孙淑本，并检选熟谙算法之杂职等设局清厘。将嘉庆四年以前原亏银数清晰核明，除已全完者毋庸议外，其宕延不交者，分别银数多寡，即按例监追治罪，以结前案。其嘉庆四年以后现任及接任各员，如有借清查为名影射飞洒希图牵混，或侵渔入己、捏报亏缺者，即令该管道府厅州复加确核，据实揭参，按律治罪。"③

裘行简所言的第一、二次清查的数字，与胡季堂所奏的亏空数额大致相同，而且业已咨奏。但在两年后的嘉庆六年直隶又进行了第三次清查，为总督"陈大文在任时通查各属亏空已有二百六十余万。陈大文因从前所办多有不实不尽，恐此外尚有隐匿，驳令复查，未经奏结"④。

第三次查出的 264 万余两亏空，如果加上前两次的亏空数额，第一次的 27 万余与第二次的 144 万余，亏空总额在 435 万两左右，出现了亏空越查越多的情况。因此，直隶清查例告诉我们，随着清查的深入，在新亏不断出现的同时，已有的旧查亦未为完善，每次清查所得亏空数额的真实性都是值得怀疑的。

---

① 《清史稿》卷357，《裘行简传》。
② 《清仁宗实录》卷146，嘉庆十年闰六月甲申。
③ 直隶布政使裘行简《奏陈藩库各项钱粮情形事》嘉庆十年正月十八日，中国第一历史档案馆藏，《朱批奏折》档号：04-01-35-0763-046。
④ 署理直隶总督裘行简《奏报遵旨查明亏欠银两严加追缴事》嘉庆十一年正月十四日，中国第一历史档案馆藏，《朱批奏折》档号：04-01-35-0765-024。

然无论怎样，裘行简的揭报都将直隶的大小官员们推到了风口浪尖上，还有就是承担清理亏空责任的督抚们，迫使他们不得不据实上报亏空实情。

最先上折揭参并自查的是直隶总督颜检。嘉庆十年（1805）六月，在嘉庆帝对裘行简的奏折刚刚作出批复，颜检便有疏参劾。疏称：易州知州陈溎任上八年，实亏仓库正杂钱粮银9.8万余两，在外捐杂各款亏银2.15万余两，共亏11万余两，请革职拏问。并请将其上司清河道员蔡齐明一并革职，以失察自请交部严议。①

而此前，各省督抚先后皆有奏折关白亏空事宜，所谓"清查数目办理弥补章程均已陆续陈奏"，唯独颜检，对于直隶官员的亏空等渎职行为，"自四年冬间奉旨（出任直隶）以后，从未有一字奏及"②。作为地方大员，颜检并非平庸之辈。他出自官僚之家，巡抚颜希深之子。乾隆末年，由拔贡、小京官，洊升郎中，外放知府、道员。嘉庆初年擢江西按察使、直隶布政使、河南巡抚。五年接任胡季堂护理直隶总督，嘉庆七年（1802），以有治绩实授总督。可以说，颜检历官畿辅有年，嘉庆帝称曰："卿系朕腹心之臣。"③

但在清理钱粮亏空的问题上，颜检却采取不查、不办、不奏闻的消极态度。用嘉庆帝的说法是"颜检向来办事疲软"④。在《清史稿》的相关记载中，颜检在清理钱粮亏空问题上的表现与其为官作风懦弱有关，所谓"上素称检操守才干，而病其不能猛以济宽，屡加训戒"。而作为在一省为官多年的大员，其在地方上结成的盘根错节的利益关系，亦应是需要考虑进去的隐性因素。

---

① 是案，易州知州陈溎被革职并籍没浙江原籍赀财，牵扯是案的有陈溎的后任知州徐用书及该管清河道员蔡齐明，二人俱为陈溎出具仓库无亏空印结，被革职交刑部审讯。随后又对嘉庆四年以后的历任总督、藩司进行责任追究。见《清仁宗实录》卷144，嘉庆十年五月壬子；卷145，嘉庆十年六月庚申。

② 《嘉庆道光两朝上谕档》第10册，第292页。

③ 《清史稿》卷358，《颜检传》。

④ 《清仁宗实录》卷307，嘉庆二十年六月丁丑。

最终，嘉庆帝将颜检革职并令分赔罚银一万两，勒限半年完缴，①改以熊枚署直隶总督。嘉庆帝指示熊枚督同裘行简实力整饬直隶吏治，将各州县亏空数目彻底查明，分别多寡数目，妥立章程，定限期量力筹补，核实办理，期于法在必行。熊枚于嘉庆十年六月上折，"奏为复奏勘定直隶藩司初二三次亏缺章程事"，核心即是将直隶三次清查中发现的问题再查一次，将亏缺时间、数量核查清楚。②在另一奏折中，熊枚将清查章程的内容作进一步说明："臣接印后，划清界限，凡从前州县交代已经归入清查者，于此次清查案内另行办理外，其在臣任内交代者总由该管道府据实查覆，果属无亏即加结呈送，如果有亏即具结请参，倘敢仍蹈前辙声请归入清查者，臣即将该管道府一并揭参。"③

在熊枚署直隶总督的几个月间，他与裘行简对前三次的钱粮清查进行了复查，这应该是直隶的第四次对钱粮亏空的清查，只是碍于嘉庆帝不准直隶再度清查而不再明言罢了。

有关清查的结果，据熊枚奏称："查初、二两次通省亏缺银共一百七十九万八千余两，除摊赔项下奉旨宽免银四万三千余两，又本省及各省追完银三十万五千余两，现在尚未完银一百四十四万有奇，内除应行摊赔银三十七万七千余两外，其余银一百七万一千余两，俱系从前原亏之员应行按限追缴，如逾限不清即应监追者，此款银两例限已逾，并未按例办理。"第三次清查始自嘉庆六年（1801），各属开报数目264万，"仓库两项实共亏银一百八十六万有奇，其余七十八万余两多系捐集各款"④。

---

① 参见署理直隶总督裘行简《奏报颜检分赔银两遵旨依限完缴事》嘉庆十年十月二十四日，中国第一历史档案馆藏，《朱批奏折》档号：04-01-35-0764-038。
② 参见直隶总督熊枚《奏为复奏勘定直隶藩司初二三次亏缺章程事》嘉庆十年六月十九日，中国第一历史档案馆藏，《录副奏折》档号：03-2439-011。
③ 署理直隶总督熊枚《奏报办理清查直隶仓库亏空钱粮办法事》嘉庆十年，中国第一历史档案馆藏，《朱批奏折》档号：04-01-35-0765-021。
④ 署理直隶总督熊枚《奏报遵旨传谕藩司酌定清查钱粮章程事》嘉庆十年六月十九日，中国第一历史档案馆藏，《朱批奏折》档号：04-01-35-0764-022。

熊枚离任后，裘行简被命以兵部侍郎衔署直隶总督。嘉庆十年（1805）十一、十二月，裘行简奏报的内容仍是对初次、二次清查的再复查。其追查的原则是，"将州县亏缺，凡嘉庆九年以前已据造入清查者，俱遵照从前部定章程分别核实办理，至嘉庆十年以后州县交代遇有亏缺，即随时据实参办，不准仍前弊混"①。并开始着手对亏空钱粮的追缴。

根据裘行简的奏报，直隶的清查与追赔情况是，案内共亏银179.8万余两，内除宽免及已完等项85.4万余两外，未完银94.4万余两。应监追者60员中，已故36员未完银47.6万余两，应照例在各家属名下按例追缴。还有尚在24员，他们当中在直隶监追者有七人，未完银14万余两，已回原籍者17员，未完银32.7万余两，早经逾限。裘行简请旨饬追，"其逾限不完之员，即应收监严追在案。惟向来承办此案视为具文，限内并未实力催追，限满之时又不照例监禁，以致帑项久悬"②。见表7-1。

表7-1　　　　　嘉庆十年对直隶三次清查亏空的复查　　　（单位：两）

	初、二次亏缺数	宽免数	完补数	未完数	第三次亏缺数
嘉庆十年六月熊枚奏	179.8万余	4.3万余	144万余	30.5万余	186万余
嘉庆十年十一月裘行简奏	177.8万余		85.4万余（包括宽免）	未完94.4万余（其中：在任14万余回籍逾限未完32万余已故无着47.6万余）	

从熊枚与裘行简对直隶复查的过程看，与胡季堂的清查手段相

---

① 署理直隶总督裘行简《奏报核实办理清查案内赔项事》嘉庆十年十二月初三日，中国第一历史档案馆藏，《朱批奏折》档号：04-01-35-0765-004。
② 署理直隶总督裘行简《奏报清查亏空银两应行监追人员请饬追事》嘉庆十年十一月二十四日，中国第一历史档案馆藏，《朱批奏折》档号：04-01-35-0764-043。

差无几，而关于熊枚的复查与陈大文第三次清查之间，有78万余两的差额，熊枚的解释是此系捐款，不在库贮计算之内。但令人不解的是熊枚与裘行简的奏报中，在完补数额上却存在60万余两的差额，而二人几乎是同时接手清查。由于资料的限制，我们无法搞清其中的原委。

如果按照裘行简的奏报，直隶在熊枚、裘行简任内曾对前两次清查中亏空的60名官员实施了严厉的追赔，包括将在任的吴大受等七员收监在狱，对江原意等17员调离外省的官员，奏请饬外省督抚监追。但就实际归补成效而言，归补之数不足五成。且在亏空官员60人中，故去之人占有60%，仅有7人尚在直隶，即使全部补完亏空，也不过三万两有余，距离完补94.4万余两的亏空之额仍相去甚远。

最重要的是，直隶的问题在于仅从这些查处的官员中是无法获知三百余万的巨大亏空是如何形成的，也无法解释在清查过程中何以不断出现新亏的。那么，究竟是哪些关键因素构成直隶钱粮亏空链条上的连接点呢？

对此，嘉庆帝曾猜测说："此项亏缺银两究系因何动用？或系历任总督司道各员婪索分肥，或各州县等侵盗入己，或馈送在京王公大臣，率以虚帐归入清查项下，希图悬宕？"① 最终，百思不得其解的嘉庆帝还是将直隶续亏的原因认定为上级官员的徇庇。他说："是该省亏短之多，皆由各上司沽名见好，迁延不办所致。"②

但"徇庇"只是掩盖亏空的手段，并非成就亏空的原因。对此，几任总督都有各自的说法。如颜检上折称：

> 臣于七年六月由河南巡抚升署直隶总督，抵省接印任事，知直隶又办三次清查，有二百六十四万两之说，不胜诧异。事隔一二年，何至骤增如是之重？即前办二次清查有漏未列之项

---

① 《嘉庆道光两朝上谕档》第10册，第275页。
② 《清仁宗实录》卷145，嘉庆十年六月庚申。

亦属约略可计，断不应连前带后除完解外竟至三百数十万。臣当向藩司瞻柱详晰询问，何以积重至此。据称，系凭各府汇开具禀，并有旋禀旋更，是以迄无确数，难以造册具详。臣思，业经办过二次清查，追得欠项尚不及五分之一，只应将此次奏项追缴十分之八九再问其余。……其所以亏空累累之由，则在以新解旧（朱批：甚是），上司授意属员令后任为前任掩离任之咎，遂致后任复累后任，甚至后任征银一万为前任代解八千，而本员又从中侵那二千，托称受前人之累。该管上司不加深查，愈致亏悬，并有将此任征得之项移解伊彼任之项者。此藩司裘行简不能不就三次清查笼统之数，欲得真底而急切不能，欲杜将来而别无善策，所以有尽征尽解不许那新掩旧之议也。①

客观上说，颜检将不断续亏归结为"以新解旧"，以及上司授意后任为前任遮掩，所说后任征银一万为前任代解八千，又从中侵挪二千因而愈致亏空，是有一定代表性的，颜检的过错在于无作为或不作为。而这一现象已成为官场上的通病，并非限于颜检个人。

署直隶总督熊枚则指出，直隶亏空由来已久，他说：

直隶通省亏空，从前总督梁肯堂、藩司郑制锦在任时，实不下一二百万。接任之总督藩司设局清查，原期底里毕露，请旨分别办理，立意未始不善，乃踵行者未能清源节流，认真查核，姑容于前，回护于后，此意为属员窥破，毫无畏惧，以致赔缴之数日少，亏缺之数日增。②

时任布政使的裘行简说出他对亏空越查越多的看法：

---

① 直隶总督颜检《奏报饬查亏空钱粮实数事》嘉庆十年六月初一日，中国第一历史档案馆藏，《朱批奏折》档号：04-01-35-0764-016。
② 署理直隶总督熊枚《奏报办理清查直隶仓库亏空钱粮办法》嘉庆十年，中国第一历史档案馆藏，《朱批奏折》档号：04-01-35-0765-021。

清查之初州县尚知畏法，恐干重罪，是以报出亏数仅止二十七万有零。二次清查，各员见亏缺之人并未按例治罪，遂而藐玩敢于报出，是以二次之数即有一百五十二万余两。如果彼时将清查截住，分别追赔，尚可剔清眉目。乃该管上司惟恐从前所查之数或有不实不尽，又复作为三次清查。不肖州县遂至毫无忌惮，诡诈百出，或将本身亏欠捏作前任欠款，或本身并无亏缺虚报赔累，或调任后将征存银两私肥囊橐，故留亏空于后任，而接任者以为可以归入清查，于出结之员似无干涉，遂而甘心接收，其弊不可枚举。此所以自嘉庆六年后已有二百六十四万余两之多也。①

此外，裘行简还谈到他对于直隶亏空原因的看法。他说：

直隶州县，动以皇差为名藉口赔累，自乾隆十五年至三十年，四举南巡，两幸五台，六次差务，何以并无亏空？四十五年至五十七年，两举南巡，三幸五台，差务较少，而亏空日增，由于地方大吏贪黩营私，结交馈送，非差务之踵事增华，实上司之借端需索。近年一不加察，任其借词影射，相习成风。试令州县扪心自问，其捐官肥己之钱，究从何出？此臣不敢代为宽解者也。②

分年弥补之说，可以行之于他省，而在直隶为难，可以行之于现任，而在离任之员为难。盖直隶为各省通衢，往来驿务最为繁多，缺分较好之州县，只可率多调剂冲途，又无别项陋规可以提取，此直隶较他省为难也。至现任之员查有亏空，予以革职留任勒限弥补，彼必保护官家爱惜官职，即卖田鬻产，

---

① 直隶布政使裘行简《奏报抵任后清查库项亏空大概情形事》嘉庆十年六月初四日，中国第一历史档案馆藏，《朱批奏折》档号：04-01-35-0764-017。
② 《清史稿》卷357，《裘行简传》。

亦思依限全完。若责以代离任之员按年弥补，伊焉肯自解私囊代人完欠，势必取给仓库，遮掩目前。是前欠未清，后亏复至，此现任代前任弥补之难也。①

而且，直隶亏空早在乾隆中期便开始出现，"查自从前藩司观音保（乾隆三十一年任直隶布政使）任内起，至瞻柱任内（嘉庆初年）止，共借垫未归银二百四十八万三千五百五十余两，此内州县欠解者即有一百五十余万，若不按款核明催追归补，则年复一年，伊于何底？"②

裘行简的奏折中透露出这样几点：一是，他不认同直隶州县官员，"动以皇差为名藉口赔累"为亏空的理由，亏空日增，由于地方大吏贪黩营私，结交馈送，"非差务之踵事增华，实上司之借端需索"。二是，嘉庆帝欲以陋规弥补亏空的意图在直隶无法贯彻，因为直隶没有可提取的陋规。三是，借现任官员之力去弥补前任亏空，现任官员"焉肯解囊，势必取给仓库"，造成新的亏空。从而否定了直隶实施的逐年弥补之法。四是，无着亏空例应分赔，然直隶没有此定例，现任官无分赔之责。五是直隶自乾隆中期以后有248万借垫银两，多属布政司的因公挪借。

所以，裘行简认为，"不按例严追，无以示惩。此所以原款无着，后亏复增也"。遂请于两次清查应行监追者，再限一年。如财产实属尽绝，着落上司分别赔缴。嘉庆十年以后，州县交接任遇有亏缺，惟有执法从事。③他强调要对第三次清查后的亏空官员进行严惩，将离任者提至直隶省城勒限押追，现任者革职留任赔补，失察上司分赔。

---

① 直隶布政使裘行简《奏报酌核办理清查州县亏空钱粮事》嘉庆十年闰六月初一日，中国第一历史档案馆藏，《朱批奏折》档号：04-01-35-0764-026。
② 署理直隶总督裘行简《奏报直隶藩库交代钱粮请展限事》嘉庆十年十一月二十四日，中国第一历史档案馆藏，《朱批奏折》档号：04-01-35-0764-042。
③ 直隶布政使裘行简《奏报酌核办理清查州县亏空钱粮事》嘉庆十年闰六月初一日，中国第一历史档案馆藏，《朱批奏折》档号：04-01-35-0764-026。

对于这份奏疏，嘉庆帝"嘉其明晰，下部议行"。这表明嘉庆帝在肯定裘行简的同时，也开始接收直隶的严追弥补亏空的手段与方式。虽然对于他省是否需要调整没有明确的态度，但至少反映出先前坚持并强调"徐徐办理"的政策导向已开始松动。

四 安徽续亏："准其于院司道府州县养廉每年酌扣五成"

安徽省清理钱粮始自嘉庆五年（1800），巡抚荆道乾主持了嘉庆朝的首次清查。"其实亏银一百三十三万有零，现已完补二十四万五千六百余两，业已提贮司库。均属各该员出自己资，撙节日用，或变产完公。"① 据其后任巡抚阿林保的奏报："通省亏缺数目，经原任抚臣荆道乾于嘉庆五年二月间查奏，共亏银二百零六万余两，除铺垫公馆、书欠等项有款可抵者七十二万余两外，实亏一百三十三万余两。"

荆道乾任内共弥补银52万余两，完补数额不到40%。阿林保接任后，"自六年（1801）八月起至七年十二月止，共陆续弥补银六万六千八百余两"。"自本年（嘉庆八年）正月起至六月底止，据各州县补解旧欠银十二万余两，俱经实在提贮藩库，虽办理略有起色，而通省亏项尚多。"②

嘉庆九年（1804）第二次清查，是由巡抚王汝璧主持。据《实录》记载："安徽省仓库亏缺，嘉庆九年经前抚臣王汝璧查明，有可着追者，共银一百三十四万余两，分别变抵咨追。无可着追者，共

---

① 安徽巡抚荆道乾《奏报办理弥补亏空银两事》嘉庆五年七月十九日，中国第一历史档案馆藏，《朱批奏折》档号：04－01－35－0761－012；安徽巡抚荆道乾《奏报清查仓库案内陆续追补银两事》嘉庆五年十二月二十二日，中国第一历史档案馆藏，《朱批奏折》档号：04－01－35－0761－027。

② 安徽巡抚阿林保《奏报办理弥补仓库亏空钱粮事》嘉庆八年七月九日，中国第一历史档案馆藏，《朱批奏折》档号：04－01－35－0762－015。

银五十五万余两,着令现任人员弥补。"① 至嘉庆十年(1805),王汝璧查明,"酌看通省各属情形,每年约可节省银十五万两,定限分年弥补"。截至九年十二月,"通共追补银十一万三千两零"②。

嘉庆十一年(1806),巡抚成宁任上查明,应归现任弥补之无着银仅完20万余两,不足50%,原奏有着银应咨追变抵补者,缴银不及10%。于是奏准"所有安省原亏无着有着应行弥补银两,自嘉庆十一年为始,着加恩予限八年",此后"断不容再有续亏"③。这说明,前两次清查后的归补并不如意,而且显然还有续亏。

根据巡抚王汝璧的奏报,嘉庆八九年间,安徽灾害频发,正项钱粮无收,耗羡不敷,甚至需以捐监银两接济必要的支出,弥补钱粮亏空自然全无财源可言。④ 这说明,即便是有效的赔补方式与手段,一旦面临突发事件,诸如灾害、军情等无可避免的紧急经费需求时,弥补钱粮亏空便只能退居其次。

第三次清查是在嘉庆十四年(1809)正月,由巡抚董教增主持。是月,董教增报出"安徽各州县未完仓库两项共银一百八十余万两,经历任巡抚先后奏请展限弥补,至嘉庆二十二年即可全数清完"。随即核明,截至嘉庆十三年(1808)年末,"节年提解银数,仅完银五十余万两,而自八年以后,实又亏银三十万九千余两,是名为弥

---

① 《清仁宗实录》卷162,嘉庆十一年六月丁丑。
② 安徽巡抚王汝璧《奏报安徽省清查仓库亏缺案内追补银两数目事》嘉庆十年正月初六日,中国第一历史档案馆藏,《录副奏折》档号:03-1815-004。
③ 《清仁宗实录》卷162,嘉庆十一年六月丁丑。
④ 根据巡抚王汝璧的奏报,嘉庆七年,望江等12州县被水、被旱,成灾较广。又有怀宁等18州县,经勘尚不成灾,但亦需分别蠲缓,钱粮带征。且安徽节年灾欠,一切查灾办赈公费用数较多而司库耗羡缺乏,不敷支用。查司库捐监截止二月底现存86920万两,请于捐监项下动拨8万,以资接济。命"依议,拨用咨明户部";截至嘉庆八年十二月月底,耗羡项下不但借动各款无可归还,即上年拨捐监银两业已陆续办公支用无存,凤阳泗州八年又被灾歉,怀宁桐城嘉庆五六七三年缓征钱粮奉旨缓至九年带征。是安徽各属新旧钱粮分别蠲免停缓者居多,随正耗羡更形短绌,请拨捐监10万两归入耗羡。仍命"依议,拨用咨明户部"。见安徽巡抚王汝璧《奏为耗羡不敷支放请暂拨用捐监银两事》嘉庆八年闰二月二十二日,中国第一历史档案馆藏,《朱批奏折》档号:04-01-35-0938-015;安徽巡抚王汝璧《奏为耗羡不敷请暂拨捐监银两济用事》嘉庆九年二月十三日,中国第一历史档案馆藏,《朱批奏折》档号:04-01-35-0939-027。

补亏缺，实则掩旧挪新"①。这意味着安徽省在弥补亏空上弄虚作假、欺蒙朝廷，同时也反映出弥补亏空的银两出现了问题。

针对这一状况，嘉庆十五年（1810）正月，董教增上折提出以养廉银作为弥补亏空的银两来源。他说："安省截至十三年底止共未完旧亏银一百三十八万余两，并新亏银二十一万五千余两，又无着银九万四千余两。经臣以扣存院司道府州县五成养廉银弥补旧亏，其新亏分限四年完缴，无着之项仅十三年应提节省先行弥补，于四月内勒限全完。"随后附上布政使李奕畴的详细弥补规划。

曰："兹据藩司李奕畴详称，安省截至十三年底止，旧亏银一百三十八万一千六百两零，据各属完缴银九千五百两零，扣除五成养廉银内，除署事人员扣半空缺外，实扣存银三万八千三百两零，共弥补银四万七千八百两零，仍未完旧亏银一百三十三万三千六百两零，新亏银二十一万五千一百两零，分限四年完补。每限应完银五万五百两零，今据完缴银五万六千九百两零，统较初限之数已属有盈无绌，仍未完新亏银一十四万五千四百两零。其新亏项下无着银九万四千两零，已据各属将十三年节省全数完解弥补。"于"嘉庆十四年，安省按照奏定章程弥补新旧各亏数目"②。

由此可知，董教增将亏空银分作旧亏、新亏、无着亏空三部分，并分别采用不同的弥补方式。值得注意的是，在上述"旧亏未完之项"的180余万两中，按照董教增所言"仅完银五十余万两"，旧亏银仍有138万余两，需用官员的养廉银之半来弥补。这说明，嘉庆帝欲以陋规弥补亏空而不动用官员养廉银的设想是不实际的，"捐廉罚银等事，朕必不为"的弥补方案设计显然是失败了。

因安徽又出现了30余万两续亏，必须确实查明，分别追补。然而，再次清查的结果仍然令人失望。

嘉庆十六年（1811）安徽又进行了第四次清查，巡抚广厚先是

---

① 《清仁宗实录》卷206，嘉庆十四年正月丁亥。
② 安徽巡抚董教增《奏报上年安省弥补新旧亏欠银两实数事》嘉庆十五年正月二十七日，中国第一历史档案馆藏，《朱批奏折》档号：04-01-35-0768-033。

梳理了安徽清查钱粮及归补的状况。他说：安徽亏空，先于嘉庆八年经前巡抚王汝璧查明，各州县仓库两项共银189万余两。嗣于嘉庆十四年（1809）巡抚董教增查明，共完银51余万两，仍有未完银138余万两。议请以院司道府州县养廉酌扣五成弥补。又查有续亏银30.9万余两，内实在无着者9.4万余两，仅以嘉庆十三年（1808）节省银两先行弥补其21.5万余两。并奏准以嘉庆十四年为始分限四年完缴。

广厚认为"必先杜续亏之弊端，始可收弥补之实效"。查"此前遗漏未报银四十八万六千一百五十八两零，其本系摊捐后归无着者，共二十二万六千四百七十二两零，每值交代在交者以亏缺漏报。由于前官并非本身亏缺，在代者以前此既系漏报，何能以虚款接收，互相推诿，因致纠缠。"指出董教增"从前所奏之数本未尽实"。"从前清查时既隐漏不报，而摊捐者又复因循延宕，以致无着。"

于是广厚提出，安徽现任、候补及事故回籍官员共80余人，请将新旧亏合并一体弥补。"董教增原奏将道府州县扣五成养廉，每年约得银四万一千余两。系就一半养廉全数而言，其中尚有署事之员，养廉仅得半支，所扣五成又止半中之半，实计每年止能弥补三万数千两，必须四五十年始能补足，为期太远，自当别筹补苴之道。"提出将地处津要冲途之地的州县所得津贴与扣存养廉银一并归入弥补项下，"合计每年可得银约计九万两，较之董教增前奏只以扣存养廉弥补，每年仅有银三万余两，加倍有余"①。

足以看出，广厚的弥补措施较前更为严厉，但各官的归补数量仍十分有限，唯一可倚恃为保障的是扣缴尚未发到官员手中的养廉银，但这笔归补数额在亏空总量上所占的比重是微不足道的。也就是说，靠养廉银归补亏空的方式，仍属杯水车薪，并不能解决上百万两的亏空。

---

① 安徽巡抚广厚《奏报查明安省亏空钱粮情形及酌定弥补章程事》嘉庆十六年闰三月二十七日，中国第一历史档案馆藏，《朱批奏折》档号：04-01-35-0770-038。

根据后任安徽巡抚康绍镛的记载："截至嘉庆十五年止,历次清查共原报亏缺银二百九十万余两,均经前任抚臣奏明,设法催追。并提巡抚藩司道府州县五成养廉及各属节省银两,弥补无着之款。至十八年十月,奉旨暂停弥补之日止,已完补银一百二万余两,仍缺银一百八十八万余两,嗣又追完银八万八百余两,现实未完银一百八十万余两,此系核实清查以前旧亏完欠数目。"①

康绍镛于嘉庆十九年(1814)出为安徽布政使,而后为安徽巡抚,所奏内容为其任安徽藩司前之事。而且,经康绍镛确认,安徽省在董教增之后,以巡抚藩司道府州县官员五成的养廉银,已经完补亏空110余万,尚亏缺180余万。在康绍镛任职安徽巡抚期间,主持了第五次对钱粮亏空的清查。嘉庆二十年(1815)十月,胡克家奏"安省藩库借放银两除归完外,尚有未完银九十七万七千余两之多"②。这笔"借放银两"是否统计在上述的"亏欠银两"之内,不得而知。

自嘉庆二十四年(1819),新任巡抚姚祖同根据前任康绍镛的清查数目,对安徽各州县仓库新旧亏缺各数奏定追补章程,议以降革留任分限着追,现任人员以一年为初限,试用候补人员以一年六个月为初限。扣至本年二月,现任人员初限一年已满,惟试用候补人员应扣至本年七月始满初限,除牛映奎等13员原亏各款银两均于一年限内全完,共银3.4万余两均已收贮司库,其余各员现已完银5.6万余两。③

至嘉庆二十五年(1820),护理安徽巡抚嵩孚继续追缴。据奏:现任各员应自嘉庆二十四年二月初八日初限满日起至二十五年二月初八日二限一年届满,应追亏空共计10人,太平府同知马尚禹等7人,共应完二限亏空银2.8万余两,其余3人共完银2.7万余两。

---

① 康绍镛:《筹补安徽历年亏空疏》,载贺长龄、魏源编《清经世文编》卷27。
② 《清仁宗实录》卷311,嘉庆二十年十月庚辰。
③ 参见安徽巡抚姚祖同《奏请照旧办理追补亏空银两事》嘉庆二十四年六月二十一日,中国第一历史档案馆藏,《朱批奏折》档号:04-01-35-0783-019。

内有二员未完银都在千两以下。①

然在道光元年（1821），巡抚李鸿宾对安徽清理亏空状况的讲述却又是一个版本。

李鸿宾说：安徽"自嘉庆五年初次清查后，至九年而二次清查，嗣于十四、十六、十九等年，复有三次、四次、五次清查。自五年起截至十九年十月初六日止，节次共原报亏抵银五百五十一万四千七百四十三两零，除已陆续追完银二百六万五千三百二十九两零，尚未完银三百四十四万九千四百一十三两零"②。据巡抚李鸿宾所奏，截至嘉庆十九年（1814），安徽省共计归补亏空银两 206 万余两。见表 7-2。

表 7-2　　　　　　　　安徽六次清查亏空情形　　　　　　（单位：两）

	清查次数	亏缺数	无着亏缺数	完补数	又亏银	漏报	未完银
荆道乾 嘉庆五年	第一次	133万余（实亏）	—	52万余	—	—	—
王汝璧 嘉庆九年	第二次	134万余	55万余	11.3万 + 20万余	—	—	—
董教增 嘉庆十四年	第三次	188万余	—	50万余	30.9万余（内无着银9.4万余）		
广厚 嘉庆十六年	第四次	189万余	—	51万余 + 21.5万余	30.9万余	查出前任漏报48.6万余（内无着22.6万余）	
康绍镛 嘉庆十九年	第五次	290万余	—	—	—	—	—

---

①　参见护理安徽巡抚嵩孚《奏报清查案内现任亏空银两之员已未完二限银数事》嘉庆二十五年五月二十四日，中国第一历史档案馆藏，《朱批奏折》档号：04-01-35-0785-003。

②　李鸿宾：《厘剔安徽亏空疏》，载贺长龄、魏源编《清经世文编》卷27。

续表

	清查次数	亏缺数	无着亏缺数	完补数	又亏银	漏报	未完银
康绍镛 嘉庆二十年奏报	五年至十九年	551万余	—	206万余	—	—	97.7万余
李鸿宾 嘉庆二十五年奏报	第六次自五年至十九年	551.4万余	—	206.5万余	—	—	334.9万余

如此一来，安徽的亏空实情便出现了疑问，有必要进一步厘清相关的脉络。

首先，嘉庆朝在安徽省实施了六次清查亏空，第六次清查当为嘉庆二十五年李鸿宾主持的清查，严格说来这只是一次对前几次清查的复查。也就是说安徽省平均四年就有一次清查，从政府监管的角度来看不能说是没有行动。

其次，清查的结果却是亏空越积越多。在董教增实施的第三次清查中，亏缺188万余，完补50万余，尚有旧亏138万余，续亏30万余。而后康绍镛奏，截至嘉庆十五年（1810）原亏290万余，至嘉庆十八年（1813）已经弥补了110万余，还有亏空180万余。再后李鸿宾奏，至嘉庆十九年（1814）亏空高达551万余，自嘉庆十四年至十九年近六年的时间内，完补206.5万余，尚有344.9万余缺项。这些数字从原亏数、弥补数，再到弥补后仍然存在的亏缺数，都处于一个不断增加的状态。

最后，自董教增奏准用养廉银之半弥补亏空后，上述弥补大多当出自各官的养廉银，它客观上说明，即便拿出官员50%的养廉银也无法补足巨额亏空。而且，安徽自嘉庆九年（1804）第二次清查时，便开始提解羡余银两，"至酌提羡余一项，溯从二次清查，弥补无着，每年各州县提银十五万两"①。这说明以陋规、耗羡盈余及养

---

① 陶澍：《条陈安徽亏空八事疏》，载贺长龄、魏源编《清经世文编》卷27。

廉等归补亏空的办法在安徽仍然未见扭亏之成效。

对此，道光初年的两位巡抚有这样的认识。李鸿宾说："惟前办清查，皆据在任人员自行开报，其本身亏缺，隐匿未开者，在所难免。即就已开者而论，其中抵垫之项，前因核其款数错镂，饬令自行清理，谓之提归另册，此等提归另册之项，即系未入清查之数。可见五次清查，显有不实不尽。"另外，"清查之弊，现任州县往往隐匿本身所亏，以多报少，若后任开报前任亏空，则不免浮开亏数，以少报多。种种纠缠，弊端百出。"①

陶澍则认为，自嘉庆九年皖省提解羡余是不断续亏的原因，所谓"皖省亏空之愈积愈多，实起于此"②。

以摊扣养廉银及羡余等弥补钱粮亏空，自然会影响到官员个人的利益，进而影响到他们对清查的态度。而"准其于院司道府州县养廉每年酌扣五成"，标志着嘉庆帝欲以"耗羡""陋规"补足亏空手段的失败。

五　江苏续亏："立置重典，以为续亏者戒"

江苏系钱粮赋税的大省，自雍乾以来，向有"直省仓库亏缺数目，以江苏省为最多"的议论。因此，自乾隆中期以后，随着钱粮等行政事务的增加，江苏分设江宁、苏州两藩司经理财政。但其钱粮管理的混乱与亏空事态的严峻并没有缓解。

根据嘉庆八年（1803）巡抚汪志伊的奏报，江苏省于嘉庆朝对钱粮亏空的第一次清查始于巡抚岳起任内。所谓"仓库亏缺先经前抚臣岳起查明"，共原亏银196.3万余两，截至嘉庆六年二月底止，补过银103.7万余两，实未补银92.5万余两，共抵垫未归银10.4万余两"。

---

① 李鸿宾：《厘剔安徽亏空疏》，载贺长龄、魏源编《清经世文编》卷27。
② 陶澍：《条陈安徽亏空八事疏》，载贺长龄、魏源编《清经世文编》卷27。

并酌定限补章程。①

岳起于嘉庆四年（1799）七月，由山东布政使升任江苏巡抚后，便带着他在山东清查钱粮的经验来到江苏。至是年年末，经过半年左右的调查，岳起查明江苏仓库的大致情况。他说："江省仓库向亦不免有亏缺侵挪等弊，经督臣费淳实力整顿，严饬弥补，近来州县中仓库无亏者已十有二三，其余或因公项赔垫，或竟因习染奢靡，迄今尚未能一律清楚。再江省征解钱粮，向有挪新掩旧之弊，此风甚久，竟莫知所从来，历任相沿，按年推补，使旧者以欠为完，转使新者以完成欠，推原其故，总为奏销分数考成起见，致令各任亏缺，互相纠缠，急切不能分析。此弊虽与亏缺有间，但欲清查亏缺实在情形，则此弊最为掣肘。"②次年（1800）十二月，经岳起对各州县官员的盘问，获悉江苏数年累积无着亏空"约计通省共有七十余万"，提出将此项亏空"并入折内所奏二百六十余万勒限完缴之赔项中"③。

根据上述岳起以及他的后任汪志伊的奏报，可知在嘉庆四年（1799），江苏通省亏空钱粮在260余万两，其中有70余万两的无着亏空，汪志伊所说岳起查明196.3万余亏银当未计这70万两的无着亏空。随后，岳起及其后任督抚开始了对亏空钱粮的积极追缴。

例如嘉庆七年（1802），两江总督费淳、巡抚岳起等，鉴于江苏省积亏严重，不能即时弥补，提出"计州县收漕贴费外尚可盈余，饬令该员按照缺分大小交出归公，现已提补三十七万有零"。虽然嘉庆帝认为，这属于设立漕余名目，向各州县百姓浮收漕米的加赋行为，势必将公项私自挪移，致百弊丛生，斥令"嗣后漕余折色二事

---

① 参见江苏巡抚汪志伊《奏报遵旨饬查江苏仓库亏缺钱粮已未完补各数事》嘉庆八年八月二十六日，中国第一历史档案馆藏，《朱批奏折》档号：04-01-35-0762-021；另见《清仁宗实录》卷120，嘉庆八年九月丙午。

② 江苏巡抚岳起《奏请展盘查仓库钱粮例限事》嘉庆四年十二月初十日，中国第一历史档案馆藏，《朱批奏折》档号：04-01-35-0760-034。

③ 江苏巡抚岳起《奏陈仓库亏空钱粮数目并追缴赔项事》嘉庆五年十二月，中国第一历史档案馆藏，《朱批奏折》档号：04-01-35-0761-030。

当永行禁止"①。但至少说明，地方督抚对弥补钱粮亏空的态度是积极的，甚至不惜明里暗里以不同方式不同程度加派民间。

而且，费淳、岳起"批定每年限补银五万七千余两，计至嘉庆十二年（1807）全数补完"。该省原报亏缺银数，经费淳、岳起等酌盈剂虚，分限弥补，此时已补还十分之八。②在此期间，汪志伊按照每年年终密奏仓库钱粮清查的规定，先后奏明了其任内自嘉庆六年至八年（1801—1803）全省仓库亏缺及弥补的情况。他说：截至嘉庆八年七月底止，计前项未补银共92万余两内又陆续完补银53.9万余两，未补银共38.6万余两，又前项抵垫银共10万余两内陆续完补3.6万余两，尚未补银6.8万余两。③

总体上说江苏通省的二百万左右的亏空，经过四年多的追补，只有38.6余万尚未归补，其清理钱粮亏空的成效是可喜的。

嘉庆十年（1805）正月，汪志伊再奏，江苏省至嘉庆九年底亏缺项下完银7.1万余两，未完银27.3万余两，抵垫项下完银0.3万余两，未归银5.9万余两。④汪志伊调离后，继任巡抚汪日章的奏报，至嘉庆十一年（1806）年底，江苏省未完银21.1万余两，抵垫未归银4.3万余两。至嘉庆十二年（1807）年底，亏项下完银4.3万余两，抵垫项下完银0.3万余两。⑤又经过四年，亏项下未完银只剩下16.8万余两。

嘉庆十四年（1809）八月，章煦出任江苏巡抚，次年，章煦会同两江总督松筠循例奏报，截至十三年年底，江苏两藩司亏缺未补

---

① 王先谦：《东华续录》卷13，嘉庆七年五月庚寅。
② 《清仁宗实录》卷120，嘉庆八年九月丙午。
③ 参见江苏巡抚汪志伊《奏报遵旨饬查江苏仓库亏缺钱粮已未完补各数事》嘉庆八年八月二十六日，中国第一历史档案馆藏，《朱批奏折》档号：04-01-35-0762-021。参见江苏巡抚汪志伊《奏报遵旨查催江苏仓库亏缺银两续补数目事》嘉庆九年正月二十二日，中国第一历史档案馆藏，《朱批奏折》档号：04-01-35-0762-049。
④ 参见江苏巡抚汪志伊《奏报江苏续补仓库亏缺银数事》嘉庆十年正月二十四日，中国第一历史档案馆藏，《朱批奏折》档号：04-01-35-0763-052。
⑤ 参见江苏巡抚汪日章《奏报江苏续补仓库亏缺银两数目事》嘉庆十三年二月十一日，中国第一历史档案馆藏，《录副奏折》档号：03-1818-018。

银6万余两，抵垫未归银3.4万余两。截至十四年年底，江宁藩司亏项下未补银4万余两，抵垫项下未归银1.5万余两。苏州藩司亏项下全数补完，抵垫项下未归银1.6万余两。① 截至十五年年底，江宁藩司亏缺项下又完银1.3万余两，未补银2.6万余两。江苏两藩司抵垫项下未归银2.5万余两。②

也就是说，自嘉庆四年至十五年，经由岳起、汪志伊、汪日章、章煦等数任巡抚的努力，江苏省的二百六十余万亏空，未完银仅剩下2.6万余两，垫补未归银2.5万余两，该省弥补钱粮亏空可谓取得相当大的成效。然事实并非如此。

嘉庆十七年（1812）三月，章煦迁京职，离任前留下一折密陈江苏新亏情形的奏疏，交给了继任巡抚朱理。③ 次年二月朱理奏报，查明江苏省两布政司的亏空情况。他说：江宁藩司在嘉庆十四年（1809）清厘各属仓库案内，亏银107.3万余两，截至十七年年底所属已完银6.3万余两，未完银101万余两。苏州藩司所亏333.5万余银中，已完银71.3万余两，未完银262万余两。对于如此巨额亏空，朱理的说法是："从前办理清查固有不实不尽，而后此之因公动缺赔累多端，亦恐不无借口掩盖，然何致亏垫两项积至如许之多？其中原亏无着者既应首先设法弥补，而那垫各款则皆系有着之项，尤应严定章程亟为勒追。"④ 为此，朱理奏请将应行咨追各员有现经升调外省及已回旗籍者，请由该省督抚委员押解来苏质算严追，⑤ 定章程分款查追。

---

① 参见江苏巡抚章煦《奏报江苏续补仓库亏缺银数事》嘉庆十五年四月初三日，中国第一历史档案馆藏，《朱批奏折》档号：04-01-35-0768-047。
② 参见江苏巡抚章煦《奏报江苏续补仓库亏缺银数事》嘉庆十六年三月二十九日，中国第一历史档案馆藏，《朱批奏折》档号：04-01-35-0770-030。
③ 参见江苏巡抚朱理《奏为遵旨核查江苏省亏空事》嘉庆十七年五月二十一日，中国第一历史档案馆藏，《录副奏片》档号：03-1823-004。
④ 江苏巡抚朱理《奏报查明江苏仓库亏垫各款酌定追补章程事》嘉庆十八年二月十二日，中国第一历史档案馆藏，《朱批奏折》档号：04-01-35-0773-045。
⑤ 参见江苏巡抚朱理《奏报不交亏空银两各员请令各省押解来苏质对事》嘉庆十八年四月，中国第一历史档案馆藏，《朱批奏折》档号：04-01-35-0774-011。

对于这突如其来的奏报，嘉庆帝既震惊又不解，所谓"该省仓库钱粮亏缺如此之多？数年以来，江苏并无大差大役，而弥补者为数无几，是该抚所奏并无续亏之言，殊难凭信"。而且，自清查亏空以来，江苏省每年皆有完补亏空的密奏，根据汪志伊嘉庆八年奏报，"补还十分之八亏缺"，嘉庆十五年章煦的奏报，亏空未补和垫补未归两项不过5万余。但在朱理的奏折中称，江苏两藩至十四年共计亏银近440.8万余，至十七年完银77.6万余两，未完银363万余两。与之前岳起、汪志伊，甚至章煦所奏，不仅亏空数差别甚大，且完补数额不到18%。

但对于朱理请求押解亏空官员来江苏质算的严追主张，嘉庆帝却坚决反对，批曰："所奏不可行。"随即谕军机大臣等曰："各省州县亏垫各款，从前降旨饬令该督抚设法清厘，原系各省自行密办之件，今该抚请将升调外省各员饬令押赴原省，即如江苏州县中此时升调外省者，道府州县等官各省皆有。该抚岂能以现任官员不奏明解任即擅行押解赴苏？如一一奏明，尚何密办之有？且江苏一省如此办理，此外现办清查省份尚多，若皆仿照咨解，势必将实缺道府州县各官纷纷互相解质，来往梭织，治丝而棼，尚复成何政体？该督抚仍当遵照奏定章程核算明晰，勒限严追，如有抗违，即指明据实严参，以警其余，自可逐案清厘也。将此谕令知之。"①

很明显，嘉庆帝依然坚持由"该督抚设法清厘，原系各省自行密办之件"，即坚持地方督抚不得将清查钱粮之事咨报户部。同时又自我矛盾地表达："该督抚仍当遵照奏定章程核算明晰，勒限严追，如有抗违，即指明据实严参。"在这种环境下，至嘉庆十八年（1813）十月、十一月，朱理离任前只追完江宁藩司亏银5万余两、苏州藩司亏银41.9万余两。

嘉庆十九年（1814）八月，署江苏巡抚初彭龄上"严禁密奏"一折，反对密查密奏钱粮亏空案，再次以江苏钱粮不断续亏奏请严

---

① 《清仁宗实录》卷271，嘉庆十八年七月庚辰。

办。他说：江苏"积年亏缺，现有三百十余万之多"。"嘉庆六年岳起查奏时，（江苏）各属亏短银三十余万两，若能分年弥补，迄今已越十年，每年约补三四万金，早已据报全完。张师诚任内续查，已增至七十余万两，至庆保任内续查，竟增至二百二十万余两，江宁藩司又报出九十六万余两。江苏一省共亏银三百十八万余两，较岳起初报之数多至十余倍。"①

初彭龄奏报的亏空数显然比先前朱理所奏少了一百多万两，但这份奏折的影响力不亚于直隶续亏案，初彭龄在奏折中的口气也更加直白与犀利，他直接否定了嘉庆帝的密奏办理亏空的方案。疏曰："亏空应立时惩办，而各省督抚往往密奏，仅使分限完缴，始则属官玩法，任意侵欺。继则上司市恩，设法掩盖。是以清查为续亏出路，密奏为缓办良图，请饬禁。"②

初彭龄以御史起家，"素称敢言"，自乾隆末年即以参劾贪官名震一时，嘉庆初年又先后劾罢贵州巡抚伊桑阿、云南布政使陈孝升，以及山西巡抚成龄等大员多人，并多次奉使以钦差身份往按大狱，是嘉庆帝得力的风锐派大员，虽朝中对其有"嫉恶过严"的评论，但却深得嘉庆帝的倚任。寻初彭龄力陈严查的主张得到了嘉庆帝的首肯，"帝韪之"，"所奏甚是，（初彭龄）可谓实心任事，能任劳任怨矣"。

可见，面对不断的续亏且数额巨大，嘉庆帝不得不承认，"自有清查以来，各该督抚不但不能依限勒令弥补，且不免有续亏，每藉口于原报之数不实不尽，以致每隔数年续查一次，其数倍多于前，此非续亏而何？初彭龄所称名为密折陈情，实则通同舞弊，此二语确尽情事"③。

---

① 《清仁宗实录》卷294，嘉庆十九年八月甲子；署江苏巡抚初彭龄《奏报清厘江苏积年亏空情形事》嘉庆十九年八月二十一日，中国第一历史档案馆藏，《录副奏折》档号：03 - 1561 - 006。注：此处岳起查奏时江苏亏空30余万两，当指弥补后（岳起、汪志伊两任弥补），《实录》有误，可参见档案中初彭龄折奏。

② 《清史稿》卷355，《初彭龄传》。

③ 《嘉庆道光两朝上谕档》第19册，第600—601页。

这是嘉庆帝以谕旨的形式首次承认了以密查方式清理亏空是存在问题的，并开始进行政策性调整。他命两江总督百龄与初彭龄等会同查办，又将"当时疆吏中有能名"、告假在家的巡抚张师诚召回江苏，责令他们将历任亏空之员查明实据，酌拟章程。寻嘉庆帝指示江苏督抚，"各省仓库查有亏缺，原应随时惩办，前因积弊已久，现任官大半非原亏之人，是以令清查确实，截止数目，以期分限弥补。乃自有清查以来，各该督抚不但不能依限勒令弥补，且不免有续亏，每藉口于原报之数不实不尽，以致每隔数年续查一次，其数倍多于前"。"俟江苏一省办定章程，再明降谕旨，令凡有亏空省分，俱仿照办理，以期国帑清厘。"①

十月末，初彭龄、百龄以及张师诚俱上"查办亏空之折，各拟立章程十条"（即《江苏章程》）。虽"两议具奏"，"其意未尝不同，惟初彭龄所拟各条，过于欲速"②。也即在《江苏章程》制定的过程中，钦差初彭龄与两江总督百龄、江苏巡抚张师诚等在如何弥补亏空上的态度总体上是一致的。认为查办亏空一事，"总须先截住新亏，再将旧亏数目彻底查清，熟筹弥补"。但却因归补期限的缓急出现了分歧，并上两议。

初彭龄欲速，主张将原亏之项责成现任州县赔缴，分别为一万两以上限六个月，五万两以上限一年，届期不完即革职监追，再各展六月一年之限，不完治罪。但嘉庆帝支持了主张徐缓归补的百龄和张师诚。谕曰："江省现任州县大半非原亏之人，欲于一二年之间责令补完数百万帑金，其势有所不能，且操之过蹙，不肖之员仍不免朘削民膏，必至纷纷讦控，讼狱繁滋，甚或恣意敲扑，激生他故，所关尤钜。"可见嘉庆帝仍然顾忌，一旦限期严厉追缴，州县官员难免非法派取民间，致激起民变。尽管嘉庆帝认定，江苏的亏空与地方官的贪腐秽行有关。所谓"江省自清查亏空以来已十有余年，无

---

① 参见《清仁宗实录》卷294，嘉庆十九年八月甲子。
② 《嘉庆道光两朝上谕档》第19册，第871—880页。

岁不以弥补为事，而现在实查亏数仍有三百余万两。该省河工赈恤悉皆发帑办理，又未举行南巡之典，各州县何所藉口，总缘大臣不法小臣不廉，以致亏缺累累。其所谓弥补者，无非托之空言，全无实效。"① 而且在嘉庆帝看来，该省亏空多至三百余万两，非一二年即能弥补足数，"为今之计，惟当立限催追，按期缴纳"②。

那么，百龄和张师诚的归补方案又是怎样的呢？根据张师诚的奏报：江苏省两藩司在嘉庆十四年由巡抚朱理查出共亏空银437.7万余两，截至十八年归补后，"计两藩司所属实尚未补银三百十六万两"③。他们认为，先前的归补期限，"为期过宽。请将原挪人员先行革职留任，欠数在五千两以下者限六个月，一万两以下者限一年，一万两以上者限二年，二万两以上者限三年。全完开复，不足数即行革任，监追查产作抵。不敷银两，勒限一年全完即免治罪。如再无完，除将本人照例治罪外，所有欠项亦仍照挪移定例分赔归款。其赔补限期，一万两以下者限一年，一万两以上者限两年，二万两以上者限三年全完，完不足数即行参革，按例办理"④。

这就是最终确立下来的《江苏章程》。这一归补方案显然比初彭龄要求在两年之内全完要宽松许多，却比此前朱理的方案在归补期限上又稍许严厉了些，而且它解决地方财政的目的性又很明确。

随后，是年十一月，经大学士托津等会议，江苏省的亏空追补章程依议而行。总的原则是截住旧亏，"须将旧亏接受及新亏入己，逐一分析定立章程。将贪黩之员重办示惩，去其已甚"。"务于仓库有益，不在克期旦夕也。"⑤《江苏章程》的意义还在于，它成为一种弥补的定式，"凡有亏空省分俱仿照办理"。而且，"立置重典，

---

① 《清仁宗实录》卷299，嘉庆十九年十一月丁未。
② 《嘉庆道光两朝上谕档》第19册，第779页。
③ 嘉庆十四年，按照朱理原来的归补方案，"五千两以下者限一年，五千两以上者限二年，一万两以上者限三年，二万两以上者限四年。"见《嘉庆道光两朝上谕档》第19册，第880页。
注：此处所说未补316万余，与前初彭龄的318万有些许误差。
④ 《嘉庆道光两朝上谕档》第19册，第882页。
⑤ 《清仁宗实录》卷297，嘉庆十九年九月己酉。

以为续亏者戒"，表明朝廷已决议对钱粮亏空的官员予以严惩。

由此还可以看出，钱粮归补是嘉庆帝清查亏空的目的，而借助清查钱粮解决吏治腐败问题则放到第二位上。这一点也正是嘉庆帝与其祖父雍正帝以铲除腐败为清查亏空出发点的政治目标的最大不同。

六 山东续亏："断难再事姑容"

山东省自嘉庆四年（1799）、嘉庆八年（1803）曾有两次对钱粮的清查。第一次清查是在巡抚陈大文任内，由于无资料可查，具体情形不得而知。但在嘉庆八年（1803）第二次清查过程中，巡抚铁保给出了前次清查中钱粮亏空的数额。他说："从前清查时有二百四十余万，彼时笼统计算并未能彻底清查，而历次弥补数目亦多牵混，此而不得其确数。"① 根据铁保的奏折，可知第一次清查，山东的亏空数额大致在240余万两，而且由于清查不彻底，此亏数只是笼统粗略的统计。

第二次清查，是在铁保任内，他奏报的清查结果是，"东省亏项共有一百八十余万两，通计每年各州县可弥补银二十余万两，约六七年可以全数归款"②。在铁保看来，每年二三十万两的归补数额较为可行，足以弥补亏空。

但同时铁保也表达了追赔的困难。他指出有两类人员追赔甚难，一是久任的官员，诸如，莱阳知县沈镐、栾安知县吴坦安在任年久，未清款项较他县尤多，"二员欠交正杂款项各有四五万两，禀报数目牵混不清，屡经驳饬，该员等总以因公动垫为辞，支吾搪塞"。请革

---

① 山东巡抚铁保《奏报办理弥补东省亏空钱粮事》嘉庆八年闰二月初十日，中国第一历史档案馆藏，《朱批奏折》档号：04-01-35-0761-050。
② 《清仁宗实录》卷119，嘉庆八年八月丁亥。

职查办。① 二是离任后调往外省的官员。所谓"外省亏缺，各州县将本年新收银两挪补前任亏缺，以致旧欠虽补新欠又增"②。

铁保于嘉庆十年（1805）升任两江总督，并未实现其归补亏空的规划，根据后任山东巡抚吉纶在十四年（1809）的奏报，可知"自嘉庆八年起，截至十三年二月止，（山东）通计提解过各属实在弥补节省银九十四万五千余两。今自十三年三月起，截至十四年五月二十五日止，计提到十三年分节省银十七万一百五十三两零"。而且吉纶还表示，未完部分"以嘉庆十三年为始，奏恳赏限六年，至十八年一律弥补完竣"③。

如果按照吉纶的统计，山东二次清查的数额在180余万两（铁保奏），那么在吉纶接任之前，应该补完了94.5万两。这个数字说明，铁保非但任内没能如其所言补完亏空，在其离任三年后才完补了一半。其余一半按照吉纶的规划，应在嘉庆十八年（1813）全部补完。

但是，与各省的情况雷同，山东也出现了续亏不断的情况。在嘉庆十五年（1810）九月，山东"尚亏缺银一百七十余万两"，亏空出现了越补越多的势头。嘉庆帝十分不满，斥责说："可见该省历年弥补，不过挪新掩旧，全系具文。"④ 但奇怪的是，十六年初，吉纶升任尚书调回京城，当年四月同兴出抚山东。按照新任督抚三个月查核仓库的通例，同兴以通省仓库无亏奏闻。⑤ 嘉庆帝自然不信，便派出大学士庆桂与户部尚书托津前往调查。

嘉庆十九年（1814）八月，随着同兴与布政使朱锡爵为官不职

---

① 山东巡抚铁保《奏为知县交款牵混不清请革职究追事》嘉庆八年八月初三日，中国第一历史档案馆藏，《朱批奏折》档号：04-01-35-0762-017。
② 《嘉庆道光两朝上谕档》第8册，第208页。
③ 山东巡抚吉纶《奏为东省提解各属节省银两弥补库贮事》嘉庆十四年六月初二日，中国第一历史档案馆藏，《录副奏折》档号：03-1819-080。
④ 《清仁宗实录》卷234，嘉庆十五年九月丁丑。
⑤ 参见大学士管理户部事务庆桂、户部尚书托津《题为遵查山东巡抚同兴到任盘核各仓存谷无亏事》嘉庆十七年八月初二日，中国第一历史档案馆藏，《户科题本》档号：02-01-04-19305-005。

的风闻不断传入朝廷，嘉庆帝意识到山东钱粮亏空问题必须有人揭开，而处置同兴、朱锡爵或是一突破口。是故，嘉庆帝下旨："山东各州县仓库亏缺情形，亦断难再事姑容。"①"东省各州县仓库亏空一事，伊二人应即督同藩司庆炆将该州县所亏实数及致亏之由逐一究出，如同兴、朱锡爵二人及凝图等有染指得赃情事，当不避嫌怨，指名参奏。如同兴等并无染指，亦应将州县内侵蚀肥己者据实严参，忽使幸免。其余分别核办。此等贪官污吏悖入已久，或籍没，或追赔，或责限弥补，惟当一一罄其私赀。傥补足数，不得任其以民欠为词，如实有未完民欠，伊二人确切查明并无影射，奏明后方可酌量施恩。"②又指派以"数治大狱"有名的协办大学士、吏部尚书章煦以钦差身份前往山东调查此案，命章煦俟将此事办定章程，再行来京供职。

未几，章煦劾同兴怠玩误政，以致地方凋敝、仓库空虚，并劾布政使朱锡爵徇私废公、终日宴乐，二人一并褫职。嘉庆帝命章煦暂署巡抚，清查仓库钱粮。足见对山东钱粮亏空的重视。

在调查处置同兴、朱锡爵的同时，章煦开始着手清查钱粮。至嘉庆十九年（1814）八月，章煦奏报，山东省续行查出钱粮积案63起。③九月，又查出在山东107州县中，交代逾限未经出结者，共有65州县，前后186任。"是通省交代不清之州县已十居其六"。在各州县接收交代中，以仓库虚实最为关键。然而，州县官既逾限未经出结，其上司何以不行查办，而辄听新旧官员接任辗转耽延呢？对此，嘉庆帝急于知道事情的原委，遂命刑部传讯巡抚同兴与藩司朱锡爵，令二人据实登答。④

十一月，章煦又疏奏，前任巡抚吉纶任内于嘉庆十四年（1809）的清查奏报亏数多有不实。这就是说，山东省在是年由巡抚吉纶主

---

① 《清仁宗实录》卷294，嘉庆十九年八月庚午。
② 《清仁宗实录》卷297，嘉庆十九年九月甲辰。
③ 参见《清仁宗实录》卷294，嘉庆十九年八月庚午。
④ 参见《清仁宗实录》卷297，嘉庆十九年九月庚戌。

持的第三次清查，仍以不实告败。章煦于折内称：吉纶"原奏通省共亏缺银一百七十九万八千余两，又另案参追银六万一千七百余两……又核查出亏缺银一百五十五万二千余两，共银三百四十一万二千余两，此十四年以前通省亏空之实数。"① 嘉庆帝认为，十四年以前亏空达341.2万两之巨，"至十四年以后亏空更不可问，则其中弊窦自不一而足。必有不肖官吏肆意侵吞，私肥囊橐，且擅取库项"②。

至嘉庆二十年（1815）正月，章煦与新任巡抚陈预等又查明，山东自十四年以后截至十九年九月止，"续亏银三百三十四万七千余两"。新旧共亏银675.9余万两。③

山东六百余万的巨额亏空，对嘉庆帝而言又是一沉重的一击，使其从温和政治的梦中彻底警醒，他明确表达了对山东吏治败坏的愤恨和忧虑，决心彻底查清山东亏空情况。嘉庆帝说："该省敝坏一至于此，实堪痛恨。此项亏缺皆起于嘉庆元年以后，此十余年来朕并未举行东巡，致劳供顿。其该省大吏亦从无贡献珍玩等物，此中外所共知。将复何所藉口，皆由历任巡抚藩司旷职玩公，纵任不肖州县将国帑付诸漏卮。此内若谓一无贿索，其谁信之？姑念事属已往，不加深究。着军机大臣查明该省自嘉庆元年起至十九年止，巡抚藩司在任年月久暂，其业经身故者，查明伊子弟有无职官，开单具奏。候朕酌量分别罚赔，以示惩儆。"④

一句"姑念事属已往，不加深究"，表达了嘉庆帝尽管对侵蚀公帑的贪官深恶痛绝，却无意施以杀伐重惩。而且明确将查追的范围限定自嘉庆元年以后，是要放弃对乾隆朝亏空的追查。但其"以示

---

① 吏部尚书章煦、山东巡抚陈预《奏报查明通省嘉庆十四年以前仓库亏缺实数及查催各属册报赶紧核办情形事》嘉庆十九年十一月二十日，中国第一历史档案馆藏，《录副奏折》档号：03-1825-057。
② 《清仁宗实录》卷299，嘉庆十九年十一月壬子。
③ 吏部尚书章煦、山东巡抚陈预《奏报查明山东全省各州县亏缺实数事》嘉庆二十年正月二十七日，中国第一历史档案馆藏，《录副奏折》档号：03-1826-006。
④ 《清仁宗实录》卷303，嘉庆二十年二月丁巳朔。

惩儆"的态度已经亮明,所谓"前因东省州县亏缺仓库钱粮动盈钜万,特降谕旨从严惩"①。于是官员们紧急行动起来。

首先,章煦奉旨偕陈预等在山东制定可行的弥补亏空章程,着重于嘉庆十四年(1809)以后的续亏项,将某员某任究系亏空若干,立限一年调集离任回籍各员,详加核计。于是,章煦等奉命先拟章程十四款上之。

> 一、清厘藩库;一、严查交代;一、酌定征解分数;一、严立追缴限期;一、追缴限期,再分别升任及降调、革职等员,量予增减;一、酌定上司分赔限期;一、催征民欠;一、核减提解节省银;一、确查无着亏项;一、摊捐各款,查有无详禀案据核办;一、流抵房屋、器物,勒限估变;一、州县应领司库各款,仅正项扣抵,不准先抵摊捐;一、仓项与捐项库项,一律筹补;一、州县垫办军需,应俟查明再入抵款。②

章程的核心内容为"清厘藩库;严查交代;酌定征解分数;严立追缴限期"。随后章煦返京,钱粮归补的实施交给了新任巡抚陈预。由于这款章程得到了嘉庆帝的首肯,"总须将章程酌拟周密,无舛无漏"③。所以又被视为《钦定山东章程》。

其次,嘉庆帝即"着军机大臣查明该省自嘉庆元年起至十九年止,巡抚藩司在任年月久暂,其业经身故者,查明伊子弟有无职官,开单具奏,候朕酌量分别罚赔,以示惩儆"④。说明嘉庆帝意识到,各省弥补亏空的共同难题是旧亏年久,多属于无着亏空,故收效甚微,提出以追缴嘉庆朝亏空钱粮为清查重点的原则。

寻军机大臣等奉旨制定了按在任时间分赔处罚巡抚、藩司的决

---

① 《嘉庆起居注》第18册,广西师范大学出版社2006年版,第38页。
② 《清史列传》卷32,《章煦列传》。
③ 《清仁宗实录》卷312,嘉庆二十年十一月庚寅。
④ 《嘉庆道光两朝上谕档》第20册,第52页。

议。将嘉庆元年以后，山东省失察各属亏缺钱粮之历任巡抚、藩司，除在任甫及半年者遵旨免其罚赔外，其在任已逾半年各员均令罚赔示惩，赔补无着亏空银两。根据"章煦等奏，亏缺实数折内查明无着银五十七万一千三百九十余两，除拨节省银三十九万三千三十余两抵补外，尚余无着银十七万八千三百六十余两。臣等拟将此项在到任已逾半年之巡抚伊江阿等九员，藩司孙曰秉等九员名下，合计任事年月日期，匀摊银数，请旨罚赔"①。

虽然由18人分赔17.8万余，平均每人赔数不足一万，但将历任抚藩共计18位二品官员一同置于赔补之列，也是清朝为数不多的特例，特别是此举出自一向以温和著称的嘉庆帝治下，确是表达了其不再姑容的态度。而且，还要根据亏空的数额，将亏缺严重的官员报刑部予以惩罚。

嘉庆二十年（1815）十二月，嘉庆帝下达谕旨："直省仓库钱粮本应实征实贮，不容丝粟亏短。近年以来，朕为各督抚所蒙，该督抚又为各州县所欺，办理宽缓，以致肆无忌惮。各省亏缺累累，几于百孔千疮，不可究诘。若不严加惩办，何以警怠除贪？昨已降上旨，将山东亏缺各州县银数在一万两以上者全行革职拿问，解交刑部，分别问拟斩候、斩决，勒限监追。限内全完贷其一死，永不叙用。逾限不完，即行正法。其废弛贻误之前任山东巡抚吉纶、同兴，藩司朱锡爵均予谪戍。嗣后直省各州县如有侵蚀钱粮数逾巨万者，该督抚查明参奏，即照新例办理。如该督抚藩司不认真整饬，徇庇墨吏，废弛地方，即照吉纶等一律发遣，决不宽宥。"②

随后经陈预查明，山东于嘉庆十五年（1810）以后，共亏银334.77万余两，"因无存司档案可凭，恐不免以多报少，以少报多情弊"。其中仅泰安、兖州、沂州、登州四府属，共亏银93.64万两零，开单具奏。仅现任兰山县知县朱安国一员名下即亏银至六万余

---

① 大学士董诰等《奏为嘉庆元年以后山东失察各属亏缺钱粮之历任巡抚藩司请旨匀摊罚赔事》嘉庆二十年二月，中国第一历史档案馆藏，《录副奏折》档号：03-1573-087。
② 《清仁宗实录》卷314，嘉庆二十年十二月丙子。

两之多，其余数在一万两以上者尚有多人。为此，嘉庆帝十分震怒，分别治罪。谕曰：

> 着将单内所开各员除病故者仍照原议章程办理外，其亏缺在一万两以上者，俱着革职拿问，解交刑部。一万两以上者，问拟斩监候。二万两以上者，问拟斩决。将所亏银数令刑部分别定限，较例限加紧，奏明监追。限内全完，贷其一死，释放，永不叙用。其逾限不完者，刑部于限满日，按名具奏，请旨立即处斩，断不宽宥。其数在五千两以上以下者，仍照例在任着追，依限归补。吉纶、同兴俱久任山东巡抚，废弛贻误，至于此极，俱应发往吉林，姑念同兴前岁究出首逆林清，由驿驰奏，尚有微劳，吉纶着即发往吉林。同兴着发往盛京，交普恭等派在工程处效力。朱锡爵系该省藩司，厥咎尤重，伊名下共有罚赔银十一万五千六百余两，除已缴过三万六千两外，尚有未完银七万九千余两，着勒限三年，完缴后发往乌鲁木齐充当苦差，如限满不完，交部治罪。①

嘉庆二十一年（1816）正月，巡抚陈预又遵旨将嘉庆十四年（1809）以后亏空"一万两、二万两以上者，解交刑部监追。限满之日，分别斩决、斩候罪名办理。至已离东省各员亦着照该抚所请，先行解至东省监禁，俟核算明晰，再将实亏银一万两、二万两以上者，解交刑部一并办理"②。嘉庆二十三年（1818），继任巡抚和舜武就监追落实情况查明："旧亏各员内除李冈等二十二员已全数完缴，刘世培等七员已完缴初限银两，王旭昇等七员另案参革监追外，其高廷魁等九员追限届满，或缴不及额，或全未完缴，实属延玩。勒休知县高廷魁、李观澜俱着革职，同已革知县王朝凤、刘东里、汪德润、卢文乾、王廷元、袁洁、张畲一并监追。该革员等任所、

---

① 《清仁宗实录》卷314，嘉庆二十年十二月乙亥。
② 《清仁宗实录》卷315，嘉庆二十一年正月戊申。

寓所及原籍赀产俱着查封备抵。嵇承群等十一员统限未满，并有镠镆款目着上紧清厘勒追。宋铭、魏思诚二员解过节省银两，较亏数均有浮多，着于限满后再展限四个月勒追，如逾限不完，均照原定章程参办。"①

根据《清实录》的记载，二十一年（1816）二月，嘉庆帝针对亏空严重的山东四府发谕旨称："东省十五年以后，亏缺仓库钱粮之泰安、兖州、沂州、登州四府属州县，经朕特降谕旨从严示惩。"② 而这一句"从严示惩"，是嘉庆帝在经历了"徐徐办理""缓缓归款"后，政令趋严的明确态度。

在"从严示惩"的原则下，山东省在三次清查后，对亏空官员不遗余力地实施了严追严缴。"自嘉庆十九年至二十五年五月，经钦差协办大学士章煦、暨前抚臣陈预、和舜武、程国仁、钱臻将清查亏项延不完缴，及交代案内欠款未清之周履端等四十五员，先后参奏、分别革职拿问，查抄监追。"此45员中，原参21员在恩赦前已经监毙，尚有22人仍收监，2人全完。③

虽然，在上述被监追的官员中多限于州县官，但《山东章程》的实施，意味着嘉庆帝在清理地方钱粮亏空政策上由"徐徐办理"到"上紧严追"的转变。正如嘉庆帝感慨而言："近年以来，朕为各督抚所蒙，该督抚又为各州县所欺，办理宽缓，以致肆无忌惮。各省亏缺累累，几于百孔千疮，不可究诘，若不严加惩办，何以警怠除贪！"④ 并且，嘉庆帝还将《山东章程》及相关做法推行于其他亏空严重的直省，在全国亏空较多的省份普遍将追赔目标转移到近期的续亏追赔上，以求归补实效。

第一个明确接到指令的是甘肃督抚。甘肃属于钱粮不多且瘠苦

---

① 《清仁宗实录》卷343，嘉庆二十三年六月乙未。
② 《清仁宗实录》卷316，嘉庆二十一年二月丙辰。
③ 山东巡抚琦善《奏报查明监追亏空银两各员实亏银数事》道光元年十月二十八日，中国第一历史档案馆藏，《朱批奏折》档号：04-01-35-0787-011。
④ 《嘉庆道光两朝上谕档》第20册，第713页。

倍于他省的直省，然"仓库亏缺已非一日"。先是，嘉庆十六年（1811）五月，陕甘总督那彦成密陈甘肃"各厅州县截至十五年年底止，尚有未归库项、未归仓粮，共银二百一十一万五千余两，内除已经报部核销尚未拨给之军需，又提贮粮价及流抵摊销各项外，其无抵者共银一百七万五千余两，均请勒限十年分别追缴"①。

鉴于甘肃亏空态势的严峻，嘉庆帝特派户部尚书景安、仓场侍郎朱理为钦差前往查办，并令总督先福督率布政使严烺协同钦差等办理。至嘉庆二十年（1815）十二月，严烺查明"该省各属有续亏银一百万两有零"②。嘉庆帝明确指示景安等务须查明年限，"新旧必须划明"，毋任蒙混。③ 并要查明致亏之由，所谓"其采买之名始自何年？因采买而作弊又始自何年？"④ 着令甘肃照山东亏空例办理。

景安等奉命核查严烺所报是否真实，将总督先福查出亏空银数在一万至二万两以上之秦州知州李醇和等13员州县官员先后提解到省，传旨革职拿问，又将专折参革之泾州知州舒保、署泾州知州王淑提省收禁。随后严令各州县互查，将实贮银粮，分别造册，按限追缴。寻查明"亏空在二万两以上者十一员，内病故者四员、回旗者一员；一万两以上者七员，内病故者三员；五千两以上者三十二员，内病故者四员、离甘者两员；五千两以下者六十一员，内病故者八员、离甘者二十二员，以上总共一百一十一员"。共亏空正杂仓库钱粮132.4万余两，其中新亏银107.6万余两。⑤

---

① 《清仁宗实录》卷243，嘉庆十六年五月甲申。
② 《清仁宗实录》卷314，嘉庆二十年十二月丁丑。
③ 《清仁宗实录》卷317，嘉庆二十一年三月癸卯。
④ 嘉庆帝认为，"甘省仓粮既已空虚，库银又复亏短，敝坏已极，均应彻底查办，皆因近年所用大员因循疲玩所致，实皆朕不明之愆"。他命景安、朱理"将亏空实数及亏空之由和盘托出"。"并敕令各州县仓库实数一并查明，即照办理山东亏空之例，除银数在五千两上下者仍准在任着追、依限归补外，其亏空至一万两以上者俱革职拿问，一万两以上者问拟斩监候，二万两以上者问拟斩决。将所亏银两勒限监追，限内全完贷其一死，释放永不叙用。逾限不完者按名具奏，即行处斩。正法之员所亏之项亦即豁除毋庸再行摊扣。以杜借口赔累。"《嘉庆道光两朝上谕档》第20册，第714页。
⑤ 钦差大臣景安《奏报查明甘肃各属仓库亏空钱粮数目分别追赔治罪事》嘉庆二十一年闰六月初十日，中国第一历史档案馆藏，《朱批奏折》档号：04-01-35-0777-031。

嘉庆二十二年（1817）六月，嘉庆帝以甘省各州县于征存钱粮不按例报解，清查亏空又不据实报出，多有弊混，命将亏空各案逐一清厘，搞清是侵是挪，须"先行奏定，并造册咨部立案，分别办理"①。至此，进一步明确了要将清查亏空的情况咨部办理，不再是各省自行密查密办的弥补，说明了嘉庆帝对钱粮亏空的管理与处罚，重新置于严厉的行政与法律管控之下。

但是，归补的情况并不乐观，至嘉庆二十三年（1818）九月，据陕甘总督长龄奏报：甘肃观任有缺无缺各员"当应追缴新亏初二限银一十二万八百六十一两零，内除初限已完银五万二千八百一十三两零，二限期内又续完银四万九千五百三十六两零，尚有未完银一万八千五百一十二两零。"②虽然上述应追银数十二万余，未完不足二万，但就亏空整个归补期限四年而言，自二十一年至二十三年已经过去一半，就132万余两的亏空总额而言，归补只有10万余两，不及应补的十分之一。

至道光十年（1830），陕甘总督杨遇春奉旨饬查甘肃各州县仓库钱粮，查明31州县共亏银51.4万余两，内除垫办军需可领回归款银37.9万余两，实亏银13.5万余两。此外尚有因款目不符，驳令该管道府查核却又未经核定者共13州县，约亏银15.6万两。二者合计亏空有29万余两。③ 随后，署陕甘总督鄂山"遵旨复查甘肃亏空"，对杨遇春的奏报进行了核查。在杨遇春的奏报中，并未提到嘉庆年间的归补情况，所查亏空应该是道光以后的新亏。而鄂山除了复查外，并请旨查道光九年（1829）以后的亏空事项。④ 这说明道光初年钱粮亏空的事态依然严峻。

甘肃为边疆门户，足兵足食均宜预先筹划。"惟清查通省亏空，

---

① 《清仁宗实录》卷331，嘉庆二十二年六月癸酉。
② 陕甘总督长龄《奏报甘省追缴亏空银两二限届满酌分正杂款项归补事》嘉庆二十三年九月二十七日，中国第一历史档案馆藏，《朱批奏折》档号：04-01-35-0781-028。
③ 《清宣宗实录》卷175，道光十年九月庚辰，中华书局1969年版。
④ 署理陕甘总督鄂山《奏报复查甘肃亏空钱粮请盘查九年以后仓库各款事》道光十年十二月二十三日，中国第一历史档案馆藏，《朱批奏折》档号：04-01-35-0800-021。

为数甚多。"且"阅年既久,仍属有名无实,钱粮亏欠,仓库空虚,尚安望其捍卫边圉,有备无患耶"。道光帝对于甘肃钱粮亏空的清查十分重视,命督抚藩司勒限补清,命"照所议章程核实办理"。"倘再有续亏,无论是否因公,惟有从严惩办。"①

甘肃而外,对各省亏空个案的处理也令仿照《钦定山东章程》趋于严追。如直隶、河南等。嘉庆二十年(1815)十月,河南省鄢陵县知县萧某,因任内亏空正杂钱粮4万余两,已完2.6万余两,其余银两因逾限未完被革职。在其返回原籍湖北后,又奉旨被押解至河南收监。未几萧某在监狱中染伤寒病故,未完银1.5万两零,"仍遵照从前奏定章程,严饬现任人员依限上紧弥补"②。这里提到的奏定章程,便是《钦定山东章程》。这些政策与做法表明,在嘉庆二十年前后,嘉庆帝已经完全放弃其最初设计的以徐徐办理方式弥补钱粮亏空的愿望,代之于"勒追严办"。但为时晚矣!

总体而言,嘉庆初政实施的清理地方钱粮亏空的措施,是建立在不损官不害民的理想政治目标的基础上,但却是一个不切实际的施政方针。从政策推行前后的自我矛盾与纠结,到君臣之间认识的差异,都在说明这个清查亏空的政策与理念存在着诸多模糊不清的问题。直到各省巨额续亏的相继出现,在钱粮亏空越查越多的事实面前,嘉庆帝不得不承认以往政策的失败,表示对续亏"断难再事姑容"③。

值得提出的是,嘉庆朝对钱粮亏空的清查,虽不如雍正朝疾风暴雨般的猛烈,却有着持续不断的韧性。雍正朝在整饬官僚队伍的贪腐中完成了对地方钱粮亏空的归补,而嘉庆朝则在致力于弥补亏空中对吏治进行整饬,每个省的清查都在两三次以上,安徽省甚至有六次。但嘉庆帝始终不渝的坚持没能在亏空的普遍程度和亏空的

---

① 《清宣宗实录》卷308,道光十八年四月丁卯。
② 参见河南巡抚方受畴《奏报监追亏空钱粮之官犯病故事》嘉庆二十年十月二十一日,中国第一历史档案馆藏,《朱批奏折》档号:04-01-35-0776-002。
③ 《清仁宗实录》卷294,嘉庆十九年八月庚午。

加剧趋势面前有所奏效，只能折回雍正改革之前的老路，收回"捐廉罚银等事，朕必不为"的承诺，再度以摊扣、捐输养廉银等方式为赔补亏空钱粮的常态。而嘉庆帝没能如雍正帝托起国家的脊梁，其原因，有如洪亮吉所谓"皇上纵极仁慈，纵欲宽胁从，又因人数甚广，不能一切屏除"①。但更大程度在于国情和国势完全不比雍乾时期，清王朝已经度过了他最强壮的年代，开始步入老年。

---

① 《清史稿》卷356，《洪亮吉传》。

第 八 章
嘉道的困境与盛世的终结

  相比康雍乾时期，嘉道两朝可谓遭遇到前所未有的难题。嘉庆帝自即位伊始便面对川楚陕数省的白莲教聚众反清的事件，而平定这场战事，不但用了十年左右的时光，且耗费了国库近两亿的巨资，加之灾荒、河工等地方事务迭起，繁费百出之际，清朝财政持盈保泰愈难，入不敷出日甚。所谓"当乾隆之季，天下承平，庶务充阜，部库帑项，积至七千余万。嘉庆中，川楚用兵，黄河泛滥，大役频兴，费用不赀，而逋赋日增月积，仓库所储，亦渐耗矣"①。这在嘉庆帝25年的执政生涯中不能不产生重要的影响。而伴随这一过程的地方钱粮亏空，不仅是以往之亏空归补无望，而且新的续亏已成数十万、数百万的累增状态。在国家财政呈捉襟见肘的态势下，嘉庆帝最关切的问题莫过于弥补亏空的库帑和仓粮，但他没有条件也没有能力再进行一次类同耗羡归公的财政改革，故在追缴亏空钱粮的路上屡屡受挫、无功而返，且把澄清吏治放到了次要的位置。

  因此道光帝登基后，要接收的不仅仅是盛世过后的政治怠惰，还有嘉庆朝几经努力而无法改变的因财政亏缺而引发的国力削弱难题。故而，道光帝刷新振作的激情不断遭受残酷现实的重击。鸦片战争与官僚腐败、社会矛盾的加剧，再加上自然环境的恶化，进一

---

① 《清史稿》卷121，《食货二》。

步消耗了清朝的国力。所谓"道光年间,一耗于夷务,再耗于库案,三耗于河决,以及秦豫二年之旱、东南六省之水","以致入少出多"①。

所以,嘉道两朝始终挣扎在这种奋起无力的困境中,盛世已一去不回。

一 国力的消耗

嘉道两朝,半个世纪的努力,并没能使清朝回到以往的强盛与繁荣,其中固然有统治者个人执政能力与治国思想的问题,但国力的衰落已是不争的事实。嘉道两朝虽然不乏于盐政、河工、漕务等多项改革的倡议,但在惯性中,即便是无法彻底革除弊病的体制内改革也难以实施下去。随着嘉道以后财政支出的剧增,国家财政收入的总量虽然没有出现锐减的状态,但"入少出多",已呈现出财政困境,为此国家在汲取税收等财政资源的方式上不得不作出相应的改变。

(一) 军费与水患对国家财政的影响

清朝财政状况由盛转衰的节点,当始自嘉庆初年的川楚白莲教反清之役。

据记载,乾隆年间虽有"十全武功"的浩繁军需以及河工经费不断加增的需求,但国家库银的存贮却始终保持增长的态势。从时人法式善给出的国库实贮银数中可知,在乾隆中期三十年至三十九年(1765—1774)这十年中,户部库银从六千万增加到近八千万,②当乾隆之季,"部库帑项,积至七千余万"③。刘锦藻也有评价曰:

---

① 《清朝续文献通考》卷66,《国用考四·赋额》,商务印书馆万有文库本,第8225页。
② 参见法式善《陶庐杂录》卷1,第23—26页。
③ 《清史稿》卷121,《食货二》。

"乾隆一朝，大兵大役散财不赀，四十五年以前又普免天下钱粮四次，户部尚余银七千八百万。"① 可见，处于盛世的乾隆朝，尽管有军事与河工等巨额的经费支出，但并没有影响到国家财政储备数额的增长。

但到了嘉庆初年征剿白莲教战事结束前后，情形便开始发生变化。根据史志宏的研究："嘉庆元年，即白莲教起义爆发的当年，银库存银便从乾隆六十年的6939万两陡然下降到5658万两，减少了1281万两；二年又下降到2792万两；三年再减873万两，降到自清初平定三藩以来从未有过的1919万两的空前低水平；六年为1693万两，比三年又少了226万两。此一轮库存存银剧降，到嘉庆七年才因川楚之役结束而告中止，于当年底小幅回升了253万两。从嘉庆元年到六年，银库存银总计减少了5246万两。银库存银减少的数字即为支出大于收入的亏算数字。平均下来，战争期间银库每年收支的亏损额高达870余万两。这是整个清前期都少有的收不抵支、银库存银剧减的时代，几乎耗尽了乾隆留下来的巨额库存，对以后的清王朝财政产生了巨大的不利影响。"②

嘉庆八年（1803）三月，白莲教战事已经进入尾声，户部侍郎禄康已开始就国家财政的紧张状况，奏请以捐纳筹集朝费时，他说："每遇偶有水旱蠲赈兼施，动逾巨万，比年川楚军需屡发帑金，不啻以亿万计。现在三省大功告蒇，而余氛即可净尽。兵勇尚未全裁，每月饷银仍需数十余万，又如上年江西等省偏灾，及江南河工用至八百余万，尤非意计所及料。核以近年之动用，揆以岁入之常经，即令国帑充盈，原可无烦过虑。而经邦之费，所当备豫而熟筹也。我国家累朝仁厚，惠洽黎元，为旷古所未有。皇上敦崇本计，藏富于民，前代一切弊政，尽皆裁革，凡稍涉言

---

① 《清朝续文献通考》卷66，《国用考四·赋额》，第8225页。
② 史志宏：《清代户部银库收支和库存研究》，社会科学文献出版社2014年版，第63—64页。

利，有碍民生者，即为圣主所不许，亦臣子所不当言。"① 而且，这种财政紧缺的状况一直延续到道光朝，所谓"道光之初，岁入绌收，国用不给。三年，户部奏上近三年出入比较清单，言岁入每年皆有缺少"②。

表 8-1　　　　嘉庆二十三年至二十五年岁入岁出情形③　　（单位：万两）

年份	地丁杂税	漕项	盐课	关税	其他	岁入	岁出	收支相抵
嘉庆二十三年	2951.14	209.18	258.98	390.21	340	4149.51	4641.44	-491.93
嘉庆二十四年	2914.52	186.47	430.22	402.66		4273.86	4946.78	672.92
嘉庆二十五年	2765.26	193.31	253.53	380.86		3932.95	4751.58	-818.61

注：岁入各项均为实征，"其他"指捐项收入与旗租银。据清单载，三年相关收入均为：内外收捐 300 万两，旗租 40 万两。

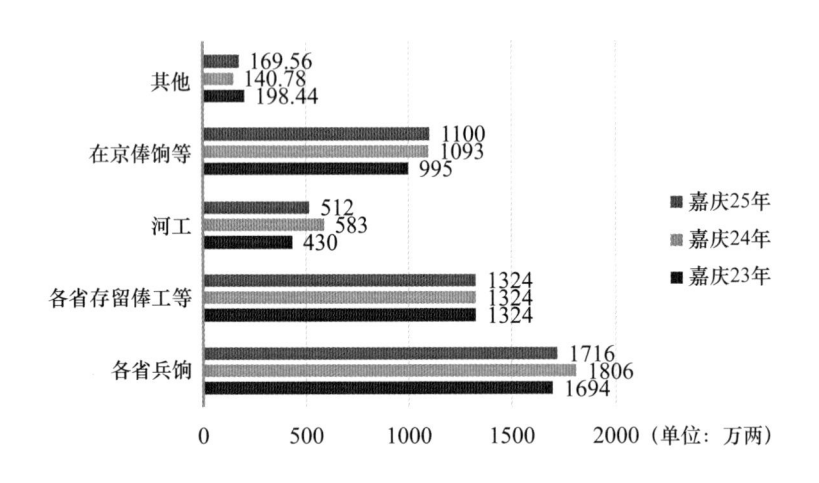

图 8-1　嘉庆二十三年至二十五年岁出统计

---

① 户部侍郎禄康等《奏为敬陈酌拟报捐条例事》嘉庆八年三月二十五日，中国第一历史档案馆藏，《录副奏折》档号：03-2174-028。
② 吴廷燮：《清财政考略》，《清末民国财政史料辑刊》第 20 册，第 359 页。
③ 《户部呈近三年岁入岁出比较银数清单》道光元年，中国第一历史档案馆藏，《录副奏折》档号：03-3284-052。

事实上，自乾隆后期至嘉道两朝，国家财政的大宗支出以军费与河工为最，为说明问题，本书就此例略作梳理。

一是军费支出。乾隆朝是清朝开疆拓土建立统一国家的完胜时期，所谓十全武功之役尽发于此时，故军费支出数额巨大。按照时人赵翼的记载，两次金川、两次平准、一次平回、一次征缅、一次台湾，应该是七次战役，共用银一亿二千万余，其中第二次金川用银就达6370万两。[1] 出自清末遗老的《清史稿》中的记载虽略有出入，但相差不多。[2] 据此可以认为，乾隆朝的军费支出在一亿五千万两以内。但嘉道年间的军费支出至少在两亿两以上。

根据《清史稿》对嘉道年间的军费支出记载："嘉庆川、湖、陕教匪之役，二万万两。红苗之役，湖南一省请销一千有九十万两。洋匪之役，广东一省请销三百万两。道光初次回疆之役，一千一百余万两。二次回疆之役，七百三十万两。英人之役，一千数百万两。"[3] 约计二亿五千万两。此外，鸦片战争后江宁之约偿款有2100百万两。[4] 以故"嘉道以后一切经费皆有竭蹶之虑"。

据此可知，嘉庆朝的军费支出就在两亿二千多万两，道光年间在三千多万两，还不计赔款之数。嘉道两朝的军费支出明显多于乾隆朝，几乎多出一倍。

另据陈锋研究，用于白莲教的军费在1.5亿两。《清史稿》的

---

[1] 赵翼：《檐曝杂记》卷2，《军需各数》，中华书局1982年版，第35页。"乾隆十二、三年用兵金川，至十四年三月止，共军需银七百七十五万（实销六百五十八万，移驳一百十七万）。十九年用兵西陲，至二十五年，共军需银二千三百一十万（实销二千二百四十七万，行查未结六十三万）。三十一年用兵缅甸，至三十四年，共军需银九百十一万。三十六年用兵金川起，至四十二年止，共军需银六千三百七十万。以上系章湖庄在户部军需局结算之数。五十二年台湾用兵，本省先用九十三万，邻省拨五百四十万，又续拨二百万，又拨各省米一百十万，并本省米三十万石，加以运脚，约共银、米一千万。"

[2] 《清史稿》卷121，《食货二》；卷125，《食货六》。"初次金川之役，二千余万两。准回之役，三千三百余万两。缅甸之役，九百余万两。二次金川之役，七千余万两。廓尔喀之役，一千有五十二万两，台湾之役，八百余万两。"用银在一亿五千多万两，但比赵翼的统计多出廓尔喀之役。

[3] 《清史稿》卷125，《食货六》。

[4] 参见吴廷燮《清财政考略》，《清末民国财政史料辑刊》第20册，第362页。

"洋匪之役"，是指波及广东、福建、浙江三省的蔡迁海上抗清战事，军费合计在700万两左右。"红苗之役"是指湘黔苗民反清起义，他认为，《清史稿》所说"湖南一省请销一千有九十万"是可信的，道光朝两次回疆之役的军费统计也大致无误。此外还有维西之役、天理教之役、湘粤瑶民起义之役等，加在一起，共计军费在19644万两，也即在两亿两之内。①

二是河工经费。根据道光年间曾为林则徐等高官作幕僚、被时人誉为有经济之才的金安清记载："本朝河防之费，乾隆中年以后始大盛。当靳文襄（康熙朝河道总督靳辅）时，只各省额解六十余万而已。后遂定为冬令岁料一百二十万，大汛工需一百五十万，加以额解，已三百三十万。又有荡柴作价二三十万。苟遇水大之年，又另请续拨四五十万，而另案工程则有当年专款之分，常年另案在防汛一百五十万内报销，专款另案则自为报销，不入年终清单。比较其时，漕事孔亟而河决频仍，先后诸河臣实不能不受其咎。"② 另据《清史稿》的记载，嘉庆中，仅十年至十五年（1805—1810）的南河抢修工程及另案专修各工，便用去银4099万两。其余衡工加价至730万两，二十年（1815）的睢工加价至300余万两。道光朝逾十年便达到四千万余两。此后，道光二十一年（1841）东河祥工拨银550万两，二十二年（1842）南河扬工拨银600万两，二十三年（1843）东河牟工拨银518万两。③

清朝河工仅常项经费，从康熙年间的60万两，到乾隆以后的330万两，已是上涨了五倍多。而嘉庆朝五年间的南河抢修和另案专修一项便用去4000万两，道光朝的常项经费前十年就达4000万两，足见河工经费之巨。

也就是说，国家财政支出自乾隆至嘉道，无论是军费还是河工用费都处于不断加增的状态。这还只是从国家层面作出的评估。

---

① 参见陈锋《清代军费研究》，第272—273页；第275页。
② 欧阳兆熊、金安清：《水窗春呓》卷下，《河防巨款》，中华书局1984年版，第63—64页。
③ 《清史稿》卷125，《食货六》。

而国家财政的短缺,库银数量的剧减,必然要影响到地方的财政。

在嘉道的财政支出中,并非都是出自中央户部的拨款,很多情况下是由户部直接向各省下令调拨款项。最典型的就是嘉庆初年清朝征剿川楚陕白莲教众的军费调拨。

首先,从各省的军需征调来看。根据《清实录》的记载,清朝在此战役中,还从各省征调了自数十万两到上百万两不等的军费。据不完全统计,总数在1300余万的银两。详见表8-2。

表8-2　　　　嘉庆初年由各省藩库拨银数①　　　　（单位:万两）

时间\直省	山西	河南	安徽	江西	山东	直隶	广东	湖南	浙江	用途
三年六月	30	30								甘肃备军需
四年七月	40		50	50						鄂川备军需
五年九月	35									陕西备赈
同上	70									陕西备军需
五年十月	20			25	25					川陕备军需
五年十二月				20	20					湖北备军需
六年六月					10					抚恤灾民
六年七月							20+20			陕川备军需
六年八月	60	30			30					赈恤甘肃灾民
同上				30+20			20			陕川备军需
六年十月							20			湖北备军需
同上				11						陕西备赈
七年正月		10+10					30	15		鄂陕备军需
同上	10									陕军需善后
七年二月				10						湖北备军需
同上	100	50			50					川军需善后

---

① 参见《清仁宗实录》卷31—166。

续表

时间\直省	山西	河南	安徽	江西	山东	直隶	广东	湖南	浙江	用途
七年三月				10						鄂军需善后
七年四月		20		20						鄂备军需
同上										动支湖北藩库10万备军需
同上		20								宁陕建营汛兵房
七年五月		10					30			陕备军需
七年七月		30								陕备善后
七年八月		34+30					40		26	陕鄂备军需
十一年八月	40									陕备军需
十一年九月	30									陕备军需
合计	435	274	60	186	125	10	180	15	26	1311

清朝从各省调拨经费，这对原本就有亏空的地方财政，特别是越查亏空越多的库项应该不无关联和影响，如山西、河南、江西、广东等省都有数百万的征调，就连亏空在六百余万两的山东也有百余万的调拨。其结果无非是两点：一是各省州县进一步榨取百姓的民脂民膏；二是地方钱粮亏空的状况加剧恶化。

其次，从军需奏销的情况看。由于军需奏销往往旷日持久，且多有驳查不予奏销之钱粮。白莲教之役的军需奏销银两，各省在十年后都未能销结。根据嘉庆十九年（1814），户部奏请饬催陕西等省军需驳查未结各案的奏报获悉："陕西一省军需用过银两，在嘉庆三年以前及四年以后驳查各案，尚有银五百九万五千余两，事阅十有余年，未经销结。又删减随征兵丁加增盐菜银十八万九千余两，亦未题报。其湖北、四川及协济军需之直隶、甘肃、云南、贵州、广东、福建、山东、山西、湖南、江西、安徽等省，共未经销结银二百五十二万五千余两。似此多年积压，自久愈滋轇轕。"① 也就是说，陕西一省在白莲教之役中的军费支出，仅未销银就有528.4万余两，湖北、四川，以及协济军需的直隶等11省未销银在252.5万余两，总计未销银有780.9万余两。

最后，各省封贮银已动用无存，需要开捐例补充。虽然各省自雍正以来都设有30余万两的封贮银，以备不时之需。但至嘉庆初年，各省的封贮银皆已动用无存。如嘉庆四年（1799），"户部奏，筹备各省封贮，请于报捐监生普收折色，径赴藩库交纳。从之"②。"各直省暂开捐监之例，本为各省封贮银两，节经动拨，均须补足原额。嗣因粤东江浙等省捐监银两较多，经部议令凑至成数，随时解京，俟军务完竣补足封贮原额，将外省捐监一并停止。"③ "近年开设捐例，原属一时权宜之法，即外省捐纳监生，亦因各直省封贮银两动用较多，是以准令就近收捐。"④

由此，捐监银两成为地方各省的财政补充，特别是封贮银的补充。例如，江西省的封贮银原额为30万两，就是由捐监银两中支出留存。⑤ 贵州同样依赖于捐监银两。作为苗疆重地，贵州藩库向有封贮银30万两，又道府厅州分贮银4.1万两，共银34.1万两。其捐监银两中，因前于乾隆六十年铜仁军需案内奏明全数动用，至道光二年仍分厘未补，九月，奏准于"此次收捐监银十万一千三百八十两毋庸起解，即行归补封贮"⑥。但仍有一些直省于白莲教等战事中将封贮银全部支出，却并未归补者。如"粤西藩库及南宁等府共封贮银四十五万两，原备地方缓急之需，今已动用无存"⑦。于是，在嘉庆十年（1805），嘉庆帝"曾经降旨"，令各省

---

① 《清仁宗实录》卷299，嘉庆十九年十一月乙巳。
② 《清仁宗实录》卷54，嘉庆四年十一月庚申。
③ 《清仁宗实录》卷79，嘉庆六年二月壬子。
④ 《清仁宗实录》卷98，嘉庆七年五月戊子。
⑤ 参见江西巡抚阮元《奏报江西封贮银两归补足额事》嘉庆十九年十月十一日，中国第一历史档案馆藏，《录副奏折》档号：03-1825-050。
⑥ 《清宣宗实录》卷41，道光二年九月丁酉。
⑦ 《清仁宗实录》卷24，嘉庆二年十一月辛巳。

收纳捐监银两,"自嘉庆十一年为始,留于外省补还封贮,俟足额后再行奏明请旨"①。虽然这个谕旨旋即被收回,但至少说明各省原有的备贮银两大都用于白莲教之役的军需中了。

由以上各省未销军需银两,可证白莲教之役不仅耗费了中央的财力,而且将各省的财政也拖到了拮据的深渊。在这种财政状况下,各省对亏空钱粮的归补之难是可以想象到的。

(二) 巨额民欠加大了财政缺口

清朝财政的收入主要来源于地丁、漕粮、盐课、关税、杂税等常例,在"量入为出"的财政体制下,其数额基本是固定的,国家根据常例的收入数额来安排支出,支出总额通常少于常例收入总额,由此保证了国家财政的正常运转,并能盈余。但自嘉庆朝起,国家经制内常规的赋税征收机制出现了脱轨现象,具体表现为"民欠"数额的不断增加,而且是伴随地方仓库巨额的钱粮续亏,成如影随形之势,加大了财政的缺口。

民欠,是指百姓应缴的赋税钱粮而未能如数交纳以至于拖欠者,故民欠被指为钱粮亏空的三大成因之一,历代拖欠定额钱粮的"民欠"②现象从未绝迹,且难以禁绝。康乾盛世的民欠,因国家财力充足,通常以"蠲免""分年带征"等手段得以缓解,并在雍正朝进行了清理,故未影响到国家财政的运行机制。而嘉道年间的民欠却遇到了一个特殊的环境,即钱粮亏空形势的加剧,放大了民欠对国家财政的影响。

根据户部严催各省积欠钱粮的奏报:嘉庆十五年(1810)十二月,"各省欠项积压既久,竟至一千五百四十余万两之多"③。嘉

---

① 《清仁宗实录》卷152,嘉庆十年十一月辛酉。
② 对于民欠,国家通过追缴、缓征和分年带征等措施,实现赋税征收的最大化。然而历年既久,新征加上旧欠,分年带征并无显著效果。官员通过征收钱粮肥己,书吏从中作弊,绅衿少交或逃避,普通民人交纳赋税的负担日益沉重。
③ 《清仁宗实录》卷237,嘉庆十五年十二月戊戌。

庆十七年（1812）八月，"核计部中正项钱粮积欠，竟至一千九百余万两之多，屡经饬催，报解寥寥"。各直省中，除奉天、山西、广西、四川、贵州五省皆年清年款并无积欠，云南省仅有积欠五百余两外，其余十四省皆有民欠。"其安徽、山东积欠各多至四百余万两，江宁、江苏积欠各多至二百余万两，疲玩尤甚。"嘉庆帝下令，将积欠自百余万、数十万至数万两之福建、直隶、广东、浙江、江西、甘肃、河南、陕西、湖北、湖南等省之督抚藩司均着传旨申饬。① 可见，在嘉庆帝看来，民欠的增加，"此实历任直省大吏催征不力所致"。

因当时的民欠影响之大，《清史稿·食货志》也有记载，曰："帝以大吏督征不力，切责之，并令户部于岁终将各省原欠已完未完各数，详列以闻。各省逋赋，以江苏为最多。巡抚朱理奏酌定追补之制，分年补完，杜绝新亏。然属员掩视拖延如故。直隶自二年至十八年，积欠银三百四十余万，米粮等项十四万余石。总督那彦成疏请酌予蠲免，诏严行申饬。"②

有关直隶的民欠请蠲事宜发生在嘉庆十九年（1814）六月。那彦成奏报蠲免的理由是，"直隶省自嘉庆二年至十八年积欠，及大兵经由各州县民欠地粮、并借给折色银两，共银三百四十余万两，米粮谷豆等项共一十四万余石、草六万余束，为数过多，请分别蠲免十分之三四五分"。但嘉庆帝认为，在直隶三次清查后，已有旨令"各州县不准丝毫再有续亏"。认为那彦成请将直隶民欠蠲免，实"以为掩饰亏空"，是"欲将亏空混入民欠之内，创为此议"。并认为是那彦成受亏空官员怂恿，"所奏乖谬之极"③。

尽管将亏空钱粮混入民欠是官场中由来已久的顽疾，但直隶一面要弥补二三百余万两的亏空，一面要完成350余万两的民欠，并非督抚催征不力或有意欺蒙徇隐那么简单，民间纳税能力的确出

---

① 《清仁宗实录》卷260，嘉庆十七年八月戊午。
② 《清史稿》卷121，《食货二》。
③ 《清仁宗实录》卷292，嘉庆十九年六月己卯。

现了问题。嘉庆二十一年（1816）十二月，当各省都在不同程度上完结了部分民欠，山东、安徽、江苏、甘肃等亏空数额较多的直省也"各有完解数目"，"惟直隶原欠银三百五十八万余两，分厘未解"①。可见直隶民欠无法完结有其自己的问题，其中，各种征派唯多当是原因之一。

从数额看，直隶的民欠数额还不是最多的。山东自嘉庆元年至二十二年（1817），民欠只在二百万两内外，至二十四年（1819），经巡抚和舜武开单具奏，增至860万两以上②，两年内增加了六百万两左右。福建属于中等逋欠的省份，"自嘉庆元年起至二十一年止，共积欠地丁银一百六十三万一千八十二两零，耗羡银一十三万八千六百六十三两零"，合计在177万余两。③ 但由于上述逋户，"或系畸零贫户，或系鬻产逃亡"，完全丧失交纳赋税的能力。可见，各省民欠的原因虽有不同，但无法完结却是相同的。

一个值得注意的现象是，在嘉庆朝被指为积欠最多、在二百万两以上的三省四个藩司安徽、山东、江宁、江苏，恰恰是嘉庆以来亏空最严重的省份。而在皇帝的谕旨中，将民欠的原因归结到"此实历任直省大吏催征不力所致"，实在是不无冤枉。可以说，在督抚中，安徽、山东、江苏，以及直隶的选用，因亏空问题的严峻，嘉庆帝是煞费苦心的。所谓的催征不力，不单单是其为官态度和能力的问题，而是国家财力衰竭与民困民贫的问题。尽管嘉庆帝不断给督抚施压，但各省民欠反而持续增加。

嘉庆二十四年（1819）十一月，嘉庆帝借六旬万寿，普免天

---

① 据嘉庆帝上谕："各直省积欠地丁耗羡杂税等款银两，前经降旨，勒限催追，迄今又阅五载。各省欠项仍积压至一千七百二十余万两之多，实属疲玩。除年清年款之湖南、奉天、四川、贵州、四省外，其欠项在二万两及数千两并十余两之广西、山西、云南、三省。着该督抚等勒限督催报完，均免其议处。欠项较多之山东、福建、河南、江苏、江宁、广东、浙江、江西、安徽、陕西、湖北、甘肃各督抚藩司，俱着交部议处。至各省积欠虽未能全完，尚各有完解数目。"《清仁宗实录》卷325，嘉庆二十一年十二月癸巳。
② 参见《清仁宗实录》卷357，嘉庆二十四年四月庚子。
③ 《清仁宗实录》卷343，嘉庆二十三年六月壬辰。

下历年正耗民欠及缓征带征银谷。据统计,"所蠲各省积逋全数,共银二千一百二十九万六千八百余两,米谷四百四万五千二百余石"。即便按照谷银兑换的最低比例来计算,全国各省民欠也当在二千二三百万两之多。其中,又以"江苏、安徽、山东三省居其过半"①。

进入道光朝,民欠的积习依然继续。清末民初吴廷燮则指出:"各项入款延欠之多,为以前所未有。"道光二年(1822),"户部奏催各省欠解银六百三十二万,三年又奏催节年未完杂税银二百三十一万,其后有增无减,民欠则每年率二百万上下,积至五六年,则千余万"②。至道光帝十年(1830),清朝以恩诏的方式将以上民欠尽行豁免,所谓各省"应征项下,查云南、贵州、四川、陕西、山西五省额征地丁均系年清年款,直隶、奉天、江苏、安徽、江西、浙江、福建、山东、河南、湖北、湖南、广东、广西、甘肃等省,计自道光十年钦奉恩诏,豁免民欠"。但不过五六年间,截至十九年奏销到部之日,所有地漕正杂各赋,除缓征不计外,实计逾限未征银又累积至1366万两零,综计各省应征未完银两数目则有2940余万两。③

表8-3　　　　　道光十九年各省应征未完银两数目④　　　　(单位:万两)

欠款	欠额
各省应征未完项下银	1366.11
各省登记未入拨项下银	980.21
各省应解项下银	420.19

---

① 《清仁宗实录》卷364,嘉庆二十四年十一月壬申。
② 吴廷燮:《清财政考略》,《清末民国财政史料辑刊》第20册,第359页。
③ 大学士管理户部事务潘世恩等《奏为查出各省积欠银两请饬定限催提事》道光十九年六月初四日,中国第一历史档案馆藏,《录副奏折》档号:03-3349-025。
④ 大学士管理户部事务潘世恩等《呈各省应征未完银两数目清单》道光十九年六月初四日,中国第一历史档案馆藏,《录副奏折》档号:03-3349-026。

续表

欠款	欠额
各省应估解项下银	18.66
各省应扣项下银	88.10
各省应追项下银	74.47
合计	2947.74

可见在不到十年的时间内，民欠又累积到一二千万的数额，相当于国家一年的地丁赋税收入。如果说，按照康熙朝在五十年间蠲赋一亿两来计算的话，平均每年的蠲赋额也在200万两左右，道光年间的民欠状况似乎与以往相差不多。但是如果放到嘉道年间各省的财政都出现了数十、数百万亏空的背景下，这样的民欠便意味着社会财富的剩余出现了锐减，其负面影响不容低估，且有官侵吏蚀隐匿其中。

对于各省积欠不断增加的原因，道光年间魏源曾分析说："其民欠地丁银，则康熙五十年至雍正四年八百十三万，计每年仅欠六十万。今则钱粮奏销七分以上得免考成，每年拖欠不下二百万。有亏于官、蚀于胥吏者，亦有欠于民者，皆冀十年恩免一次，是以民欠不数年复积千余万。"① 道光十九年（1839）六月，管理户部事务的大学士潘世恩的认识与之类同，他说：各项积欠，"散之未觉其多，聚之实属不少"。"数年间又有一千数百万两之多，而其中以完作欠，为官吏之侵渔，正恐不知凡几。"② 正是在官侵、吏蚀的交互作用下，各省民欠事态不断加剧。

"州县为天下根基，仓库乃国家元气。"③ 当一个国家出现了相当一部分百姓无法完缴赋税，国家赋税积欠几乎与全年赋税征收

---

① 魏源：《圣武记》卷11，《附录·武事余记·兵制兵饷》，第474页。
② 大学士管理户部事务潘世恩等《奏为查出各省积欠银两请饬定限催提事》道光十九年六月初四日，中国第一历史档案馆藏，《录副档号》：03－3349－025。
③ 掌贵州道监察御史卢炳涛《奏请敕认真弥补亏空银两并杜新亏银两事》嘉庆二十四年五月十二日，中国第一历史档案馆藏，《朱批奏折》档号：04－01－35－0783－004。

数额持平的情况时，它意味着国家的汲取能力的弱化。而各省巨额民欠与钱粮续亏加剧的双重作用，将嘉道两朝推向了国力下滑的弯道。

（三）以开捐例、商人报效、摊扣养廉银填补财政缺口

学界有一种观点认为，乾嘉道三朝虽有巨额军费以及河工等项支出，但国家财政并没有被伤筋动骨。原因在于，清朝这一时期的国家赋税除了地丁、漕粮等正项外，还有许多经制外的收入，诸如官僚、商人的捐输等，在一定程度上缓解了国库存贮减少的压力。

如史志宏指出，乾隆朝"金川之役军需的绝大部分不是靠动用银库库存，而是通过捐输等临时筹款解决的。乾隆三十九年的川用军粮事例，即为此役而开"。"金川之役的六年，银库平均每年收入银1373万两，比常年高出300万—400万两，比每年必要的常例支出则要多出约500万两。六年总计，可以多出2000万—3000万两应对例外临时支出。这些多出的盈余，加上一部分库存、事例收捐以及各省拨款，应该就是当时金川之役军需的主要款项来源。"他的结论是"正处于全盛时期的清王朝，当时应付此类例外用款还是绰绰有余，并不会为几千万的军费而大伤元气"①。又如，陈锋认为，乾隆至嘉庆时期盐商报效银6500万两之多，其中以军需、河工为最多。②而"两淮盐商嘉庆五年、六年、八年共报效川楚军需银700万两之巨"③。江晓成在研究中，也提供了乾隆朝商人捐输报效在有了议叙制度支持后，由激励所产生的成效④。

的确，清朝经制外的收入，不只是令中央户部的存贮银两有了必要的数量上的保证，而且也是地方各省面对财政紧缺时的重要补苴之道。

---

① 史志宏：《清代户部银库收支和库存研究》，第61—62页。
② 参见陈锋《清代盐政与盐税》，中州古籍出版社1988年版，第220页。
③ 陈锋：《清代军费研究》，第268页。
④ 参见江晓成《清代捐输制度研究》，博士学位论文，中国人民大学，2017年。

表 8-4　　　　　　　嘉道两朝捐纳暂行事例开办情况①

捐例	开捐日期	开捐缘由	收捐银数
川楚善后筹备事例	嘉庆三年七月	川楚用兵，府库空竭	至嘉庆六年，收银 3000 余万两
工赈事例	嘉庆六年九月	永定河漫溢工赈	至嘉庆七年九月，收银 759 万余两
衡工事例	嘉庆八年	豫省衡家楼漫口	至嘉庆九年十月，收银 740 余万两；续增共达 2100 余万两
土方事例	嘉庆十三年	南河工需	300 余万两
续增土方例	嘉庆十五年	南河工需	300 余万两，捐输例 200 余万两，共 600 余万两
豫东事例	嘉庆十九年四月	豫东等省被灾	至二十年正月，收银 717.5 万两
武陟河工事例	嘉庆二十四年	武陟大工	700 万两以上
续增武陟投效例	嘉庆二十五年	纳者不断	未详
酌增事例	道光七年正月	运河河工及回疆军需	收银 2000 余万两
筹备经费事例	道光十三年九月	河工、赈灾及回疆军需	至十四年五月，收银 800 余万两
豫工事例	道光二十一年五月	筹办豫工	至二十二年七月底，后又展限由二十二年二月至二十四年三月
筹赈事例	道光三十年	赈灾	未详
广东广西湖南各地事例	道光三十年	太平天国之役	24 万余两

清人吴廷燮说：乾隆朝供不时之用者有五项：一曰开行事例（捐纳）。自初年江皖之灾即开事例，其后河工、军需亦时开之，

---

① 参见邓之诚《中华二千年史》卷 5《明清中》第 1 分册，东方出版社 2013 年版，第 96—97 页；许大龄：《明清史论集·清代捐纳制度》，北京大学出版社 2000 年版，第 45—54、92、99—100 页。

再者为常平仓事例。一曰商人报效。军需河工及庆典皆有之，合计亦数千万。一曰发商生息。凡年例支销之外，应添支款则由各省奏请借帑生息。如山东因城工借帑 200 万两生息，每年得银 24 万两之类。一曰公摊养廉。凡河工、军需等项例不能销，及弥补亏空赔款者皆取之此。一曰关税加盈余。粤海关四十一年收 40 余万两，五十九年收至 117 万两①。而且，吴廷燮还认为，这种从体制外去汲取应急财政之需的方式，一直延续了下去。事实也的确如此。

首先是捐监。嘉道以后"其恃以应急者，惟捐例为多"。即捐监银两是各省经制外的最大收入来源。例如，自嘉庆五年至道光四年（1800—1824）24 年间，苏州藩库收捐监银 376 万两，安徽收 174 万两，云南收 47 万两。其余各省征收数额，大省如江苏，中省如安徽，边省如云南，全国共计在 5000 万两以上，军需河工赈济多于此筹拨。② 就连贫瘠的贵州，"自嘉庆五年五月起至道光二年六月底止，共收捐监银二十八万六千二百五十两"③。

其次是商捐、绅捐、发商生息。此类为非常项的捐输，其特点是一次性捐银，数额在几十万与数百万。如白莲教之役，嘉庆五年（1800），山西绅士"情愿捐银二百一十八万余两，以备凯旋之用"。然清廷只收银 150 万两，其余按数发还，将捐输之各绅士咨部议叙。④ 嘉庆十七年（1812），在通筹南河工程款项中，"淮商捐输银四百万两"，但工程只需三百万两。嘉庆帝强调，"商捐亦系民力，但取足敷工用而止"。对于将其余百万款项另解内务府的奏请，不允，命仍给还该商。⑤ 嘉庆二十五年（1820）八月，黄河于河南仪封漫口，需兴工堵筑，淮商吁请捐输东河工

---

① 吴廷燮：《清财政考略》，《清末民国财政史料辑刊》第 20 册，第 348 页。
② 吴廷燮：《清财政考略》，《清末民国财政史料辑刊》第 20 册，第 361 页。
③ 《清宣宗实录》卷 41，道光二年九月丁酉。
④ 《清仁宗实录》卷 74，嘉庆五年九月丁未。
⑤ 《清仁宗实录》卷 260，嘉庆十七年八月壬子。

需银，清廷收一百万两存贮运库。[①]

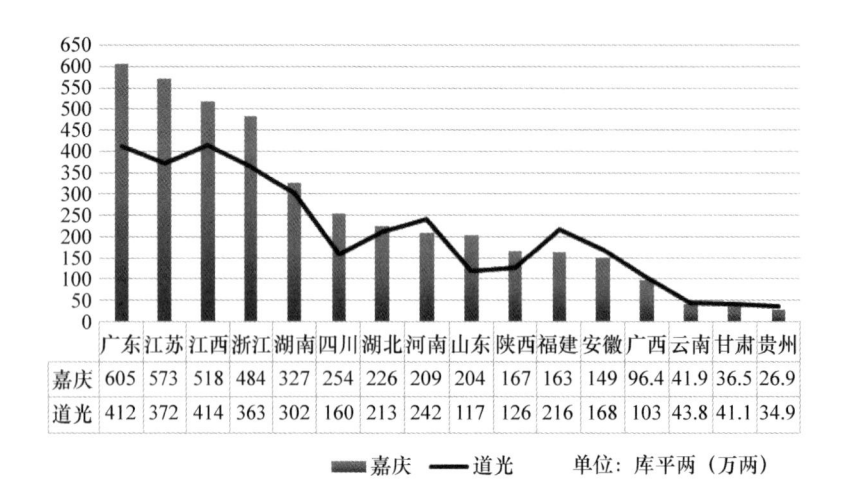

	广东	江苏	江西	浙江	湖南	四川	湖北	河南	山东	陕西	福建	安徽	广西	云南	甘肃	贵州
嘉庆	605	573	518	484	327	254	226	209	204	167	163	149	96.4	41.9	36.5	26.9
道光	412	372	414	363	302	160	213	242	117	126	216	168	103	43.8	41.1	34.9

单位：库平两（万两）

图 8-2　嘉道两朝各省捐监银收益情况

道光帝即位以后，商捐仍在继续。主要集中在沿海海盗的捕费，南河与东河工程，以及西北战事和鸦片战争的赔款上。但却出现了商捐力度越来越弱的现象，往往延至数年无法交完捐输银两。

如广东盐商捐输捕费银两，每年六万两，从嘉庆十六年（1811）开始，至道光四年（1824）共应捐银 84 万两，已完解银 74.9 万两零。自道光五年起准令停止捐纳，未完解银九万两零，勒限两年内追完缴库。[②]

又如，道光初年军需河工同时并举。道光六年（1826）八月，"所有洋商公捐银六十万两，盐商公捐银四十万两"，共计百万两分作十年完纳，其中 60 万两为甘肃军需所用。"所捐银两准其于藩、运二库先行借支，即委员解交甘省备用，俟缴完前捐东河要工银两后，分限十年完缴归款"[③]。是年十一月，为南河工程淮商请捐银四

---

① 参见《清宣宗实录》卷 2，嘉庆二十五年八月己丑。
② 参见《清宣宗实录》卷 79，道光五年二月丁亥。
③ 《清宣宗实录》卷 109，道光六年十一月辛巳。

百万两。两江总督琦善"请将部拨南河岁料银一百二十万两借垫起解，先于丙戌（道光六年）纲捐完，其余银二百八十万两分作四纲完纳等情"。但道光帝认为，"南河所需岁料银两急需应用，未便借垫，着加恩赏收银二百万两"①。就是说，道光帝不准以借垫部银的方式支付河工经费，同时将四百万两商捐减半收捐，全部用于河工。这其中不无道光帝对商捐能力的担忧。

至道光九年（1829）五月，洋商再次捐输东河工费银 30 万两。两广总督李鸿宾等便就商人财力的问题指出，"查明商力现在情形，势难依限完缴，着照所请加恩准其展限五年，至道光十六年止，每年缴银三万两按年移交藩库，以清借款。其所捐甘肃军需银六十万两，仍照从前奏准成案，俟东河工费交清后再行接缴"②。

鸦片战争爆发后，广州将军耆英奉命督办浙江夷务，为筹集经费，耆英等于道光二十二年（1842）提出，须借动各省藩库、运库银两，浙江藩库 80 万两，江宁藩库 35 万两，江安粮道库 10 万两，龙江关库 5 万两，苏州藩库 40 万两，浒墅关库 5 万两，浙江藩运各库 80 万两，安徽藩库 60 万两，共计 315 万两。随后奏准以劝捐绅商来归补上述动支的藩关各库钱粮。但商民的捐输能力显然是越来越弱。"江宁原报劝捐银六十万两，已缴尚不及半，尚有未归司库银二十八万余两。苏州藩关两库尚有未归银二十余万两。浙江、安徽奏动银两如何设法办理，已咨会各抚臣妥筹具奏。宁苏各库银两，请仍以捐输归款，俟归足后即行停止。从之。"③

与此现时开捐的还有"豫工事例"，共收银 6048029 两，实际用银 30 万两余。详见表 8-5。

---

① 《清宣宗实录》卷 110，道光六年十一月丙午。
② 《清宣宗实录》卷 156，道光九年五月甲午。
③ 《清宣宗实录》卷 388，道光二十三年正月丁巳。

表8-5　　道光二十一至二十二年豫工事例收捐及动用情况①

单位：库平两（万两）

动用与实存	用向名目	数额	合计
捐银使用银两	东河河工银	100	530.79
	直隶、江苏军需银	100	
	东三省官兵俸饷	91.14	
	东三省官兵俸饷	155.86	
	在京马乾银	36.17	
	拨归外库	47.62	
捐银实存银两	收捐正项	74.02	144.97
	平余银	21.23	
	捐输经费银	34.91	
	归公饭银	14.81	

再次是各省都有不同数额的"发商生息"银两。例如，道光元年（1821），山西巡抚成格以通省州县摊捐款项繁多，奏请由藩库存贮中"借银二十万两发商生息，将息银一半归还借本，其余一半息银内动拨九千二百余两，抵拨捐款"。疏上，道光帝命照所议办理，藩司另册交代，可毋庸报部核销。②云南巡抚韩克均抵任后，"查明藩库可拨之款，提银十万两，或十余万两，发商生息"，认为如此，"即可日久源源积聚，以充边务之用"③。道光二年（1822），陕甘总督长龄以西北差务殷繁，各州县每年摊捐款项势所必需，上"酌筹生息银两，贴补州县捐款"一折。于甘肃"司库存贮草价项内提银八万两，兵饷建旷项内，提银十二万两，以十万两饬交甘肃藩司，十万两解交陕西藩司，均各发商生息。所得息银，甘省由府按季解司。陕西由该省藩司遇便搭解甘肃，仍将一半归还原款，一半为苦

---

① 吏部尚书管理户部三库事务恩桂等《奏报盘查库贮捐银完竣事》道光二十三年二月十三日，中国第一历史档案馆藏，《录副奏折》档号：03-3318-033。
② 《清宣宗实录》卷18，道光元年五月辛酉。
③ 《清宣宗实录》卷22，道光元年八月丁酉。

瘠州县，摊捐公用。俟原款尽数提还后，每年所得息银二万两，即作为通省摊捐公用之费。所有收支银款，着无庸报部查核，以归简易。"① 至十八年（1838），甘肃通省"各属均有自行筹款发商生息，分年弥补者统计七八年间，可以一律补足"②。凡此发商生息之例不胜枚举。不难看出，所有的"发商生息"，都得到道光帝的批准，并给予核销上的方便。

复次是摊扣官员的养廉银。嘉庆朝二十五年期间，是摊扣官员养廉银的一个高峰期，仅以直隶省为例。道光二年（1822）二月，军机大臣尚书松筠奉命署理直隶总督，寻以藩司查办旧案交代，请将官员摊捐养廉银援引恩诏，予以豁免。其疏中有曰："直省历届办理巡幸大差，凡例不准销之项均系借动司库银两，事竣后分年在通省养廉内摊捐。自乾隆四十五年至嘉庆二十三年，尚有未经摊还银四十九万五千六百七两零。""嘉庆二十五年八月及道光元年三月，两次大差借动司库银一十七万二千两零，应自道光二年为始，按廉摊扣还款。"③ 由于捐廉的压力过大，直隶布政司提出了请免摊扣养廉银的奏请，然道光帝没有批准。命俟新任总督颜检到任后，与藩司屠之申等详查后再行妥议具奏。

是年六月，总督颜检奏报所议结果，第一笔未经摊还的49.5万两零，除在直隶及升调他省现任各员仍勒限六年完解外，其缘事离任各员即归于现任官员继续摊捐归还。第二笔17.2万两摊扣银两，仍每年报部查核，俱以道光三年为始，分作十六年摊扣归款。④

最后是地方为保证财政支出，将应解户部的关税银两也直接留存在地方。按照规定，各省关税银两，例于本省应行扣充兵饷及由部议准其动拨外，其余俱应解交部库，以供京营兵饷及一切经费等项应用，并无外省自行指拨之例。但"迨嘉庆年间，有外省督抚将

---

① 《清宣宗实录》卷38，道光二年七月癸巳。
② 《清宣宗实录》卷308，道光十八年四月丁卯。
③ 《清宣宗实录》卷30，道光二年二月乙巳。
④ 参见《清宣宗实录》卷37，道光二年六月丁未。

本省关税自行指款请拨。经臣（户）部于嘉庆十七年五月内奏明请旨，敕令各督抚嗣后遇有实在急需，迫不可缓之用，准其奏明办理。其非迫不及待之项，不得奏请动拨关税银两，奉旨允行。……七八年来，径请指拨者尚少，乃近年各省又复纷纷指拨关税银两，视为故常"。户部尚书英和认为，"乃复自行指拨关税，在各关监督乐于节省运费，怂恿督抚请留，而督抚亦乐于留用，致与旧章不符，殊非慎重帑项之道"①。

地方督抚不顾定例擅自将应解户部的关税银两留存地方，处于有禁无止的状态，从一个侧面说明了地方财政的紧张状态。

国家及各级政府的汲取能力，取决于该政权体系能否拥有一套向社会征收赋税的合理而有效的机制，这个机制应该是税收规则明确，并能够被毫不动摇地贯彻。清朝自乾隆中后期伴随人口增长、耕地面积短缺，以及社会环境变化带来的各种压力，使得国家财政支出的需求在不断增大，客观上对国家汲取能力提出了更高的要求，清朝统治者的解决方式是实施了体制外的非常项税收机制，表明其体制内的税收机制在满足于国家及各级政府需求方面已经出现了能力的弱化。

为化解财政危机，嘉道两朝的统治者进行了不懈的努力。但体制内解决经费问题的办法，逃不掉传统的思维模式，所谓"多求不如省费"，"开元不如节流"。嘉庆十九年（1814），为筹备河工经费，有开捐议者，吏部尚书英和认为，"开捐不如节用，开捐则暂时取给，节用则岁有所余"。主张"通盘筹计，约需银一千万。现在内库存银一千二百四十万，若少为支用，加以各处商捐，又前经奉旨停止各处工程，并所停巡幸，每岁可节省银百余万，一时足敷办理"②。

道光三年（1823），面对国家财政的困境，道光帝下旨饬谕

---

① 协办大学士户部尚书英和等《奏请敕令各省督抚毋得自行指拨关税事》道光四年三月十八日，中国第一历史档案馆藏，《录副档号》：03-3158-020。

② 英和：《开源节流疏》，载贺长龄、魏源编《清经世文编》卷26。

"各直省力节经费,不得例外请支"。他说:

> 国家出纳,岁有常经,所入银数,果能全行征解,即除岁出之数本有盈余,兹据该部按近三年比较,开单呈览,综计岁入,每年多有缺少,实缘定额应支之款势不能减,其无定额者又复任意加增。似此纷纷陈请,将来遇有要需,必致无从筹拨。嗣后着各直省督抚率同该藩司实力钩稽,不得任意动垫,尤不得违例格外请支。至于地丁各款,全完省分甚少,皆因不肖官员以完作欠。惟在地方大吏认真考核督催,力除积弊。此外盐务如何畅销引课,关税如何定额无亏,以及铜铅如何不致短绌,均令各该管上司力矢公忠,劝惩严明,以收实效。总期澄源截流,撙节糜费,初非与官民言利也。①

然屋漏偏逢连阴雨。道光二十三年(1843),户部发生了925万余两的库银失窃案,"实属从来未有之事"②。而是时,清朝在广东与英国交涉的伊里布还未筹足对英国的二次赔款,加上尚有急需筹集的黄河在河南、江苏的两次大决口的修复费用,国家财政的匮乏已经到了危机的边缘。为此,道光帝以先前"各衙门一切用款本多冗费"为名,再次下达了节俭谕旨,令"所有大小工程及支领款项,遇有可裁减者即行裁减、可节省者即行节省"③。

但是,在中央各项支出孔殷、财政拮据的同时,是地方征解的减少。各省以各种理由将例应解部银两留为自用。道光二十七年(1847),道光帝下谕旨予以限制。

> 谕军机大臣等:各直省钱粮出入,岁有定额,以额相准,

---

① 《清宣宗实录》卷50,道光三年三月甲戌。
② 《清宣宗实录》卷390,道光二十三年三月己巳。
③ 《清宣宗实录》卷390,道光二十三年三月庚午。

定为请留、留备、留协之分。其赢余银两，仍于春秋二拨案内悉数拨解部库，以备支用，法至善也。乃近年留协省分，屡有咨请改拨之事。部库待用孔殷，每次各省改拨之款，皆例应解部之银，非以蠲缓为词，即以留支借口。殊不思水旱偏灾，事所难免，各省支款无岁无之，何以从前改拨之案尚少，近则日多一日。前数年军务河工，需用紧急，不得不权其轻重，量为改拨。而各该省恃有成案可循，几至年年渎请，若不及早示以限制，于京饷大有关系，且恐各该省于应征应解之款，易启那移亏空等弊。①

这些现象都在表明，国家财政的严重亏空是国力衰败的表征。尽管嘉道两位皇帝进行了持之以恒的努力，但已经无法恢复到以往

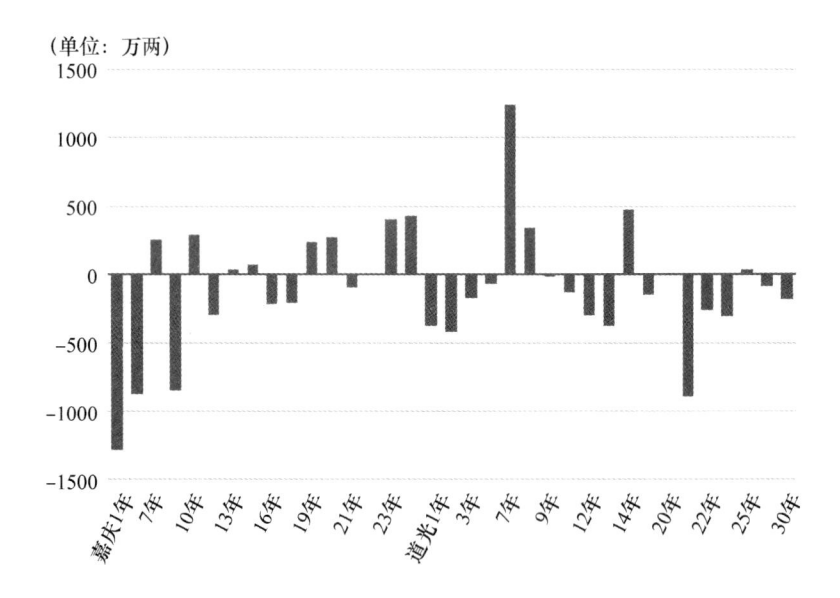

图 8-3　嘉道两朝户部银库历年银两出入盈亏情况②

---

① 《清宣宗实录》卷443，道光二十七年六月戊辰。
② 史志宏：《清代户部银库收支和库存研究》第150、172页。

可以在"量入为出"的原则境界中制定并调整其相关财政制度的状态。尽管经制外的财政收入或许可以在一定程度上缓解清朝国力下滑的速度,但却改变不了下滑的趋势。换言之,嘉道两朝的统治者的政治目标与其国家的能力之间出现了严重的差距。当传统的国家运行机制出现了链条脱节后,如果其自身的修复能力也不够强大的话,必然影响到其前行的速度乃至方向。这是清朝盛世终结的最直接宣告。

二　钱粮归补无期

在钱粮追缴过程中,一个重要的问题仍是归补的成效。与雍乾时期不同,嘉庆帝自即位伊始便将清理钱粮的重点放到钱粮的归补上,令各省督抚"徐徐办理",以不收之陋规、耗羡之盈余,达到"缓缓归款"的目的。嘉庆中期以后,又因钱粮亏空态势的加剧,实施了严厉的追缴措施,并以嘉庆以来的新亏为追缴的重点,加大了分赔、代赔的处罚力度。然而现实情况却是,虽有上紧弥补之谕令,而无完补之成效。

根据可以找到的数据统计,在嘉庆朝二十年余间的清查钱粮过程中,仅直隶、江苏、安徽、甘肃、山东五省的钱粮亏空就累积至2140万余两(见下表)。

但从追缴亏空的角度看,归补较好的直省却不在上述的亏空大省内。

相比较而言,浙江、湖北、河南等省是少有的完补钱粮最好的省份。浙江先后有过两次清查,一次是在嘉庆五年(1800)由巡抚阮元主持,一次是嘉庆十五年(1810)由巡抚蒋攸铦主持。以蒋攸铦主持的清查最具成效,虽应赔之项颇为繁复,有旧亏、有摊捐绌

表8-6　　　　　　　嘉庆朝钱粮亏空大省的亏空数额　　　（单位：万两）

时间	直省	亏空数额
嘉庆十年	直隶	264①
嘉庆十四年	江苏	437.7②
嘉庆十五年	甘肃	211.5（其中无抵银107.5）③
嘉庆十九年	安徽	（嘉庆五年第一次清查亏银133万余）551④
嘉庆二十年	山东	十四年以前亏341.2，⑤ 至十九年九月止，续亏银334.7万，新旧共亏银675.9⑥
合计	五省	2140余万

匪经费、有清查案外为前任摊补之项等。⑦ 但在嘉庆二十二年（1817），"浙省原亏仓库银一百九十四万二千余两，自嘉庆五年八月起至本年四月止，均已全数弥补完竣"⑧。湖北省"自嘉庆十二年清查各属仓库案内，亏空无着银五十五万八千三百十二两零，自嘉

---

① 直隶布政使裘行简《奏报抵任后清查库项大概情形事》嘉庆十年六月初四日，中国第一历史档案馆藏，《朱批奏折》档号：04-01-35-0764-017。
② 根据张师诚的奏报。见《嘉庆道光两朝上谕档》第19册，第880页。
③ 参见《清仁宗实录》卷243，嘉庆十六年五月甲申。
④ 参见康绍镛《筹补安徽历年亏空疏》；李鸿宾：《厘剔安徽亏空疏》，载贺长龄、魏源编《清经世文编》卷27。
⑤ 《清仁宗实录》卷299，嘉庆十九年十一月壬子。
⑥ 大学士章煦等《奏报查明山东全省各州县亏缺实数事》嘉庆二十年正月二十七日，中国第一历史档案馆藏，《录副奏折》档号：03-1826-006。
⑦ 嘉庆十六年八月，蒋攸铦在奏折中说："核计所有浙省旧亏仓库钱粮，截至十五年底止，除已补外，尚未补银四十万四千三百七十九两零，遵照奏限展至嘉庆二十年为满，自本年起每年应补银八万八千七十六两。又各属摊捐缉匪经费银二十三万九千八百一十一两零，除已补外，尚未补银八万一千六百二十三万两零，每年计应补银一万六千三百二十五两零。又各属清查案外，详明摊补之前任流抵不敷及前任垫解民欠银米豁免无征应行捐补，共银二十万六千五百十两零，除已补外尚未补银六万三千八百三十七两零，每年应补银一万二千七百六十七两零。每年通共应补银十万九千九百六十八两零，计至嘉庆二十年底方数通完。"浙江巡抚蒋攸铦《奏报遵旨核定每年应行弥补银数事》嘉庆十六年八月十五日，中国第一历史档案馆藏，《朱批奏折》档号：04-01-35-0771-020。
⑧ 《清仁宗实录》卷331，嘉庆二十二年六月己卯。

庆十三年初限起至本年（二十五年五月）底止，节次催提，均已按限解清，全数完缴"①。河南"州县正杂钱粮，嘉庆年间两次清查，业已埽数全完"②。

江西属于归补较好的直省。据阮元密奏："江西省于嘉庆五年清查各属，共亏缺银八十三万余两，节年弥补，至十八年十一月，据先福奏明已完补银七十五万余两，尚未完银七万余两。"但在阮元的奏折中，有参劾奉新、靖安、新昌三县亏缺银三万余两，不在未完旧亏七万余两之内。"可见该省弥补完欠数目仍多不实。"③

但大多数直省的归补都处于拖延牵混中。除奏报完补亏空的真实性值得怀疑外，归补与原亏之间的数额尤其相差甚远，根本无法达到追缴钱粮的预期目标，尤其是上述亏空最严重的几个直省。

例如，江苏和安徽归补的情况稍好。江苏两藩司437.7万余两的亏空，截至十八年（1813）已归补124.6万余两，尚未补银316万两，④完补28%强；截至十九年十月，安徽省亏空551万余两，道光元年（1821）巡抚李鸿宾奏报，已完补206.5余万两，尚有344.9余万两缺项，⑤完补近38%。

甘肃与山东的归补情况比较混乱。嘉庆二十年末经钦差景安等奉旨清查，甘肃省亏空132.4万余两，自嘉庆二十一年至二十三年（1816—1818），归补只有10万余两，不及应补的十分之一。⑥山东于嘉庆十五年（1810）以后共亏银334.7万余两，"因无存司档案可凭"，所以很难落实到具体人头上，其如何赔补的情况尚不见记载。从亏空最为严重的泰安、兖州、沂州、登州四府来看，共亏银93.6

---

① 《清宣宗实录》卷11，嘉庆二十五年十二月戊戌。
② 《清宣宗实录》卷231，道光十三年二月甲辰。
③ 《清仁宗实录》卷303，嘉庆二十年二月甲戌。
④ 参见《嘉庆道光两朝上谕档》第19册，第880页。
⑤ 参见李鸿宾《厘剔安徽亏空疏》，载贺长龄、魏源编《清经世文编》卷27。
⑥ 参见钦差大臣景安《奏报查明甘省各属仓库亏空钱粮数目分别追赔治罪事》嘉庆二十一年闰六月初十日，中国第一历史档案馆藏，《朱批奏折》档号：04-01-35-0777-031；陕甘总督长龄《奏报甘肃追缴亏空钱粮二限届满本酌分正杂款项归补事》嘉庆二十三年九月二十七日，《朱批奏折》档号：04-01-35-0781-028。

万两零,虽开单具奏,但多为州县官,① 至嘉庆二十三年(1818),仅有22人全完。② 即便按照这22人每人可归补2万两来计算,也只能归补40余万两,不及亏空银93万余两的一半。

此外,直隶省的钱粮归补状况同样差强人意,因档案资料保存较为完整,这里将作为个案对直隶钱粮归补过程进行梳理。

先是,根据嘉庆十年(1805)直隶总督熊枚与裘行简对前三次清查后的复查奏报,直隶在前两次亏空案内共亏银177.8余万两,已补银85.4余万两,未完银94.4万余两,应由60名官员完补。虽实际归补的数额还不到一半,却也堪称收效不菲。但此后对94.4万余两的追缴则完补无望。在这60名被收监在押的官员中,已故者36人,占60%,未完银47.6万余两;其余24人中,17人已回原籍,未完银32.7万余两,早经逾限;仅有7人尚在直隶,即使全部补完亏空,可能收归藩库的数额也不过14万两有余,③ 距离94.4万余两的亏空数额相去甚远。

由于直隶完补亏空不力,温承惠接任直隶总督后制定了新的勒追方法,以加大追缴力度。

温承惠,字景侨,山西太谷人。乾隆四十二年(1777),以拔贡除小京官步入仕途,累迁郎中,出为陕西督粮道、延榆绥道。嘉庆初年,在征剿川陕楚白莲教战事中,因奋勉勤事,一路擢升,于嘉庆十一年(1806)十月命署直隶总督,接任熊枚。次年九月实授总督。

嘉庆十四年(1809)十二月,温承惠奏陈直隶三次清查案内未完各款催追完解之法,令各州县亏空数在五百两至一千两以上者,勒限一年;二千两以上者,勒限二年;五千两以上者,勒限三年,一律变竣。"其交代案内,留抵什物估变不敷及垫支垫解无着,共银

---

① 《清仁宗实录》卷314,嘉庆二十年十二月庚戌。
② 《清仁宗实录》卷343,嘉庆二十三年六月乙未。
③ 参见署理直隶总督裘行简《奏报清查亏空银两应行监追人员请饬追事》嘉庆十年十一月二十四日,中国第一历史档案馆藏,《朱批奏折》档号:04-01-35-0764-043。

二十六万五千一百余两。……将数在三千两之霸州等六十三州县，共银八万一千一十三两零，勒限二年归补；三千两以上之容城等三十一州县，共银一十四万四千七十七两零，勒限四年归补；一万两以上之宝坻等三县，共银四万五十三两零，勒限六年归补。"①

一年后，即十五年（1810）十二月，温承惠又查明，"初、二次案内本年续完银一万六千三百九十五两零，尚未完银一百三十五万余两。三次案内本年续完银二百四十两，尚未完银二十五万余两"。

可见，尽管规则严明，归补效果却并不明显。对第一、二次清查亏空案内的追缴，每年不到1.2%，原因在于亏空官员多为离任或已故之人。唯有第三次清查出的续亏，针对的多是现任官员，其归补的数额近90%。嘉庆帝以督催不力斥责曰："试思该省积亏一百数十万，若似此疲玩，每年所缴不及百分之一，帑项终归悬宕。"②于是，自嘉庆十六年（1811）起，温承惠改变了归补钱粮的办法。

嘉庆十七年（1812），户部以直隶三次清查案内，"于弥补有名无实"，饬令直隶总督温承惠偕同布政使方受畴彻底根查。由于嘉庆帝"已明奉谕旨，不得再有清查名目"，温承惠责成藩司方受畴密查密办。随后指出，直隶的归补之所以不见成效，是因为其"初二三次清查无着之项，由上司摊赔，十余年来仅完银十余万两"。所以，归补钱粮最大的难题，依然是大量无着亏空的无法弥补。

十二月，温承惠就其已经实施的归补方案奏陈如下，曰："亏空各员业经升调各省并因事故各回旗籍，暨本身已故尚有赀产及子孙出仕者，详咨旗籍按限勒追，如限满不完，再行查产变抵监追治罪外。其直隶现任及离任事故尚未回籍各员，或本身已故子孙现居直隶者，按限严追。计嘉庆十七年分已据陆续完缴司库银一十二万三十四两零，又参员徐咏篪、吴毓宝等人亡产尽，无可着追亏项，于

---

① 温承惠奏直隶归补亏空实施办法：见《清仁宗实录》卷223，嘉庆十四年十二月戊申。
② 《清仁宗实录》卷237，嘉庆十五年十二月壬寅。

通省公捐养廉银、办公银五万两内，按数弥补过银四万四千五百一十九两零，以上追补共银一十六万四千五百五十三两零。"①

以上奏折的内容可概括为两点：一是针对有着亏空，即对升调离任官员查追其原旗、原籍赀产，对已故官员追及子孙，籍产勒限严追；二是无着亏空，即每年扣取通省公捐养廉银、办公银五万两用于赔补。这也是最关键的归补方式。其实施一年后，已经初见成效，所谓"今一年期满追补兼施，核计弥补之数已较前办稍有实效"。且为保证对官员养廉银的摊扣，温承惠先已奏准将养廉银统一收归藩司管理。②

如果说《江苏章程》《山东章程》的意义，在于明确了将嘉庆以来的续亏作为追缴钱粮的重点的话，那么温承惠的弥补方案，主要针对的是那些亡故、产绝以及离任官员的无着亏空，而且有很强的可行性与示范作用。

嘉庆十八年（1813）十二月，章煦在署直隶总督期间，就是根据温承惠的方案弥补亏空的。他说：直隶"今嘉庆十八年分追补各数行据藩司素纳查明，自正月起至年底止，存故各员名下共完解司库原亏仓库银六万七千五十九两零，又于通省公捐养廉银五万两内弥补过徐咏箎、吴毓宝、单福昌等无着亏空银一万七千九百二十九两零，计本年共追补过银八万四千九百八十八两零，统计十七、八两年共追补过银二十四万九千五百四十一两零，均经拨归原亏银款，其两年公捐养廉银十万两内除弥补无着外，尚余存银三万七千五百

---

① 直隶总督温承惠《奏报本年弥补亏空银数事》嘉庆十七年十二月二十二日，中国第一历史档案馆藏，《朱批奏折》档号：04-01-35-0773-024。

② 关于养廉银的支付，雍正朝基本上是各省各自为政，即州县坐支与赴司支取两种方式并存。乾隆二年（1737）九月，户部采纳蒋溥之议，"道府养廉应同督抚养廉仍就藩司支领，其各州县以至佐杂等在各该州县所征银两支给，如有不敷处即派定邻近州县照数拨给"（《清高宗实录》卷51，乾隆二年九月辛亥）。经乾隆帝谕准执行。至嘉庆初年州县坐支养廉渐成定例。嘉庆十五年十二月，温承惠奏准将直隶省州县养廉办公银两照数由州县解司收支。所谓"着照所请准其自嘉庆十六年为始，将各州县养廉办公银两仍照数解司，随时支放"（《清仁宗实录》卷237，嘉庆十六年九月甲午）。

五十一两零,收贮司库备补"①。

随后,嘉庆十九年(1814),因上年发生了林清率白莲教众攻打紫禁城的事件,嘉庆帝担心官无养廉将致派取民间、重现"官逼民反"的旧事,曾一度下令停止摊扣官员养廉银。谓"现在直豫东三省邪教滋扰民气未纾,若州县官借弥补为名,仍科敛于民"。由军机大臣传旨,自嘉庆十九年停止以养廉银归补,嗣过数年民气渐纾,再行办理。

然不过一年有余,在直隶总督方受畴的奏请下很快便恢复了旧章。谓直隶"每年于通省养廉办公项下捐贮银五万两拨补无着亏空,本系从前奏定章程,着于二十二年春季为始,仍照旧办理"②。方受畴之所以如此急于恢复旧制,其根本原因在于,嘉庆十九年奉命停止由养廉银弥补无着亏空后,其余的归补也受到影响。是年直隶初、二两次赔补案内,只完银750两,未完银96.1万两零;三次赔补案内,只完银1396两,未完银94.4万两零。③ 两案合并才归补了二千余两,仅为90余万两未完银的千分之二左右。

方受畴的提议很快得到嘉庆帝的批准,奉旨允行。根据统计,自嘉庆二十一年十一月至二十二年(1816—1817)年底,追银15.7万两零,通省公捐养廉5万两。④ 自二十二年十二月至二十三年(1817—1818)年底,核计各员完解司库银6640两零,又通省公捐养廉办公银5万两,再加上年奏报捐存银53368两零,共计捐贮司库银103368两零。⑤ 计直隶省在嘉庆十七、十八以及二十一、二十二、二十三年,每年捐养廉银5万两,共计25万两。参见下表。

---

① 署理直隶总督章煦《奏报直隶弥补亏空银数及遵旨暂行停止事》嘉庆十八年十二月十八日,中国第一历史档案馆藏,《朱批奏折》档号:04-01-35-0775-005。
② 《清仁宗实录》卷324,嘉庆二十一年十一月庚午。
③ 参见《清仁宗实录》卷314,嘉庆二十年十二月庚戌。
④ 参见直隶总督方受畴《奏报本年弥补亏空银数事》嘉庆二十二年十二月二十四日,中国第一历史档案馆藏,《朱批奏折》档号:04-01-35-0780-005。
⑤ 参见直隶总督方受畴《奏报本年弥补亏空银数事》嘉庆二十三年十二月二十二日,中国第一历史档案馆藏,《朱批奏折》档号:04-01-35-0782-001。

表 8-7　　　　　　嘉庆十七年至二十三年直隶亏空完补情况

时间	完补亏银	完无着亏银	合计追补银	公捐养廉银贮库	
嘉庆十七年温承惠主持	陆续完缴司库银120034两	完补无可着追银44519两	本年共追补银164553两	5万两	—
嘉庆十八年章煦主持	共完司库原亏银67059两	完无着亏空银17929两	本年共追补银84988两	5万两	—
嘉庆二十一年方受畴主持	本年弥补过银334828两	—	—	5万两	尚有未完银24826两
嘉庆二十二年方受畴主持	—	—	本年追完银157020两	5万两	—
嘉庆二十三年方受畴主持	各员完解司库银6640两	—	5万两 上年捐存银53368两	捐贮司库共计103368两	

可以说，温承惠的归补方案，即以摊扣五万养廉银作为弥补无着亏空的常设备补款项，从而保证无着亏空的归补。其实施中又带动了直隶全省亏空钱粮的归补进度。自嘉庆十七年至二十三年（1812—1818），即在温承惠与方受畴任上，总共弥补亏空钱粮约计百万两，其中包括宽免银两部分。

道光七年（1827）七月，那彦成对直隶清查和归补钱粮的过程进行了总结，从中或许可以更清楚事情的原委，以及道光朝何以持续坚持。他说：

> 直隶情形与各省不同，经管钱粮之府厅州县共一百五十六处，本已倍于他省，或在古北口外地土瘠薄，或滨临河淀岁有积涝，而当冲驿站差务之往来又甲于各省，丰年尚可支持，歉岁断难足用。溯查旧卷，每届数年即奏明清查一次，参追虽严，归还少而无着多。前督臣温承惠虑及无所底止，详筹归款之法，

议请每年在于大小各官养廉内扣银五万两弥补无着亏空,于嘉庆十六年九月十九日奏奉谕旨依议办理。每年年终将弥补银数密奏一次。……自奏定之后,计共弥补过银二十六万三千余两。……道光四年,经前督臣蒋攸铦复申筹补前议,请自道光七年为始,照旧每年摊扣养廉五万两,以一万归还大差垫款,以四万弥补无着亏空。……分赔定例:三百两以上限一年,一千两至五千两限四年,是每年止须赔交一成银一千余两,以十成计之,不过万余两。直隶自道光二年至今五六年间奏参监追者二十八员,共亏银三十六万余两,即便依限赔清,亦非三十余年不能结案。况历年既久,本人过后追及子孙,能否赔清尚在未定。自莫若仍遵两次奏定旧章,每岁扣廉四万两,九年即可全完,办理易而归款速。①

也就是说,道光初年,由于各官仍有摊捐军需、大差等项银两需要分赔,总督蒋攸铦、那彦成的共识是,应该延续嘉庆以来扣缴养廉的做法。而且,此种情况并不限于直隶。嘉庆二十五年(1820)安徽巡抚康绍镛奏称:"臣与藩司再四筹商,就安(徽)省地方情形,欲求其有补于国计,无损于民生者,别无良策。只有仍照前抚臣董教增奏行成案,扣捐臣与藩司及各道府州县五成养廉,并津贴余剩,每岁可得银四万两,按季提贮司库。"②

那么,嘉庆乃至道光,国家将弥补财政亏空的银两依赖于官员的俸禄,这对于缺俸、无俸履职的官员而言,在无法保证个人基本生活条件的情况下,挪用、婪取、侵盗等私欲的膨胀,必将以人性中无法克制的恶习作祟于官场。

---

① 直隶总督那彦成《奏报直隶无着亏空银两请照旧章扣养廉筹补事》道光七年七月十四日,中国第一历史档案馆藏,《朱批奏折》档号:04-01-35-0795-051。
② 康绍镛:《筹补安徽历年亏空疏》,载贺长龄、魏源编《清经世文编》卷27。

三 钱粮巨亏却查无大贪大蠹

嘉庆朝清理钱粮亏空,除了越查亏空越多之外,还有一个重要的特点,就是亏空数额虽称盈千累万,但却查不出大贪大蠹之人。即便是州县官,能以侵盗钱粮被定罪也并不容易。尽管嘉道两位皇帝都认为,钱粮巨亏,"必有不肖官吏肆意侵吞,私肥囊橐,且擅取库项"①。亏空盈千累万,"其中岂无侵吞官帑,私饱囊橐之人"②。然而,自嘉庆至道光,虽有钱粮亏空的不断加剧,却始终未查出侵贪大鳄。这不能不说是一个特殊的现象。

(一) 督抚藩司大员少有因侵贪被治罪

由嘉庆而道光,几乎没有督抚大员以钱粮亏空涉案受到重惩,直隶、安徽、江苏、山东等巨亏案发的四省,自嘉庆元年至二十五年四省督抚任期一年以上者约计46人,③ 无一人因亏空钱粮而去职。

那么,究竟有没有大臣婪赃的行径呢?如果说没有,就连嘉庆帝本人也不相信,他多次下旨命各省对"贪黩营私、损国课以肥私橐者"进行查参拿问。在得到各省积欠银谷多至2400多万两,而江苏、安徽、山东三省居其过半后,他的第一反应也是"江苏、安徽、山东三省更当整饬吏治"④。

先是江苏省。嘉庆十九年(1814)七月,据江苏巡抚初彭龄奏

---

① 《清仁宗实录》卷299,嘉庆十九年十一月壬子。
② 《清宣宗实录》卷298,道光十七年六月壬申。
③ 自嘉庆元年至二十五年,历任直隶总督为:梁肯堂、胡季堂、姜晟、熊枚、陈大文、颜检、裘行简、秦承恩、温承惠、那彦成、方受畴;江苏巡抚:张诚基、费淳、宜兴江、岳起、汪志伊、汪日章、初彭龄、章煦、朱理、张师诚、李尧栋、陈桂生;安徽巡抚:朱珪、荆道乾、王汝璧、长龄、成宁、董教增、广厚、钱楷、胡克家、康绍镛、姚祖同;山东巡抚:伊江阿、陈大文、惠龄、和宁、倭什布、铁保、百龄、吉纶、同兴、陈预、和舜武、程国仁。根据《清史稿·疆臣年表》卷198、卷202统计。
④ 《清仁宗实录》卷364,嘉庆二十四年十一月壬申。

报，江苏一省共亏银318万余两，较嘉庆六年（1801）岳起初报之数多至十余倍。对此，嘉庆帝有过分析。他说："试思自嘉庆六年以后并无南巡大差，亦无谕令豫备巡幸之事，岂东南一路有兵差征调可以藉口乎？又岂在京诸大臣中有似从前和珅贪婪者，致该省督抚倾赀馈送乎？如果有之，着即据实陈奏，毋稍隐讳。计惟南河屡举大工及灾歉赈恤，数年之间所费甚巨，然皆出自国家左藏，共拨银数千万两，何尝丝毫累及地方？乃该省历次清查亏空有增无减。"遂谕令百龄、初彭龄"将历任亏空之员，各就该员名下查明实据，此内贪黩营私损国课以肥私橐者，指名参奏拿问，置之重典，仍查抄家产作抵"①。

九月，两江总督百龄与署巡抚初彭龄奉旨查审两位布政使常格与陈桂生。随后奏称：风闻常格"官声平常，仆臣颇多"。面谈时，其"论说支离，举动浮躁。及询以应办公事，辄复茫然。诚如圣谕，其人语言夸诞，全不可信，惟在任时贪黩劣迹现在尚无实据"②。因没有查到二人贪黩劣迹，嘉庆帝以"现当清厘库款之时，江宁、江苏两藩司于本年上忙银两承催不力，又不据实揭参，实属玩纵"③，将二人革职留任，戴罪督催。随后，查出常格曾于苏州藩司任内滥行借动羡余银1.4万余两，未说明用途，属于私行借放，只追还2700余两，尚有未归银11291两零。④ 而陈桂生一案，经大学士管理户部尚书托津、景安，以及两江总督孙玉庭等查审，并无侵亏钱粮之情。

而在此上一年，即嘉庆十八年（1813），两江总督百龄与巡抚朱理参劾离任泰州知州宋浤亏缺库项。"按册盘查，计宋浤任内亏缺正项钱粮银三万一千七百三十两八钱四分一厘"。随后奉旨将其革职拿

---

① 《清仁宗实录》卷294，嘉庆十九年八月甲子。
② 两江总督百龄、署理江苏巡抚初彭龄《奏为查报布政使常格平日居官不自检束官声平常事》嘉庆十九年九月初一日，中国第一历史档案馆藏，《录副奏折》档号：03-1561-011。
③ 《清仁宗实录》卷296，嘉庆十九年九月戊子。
④ 参见《清仁宗实录》卷305，嘉庆二十年四月丁丑。

问,"任所资财现已查抄,并着将原籍家产一并查封备抵。"宋浤以存银还款后,"仍缺银二万七千一百七十两八钱四分一厘。"① 但是案的亏空原因被认定为因公挪用。

可见,查出亏空钱粮并坐实确系侵欺入己并非易事,这其中不仅是有无实据的问题,更主要的是查案者是否愿意找出证据的问题。

山东与两江同步。嘉庆十九年(1814)七月,吏部尚书章煦、那彦宝奉命前往山东察访地方官吏情形。二人在回奏中讲到了,"山东吏治废弛,地方凋敝,讼狱繁兴,仓库空虚,人情刁悍,众口一词,实勘差异"。并揭出同兴、朱锡爵种种玩误情形。特别是,朱锡爵时常在署演戏,济宁州知州王旭昇系朱锡爵婶母舅,其升任知州系在朱锡爵任内等情。② 正所谓"山东省吏治废弛,巡抚藩臬怠玩因循,毫无整顿"。且"仓库空虚,废弛已极。……军需报销,设局半年,延搁不办。支用各款,毫无头绪。又州县经征地丁钱粮不解司库,其中情弊显然"③。可见督抚的殆政是山东吏治废弛的结论,而非贪黩。

九月,章煦等又续行查出山东省积案63起,而这些积案在巡抚同兴的奏折中从未提及过,明显有徇庇之意。章煦还风闻,在山东省亏空最多的济宁、胶州、章邱、日照四个州县中,与朱锡爵有亲戚关系的王旭昇有贿赂营私情事,且该员前"在历城任内亏空甚巨"④。至十一月,御史孙汶参奏劾王旭昇婪赃,称王旭昇子"王康乂先于本年五月间报捐道员",然王旭昇有亏空公帑银两未补,"如云(捐纳)出自私囊,则岂有家拥余赀不先补完官帑之理?"故必系"私挪库项为子捐官"⑤。

---

① 两江总督百龄《奏报泰州知州短交库项实系因公挪用审明定拟事》嘉庆十八年四月十八日,中国第一历史档案馆藏,《朱批奏折》档号:04-01-35-0774-007。
② 署山东巡抚章煦、那彦宝《奏为严参前任巡抚同兴布政使朱锡爵徇私废公情形事》嘉庆十九年七月二十二日,中国第一历史档案馆藏,《录副奏折》档号:03-1559-049。
③ 《清仁宗实录》卷293,嘉庆十九年七月癸丑。
④ 《清仁宗实录》卷297,嘉庆十九年九月丙辰。
⑤ 《清仁宗实录》卷299,嘉庆十九年十一月辛卯。

这是一起典型的侵盗官帑报捐案件,所以没被揭出,定是有人包庇。嘉庆帝虽怀疑此案与朱锡爵、同兴接收王旭昇贿赂有关,并要求章煦等彻查,但最终还是因查无实迹而无法定罪。章煦仅以朱锡爵、同兴对山东吏治的废弛有玩误之责参劾,二人虽被革职查办,但罪名却非与贪污受贿、包庇贪官有关。

对于山东通省亏缺银两累积六百余万两,嘉庆帝的认识是,"必有不肖官吏肆意侵吞私肥囊橐,且擅取库项,公然为己捐升并为子弟报捐官职者"①。又曰:此项亏缺"皆由历任巡抚藩司旷职玩公,纵任不肖州县,将国帑付诸漏卮。此内若谓一无贿索,其谁信之?……着军机大臣查明该省自嘉庆元年起至十九年止,巡抚藩司在任年月久暂,其业经身故者,查明伊子弟有无职官。开单具奏,候朕酌量分别罚赔,以示惩儆"②。寻议,将山东17.8万余无着银两,罚令嘉庆元年以后历任巡抚、布政使按在任年月分赔。但嘉庆帝并没有得到他所要的答案,也就是,山东省的吏治腐败问题并没有深入挖掘下去。

再者就是广西巡抚成林案。先是,成林奏称,粤西各州县因缉捕摊捐,亏缺银三十万两。③ 嘉庆十九年(1814)二月,嘉庆帝的批示是:"本日成林奏,粤西各州县因缉捕会匪支放兵米及民欠摊捐挪移亏缺一折,朕批阅之下,念粤西本系完善之区,近年并无兵差工役等事致令州县赔累,何至通省亏短忽有三十万两之多?正欲简派大员前往查办。旋据蒋攸铦奏,署临桂县知县王延瑞禀揭成林,挟伊报出前任亏空之嫌,借案参革并索取供应门包各款。已有旨,将成林革职拿问,知县王延瑞一并革职,派桂芳、初彭龄驰驿前赴广西,会同蒋攸铦与新任广西巡抚台斐音四人一心秉公严审,并着将该省仓库亏缺缘

---

① 《清仁宗实录》卷299,嘉庆十九年十一月壬子。
② 《清仁宗实录》卷303,嘉庆二十年二月丁巳朔。
③ 参见《清仁宗实录》卷292,嘉庆十九年六月甲子。

由会同确查,是否因成林在任婪索属员赔累所致。"①

根据初彭龄和蒋攸铦等人的调查结果,成林之罪有三:一是利用门人向属下索贿已成惯例。揭禀成林的署临桂县知县王延瑞刚刚莅任一年,便有成林管家门人裴兴向其索要门包。"前署临桂知县田畹供认,嘉庆十七年四月内,曾送裴兴到任门包银三百两,端午中秋各送门包银一百两,接任已革署临桂知县徐骧曾送到任门包银三百两,中秋门包银一百两,并称因裴兴催逼再三,是以付给。"② 二是成林任内恣意声色,用度侈靡。三是"于首县置办铺垫等项并不发价"。但却并未查到成林有贪赃的行径。尽管嘉庆帝并不相信成林没有贪墨劣迹,曰:"纵令家人如此婪索州县,而成林转无自饱囊橐之事,亦理之所必无。"③ 但仍然因查无实据,最终以成林不约束家人,致"家人裴兴等索取门包"等,褫成林职、籍其家结案。

可见,嘉道年间,抚藩虽系查处的重点,但并未查出侵蚀库帑的大贪大蠹,被查处者多做轻描淡写的处理,并未揭出官场中有实质性的贪腐真相,督抚藩司等大吏的受惩多因"因循息玩"。

因循息玩,本是官场的痼疾,到了嘉道时期却成为一种官场的流行通病。在国力日衰的形势下,不仅殆政成风,整饬吏治成为徒说空言,而且表现为官僚整体执政能力的下降。为此,在十八年(1813)九月,嘉庆帝下旨,命地方督抚等各官以"因循息玩"四字为戒。④

---

① 两广总督蒋攸铦、广东巡抚董教增《奏为遵旨查审成林在任亏短数巨并裴兴失窃金珠两案事》嘉庆十九年三月十六日,中国第一历史档案馆藏,《朱批奏折》档号:04-01-01-0557-001。

② 仓场侍郎初彭龄、两广总督蒋攸铦《奏为讯明已革知县王延瑞禀揭成林各款知府臬司草率定案各情分别定拟事》嘉庆十九年五月二十一日,中国第一历史档案馆藏,《朱批奏折》档号:04-01-01-0557-035。

③ 《清仁宗实录》卷292,嘉庆十九年六月甲子。

④ 兼署云贵总督云南巡抚孙玉庭《奏为恭读诏书以因循息玩为诫共襄奋勉事》嘉庆十八年十月十五日,中国第一历史档案馆藏,《朱批奏折》档号:04-01-12-0305-089;盛京副都统绪庄、盛京户部侍郎润祥等《奏为恭读诏旨以因循息玩为诫事》嘉庆十八年十月初一日,《朱批奏折》档号:04-01-12-0305-082。

第八章　嘉道的困境与盛世的终结　475

　　由于一时查不出官僚队伍中的贪黩之人，嘉庆帝转而将钱粮亏空的不断续增，与督抚大员的因循殆政联系起来，并加以整饬。谕曰："自有清查以来，各该督抚不但不能依限勒令弥补，且不免有续亏，每藉口于原报之数不实不尽，以致每隔数年续查一次，其数倍多于前。"① 他指斥山东"该省吏治因循疲玩，几成锢习"②。所谓"东省仓库当清厘之后，全在杜截新亏，惟于交代时认真盘查有亏即参，庶州县共知畏惧。乃该省交代，有三四任以致十余任镠轕不清者，该管上司一味徇隐，旧亏未补，新亏又续"③。

　　但嘉庆帝对查贪并没有放弃。当地瘠民贫的甘肃揭出各州县仓库侵亏动辄巨万、罹罪者累累相接时，嘉庆帝马上意识到这与督抚贪赃好货有直接的关系。他说："固由牧令等贪黩不肖，亦缘近数任总督皆性好奢靡，踵事增华，以瘠苦之区必欲效豪侈之举。属员悉索供应，曲意逢迎，以致设法巧取，虚领虚报侵欺国帑。""大吏为通省表率，果能洁清自矢，淡泊寡营，则上行下效属吏亦必以俭相尚，以廉相高。"④

　　然而，嘉庆帝的谕旨依然没有产生应有的效应。嘉庆二十四年（1819），户部发现山东巡抚和舜武奏出的民欠"数至八百六十万两以上"，明系将官亏混入其中，即所谓"款目混淆"。随后经程国仁查明，泰武兖沂等八府自嘉庆元年至二十二年实在民欠约计止在二百万两内，此外济南等府州卫所的民欠实数不多于泰武等八府。"前次和舜武所奏，系据藩司广庆详报，将先后报出官亏六百三十余万，不行剔除，统入民欠数内，以致镠轕不清。"嘉庆帝虽然痛斥这起案件"背（悖）谬已极"，命将布政使广庆交部严加议处，随后革职，巡抚和舜武因已病故免议。⑤

---

①《清仁宗实录》卷294，嘉庆十九年八月甲子。
②《清仁宗实录》卷299，嘉庆十九年十一月己丑。
③《清仁宗实录》卷367，嘉庆二十五年二月乙未。
④《清仁宗实录》卷330，嘉庆二十二年五月癸亥。
⑤ 吏部尚书英和等《奏为山东藩司广庆将官亏银两统入民数内遵旨严议事》嘉庆二十四年闰四月十三日，中国第一历史档案馆藏，《录副奏折》档号：03-1582-076。

但在这起案件中,广庆与和舜武究竟是有意还是大意?恐怕很难说得清楚,至少二人的为官态度不谨、徇隐蒙混则是实情。遗憾的是,嘉庆帝虽然意识到吏治腐败的严峻性,尽管他真心想揪出高层官僚中的侵贪之人,但在一次次的查审后只能以"因循息玩"结案,他不得不在巨额钱粮亏空带来的财政压力面前,将关注的重心放在追缴钱粮上。

道光帝即位后,欲改变督抚的疲玩作风,开始提倡为政"公勤"。道光元年(1821)十月,江西布政使护理巡抚的邱树棠奏称:"江西地方尚称完善,惟因循疲玩之习在所不免。即如各属交代,有一任而经年尚未定案者,有一处而数任均不出结者。其中,因款项纠葛转辗稽滞者固多,而弥缝掩饰狡混者亦所必有。"强调"州县仓库钱粮全在该管上司随时查察,遇新旧交代尤应督率盘查"。道光帝于旁朱批:"有封疆大吏之责者,必应此等公勤方克委任其尽心焉。"①

(二)州县官非侵即挪,致帑项普遍亏空

督抚藩司道府等无论是因循还是婪索,都将成为腐败的温床。而州县的侵盗、挪移,又大都有其突发的事件和非法攫取的条件。

例如,发生在嘉庆十四年(1809)的直隶宝坻赈银短缺案,便可说明一定的问题。是年七月,直隶总督温承惠查明,宝坻县共领赈银四万余两,然有册簿可查的只发放了1.9万两,其余2.2万两下落不明,于是将知县单福昌以侵蚀赈银罪革职质讯。随后,单福昌供称,"系各委员查灾查赈,四乡往来零星食用"。经访查,该管东路同知归恩燕、与奉派监放赈银事务的署定兴县顾淮,均有分肥赈银事。所谓"两淮顾淮六百两一项,据供内有分送银五百两,其余亦系盘费等用。质之顾淮则称,系向单福昌那借,业已归还"。然

---

① 护理江西巡抚邱树棠《奏报清厘各属钱粮并参徇纵属员亏空钱粮之员事》道光元年十月十二日,中国第一历史档案馆藏,《朱批奏折》档号:04-01-35-0787-003。

"若非明知单福昌有侵吞情事,何敢向其那用?既称现已归还,恐亦系先侵后吐。至东路同知归恩燕于所属灾赈事务尤当力为稽查,乃据簿开曾索要银三千两"。随后又有旨令将参与此次赈济的各衙门书吏、家人等逐一查审。①

是案亏空赈银达二万余两,侵蚀之数至于过半,除将知县单福昌及顾准、归恩燕革职查抄家产外,档案中并未批露出全部侵蚀细节。对于此案,嘉庆帝有曰:"一县如此,其余各州县亦殊不可信。""即该上司有派往查赈之员,亦不过彼此分肥。"②足见嘉庆帝对当时的地方吏治败坏之情已失望至极。

又如,山东恩县捏报亏缺案,同样发生在嘉庆十四年(1809),但亏空的原因与宝坻赈银案有所不同。据山东巡抚陈预奏报,八年前恩县知县张秉锐漏报亏缺银3.7万余两,及张秉锐身故后,由新任知县施常接收了这项亏空,并于交代时造报。但至十四年清查时,施常忽又具禀漏报,其目的在于"诿卸故员名下,希冀置身事外"。"将亏缺帑项诿之前任,乃自挟厚资,捐升知府。"③

这两件亏空案都属于侵盗钱粮,前者是贿买上司、侵蚀分肥,后者则是钻制度漏洞,希图蒙混侵占。州县官中为掩盖亏空、制造亏空,以达到侵蚀入己的目的,无所不用其极。嘉庆二十一年(1816),据御史胡承珙揭奏,"有新任州县私向库书粮户挪移银两,归还私债。迨至开征时,即将串票交该书吏私征,抵还代借之项,以致书吏侵渔,弊端百出,积欠日多"④。

但即便是州县,也并非所有的侵盗钱粮案都能顺利审实结案。如江苏知县黄鹤亏空库银案,原本是以查参贪黩论罪的,但结果却系因公挪用。

---

① 大学士管刑部事务董诰等《奏为遵旨严审已革直隶宝坻县知县单福昌承领赈银现无着落等情事》嘉庆十四年六月二十八日,中国第一历史档案馆藏,《录副奏折》档号:03-2213-026。
② 《清仁宗实录》卷215,嘉庆十四年七月甲子。
③ 《清仁宗实录》卷314,嘉庆二十年十二月乙亥。
④ 《清仁宗实录》卷324,嘉庆二十一年十一月己巳。

嘉庆二十年（1815）四月，在江苏清查亏空中，查出知县黄鹤亏空数额甚多。黄鹤先后于江阴任内亏帑银 57244 两，常熟任内亏 25556 两，共亏银 82801 两。自嘉庆十八年（1813）勒限饬追后，对亏缺之项尚未完缴。① 于是，两江总督百龄、江苏巡抚张师诚会疏特参，嘉庆帝颁谕旨说："江（苏）省州县亏缺累累，现在痛加整顿，其尤甚者自当重办一二员，俾通省咸知儆惕。"时黄鹤丁忧回籍。于是，诏命巡抚百龄等将黄鹤革职拿解到狱，严行夹讯，务令讯出其亏空缘由。如果讯出黄鹤"或坐拥厚赀在原籍置买房地，或为子弟捐纳职官，皆当以侵蚀入己论罪"等情由时，② 即将黄鹤重辟惩之，以为全省侵贪官吏之戒。在随后的查审中，又发现黄鹤此前在桃源、仪征二县任内还有亏空银两 8466 两零，亏缺银两高达 9.1 万余两。足证黄鹤当属知县中亏空银两较多的官员。

但随后此案的性质却发生了逆转。嘉庆二十一年（1816）五月，黄鹤在吴县被逮，随后收押在元和县监狱。经夹棍严讯，黄鹤已是痰喘气逆、两手发颤，然所供内容却与侵贪无关。供称："所亏之项委因两次运铜及买补仓谷、派挑运河等项赔累挪移亏缺，并非侵亏入己。如查有坐拥厚资、子弟报捐、置买房地之事，愿甘立正典刑。"随后，黄鹤于六月在监病故。

对于黄鹤的供词，巡抚张师诚自然不会相信，也不愿接收这样的结果。鉴于此案亏空数额过大，张师诚命属下将黄鹤如何因公挪用各款查明，又将黄鹤任内书吏、库吏、门丁等人一一讯问，其结果与黄鹤所供无异。而且查抄其贵州原籍及苏州任所，皆无田产房屋，亦无子弟捐官，家中仅衣物当票，估值在 105 两。③ 于

---

① 参见两江总督百龄、江苏巡抚张师诚《奏为特参原任常熟县黄鹤亏欠库项事》嘉庆二十年四月初五日，中国第一历史档案馆藏，《录副奏折》档号：03-1826-033。
② 《清仁宗实录》卷 305，嘉庆二十年四月丁丑。
③ 参见两江总督百龄、署理江苏巡抚杨頀《奏为审明在监病故已革常熟知县黄鹤缺银系因公挪移案按律定拟等事》嘉庆二十一年六月十四日，中国第一历史档案馆藏，《朱批奏折》档号：04-01-08-0124-007。

是，是案的追缴，除了黄鹤家中被估值的 105 两物品外，其余亏空银两由黄鹤上司、即历任知府分赔一半，另一半不入无着，归入江苏清查案内调剂拨平。黄鹤虽非侵帑肥私，但以其挪移在九万两以上，远超侵盗钱粮二万以上拟斩监候之例，死罪固然难逃。但黄鹤的个案说明，当时州县一级官员在应对诸种临时性差务时的财政乱象，而黄鹤甘冒死罪的风险挪用官帑，自然有其不得已的苦衷和无奈。

此外，发生在道光九年的直隶永年县知县李景岱亏空案，同样也已因公挪用结案。李景岱前在获鹿县任内，经手仓库钱粮共亏短银 16970 余两。于道光九年（1829）九月，被直隶署总督屠之申特参。然而经直隶总督琦善查明，李景岱亏项系因公挪用，无侵匿分肥情弊，照亏空一万两以上两万两以内例，充近边服军役。寻因病故免罚，亏项照分赔例饬追。[①] 但获鹿县不过是一字简缺县，李景岱在任也不过二年有余，即便为公项支出而有挪移，又何以竟致亏空如许之多？是案以"系因公挪用，无侵匿分肥"结案，不能不令人产生怀疑。

可见，即便是对州县官亏空钱粮的清查，若要落实侵盗肥私的实证，也并非易事。这或许就是，虽然钱粮亏空案越来越多，亏空数额越来越大，而侵盗钱粮的官员反而越来越少的原因所在。无论是督抚还是州县，都有找到应对亏空钱粮且能规避处分的办法。也正因诸多乱象得不到治理，至嘉道年间，伴随官场风气的恶化，地方州县侵欺挪移钱粮以致亏空成越演越烈的态势。

如河南商城县知县张敦绪于任内亏缺税契 38155 两，仓谷 9316 石。于道光十五年（1835）十二月，因数额近五万两被巡抚桂良特参，革职拿问。据桂良奏，张敦绪"才具平庸，操守贪污，私债甚多，亏空亦复不少。税契一款，亏至四万有余，词讼案件皆听信家丁

[①] 参见直隶总督琦善《奏为审拟已故前任获鹿县知县李景岱亏短仓库银两一案事》道光十一年九月初二日，中国第一历史档案馆藏，《录副奏折》档号：03-3973-019。

书吏之言"。其门丁孙姓勾结乡里权要勒索财贿,包揽税契分肥等。①

但是能够以侵欺分肥结案的亏空案仍然不易。如江苏建德县知县费开荣离任后,应交仓库各款均有短少,"实在短交正款银一万六千六百一十六两零,捐款银三千四百五十三两零,常平仓谷二千六百六十四石,漕南米九百四十九石零,又欠解江宁挂批南米三百三十六石"。共计亏空2.4万两余。究竟是侵是挪并不清楚。②

广东香山县知县叶承基钱粮亏空案同样是一乌龙案。道光十六年(1836)年初,叶承基以"行止卑污,声名狼藉"被参,称其"前在高要县任内亏空五六万两之多。该员到香山县任后,纵容官亲家人二百余人散居县城内外招摇,向旧充衙役蒙捐监生曾经犯案拟徒之林昌绪(即林居三)借住房屋,勾串交结吸食鸦片,挟娼饮闹"等情,以致"现在亏空累累,不知其数"。因事态严重,六月,道光帝派出尚书朱士彦、耆英驰赴广东查办,令将叶承基被参一案再行确切查究。寻查出,"叶承基于该县城外设有云停馆以备来往差员居住,伊子叶祖勋挟妓饮酒,门丁张贵等受规费,奸宿娼僚属实"。但据叶承基供:"伊于道光十五年正月由高要县调署香山县,本年五月卸香山县事,所有经手高要、香山两县仓库各款并无亏空,均经后任揭报。"随后"据藩司阿勒清阿禀复,已据接署知县张泉出具无亏印结"③。此案也以无亏空结案。

对于地方续亏不断的原因,官僚、皇帝都在不断分析,每个人的角度不同,结论也不尽相同。

如御史蔡赓扬认为,州县亏空过多的原因,在于"积习相沿,

---

① 《清宣宗实录》卷276,道光十五年十二月庚辰;河南巡抚桂良《奏为遵旨密查河南商城县知县张敦绪徇私营利纵丁舞弊事》道光十五年,中国第一历史档案馆藏,《朱批奏折》档号:04-01-13-0254-003。
② 参见安徽巡抚色卜星额《奏报革职知县亏空钱粮先行拿问审讯事》道光十六年五月初八日,中国第一历史档案馆藏,《朱批奏折》档号:04-01-35-0806-031。
③ 署理吏部尚书朱士彦、广州将军苏勒芳阿《奏为遵旨查办广东香山县知县叶承基被参各款会同审拟事》道光十六年十二月二十日,中国第一历史档案馆藏,《朱批奏折》档号:04-01-12-0444-001;《清宣宗实录》卷282,道光十六年四月辛巳。

不知振作"。也即无所作为。他说:"阘茸之员性耽安逸,仓库等项一任官亲门丁涉手,书吏因得通同舞弊。又或在京需次,逋欠累累。一经部选到任,辄行挪移官项,偿抵私亏。更有不肖佐贰贪缘署事,因得肆吞公项,捏作亏空,贻累后任。至若各州县交代,往往豫先造作虚册,以少报多,私图入己。迨新任结算,查出亏空,不肯分厘交出。或立空头借契,搪塞一时。或将无用什物,昂价作抵。限期已迫,接任人员不得不隐忍结报。其实公项仍归无着,甚至亏项盈千累万。即籍其家货,不足抵数,监追之后无款可偿,必至以紧要之正项变为宽缓之摊捐。此等积弊,深堪痛恨。"①

道光帝认为,州县侵贪流弊的根源在于督抚贪婪与怠政。他针对御史章炜"办赈流弊"一说,指出:"州县因仓库亏空,藉办赈之名,为开销之地,捏报诡名,多开户口,竟取盈余饱其私橐。又勘灾委员并不亲赴乡庄察看,而供给程仪,均取资于赈款之内。迨至造册报销,督抚藩司各衙门书吏,得费则为之弥缝,无费则多方苛驳。以致廉吏因赔累而掣肘,不肖州县转得勾通一局,恣意侵吞。种种弊端,皆由各省大吏不能实心经理所致,官侵吏蚀。百弊丛生,玩视民瘼,莫此为甚。"②

因此,在嘉道两朝所以出现钱粮亏空有增无减,亏空钱粮中的侵盗肥私经常是以查无实据结案的现象,是国家的吏政出了问题,而嘉庆帝应当负起主要的责任。

自嘉庆初政开始的,以"密查""密办"、不向户部奏明题参的方式清查钱粮亏空,却从不深究亏空钱粮的去向,其态度与立场表明,嘉庆帝的清理钱粮亏空,是放弃了对侵盗钱粮的贪腐官员的追查之责。与雍正帝对侵亏者"务必严加议处,追到水尽山穷处"的态度与气势相去甚远。在这温和的政治环境中,国家机

---

① 《清宣宗实录》卷268,道光十五年闰六月丙戌。
② 《清宣宗实录》卷278,道光十六年二月癸亥。

器应有的震慑力都被弱化了，不仅地方督抚藩司得以滋长因循怠玩的官风，亏空钱粮的州县官员也容易找到得以庇护的港湾。这说明国家管官治吏的魄力、能力乃至意愿都在明显弱化。

四　制度缺陷成无法改变的困局

自康熙朝以来，清朝在国家强权下实施对亏空钱粮的完补，却由于"量入为出"的低税财政成为无解难题，而且随着亏空数额的累积多，钱粮亏空逐渐成为清朝无法改变的困局。

（一）摊扣养廉银的影响

嘉道年间，国家财政不但依赖于开捐例、商人报效、关税加盈等方式应对临时性支出，摊扣官员养廉银充为公用的现象，也成为清朝财政不敷情况下重要的经费补项。所谓"凡河工、军需等项例不能销，及弥补亏空赔款者，皆取之此，名曰按廉捐摊归款"[1]。

以俸禄充为地方经费并摊扣赔补亏空，自康熙以来成为地方大员乃至皇帝屡试不爽的满足地方财政缺口的补苴之道，其弊症虽屡屡受到指责，却依然无法禁止。据雍正初年的官员讲述，康熙朝"向来上司动以公费抑勒私捐"[2]，并以此赔补亏空，"各省俸工多者十余万两，少者亦不减六七万两。州县于正项钱粮之外另批起解收贮藩库，以备巡抚不时之需，大约巡抚支用者十之六七，藩司自肥者十之一二，其欲掩饰属员耳目，姑办公事一二件者所费亦十之一二"[3]。雍正元年（1723）九月，雍正帝有旨一概不许捐俸工，随后

---

[1] 吴廷燮：《清财政考略》，《清末民国财政史料辑刊》第20册，第348页。
[2] 《雍正朝汉文朱批奏折汇编》第5册，雍正三年六月初四日，署川陕总督岳钟琪奏报查明年羹尧任内各属私捐俸工无着折，第262页。
[3] 《雍正朝汉文朱批奏折汇编》第33册，（佚名）奏请严敕各省抚藩停止提解俸工银两折，第942—943页。

施以耗羡归公的财政改革，使官员享有丰厚养廉银，划出地方行政经费，并专设封贮银、分贮银以备亟须公务。但自乾隆朝，捐输或摊扣养廉的现象再度出现，乾隆后期，除了"外省大小臣工，全藉养廉办公"①外，并有以养廉银议罪之举。所谓"罚银数万以充公用"，故有尹壮图奏"请永停罚银之例"②。

嘉庆帝登基伊始，明确不"捐廉罚俸"，不以养廉银赔补亏空。但却延续了乾隆朝以养廉银摊扣公用的局面，通常官员的养廉银只能领到七成，其余三成是直接在发放前便扣除充为公用，或为工程，或为军需。

诸如，嘉庆四年（1799），署理山东巡抚岳起奏："前年曹汛大工例价不敷之项，摊扣东省各官养廉，请按年坐扣十分之三，仍令领回十分之七。得旨：自应如此办理。若令通省枵腹从事，则小民之骚扰勒索不可问矣。朕所以不即察办仓库者，正为此耳。"③嘉庆十六年（1811），四川巡抚常明奏"川省各官摊扣军需，请仍以养廉三成匀扣"，获准允行。④嘉庆十八年（1813），广东省在总督蒋攸铦的主持下，对各属历年垫支捕费制定追补章程，奏报广东各州县自乾隆五十九年至十七年（1794—1812）十九年间，因堵捕洋匪及应办公事垫用的无着款项，共计30.9万余两，嘉庆帝批示曰："着照该督等所定章程，将应补银三十万九千两零，在于督抚司道府州县应得养廉内每年扣解三成。"⑤可见，嘉庆朝将摊扣养廉银公用控制在三成。以为如此，既可以有补苴公费之银两，又不致令官员生活拮据。

然即便如此，摊扣官员养廉银最终都将殃及百姓。所谓"外省捐廉款项多不出己资，上司摊派属员，属员仍取之百姓"⑥。所以，

---

① 《清高宗实录》卷1249，乾隆五十一年二月癸卯。
② 《清高宗实录》卷1367，乾隆五十五年十一月乙未。
③ 《清仁宗实录》卷41，嘉庆四年三月戊子。
④ 《清仁宗实录》卷250，嘉庆十六年十一月己卯。
⑤ 《清仁宗实录》卷273，嘉庆十八年九月戊辰。
⑥ 《清仁宗实录》卷170，嘉庆十一年十一月乙巳。

对于各省摊捐养廉银的奏请，嘉庆帝十分谨慎。

按例，各省盗匪案件应由各省自行解决费用，即"擒捕内地贼匪，本省自行办理之例"。嘉庆十九年（1814）正月，先是山东巡抚同兴奏山东军需已支用者70余万两，统计约需百万两，恳请一概毋庸报销，在通省地方官养廉内摊捐，分十年归款。嘉庆帝认为，此次征剿匪患仅限于山东境内，供支有限，根本不需要如此多的军费，认为此必有滥支滥应之事，所奏不准行。① 并扣罚了同兴的养廉银。随后，总督那彦成奏，由林清倡首的白莲教"谋逆"案，"直隶军需用款约计将及九十万两，请照擒捕内地贼匪本省自行办理之例，于现在大小官员养廉内分作十五年均匀摊扣归款"。嘉庆帝以"州县等官职分较小，廉俸无多，林清及逆党犯事地方又不皆在所辖境内，无庸一律摊扣"。令"查明自嘉庆十一年起至十八年止，各历任总督、顺天府尹、藩臬两司及该管道员等，按其在任年月秉公核算，分别摊赔，以清款项"②。可见，地方一旦出现紧急之需，在捐纳、报效不能及时解决的情况下，官员的养廉仍是筹集财政支出的首要选项。

进入道光朝，国家财政短缺的现象并没有好转，而钱粮亏空的数额却愈积愈多。道光五年（1825），协办大学士直隶总督蒋攸铦再次强调了对于大量无着亏空，"筹补之法，亦只有循旧摊廉，俾众擎易举可收补苴之实"。随后他列举了直隶繁多的公务，财政缺口之大，详细分析了直隶需要摊捐的款项：

> 惟直省应办公务殷繁，如采办铜铅等项，例销不敷，必须摊廉津贴者，每岁约有二万两，又有应摊历次办差借垫未归银六十余万两，经前督臣颜检议，将现任各员分作六年，事故离直各员分作十六年摊捐完款，每岁又需摊银四万两，若再每年

---

① 参见《清仁宗实录》卷282，嘉庆十九年正月庚午。
② 《清仁宗实录》卷283，嘉庆十九年正月戊寅。

加摊筹补无着银五万两，则一年之内统共摊捐银十一万两。各官所得养廉藉资办公，且地方瘠苦甚于各省，摊捐过多，力有未逮。或因催提紧急挪解正项欲补旧亏，而转滋新亏。甚至朘削民膏，借端扰累，亦不可不防其渐。臣与藩司屡之申详加商议，无着亏空皆系正项钱粮，不能不筹摊弥补，而采办铜铅等项，亦系本省主要公事，不能不摊廉津贴，惟有查明历次借垫未归差捐，正款、闲款分别摊补开除，以期摊数稍减，办公不致支绌。查自乾隆四十五年起至道光元年止，计十六次大差，共借垫司库银二百五十八万五千九百余两……奉旨豁免银七万五千九百两，又前督臣颜检奏定分年摊捐后续完银四万五千六百四十余两，现在实未摊银六十二万二千余两，此内诸款确查，如借垫恩赏经费、差费及工程平饭等项银四十万八百九十九两零，均系本省办差办公闲款，并不在钱粮奏销之内，即使全数摊解，司库仍作为本省公用，无关归补。若责令一并摊捐，恐力不能支，势必因循延宕。可否将借垫本省公用之项就款开除，停其接续摊捐，俾正款不致牵碍摊补，而州县亦得稍留办公之资。①

由此可见，摊扣养廉银已经成为嘉道两朝地方官完成各项公务的重要财政补给。但这并没有缓解钱粮续亏持续恶化的态势，反而随着摊捐养廉银的浮滥之势，自督抚道府到州县则多以亏空钱粮和浮收来转嫁财政压力。② 特别是，伴随官员低俸乃至无俸的利益流

---

① 直隶总督蒋攸铦《奏报追赔亏空银两及因差借垫正款酌议分年筹补事》道光五年二月十一日，中国第一历史档案馆藏，《朱批奏折》档号：04-01-35-0792-047。
② 嘉道年间摊扣养廉银问题与嘉道年间的亏空以及吏治腐败的关系，最早为日本学者铃木中正所关注，著有《清末の财政と官僚の性格》（《近代中国研究》第 2 辑，东京大学出版会 1958 年版，第 245—248 页）；此后郭成康《18 世纪的中国与世界：政治卷》（辽海出版社 1999 年版，第 310—312 页）一书也谈及于此。周健：《清代财政中的摊捐——以嘉道之际为中心》（《中国经济史研究》2012 年第 3 期），则从清代中后期财政的角度对摊捐的数额、款目、方式以及影响进行了讨论。

失，腐败的漏洞会被人为地扩大，在摊捐成为惯例后，给官员带来的经济压力，已无人幸免。正如清末吴廷燮所言，"向之公摊养廉、盐商报销者，皆反为官商之累，害及于国"①。

有这样几位督抚讲述了他们自己的养廉银领取及摊扣的情况，足可以说明一定的问题。

第一位是吏部尚书兼川陕总督孙士毅。孙士毅系浙江仁和人，乾隆朝进士，历任内阁中书、侍读、编修、太常少卿等职。后出任山东布政使、广西巡抚，旋升授两广总督。乾隆五十二年（1787），以平林爽文叛军并安南之役，叙功授兵部尚书、军机大臣。乾隆五十六年（1791年）授四川总督。

乾隆五十六年（1791）年末，孙士毅奏："查臣未完公项尚有二万四千两，臣在京时因尚书廉俸扣缴无多，已寄信浙省亲族设措银四千两"，尚有未交二万两，"蒙恩旨赏给川督一半养廉，每年支银六千五百两"。请于"恩赏总督一半养廉内每月扣二百两交存司库"②。

孙士毅所说的2.4万两未完公项银，应该是其外任广东或四川时发生的费用，如果按照每月二百两的赔补速度，其未完银二万两的赔补数额，需要八年多方能补完。这显然是有意拖欠。而孙士毅在嘉庆元年即已病逝，其归补情况不得而知。

第二位闽浙总督魁伦。魁伦系查弼纳之曾孙，出自满洲官宦世家。嘉庆三年（1798），他自称于乾隆五十三年（1788）由总兵升任将军兼闽海关监督时，"所收关税仅五十五、六两年尚敷，其余均属短绌。"除宽免及已赔缴外，"尚有应赔银十六万四千六百八十两零，蒙恩准于应得总督养廉内每年扣缴银七千两，陆续完款。……本年经征盈余又短少四万九千五百两余……仍宽免二万两"。这两项未完银加在一起当有19.4万余两。接下来魁伦讲述了他所以亏空的

---

① 吴廷燮：《清财政考略》，《清末民国财政史料辑刊》第20册，第360页。
② 吏部尚书孙士毅《奏明臣未完公项银两请于恩赏养廉银内扣交事》乾隆五十六年十一月，中国第一历史档案馆藏，《录副奏折》档号：03-0728-037。

缘由并上缴赔补银两的来源。

据魁伦奏称：在兼署闽浙总督期间，原任总督福康安食全俸，自己无俸履职。"因闽省正值清查整顿之际，更宜洁己率属，当将向有一切例规革除净尽，凡有办公用度，均系自备，即因公出省，如查办灾赈、督缉洋匪、巡阅营伍，往来闽浙各属二十余次，需用人夫亦系自行给价，随从人等每日给发饭资，从无丝毫累及官民。……至嘉庆元年六月，仰荷恩伦补授总督，得支养廉，较为宽裕。嗣于嘉庆二年十一月，复因办理公事错误，蒙恩获咎不加严谴，仅着停支养廉二年，现已历过一年。所有前积银两除用外，实尚存银九千余两，原拟留存来年未支养廉以前费用，今因遵旨着缴赔项，即将现银八千两发交福建藩司贮库，饬令遇便解部。余银一千余两，现在即须前赴泉州一带督缉洋盗，留为奴才出省盘费及年内公私各项需用。又奴才前在将军任内，节年赏收玉器等件，现在委弁解交军机处，请发崇文门变价归款。"并请于来年正月始得支半廉。①

从魁伦上述拟缴的可变价银两来看，玉器、房产以及存银加在一起不过二三万两，距离 19 万两应赔之项相差甚远。即便魁伦请求于来年正月可支半俸养廉，也不过是缓解其生活窘境，解决不了赔补的巨大漏洞。其赔补亏空的来源似乎只剩下一个方面，就是通过权力派取。

第三位是直隶总督颜检。颜检于嘉庆八年（1803）自述他的赔项有："前在云南盐道任内，有分赔白盐井提举王子音等堕煎盐觔课款银八千九百一十两七钱零，又应赔昆明等十六属贩欠省仓无着盐课银一十八万六千二百六十三两二钱零，又代赔臣父颜希深云南巡抚任内分赔王鸿誉等堕煎盐觔课银三十九两九钱零。以上共应赔银一十九万五千二百十三两九钱零，统限五年赔缴等因。臣谨将积存养廉一万五千二百余两就近发交直隶藩库，报部候拨。尚有未完银

---

① 军机处照录闽浙总督魁伦《为将现银及房产玉器抵赔其不敷之数请从养廉银内扣支事》嘉庆三年，中国第一历史档案馆藏，《录副奏折》档号：03-1811-068。

一十八万两……臣现任每年应得总督河道养廉银一万九千两，最为优厚，第即全数扣缴，亦必须十余年甫能清款。……自揣五年期内势难一律完交。"恳请"于岁支养廉银内按年扣银一万两交存藩库报拨"①。

根据以上奏词，至嘉庆八年，作为直隶总督的颜检须偿还公项18万余两，依限当五年还清，而其养廉银每年为1.9万两。按照给出的条件，这应该是一道无解的难题。因为，正如颜检所言，即便他始终在总督任上，并保证每年的养廉银都不被扣罚，在将养廉银全部上交赔项的情况下，也需要大约十年的时间。

第四位是直隶总督刘峨。根据江西巡抚秦承恩于嘉庆九年（1804）十二月的奏报，已故原任直隶总督刘峨应摊赔直隶亏空河工、旗租、借垫库项各款，共13.5万余两。由其子现任江西盐法道刘澐代父完缴。据刘澐禀称："自奉文追缴以来，变卖家产及扣抵养廉共缴过银三万三千七百两零，尚未完银九万七千二百两零。若按各款同时并缴，力实不支。"请"赏限每年连养廉措缴银一万两"②。

刘峨的情况与其前任颜检类同，不同的是刘峨已故，留下9.7万余两的赔补数额，须由其子代赔。而道员每年的养廉不过五六千两，即便每年能够措缴一万两，也要十年方能补完，且前提仍是必须保证刘澐的养廉不被摊扣或罚扣。

第五位是山东布政使文霈。根据山东巡抚全保的转奏：山东布政使文霈前在陕西承办军需案内，有应赔银3.4万余两，又陕安道内有应赔滥应赏需等银2.2万余两，共应赔银5.6万余两。其赔补的方案是，文霈于嘉庆八年（1803）十二月调补浙江臬司，"于臬司额设养廉银内每年扣缴四千两银，留存二千两银办公"。自嘉庆九年正月至十年三月，交银4933余两，"尚未完银五万一千三百八十

---

① 直隶总督颜检《奏报于岁支养廉按年扣银赔缴云南盐课银两事》嘉庆八年四月二十七日，中国第一历史档案馆藏，《朱批奏折》档号：04-01-35-0484-008。
② 江西巡抚秦承恩《奏报原任直隶总督刘峨请展限完缴赔项事》嘉庆九年十二月初七日，中国第一历史档案馆藏，《朱批奏折》档号：04-01-35-0763-030。

八两零,请在山东藩司养廉内,按数每年缴银四千两"。按照"山东藩司额设养廉银八千两,除扣三成贴挑工银二千四百两,每年实支银五千六百两。既据文霈详请仍照浙江臬司任内扣缴之数,每年交银四千两,仍酌留养廉银一千六百两为办公之需"①。

上述完补条件,须在文霈没有其他罚项,且文霈本人健在的情况下,13年方能赔完。

除了督抚藩司大员之外,地方州县府道等各级官员亦无不陷入摊扣赔累之中。

如嘉庆初年,曾先后出任福建布政使、巡抚的汪志伊对于福建自乾隆末年以来以养廉银弥补亏空所产生的影响作了说明。他说:福建因办理清剿台湾林爽文之役的军需,除户部拨给经费外,例不准报销及续经部臣驳删者,共银179.4万余两,经总督伍拉纳奏请,统归于通省司道府厅州县养廉内分年摊扣归,复经总督魁伦奏准,照原摊每年额设养廉银3.3万余两之数核算,需要到嘉庆五十二年方能扣完。

即便是嘉庆的统治可以到五十二年,福建各官的赔补能力也难以担当。一是"闽省现任各官均非原办军需之员,俱代前任捐赔"。二是"闽省自六十年清查以后,陋规全除,各官全赖养廉一项以资办公,其旧有摊捐者,如采买铜铅批解颜料纸张脚价,及缉捕洋盗经费,并帮贴船厂工料等项,已扣十之三四。加以摊扣前案军需十分之三,实得养廉不及一半"②。因此,汪志伊提出请照嘉庆元年恩诏赐予豁免。

而且,对于任内的应赔公项至死都无法补完的督抚大员并非鲜例。除了前面所提到的孙士毅、颜希深、刘峨等,还有卒于任上的江苏巡抚胡克家。胡克家"曾在淮阳道内应赔嘉庆十六年堵筑王营减坝银二万六千四百两零,未经解交"。嘉庆二十二年(1817)八

---

① 山东巡抚全保《奏为代藩司文霈请于养廉银内坐扣历任亏欠摊赔银两事》嘉庆十年五月二十二日,中国第一历史档案馆藏,《录副奏折》档号:03-1815-030。
② 汪志伊:《敬陈吏治三事疏》,载贺长龄、魏源编《清经世文编》卷16。

月病逝后，嘉庆帝念其家无余资，加恩免其摊赔。① 此外，尚有应摊赔浒墅关盈余中的亏缺银494两余，由署理巡抚的苏州织造阿尔邦阿奏请代完。②

嘉庆二十四年（1819）五月，贵州道监察御史卢炳涛条奏："司库摊捐之款不宜太烂，以杜州县新亏。"他说："国家豢养臣工设立养廉，俾资办公之用，不得借口脧削民膏，最为良法美意。乃近来司库有摊捐名目，其初原为例不准销之公项而设，寝至供应大吏、帮助朋友，及摊赔有亲谊属员之亏空，无不在府州县应领养廉内摊扣，扣不足数，将解司正项钱粮先划抵，民欠之多未必不由此。……应请嗣后摊扣一款，除实系因公，无可开销，方准酌量摊捐。"③

毫无疑问，以摊扣养廉银等赔补各项亏空，包括分赔、代赔等，几乎将大多地方官员网进赔补公项的大罟里，没有人能逃得过赔补的命运。这对官员个人利益的影响是不可低估的，且与不断加增的续亏也难说没有关系。虽然目前的资料尚且无从证明二者之间有直接的关系，但从时人对摊扣养廉的态度，似可略见端倪。

如汪志伊指出，养廉银的发放已经背离了它的养廉初衷，认为摊扣养廉势必助长官场的贪腐。所谓"臣思世宗宪皇帝于俸外复设养廉，为官亦为国为民，盖必励廉隅，然后不至侵渔国帑，亦必养廉耻，然后不至剥削民膏也"④。

道光初年，安徽巡抚陶澍提出，要将摊扣养廉限定在三成。他说："从前各州县捐款为数甚巨，又有弥补节省津贴等项名目，多者数千，少者数百。各州县养廉几何？安得而不亏缺？臣自到任以来，

---

① 两江总督孙玉庭《奏报已故江苏巡抚胡克家分赔银两请分摊归款事》嘉庆二十三年五月二十六日，中国第一历史档案馆藏，《朱批奏折》档号：04-01-35-0780-044。
② 参见苏州织造阿尔邦阿《奏报代胡克家交纳应赔浒关之款事》嘉庆二十三年，中国第一历史档案馆藏，《朱批奏折》档号：04-01-35-0369-016。
③ 掌贵州道监察御史卢炳涛《奏请敕认真弥补亏空银两并杜新亏银两事》嘉庆二十四年五月十二日，中国第一历史档案馆藏，《朱批奏折》档号：04-01-35-0783-004。
④ 汪志伊：《敬陈吏治三事疏》，载贺长龄、魏源编《清经世文编》卷16。

首将此项捐款分别应裁、应减,核数在养廉三成以内,详经前抚臣奏奉谕旨遵行在案。州县去此大累,如释重负。"①

所以,"耗羡归公"或许可以一次性完补巨额的"无着亏空",但财政不足的问题没有从根本上解决,"量入为出"的低税财政依然是一个无解之题,而当财政缺口一次次去触碰官员的利益时,腐败的漏洞自然会被无限放大。

(二)由"因公挪用"到"借垫"的公项支出

雍正帝在实施全面清查钱粮亏空的同时,严禁"因公挪用"。根据雍正帝的指示,雍正二年(1724)刑部等衙门议覆,"官员亏空钱粮,审系那移案内有多至数万两者,或以罪止拟流。而任意那用,或以罪无递减而故意不完。请嗣后那移一万两以上至二万两者,发边卫充军。二万两以上者,虽属那移,亦照侵盗钱粮例拟斩,俱限一年全完免罪,二年完者减二等,三年完者减一等,三年限满不能全完,查未完之数照例治罪。"雍正帝批示,"应如所请,从之"②。这项处罚,比照康熙三十九年(1700),"凡有因公那用之处,州县详明督抚咨部具题,准日方许开销。不然,无论多寡俱照侵盗钱粮例议处"③ 的规定,有了具体的量刑标准。

在雍正帝看来,挪移导致的亏空不是简单的财政问题,而是一个整饬吏治巩固国体的政治问题。为此,在其主持下,国家针对"挪用公项"制定了相应的处罚条例,挪用钱粮的官员除了赔补之外,还要受到相应的处分。

雍正四年(1726)六月,两淮盐运使张坦麟奏:在稽查前任江苏布政使刘殿衡任内钱粮时,发现该员于康熙四十一、四十二两年

---

① 陶澍:《条陈安省亏空八事疏》,载贺长龄、魏源编《清经世文编》卷27。
② 《清世宗实录》卷23,雍正二年八月戊寅。
③ 《雍正朝汉文朱批奏折汇编》第4册,雍正三年正月十二日,协理山西道监察御史程仁圻奏请严那用钱粮之制以杜亏空折,第295页。

曾借运库银11490余两，至雍正四年仍未完库。① 在这一案例中，即便是刘殿衡所借库银为公用，但自康熙四十一年至雍正四年（1702—1726）历经24年后仍未归还，直至雍正朝清查时才被揭出。说明凡属公用，是否归还补完，何时归还补完，并不被重视。同时，钱粮管理及其奏销制度缺乏必要的监管机制。可以想见，此类案例在康熙后期并非鲜见。

对于因公产生的挪用，雍正帝并非不知其中的原委，他在苏州布政使张坦麟的奏折中有这样的朱批："地方公务自有旧例，若从前概系那用，如何使得?!"② 这或许也是促使他下定决心，要做康熙末年该做却不曾去做的耗羡归公的改革。而耗羡归公在相当意义上是对中央与地方财政做了分割。而且在地方存留的解决上做了改革，并继耗羡归公之后建立了地方相对自主的备贮银制度，规定直省每年征收的一切正杂钱粮，除实在存留外，尚有封贮数十万两以备急需公用。

当然，一项新制度的推行，并不可能完全根除原有体制下固有的积弊，清朝财政的缺陷以及统治者施政的习惯都在继续发挥着作用。雍正十年（1732），在皇帝赦免亏空的"沛恩令"中，除将年远之案、本身已故，以及实系分赔、代赔无着之项宽免外，"因公那用，并未入己者"，也得以宽免。③ 这说明，雍正朝数十万两的地方财政储备银两（封贮银）及其严刑峻法的实施，仍未能杜绝因公挪用的现象绝迹。

1. 因公挪用的难以禁绝

客观说，雍乾之际的钱粮亏空案中，因公挪用的案例的确明显减少，说明这一时期的政策调整，即耗羡归公实施后产生了一定的

---

① 参见《雍正朝汉文朱批奏折汇编》第7册，雍正四年六月二十六日，两淮盐运使张坦麟奏报到任以来所得规礼银数折，第533页。
② 《雍正朝汉文朱批奏折汇编》第10册，雍正五年十一月初一日，苏州布政使张坦麟奏为应否动支给领库存俸工银两请旨折，第898页。
③ 《清世宗实录》卷119，雍正十年闰五月丁酉。

成效。但并不意味着问题已经解决。

自乾隆元年（1736）开始，清朝从法规上进一步加强对挪移钱粮的调控。对此，乾隆帝曾有旨对亏空案进行挪用与侵蚀的区别，令咨部查核情节，以分清亏空案的性质，明确可否免罪。规定实系军需那移，到部核减报销，不准开销者亦要明确着落赔补之处。① 乾隆二年（1737）七月，再次就"挪移"亏空之项的赔补准许宽免，谓挪移"较之侵贪尚有可原之处"，令查明雍正十三年（1735）九月以前的挪移各案，实系因公、确有凭据者，可以"因公事紧急"的理由具题请旨宽免。② 这些规定，划分出中饱私囊与因公挪用的区别，将以往因履行职责而承担赔补的官员从亏空枷锁中解放了出来。

但从地方清查亏空的奏报看，乾隆朝的地方州县仍以不同程度的因公挪用之项为多，也依然有官员以因公挪用受到参罚，包括抚藩等大员。如乾隆九年（1744），广西布政使唐绥祖便因"动用封贮库项，并不详请题明，擅将二万五千余两，令太平、南宁、梧州、郁林四府州属买谷，又接受那垫银六千八百余两，本任内亦有那垫未清银五万余两"，被处以革职。③

而且，战争中的军需挪用尤为常见。乾隆三十五年（1770），闽浙总督崔应阶奏福建凤山县亏空原因系办理军需，共挪借府库县库银16067两，挪动碾仓谷5285石。④ 三十九年（1774），云南"王锡亏空采买兵粮米谷银四万余两"，因系云贵总督彰宝勒索供应所致。⑤ 甘肃各州县同样也因办理班禅额尔德尼事宜，于经过地方借用司府各库银17.5万余两。四十七年（1782）五月，都察院左都御史刘墉等查明山东省历城、东平仓库亏空案，皆系"从前办理逆匪王伦滋

---

① 参见《清高宗实录》卷22，乾隆元年七月戊戌。
② 《乾隆朝上谕档》第1册，乾隆二年七月七日，第200页。
③ 《清高宗实录》卷219，乾隆九年六月乙亥；卷243，乾隆十年六月庚午。
④ 参见闽浙总督崔应阶《奏报将福建凤山县知县亏空银谷案审明定拟事》乾隆三十五年四月二十六日，中国第一历史档案馆藏，《朱批奏折》档号：04-01-35-0730-006。
⑤ 参见云南巡抚李湖《奏报属员亏空银两遵旨赔补事》乾隆三十九年十二月十五日，中国第一历史档案馆藏，《朱批奏折》档号：04-01-35-0739-031。

扰案内因公那用，以致各有亏空银三四万两"①。

乾隆年间对挪移钱粮的定罪与处罚之严厉，是有例可查的。如乾隆三十五年（1760）四月，在闽浙总督崔应阶奏报中提到，"例载，州县亏缺仓谷，以谷一石照银五钱定罪，系那移者照那移库银例拟斩。又例载，凡审拟那移之案，于定案日查明参后完过若干准予开除，以现在未完之数定拟。又例载，除侵盗亏空仍照定例外，其分年追赔拖欠各项银两依限照数全完者免罪，财产给还"②。因此，凡有挪移钱粮者，督抚等俱照定例奏请处分。如乾隆六十年（1795）十一月，福建巡抚魁伦为属下挪移钱粮奏请定罪。他说："查例载，侵盗仓库钱粮入己数在一千两以上者，拟斩监候，遇赦准予援免。一万两以上者不准援免。又例载，挪移库银五千两以下，总徒四年。"属员彭良谡、胡启文原亏一万至四万余两，梁孔珍原亏银九千余两，易世诰、范煜均挪移五千两以下，分别按例定拟。③

到了嘉庆朝，虽然"因公那移，尚干例禁"④，但挪用公帑的行为从未停止。嘉庆五年（1800），御史张鹏展说："前闻福建查办亏空至数百万之多，虽由不肖州县侵挪，亦缘台湾军需奏销。"⑤ 江苏巡抚岳起在揭报该省亏空已达70万余两时也指出，钱粮亏空"情弊亦微有不同，或冲途差务供应浩繁，或驿站口分例价不敷，或前官亡故交代难清，或穷苦小缺疲于捐垫者有之。至狃于积习应酬馈送私囊无措，因而挪用者亦有之。至若人多心计缺本素丰，虽一体逢迎而仓库齐全者亦复不乏。故有亏空者，不尽劣员，无亏空者亦不尽良吏。然总因大吏不能洁己率属，费用奢靡取给无度"⑥。而在各

---

① 《清高宗实录》卷1156，乾隆四十七年五月甲辰。
② 闽浙总督崔应阶《奏报将福建凤山县知县亏空银谷案审明定拟事》乾隆三十五年四月二十六日，中国第一历史档案馆藏，《朱批奏折》，档号：04－01－35－0730－006。
③ 署理闽浙总督魁伦《奏报福建续行提到亏空钱粮各员审明定拟事》乾隆六十年十一月二十四日，中国第一历史档案馆藏，《朱批奏折》档号：04－01－35－0759－025。
④ 《清仁宗实录》卷206，嘉庆十四年正月壬申。
⑤ 张鹏展：《练乡勇核军需疏》，载贺长龄、魏源编《清经世文编》卷89。
⑥ 江苏巡抚岳起《奏陈仓库亏空钱粮数目并追缴赔项事》嘉庆五年十二月，中国第一历史档案馆藏，《朱批奏折》档号：04－01－35－0761－030。

省出现的数百万亏空中，特别是在剿平川楚陕三省白莲教战事的军需亏空中，大都与"因公挪用"有着各种牵扯。嘉庆二十三年（1818），总督长龄奉命清查甘肃皋兰等四十一厅州县钱粮亏空案时奏称，"已入清查者，未完银十七万一千九百八十八两零，未入清查者，实亏银十六万三千二百六十三两零，均系因公挪用，尚无侵盗入己情弊"①。

2. 由"因公挪用"到"挪垫""预借"

在制度实施过程中，有很多突发或与预判脱节的现象成为问题的导向，而财政制度的漏洞，也往往使得"挪用公项"有着不得不为的原因。

例如驻军粮饷问题。嘉庆十五年（1810）四月，驻藏大臣文弼等奏称："驻藏官兵食米，动借粮库银两采买，始自乾隆五十九年，相沿已久，究系私自挪用。"② 也就是说，驻扎在地方上的八旗官兵的粮饷，往往需要先行挪用库银方能得以解决。至于如何还补挪用之帑项？能否还上帑项？因缺乏详细的规定或监管而不得而知。

又如拨款时间、数量的问题。户部在对地方下达军需与工程拨款指令时，往往存在数量的缺失或时间的延误，致地方挪用钱粮便成为不得不为之的合理而非合法的行径，亏空也往往在所难免。就亏空的原因而言，侵蚀浮冒是难以杜绝的弊病。不过在嘉道以后的文献中，与以往"挪用"钱粮的表述不同的是，基本写作"挪垫""预借"、垫支等。换言之，为了避开"挪用"带来的侵盗重罪，大多数官员采用"借垫"的名目解决临时性的支出。从资料的记载来看，垫支之名在乾隆朝的军需钱粮中便已有之，至嘉庆朝风行于地方财政的各项支出中。

最典型的是江宁藩司的借项。根据江苏巡抚朱理的奏报，江宁布政使胡克家自嘉庆十七年（1812）正月二十一日到任始，至九月

---

① 《清仁宗实录》卷352，嘉庆二十三年十二月癸未。
② 《清仁宗实录》卷228，嘉庆十五年四月癸卯。

二十四日卸事止,其任内接收前任藩司陈预交代册内的应存库银为70万余两,新收各项银118.3万余两,二项共银188.4万余两。其中共有借放银121.2万余两,实在存库银67.3万余两。[①] 实际存库银占应存库银的35.7%,不足应存库银的一半。

嘉庆十八年(1813),发生在沿海各省用于巡洋捕盗的军需亏空也都以垫支的名目出现。如是年九月,据巡抚蒋攸铦等奏,广东各州县自乾隆五十九年(1794)起至嘉庆十七年(1812)止,因堵捕洋匪及应办公事垫用无着款项等,阅年既久,各属历年垫支捕费,"共计应补银三十万九千两零,应追银十八万八千六百两零"[②]。又如,嘉庆十九年(1814)八月,由钦差大学士章煦查明的山东省捐监银两拨解各款内,有聊城等州县借支办理煮赈案内续发银1.5万两,又军需借支银3.6万两,俱未经详奏,先行动用。这意味着布政使朱锡爵于煮赈、军需两案内先行借拨捐监项下银5.1万两。[③]

随着"借垫""借支"名目在各省的流行,借垫的数额也越来越大。嘉庆二十年(1815)十月,已迁安徽巡抚的胡克家,在清查安徽司库银两时,又发现藩库借放而未归的库银达97.7万两之多,布政使康绍镛也奏报借支银有90余万两,佐证了胡克家的说法。这是继江苏之后又一因借放银两数额巨大而未归的直省。

胡克家、康绍镛的奏报,引起了嘉庆帝的重视。他责令胡克家将开列单内过于笼统的借支各项详细奏报,"查明原放之各该藩司每名下共借放未归银若干内,应借者系何款目?不应借者系何款目?于该员名下分晰开注,造册报部察核。除不应借各款着落原借原放之员赔缴外,其应借各款交该部核明实系应借者,分别征追归款。此内仍有不应借者,着原借原放之员按数赔缴,即将此款永远停借。并着嗣后藩库遇有借放银两,均随时报部查核。如将不应借之款滥

---

① 参见江苏巡抚朱理《题为盘查前任藩司胡克家并署藩司朱尔赓额任内经手钱粮无亏事》嘉庆十八年二月二十日,中国第一历史档案馆藏,《户科题本》档号:02-01-04-19384-032。
② 《清仁宗实录》卷273,嘉庆十八年九月戊辰。
③ 参见《清仁宗实录》卷294,嘉庆十九年八月庚午。

行借放,除着赔外,仍治以应得之罪"①。可见,嘉庆帝为防止地方以借垫的名义肆意挪用库银,遂将藩司借放的权力收归户部,所谓"嗣后藩库遇有借放银两,均随时报部查核"。

随后,安徽巡抚胡克家奏:自乾隆四十七年起至嘉庆十九年(1782—1814)十月初六日止,历任各藩司任内共借放银99.5万余两,除部分已归外,实借放未归银96.2万余两。经"穷源根查底里,悉系因公动借,实放实支,均有文领可据,历任藩司尚无通同弊混"。②

但嘉庆帝对地方藩司的怀疑并未打消。在收紧借垫银两管理权限的情势下,二个月后,即嘉庆二十年(1815)十二月,针对"甘肃藩库私借无着银至二十万余两之多"的事件,嘉庆帝认为,此"皆由历任藩司瞻徇情面,私借私挪,毫无顾忌"。他立即做了严肃处理,命对历任正署各藩司官员进行查审。随后,除王文涌、杨揆、广厚、陈祁、积朗阿、盛惇崇六人病故、蔡廷衡一人革职外,将何铣、德克精阿俱着革职③。而德克精阿克扣平余的劣迹也被查出。次年二月,新任布政使严烺差人赍折密奏,"德克精阿于各属请领采买银两克扣平余,并于十八、九年豫陕军需给发银两,亦有扣平短发"。④

不可否认,借"垫支"之名,行肥己之私者是大有人在的。很多的军需借垫数额巨大却明细不清,就连核查人员也难以辨别。如嘉庆二十四年(1819)的一份无名氏奏折中,谈到当时的"续摊军需案",原奏续摊30万两零,实际续摊了34万多两,怀疑原奏有意蒙混,奏请查明垫办军需各员有无亏缺等⑤。御史胡承琪亦曾上整顿

---

① 《清仁宗实录》卷311,嘉庆二十年十月庚辰。
② 参见安徽巡抚胡克家《奏报遵旨查明司库节年借放银两并分赔数目清单事》嘉庆二十年十月二十日,中国第一历史档案馆藏,《朱批奏折》档号:04-01-35-0776-001。
③ 《清仁宗实录》卷314,嘉庆二十年十二月壬申。
④ 《清仁宗实录》卷316,嘉庆二十一年二月庚申。
⑤ 参见佚名《奏请饬垫办军需各员按造报核数均摊以杜弊混事》嘉庆二十四年四月,中国第一历史档案馆藏:《朱批奏折》档号:04-01-01-0586-057。

直省亏空弊端一折,指出"藩库滥行借放,由于支发钱粮有扣成之弊,利其多扣,遂将不应借之款、不应借之员,概行借放,自应严行禁革"。得到嘉庆帝的认可,"所奏俱是"。①

道光二年(1822)八月,据直隶总督颜检查奏:直隶有部拨司库闲款银51.57万余两,经历任前司因公借支未归银47.6万余两,现在实存银3.9万九余两。"除因公动用外,多有借支,以待归补,是以并未报销,仍于奏销册内虚列银款,并无现银实存在库。"道光帝说:"州县官因公那移库项,尚有应得罪名,乃直隶历任督藩私行借支库项,并未报销,非亏空而何?"② 道光四年(1824),湖南巡抚崧孚奏:"湖南革职通盘王汶前于押运漕粮带解天津道库银两擅行借用",借用银系5710两。因"延不完交,复又借词狡展"。崧孚"奏请严审监追,并将该参员寓所资财先行查抄,一面飞咨正红旗汉军都统将其旗籍家产查封"③。

但是,"借垫"源自"因公",又不可一概以"私借私挪"论之。如布政使舒保奏称,当年甘肃藩司被罚案中的"军需垫办银八千余两,藩司仅发银二千余两,尚有六千余两未发"④。又如山东单县知县陈世埰的以公帑垫抵案。先是查出陈世埰有"垫抵各款数至九万八千八百五十六两"余,而垫抵各款却未经诸款报明,遂被革职拿问。经"根究县案,如原参垫修河道、仓廒,确有工程可据,滥接前任垫兑漕米亦有历经交代底册为凭,垫发缉捕经费、霉变仓谷等款,尤系众目昭著,均有书役人等确切供证。在该员当时尚图自行归补,故未报立案,实非事后捏饰"。随后又查出实亏正杂仓谷银款2.6万余两。已交八千余两。查抄该员什物估值银仅六两余。⑤

---

① 《清仁宗实录》卷312,嘉庆二十年十一月丙申。
② 《清宣宗实录》卷40,道光二年八月丁卯。
③ 湖南巡抚崧孚《奏报将已革通盘挪用解项审明定拟事》道光四年闰七月二十日,中国第一历史档案馆藏,《朱批奏折》档号:04-01-35-0792-004。
④ 《清仁宗实录》卷313,嘉庆二十年十二月丁巳。
⑤ 山东巡抚徐泽醇《奏报将知县亏空钱粮审明定拟事》道光二十九年九月二十四日,中国第一历史档案馆藏,《朱批奏折》档号:04-01-35-0816-062。

无论是借垫还是挪垫，最终都会出现亏空，都要有人来承担赔补的责任。如道光十九年（1839），江西巡抚钱宝琛奏称，该省"现有那垫银五十四万六千三百余两，着落现任各官分限十年摊补"①。而摊补之弊正是腐败滋生之源。

上述个案都在说明，一些出现亏空的官员并非侵蚀官帑的贪官，而是他们在履行为官职责的过程中产生了必要经费支出，凡遇"耗羡等款银两不敷，动用循例借支"②。这些经费支出虽属于因公的性质，当由国家财政拨款，但在清朝非健全的财政体制中，或朝廷下拨款项延误，或下拨费用不敷，甚或不在国家财政支出的范围内，未能因事设费，故而需要官僚、商人以及地方缙绅的捐输，再者便是由官员事后"弥补"，而所谓的弥补多是由加派于民间完成的。因此，这呈现的恰恰是财政的非正常状态，其背后隐示着制度化管理乃至国家财政体制的矛盾与非合理性危机。

（三）奏销制度中的弊症

清代各省额征正赋钱粮，为国家财政度支之重项，其留支起解各款，应在每年定限奏销，并有一完整的奏销制度。康熙二十八年（1689），命各省巡抚于每年奏销时将司库钱粮亲自盘查，如无亏空，于奏销本内一并保题。将奏销置于清查钱粮亏空的制度之下，分别完欠考成。但是，制度规定与实际执行并不能等同，军需奏销尤其有很大的随意性，常规的奏销制度往往会因紧急的军情被打破，致制度的缺漏被人为放大甚至无法按例执行。相关情况如下。

其一，以军需紧急挪用地方库项而不奏销者。

如康熙五十年（1711）八月，四川巡抚年羹尧奏报，他于康熙四十八年（1709）十二月十五日到任后，"盘查藩库亏空银两三万九千二百八十两，查系提督岳昇龙自康熙四十一年起至四十八年止，

---

① 《清宣宗实录》卷328，道光十九年十一月乙未。
② 湖南巡抚康绍镛《奏报耗羡等款银两不敷请于空旷养廉银内借支事》道光八年五月三十日，中国第一历史档案馆藏，《朱批奏折》档号：04-01-35-0955-037。

于巡抚贝和诺、能泰，布政司高起龙、于准、何显祖、卞永式任内陆续具有印领借去"①。又如直隶"自军兴以来购买马骡、军前运米、协济马匹等项，原有赔累之处，因而那新掩旧"②。康熙六十年（1721）八月，陕西巡抚噶世图奏，"今陕西全省府州县仓库旧存、新收及现用之钱粮数额甚为不明，奴才详查此不明之处，诸府州县于此六年所用钱粮，竟无奏销。且正式地方官员往军旅后，或州县一年内数官更署，或官兼理数处印务，将转交销算事不存于心，盖借故推迟二三年不交者甚多"。拟"将前六年尚未奏销之钱粮，现严饬布政使速逐一计算"③。

　　这部分军需挪用的钱粮大都没有也无法奏销，由挪用造成的亏缺数额往往都延续到雍正朝。可以认为，以挪新掩旧进行奏销的弊患与西师、南巡中出现的亏空不无关系。而奏销不实必为腐败埋下隐患。正如雍正朝云南布政使李卫所言："每年五月奏销，司道衙门由督抚出结……各府州县不无尾欠，通省核算，最少亦不下一二分，而藩司与粮盐二道欲顾考成，每以零星尾欠捏作全完。盖以定例未完不及一分亦有罚俸停升，更因道员升臬司最难，而藩司亦望开列，巡抚若报全完，既免处分又邀议叙。殊不知尾欠捏完之端一开，即有数万之多，亦必为之捏报无欠矣。""奏销捏造全完实蓄亏空之根。"④

　　其二，军需奏销数额巨大、款项繁杂。一旦奏销遇有核减，例系承办之员赔缴，而往往是延宕日久，当事人多已离任，赔缴无期以致亏空。

---

　　① 《康熙朝汉文朱批奏折汇编》第3册，康熙五十年八月初一日，四川巡抚年羹尧奏陈川省文武官员捐俸助还提臣所欠库银折，第676页。
　　② 《康熙朝汉文朱批奏折汇编》第8册，康熙六十一年十二月二十二日，署理直隶巡抚赵之垣奏报差官彻底清查亏空情形折，第1024页。
　　③ 《康熙朝满文朱批奏折全译》康熙六十年八月三十日，陕西巡抚噶什图奏请将各府州县仓库钱粮查明折，第1482页。
　　④ 《雍正朝汉文朱批奏折汇编》第5册，雍正三年三月二十五日，云南布政使李卫奏陈清除亏空弊源管见折，第121页。

这以乾隆平准的西师之役的军需奏销最为典型。乾隆二十五年（1760）正月，乾隆帝下达谕旨，令将甘肃自乾隆二十年（1755）九月至二十四年（1759）凯旋之日应办军需各项钱粮，口内予限一年，口外予限年半，造册报销。

乾隆二十五年十月，甘肃布政使蒋炳迁仓场侍郎，离任前提供了一份奏单。其内容如下：

> 自乾隆十九年军兴起至本年二月大兵凯旋止，共办过三百三十八案，请销银一千六百三十一万七千八百五十八两零，伏查甘肃文武各官办理军需动用银两，有由司库径发提镇协营及府厅州县备办者，亦有由各道府承领转发派办者，其哈密粮员、巴里坤粮务道两处军需银两由甘肃道库转发办理，而辟展以西各处则又由哈密粮员转解备用，是以军需奏销设立兰肃两局，分造口内、口外案件，奉旨口内予限一年，口外予限年半，造报钦遵在案。查兰局各案奏销，臣未到甘省以前，统系明德经手办理。臣到甘后，公同督办，至本年（乾隆二十五年）五月间已办完二百八十案。又因各案内有拨运粮石，头绪纷繁，详委候补知府李承瑞、甘州府知府刘斯和将各州县粮运逐站挨查清楚，臣等复加确核，俱已造册呈送抚臣查核，现在陆续具题。
>
> 查历年部拨各案并陕甘备贮军需各项银，共二千五百一十三万六千七百二十两内，有拨入赈恤案内动用银一百九十万两，又拨入乾隆二十五年奉旨加增各营粮料草束银六十七万六千七十三两零，俱应归各彼案造销外，共收军需项下银二千二百五十六万六百四十八两零，今造销过三百三十八案，共请销银一千六百三十一万七千八百五十八两零，应存剩未销银六百二十四万二千七百九十两零，内有哈密拨解辟展、库车、阿克苏、乌鲁木齐等处银九十四万五千四百三十三两零，又巴里坤、哈密尚有未造口外动用之项，各经手之员现在造销。又有各营借支银两，奉旨分作十年、六年扣还者，尚有未扣之项现在按季

分扣。至口内已经造销各案内，有长支应缴未支应找银两，臣同明德详查，移行文武各官勒限解交找支以清款项。蒋炳交印于署藩司明德库贮银"三百五十三万四千五百三十一两零"①。

这份奏折给人的总体印象是军需奏销不仅繁杂，且数额巨大。特别是蒋炳离任后库贮银为353.4万余两。而应存剩未奏销银为624.2万余两。

随后，刑部尚书舒赫德奉命于署理陕甘总督期间，继续查审甘肃的军需银两。乾隆三十二年（1767），他奏报："甘省应销军需案件，自二十年至三十一年共题报过五百余案，动用银一千五百八十余万两，已经部核准销者四百四十余案，销过银一千五百二十余万两，现在驳查未准者七十余案，未销银六十余万两。以军需全案总计为数虽已无多，但其间长支垫办，应缴应领之项各不下三四十万。向来甘省军需奏销遇有核减，例系承办之员赔缴，设或借款垫办，亦系奉部复准之后始令本员找领，而地方官接任交代，遇有经手军需钱粮，又无一定限期督催考核，是以每经驳查，辄多延滞。现在甘省承办军需官员，有缘事离任羁迟不得回籍者，有本员在官身故子孙仍留任所者，有升任他方留其亲属家人在甘守候者，甚有因事拟罪、因军需交代未楚致稽遣戍者，种种情形不胜枚举，以故各属库贮动支存留多非本款，按册核计端绪纷繁，而不肖之员亦即不能保无借端欺隐移后掩前之弊，是甘省军需奏销一日不结，其库贮钱粮即一日不楚，而拖延悬宕影射弥缝之弊亦一日不除。"②

由于款项纷繁、时间延滞，舒赫德强调了"军需奏销遇有核减，例系承办之员赔缴"的困难。

---

① 仓场侍郎蒋炳《奏为遵旨奏陈在甘藩司任内办理经手军需奏销事竣交代清楚并进京日期事》乾隆二十五年十月初七日，中国第一历史档案馆藏，《朱批奏折》档号：04-01-12-0103-035。

② 刑部尚书舒赫德《奏陈甘省军需奏销积年未结情形事》乾隆三十二年，中国第一历史档案馆藏，《朱批奏折》档号：04-01-35-0727-011。

嘉庆初年征剿白莲教的军需奏销，遇到了同样延宕的问题。"陕西一省军需用过银两，在嘉庆三年以前及四年以后，驳查各案尚有银五百九万五千余两，事阅十有余年，未经销结。又删减随征兵丁加增盐菜银十八万九千余两，亦未题报。其湖北、四川及协济军需之直隶、甘肃、云南、贵州、广东、福建、山东、山西、湖南、江西、安徽等省，共未经销结银二百五十二万五千余两。似此多年积压，自久愈滋缪戾。"①

至嘉庆十五年（1810）十二月，"陕西、湖北、四川三省，尚有驳查未经核销银至一千八百余万两之多"。而且未经奏销的还有"各省协济军需，及广东博罗、福建台湾等处未结各案，银数虽属无多，究亦未便久延"②。对此，户部以外省办理案件任意迟延，请饬各省督抚等一并速行题报核销。然四年之后，各省督抚仍无反应。嘉庆十九年（1814）十一月，户部再就陕西等省的军需驳查未结各案请旨饬追。一并饬追的还有发生在十八年（1813）的天理教众攻打紫禁城的搜剿用银，以及云南边境军需用银。即所谓"直隶等省办理邪匪军需所用银两……今已逾限。除河南一省现据陆续题报外，其直隶、山东、陕西、甘肃、山西、安徽、江苏等省均尚未据报部查核。又云南剿办缅宁边外逆目张辅国，官兵支用银米等项尚未题报，亦属迟缓"③。

其三，"长支垫办"造成的钱粮不清诸弊，成为钱粮亏空的隐患。

"长支垫办"也是地方官为避免"挪用"的风险而采用的变相动用库贮钱粮的方式，在军需奏销中尤为多见。嘉庆六年（1801），陕甘总督长龄奏，甘省自军兴以来，计自元年至六年前后拨部款278.9万余两，此外不敷之处均系于司库兵饷项下"通融垫放"，计已垫放过219.3万余两，"而现在司库仅存银六万余两，并陕西应还

---

① 《清仁宗实录》卷299，嘉庆十九年十一月乙巳。
② 《清仁宗实录》卷237，嘉庆十五年十二月辛巳朔。
③ 《清仁宗实录》卷299，嘉庆十九年十一月乙巳。

截留代饷三十余万两"。"查历年动用军需各款内,当有应摊、应扣、应拨之项,不能全数准销,当此需饷浩繁之时,请报部帑亦断不能将垫发之二百一十九万三千余两一时全行报补,自应设法通融以期内外兼顾"。"请先行赏拨银一百万两归还司库,以应急需。"① 可见,"垫支未销"已然是亏空钱粮的一个大成因。

其四,军需总局行取各州县预印空白支票。

嘉庆五年(1800),御史张鹏展在强调审核军需时指出其中之弊,强调"严核奏销以杜浮滥"。他说:"向来各州县开销军需支费,由本州县出文列款申军需总局,由总局咨部开销。近年弊窦,总局竟行取各州县预印空白,至省代填,浮滥侵冒,而各州县竟不知开销实数。即实经支费者,只领得十中二三,是以仓库益亏,饷项徒资中饱。在军需局者,大员则侵盈欲壑,小员及幕友、书吏人等无不坐拥厚赀。"②

军需为帑项攸关,自应随时报销,方能杜绝延混浮冒之弊。而在现实中延宕数年之久的奏销,其中可能滋生的虚假浮冒以及官员将领的侵蚀诸弊是难以想象的。诸如,嘉庆初年道员胡齐仑亏空军需案就是一例。

嘉庆四年(1799)八月,在湖广总督倭什布及其后任景安查审湖北军需时,发现"安襄勋荆道胡齐仑声名狼藉,民间颇有怨言。并闻其自军兴以来,所办之事种种虚捏不实,任意侵欺,并有候补经历朱谟为之主谋,互相狼狈为奸。且该道胡齐仑经手军需银两甚多,其中亦不无冒滥,惟款项纷繁,一时难以得其底里。况该道胡齐仑最为狡诈,若不先行参奏,转恐滋其狡展挪移之弊"。随即将其主谋朱谟及经手常随一并革职、查封赀财,交刑部司员出身布政使

---

① 陕甘总督长龄《奏为奏销甘省军需饷银等事》嘉庆六年五月十二日,中国第一历史档案馆藏,《录副奏折》档号:03-1711-067。
② 张鹏展:《练乡勇核军需疏》,载贺长龄、魏源编《清经世文编》卷89。

祖之望审讯。① 随后祖之望虽查出账目之弊，但仅以账目呈送总督，并未亲自书奏，其有所顾忌是显而易见的。而账目中披露的侵肥之人，不乏八旗高级将领、股肱之臣。

嘉庆帝对此案十分重视。降旨曰："（道员）胡齐仑经手帐簿多系开载领兵大臣犒赏，提及督抚与该道馈送领兵官员款项，如明亮、庆成、永保、恒瑞、德楞泰、舒亮等皆曾得过，惟额勒登保一人未经得受。是军兴以来，所发饷银七千余万，竟为伊等馈送侵肥花销之用。"意识到军需奏销弊端甚大。所谓"湖北一省经手军需为数尚少，已有如此弊端，何况四川支发军饷不啻数倍于楚。且胡齐仑仅系道员，辄以公帑作为馈送见情，何况福宁（以副都统办理军需）职分较大，总办粮务。如勒保、明亮及在营带兵官员，岂有不任意提用作为馈送藉资结纳之理？"而福宁从前曾经致送和珅银两，有行贿前科，自然为嘉庆帝怀疑的重点。"伊等之意总不过欲藉办理军务，屡请多发饷银，可以浮冒开销，为补从前亏缺地步，是以有意迁延，总不欲剿办完竣。"② 随即令署四川总督魁伦将福宁经手军需严行查核，并查经略明亮等领兵诸大员是否有提用饷银及得受福宁馈送情事。

又如，另一冒销分肥军需案可以刘允中的京控案为例，反映的是下层军营的腐败。

刘允中系山西阳曲县民，于嘉庆三年（1798）随乡勇参战征剿白莲教徒，赏千总衔。其父刘经曾于襄城署知县与留厅署同知任内，先后自垫银 3.5 万余两。虽屡次到军需局呈请奏销，然直到病故，未得销算。随后军需局反说其父冒销支银共 1.8 万余两。于是，刘允中于嘉庆十六年（1811）八月赴京呈控。据刘允中称，按照规定，其父垫发银 3.5 万两中，有报准减半给发的 1.5 万两，即所谓"朱藩司曾详请减半找发各粮道垫银十万两内，有我父亲应找银一万五

---

① 湖广总督景安《奏为特参安襄勋荆道胡齐仑声名狼藉请旨革职事》嘉庆三年十月十二日，中国第一历史档案馆藏，《录副奏折》档号：03-1475-042。
② 《清仁宗实录》卷 50，嘉庆四年八月癸卯。

千两，知府费潽、樊士峰、局幕、高大椿等侵用"。此案刘允中诉讼多年，嘉庆十八年（1813）三月，刑部以其控告重事不实发边远充军。然刘允中在赎罪后，再度赴京控于步军统领衙门。①

这起本来十分简单的因上官分肥转嫁下属冒销的京控案，其个中原因及真实性，因资料的限制无从获悉，但从中可以看到，在奏销过程中权力是如何在掩饰着官场的腐败。而钱粮奏销的混乱在道光年间更是愈演愈烈。

如道光十年（1830）九月，根据条奏获悉，甘肃省的钱粮不清有数项。一是甘肃布政使方载豫利用承办军需之机，于上年"例外混开捏报银数十九万数千余两"。二是该省州县仓库多有亏短，其中固原州知州程栋接收前任交代仓库两项，各亏短数万，中卫县知县艾椿年接收前任交代亏空七八万两。三是道光八年（1828），总督杨遇春将藩库存银40余万两发交州县采买谷粮，但很快发现预买谷粮的银两多半已经亏短。四是"州县付与空白印领，代领藩库银两，托言垫办，任意侵渔。甚至应领各项州县并不知何月何日领出，迨日久清算，数目混淆，反诡名垫借……以致酿成亏空"。②

（四）"有征无解"

所谓"有征无解"是指州县将征得的正赋钱粮，自行存于州县仓库，不按国家令行"起解"到藩司、户部。按例，应起解之款项，本与留支者不同，一有征存，即应按起批解，如若报解逾时，甚至日久不行解司、解部，其中必有官侵吏蚀情弊。

乾隆二十二年（1757），山东道监察御史孙绍基指出已征钱粮久存州县的弊症。他说："向来州县经征各项钱粮，本年征收直至

---

① 参见步军统领英和等《奏报山西阳曲县民刘中允呈控伊父原任陕西知县垫办军需银该省不为发给并经控不为公断事》嘉庆二十二年十二月二十五日，中国第一历史档案馆藏，《录副奏折》档号：03-2246-019。
② 《清宣宗实录》卷174，道光十年九月庚午。

下年二月起解。一年之内总贮州县库中，出入得以自便，每遇道府盘查，州县一得消息，自知库项虚悬，或向盐当暂借，或向富户挪移，弥补足数。道府盘查之时，照经征册籍提兑丝毫无亏，以为某州某县并无亏空，孰知盘查之后，依然将原项归还本人。是朝为满籝暮为空库，此等积弊在在皆然。臣请皇上饬谕直省督抚，凡州县经征正杂各项钱粮，勿令久贮库内，随征随解，汇交藩库藩司，逐月按款催提，不得听其借称公用。"①乾隆二十三年（1758），山西布政使刘慥也有相同的奏疏，他指出，山西"州县收存银两，任意不解，以致亏空累累"。强调"凡奏销报完钱粮，务以解到司库，方准作完"。"州县钱粮除应留支俸工驿站等项外，其余悉应随征随解。"②

然而，有征无解，既可以对上作完解赋税征收的交代，又可将收贮州县的钱粮作应急之备。这意味着州县有先行挪移或借垫这些钱粮的主动性，即便是短暂的存贮，也可满足其临时的支用。故"有征无解"已成地方州县的习惯性行为，也是导致州县亏空钱粮的弊症之一。如甘肃皋兰县为附省首县，节年未解茶课银8.7万余两，州县官逢迎花销，而该管上司于应解库项，任其挪移侵亏。自乾隆三十六年起至四十三年（1771—1778）止，"递年压欠，有征无解"③。

乾隆四十八年（1783），署山东布政使陆燿上折奏陈杜绝亏空管见时，谈到州县即便是将正项钱粮征解，也要将耗羡留于州县自行挥霍的现象。他说：州县"征收钱粮例有火耗，除各州县养廉及留支各款外，例应随正解司。但未定有未完处分，各州县止将正银起解，而耗羡一项延至四五年未清。前任未完，交于后任。积之既久，为数渐多。应请嗣后严定处分，务与地丁正项随同报

---

① 山东道监察御史孙绍基《奏为敬陈预绝州县亏空钱粮之弊事》乾隆二十二年十二月十七日，中国第一历史档案馆藏，《朱批奏折》档号：04-01-30-0474-013。
② 《清高宗实录》卷553，乾隆二十二年十二月丁亥。
③ 参见《清高宗实录》卷1151，乾隆四十七年二月丙申。

解。若有未完，照正银之例并予降罚。如此尽收尽解，更无余银存剩恣其那用，则夙弊可除"。又说："近年以来山东、浙江等省查出亏空累累，推原其故，皆由各该州县征收正项钱粮虽已解司，而耗羡谷价等项仍贮县库，或取携自便，逐渐亏那。或以完作欠，多方掩饰。"①

至嘉庆年间，钱粮的有征无解现象伴随钱粮亏空的加剧已成无可遏制之势。嘉庆十九年（1814）四月，在户部开出的饬催各省州县征存未解银两册中，内称"江苏、安徽两省嘉庆十四年奏催案内未解银三百余万两，迄今数年，不特报解无几，而征存者转益加多，现在此两省共未解银六百六十余万两，山东省亦增至五十万余两，其甘肃、云南、直隶、福建、广东等省，亦均有未解银两"②。其中，江苏省征存未解共银186.6万两零，安徽省征存未解共银354.3万两零。检查各册内，有历次旧任未解，且有乾隆年间征存未经解司之款。③ 直隶在嘉庆二十年（1815）的奏销案内开列出，各州县册籍有钱粮已征未解者50处，并开报亏空者二处，而又有征存未解者一处，共53州县，统计银27.7万余两。后续解银2.9万余两，尚有未完银24.8万两零。④ "甘省州县，于征存仓库钱粮，既未按例报解，前此清查亏空时又未据实报出，其中影射民欠希图弊混者不少。"⑤

这种"有征无解"的普遍性，引起朝廷上下的广泛关注。

嘉庆帝认为，这"实属因循疲玩"，是各省督抚"一任不肖官吏拖延弊混，总不上紧清厘。明知经费未裕，琐琐焉议于常赋之外

---

① 《宫中档乾隆朝奏折》第57册，乾隆四十八年八月初八日，户部尚书和珅等奏议山东藩司陆燿条陈杜绝亏空案事，第113页。
② 《清仁宗实录》卷292，嘉庆十九年四月癸亥。
③ 户部尚书英和等《奏请饬催江苏安徽二省征存未解银两事》道光元年十二月二十日，中国第一历史档案馆藏，《录副奏折》档号：03-3284-043。
④ 直隶总督方受畴《奏报奏销册内查出各州县亏空银两核实追赔治罪事》嘉庆二十一年十一月二十二日，中国第一历史档案馆藏，《朱批奏折》档号：04-01-35-0778-008。
⑤ 《清仁宗实录》卷331，嘉庆二十二年六月癸酉朔。

设法巧取,而置分应提催之款于不办,岂非本末倒置、公私罔辨乎?江苏、安徽二省为数最多,张师诚甫经简调,胡克家亦到任未久,无所用其回护。山东省较之甘肃等省亦多至数倍,着严饬各该督抚即督率该藩司认真查办,各将征存未解之款尽数提解司库,报部报拨"。强调说:"直省各州县经征银两,乃国家惟正之供,度支经费所从出。若州县征存而不解司库,以致部中指拨日形支绌,频年积压相仍,国用将于何取给?"①

御史贾声槐奏请清查钱粮起解数目以除积弊。他直言说:"赋税以册籍为凭,该州县如果征存,何以迟至数年尚未起解,显系有挪移侵亏等弊。""查例载,钱粮以解司为完,如止报征存未经解司者,奏销册内不得列作实完,冀免处分,是钱粮奏销只有已完未完名目,并无征存未解名目,请嗣后奏销报部,其未解司者,即照未完例开列。"②

直隶总督方受畴则认为"既以征存,乃不行批解,亦与亏空无异,均当一律办理"③。嘉庆二十五年(1820),方受畴查参隆平县知县王子音亏空银两案中,就有"征存钱粮不解,捏称民欠"的行径。④ 至道光初年,有征无解的现象继续加剧。

道光二年(1822),江南等司处承办各省正杂税课等项银两,节年均有拖欠未清,各州县任意挪饰,抗不报解者,核计共尚有应解银632.3万余两,米谷6.5万余石。⑤ 道光四年(1824),根据户部的奏报,自道光元年,江苏省各属征存未解银两,奏催已及三载。"现查各属交代册开历次旧任未解,及新任征存未解,共银一百八十

---

① 《清仁宗实录》卷292,嘉庆十九年四月癸亥。
② 大学士管理户部事务托津等《奏为议覆监察御史贾声槐条陈清查钱粮起解数目事》嘉庆十九年八月十七日,中国第一历史档案馆藏,《录副奏折》档号:03-1735-036。
③ 直隶总督方受畴《奏报奏销册内查出各州县亏空银两核实追赔治罪事》嘉庆二十一年十一月二十二日,中国第一历史档案馆藏,《朱批奏折》档号:04-01-35-0778-008。
④ 直隶总督方受畴《奏报查明亏空仓库钱粮之员按例定拟事》嘉庆二十五年十月,中国第一历史档案馆藏,《朱批奏折》档号:04-01-35-0785-038。
⑤ 参见户部尚书英和等《奏请饬催各省未解钱粮事》道光二年四月初九日,中国第一历史档案馆藏,《录副奏折》档号:03-3048-042。

三万三千五百三十三两零。""安徽省道光元年奏催征存未解银两，据该抚报部应存银三百四十九万三百九十余两，除已行拨解支销及现在提解，共银四十六万九千五百七十余两。"① 已征解数额不足征存未解数额的14%。山东的欠解情形尤为严峻。"自道光十一年起至二十七年止，先后积压欠解银至六十余万两之多。"② 甚至在嘉庆年间钱粮问题并不突出且归补情况较好的浙江省，也出现了严重的征存未解问题。时沿海刚刚经历了鸦片战争，战时兵差络绎，支应纷繁，以至于挪移钱粮之事不断。浙江"自二十三四年至二十五六七等年，核计征存未解银，自三四十万两递年增加至六七十万不等，其间尤以二十六年为最甚"③。

地方有征无解，无非是三种情况，一是虚报已征数目，以蒙混当年需完成的应征钱粮份额，实则库中并无征存。二是将已经征存钱粮存库不解。或为缓解地方财政的紧张，以备不时之需。三是借端挪移，行一己之私。无论是哪种情况，都有亏空钱粮的可能。

五 道光朝的杜亏之法，"总以严查交代"

道光帝接收的政治遗产，已经没有了往日盛世的国强民富，相反，吏政怠玩、财政拮据，成为摆在道光初政面前的两道难题。即位伊始，道光帝便以满腔的热情带领他的官僚们，从整肃吏政入手开始了刷新政治的努力。

嘉庆二十五年（1820）九月，道光帝刚刚自热河行宫返回北京，便接收了户部尚书英和的清厘陋规的建言，以及直隶总督方受畴的

---

① 《清宣宗实录》卷67，道光四年四月丙午。
② 《清宣宗实录》卷453，道光二十八年三月丁亥。
③ 《清宣宗实录》卷469，道光二十九年六月戊子。

追缴官亏章程,① 表达了其锐意求治的愿望和决心。虽然清查陋规因牵涉到清朝财政、官俸等体制性改革的难题而被搁浅,但对于钱粮亏空的清查,却在道光帝的坚决支持下继续得以推行。道光元年(1821)正月,针对安徽"仓库钱粮亏数甚多"的现状,谕令督抚"将旧亏实在数目逐案详查","究其致亏之由,如实有侵蚀入己贪污狼藉者,必当据实参办,审明置之重典,使贪墨者知所儆戒"②。虽未下令实施普遍性的钱粮清查,但其查追钱粮及严惩贪墨的政治动向,以及必欲求真求实的政治态度,无不释放出立纲陈纪、刷新政治的信号。正所谓"宣宗初政,励精求治"③。窥其治政要者如下。

(一) 更换钱粮亏空大省的督抚藩司

翻阅道光朝清查亏空的资料,可以得出这样的认知,在嘉庆后期的严厉追缴下,各省的钱粮亏空在道光帝即位时,虽有个别直省取得相应归补的成效,如浙江、湖北等,但新的亏空却远比弥补的数量来得多,也来得快。因此,道光帝登基伊始,就开始关注几个前朝亏空较大的省份,于道光元年正月,对山东、安徽、江苏等省的抚藩大员进行了人事调动。

先是,道光帝将"人尚精明"又善勾稽的徐炘调任山东布政使。徐炘以知县起家,历江南河库道、江西与湖南按察使、陕西布政使,由陕西调往山东藩司。将敢于谏言的李鸿宾调任安徽巡抚。李鸿宾系嘉庆六年进士,由庶吉士,迁御史、给事中。以连上数疏条陈时

---

① 嘉庆二十五年,方受畴上追缴官亏章程:除已缴外,直隶未完银九十三万余两,请分限勒追。现任五千两以下,限一年。五千两以上,限二年。一万两以上,限三年。二万两以上,限四年。三万两以上,限五年。逾限不完及完不足数,无论现任、候补及丁忧事故、已回旗籍,均参革监追,查抄作抵。不敷银两,限一年全完免罪。不完,照例治罪。其升任道府者,紧限一半。试用、候补、丁忧、告病者,展限一半。病故、降革等官,子孙有现任知县以上者,即照现任限。如子孙系候补州县以下等官,及未经出仕,亦展限一半。若身故产绝、子孙并无出仕,实在无可着追者,归入无着弥补。参见《清宣宗实录》卷5,嘉庆二十五年九月己卯。
② 《清宣宗实录》卷12,道光元年正月壬申。
③ 《清史稿》卷366,论曰。

政利弊，受知于嘉庆帝，擢巡抚广东、山东等省。道光帝将其调往安徽。新任江苏巡抚的人选是魏元煜。魏元煜翰林出身，历主事、道员、浙江按察使、广东布政使等。

随后，道光帝接连下旨，① 强调了他对新任抚藩的希望与要求。

针对山东亏空甚多而追缴有名无实的现状，道光帝要求对亏空案进一步核查，揪出贪赃者加以重惩。他说：

> 东省仓库钱粮亏空甚多，前经三次清查，分限弥补，仍属有名无实。其时虽有参办之员，闻隐匿幸免者尚复不少，其案牍亦复辗转不清。前将徐炘调任山东藩司，因其人尚精明，于勾稽可期得力，钱臻（巡抚）即督同该藩司将历次清查之案复加详核。……从前参办各员是否尽系因公那移，如查明实有侵蚀入己贪污狼藉者，即奏明置之重典，使贪墨者知所儆戒。

在面谕李鸿宾时，道光帝要求李鸿宾督同藩司张师诚，将安徽旧亏实数逐案详查，将何案解不足数、致亏之由，以及侵蚀入己者查明。谕曰：

> 安省仓库钱粮闻亏数甚多，该抚当督同藩司张师诚将旧亏实在数目逐案详查。该州县于何案解不足数，即究其致亏之由。如实有侵蚀入己贪污狼藉者，必当据实参办，审明置之重典，使贪墨者知所儆戒，而廉洁自守者亦不致代人受累，克自树立。其其实系因公那垫情非得已者，应如何设法调剂，使帑项不致虚悬，该抚与该藩司秉公确核。或应执法，或应着追，或应弥补，酌定限期，于何时可以办理完善。不得似从前他省清查，仅开明亏数，以一奏塞责，迁延时日，终至有名无实。此后如

---

① 《清宣宗实录》卷12，道光元年正月壬申。

有新亏，责成接任之员据实揭报，逐案严参，庶其源既清，其流亦节。经此次饬查之后，倘仍前隐混，漏卮不塞，将来别经发觉，惟该抚及该藩司是问。将此谕令知之。

对于钱粮征收的大省也是亏空之重的江苏，道光帝擢用魏元煜为巡抚，用意在于"新任"，清查时"无所用其回护"，并告谕江苏抚藩说：

> 朕闻江苏省仓库亏空之多，较他省为尤甚……惟查办之法，总在责成两藩司于该州县应解司库款项逐一勾稽，其有缺解者，即从此根究致亏之由，如实有侵蚀入已贪污狼藉者必当据实参办，审明立置重典。使贪墨者知所儆戒。魏元煜务即督同藩司额特布、杨懋恬秉公确核，或应执法，或应着追或应弥补，自行酌定，于何时办理完善。不得似前此他省清查仅开明亏数以一奏塞责，迁延时日，终至有名无实。既清其源，必节其流。此后凡有新亏者接任之员于交代时一经揭报，立即严参按律究办，不得稍存姑息，以杜漏卮。经此次查办之后，倘仍未尽确实，将来别经发觉，则惟该抚及该藩司是问，将此谕令知之。

而且，道光帝还再度向魏元煜强调了，在清查中一旦发现有侵蚀入已贪污狼藉者，立置重典。随后，当巡抚魏元煜上折表示，查办江苏省亏空请予限一年时，道光帝批复说，若能将亏空查得水落石出，"即宽以二年之限，亦不为迟"。在他看来"江苏省仓库钱粮款项丛杂，历年交代，卷册繁多，款目辗转，必须逐款剔厘其亏空确数"。命魏元煜督同藩司额特布、杨懋恬细心确查。[①]

即便是对"仓库不甚敝坏"的浙江，道光帝也换上了"治浙数年，以廉勤著称"的帅承瀛出任巡抚。帅承瀛，湖北黄梅人，嘉庆

---

① 《清宣宗实录》卷14，道光元年三月戊午。

元年一甲三名进士,由翰林院编修,累迁国子监祭酒、太仆寺卿、通政使、副都御史等,嘉庆十五年由侍郎外任浙江巡抚,治浙数年,曾在清厘仓库亏缺过程中,实施以现任各官次第先行弥补等措施,颇见成效。

道光帝指示帅承瀛曰:"浙省仓库本不甚弊坏,前任巡抚曾奏明将旧亏银谷业已弥补全完,但恐前次清查之数尚未确实,或有续行亏短者,其已经弥补银谷是否均归实贮,着帅承瀛督同新任藩司详查确核,如有隐匿者,查明何任何员,据实参奏,不可稍有含混。其已补者如有不实,亦即据实具奏,不可代人受过,此后如有新亏,严饬接任之员于交代时据实揭报,逐案参办。"帅承瀛提出:"清查之法,宜先查实贮,以杜新亏,后核旧款,以防漏匿,尤在责成该管知府随时稽查,以绝那移。盖那新掩旧最为州县相沿之故习。"朱批:"用心妥办,彻底清查,不必急于竣事,务期水落石出,不可丝毫含混。第一要任劳任怨方能得实,详慎勉力为之。"①

此外,在道光初政选用的督抚中,还有直隶总督方受畴、颜检、蒋攸铦、那彦成;山东巡抚琦善、河南巡抚姚祖同、广东巡抚康绍镛,以及先后出任安徽巡抚和江苏巡抚的陶澍等人,他们都是嘉道两朝在清理钱粮亏空、解决地方财政问题中颇多实践的朝中大员。而经世官僚陶澍尤其发挥了重要的作用。

陶澍,湖南安化人,嘉庆七年进士,选庶吉士,授编修,嘉庆二十四年(1819)出为川东道,被总督蒋攸铦评行为四川第一举荐于朝。道光元年(1821)十月,陶澍被用为安徽布政使,三年(1823)擢安徽巡抚,五年(1825)调江苏巡抚。而安徽与江苏皆为亏空钱粮的大省。陶澍于安徽任上,"钩核档案,分别应劾、应偿、应豁,于是三十余年之纠轕,豁然一清。严交代,禁流摊,裁捐款,至是定立章程"②,即"清查皖省章程十条"。又就安徽续查

---

① 浙江巡抚帅承瀛《奏报筹议清查仓库亏空钱粮缘由事》道光元年五月初三日,中国第一历史档案馆藏,《朱批奏折》档号:04-01-35-0786-024。

② 《清史稿》卷379,陶澍传。

未豁赔款上筹议追补办法。于江苏任上，仍就未豁钱粮清查追赔事宜屡有疏奏。道光十年擢两江总督，以建树颇丰成为道光朝的重臣。

道光初政，在用人上选择治才和能员，在行政上对清查亏空提出整肃的要求，可概括为：务必"彻底清查，不必急于竣事，务期水落石出"；凡"有侵蚀入己贪污狼藉者，即奏明置之重典"①。

（二）明确将杜绝新亏作为今后国家及各级政府监管钱粮的目标

先是，道光帝即位之后，于元年（1821）宣布普免各省亏空的应赔钱粮。根据户部尚书英和的奏报，户部办理豁免八旗、内务府及各直省文武官员，共具奏11次，清厘积案共21400余件。将乾隆三十年以后至嘉庆二十五年（1765—1820）八月二十七日以前所有亏缺款项，咸与免除，共免各项赔项银两2419万两（24192600）之多"②。

可以看出，道光帝的这一举动，除了施恩于千家万户之外，还寓意他要对既往的钱粮亏空做一了结，从而去开创一个新的局面。

道光元年（1821）十二月二十六日，道光帝诏谕内阁："经军机大臣议复条陈直省亏空积弊一折，直省各州县亏空仓库，全在该督抚随时查察。而杜亏之法，总以严查交代为清厘仓库之关键。嗣后凡遇州县交代，无论升调及告病人员，各令依限揭报，据实办理。其业经报明弥补，列入清查之州县。如正展限内，结算未清，该督抚奏明先行完结本员交代，历任欠交钱粮，着即酌定限期，另案完结。若未经报明弥补列入清查者，不得援以为例。至该州县私立亏短约议，着即严行禁止。傥结报无亏后，复有呈出约议，以诿前任旧亏者，不准作据外，新旧官及监盘官一并治罪。"③

道光帝的这一谕旨，指明了新政要将清理钱粮亏空的重点放到

---

① 《清宣宗实录》卷18，道光元年五月庚午；卷12，道光元年正月壬申。
② 户部尚书英和等《奏为豁免完竣请严饬各直省核实办结事》道光元年十二月二十六日，中国第一历史档案馆藏，《录副奏折》档号：03-3284-047。
③ 《清宣宗实录》卷27，道光元年十二月戊戌。

杜绝新亏上，并率先提出将"严交代"作为杜绝新亏的最重要防线。

道光三年（1823）六月，针对山东巡抚琦善的"严州县交代，以杜新亏"一折，道光帝进一步阐发了自己的态度。他认为，山东于嘉庆朝经历了四次钱粮的清查，反而是"因清查而愈多，款项既辏轇不清，头绪又纷繁难理。或诿卸前任，或匿多报少，甚至串通司书抽换卷宗，弊且无所不至"。即便是令在任官员弥补，按限勒追，无非也是朘削百姓，挪新掩旧。而亏空愈大，限期愈宽，其官员仍得频年挥霍，而库项即属虚悬。及离任时，往往故作亏缺，借称曾经代人弥补，禀请作抵。因此，道光帝命琦善督同藩司，严饬各属"遇有交代，如查有短交，立即揭报。倘阳出无亏文结，阴立有亏约单，即将该员严参治罪"。又曰："经此次申谕之后，各州县仍有亏空及虚出通关诸弊，将来别经发觉，惟该署抚是问。"①

事实上，清朝对于交代自有严格的规定，诸如"凡新旧两任交代，例须核实盘查。如前任无亏，责令后任出结申报，倘出结后查有亏缺情弊，即将接任之员奏参治罪，立法甚为严密"②。"州县仓库钱粮定例，于交代时由接任之员盘查，如有亏短，即揭报请参。倘后官容隐不报出结接受，至本身离任始称前任亏欠者，将欠项追赔外，仍治以瞻徇私受之罪。所以重帑项杜扶捏也。"③

但如此法令严密，却从未将交代亏空制以律令之下，自然有其原因。对此嘉道年间多有人论及。

如早在嘉庆十九年（1814），御史陶澍就指出交代亏空，系督抚勒令新任接收，"责在大吏"。他说："州县交代亏空，上司惧干失察之咎，勒令新任接受，藉公科派，有筹补帮助贴赔使费等款，及豫备赏号、派办供给、压荐幕友、滥送长随、并委员需索、提省羁留种种苦累，皆各省实有情形。总缘外省大吏不以吏治为事。其始

---

① 《清宣宗实录》卷53，道光三年六月乙巳。
② 《清宣宗实录》卷320，道光十九年三月乙卯。
③ 参见江西巡抚程含章《奏为卸事知县禀evaluated前任亏空钱粮请分别革职解任事》道光三年九月二十一日，中国第一历史档案馆藏，《朱批奏折》档号：04-01-35-0790-039。

稍开其端，久之扬波逐流，日甚一日，陋习相沿，遂至成为痼弊。虽有一二自好之士，亦不能卓然自拔。今欲清其源，责在大吏。"① 御史陶廷杰与陶澍的认识相同，在道光二年（1822）十一月，上"请严饬大吏毋许勒接亏空"一折。奏称："若督抚大吏不能清廉正直，或平日受其馈献，遂不得不瞻徇情面，且虑其反噬，于交代时勒令后任接受，代为弥补，甚或接任之员旧亏未补，新亏加倍。"②

嘉道之际，掌河南道监察御史蒋云宽对官员接收亏空作了分析，他认为：是官员中对"大缺""美缺"追逐的心理，成为接收前任亏项的主要原因。他说："亏空惟大缺为最甚，出息既多则上官之应酬必厚，衙门之食用必奢，稍不谨饬便至亏空。至其出缺之际，则美缺著名钻营蜂起，后任者唯恐不得，无论盈千累万情愿代为弥补。其该管上司平日得其陋规者固不敢参劾，即无此弊意欲严参，又虑此项无着，且恐别生事端。每因弥补有人，遂亦容隐不法。其后任接手者因其为著名美缺，即有亏空，不患无人接受，遂亦不思弥补，或从而更亏之，甚或本无亏空，而将届卸事之时私携库项以去，捏作亏空，交令下手弥补，其弊更不可胜言。"因此，"欲厘亏空，莫如以交代为清查之一法，最为简便。"③

道光十年（1930）正月，根据各省督抚及科道官员的建言，道光帝作出一锤定音的指示："直省各州县交代不清，皆由仓库多亏，接任之员未肯遽受，遂至不能依限结算。各该上司意存瞻徇，往往于咨部文内倒填出结月日，捏称造册舛错，再三驳查，以为耽延岁月规避处分地步，即或参劾，皆系病休降革之员，查抄监追，多属无着，仍于帑项无补。……嗣后着各督抚于州县交代，严行督催，务令遵照定限，盘查清楚，扣明到任及出结日期，即时咨部查照。"④

---

① 《清仁宗实录》卷300，嘉庆十九年十二月壬戌。
② 《清宣宗实录》卷44，道光二年十一月壬午。
③ 掌河南道监察御史蒋云宽《奏陈调剂亏空钱粮并抑勒交代钱粮积弊事》嘉庆二十五年十一月十三日，中国第一历史档案馆藏，《朱批奏折》档号：04-01-35-0785-042。
④ 《清宣宗实录》卷164，道光十年正月乙卯。

但州县交代不清的关键环节无不牵涉到督抚、藩司等大员，他们的操守及为政态度不仅关涉到一省的吏治，同时也影响到地方的财政。为此，朝廷上下直言其弊者不乏其人。十九年（1839）三月，道光帝针对御史张灏所上"州县交代，请饬禁上司勒令出结"一折，严谕各省督抚藩臬，令其嗣后"凡遇属员交代，务须破除情面，认真稽核，勿存迁就之见，勿怀徇隐之私。并着严谕该管道府随时查察，一有仓库亏短情弊，立即据实严参"。并要求督抚"即行指名参办，毋稍瞻徇"①。

对于如何杜绝亏空，在所论诸项措施中最被认同的办法，就是严控官员交接印务的交代制度，认为从制度上杜绝新亏是关键所在。谓"新定章程，嗣后州县仓库以交代为盘查，如有亏缺立即严参，立法洵为甚善"。特别是督抚藩司也参与到如何严行官员交代一事的讨论中。而在其诸多提案以及道光帝颁布的初政措施中，有这样几项值得关注。

其一，稽查历任交代底册。道光元年（1821），安徽巡抚李鸿宾奏曰："现任州县往往隐匿本身所亏，以多报少，若后任开报前任亏空，则不免浮开亏数，以少报多。种种纠缠，弊端百出。今欲杜其弊而得其真，惟有饬提州县历任交代原开底册及监交议单票据等项，逐一稽查，方为核实。"②

其二，依限结报，以防交代延迟者。参与此议题的讨论者人数最多。例如，道光元年，江西护理巡抚邱树棠指出："交代迟延之弊不除，则州县亏空之源莫遏。"③ 二年（1822）正月，湖南巡抚钱臻上"州县交代拖延，请严定章程"一折，奏称："湖南省州县交代逾限，夥矣甚多，皆由各员卸事后不俟交代清楚，即擅自进省。接任之员无凭核算，以致辗转迟延，几成锢习。""嗣后该省州县交代，

---

① 《清宣宗实录》卷320，道光十九年三月乙卯。
② 李鸿宾：《厘剔安徽亏空疏》，载贺长龄、魏源编《清经世文编》卷27。
③ 护理江西巡抚邱树棠《奏报清厘各属钱粮并参徇纵属员亏空钱粮之员事》道光元年十月十二日，中国第一历史档案馆藏，《朱批奏折》档号：04-01-35-0787-003。

责成该管府州就近督催，依限结报。"① 三年（1823），河南巡抚姚祖同亦提到："查州县积习，每遇交代之时查出亏空，其前任若升迁而去，无不扶同掩饰百计弥缝，惟遇已故之员，始将亏空报出。即该管道府等亦皆碍于情面。""纵使籍其赀产，执其妻孥完缴，终属无多，将来分赔代赔，大半仍归无着。"② 可见，各省督抚已开始注重对各官接印过程中的"交代"是否有弊进行调查。

其三，道光三年（1823）六月，道光帝采纳了大学士曹振镛的提议，以谕旨的形式命军机处将直省各督抚节年密奏请查弥补章程，移咨户部，以凭查核。③ 这表明道光帝完全放弃了其父嘉庆帝密查密办，不得咨部的方式，将清查与追缴钱粮置于国家各级行政权力的监督之下，并追究亏空的责任人。

其四，修订"分赔例"，加大上司分赔力度，以重其责。"分赔向例"，州县亏空限满无完，仅令该管知府、直隶州知州分赔一半，而道员、藩司、督抚例内并无着赔专条，均得置身事外，不足以示惩儆。道光七年（1827），户部发文指出，直省各州县经管仓库，虽责成该管上司层层稽核，但官员大都未曾实心查察，以致亏空动辄盈千累万，及至万难掩饰时，始以一参塞责。因此户部奏准，援照江南、安徽办过成案，责令该管上司一律摊赔。新规定："嗣后各州县亏空银米，被参后，先在本犯及家属名下照例按限催追，如限满完不足数，查明家产尽绝、实在不能追交者，即将未完数目作为十成，无论原案是侵是那，俱着不行揭报之知府、直隶州知州分赔五成，勒限追缴。其余五成，着失察之道员分赔二成，藩司分赔二成，巡抚分赔一成，均照代赔例限，按银数多寡分年完缴。"④ 此例随后

---

① 《清宣宗实录》卷28，道光二年正月壬戌。
② 河南巡抚姚祖同《奏报筹办亏空仓库钱粮缘由事》道光三年闰三月初十日，中国第一历史档案馆藏，《朱批奏折》档号：04-01-35-0787-050。
③ 参见《清宣宗实录》卷53，道光三年六月丁未。
④ 《清宣宗实录》卷118，道光七年闰五月辛亥。另见直隶总督那彦成《奏报直隶无着亏空银两请照旧章扣养廉筹补事》道光七年七月十四日，中国第一历史档案馆藏，《朱批奏折》档号：04-01-35-0795-051。

通行于道光朝。道咸年间为官的张集馨说："外官分成认赔，本府例赔五成，此乃定例也。"①

（三）亏空事态积重难返，流摊之弊肆虐官场

道光即位以后，继续嘉庆以来的钱粮清查与归补，着重于厘清旧有的亏空数额，并对尚未完补的亏空，要求作速、立限追缴，并造册报部备查。而直隶、山东、安徽、江苏等省都有不同程度的进展。

嘉庆二十五年（1820）十二月，直隶由总督方受畴主持制定了追缴官亏章程，拟对未完银93万余两请旨分限勒追。次年十月，又报直隶"自嘉庆十年起至二十五年八月止，共应追正杂钱粮银四十一万四千七百余两，亦按人先行造册咨部"②。

道光元年（1821）十一月，山东省经巡抚琦善查报，"十四年以前共亏缺银三百五万两，迄今未据造具清册送部。十五年以后实共亏银二百四十七万九千七百两零。除查缴追完及划出捐款节省等银外，约共应追银二百七万六千五百八两零。清查以后立定章程"，实施追缴。③道光六年（1826）十二月，据山东布政使署巡抚讷尔经额奏报，山东省于"嘉庆十四、十九等年两次办理盘查及专参各员亏缺银两，经该司按任按款……现已一律办竣"。然仍有未准豁免应追亏赔银133万两，其中无着银13.2万两，垫完旧欠钱漕尚有未经归补银49.7万两等项。"或因报销未准无款可动，或因递年灾歉缓征，旋又恩诏豁免民欠，以致垫款虚悬。"④

对于安徽省钱粮问题的清查，道光帝最初是寄希望于能臣李鸿宾。李鸿宾就任皖抚后立即开始清查，查出截至嘉庆十九年（1814），安徽亏空高达551万余两，自嘉庆十四年至十九年完补

---

① 张集馨：《道咸宦海见闻录》，中华书局1981年版，第44页。
② 《清宣宗实录》卷5，嘉庆二十五年九月己卯；卷25，道光元年十月甲辰。
③ 《清宣宗实录》卷26，道光元年十一月辛未。
④ 《清宣宗实录》卷112，道光六年十二月庚午。

206.5万余两，尚有344.9万余两缺项未补。①但半年后李鸿宾即被调离。所以，安徽钱粮的清查与追补事宜，直到道光三年（1823）新任巡抚陶澍就任后方得以进行。是年三月，经陶澍查明，安徽于嘉庆十九年（1814）以前，实应追银15803两零，十九年以后至二十五年止，有从前漏报及续经亏抵各款，共银576777两零，钱197千零，谷米麦豆27599石零，遂上酌议追补章程十条。道光帝以其所议周详准行。②次年五月，又就陶澍的续查未豁赔款筹议追补一折，命照所请，"查照各员欠数，按六次清查追补章程勒限追缴，子孙代赔项下银米各款，分别各员子孙有无出仕，依限着追，不准另起追限，致滋延宕"③。

江苏的情况与安徽相近，道光帝以魏元煜巡抚江苏后，旋即将其调离，继任巡抚韩文绮于道光四年（1824）七月，查出该省"亏缺至二百六十二万余两"，随即制定清查仓库亏垫章程八条，奉命"勒限追缴"④。随后，陶澍调往江苏，于六年（1826）五月，就江宁、苏州两藩司官垫民欠未完银22.7万余两，奏准仍于原垫各员下着追。⑤十月，又就藩库附贮一项奏明，历任藩司均有借放之款，其中江苏尚有未归借款银26.4万余两。道光帝命其分别催追赔补⑥。

可见，在新政诸项措施趋严的威慑下，几个亏空大省，或将应追未完钱粮的数额作了清厘，或对亏空钱粮的追缴有所推进，并都制定了有针对性的清厘追缴章程。而且，他省的督抚、藩司对整饬吏治清理钱粮，也都有了积极的态度和自觉。

如道光十三年（1833），两广总督兼署巡抚的卢坤奏称，广东"仓库银谷，自从前勒限弥补清完后并无续亏，每年额解钱粮随时提

---

① 李鸿宾：《厘剔安徽亏空疏》，载贺长龄、魏源编《清经世文编》卷27。
② 参见《清宣宗实录》卷50，道光三年三月己亥。
③ 《清宣宗实录》卷68，道光四年五月庚寅。
④ 《清宣宗实录》卷70，道光四年七月庚午。
⑤ 参见《清宣宗实录》卷98，道光六年五月甲午。
⑥ 参见《清宣宗实录》卷107，道光六年十月辛亥。

解，并无未解部款"①。道光十五年（1835）七月，甘肃省知县于文衡离任交代时，被发现实亏正杂各项银两九千有余。陕甘总督瑚松额随即将其革职拿问，寓所及原籍家产一律查封，经手书吏家丁等一并审问。② 十六年（1836）五月，色卜星额奉命巡抚安徽，"到任后严饬藩司，凡遇各属交代，务须遵照例限，认真盘收，如有短交，立即据实揭参"。寻参"前任建德县知县费开荣卸事后，应交仓库各款均有短少"，"实在短交正款银一万六千六百一十六两零，捐款银三千四百五十三两零，常平仓谷二千六百六十四石，漕南米九百四十九石零，又欠解江宁挂批南米三百三十六石，延不清交"。属亏空"盈千累万"者，请按例革职抄没家产，并查其是侵是挪。③

但是，道光帝及其官僚们的努力，依然没能扭转嘉庆以来钱粮亏空不断加剧的态势，而且道光朝尤其面临两大积弊。

其一，交代未结案件的清理之难。

道光元年（1821）十月，直隶总督方受畴查明，自嘉庆二十一年（1816）前后，保定、顺德两府，易、赵、深、定四直隶州并所属44处，共有历任未结交代案245件，已分人分任造册咨部。④ 至道光六年（1826），直隶省清查交代续亏案内，册报以什物作抵银75万余两，于道光三年议令严饬现任各员赶紧变价归款。然三载有余，未据催提报部。又有宣化屯粮案内流交作抵银3.5万余两。迄今（自道光六年至十一年）五载有余，仍未完竣。⑤ 署理山东巡抚陈中孚在其酌议立限清厘一折中也提到，山东交代各案，自勒限查办以来，共有53州县、前后106任，头绪纷繁，互相掣肘。恳请设

---

① 《清宣宗实录》卷240，道光十三年七月癸酉。
② 参见陕甘总督瑚松额《奏参亏空仓库钱粮之徽县知县事》道光十五年七月初九日，中国第一历史档案馆藏，《朱批奏折》档号：04-01-35-1209-029。
③ 安徽巡抚色卜星额《奏报革职知县亏空钱粮先行拿问审讯事》道光十六年五月初八日，中国第一历史档案馆藏，《朱批奏折》档号：04-01-35-0806-031。
④ 参见《清宣宗实录》卷25，道光元年十月甲辰。
⑤ 参见《清宣宗实录》卷109，道光六年十一月壬辰；卷200，道光十一年十一月戊午。

局省城，予限清厘。①

交代中短交钱粮、由下任接收的现象非但没有杜绝，反而愈演愈烈。据生活在道咸时期的官僚张集馨记载，道光年间，接收前任亏空银两是既公开又普遍的事情，就是张集馨本人也被问过："库款有亏项七千金，如果张公恳认，余即告休。"而且还被告知，"公但承认，则七千金缓缓弥补，司中绝不催提"②。

其二，流摊滥行无忌。

所谓"流摊"，时人包世臣的解读是："查各省公事，如承办科场铺垫供给公项不敷，承解颜料、砖木、拨船水脚不敷，势不能使一人独任赔垫，自应通力合作，全省摊帮。至院司书役纸张、饭食、盐菜、堤塘报资，俱系耗羡项下作正支销之款，其各上司自出告示，自应捐备纸张，定例严禁摊派。近来各省，任听奸胥巧立名目，逐件禀请详摊，每省每年至有数千万两之多。"③ 陶澍的解读是："各州县流摊，如垫修衙署、仓厫、监狱、驿号、桥道，岁科修理考棚桌凳，缉拏捻匪棍徒，设卡巡防，及例价不敷各项，往往禀求本管府州批准，分年流摊。或交代之际，凭监盘说合，立议分摊；或以抵款不敷，将交项剔出数条，归入摊款；或以前摊未交，又请展摊，以为延宕之计。迨收接之后，又视为摊款无关紧要，并不交出，陈陈相因，愈积愈多。此等名为摊款，实即正项，诚致亏之一大端。"④ 张集馨在其自撰年谱道光十八年（1838）条下，记载了一知县给藩司的禀文，禀文称："遵查府属各厅州县，现在各牧令本任尚无大亏，惟接前任漏卮流摊弥补名目，处处皆有。"⑤

可见，流摊的出现，当与嘉道两朝地方经费的严重不足有关，同时也是伴随商捐、绅捐、捐监等各种捐例泛滥情势下的产物。⑥ 而

---

① 参见《清宣宗实录》卷108，道光六年十月丙子。
② 张集馨：《道咸宦海见闻录》，第45页。
③ 包世臣：《齐民四术》卷7上，《庚辰九月为秦侍读条列八事》，安吴四种本。
④ 陶澍：《条陈安省亏空八事疏》，载贺长龄、魏源编《清经世文编》卷27。
⑤ 张集馨：《道咸宦海见闻录》，第33页。
⑥ 有关流摊与捐纳的问题，需专文论述，在此不予讨论。

所谓的"流摊弥补名目",不但没能弥补亏空的钱粮,反而制造出更多的钱粮亏空案。时人正由于流摊人人有份,官员无论贪廉,皆"以为亏空系众人之事,牵缠攀累,或难尽诛,所以侵私迄无顾忌也"①。

对此现象,道光末年礼科给事中毛鸿宾在其"奏请通饬各省永禁流摊名目"一疏中说:"近来外省亏空多案交代镠辖,其间弊窦百出,而前后任之敢于通融与该管官之得以瞻徇,尤莫甚于流摊之一术。流摊者,擅挪正款假托因公、分任分年以次摊赔者也。如修理工程、承办差使之类,率称例价不敷,独立难办,每详请府州立案,预为分摊地步。""臣阅邸抄,见捐纳知府前任山东阳新县知县张元祥于捐升离省之后查出亏空,由前任抚臣请入流摊,经部臣驳斥勒追。又山东已降通判前任濮州知州史翰捏造摊款,经现任抚臣奏参审办,各在案。可见流摊一项,实为外省巧取讳贪之大弊。山东一省如此,他省可知。臣愚以为,流摊之弊一日不除,亏空之案一日不止。"② 山东巡抚徐泽醇的奏折证明毛鸿宾所言不虚。他说:道光二十九年(1849),山东"通省流摊未解各款共银一百三十一万一千两六钱八分二厘。此项摊款抵亏皆关正项钱粮,自宜一面筹款弥补,一面着落原摊之员勒限追缴"。拟每年以十万两为率,计十二三年可将前项流摊弥补。③

可见,尽管道光帝再三再四地强调严交代以杜绝新亏,但官场积习已成积重难返之势,"流摊"之弊尤其成为道光以后财政上的一大蠹患。虽然朝廷及各省督抚不断有令,着"嗣后各州县摊款捐款,严禁续添"。"近年亦无批准摊捐之款,现已通饬严行禁革。"④ 但已是令行不止。清朝于钱粮亏空的财政泥潭中已是愈陷愈深。

---

① 张鹏展:《请厘吏治五事疏》,载贺长龄、魏源编《清经世文编》卷20。
② 礼科给事中毛鸿宾《奏为清查积亏请饬各省严禁流摊名目以重帑项而杜弊源事》道光二十九年四月初七,中国第一历史档案馆藏,《录副奏折》档号:03-3200-024。
③ 山东巡抚徐泽醇《奏报截止流摊循前议追缴弥补钱粮事》道光二十九年七月二十一日,中国第一历史档案馆藏,《朱批奏折》档号:04-01-35-0816-032。
④ 《清宣宗实录》卷229,道光十三年正月甲申;卷231,道光十三年二月乙巳。

道光二十八年（1848），在鸦片战事及赔款善后告一段落之际，道光帝又颁布了清理钱粮的谕旨，曰："江苏、浙江、河南、山东、福建、四川等省俱办清查，已立期限。惟条分缕析，造册报部，恐迟延时日。着各直省督抚赶紧先造四柱清册一分，每省各以一府为一册，统以文到之日，限八个月办齐。"① 然而官场因循怠玩积习难改。正如道光帝所言："方今各直省督抚及方面大员内，贪黩营私者尚无其人，而真能剔弊厘奸事事核实者，亦不多见。大约自守廉谨则有余，而率属严明则不足。即如各州县亏缺仓库一节，原当随时据实分别惩办，方足以儆奸贪。"② 因此，道光一朝在清理钱粮的问题上虽然做足了努力，但最终仍以徒劳告匮。

道光帝三十年的统治，以"恭俭之德、宽仁之量"被时人誉为"守成之令辟也"③，即守成之贤君。而其自身也以守成之主自诩，曾言："张弛损益，因乎时，存乎人焉。故创业务期可继，而守成亦贵有为。"④ 然只在张弛损益之间取平衡的政治胸襟，注定了他审慎有余，而胆识气魄不足；虽有大力整顿吏治的决心，以及在河工、盐政、漕运三大政上的制度修补，但以固守成局的格局，终究无法扭转"道光萧条"的颓势。

综之，钱粮亏空的研究，涉及国家财政体系、仓贮制度、奏销制度、监察机制等一系列行政制度及运行机制，虽以财政问题居多，但形成亏空的症结却属于政治的范畴，其中的某些话题又是官僚政治研究的核心内容。以往，官僚政治主要是作为古代专制国家的腐败问题来研究的，多以官僚的腐败现象为研究主体。然而腐败的滋生是复杂的，那些饱读诗书的官僚并非生来都是大贪大恶，客观地说，是政治环境激发了人性的贪欲进而为腐败的生成提供了条件。

---

① 《清宣宗实录》卷461，道光二十八年十一月乙酉。
② 《清宣宗实录》卷298，道光十七年六月壬申。
③ 《清史稿》卷19，《宣宗本纪三·论曰》。
④ 爱新觉罗·旻宁：《重修圆明园三殿记》，《清宣宗御制文余集》，《故宫珍本丛刊》第583册，海南出版社2000年版，第139页。

正如道光时期的思想家冯桂芬所言：官员"非本性之贪，国家迫之，使不得不贪也"①。而"钱粮亏空"的选题及国家财政流失的视角，或许可为我们提供这样一个研究视角和研究域境。

在清朝的官僚结构中，督抚在被赋予地方行政责权总汇的同时，便一直挣扎在无法逃避掉的钱粮亏空的制度缺陷中，这就是清官依然亏空不断的原因所在，而督抚作为监察责任人既需要查核揭报，又要承担赔补的连带责任，其监管体制的自身矛盾，也是亏空难以控制与遏止的原因所在。就文化因素的影响与传承而言，无论是君主还是官僚，他们在意识形态上所接收的儒家思想是，"天子所与治天下者士人也"。"为人臣而能尽其道于君也。"② 这成为国家权力体系具有凝聚力的最有力的因素。但是需要指出的是，在国家与官僚之间还是存在着一定的认识分歧，特别是在经济利益方面。为了保护自身的利益，控制地方权力的督抚在不同情况下扮演着不同的角色，因利益关系结成的同盟或存在的分歧总会影响到权力的运行，这是官僚政治中无可克服的矛盾现象。

---

① 冯桂芬：《厚养廉议》，《校邠庐抗议》，上海书店出版社2002年版，第38页。
② 陆世仪：《思辨录论学》，载贺长龄、魏源编《清经世文编》卷3；方苞：《原人上》，载贺长龄、魏源编《清经世文编》卷4。

主要参考书目

一 档案、官书

《宫中档乾隆朝奏折》，台北"故宫博物院"1982年影印本。
《宫中档雍正朝奏折》，台北"故宫博物院"1982年版。
《嘉庆道光两朝上谕档》，广西师范大学出版社2000年版。
《嘉庆起居注》，广西师范大学出版社2006年版。
《康熙朝汉文朱批奏折汇编》，档案出版社1985年版。
《康熙朝满文朱批奏折全译》，中国社会科学出版社1996年版。
《康熙起居注》，中华书局1984年版。
《明清档案》，台北联经出版事业公司1986年版。
《乾隆朝惩办贪污档案选编》，中华书局1994年版。
《乾隆朝上谕档》，广西师范大学出版社2008年版。
《乾隆帝起居注》，广西师范大学出版社2002年版。
《清朝文献通考》《清朝续文献通考》，商务印书馆万有文库本。
《清代官员履历档案全编》，华东师范大学出版社1997年版。
《清代起居注册·康熙朝》，台北联经出版公司2009年影印本。
《清世祖实录》《清圣祖实录》《清世宗实录》《清高宗实录》《清仁宗实录》《清宣宗实录》，中华书局本1969年版。
《清宣宗御制文余集》，《故宫珍本丛刊》第583册，海南出版社2000年版。

《世宗宪皇帝朱批谕旨》，文渊阁四库全书影印本。
《雍正朝汉文朱批奏折汇编》，江苏古籍出版社 1991 年版。
《雍正朝满文朱批奏折全译》，黄山书社 1998 年版。
《雍正朝内阁六科史书·吏科》，广西师范大学出版社 2002 年版。
《雍正朝起居注册》，中华书局 1993 年版。
《雍正上谕内阁》，台北商务印书馆 2008 年版。
雍正《钦定大清会典》，沈云龙主编《近代中国史料丛刊三编》，台北文海出版社 1991 年版。
乾隆《钦定大清会典则例》，文渊阁四库全书影印本。
嘉庆《钦定大清会典事例》，沈云龙主编《近代中国史料丛刊三编》，台北文海出版社 1991 年版。
光绪《钦定大清会典事例》光绪二十五年刻本影印本。
季永海、李盘胜、谢志宁翻译点校《年羹尧满汉奏折译编》，天津古籍出版社 1995 年版。
中国第一历史档案馆藏：《朱批奏折》《录副奏折》《户科题本》《灾赈档》《寄信档》《清三藩史料》。

二　清人著述、笔记：

《满汉名臣传》，黑龙江人民出版社 1991 年版。
《清史稿》，中华书局 1977 年版。
《清史列传》，中华书局 1987 年版。
包世臣：《齐民四术》，安吴四种本。
陈康琪：《郎潜纪闻初笔》，中华书局 1984 年版。
法式善：《陶庐杂录》，中华书局 1997 年版。
冯桂芬：《校邠庐抗议》，上海书店出版社 2002 年版。
贺长龄、魏源编：《清经世文编》，中华书局 1992 年版。
蒋良骐：《东华录》，中华书局 1980 年版，
李光地：《榕村语录·榕村续语录》，中华书局 1995 年版。
李元度：《国朝先正事略》，岳麓书院 2008 年版。

欧阳兆熊、金安清：《水窗春呓》，中华书局1984年版。
盛康：《皇朝经世文续编》，光绪二十三年本。
宋荦：《西陂类稿》，文渊阁四库全书影印本。
王庆云：《石渠余纪》，北京古籍出版社1985年版。
王先谦：《东华续录》，续四库全书本。
魏象枢：《寒松堂全集》，中华书局1996年版。
魏源：《圣武记》，中华书局1984年版。
吴廷燮：《清财政考略》《清末民国财政史料辑刊》，北京图书馆出版社2007年版。
尹壮图：《楚珍自记年谱》，北京图书馆藏珍本年谱丛刊本。
张集馨：《道咸宦海见闻录》，中华书局1981年版。
昭梿：《啸亭杂录》，中华书局1980年版。
赵翼：《檐曝杂记》，中华书局1982年版。
朱彭寿：《旧典备征》，中华书局2008年版。

三　国内外研究成果：

陈锋：《清代军费研究》，武汉大学出版社1992年版。
陈支平：《清代赋役制度演变新探》，厦门大学出版社1988年版。
戴逸：《乾隆帝及其时代》，中国人民大学出版社1992年版。
邓之诚：《中华二千年史》，东方出版社2013年版。
冯尔康：《雍正传》，人民出版社1985年版。
高翔：《康雍乾三帝统治思想研究》，中国人民大学出版社1995年版。
郭成康：《18世纪的中国与世界：政治卷》，辽海出版社1999年版。
何平：《清代税收政策研究：1644—1840》，中国社会科学出版社1998年版。
罗玉东：《中国厘金史》，商务印书馆2010年版。
倪玉平：《从国家财政到财政国家——清朝咸同年间的财政与社会》，科学出版社2017年版。

钱穆：《中国历代政治得失》，生活·读书·新知三联书店 2002 年版。

史志宏：《清代户部银库收支和库存研究》，社会科学文献出版社 2014 年版。

许大龄：《明清史论集·清代捐纳制度》，北京大学出版社 2000 年版。

周远廉：《向天再借五百年·康熙新传》，故宫出版社 2013 年版。

庄吉发：《清世宗与赋役制度的改革》，台北学生书局 1985 年版。

［美］曾小萍：《州县官的银两——18 世纪中国的合理化时政改革》董建中译本，中国人民大学出版社 2005 年版。

［日］岩井茂树：《中国近代财政史研究》，付勇译，社会科学文献出版社 2011 年版。

后　　记

　　从接触这个研究题目到最终将其完成，前后经历了十余个严冬酷暑。最初只是想讨论一些官僚政治的问题，自2009年至2019年，我陆续发表了七篇文章，分别就康雍乾嘉四朝的钱粮亏空案进行了梳理，并分析了成因及影响。

　　但在经历了从分段研究再到整体研究之后，我的感受有了不同，对其中问题的由来有了更深的理解，因此本书的写作基本上是打乱了重来。而且，随着文献阅读，我开始感觉到研究的分量之重，它需要我对国家财政有一个全面的了解。对我来说，这几乎是一个全新的研究领域，也将是一个步履蹒跚的研究路径。但是，新知识与新挑战对我来说有着挡不住的诱惑，何况财政问题本身就是政治史研究的一个支点，有着广阔的研究空间。

　　近年来，史学界最大的改变，就是一些学者把研究的精力从政治史的核心范畴，即国家权力等宏大题材转向对社会的微观考察，研究议题越来越小，越来越碎，从而放弃了对重大理论问题的关注，忽视了国家以及各级政府的行政能力与效率等研究，更不屑于官僚政治中的一些老话题。但我仍然以为，尽管传统史学对于国家及其权力的叙史模式带有浓重的"君史"烙迹，但在重事功与镜鉴、推动价值认同方面有着无可替代的重要作用。为此，我一直在思考并寻找政治史特别是官僚政治研究的突破点，而钱粮亏空研究恰好为我提供了这样一个选题。

作为国家行政运行过程中出现的财政短缺问题，钱粮亏空既有国家体制及其行政管理的制度缺陷，又有人为的因素，而正是制度缺口成为腐败得以滋生蔓延的通道。所以，钱粮亏空从根本上说它是政治问题，而且是核心话题。研究中有些许体会，择其要者记录于此，愿与同人共勉。

首先，回到清人的语境中和历史叙事评价体系本身，是我在研究过程中始终努力去实现的研究方式。记得钱穆曾就制度好坏的评价问题，提出了"历史意见"和"时代意见"的观点，我十分赞同。他说："必须知道在此制度实施时期之有关各方面意见之反映，这些意见才是评价该项制度之利弊得失的真凭据与真意见。此种意见，我将称之曰历史意见。这些意见比较真实而客观。待时代隔得久了，该项制度早已消失不存在，而后代人单凭后代人自己所处的环境和需要来批评历史上已往的各项制度，那只能说是一种时代意见。"所以，在我们对历史研究的过程中，时人的观感体会以及认识，应该成为我们评价某一事件、某一人物，以及某一状态的最主要依据。在本书中，我注意了这方面的史料留存，尽可能多地将文人官僚留下的一些认识融入我的书写中。在现今人们习惯于用现代、后现代理论与框架、概念解读历史的大环境下，我坚信要解读中国的历史问题，必须回到中国历史的语境中。而在厚重的中国传统文化中寻求政治议题的解读资源，将会给研究的结果以最满意的答案。

其次，文献与书写的重要。历史研究不是只需要框架，并为完成框架的搭建进行填充，而尤应注重文献的研读，并在此基础上完成书写。研究中，感受最深和最难的是如何把历史故事讲得精彩、完整而又能最接近历史，且故事与故事之间的衔接是符合历史逻辑的。历史需要描述，需要长时段的叙事，需要对细节的解析，但历史留给我们的记载却又是残缺的、片面的、单视角的。因此，如何将这些从不同立场与各自角度记录下来的历史碎片编织成一个符合逻辑发展要素的历史故事，也是我在写作中一直为之努力的目标。为此，我以官书为基础，对大量的档案资料进行了检索和阅读，将官书及档案作为总体纵向与个案深入研究的经纬线，从中判断作为执政者的皇帝以及管理者的官僚在面对钱粮亏空案时各自的真实态度。虽然官僚在给皇帝上折的时候，所提出的问题都经过深思熟虑，在建言方面都有因各自的顾虑而有所保留，但在档案的叙述中却比经过整理的官书要真实并详尽得多，同时也摆脱了第三者在记述过程中所掺杂进去的个人观点。尽管本项研究不能穷尽所有相关文献和事件来讨论钱粮亏空的问题，但整体史研究的路径要求将研究的视野放宽至制度、人物以及经济领域的相关问题，以及以史料为研究基础的原则是必须遵循的。

最后，反思与批判性的思考。历史是一门需要不断反思的实证学科，关注政治过程及其背后的文化因素，已然成为政治史研究领域中新的思维模式。本书会涉及诸多的财政制度及经济史方面的问题，但对制度及其演变本身的阐述与梳理并不为本书的研究重点，这里关注的是制度运行的过程及相关的人与事，以及当时国家采取的政策是否正确，或者说当时为什么选择这一政策等问题。同时，还要注意到清朝是一个法网密集的政权，所谓"大纲小纪，无法不修。畿甸遐荒，无微不烛"。甚至连清朝皇帝的部分权力也被网罗其中。但需要思考的是，以雍正朝政治之严猛，令所有官吏都必须做"清官"，以乾隆帝惩贪之铁腕斧锧，二品以上之大臣以罪诛杀者至二三十人。但清朝的财政亏空案仍然越来越多，贪官屡禁不止，其原因为何？是专制政治之下的制度缺陷与缺失，还是统治者政治道德沦陷？其症结究竟在君道、臣道抑或治道？而官僚政治的腐败问题，利益集团对国家蚕食、对政府执政的破坏等问题，都是需要深入讨论的要点。本书在上述问题上进行了努力，但尚觉不足，愿求教于各位读者。

我曾经在之前的文章中说过，如今仍然坚信，让政治史研究去关注中国传统的儒家文化，并把触角伸向经济等领域，将是政治史在涅槃之后的重生。

在此,我要特别感谢出版社刘芳编辑为本书的出版付出的辛勤劳动,同时感谢我的学生何永智、江晓成对本书的部分章节的通校,以及图表等资料的补充收集。

2019 年 10 月书于颐源居